编委 （按姓氏拼音排序）
付维宁 李文强 李 华
王永刚 杨超群 张效功
张有道 翟李娜

MODERN ENTERPRISE
STRATEGY MANAGEMENT
IDEOLOGY, METHOD AND PRACTICE

21世纪管理类核心课程教材

现代企业战略管理

思想、方法与实务

贾旭东　主编

蘭州大學出版社

图书在版编目(CIP)数据

现代企业战略管理:思想、方法与实务/贾旭东主编.
兰州:兰州大学出版社,2006(2018.8 重印)
ISBN 978-7-311-02752-0

Ⅰ. 现… Ⅱ. 贾… Ⅲ. 企业管理 Ⅳ. F270

中国版本图书馆 CIP 数据核字(2006)第 017824 号

责任编辑 郝可伟
封面设计 张友乾

书　　名 现代企业战略管理
　　　　 ——思想、方法与实务
作　　者 贾旭东 主编
出版发行 兰州大学出版社 (地址:兰州市天水南路 222 号 730000)
电　　话 0931-8912613(总编办公室) 0931-8617156(营销中心)
　　　　 0931-8914298(读者服务部)
网　　址 http://press.lzu.edu.cn
电子信箱 press@lzu.edu.cn
印　　刷 甘肃春宇印务有限公司
开　　本 787 mm×1092 mm 1/16
印　　张 30
字　　数 687 千
版　　次 2009 年 11 月第 2 版
印　　次 2018 年 8 月第 11 次印刷
书　　号 ISBN 978-7-311-02752-0
定　　价 48.00 元

序

由贾旭东主编的《现代企业战略管理——思想、方法与实务》一书，经作者2年多时间的努力终于面世了。当这本教材放到我的案头时，我由衷地高兴。主编贾旭东作为兰州大学管理学院优秀青年骨干教师，结合教学科研实践完成了这部颇有难度的战略管理教材，我表示祝贺并乐于作序。

战略管理已经成为管理类本科各专业培养计划中重要的主干课程之一，也是MBA培养计划中的核心课程之一，国内各管理学院都已将这门课程确定为管理专业本科生及研究生的必修课。尤其MBA对中国而言是个舶来品，但中国快速发展的现实和全球化背景需要MBA，这就要求探索反映中国企业管理实际的MBA课程体系和教学体系，而这些要求首先应在教材中予以体现。因此，《现代企业战略管理——思想、方法与实务》正是基于教学与实践的需要，按照“思想—方法—实务”框架编写成三篇十二章内容，力求理论逻辑与实践逻辑的统一，这是本教材新颖性的显著特点。

中国的战略思想和战略观点如同中国文化一样悠久灿烂，但作为现代管理学的一种理论，战略管理学发祥于西方发达国家。在知识经济条件下和全球一体化加速的今天，一方面管理学家和企业家视野中资源的概念得到了前所未有的拓展，另一方面，任何广泛意义上的资源都显得日益短缺。因此，尽管激烈、充分的竞争仍然是配置资源的基本手段，而战略管理却是改善竞争、指导企业发展的有力工具。可以说，中外长寿企业无不例外是战略管理的产物。因此，中国企业要持续发展，要走向世界，首先应学会战略管理。西方战略管理理论与中国人战略思维的融合至关重要，应充分运用现代战略管理的方法管理企业。不但要尊重并认可企业面临的现实环境，还要有追求和创造企业优良环境的理想。这无疑引发了我国企业家对企业目标和管理伦理问题的思考，且必须纳入战略管理的范畴。《现代企业战略管理——思想、方法与实务》一书对这些问题都有探索。

把战略管理不仅仅看作企业高层领导人的决策活动，而是看作企业管理各个方面和全过程的重要职能，彻底摈弃战略管理与日常管理两张皮的思想观念及其在管理工作中的传统方法，是企业及企业家走向成熟并展现出光明前途的重要标志。《现代企业战略管理——思想、方法与实务》中选取了大量的成功企业案例，特别如海尔这样由小及大的发展过程既是战略管理成功的典范，也是对我上述观点的一个诠释。因此，这部分内容对战略管理教学和企业管理实务工作者学习参考都有较大的帮助。

最后，希望作者百尺竿头，更进一步，不断完善充实本书的框架体系和内容，在战略管理的教学、科研和实践中有更多的成果面世！

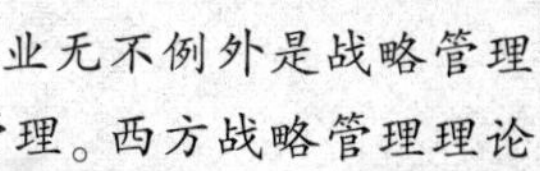

2006年3月7日于兰大

前言

21世纪以来，科学技术迅猛发展，经济全球化进程加快，人类进入了知识经济时代，知识化、网络化和全球化成为经济发展的基本趋势。中国加入WTO后，我国企业的经营环境发生了深刻的变化。企业不得不面对国内市场国际化、国际竞争全球化、市场波动加速、竞争日趋激烈、更加复杂动荡的内外部环境和强大的竞争对手。在前所未有的严峻挑战面前，我国企业求生存、谋发展的唯一出路就是：全面实行战略管理。

美国企业在20世纪70年代就进入了“战略管理时代”，日本宣称在80年代初也进入了“战略经营时代”。因此，客观环境的变化迫切要求我国企业学习、研究和实践战略管理的思想、理论和方法，追求可持续的竞争优势，获得长期稳定发展。

战略管理是现代企业家领导企业获得成功不可或缺的强大武器。企业家对职能管理的任何领域不够精通，都可以授权专才或求助于专家，但只有战略决策一事无法由人代劳——战略专家可以为企业制定战略方案，最终的决策却必须由企业家自己来完成，如果将这项工作假手他人，就无异于放弃对自己命运的主导。而且，任何战略都必须由企业家来组织实施。因此，对企业家来说，战略管理是一门必须学习、必须学好、必须精通的课程，这关系着企业和自己的命运。

不仅如此，大到国家和民族乃至全人类，小到一个个体的人，任何组织和个人都需要战略思想的指导。国家和民族有了正确的战略，才能够光荣复兴，繁荣富强，屹立于世界之林；而一个人领悟了战略管理的思想则至少能够实现自己人生的目标，获得人生的成功。因此，从更宽广的意义上来说，战略管理绝不仅仅是一门管理学科，更是一门成功学，是所有的个人和组织都应该学习和实践的。每每想到这里，我就会记起兰州大学管理学院的院训：“学习管理就是学习成功。”

为推动我国企业进入战略管理时代，1996年原“国家教委管理专业教育指导委员会”就将“战略管理”列为管理学类各专业培养计划的13门主干课程之一，建议各管理学院为本科生开设这门课程。“全国工商管理硕士(MBA)教育指导委员会”也将“战略管理”作为MBA培养计划中九门核心课程之一。据调查，目前所有的管理学院都已将这门思想性、艺术性、综合性和实践性很强的课程确定为管理专业本科生及研究生的必修课程，其目的是培养学生的战略思维、战略决策和战略执行能力，培育一大批具有战略头脑的高层次管理人才，为推动我国企业实践战略管理，积极参与21世纪的全球竞争打下坚实的基础。

在这样的时代背景、现实需求和思想认识的推动下，我们完成了这本《现代企业战略管理——思想、方法与实务》的写作。与目前国内流行的战略管理教材相比，本书具有一些非常明显和突出的特点。

第一，整体框架清晰而新颖。思想、方法和实务是学习和实践战略管理的三大关键问题，这是我在战略管理课程的教学中逐渐产生的认识。具体说来，战略思想是战略管理的核心和精髓，学习战略管理的首要之务和至难之处就是领悟战略思想、培养战略头脑；战略管理方法是学习和实践战略管理必须掌握的基本工具；成功的战略管理源于实践，因此必须高度关注战略管理的实务问题，理论密切联系实际。战略思想指导战略方法的运用和战略实务的展开；而战略方法将战略思想明晰化、具体化，是将思想转化为行动的关键和基础；战略实务则将战略付诸实施，使战略思想成为现实。战略思想、方法与实务相互联系，不可分割，共同构成了完整的战略管理学科体系。

因此，以这样的理解和认识为指导，本书以思想、方法和实务三大关键要素为纲，将全书内容分为思想、方法和实务三篇共12章，形成了一个非常新颖但又逻辑清晰的整体框架。思想篇3章、方法篇4章、实务篇5章，从章节数量和篇幅上，读者能够充分感受到本书以战略思想为指导，侧重方法运用和实践总结的鲜明特色。三篇具体内容和重点如下：

思想篇重在从战略管理基础理论出发，追溯战略思想之源，全面回顾战略管理理论发展的历程，介绍在战略管理发展史上有贡献的研究成果，展望战略管理的前沿和未来，展现战略管理学科的全貌，进而讨论战略管理主体及其战略思维问题，为读者领悟“战略管理之道”、培养战略思想、训练战略思维打下基础。

方法篇整合凝练了现有的战略分析和决策方法，补充完善了许多教材中语焉不详、不够充分的内容，形成了一个全面、深入、具有较强可操作性的战略分析制定框架，为读者分析战略环境、制定企业战略给出了可操作的思路和方法。

实务篇全面讨论了企业战略的实施与控制问题，对企业各个层次战略的实务操作都进行了全面深入的介绍，尤其是非常全面地介绍了企业的基础性战略——职能战略的实施，并从各方面分析了战略实施的关键问题，讨论了战略控制的基本原理和方法，为战略管理的实践提供了全面的指导。

第二，内容组织上全面与精练、成熟与前沿相结合。从本书内容的组织来看，从广度上将全面与精练相结合。一方面对现有教材中普遍介绍不够充分或不够明晰的内容进行了大量补充、完善和整合。另一方面又对已有反复论述和介绍的部分提炼其精要而不强求面面俱到。从内容的深度上将成熟与前沿相结合。一方面尽可能全面地展现出一个成熟的战略管理理论和操作框架，另一方面又充分介绍前沿成果和现有框架的不足，引导读者不局限于既有的理论，从实践中摸索和总结更新、更好、更适用的理论和方法。这样，在没有大量增加篇幅的情况下尽可能地包括了更多、更有价值的信息，便于读者学习和实践。

第三，案例写作和组织的全新尝试。值得一提的是，本书附录的案例全部是重新编写的，在写作思路和内容安排上也进行了全新的尝试，这出于作者在兰州大学管理学院MBA案例教学中的实践体会和认识。我认为，战略管理的教学案例与其他课程相比有很大的不同，战略管理案例与案例教学本身存在着内在的矛盾，主要表现在以下三个方面：

案例信息有限性与战略信息丰富性的矛盾。无论是进行战略分析还是总结战略成败的经验，都需要大量、充分、全面、丰富的信息，但这是无法在一个教学案例中囊括的。案例反映片面性与战略思维综合性的矛盾。战略思维是综合的思维,战略研究是系统的研究,在案例中至少要对企业经营的主要方面都有所涉及才能综合反映企业战略的全局。但在篇幅有限的案例中,很难全面反映一个企业的方方面面。案例情景静态性与战略研究动态性的矛盾。战略管理是一个动态过程,战略管理案例研究必须将企业放到其生存的动态环境中,再现其战略决策和执行的情境。而现有的案例无法包含动态环境的丰富信息。

综合起来,这三方面的矛盾实际上都来自于战略管理学科综合性、系统性、复杂性、艺术性等特点与案例信息有限性的矛盾。但要在现有的案例教学方法中找到一个很好的解决方案似乎并非易事,如果教学案例过于冗长,学员理解和掌握案例材料就存在较大的障碍,更不用说在有限的时间内进行充分讨论了。而且,如果学员对案例企业及行业非常陌生、知之甚少甚至一无所知,案例本身又无法提供足够多的信息尤其是专业知识,学员在思想上就会多了一些距离感,少了一些参与的热情,很难展开充分讨论,案例研讨的效果必将大打折扣。

出于对以上问题的体认和思考,本书的案例编写采用了这样的思路:

首先,以学员熟悉的行业及中国本土企业案例为主。既然难以在有限的案例篇幅中包含足够充分的信息,我们就要从案例之外想办法。一方面,以大多数学员较为熟悉的产业或企业为案例。这样以来,案例就成了一个引子,只需给出最关键的信息就能够充分调动学员已有的知识和经验,使其对案例有全面、深入的理解和掌握,这就弥补了案例信息不足之憾。因此,本书案例涉及的行业以家电业为主,如长虹、康佳、TCL、联想、海尔等企业都是学员丝毫不会感到陌生的。另一方面,研究战略离不开环境,大多数中国学员不熟悉国外企业所处的环境,不利于深入理解和讨论。而中国企业的生存环境学员都有切身感受,即便案例材料中难以包括丰富的战略环境信息也丝毫不会影响学员的认识和理解,所以本书选择的基本都是中国企业案例。

其次,在同样或相似的产业环境中选择实力、规模相近又各有特色的典型企业案例。如长虹、康佳、TCL、海尔、格兰仕等都处于家电业,而且前三者的主业都是彩电,但各自都有自己的经营特色和不同的战略选择。这样有利于学员在同一个产业背景中深刻理解不同企业、不同企业家在相似环境条件下不同的战略思维和选择,从而增强对产业的理解和把握,全面灵活地掌握战略管理的理论。

再次,案例集中编排。现有的大部分战略管理教材都按章分配案例,即将案例附于每章之后,这样固然利于在每章结束后进行讨论,但更大的弊端是,将学员的思维限定在该章节的内容框架之中,这与战略管理学科发散性、综合性的思维特点是矛盾的。因此,本书将所有案例集中附于书后,供教学中灵活选用。

最后,案例编写突出对企业发展历史和战略情境资料的介绍。研究一个企业的战略制定与实施离不开对其特定历史、企业家和所处特定内外部环境的介绍,因此,本书案例的编写参考了大量的相关资料,尽量在有限的篇幅中包含尽可能多的企业历史和背景资料,使读者增加对战略全局和战略历史的了解,这对深入理解和分析案例无疑是颇有助益的。

当然,这样编写和组织案例是本书进行的一个初步尝试,是否有助于战略管理课程案例教学质量的提高还有待于实践的检验。

本书的完成是一个愉快的团队合作过程,由主编提出全书框架与写作提纲,与编委分工完成初稿，最后由主编修改、统稿和定稿。在这里我对各位编委在本书写作过程中表现出的高度的敬业精神和专业水准表示衷心的感谢。

本书能够顺利与读者见面是和方方面面的支持和帮助分不开的。首先要感谢兰州大学管理学院院长包国宪教授在百忙中审读了全书框架与提纲，提出了非常重要的建设性意见并为本书作序，他对战略管理的深刻理解和卓越实践推动了兰州大学管理学院的蓬勃发展，也给我进行战略管理的研究和教学给予了极大的支持、帮助和启迪。同时，感谢兰州大学管理学院的各位领导和同事们创造了一个上下一心、团结合作、切磋砥砺、精益求精的氛围，使我不断求知和进步。还要感谢兰州大学出版社陶炳海社长、郝可伟编辑等的大力支持和帮助，他们创新的思维和高效的工作使本书得以面世也使我受益匪浅。也要感谢兰州大学2002、2003、2004级MBA、EMBA学员，我在与他们的交流研讨中完善和充实了很多思想观点，真正实现了教学相长。

另外，还要说明的是，在本书的写作中，我们直接或间接地参阅了大量国内外文献资料，虽然书后列举尽量全面，但仍难免有所疏漏，在此一并致谢。

战略管理的思想和理论博大精深，方法和实践丰富多样，这都不是一本书能够概全的。作者仍跋涉于战略管理研究的漫漫长路，能力与水平有限，加之时间仓促，因此书中定有不足、偏差甚至谬误，恳请读者批评指正。

最后，与读者共勉：

博学之，审问之，慎思之，明辨之，笃行之。

贾旭东

2006年3月于兰州大学

目　录

Strategy

第一篇

思想篇

Management

第一章　企业战略管理概论

本章的主要内容是追溯战略思想的历史，多角度地介绍企业战略和企业战略管理的概念与内涵，剖析企业战略管理的作用和意义，介绍企业战略管理的过程，全面分析企业战略管理的学科特点，总结企业战略管理的研究与学习方法。

本章是对企业战略管理基础概念及学科概况的综合介绍，使读者能全面了解企业战略管理的基本概念和过程，掌握企业战略管理的学科特点和研究、学习方法，为以后的学习打下坚实的基础。

第一节　企业战略概述

在中外古代军事斗争中产生了丰富的战略思想并逐步应用于政治、经济等领域，为现代企业战略管理的理论与实践提供了丰富的营养。随着企业战略管理理论的产生与发展，人们对企业战略的概念也产生了多样化的理解和认识，使我们可以从不同角度来认识和理解企业战略的内涵。

一、中外战略思想溯源

中外古代战略思想都产生于军事斗争实践，并随着时代的发展逐渐扩大到政治、经济等领域，成为企业战略思想和理论的来源。

在我国，战略思想主要来自军事与政治领域。“战略”这个词，先是“战”与“略”分别使用，“战”指战斗和战争，“略”指筹略、策略、计划。《左传》和《史记》中已经出现“战略”一词，公元3世纪末西晋史学家司马彪曾著有题名《战略》的一部兵书，公元17世纪初明朝茅元仪曾辑《廿一史战略考》一书。从其内容看，“战略”的含义是泛指战争作战的谋略。

中国传统战略思想博大精深，许多军事家和政治家都对战略问题有精深的研究，相关著作也浩如烟海。我国见之著录的兵书达2000余部，现存有500余部，其中许多谈到战略问题。总体看来，以《孙子兵法》、《三国演义》、《战国策》和《资治通鉴》最具有代表性。

在我国春秋时代，杰出的军事家孙武总结战争经验写成的《孙子兵法》，被誉为“兵学圣典”，蕴含着丰富的战略思想，至今仍在世界范围内有着广泛的影响。

《孙子兵法》作为世界上最有影响的古代战略理论著作，十三篇，五千余言，论述了战略问题的许多要素。《孙子兵法》把战略谋划与战略决策称为“庙算”；把“安国全军”作为最理想的战略目标；以“伐谋”、“伐交”、“攻城”作为可以依次选择的战略手段；以“道”、“天”、地”、

“将”、“法”作为战略力量的基本成分。《孙子兵法》强调计谋、战略和战术的重要性，指出“用兵之道，以计为首”、“计先定于内，而后兵出境”；强调周密的战略侦察与正确的战略判断在战略决策和战略指挥中的重要作用，指出“知彼知己，百战不殆；知天知地，胜乃不穷”。《孙子兵法》的论述蕴含着丰富的战略思想，在今天仍有重要的理论和现实意义，为企业战略管理的理论和实践提供了重要的指导和借鉴。

三国时代，诸葛亮向刘备提出的《隆中对》，是我国历史上军事战略系统分析的典范，是一个完整的战略规划，思路清晰、分析透彻、战略明确、措施得当，是我国古代战略思想的经典之作。《隆中对》的战略分析从以下多方面展开：

首先，诸葛亮指出：“自董卓造逆以来，天下豪杰并起”，这是对当时政治局势的总体分析和判断；接着，对刘备面临的主要竞争对手进行分析，得出应对策略，“曹操势不及袁绍，而竟能克绍者，非惟天时，抑亦人谋也。今操已拥百万之众，挟天子以令诸侯，此诚不可与争锋。孙权据有江东，已历三世，国险而民附，此可用为援而不可图也”。曹操在其发展过程中以弱胜强，战胜袁绍，足见其足智多谋，目前已经拥有百万之师，实力强大，而且挟天子以令诸侯，有合法的名分。这样强大的敌人目前不可与之正面交锋；孙权占据江东已经三代，地势险要，百姓拥护，目前只能作为合作伙伴，不可消灭。

其次，分析寻找立足点：“荆州北据汉、沔，利尽南海，东连吴会，西通巴、蜀，此用武之地，非其主不能守；是殆天所以资将军，将军岂有意乎？益州险塞，沃野千里，天府之国，高祖因之以成帝业；今刘璋暗弱，民殷国富，而不知存恤，智能之士，思得明君”。荆州与益州是进可攻退可守的军事要地，而且其主不能守，可以作为战略立足点。

再次，分析刘备自身的优势，“将军既帝室之胄，信义著于四海，总揽英雄，思贤如渴”。

最后，在综合对天下大势、竞争对手、潜在机会和自身条件分析的基础上，诸葛亮为刘备提出的战略目标是：近期战略目标是“先取荆州为家”；中期目标是“取西川建基业，以成鼎足之势”；长期战略目标是光复汉室，一统天下。同时还指出了战略实施要注意的内政、外交和结盟问题：“西和诸戎，南抚彝、越，外结孙权，内修政理”。

在西方，现代的“战略”一词“Strategy”源于公元前5世纪前后，希腊语里出现的“战略”一词“Strategos”，其原意是“将兵术”或“将道”，即“将军指挥军队的艺术”，希腊军事家赛诺冯约最先使用。进入19世纪末，西方的战略理论逐渐形成不同派别，其中的代表性人物及作品有：约米尼的《战争艺术》、克劳塞维茨的《战争论》、利德尔·哈特的《战略论》，以及杜黑的制空权理论、马汉的海上战略理论，等等。

《简明不列颠百科全书》中对“战略”的定义是：“在战争中利用军事手段达到战争目的的科学和艺术”；《韦氏新国际英语大词典》定义战略一词为“军事指挥官克敌制胜的科学与艺术”；《中国大百科全书·军事卷》给“战略”下的定义是：“指导战争全局的方略，即指导者为达到战争的政治目的，依据战争规律所制定和采取的准备和实施战争的方针、策略和方法”；《辞海》对战略一词的解释为“对战争全局的筹划和指挥”。

毛泽东曾指出：“战略问题是研究战争全局规律性的东西”；德国近代军事学家冯·克劳塞维茨在其名著《战争论》一书中指出：“战略是为了达到战争目的而对战斗的应用，因此战略必须为整个军事行动规定一个适应战斗目的的目标，也就是拟制战争计划，并且必须把达到这一目标的一系列行动同这一目标联系起来,也就是拟制各个战局的方案和部署其中的战斗。"

因此,无论东方、西方,"战略"总是导源于军事,意指"为将之道",其本意是对战争全局的筹划和指导。随着人类社会实践的发展,"战略"一词被引伸到政治领域,作为某政党、政府规定的一定历史时期内的全局性方针,包括在政治斗争中预定达到的主要目标和为此进行的部署和安排。随后,"战略"这个术语又广泛出现在社会经济领域。特别是20世纪50年代以来,社会经济活动日益复杂,对全局性、长远性的发展方向和指导思想的研究显得越来越重要。因此,社会经济发展战略逐步引起人们的重视。二战后,随着研究发展中国家经济发展问题的"发展经济学"的兴起,60年代出现了"发展战略"的概念和用语;随后,西方又将"战略"一词用于企业。这样,"战略"的概念已经有了多方面的扩延,出现了诸如世界战略、国家战略、地区战略以及政治战略、外交战略、经济战略、社会战略、能源战略、教育战略、科技战略、企业战略等术语和概念。

中外战略思想的悠久历史及丰富的理论与实践为企业战略的产生和发展提供了丰富的土壤和营养,尤其是博大精深的中国古代战略思想更是值得企业进行战略管理时学习和借鉴。但应当指出的是,将来自于军事、政治领域的战略思想应用于商战时一定要十分慎重,因为"军战"与"商战"尚有许多不同。军事战争往往是以摧毁乃至消灭竞争对手来赢得胜利,而商战是以创造价值赢得顾客的方式来战胜竞争对手,不一定也不必要置对手于死地;军事战略中讲究"兵不厌诈",使用欺诈、间谍等手段都是合理的,但商战中企业要遵循基本的社会道德规范,进行有序竞争,不能进行不正当竞争;军事战争中敌我双方总是处于绝对对立、不可调和的敌对状态,而商战中并不排斥乃至越来越提倡竞争对手之间的竞合互动、共同发展。

二、企业战略的概念与内涵

随着经济社会的发展和人类实践范围的扩大,"战略"一词开始被移植到政治、经济、科技、教育、外交和社会发展诸领域,其外延逐步扩大,内涵日益宽泛。最早把战略思想引进企业经营管理领域的是美国的管理学家切斯特·巴纳德,他在其代表作《经理的职能》(1938)一书中指出,企业是一个由物质、生物、个人和社会等多方面因素构成的综合系统,他运用了"战略因素"这一概念对企业诸因素及其相互影响进行分析以说明企业组织的决策机制,但该词的应用并不广泛。直到1965年美国管理学家安索夫(H. I. Ansoff)所著《企业战略》一书问世后,"企业战略"一词才开始广泛应用。

企业战略至今仍没有明确、统一的定义,学者们多角度的研究和探讨赋予了企业战略不同的含义。典型的观点可以分为两类:有的学者认为企业战略应包含企业的目的与目标,以及实现目的与目标的手段与途径;也有学者认为企业战略仅仅是实现企业目的与目标的方法和手段,而目的与目标本身是企业战略的前提,并不属于企业战略范畴。前者对企业战略的认识是广义的,而后者的理解是狭义的。这里整理了在企业战略理论与实践的发展过程中一些学者的代表性观点,读者可以从中获得对企业战略内涵多角度、多元化的理解。

1.早期战略观点

在20世纪60年代以前,企业战略理论尚处于萌芽时期,缺乏对企业战略概念的深层次探讨。到20世纪60年代,西方企业战略理论研究形成第一次浪潮,学派林立,方法多样,有"理论丛林”之称,企业战略概念相当流行。塞日尼克(P. Selznick)、钱德勒(A. D. Chandler)、安德鲁斯(K. R. Andrews)、安索夫等知名学者在他们的著作中都有不同程度的涉及。70年代,随着企业战略实践的发展和理论研究的深入,形成了关于企业战略本质的多种观点,可以大致归纳为以下四类。

(1)安德鲁斯的定义

美国哈佛商学院教授安德鲁斯认为,企业总体战略是一种决策模式,它确定和揭示了企业的目的和目标、企业应该从事的经营业务、企业的组织类型以及企业应对员工、顾客和社会做出的经济与非经济的贡献,同时提出实现目的和目标的重大方针与计划。安德鲁斯的战略定义是通过一种模式,把企业的目的、方针、政策和经营活动有机地结合起来,使企业形成自己的特殊战略属性和竞争优势,以便较容易地解决不确定环境中的企业发展问题。

(2)奎因(J. B. Quinn)的定义

美国达梯莱斯学院教授奎因认为,战略是一种模式或计划,它将一个组织的主要目的、政策与活动按照一定的顺序结合成一个紧密的整体。有效的正式战略包括三个基本因素:可以达到的最主要的目的(或目标);指导或约束经营活动的重要政策;可以在一定条件下实现预定目标的主要活动程序或项目。

企业战略的本质是在经营行动之前,根据企业内部条件和外部环境及其变化趋势,有意识地决定企业的目的与目标、方针与政策、活动或项目。完善的战略有助于企业根据自身的优势和劣势、环境的变化及竞争对手可能采取的行动而合理地配置自己的资源。

战略作为一种统一、综合、一体化的计划,不仅要处理可预见的事件,也要处理不可知的事件,为企业提供在各种情况下的备选方案。不管企业外部可能发生哪些不可预见的事件,企业战略都要为企业提供若干个实现目标的选择方案,以应付外部环境可能出现的例外情况。

大型组织里每一个有职权的管理层次都应有自己的战略。分战略必须在一定程度上或多或少地实现自我完善,并与其他的分战略相互沟通相互支持。

奎因与安德鲁斯的定义都将确立组织的目的与目标作为战略制定过程中不可缺少的部分,属于广义的战略定义。

(3)安索夫的定义

美国著名战略学家安索夫与安德鲁斯一样是企业战略理论第一次浪潮的代表人物,安索夫对企业战略理论的一大贡献是将企业战略分为总体战略和经营战略两大类型。在他看来,企业战略是一种关于企业经营性质的决策,总体战略决定企业该进入哪种类型的业务,而经营战略则在企业进入某种类型的经营业务以后,决定在这一领域里进行竞争与运行的方式和方法。

安索夫认为,企业制定战略时最重要的是根据产品系列的特性、技术、市场正确决定自己的经营性质。企业当前的产品和市场与未来的产品和市场之间存在着一种内在的联系,安索夫称之为“共同的经营主线”。通过分析“共同的经营主线”可以帮助企业正确把握方向,也可以运用这条主线来指导自己的内部管理。企业如果将自己的经营性质定义过宽,则会失去共同的经营主线,也就无法制定合适的战略。如一个企业自称为“交通运输企业”,便找不到共同的经营主线。因为,这类企业的经营范围会愈来愈广泛,如市内交通、城市间交通、空中运输、水上运输等;用户的范围相当广泛,如个人、家庭、企业等;产品范围也相当广泛,如汽车、火车、飞机等。这些变量可以形成无数个组合,产生无数条经营主线,使企业无所适从。当然,企业也不能将自己的经营性质定义过窄。许多企业在若干种不同的行业里从事生产经营活动,新的行业不断产生,行业界限也随着科技的发展而不断变化。所以,企业战略必须一方面能够指导企业的生产经营活动,另一方面能够为企业的发展提供空间。

安索夫的企业战略定义与安德鲁斯和奎因的不同,属于狭义的战略定义。

(4)明茨伯格(H. Mintzberg)的定义

加拿大麦吉尔大学教授明茨伯格对企业战略的定义有独到之处。他指出,人们在生产经营活动中不同的场合以不同的方式赋予企业战略不同的内涵,说明人们可以根据需要接受多样化的战略定义。在这种观点的基础上,明茨伯格借鉴市场营销学中的四要素(4P)的提法,提出企业战略是由五种规范的定义阐述的,即计划(Plan)、计策(Ploy)、模式(Pattern)、定位(Position)和观念(Perspective),这构成了企业战略的"5P"。这五个定义从不同角度对企业战略这一概念进行了阐述。

第一,战略是一种计划。是指战略是一种有意识、有预计、有组织的行动程序,是解决一个企业如何从现在的状态到达将来位置的问题。战略主要为企业提供发展方向和途径,包括一系列处理某种特定情况的方针政策,属于企业"行动之前的概念"。根据这个定义,战略具有两个本质属性:战略是在企业发生经营活动之前制定的,以备人们使用;战略是作为一种计划写进企业正式文件中的,当然不排除有些不公开的、只为少数人了解的企业战略。

第二,战略是一种计策。是指战略不仅仅是行动之前的计划,还可以在特定的环境下成为行动过程中的手段和策略,一种在竞争博弈中威胁和战胜竞争对手的工具。例如,得知竞争对手想要扩大生产能力时,企业便提出自己的战略是扩大厂房面积和生产能力。由于该企业资金雄厚、产品质量优异,竞争对手自知无力竞争,便会放弃扩大生产能力的设想。然而,一旦对手放弃了原计划,企业却并不一定要将扩大能力的战略付诸实施。因此,这种战略只能称为一种威胁竞争对手的计策。

第三,战略是一种模式。是指战略可以体现为企业一系列的具体行动和现实结果,而不仅仅是行动前的计划或手段。即,无论企业是否事先制定了战略,只要有具体的经营行为,就是事实上的战略。如福特汽车公司总裁亨利·福特要求"T型"福特汽车漆成黑色的行为,就可以理解为一种战略。企业行为模式是在历史中形成的,因此,在制定企业战略过程中就必须了解企业发展史,在选择战略时要充分考虑并尊重企业原有的行为模式,因为它会在很大程度上决定企业未来战略的选择和战略实施的有效性。若要改变企业的行为模式,首先必须充分认识到推行这种变革的难度。

明茨伯格认为,战略作为计划或模式的两种定义是相互独立的。实践中,计划往往没有实施,而模式却可能在事先并未计划的情况下形成。因此,战略可能是人类行为的结果,而不是设计的结果。因此,定义为"计划"的战略是设计的战略,而定义为"模式"的战略是已实现的战略,战略实际上是一种从计划向实现流动的结果。那些不能实现的战略在战略设计结束之后,通过一个单独的渠道消失,脱离准备实施战略的渠道。而准备实施的战略与自发的战略则通过各自的渠道,流向已实现的战略。这是一种动态的战略观点,它将整个战略看成是一种"行为流"的运动过程，如图1-1所示。

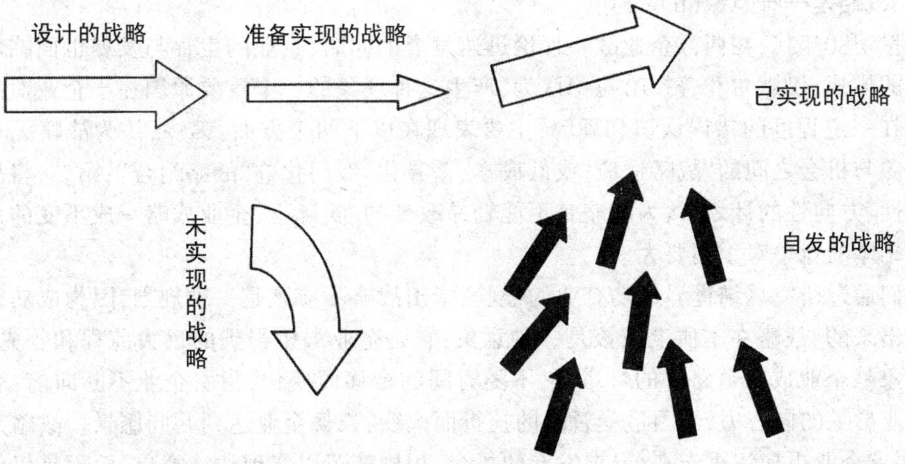

图1-1 战略的形式

第四，战略是一种定位。是指战略是一个组织在其所处环境中的位置，对企业而言就是确定自己在市场中的位置。企业战略涉及的领域很广，可以包括产品生产过程、顾客与市场、企业的社会责任与自我利益等任何经营活动及行为。但最重要的是，制定战略时应充分考虑到外部环境，尤其是行业竞争结构对企业行为和效益的影响，确定自己在行业中的地位和达到该地位所应采取的各种措施。把战略看成一种定位就是要通过正确地配置企业资源，形成有力的竞争优势。

第五，战略是一种观念。是指战略表达了企业对客观世界固有的认知方式，体现了企业对环境的价值取向和组织中人们对客观世界固有的看法，进而反映了企业战略决策者的价值观念。企业战略决策者在对企业外部环境及内部条件进行分析后作出的主观判断就是战略，因此，战略是主观而不是客观的产物。当企业战略决策者的主观判断符合企业内外部环境的实际情况时所制定的战略就是正确的；反之，当其主观判断不符合环境现实时，企业战略就是错误的。

战略是一种观念的定义，强调了战略的抽象性，其实质在于，同价值观、文化和理想等精神内容为组织成员所共有一样，战略观念要通过组织成员的期望和行为而形成共享，个人的期望和行为是通过集体的期望和行为反映出来的。因此，研究一个组织的战略，要了解和掌握该组织的期望如何在成员间分享，以及如何在共同一致的基础上采取行动。

早期的战略观具有以下共同点：认为战略需在企业经营活动发生之前制定，以指导企业经营行为；战略需有意识、有目的地开发，以明确企业的经营方向和领域；战略制定的出发点是企业内部条件，这隐含着企业发展具有无限空间；战略制定一般是企业高层经理人员的工作，较少涉及中下层人员。

2.20世纪80年代以来的战略观点

20世纪80年代以来，企业战略各种学派经过交叉影响，融合分化，形成了对企业竞争与发展极具影响的三大战略学派，进一步完善了企业战略理论体系。这一时期的战略观点主要有以下四类。

（1）战略是一种意象（Intent）

20世纪80年代，在西方企业战略理论迅速发展的同时，企业的生存与发展也面临着越来越严峻的挑战。汉默尔和普拉哈拉德认为，产生这种现象的一个重要原因在于企业对战略的概念存在一定程度的错误认识和理解，主要表现在以下两个方面：第一，认为战略无非是指介于资源与机会之间的"战略适应"或低成本、差异化、专门化的"战略组合"；第二，将战略看作长期性、方向性的计划，认为战略是不能轻易改变的。实际上，企业战略一成不变的危险性比实力雄厚的竞争对手还要大。

他们通过研究总结世界成功企业的经验，指出战略不应该是一种规划，因为成功企业不是规划出来的，战略在本质上应该是一种意象，它是企业渴望得到的远大前程和领先地位。战略意象是企业成功道路上的灯塔，它不随时间的推移而变化，指引企业不断向前；它可以凝聚企业员工的向心力，不因遭受暂时的挫折而改变，鼓舞企业达到共同愿景。战略是一种意象，要求企业更加注重未来，寻求发展的机会，积极变革以实现战略意象，而不是仅仅着眼现在，解决眼前的急迫问题，或只在现实的基础上作出简单的调整。需要强调的是，战略意象并不要求企业关注资源能力与外部机会的匹配，相反，它往往超越于现有资源和能力之上，要求企业必须更加具有创造力，能够最大限度地利用现有资源和能力实现战略意象，包括"杠杆式运用资源"、"战略性资源外取"、"创新型竞争发展"等。从这个意义上说，战略的实质是突破和创新，而不是守旧和模仿，要以比竞争者模仿企业现有优势更快的速度，创建企业未来的竞争优势。

（2）战略是一种选择（Choice）

哈佛商学院的波特教授认为，企业战略的目标是为了使企业获得成功，能否成功取决于企业是否拥有一个有价值的竞争地位，而有价值的竞争地位来源于企业相对于竞争对手的持续竞争优势。竞争优势有两种基本类型：成本优势和特色优势，因此，企业战略的一个中心内容就是选择哪种类型的竞争优势。另外，竞争优势必须在一定的竞争范围（包括产品、顾客、地域等）中确立，竞争范围的选择也是企业战略的一个中心内容。由于不同类型的竞争优势及竞争范围存在着逻辑上的冲突，需要企业进行正确的选择。因此，企业战略的本质在于它是一种选择。

后来，波特进一步丰富了这一观点。他认为，企业战略包括三个层面的问题。首先，战略是定位（Positioning）。战略建立在独特的经营活动之上，定位的目的在于创造一个独特的、有价值的、涉及不同系列经营活动的地位，从本质上讲，战略就是选择与竞争对手不同的经营活动。定位可以有三种方式：产品或服务多样化战略定位、顾客需求战略定位、进入式战略定位。其次，战略是取舍（Trade-offs）。选择独特的定位还不足以保证企业获得持续成功，企业需要决定其经营业务范围，这就涉及取舍。从本质上讲，战略就是选择从事哪些经营业务而不从事哪些经营业务。取舍也有三种类型：定位转型、业务演变和内部变革。其三，战略是匹配（Fit）。一个战略的成功取决于许多方面和环节，保持它们的相互匹配至关重要。匹配也有三种类型：各种经营活动与企业总体战略之间的匹配、企业的产品或服务与相关产品或服务之间的匹配、经营方向与经营方法之间的匹配。总之，无论是定位、取舍，还是匹配，这三个层面问题的核心仍然是选择,选择的目的在于构造特色,而特色就是竞争优势的重要来源。

(3)战略是一种革命(Revolution)

1996年,汉默尔通过多年的考察与研究,把公司分为三种类型:规则制定者、规则接受者、规则破坏者。规则制定者大都是寡头垄断集团,是该行业的市场领导者,享受着市场领先优势。规则接受者是指“臣服”于寡头的市场跟随者,不得不忍受必须紧跟不断变化的规则的痛苦。规则破坏者一般是新兴企业,他们作为挑战、反抗、革命者,既不受传统束缚又没有对先驱者的敬畏。汉默尔认为,随着市场竞争日益加剧、顾客需求不断改变、科学技术飞速发展、产业革命周期越来越短,企业应当积极寻找产业革命的机会,并努力成为先行者,如果墨守成规,不思进取,将会为此付出沉重代价。因此,他认为战略是一种革命。

他为愿意或希望成为产业革命者的企业提供了十项原则:战略计划不是战略;战略制定必须有突破性;产业革命的阻碍来自企业高层;每个公司都有革命者;问题不在于变革而在于支持;战略制定必须是民主的;任何人都可以成为战略执行的积极分子;洞察力是十分可贵的;自上而下或自下而上不是战略制定过程中相互替代、非此即彼的两种方式,而应是两者的结合;不要指望从一开始就看到结局。他还为产业革命提出了九种可选途径,这就是:通过从根本上改进价值等式、将职能与形式分开、从使用中获得快乐这三种途径,重新构想一种产品或服务;通过向外扩大适用性边界、为个性化而努力、日益增长的可获性这三种途径,重新界定市场空间范围;通过调整产业布局、压缩供应链、推动聚合这三种途径,重新划分产业界限。

(4)战略是一种过程(Process)

1999年,明茨伯格和兰培尔(J. Lampel)指出,伴随着企业战略理论的繁荣和发展,出现了众多的战略理论学派,事实上也表明人们在研究和探索企业战略时存在着一定程度的盲目性。众多战略理论学派的并存,使企业战略实践者感到莫衷一是,无所适从。他们认为,企业战略本质上是一种过程,处于不同生存与发展阶段的企业,对企业目标、自身实力和环境变化会有不同的认识和反应,而不同学派的理论观点正好能够解释这种不同层面的问题。所以,实际战略制定过程正好是上述诸种学派不同形式的组合,任何一种学派都不可能单独成为指导企业战略制定与实施的定律和原则。

20世纪80年代的企业战略观有这样一些特点:第一,战略制定的出发点和目标通常是通过打击或消灭竞争对手,获得和保持竞争优势,促进企业的生存与发展;第二,战略制定通常都要考虑企业内部条件和外部环境因素,只是侧重点不尽相同,有的强调战略的环境适应性,有的强调战略的能动作用性;第三,战略制定大都强调动态性,不再把战略看成是“行动之前的概念”,而把它视为企业与环境相互作用的过程,有时甚至把战略视为企业经营行动的自然结果。

因此,综合以上观点,我们认为,企业战略就是企业未来生存发展的长期目标以及实现该目标的途径和手段的总和。这里对企业战略的理解是广义的,即企业战略的内涵首先包括企业的长期目标,确定企业生存发展的长期目标本身就是一种战略行为;其次,如何实现企业的长期目标是企业战略的又一主要内容,所有能够实现战略目标的途径和手段都是企业战略不可分割的组成部分。

三、企业战略与相关概念的辨析

实际应用中，企业战略的概念经常与其他一些相关概念发生混淆，因此，需要进行简单的辨析。

1.企业战略与战术(策略)的区别

企业战略不同于战术(策略)，它们之间既有密切联系，又有明显区别。一般来说，战略与战术(策略)主要是全局与局部、目的与手段的关系。战略是企业的最终目标及对达到目标的手段和途径的总体谋划，是关于企业全局性、长远性、根本性的重大决策。而战术(策略)是指为达到战略目标所采取的具体行动，是为实现战略任务而采取的手段，它具有局部性和暂时性等特征。

一般来讲，先有战略，后有战术(策略)，战术(策略)必须服从和服务于战略。战略高于战术(策略)并统驭和指导战术(策略)的实施，而战术(策略)必须服从和支持战略的要求。

2.企业战略与规划、计划的区别

从广义来讲，战略、规划、计划都是对未来的筹划，从管理的职能上看，都可归于"计划"范畴。国外也往往采用广义的计划概念，只是按时间区分为短期计划(1年以下)、中期计划(3~5年)和长期计划(5年以上)。

从狭义来讲，战略、规划、计划既有联系，又有区别。战略是规划和计划的灵魂，规划和计划必须体现既定的战略。战略是规划的基础，规划又是计划的基础，应当先有战略，再有规划，再订计划，使其成为可以布置、可以检查的具体行动方案。从这个意义上来讲，规划和计划是战略的继续、深入和细化。

从实施的范围看，企业战略是全面的，企业规划和计划可以是全面的，也可以是局部的；从实施的时间看，企业战略是长期的，企业规划一般是中期的，也可以是长期的，企业计划是短期的；从实施的内容看，企业战略是原则性的，包括许多事先难以确定的因素，企业规划是轮廓性的或粗线条的，企业计划是细线条的，具有具体性、稳定性和可操作性，是一种明确而细致的行动安排，所包含的不确定因素相应也少得多；从实施的方法看，企业战略是以定性为主，企业规划是定性与定量并重，企业计划则以定量为主。

第二节　企业战略管理概述

企业战略管理是企业找到并实现未来生存与发展的位置、途径和方式的动态管理行为。战略管理要帮助企业回答和解决生存意义、未来定位和产业范围等重大问题，确定企业未来生存发展的正确方向，对企业优化资源配置、提高经济效益、强化凝聚力、提高工作效率、与社会和谐发展有着重要意义和作用。

一、企业战略管理的概念与内涵

从"战略管理之父"安索夫于1972年在《企业经营政策》杂志上发表《战略管理思想》一

文，正式提出“战略管理”概念至今，学者们对企业战略管理的概念进行了多方探讨，提出了许多有价值的观念。

安索夫认为，企业战略管理是将企业日常业务决策同长期计划决策相结合而形成的一系列经营管理业务。企业战略管理是对企业战略的设计、选择、控制和实施，直至达到预期总目标的全过程。从安索夫的定义中我们明显看到了从计划角度对企业战略管理的理解。

弗雷德·R·戴维(Fred. R. David)[美]认为，战略管理就是制定、实施和评价使组织能够达到其目标的、跨功能决策的艺术与科学。该定义指出战略管理是一种跨功能的决策，突出了战略管理活动的跨功能性以及知识的综合性和交叉性；同时，在战略管理的艺术性与科学性这两种属性中，特别突出了战略管理的艺术性。

我国学者也从不同角度对企业战略管理进行了定义，如：企业战略管理就是企业确定其使命，根据组织外部环境和内部条件设定企业的目标，为保证目标的正确落实和实现进行谋划，并依靠企业内部能力将这种谋划和决策付诸实施，以及在实施过程中进行控制的一个动态管理过程；企业战略管理就是企业为求得生存和长期稳健发展，对企业的发展目标、实现目标的途径和手段的总体谋划。

浙江大学项保华教授认为，企业战略是关于企业作为整体如何运行的根本指导思想，它是对处于动态变化的内外环境之中的企业当前及未来将如何行动的一种总体表述。战略的中心问题是企业的成长方向与自然演化。而战略管理就是研究如何让人愉快高效地做正确的事。简而言之，战略管理=方向正确+运作高效+心情舒畅。该定义极度简练地指出了战略管理的核心问题，即首先为企业未来的生存与发展找到正确的方向，即确定企业要做的“正确的事”，其次是让员工心情舒畅、愉快高效地工作，将“正确的事”“做正确”，体现了战略管理中的人本思想。同时，该定义也突出了战略管理与其他职能管理学科的本质差别，即，战略管理研究的首要问题是找到“正确的事”，而其他职能管理学科研究的是，如何“把事做正确”，这里的“事”就是在战略管理中已经找到的“正确的事”，也就是企业的战略。对任何企业来说，找到自己应该去做的“正确的事”都是其经营管理的首要任务，如果企业所做的不是“正确的事”，那么，错误的事无论做得多好，方向都是错的，甚至做得越好，错误越严重。例如，一个不具备多元化经营能力的企业错误地进行了多元化，那么，它在多元化上投入的资源越多、进入的领域越广就越危险，距离失败也就越近。

综合国内外学者的观点，我们认为，企业战略管理就是企业找到并实现未来生存与发展的位置、途径和方式的动态管理行为。该定义有以下含义：

首先，企业战略就是企业未来生存与发展的位置、途径和方式。“位置”就是企业的使命和愿景，是企业要在整个社会经济系统中所要扮演的角色，是其最终的战略目标；“途径和方式”就是企业实现其战略目标，完成其使命的路径和手段，这三方面是企业战略的核心内容，而面向未来求生存、谋发展就是企业战略的最终目的。

其次，企业战略管理就是要为企业确定战略目标并沿着一定的途径，采用一定的方式将其付诸实践，加以实现。“找到”该位置、途径和方式就是通过对企业内外部环境的分析来制定战略，而“实现”就是对战略的执行，使企业战略付诸实施，成为现实。

最后，企业战略管理是一个动态的管理行为。这种管理方式的特点是，指导企业全部活动的是企业战略,全部管理活动的重点是制定和实施战略。而制定和实施战略的关键都在于对企业外部环境的变化进行分析,对企业内部的资源和能力进行审视,并以此为前提确定企业的战略目标,使三者之间达到动态平衡。战略管理的任务,就在于通过战略制定、实施和控制,在保持这种动态平衡的条件下,实现企业的战略目标。战略管理不是静态的、一次性的管理,而是一种循环往复的动态管理过程。它需要根据外部环境的变化、企业内部条件的改变,以及战略执行结果的反馈信息等,而重复进行新一轮战略管理过程,是不间断的管理。

因此,企业战略回答的是企业作为整体为什么能够得到社会的回报从而长期存在下去的根本性问题,而战略管理研究的就是如何形成、选择、实施企业战略,并通过对实施过程及结果的评价与控制来确保企业目标的有效实现。战略管理不仅涉及战略的制定和规划,也包括将制定出的战略付诸实施并动态调整的全部过程,企业所有员工的所有工作都是围绕着战略的制定与实施展开的,所以我们说战略管理是企业管理的主线,是全员、全过程、全方位的管理。

二、企业战略管理的基本问题

企业战略管理必须回答六个基本问题,包括三个大问题和三个小问题,三个大问题是:我是谁(Who)?到哪儿去(Where)?如何去(How)?这三个问题具有哲学意味,体现了企业的最终目标。要回答这三个问题,就要对企业作出动态、整体的思考,从根本上阐明企业的经营现状、未来目标与存在意义。

"我是谁?"即"我们的企业是一个什么样的企业?它将是一个什么样的企业?它应当成为一个什么样的企业?"也就是说,企业战略必须确定企业的使命和目标,确定企业所承担的责任与角色,明确企业的现状和前途。

"到哪儿去?"就是"我们的企业要实现什么样的目标?"即确定企业经营管理活动的预期成果。通过企业战略目标的设置,就可以确定企业目标和经营活动的轻重缓急,预期企业经营活动所应达到的标准,以及预测企业实施既定的经营活动后可能实现的经营成果。

"如何去?"就是"怎样实现企业的目标?"即寻求实现企业战略目标的途径和方式。实际上就是为了实现战略目标,对企业的一切活动进行有效的管理。回答了这个问题,也就明确了企业在市场中确立竞争优势,在市场竞争中取胜的战略措施。

战略管理的三个小问题是:企业的业务是什么?企业的业务应该是什么?为什么?这三个问题是围绕着企业的业务范围展开的,和前三个问题相比,属于比较微观的层面。

企业的业务是什么?要回答这一问题,需要说明企业目前到底在做什么事业?进入了哪些业务领域?引发企业对现状的思考。清楚地认识目前的状况是制定企业战略的出发点,一个不知道自己当前处于什么地位以及正在做什么的企业是很难确定其未来的方向的。

企业的业务应该是什么?要回答这个问题,需要说明企业未来要做什么事?要进入哪些业务领域?从而引发对目标的思考。一个不清楚自己未来应处于什么地位以及该做什么的企业,是很难确定其前进的路线和具体时间安排的。

为什么?要回答这一问题,需要说明企业对于当前业务与目标业务描述的根据是什么,从而引发对于企业存在理由,即企业使命的思考。对企业使命的清晰理解和认识是制定战略的核心问题。一个没有真正弄清自身存在理由的企业是很难长期生存及进化发展的。

总而言之,企业战略管理的基本问题就是要明确企业现在在做什么,确定企业将来要做什么,以及应当如何去做。思考和回答这些问题会帮助企业明确自身存在的目的、活动的范围与奋斗的方向,使企业家可以正确设置企业的战略目标,确立企业各项工作的轻重缓急,明确取得特定经营成果的途径和手段,使企业避免偏离既定方向的无目的行为。由此可见,企业战略是企业在其经营环境中确立市场地位和对企业各项经营活动实行综合管理的行动计划,是企业家采用创造性竞争手段的指导方针,是引导企业达到预定目的的导航图。而战略管理就是要把这个计划付诸实施,使企业沿着导航图前进,到达目的地,获得成功。

三、企业战略管理的作用

企业管理学理论与实践的发展从职能管理走向战略管理是现代企业管理的一次飞跃,它对企业的长期生存与发展具有极其重大的意义。正因为如此,从20世纪70年代中期开始,以美国为代表的西方发达国家的大中型企业越来越多地建立了正式的战略管理组织机构,实行战略管理。许多小企业也开始进行战略管理,并取得了很好的效果。战略管理作为一种新的企业管理方式或思想之所以受到人们的青睐,是因为它具有以下几方面的作用:

1.战略管理能帮助企业找到未来生存与发展的正确方向

战略作为企业的重大决策,直接关系到企业的兴衰,战略方向选择的正确与否,是决定企业经营成败的关键。正如美国未来学家托夫勒所说的那样:“如果对于将来没有一个长期明确的方向,对本企业的未来形势没有一个实在的指导方针,不管企业的规模多大,地位多稳定,都将在新的革命性的技术和经济的大变革中失去生存条件。”由于战略管理将企业的成长和发展纳入了变化的环境之中,以未来的环境变化趋势作为决策的基础,使企业管理者重视对经营环境和自身资源能力的研究,从而正确地确定公司未来生存与发展的方向,更好地把握外部环境所提供的机会,增强企业经营活动对外部环境的适应性,使二者达到最佳的结合。

2.战略管理有助于企业优化资源配置,提高经济效益

企业战略是企业编制经营计划和制定经营政策的依据,也决定了企业资源配置的标准和原则。战略的制定与实施把经营计划的执行与控制结合在一起,兼顾了近期目标(或作业性目标)与长远目标(战略性目标),将总体战略目标和局部战术目标统一起来,目标的明确和统一使企业在分配有限的资源时有了基本的标准和方向,兼顾了企业的短期利益和长远利益,有利于充分发挥企业各种资源的作用并产生协同效应,避免重复投资、盲目投资和无效投资,最终使企业经济效益得到提高。

多位学者的实证研究都证明了战略管理对提高企业经济效益的巨大作用和意义。1970年,桑恩(Thune)和豪斯(House)首先研究了战略管理与经济效益的关系。他们历时7年对石油、食品、医药、钢铁、化工和机械等6个不同行业的36家(18对)大中型企业运用战略管理的情况进行了比较研究,每一对企业都包括一家进行了正式战略规划的企业与一家没有进行正式战略规划的企业作为对比。经过研究,他们发现在所有的行业中,进行了正式战略管理的企业在投资收益率、股权资本收益率和每股收益等财务指标上都明显地好于没有正式战略规划的企业。同时他们还发现,企业采取正式的战略规划以后,其经济效益要比没有战略

规划时有较大幅度的改善。哈罗德又用了4年时间专题研究了桑恩和豪斯所涉及的医药和化工行业,其研究结论又一次证明了桑恩、豪斯结论的正确性,而且指出有正式战略规划的企业与无正式战略规划的企业在经济效益上的差别在不断扩大。

1970年安索夫等人曾研究过1947年至1966年间战略规划对93宗美国大型企业兼并和收购成功率的影响。他们发现,在资产、销售、价格和收益等方面,样本中进行正式战略规划的企业都显著地超过了非正式战略规划企业。总体看来,正式战略规划企业较非正式战略规划企业较好地预见了未来的发展,大大地降低了兼并活动所带来的不确定性。

以上的研究多是以大型企业为研究对象。但在1982年,罗宾逊用三年的时间研究了101家小型的零售、服务和制造企业。其研究报告指出,在销售、利润和生产率上,有战略规划的小型企业要比没有战略规划的企业在经济效益上有显著改善和提高。

总之,不断有研究证明,企业采用战略管理的思想和方法进行管理会显著提高经济效益,增强企业生存与发展的能力。

3.战略管理是企业管理的主程序

企业战略是企业日常生产经营活动的总纲领,企业战略管理不仅包括战略分析与制定,而且将战略实施与控制作为其重要组成部分,这就使战略管理将企业所有的经营管理工作都囊括其中。企业上下所有部门和员工的所有工作都不过是在不同层面上对企业战略的执行和落实,因此,我们可以说:企业无小事,事事皆战略。特别是在战略实施过程中,要根据环境的变化对战略进行不断的评价和修改,使企业战略不断得到完善,也使战略管理本身得到不断提高。这种循环往复的过程,更加突出了战略管理在企业实践中的主导作用。

从理论上来看,战略管理的理论框架为企业经营管理提供了主导性的思维方法和工作框架,各职能管理学科的知识都通过战略管理的基本框架整合在一起,如对企业内部资源能力进行的各种分析以及制定职能战略就要用到财务管理、营销管理、生产管理等职能管理领域的知识。企业战略制定后,各层次和职能部门都要制定各自的战略并采用各职能管理领域的知识来加以执行。因此,战略管理是企业经营管理的主线,战略管理的框架和方法提供了企业经营管理的主程序,它通过对各职能管理子程序的协调和调用来实现企业的经营管理,推动企业发展和进步。

4.战略管理有助于强化企业凝聚力,提高工作效率

通过实施战略管理,特别是吸收员工参与制定企业战略,不仅使企业明确了自身的使命、愿景和目标,更使企业全体员工了解了企业当前和未来面临的经营形势、进一步发展应解决的重大问题及今后的发展目标和措施、各部门应完成的任务、各员工应担负的责任及员工个人在企业发展过程中可能获得的成长和利益。实践经验表明,企业如果在战略制定过程中能够达到这些目标,使员工了解上述信息,将显著增强企业的凝聚力和士气,使员工提高工作主动性,增强责任感,积极性、创造性和工作效率明显提高,战略管理成效明显。罗克韦尔国际公司(Rockwell International)的主要领导人说:“我确信,对于进行有效的战略管理来说,最基本的条件是企业各个层级的雇员都掌握足够的信息。我们要求各个业务部门都要向自己的每位雇员告知企业的产品计划、发展方向、经营目标、实现这一目标的进展及我们的用户和竞争者的状况。”

5.战略管理有助于企业与社会和谐发展

企业进行战略管理必须制定企业使命,必然要求企业思考和明确其社会责任、处理与各种利益团体关系的行为准则、树立怎样的企业形象、在哪些方面应满足社会的需求,所以实施战略管理有助于企业从社会的角度来审视自身,在满足社会需求和履行社会责任的基础上,建立自身和社会共同发展的和谐关系。

除上述作用外,战略管理还对企业日常的经营管理具有有效的推动作用。格林利(Greenley)列举了战略管理在经营管理方面的14项作用:使人们认识、重视和利用机会;使人们客观地看待管理问题;加强对企业活动的协调与控制;将个别条件和变化的作用降至最小;使重要决策更好地支持已树立的目标;使时间和资源更有效地分配于已确定的目标;使企业将更少的资源和时间用于纠正错误或专项决策;建立了企业内部人际沟通的环境与条件;将个人的行为综合为整体的努力;为明确个人的责任提供了基础;鼓励超前性思维;提供了对待问题和机会的合作的、综合的工作方法和积极的工作态度;鼓励对变化采取积极的态度;加强了企业管理的纪律和正规化。

归纳起来,企业战略管理的作用就是提高企业生存发展能力,帮助企业获得成功。

四、企业战略管理的特征

企业战略管理作为企业经营管理活动的主线,是企业经营活动的最高纲领和最终目标,具有以下特征:

1.适应性

适应环境是企业战略管理的必然特点和内在要求。企业在特定环境中存在,环境为企业提供了生产经营所需的资源和要素,规定了企业的活动范围和发展空间,从各个方面影响着企业经营的每个环节,企业只有适应环境才能在环境中生存发展。企业战略是企业进行战略环境分析的产物,如果内外部环境的确发生了较大的变化,企业战略也就必须随之进行调整,脱离现实环境的战略如空中楼阁,是不可能成功的。虽然企业可以发挥其主观能动性,在一定的范围和程度上影响甚至改造环境,但这种影响和改造是相对的,任何企业都没有无限度改造环境的能力,因此,企业战略管理对环境的适应性是战略管理的基本前提之一。

2.全局性

企业战略管理要符合整个世界和所在国的政治经济、社会文化、科学技术的发展趋势,也要符合企业所在行业及本企业的发展趋势。企业战略就是企业发展的蓝图,是对企业的未来经营方向和目标的纲领性规划和设计,是以企业的全局为对象,根据企业内外部环境的发展趋势和企业总体发展的需要而制定的,对企业经营管理的所有方面都具有普遍的、全面的、权威的指导意义。制定战略必须以战略分析为基础,既要分析企业内部的优势和劣势,又要分析企业外部的威胁和机会,把各方面的分析综合起来才能形成制定企业战略的可靠基础,如果没有全局思想就谈不上企业战略。

战略管理的对象是企业的总体活动,追求的是企业的整体发展。企业局部的经营管理活动是作为总体活动的有机组成部分在战略管理中出现的,战略管理并不强调企业某一事业部或某一职能部门的重要性,而是通过制定企业的使命、目标和战略来协调企业各部门的活动。在评价和控制过程中，战略管理重视的不是各个事业部和职能部门自身的表现，而是它们对实现企业使命、目标、战略的贡献大小。这都使得战略管理具有全局性的特点。

3.未来性

企业战略管理是面向未来的，是为了寻找并实现企业未来的战略目标而进行的管理活动。在迅速变化的竞争性环境中，企业要取得成功必须积极面对未来的变化，企业战略是决策者在分析企业外部环境及内部条件的历史与现状的基础上，对其变化趋势进行预测的基础上制定的，优秀的战略往往是预测准确的战略，这样的战略才能使企业适应环境发展变化的趋势，获得经营的成功。

4.长远性

从时间上来看，战略管理具有长远性。战略决策是对企业未来较长时期(3~5年甚至更长远)内的生存和发展问题进行统筹规划，企业战略通常着眼于未来的目标。虽然这种决策以企业外部环境和内部条件的当前和历史情况为出发点，并且对企业当前的生产经营活动有指导、限制作用，但这一切都是为了更长远的发展，是长期发展的起步。

企业战略管理的长期性表现在三个方面：目标的长期性、环境的长期性和措施的长期性。战略管理反对短期化行为，在长远利益与短期利益发生冲突时，要着眼于企业的未来，自觉地放弃无助于企业长远发展的短期利益而谋求企业长远的目标。同时，战略实施的成效也要以长远利益来衡量。

5.指导性

企业战略规定了企业在一定时期内的发展目标以及实现这一目标的基本途径和手段。它指导和激励着企业全体员工努力工作，一经制定，企业上下就要为实现战略而努力。战略管理是企业管理的主线，对企业各方面的工作都具有指导意义，企业各层级、各部门的各项职能管理工作都要在企业战略的指导下来进行，这才能使企业各项经营活动不偏离企业的战略目标。

6.风险性

企业战略是对企业未来发展的谋划，随着科学技术及国内外经济、社会发展变化速度越来越快，企业战略环境的动态性不断增强，不确定因素不断增多，许多事物具有不可预测性，使企业的战略环境总是处于不确定和变幻莫测的趋势之中，因此，任何企业战略的制定和实施都具有一定的风险性，这是在制定及实施战略时必须充分估计到的。

7.竞争性

战略管理是为适应市场的需要而产生的，企业战略是为了培育和增强企业的竞争优势而制定的，其目的就是使企业能在激烈的市场竞争中发展壮大自己，使其在与对手争夺市场和资源的竞争中占有相对的优势；其作用在于通过密切注视市场竞争态势和企业自身的相对竞争地位，抓住机遇，迎接挑战，发挥优势，克服弱点，以求在“商战”中克敌制胜，保障企业的生存和发展。因此，竞争性是企业战略的本质特征之一。

8.复杂性

企业战略管理的复杂性表现在两个方面：其一，企业战略的制定是企业战略决策者认知结构和价值观念的反映，是一种高智慧、综合性的复杂脑力劳动，是一种非程序性和不确定性决策，往往是集体决策的结果。在战略制定过程中要对企业内外部环境进行全面详尽的分析和研究，要靠战略咨询专家及企业高层领导团队的政治敏感、远见卓识、捕捉机遇、战略技巧的有机组合才能制定出优秀的战略，其制定过程是非常复杂的。

其二，企业战略的实施和控制是非常复杂的。新战略的贯彻实施往往涉及企业产品结构、组织机构、人事安排的调整，关系到员工的切身利益和企业内的权力再分配。实际上，企业战略实施往往是企业内部高层领导者政治权力平衡的结果，因此，企业的战略决策者如果没有坚定的决心和高超的领导管理能力，即使优秀的企业战略也未必能有效执行。因此，战略的贯彻实施也是非常复杂的。

9.不精确性

由于企业战略环境的复杂性，对影响企业战略的诸多环境因素很难全部进行精确的量化计算和分析，使得战略决策者必须大量借助创造性思维和直觉思维进行决策。面对同样的战略环境，由于决策者的思维方式、价值观念和个性特征的差异，可能得出完全不同的判断，进而制定出完全不同的战略，在没有实施之前又很难作出孰是孰非的评判。加之企业战略分析与决策受到时间和信息不完备的限制，往往只能在可取得的信息及时间许可的范围内寻求令人满意的方案，即较优方案(可能不是理论上的最优方案)。此外，战略管理过程除受到理性因素的影响，还受到大量非理性因素(如组织结构和人的行为因素)的制约，所涉及的诸多复杂因素中相当多的因素是不确定的。因此，战略问题一般都是不精确的，是很难给出最优方案或标准答案的。

10.艺术性

企业战略管理既是一门科学，又是一门艺术。其科学性体现在战略管理理论较好地解释了企业生存发展的客观规律，能够指导企业长期经营发展的实践。从战略管理发展史中的大量理论研究与企业实践，从战略分析与制定的各种方法和工具中我们都可以看到战略管理科学性的一面。

但是，战略管理是一门综合性的学科，其学科特点决定了其艺术性远远高于科学性。首先，战略管理要解决的问题是让企业在不确定的未来环境中获得长期生存与发展，环境变化的不确定性和环境因素的复杂性、变动性使得战略管理异常复杂、难以精确，必须由战略决策者创造性地运用战略管理思想和方法来进行决策和执行。其次，在战略管理的理论和实践中，人们在不断摸索和创造更加科学的战略分析、制定、实施和控制方法，但这些方法的科学性都是相对的，同样的方法由不同的战略决策者来运用会产生截然不同的效果，能否获得战略管理的成功更多取决于战略决策者对这些方法艺术性的运用。因此，从古希腊战略一词的含义，到当代战略学家的相关论述都能看出，战略管理更多具有艺术性的特点。

五、企业战略管理的原则

加拿大学者斯蒂格利茨在实证研究的基础上提出，成功的战略管理必须遵循以下五大原则。

1.适应环境原则

实施战略管理要求企业随时监视和扫描内外部环境的动态变化，细致分析机会与威胁的存在方式和影响程度,以便正确制定恰当的战略和及时修订现行的战略。成功的企业战略重视企业与环境的互动关系,使企业能够适应、利用甚至影响环境的变化。因此,适应环境是企业战略管理的基本前提和基础。

2.整体最优原则

战略管理将企业看作一个不可分割的整体,以整体和全局的观点来管理企业,它不强调企业某个战略业务单元 (strategic business unit, SBU) 或某个职能部门(functional department, FD)的重要性,而是强调通过制定企业的使命、愿景和目标来协调、统一各部门、单位的活动,使之形成合力,提高企业整体的优化程度,获得企业整体的成功。

3.全程管理原则

成功的战略管理要求将战略的制定、实施、控制和调整作为一个完整一体的过程来加以管理,不可忽视其中任一阶段,以确保战略的权威性、一贯性和高效性,确保企业整个经营管理过程都处于战略指导之下,为实现企业战略目标服务。

4.全员参与原则

战略管理不仅要求企业高层管理者的英明决策,也要求企业中下层管理者及全体员工的广泛参与和全力支持。战略规划更多依靠高层管理者的慎重抉择,而战略实施却主要依赖中下层管理者及全体员工全心全意的投入。因此,只有让员工普遍参与到战略管理活动中来,才能得到广大员工的支持,减少企业战略执行的困难和障碍,保证企业战略实施获得成功。

5.反馈修正原则

企业战略管理是一个周而复始、螺旋上升的动态管理过程,它关心的是企业长期、稳定的发展,由于环境在不断发生变化,因此在战略实施过程中,只有不断地跟踪、反馈和调整才能确保企业战略的适应性。从某种意义上说,对现行战略管理的评价和控制又是新一轮企业战略管理的开始。

第三节 企业战略管理的过程与方法

企业战略管理是由三个主要阶段构成的循环往复的动态管理过程，是企业高层管理者最重要的知识和技能。整合性、高层次等学科特点使战略管理有着多样化的研究方法与模式,对战略管理的学习也具有与其他学科不同的特点。

一、企业战略管理过程

战略管理是在充分占有信息的基础上制定关系企业未来发展方向的重大决策并将这些决策付诸实施的动态管理过程。一个规范的、全面的战略管理过程可大体分解为三个阶段,分别是战略分析阶段、战略制定与选择阶段、战略实施与控制阶段,如图1-2所示。

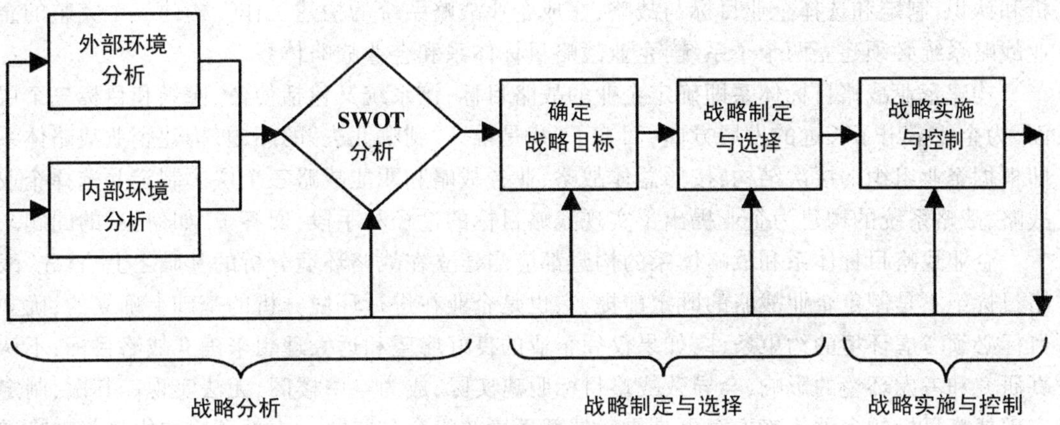

图1-2 企业战略管理过程

1.战略分析

战略分析是企业战略管理的关键环节，是企业确定科学合理的战略目标、制定和实施正确战略的前提和基础，其目的是要全面认识和了解企业内外部的环境，找到影响企业战略发展的关键影响因素。

一般说来，战略分析总体上包括企业外部环境分析和企业内部环境分析两大部分。企业外部环境分析又包括宏观环境分析和产业环境分析两个层面。宏观环境分析是对影响企业经营的宏观、间接因素的分析，一般从四个方面展开，即政治因素、经济因素、社会文化因素及科技因素。产业环境分析是对企业所处行业的状况进行分析，这是企业外部环境中和企业关系比较密切、对企业经营有直接影响的方面，包括行业特点分析、竞争结构分析、行业市场分析及竞争对手分析等内容。企业外部环境分析的目的是为了适时地寻找和发现有利于企业发展的机会，以及对企业存在的威胁，做到"知天知地"与"知彼"，以便在制定和选择战略中能够利用外部条件所提供的机会而避开对企业的威胁。

企业的内部环境就是企业内部的状况，也就是企业所具备的条件与素质，它包括企业生产经营的现状、企业的资源与能力、企业文化等方面。企业内部环境分析的目的是为了发现企业所具备的优势或弱点，做到"知己"，以便在制定和实施战略时能扬长避短、发挥优势，有效地利用和发挥企业的资源与能力。

由上可见，目前公认的企业战略分析框架是遵循着由远及近、由外至内的逻辑顺序展开的，这样可以保证对企业内外部环境中的重要影响因素进行全面的分析，不致遗漏；也体现了环境因素对企业由远及近、由间接到直接的影响和作用，符合客观现实，不致偏颇。

通过战略分析，战略决策者要了解企业内外部的环境状况正在发生哪些变化？它们怎样影响企业和企业活动？对这些变化企业有哪些资源和能力来应对？企业的相关利益者——员工、所有者或股东以及社会公众等的期望是什么？这些怎样影响当前的地位？将来会发生什么？等等。

2.战略制定与选择

战略制定与选择过程实质上就是战略决策过程，主要任务是根据企业对战略环境的分析和认识,制定和选择企业目标与战略,完成企业战略系统的构建工作。构建一个完整的企业战略系统必须建立两个子系统:企业战略目标体系和企业战略体系。

构建企业战略目标体系即确定企业的战略目标,该系统又包括使命、愿景和目标三个层面,为企业指出了长远的发展方向,回答了"我是谁"、"到哪儿去"的问题。构建企业战略体系即根据企业组织的层次结构,按照总体战略、业务战略和职能战略三个层次制定并选择企业战略,战略系统的构建为企业提出了实现战略目标的途径和手段,回答了"如何去"的问题。

企业战略目标体系和战略体系的构建都应当建立在战略环境分析的基础之上。首先,战略目标绝不是制定企业战略的既定前提,它也是企业在进行环境分析的基础上确立的,确立目标必须考虑环境的约束条件,如果仅凭企业的良好愿望和远大理想来确立战略目标,不认真研究和考虑环境的影响,会导致战略目标脱离实际,成为空中楼阁,无法实现。其次,制定实现战略目标的多种战略方案更是要对外部环境的机会与威胁、内部环境的优势与劣势进行匹配,即进行SWOT分析,制定出既能发挥企业优势、抓住外部机会,又可弥补企业劣势、规避外部威胁的战略,这样的战略才是可行和有效的。

通常,对于一个跨行业经营的企业来说,它的战略制定与选择应当解决两个基本的战略问题:第一,企业的经营范围或战略经营领域,即明确企业的性质和所从事的事业,确定企业以什么样的产品或服务来满足哪一类顾客的需求;第二,企业在某一特定经营领域的竞争优势,即确定企业所提供的产品或服务,要在什么基础上取得超过竞争对手的优势。

3.战略实施与控制

当企业构建起了完整的战略系统,确定了战略方案后,就必须将其付诸实施,通过具体化的实际行动实现战略目标。这一阶段的主要任务是,根据战略方案的要求,调整企业结构,分配管理工作,进行资源配置,并通过计划、预算等落实执行既定战略。

由于在企业战略系统的构建中已经从企业整体到各个管理层次和主要职能部门都制定了战略,战略实施的首要任务就是制定战略计划,将各管理层次和职能部门的战略进一步分解,使企业每一位员工的工作都成为企业战略的有机组成部分,将企业的资源与能力按照战略的需要进行有效配置,集中企业全部的力量来实现战略目标。因此,企业无小事,事事皆战略。企业上至董事长、总经理,下到最基层的员工,每时每刻的所有工作都是在实施和执行企业战略,为企业战略目标的实现服务。

企业战略实施的成功,离不开有力的领导、高效的组织和积极的文化,如何通过构建精干高效的组织结构、培育支持战略的企业文化以及在战略执行过程中进行有效领导是战略实施的关键问题。

要保证企业战略的有效实施,实现既定的战略目标,必须对战略实施的全过程进行有效控制。因此,企业高层必须全面及时掌握战略实施的确切情况,及时进行信息反馈,将实际战略绩效与预定战略目标进行比较,如二者有显著的偏差,就应当采取有效的措施进行纠正,使战略实施沿着既定轨道和方向前进。当由于战略分析不周、判断有误,或是企业内外部环境发生了未曾预想的变化而引起战略实施的偏差时,甚至需要重新审视环境,制定新的战略方案,进行新一轮的战略管理过程。

为理论研究和教学的方便, 我们一般都将企业战略管理的三个阶段描述为一个直线递进的过程,但实际上,这三个阶段绝不是简单的直线关系。在现实工作中,各阶段之间往往是相互联系、相互交叉甚至同步进行的。例如,进行战略分析时,企业的历史战略或隐含战略仍在实施,而在新制定的战略付诸实施的同时,战略控制和新一轮的战略分析与制定已经开始。因此,战略管理是一个环环相扣、循环往复、螺旋上升、持续发展的动态管理过程,它将企业所有的经营管理工作都纳入企业战略体系,使企业上下的所有工作都围绕着企业战略展开,在动态持续的变化和发展中实现企业的战略目标。

二、企业战略管理的学科特点

在企业管理的学科体系中,战略管理具有特殊的地位和价值。它以提高企业对外部环境的适应性、使企业可持续长期发展为目的,立足企业高层和整体,以系统的视角和思维研究企业经营管理问题,越来越成为现代企业高层管理人员最重要的管理活动和技能。

1.战略管理是整合性管理理论,是企业最高层次的管理理论

以往的职能管理理论,如生产管理理论、财务管理理论、市场营销管理理论等都是以企业经营管理的某个局部问题为研究对象。必须承认,这种解剖式的理论创建和研究方式,对企业管理理论的发展及企业各个具体职能方面的经营管理提供了丰富的理论和方法。但随着经济社会的高速发展,企业面对的问题越来越呈现出综合性、整体性和关联性的特点,仅仅使用职能管理的理论和方法越来越难以解决关系企业生存发展的全局性重大问题。企业是由执行不同功能的多个组成部分所构成的不能分割的有机整体,在社会进步和经济发展中作为一个整体发挥着作用。头疼医头、脚疼医脚式的管理理论使企业越来越难以适应环境的变化和激烈的竞争。因此,现代企业迫切需要一门综合性的管理理论学科来指导企业进行整体经营管理的实践,这使得企业战略管理理论的诞生和发展成为一种必然。

企业战略管理理论是从企业整体的、全局的角度出发,综合运用各种职能管理理论,处理和解决企业全局性、长远性和整体性的问题。战略管理理论为企业的经营管理提供了整体思路和框架,将企业的各个职能部分有机地整合起来,在企业战略的指导下,统一协调运作,使企业的整体绩效达到最优水平。

从管理理论的层次来看,战略管理理论是最高层次的管理理论。自20世纪初泰勒创立科学管理以来,管理理论有了极大的发展。尤其是第二次世界大战后,管理理论的大发展使我们进入了“管理丛林”时代,各派管理学说不断涌现。按照内容所涉及的范围和影响的程度,人们将管理理论划分成下列三个不同的层次:

管理基础理论。是管理中带有共性的基础理论、基本原则和基本技术。主要包括管理数学、管理经济学、管理心理学、管理学原理、管理组织学等学科。

职能管理理论。是将管理基础理论与特定的管理职能相结合,以提高组织职能部门的效率和效能为目的。主要包括生产(作业)管理、市场营销管理、财务管理、人力资源管理、研究与开发管理、物流管理等学科。

战略管理理论。是最高层次的管理理论,它不仅综合运用管理基础理论和职能管理理论,还融合了政治学、经济学、法学、社会学、文化学、系统科学等多学科的知识,以企业的长期健康发展为最终目标。

因此,战略管理是管理理论中整合性、高层次的管理理论。只有掌握战略管理理论,我们才能很好地处理关系现代企业长远发展的整体性问题, 获得可持续的竞争优势和长期发展能力。

2.战略管理是企业高层管理人员最重要的活动和能力体现

美国学者罗伯特·卡茨将企业管理工作对管理者的能力要求划分成三个方面,即技术能力(战术能力)、人际关系能力(社会能力)和思维能力(战略能力)。

技术能力。即操作能力,它与一个人从事的具体工作有关,是一个人运用一定的技术来完成某项组织任务的能力,包括方法、程序和技术。

人际关系能力。这种能力涉及管理人员和与之接触的人们之间的人际关系,是一个人与他人共事、共同完成工作任务、解决问题的能力,包括领导、沟通、激励、排解纠纷和培植协作精神等。

思维能力。这种能力是管理者的战略能力,是从整体上认识企业和环境,洞察企业与外界环境之间的关系, 以及理解企业的各个组成部分应如何互相依靠和协调来生产公司的产品,为顾客提供服务。

对处于企业组织不同层次管理人员的能力要求是不同的。从图1–3中可以看出,基层管理者所需要的能力主要是技术能力和人际能力; 中层管理者的有效性主要依赖于人际能力和思维能力;而高层管理者最需要的能力是思维能力,这是保证他们工作有效性最重要的因素。对企业高层管理者来说,最重要的活动和工作就是确立战略目标、制定与选择企业战略和推进战略管理,保证企业整体目标的实现。因此,战略管理能力是企业家能力与素质的综合体现,是企业高层管理者最重要的能力。

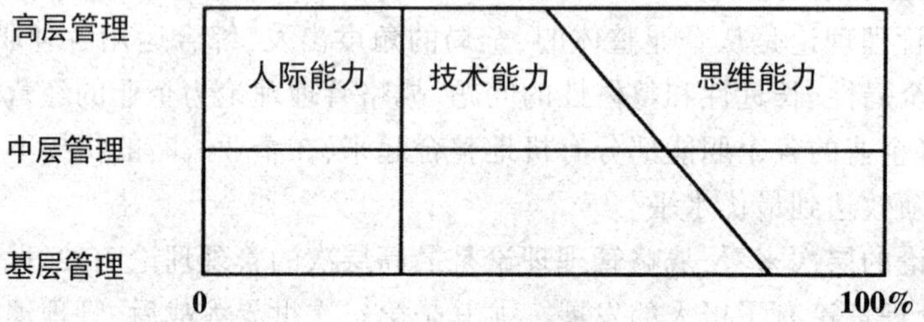

图1–3 不同层次管理人员的能力分布

3.战略管理的目的是提高企业对外部环境的适应性,使企业可持续发展

企业作为主要的经济组织是社会大系统中一个不可分割的和具有开放性的组成部分,其存在和发展在很大程度上受到外部环境因素的影响。有些因素是间接地对企业发生作用,如政治、法律、经济、科技、社会、文化等;还有一些却直接影响着企业的生产经营活动,如供应商、股东、竞争者、顾客及其他利益相关者。进入网络经济时代,企业外部环境既复杂多样,又动荡多变,如何让企业在这种复杂多变的外部环境中健康生存并持续地发展下去,是战略管理的最终任务和目的。战略管理促使企业高层管理人员在制定、实施企业战略的各个阶段上,都要清楚地了解有哪些外部因素影响企业,影响的方向、性质和程度如何,以便制定新的战略或及时调整企业现行的战略以适应外部环境的变化,做到以变应变,不断提高企业的适

应能力。

企业对环境的适应性要求企业战略必须具有弹性，使企业像自然界中的一个有机体一样，随着周围环境的气候、温度、湿度、食物等条件的变化而对自身进行及时调整。因此，战略管理的目的是促使企业提高对外部环境的适应能力，使其能够永续经营，做到长期可持续生存与发展。

三、企业战略管理的研究和学习方法

企业战略管理是一门整合性、高层次的管理理论学科，其适应性、全局性、长远性等特点使它的研究和学习方法带有独有的学科特征。

1.企业战略管理的研究方法与模式

在企业战略管理的发展历程中出现了案例研究、基于产业组织经济学的经验研究等方法和“前馈”型、“反馈”型研究模式，未来的战略管理研究可采用“学习控制”型研究模式。

（1）案例研究方法

从美国战略管理理论发展的历史来看，有影响的早期研究首推钱德勒、安德鲁斯和安索夫等人。钱德勒认为结构服从于战略，而安德鲁斯和安索夫主要关注对企业成功起关键作用的“最优经验”，强调企业内部的优势和劣势，重点研究企业内部的增长引擎，认为企业的持续成功主要取决于内部独特的竞争资源。

这些早期的美国学者所采用的方法基本上都是以案例分析为主的规范性研究或说明性研究。例如，在《战略与结构》一书中，钱德勒调查了美国四个大企业（杜邦、通用电气、新泽西标准石化、西尔斯）采取或拒绝多部门结构的行为及其原因，用以论证战略和结构的关系问题。所采用的企业信息大部分来自公开发布的信息、企业内部记录和访谈等。钱德勒所运用的研究方法被视对为多种案例的比较研究。

虽然案例研究有助于深入揭示企业内部的战略问题，有很强的实践意义和针对性，但单纯的案例研究往往缺乏理论概括，使研究结论的应用受到一定的局限，不能为理论研究的深入进行和继续发展提供必要的研究基础，研究工作也难以被其他学科所接受。战略管理理论的发展需要坚实的理论基础，也需要用经验研究发展一般性理论。由于经济学理论的适合性和必要性，一些美国学者开始转向经济学理论，从可验证的假设出发，研究战略管理现象，并不断发展新的理论。

（2）基于产业组织经济学的经验研究方法

随着美国战略管理研究的不断发展，产业组织经济学理论为战略管理研究提供了理论支撑。波特基于“结构—行为—绩效”研究范式，认为结构决定行为，行为又决定绩效，因此可以省略行为变量，用产业结构解释绩效，据此提出了著名的“五种竞争作用力模型”。一些美国学者则提出战略集团理论，认为行业内的企业可被分为采用类似战略的集团，不同集团采取不同的战略。

此外，交易成本经济学和代理理论的发展也为战略管理研究带来了新的理论工具。交易成本经济学的研究有助于对企业边界、多部门结构、垂直一体化和战略联盟等方面的研究；代理理论认为企业是契约的组合，有助于企业治理结构方面的研究。交易成本经济学和代理理论都被用来分析合并与兼并、剥离、企业收缩及杠杆收购等问题。

从20世纪70年代开始,实证经济学对美国的战略管理理论和方法都产生了重大影响,实证研究、经验研究取得主导地位,研究人员更多地解释和预测而不是描述战略现象。基于产业组织经济学研究范式的学者认为战略管理的理论发展必须超越归纳法, 开展更多的演绎研究,他们主张用经验研究揭示变量关系,用专门收集的可信数据对企业战略问题作出可检验的回答。受其影响,战略管理的实证研究方法迅速传播,战略管理逐渐成为更加科学、以经验研究为导向的学科。例如,通过采用大规模调查或使用档案文件建立数据库,战略管理研究者能够方便地得到大量标准的企业数据。同时还有一些学者引入多元统计、座谈小组数据分析法、时间序列数据的因果模型、回归分析等方法,使定量研究方法的复杂程度不断增加,提升了战略管理研究的精确性。

但是,基于产业组织经济学的研究方法也存在局限性。虽然行业因素对企业绩效有明显的影响,但也有研究表明,同行业企业间的差异比行业变量更能解释企业绩效的差异。此外,行业竞争是一个由创新驱动的动态过程,行业结构随创新活动不断改变,尤其是20世纪90年代以来,创新不断加速,连续性结构变革成为常规。而"结构—行为—绩效"范式所采用的竞争结构分析属于静态分析,难以全面准确地把握战略的动态性,这种方法的局限性越来越突出。同时,交易成本经济学和代理理论的研究也遇到了无法实际观察的问题,如研究人员显然无法观察计量一些关键变量,如机会主义和收益分散程度,不得不依靠"更具推理性的理论和治理机制的间接研究",这种研究方法的局限性都对经验研究提出了挑战。

(3)两种战略研究模式及其优缺点

西安交通大学席酉民教授认为,目前已有的战略研究可以分为"前馈"型和"反馈"型两种模式。

所谓"前馈"型研究模式是最常见的一种战略研究思路,其基本思想是通过现状分析和未来预测,设计未来并指导和控制企业未来的发展,如图1-4所示。这种研究模式对战略有这样的认识:战略是关于一个企业较长时期的发展目标、过程和步骤的谋划;战略是事先自觉地有目的地制定的;战略是可以根据企业实际和环境的预测具体地阐明和确定的。

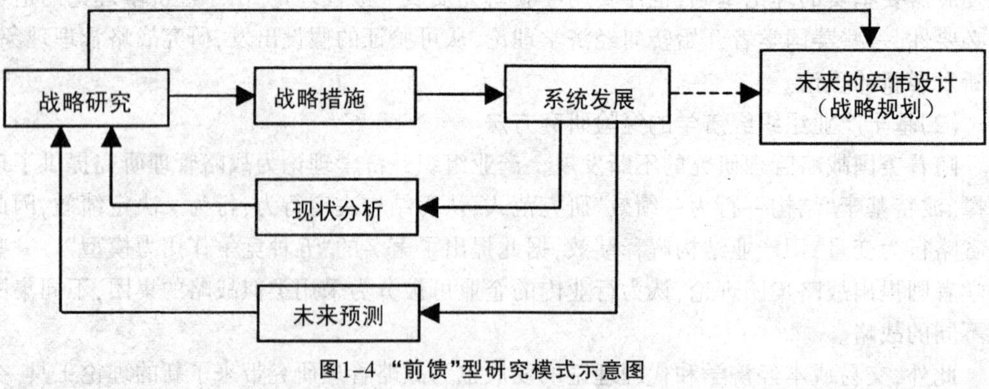

图1-4 "前馈"型研究模式示意图

对应于"前馈"型战略研究模式,还存在一种"反馈"型战略研究模式。这种模式强调对企业发展历史的总结,通过对战略实施的归纳总结,找出企业发展的战略规律,进而指导其未来发展，如图1–5所示。这种研究模式对战略的理解类似于明茨伯格的战略"5P"定义中"模式(Pattern)"的含义，即战略是一系列决策或活动的模式，如果在企业或企业某个领域一系列决策或活动中贯穿着某种指导思想的话，说明企业或企业某个领域实际上已形成一种战略。

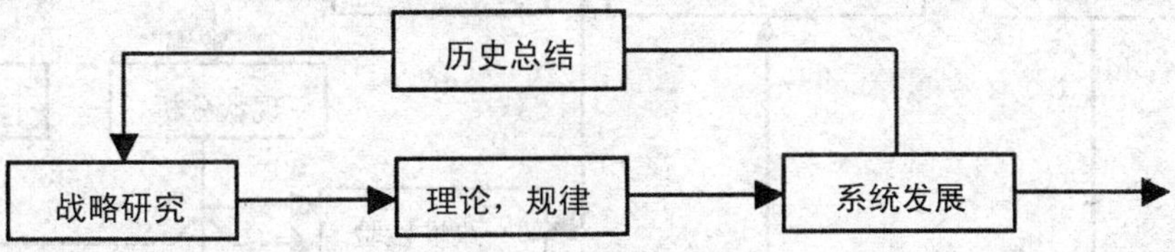

图1–5 "反馈"型研究模式示意图

以上两种研究模式都有其优点和局限性。"前馈"型模式把战略看成"事先制定"的，过分强调了战略研究的事先指导性，而忽视了总结历史实践经验的一面。实际上设想战略(事先确定的战略)和实施战略(实际施行的战略)往往不一致。设想战略有时不能实现，而在缺乏清晰的设想战略的情况下，又会不自觉地实施某种战略。若只注重制定战略及其事先指导作用，便会忽略总结实施战略及战略实施过程的监督和调整作用，而这方面的研究恰恰有着很强的实践意义。

"反馈"型研究模式注重有意识总结一系列决策后慢慢形成的实施战略，很好地将战略研究和应用结合起来，对各种实际现象及决策进行观察分析。一方面可以总结实施战略，另一方面也可以通过观察决策与实施战略的一致性，对实施战略进行适时的调整或转移。但这类研究在方法上对企业自身、对企业的环境未来预测和谋划重视不足，而战略研究的实用价值主要在于事先指导，事后总结也是为了更好地事先指导。

(4)"学习控制"型研究模式

席西民教授认为，战略研究要达到指导企业和谐发展的根本目的，可以从理论和实际两方面来进行改进。前者是通过建立一套科学的理论和方法体系，去指导人们制定出符合实际的战略；后者是研究实际的企业活动，总结经验，发现问题，不断调整和完善实施战略，或进行战略转移。由于战略制定和战略实施的必然联系，这二者不可分割，后者既是前者研究的基础，又是前者的延续。基于这样的认识，针对"前馈"型和"反馈"型研究模式的片面性和局限性，席西民教授提出了企业战略的"学习控制"型研究模式。

所谓"学习控制"型战略研究模式是通过建立一套科学的理论和方法体系，指导人们制定符合实际的战略，同时通过研究问题，总结经验，不断调整和完善实施战略。既强调战略研究对未来的指导，自觉地制定用于事先指导的设想战略，又总结历史形成的实施战略，将研究和应用更好地结合起来，如图1–6所示。

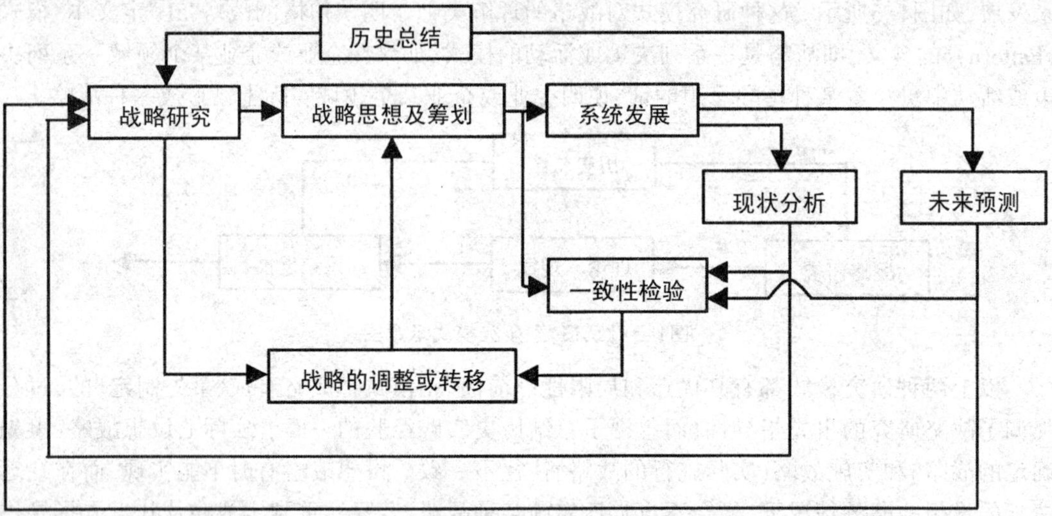

图1-6 "学习控制"型研究模式示意图

上述三种战略研究模式的比较如表1-1所示。

表1-1 三种战略研究模式的比较

特点＼模式		"反馈"型	"前馈"型	"学习控制"型
概念特征		规律、模式	谋划	规律+指导思想+谋划
研究程序		总结历史、研究理论、指导发展	分析现状、预测未来、设计发展	总结历史、研究现状、预测未来、把握发展
思维特征		归纳总结	分析、演绎、推理	归纳、分析、推理、综合
方法特征		偏重定性研究	定性指导下的定量研究	权变性研究、定性与定量综合研究
优缺点	优点	注重实施战略的总结和理论研究，理论性较强	重视战略的事先指导作用，实践性较强	既重视实施战略总结，又重视战略的事先指导，理论与实践有机结合
	缺点	轻视战略的事先指导作用，未来预测和谋划不足	轻视对实施战略的总结，战略、规划、决策的关系不清	

另外，浙江大学项保华教授指出，战略管理的理论研究有理论导向与问题导向之分。理论导向是指按照战略管理的理论体系分类来阐述不同的战略问题，由于追求理论体系的完整，往往导致企业战略理论对实践的指导作用不足，存在应用困难的问题。为克服理论导向研究思路的不足，在企业战略管理的研究中应该采用问题导向的研究方法，即按照战略实践所可能面临的主要问题进行分类，将针对同一问题的不同解答归为一类，从而使其具有易懂实用的特点。项保华教授按照问题导向的研究思路建立了完整的问题导向的战略管理理论框架，对企业战略管理的理论创新进行了有益的探索。

总之，战略管理仍然是一门年轻的学科，其研究方法和思路仍在不断完善之中，其理论与实践还有大量的问题有待研究与完善。

2.企业战略管理的学习方法

我们学习企业战略管理的目的是树立战略意识、培养战略头脑、训练战略思维、增强战略执行力,最终指导企业获得成功。成功的战略管理以对战略思想与理论的了解和领悟为基础,以丰富全面的多学科知识为辅助,以博大宽广的胸怀和视野为依托。企业战略管理独特的学科特点也决定了其学习方法具有一定的特殊性。因此,要全面掌握战略管理理论,提高战略思维和实践能力,使战略管理理论和方法能够真正成为指导企业获得成功的强大武器,我们在学习中就应当注意以下问题:

(1)全面学习掌握战略管理思想理论与方法

从战略管理理论发展史中我们可以看到,虽然战略管理学科的产生和发展历史并不长,但已经产生了极其丰富多元的战略思想、理论和方法。要进行企业战略管理的实践,指导企业获得经营的成功,首先就必须全面深入地掌握战略管理的思想、理论与方法。明茨伯格曾经把战略管理这门学科比喻为一头大象,要全面认识和了解这头大象,就要尽可能广泛地接触和阅读战略管理的有关文献,掌握各个战略学派的研究视角和观点。同时,还要权变地看待各个学派和观点,取其精华,去其糟粕,从多个角度认识其思想的实质和精髓。

必须强调的是,虽然战略管理作为一门学科还很年轻,但从古今中外政治、军事和社会活动的实践以及浩如烟海的历史文献中可以看到,战略思想的发展是与人类社会的产生和发展同行的,人类政治史、军事史、社会发展史实际上就是一部战略思想史。中外战略思想的悠久历史及丰富的理论与实践为企业战略管理的学习研究提供了充分的营养,尤其是博大精深的中国古代战略思想更是值得我们参考和借鉴。因此,学习战略管理完全可以从中外政治学、军事学、社会学的大量文献中汲取养分,这是我们提高战略思维和实践能力,推进企业战略管理理论发展与创新,实现企业战略目标的重要思想和理论来源。

(2)建立丰富多元的知识结构与素养

战略管理是企业管理的主程序,学习战略管理是对管理基础学科和各职能管理学科理论学习的升华、提高和整合,战略管理的实践也要综合运用管理基础学科和各职能管理学科的理论和知识。因此,全面掌握管理基础学科和各职能管理学科的知识是深入理解和运用战略管理理论的前提和基础。

同时,战略管理具有深刻的内涵和广阔的外延,其他非管理学科的知识都可以纳入战略管理研究和运用的视野。战略管理的理论研究和企业实践也越来越呈现出多学科交叉的特点,往往运用政治学、经济学、法学、社会学、文化学、系统科学和自然科学等多学科的知识。因此,要全面掌握和成功实践战略管理,离不开丰富多元的知识结构和素养的支撑,我们应当培养从自然科学到社会科学的全面的知识素养,为战略管理的学习和实践提供坚实的基础。

(3)深刻领悟“战略管理之道”

虽然对战略管理的理论学习非常重要,但我们必须认识到,战略管理的艺术性大大高于其科学性,战略管理理论中大量的具体方法和实务内容并不是战略管理最核心的东西,如果不能很好地理解和领悟战略思想的精髓就不可能成功运用战略管理的方法来指导企业实践,企业战略目标的实现就只能是一句空话。因此,企业战略管理这门学科的核心和我们最需要掌握的是战略管理的思想精髓,这是指导我们运用战略管理方法进行实践的关键。

我们将战略管理的思想精髓称为“战略管理之道”，“道”属于“隐性知识”，只可领悟，难以言传，对它的掌握无法通过一般的学习过程来获得，更不可简单模仿，即使把所有的战略管理理论和方法倒背如流也不代表具备了战略管理能力。是否“得道”体现在战略思维能力和实践能力的高低上，体现在对战略管理理论和方法艺术性、创造性的运用上，只有在正确的理论指导下，从企业经营管理的实践中进行摸索和总结才有可能获得这种能力。因此，理论的研究和学习与实践的摸索和总结都是我们“求道”的途径和手段，只有在全面掌握战略管理理论并进行认真实践总结的基础上深刻领悟，才有可能获得“战略管理之道”，领会战略管理的真谛。

(4)开阔胸怀与视野

综合古今中外的政治、军事和社会实践，出色的战略家无不具备博大的胸怀和广阔的视野，鼠目寸光、心胸狭窄是缺乏战略头脑和能力的典型体现。现代企业在激烈动荡的复杂环境中生存和发展，对环境和自身的深刻认识与洞察、对企业未来的长远展望和谋划都离不开企业家宽广博大的胸怀和视野。虽然战略管理理论是指导企业获得成功的强大武器，但一个胸襟狭小、坐井观天的管理者是根本无法领悟战略管理精髓的，只有高瞻远瞩、深谋远虑的企业家才有可能领导企业获得成功。因此，管理者的胸怀和视野是企业战略管理成功与否的依托和关键，这是我们在战略管理的学习中要着力培养的。

思考题

1.什么是企业战略？如何理解企业战略的内涵？

2.学者们对企业战略的概念有哪些认识？如何理解？

3.何为企业战略的“5P”？

4.什么是企业战略管理？

5.联系实际说明企业战略管理要解决哪些基本问题。

6.企业战略管理有哪些作用和特征？

7.简述企业战略管理过程。

8.企业战略管理学科有哪些特点？怎样才能学好企业战略管理？

第二章 企业战略管理理论发展史

本章主要内容是对企业战略管理理论的发展历史进行全面详尽的介绍。包括早期战略思想阶段、古典战略理论阶段和竞争战略理论阶段的主要理论学派和观点，最后介绍了战略管理理论的最新研究成果和发展趋势。

本章是对企业战略管理理论发展历程的全面回顾和对未来发展趋势的总体展望，使读者能全面了解企业战略管理在不同发展阶段的主要研究成果和理论观点，建立对企业战略管理理论与实践多角度、多方面的认识和了解，深入理解和思考企业战略管理的主导思想。

第一节 早期战略思想阶段

从历史沿革及演变过程来看，企业战略管理理论的产生与发展大致经历了三个阶段，即早期战略思想阶段、古典战略理论阶段和竞争战略理论阶段。

从管理思想发展史来看，企业战略的思想是随着西方企业管理理论的发展而逐渐形成的。在18~19世纪，产生了以亚当·斯密、瓦特、斯图亚特等为代表的欧洲管理思想，以后在美国又出现了以泰勒为代表的科学管理理论。但这些早期的管理研究和实践者都将思考的重点放在组织内部活动的管理上，还没有涉及到对企业整体经营管理问题的研究。

20世纪初，法国管理学家法约尔对企业内部的管理活动进行整合，将工业企业中的各种活动划分为技术活动、商业活动、财务活动、安全活动、会计活动和管理活动等六大类，提出了计划、组织、指挥、协调和控制等管理的五项职能并认为计划职能是企业管理的首要职能。法约尔的这一思想创造了从职能角度研究管理的基本思路和方向，奠定了现代管理学研究的基本理论框架，具有重大的历史意义。同时，他认识到了计划职能在企业管理中的首要地位，形成了战略思想和理论产生发展的重要理论基础，可以说是企业战略思想最初的萌芽。

20世纪20年代美国杜邦公司和通用电气公司率先将战略职能引进企业组织系统，开始从企业高层以及组织与环境的关系等角度考虑企业发展问题。1934年，制度经济学家康芒斯(John R. Commons)在其著作《制度经济学》中首次使用了“战略因素”一词，引起了人们对企业经营活动中“战略因素”的注意。但是，他只是把“战略因素”的用法限制在公司经济制度中管理活动和交易活动的某些方面，而没有从企业整体的高度说明“战略因素”对企业经营活动的影响。

1938年，巴纳德(C. I. Barnard)在其著作《经理人员的职能》中分析了战略因素对企业系统的作用,首次将战略的概念引入了管理理论。他认为没有必要把战略因素局限于管理活动和交易活动的某些方面,在需要作出决策的任何情况下,企业组织都必须考虑到战略因素。这一观点使企业战略思想更加得到理论界和企业界的重视, 极大地推动了企业战略理论研究的发展。

巴纳德认为,社会的各种组织都是一个由相互进行协作的个人组成的系统,作为正式组织,这些协作系统一般都包含有三个基本要素:协作的意愿、共同的目标和信息的联系。经理人员是组织协作系统中相互联系的中心,他为组织建立和提供一个信息交流体系,维持员工的协作意愿,从而使组织能够正常运转。巴纳德在其著作出版以后把自己的贡献主要归结为一些"结构性"概念和"动态性"概念,而这些概念正是企业战略理论不可缺少的重要基础。他还进一步提出,一个协作体系要能够生存下去,必须在实现组织目标方面是"有效的",经理人员必须处理好组织体系同其环境之间的关系,使企业组织与企业环境能够相互协调,维持组织的均衡。这种关于组织与环境相"匹配"的主张成为现代战略分析方法的基础。

20世纪50年代末,美国学者戈登(Gordon)与豪厄尔(Howell)在福特基金会和卡内基公司的赞助下, 对美国工商管理学院的课程设置进行了专题研究, 提出了应当开设经营政策(Business Policy)课程的建议。他们认为,以往学生虽然学习了各门专业管理课程,如市场学、财务管理、生产管理、人事管理等,但缺乏综合分析能力。通过开设经营政策课程,可以使学生利用所学知识,从企业整体考虑经营问题,培养他们综合分析和解决问题的能力。这里的经营政策课程,就是战略管理研究的前身。

因此,在20世纪60年代之前,出现了战略管理的思想萌芽,但还没有形成系统的理论框架,我们将其称为早期战略思想阶段。

第二节 古典战略理论阶段

20世纪60年代初到80年代初,是企业战略理论研究和实践蓬勃发展的黄金时期,完成了战略管理的基础性理论研究和初步的实践探索, 形成了相对完整和成熟的战略管理理论体系,产生了十大战略理论学派,其理论研究和思想成果影响至今。因此,这一时期称为古典战略理论阶段。

一、古典战略理论阶段理论发展概况

战略管理作为相对完整理论体系的出现是在20世纪的60年代。60年代初,美国著名管理学家小阿尔福莱德·D·钱德勒(Alfred D. Chandler Jr.)在著名的《战略与结构》一书中对战略定义以及环境、战略与组织结构之间的关系进行了开创性的研究。

此后,安德鲁斯和安索夫也相继提出了自己的构想,企业战略的理论研究逐渐由组织内部转向组织与环境的关系研究。1965年安索夫出版了第一本有关战略的著作《企业战略》,成为现代企业战略理论研究的起点。

当时的理论研究主要集中于三个问题:战略与环境的关系;战略应由高层管理者构思设计;战略应通过正式计划予以实施。这些研究成果为企业战略管理的理论体系建立了基础性框架,而填补其中的内容很快成为20世纪70年代战略管理研究的中心工作。

20世纪70年代是企业环境剧烈动荡的时期,也是战略管理研究的兴盛时期。在此期间,战略管理研究逐步从理论转向实际运用,研究的视野更加开阔,方法更加多样。1971年,安德鲁斯在《公司战略思想》一书中首次提出了公司战略问题,阐述了制定和实施公司战略的分析方法。1972年,安索夫在《企业经营政策》杂志上发表了《战略管理思想》一文,正式提出"战略管理"概念,为企业战略管理理论的发展奠定了基础。此外,许多战略分析工具,如波士顿咨询公司的经营组合矩阵、通用电气公司的战略经营规划网、霍福尔产品—市场发展矩阵等也相继形成。

兴盛的战略管理研究也推动了企业战略管理的实践。美国许多企业建立了战略规划部门,并由总裁或总经理一级的高级管理人员负责此项工作。据调查,到20世纪70年代初,美国最大的500家公司中已有85%的企业组建了战略规划部门。管理咨询公司接受的战略咨询业务大量增加,到70年代末,战略咨询收入高达3亿美元,整个70年代形成了所谓的"战略热"。

二、十大战略管理学派简介

古典战略理论阶段的理论成果和战略思想集中体现在十大战略管理学派的学说中,下面对这十大学派的思想观点逐一进行介绍。

1.设计学派(the Design School)

设计学派的观点始出于塞日尼克,发展于钱德勒,后由安德鲁斯作了精确的界定。1957年,塞日尼克在其著作《行政管理中的领导行为》中提出经理人员及历史经验等因素是关系到企业战略制定与实施能否成功的重要因素。

1962年,钱德勒在其著作《战略与结构》中指出,企业的经营战略要适应环境的变化,而其组织结构则必须随企业战略的变化而改变。钱德勒分析了美国大企业的管理人员如何制定企业战略,确定企业的成长方向,作出投资决策并据此调整组织结构,确保战略的贯彻实施。他的研究对大企业的成长作出了解释并发现企业内组织结构变化的原因主要是战略方向的改变而并非只为了提高效率。进而,钱德勒提出,企业经营战略应当适应环境并满足市场需求,而组织结构又必须适应企业战略,随战略的变化而变化,即战略为先导,组织追随战略。因此,他被公认为研究环境—战略—结构之间关系的第一位管理学家,他的研究为战略管理理论的发展打下了重要的基础。

1971年,安德鲁斯在《公司战略概念》中认为,企业外部环境对企业战略的形成有着重大的影响。环境不断变化产生机遇与威胁,组织就要不断调整,以发挥自身优势,弥补自身劣势,规避威胁并利用机遇。战略形成过程实际上就是把企业内部条件与企业外部环境进行匹配的过程,这种匹配能够使企业内部的优势和劣势与企业外部的机会和威胁相协调。

安德鲁斯认为,对企业内部优势与劣势的评估能够确定企业的独特能力,对外部环境机遇与威胁的分析可以确定潜在的成功因素,这两种分析是战略制定的基础。战略制定是企业高层管理者在比较机会与威胁、优势与劣势的过程中按照扬长避短、趋利避害的原则进行组合而形成的，由此建立了著名的SWOT(Strength、Weakness、Opportunity、Threat)战略分析模型，这是设计学派的重要基础，也已成为战略管理学科最重要的思想方法之一。

安德鲁斯还建立了将战略构造分为制定与实施两大部分的基本模型，为形成完整成熟的战略管理过程模型构造了基本理论框架。他把战略制定看成是“分析性的”，而把战略实施看成是“管理性的”，认为战略包括4个要素：市场机遇(企业可能做什么，might do)、公司能力(企业能够做什么，could do)、个人激情(企业想做什么，wants to do)以及社会责任(企业应该做什么，should do)，战略就是实现四者的契合(fit)。

设计学派的最终形成以及后来所产生的巨大影响，主要源于哈佛商学院的综合管理群体的研究，特别是他们的基础教科书《经营政策：内容与案例》的出版。由于联合作者之一安德鲁斯在不同时间和场合的大力推介，使得该书成为反映设计学派思想的经典著作。

设计学派的观点蕴含着若干明确的和隐含的前提假设，包括：第一，企业战略设计必须由企业最高管理者负责，他们应该是企业战略的设计师；第二，经营战略是使企业自身的条件与所遇到的机会相适应，在制定战略的过程中要分析企业的优势与劣势、机会与威胁，这将涉及企业的竞争环境和企业发展的外部空间；第三，战略应当是企业个性化设计的成果，是建立在企业最高管理者杰出的个人能力基础上的“创造性活动”，最好的战略应该具有创造性和灵活性；第四，战略制定既不是一个直觉思维的过程，也不是一个规范分析的过程，而应该是一个有意识的、深思熟虑的过程，当战略形成一个完整的观念时，设计过程才告结束；第五，战略制定的模式必须保持简单和非正式，战略应当清晰而简明，易于理解和贯彻；第六，战略制定一旦完成，组织就应当转向战略执行阶段，也只有当这些独特、明确而简单的战略完全制定好之后，战略才能被贯彻执行。

2.计划学派(the Planning School)

几乎与设计学派同时产生的计划学派以安索夫为杰出代表。计划学派的产生以安索夫1965年出版《企业战略》一书为标志。1972年，安索夫在《企业经营政策》杂志上发表了《战略管理思想》一文，正式提出“战略管理”的概念，为企业战略管理理论的发展奠定了基础。1979年，安索夫又在《战略管理》一书中系统地提出了战略管理模式。他认为，战略行为是对其环境的适应过程以及由此而导致的企业内部结构化的过程，企业战略的出发点是追求自身的生存与发展。

计划学派认为，企业在制定战略时，必须首先明确自己的经营性质，这样，企业的战略才能一方面为企业的生产经营活动提供指导，另一方面为企业的发展提供空间。在研究多元化经营企业的基础上，计划学派提出了“战略四要素”说，认为战略的构成要素应当包括：产品与市场范围及企业在所处行业中的地位；增长向量，即企业经营的方向和趋势；协同效果，即“大于由公司各个部分资源独立创造的总和的联合资源回报效果”；竞争优势，是指企业及其产品和市场所具备的不同于竞争对手的能够为企业奠定牢固竞争地位的特殊因素。

计划学派继承了设计学派SWOT的思想，但认为设计学派的方法过于主观。计划学派认为战略的形成是一个企业高层管理者有意识、有控制的正规计划的过程，引进了以决策科学为代表的理性的数量分析方法，提出了许多制定企业战略的数学模型和定量分析的方法。

计划学派的战略规划基本模式是：第一，目标确定阶段。确定企业整体及其下属单位的未来目标及战略方向。第二,外部审查阶段。对组织外部的情况进行评估,尤其是对未来趋势进行预测。第三,内部审查阶段。分析企业内部在实现目标方面的优势与劣势。第四,战略评价阶段。运用各种技术工具对各种战略方案进行细致的描述和严格的分析,以评选出一个适用的战略。第五,战略实施阶段。按照层级计划体系,将战略实施置于严密的战略控制之下。

计划学派十分强调战略形成过程的规范化和程序化,其代表人物之一斯塔纳(George Steiner)认为,所有的战略都必须分解成能够成功贯彻的亚战略。长期全面的战略计划处于组织的最高层,依次分解为中期战略计划和短期经营计划,构成了一套完整的战略计划层级体系,包括目标、战略、预算、程序在内的整个工作被组合成一个经营计划体系,其中的每一项都被交予企业的某个明确的实体单元,如分公司、部门、分支机构或个人,按照详细说明予以实施。

计划学派将企业战略看作一个正式形成的过程,它的基本前提假设是:第一,战略产生于一个受控制的、有意识的正式规划过程,这一过程被分解为明确的步骤,每个步骤都有详细的描述;第二,原则上由首席执行官来负责整个战略进程,实际上是由全体计划人员来负责;第三,由正式战略规划过程得到的战略应当明确表述出来,并通过细致的目标、预算、程序及各种经营计划加以贯彻执行。

3.定位学派(the Positioning School)

这一学派的观点于20世纪80年代初开始流行,代表人物为波特。1980年,他在哈顿(Hatten)和申德尔(Sehendel)等人关于战略定位问题研究的基础上,明确地提出,企业在考虑战略时必须将企业与所处的环境相联系,行业是企业经营的最直接环境,而每个行业的结构又决定了企业的竞争范围,从而决定了企业的潜在利润水平。因此,战略的制定就是一个企业在产业中定位分析的过程,即首先选择利润水平较高的产业,然后在产业中谋求有利的竞争地位。

波特认为,企业在战略制定过程中必须做好两方面工作:企业所处行业的结构分析和企业在行业内的相对竞争地位分析。通过这些分析,可以大大减少企业间由于程式化的产业结构分析而带来的定位趋同并降低企业间竞争的强度。从这个意义上来说,企业战略制定人员应该是"分析家",其主要任务是选择利润潜力较大的行业并在其中进行正确的定位,企业的定位决定了其盈利水平的高低。

波特的定位思想是从产业经济及产业组织理论出发的,后来,定位学派的思想有两个重要发展:其一,卡尔·夏皮洛(Carl Shapiro)等人认为战略业务单元(SBU)在产业中的地位难以持久,因而定位很难实现,战略实际上是一场不断定位、不断争夺的游戏;其二,波特在20世纪90年代进一步拓展了定位的观念,认为定位不仅要考虑产业的经济特征,还要考虑环境的文化、制度、外协等各个方面的因素。

定位学派的基本前提假设是:第一,行业结构决定行业的盈利潜力和竞争强度,企业的自我定位决定了其相对于行业平均水平的盈利能力,战略就是企业在选定行业中的基本的、可以辨别的位置;第二,战略形成过程是一个基于分析计算结果之上的对这些基本位置的选择过程,分析人员在战略形成过程中起着主要作用,他们将计算结果送交正式控制选择过程的管理人员;第三,行业结构决定了企业精心设计的定位战略,而精心设计的定位战略又决定了企业的组织结构；第四，战略内容本身与战略制定过程同等重要。

4.企业家学派(the Entrepreneurial School)

企业家学派十分重视正式的领导能力，其研究重点是企业高层管理者，认为企业必须要有一个极富创新精神的领导者，企业家就是战略"设计师"，战略的形成深深植根于企业家的思维过程之中，由他提出有关企业创办、产权安排、企业转型等方面的创意。这一点与设计学派极为相似。但与设计学派不同并与计划学派完全相反的是，企业家学派并不认为甚至反对战略形成需要依赖严格精致的分析框架，相反，它发现许多成功的企业并没有系统的文字性战略，但企业也经营得很好，因此认为战略是企业家个人价值观念和预见未来的产物。企业家发挥自己个人的影响力，用自己对企业宗旨的看法，为企业战略选择及行动提供了一定空间，同时也保持了一定的应变能力。

因此，企业家学派不仅将战略形成过程绝对地依附于企业家身上，而且从根本上认为战略形成过程就是一个直觉思维、灵感闪现的过程，是一个企业家对企业未来图景的洞察过程，它依赖于企业家某些与生俱来的心理特点和思维方式，如感觉、知觉、判断、推理、经验和远见。这种认识使战略从精妙的设计、周密的计划或者准确的定位变成了隐约可见的"愿景(Visions)"。

作为企业家学派的核心概念，"愿景"是对战略的心理描述，产生于或至少是表现在企业家的头脑之中。它既是一种灵感，又是一种对战略任务的认知，成为企业战略行动的指导思想。事实上，"愿景"常常表现为一种心理活动在现实中的映射，而不是一份用文字或数字来阐述的详细计划。

企业家学派因其显著不同的研究角度和内容获得了独特的地位，其基本前提假设是：第一，战略既是一种观念，更是一种特殊的、关于未来长远方向的感知，是企业家心目中形成的组织未来的"愿景"，战略形成根本无法成为一个有意识的、受控制的思维过程；第二，战略既是深思熟虑的，又是随机应变的：在总体思路和发展方向上是深思熟虑的，但在具体细节和实际操作上又是可以随机应变，非常灵活的；第三，企业必须有一个极富冒险精神和创业冲动的企业家，由他来负责有关企业战略形成方面的问题。企业家的个性化领导能力以其战略"愿景"为基础，企业家应当紧密控制实现"愿景"的全过程，这是保证企业成功的关键要素。

5.认知学派(the Cognitive School)

过去学者们关注的是战略思考的内容，而不是战略思维本身。20世纪80年代以来，研究人员借鉴认知心理学领域的研究成果，试图发现战略形成过程的心理特征。他们关心的是，假如战略是通过诸如结构、模式、图形、概念或纲要等因素产生于人们的意识，那么怎样理解这些心理过程，尤其关注的是，当人们看到外界事物，如事件、标志、顾客行为等时，心理如何作出反应。通过这些研究形成了独特的认知学派并得到了持续稳定的发展，其影响也越来越大。

认知学派将战略形成看作一个心理过程，认为战略的形成是基于处理信息、获得知识和建立概念的认知过程，并且主要是通过直接经验形成自己的知识结构和思维方式。经验是知识产生的基础，知识又成为人的行为的决定因素，进而决定着后来的经验。企业战略制定不仅是一个理性思维的过程，也包括非理性思维的过程，面对大量真假难辨的信息、数据和有限时间的限制，非理性思维在战略决策中可以发挥更大的作用。战略是一个精神活动的过程,不同的战略家对客观事物的认识不同,对同一企业就会形成不同的战略。

认知学派的基本前提假设是:第一,战略形成是发生在战略家心里的认知过程;第二,战略表现为决定人们如何处理环境输入信息的方法——概念、计划、纲要和框架;第三,战略形成过程本质上是一个认知过程——即从现实观察到内心深处的心理活动过程,特别是作为概念的战略形成过程。作为概念,战略在初始形成时比较困难,在实际形成中偏重实用性而不是最优化,既便战略不再可行,改变也很困难。

6.学习学派(the Learning School)

由于企业外部环境变化的不可预测性和企业本身所固有的适应性,通过严格程序制定的战略往往无法实现,而未经正式制定的、自然显现的战略却能获得成功。因此,一些学者开始把研究的重点转向企业在各种不可预测的环境因素约束下的战略形成上,由此产生了学习学派。学习学派的形成以奎因于1980年出版的《应变战略:逻辑渐进主义》一书为标志,更早则可以追溯至林德布罗姆(C. Lindblom)的早期渐进主义著作。学习学派的形成与发展是一次名副其实的浪潮,正日益引起人们的关注。其中影响较大的有波瓦(Bower)和伯杰尔曼(Burgelman)的突破思维定势的观点,明茨伯格的关于战略是通过自然选择形成的观点,韦克(Weick)的关于战略是通过总结过去的经验教训而形成的观点,等等。直至今天,学习学派在战略研究领域仍然有着巨大的影响。

学习学派与以往学派的不同之处在于,它认为战略是通过渐进学习、自然选择形成的,可以在组织上下任何地方出现,并且战略的形成与贯彻是相互交织在一起的。尽管其他学派也曾对设计学派、计划学派和定位学派的某些方面提出过质疑,但是,学习学派在这方面却做得最为广泛和彻底,他们将矛头直接指向那些学派的基本前提假设。

学习学派认为战略的核心是处理未知的未来,而环境是复杂又难以预测的,因此只有从明确的较大范围的目标与意图逐步转向具体的战略才是客观合理的。战略形成不是一个严格的计划过程,其中既有计划性,又有权利与行为等因素的影响,其形成和演变带有明显的"逻辑渐进主义"色彩。"逻辑渐进主义"在理论上的根据就是认识的局限性。因而战略是一种有目的的、能动的、既包含分析又涉及行为因素的发展过程,战略的形成与发展就是思想与行动、控制与学习、稳定与改变相结合的艺术性过程。

战略的雏形可以在企业的任何地方出现,只要那些地方的人们有学习能力和资源支持。当这些战略扩散成为集体中多数人的行为模式时便成为企业战略,这种扩散过程不一定是自觉的,对这些新战略的形成过程不能拔苗助长,而应认识并关注它的出现且在适当时候介入,使之成为企业战略。战略的制定是过程导向的,在此过程中集体学习对战略制定与形成至关重要,只有通过组织学习,企业才能应对环境的不确定性。所以高层管理者的职责不是制定战略,而是管理组织学习的过程。

学习学派的基本前提假设是:第一,组织环境具有复杂多变和难以预测的特性,经常伴随着对战略而言不可或缺的知识传播过程;第二,战略制定首先必须是一个不断学习的过程,战略是通过渐进学习、自然选择形成的,战略的形成与贯彻是相互交织在一起的;第三,战略形成更经常地表现为一种集体学习的过程;第四,战略可以在任何地方以任何自然显现的方式出现,一旦得到确认之后,这些自然显现的战略便正式成为深思熟虑的战略;第五,领导的作用不再是构想深思熟虑的战略，而是管理战略学习的过程，战略管理实际上就是要精巧地处理思考与行动、控制与学习、稳定与变化之间的关系；第六，战略首先是作为过去的行为模式出现的，只是在后来才可能成为未来的计划，最后变成指导总体行为的观念。

7.权力学派(the Power School)

"权力"是权力学派的核心概念，权力学派把战略形成看作一个受到权力明显影响的过程而独具特色，强调将权力和政治手段应用于战略形成以利于获得政治团体期望的特殊利益。权力学派之所以强调权力，是因为在企业战略制定的过程中，战略形成不仅受到"经济"因素的影响，还要受到"政治"因素的影响。制定中的新战略不仅是组织行动的指南，也极有可能是组织中权力转移的信号。战略在组织中具有的意义越重大，组织中的权力越分散，政治手段伴随其中的可能性就越大。因此，权力学派把权力看成战略形成不可缺少的基础，认为战略的形成就是一个组织内部政治斗争的结果。

权力学派大体上有两种不同的观点。微观权力观把企业的战略制定看作是一种实质上的政治活动，是企业内部各种正式和非正式利益团体运用权力、施加影响，进行讨价还价、游说、妥协，最后在各派权力之间达到一致的过程。宏观权力观则把组织看作是一个整体，它运用其力量作用于竞争者、同盟者、合作者及其他相关利益团体。因此，权力学派认为，战略的形成是一个权力谈判及平衡的过程，战略制定不仅要注意行业环境、竞争力量等经济因素，而且要注意利益团体、权力分享等政治因素。

权力学派的基本前提假设是：第一，战略制定不能简单地关注行业环境、竞争力量等经济因素，更重要的是必须考察权力斗争、利益团体等政治因素；第二，在组织内部经过权力斗争而形成的战略往往是一个不可预期的、难以控制的结果，并且通常采用定位和策略的形式而不是观念的形式。

8.文化学派(the Cultural School)

20世纪80年代，当日本管理模式在全世界广受推崇时，企业文化成为世界范围内的热门话题。日本企业的成功使企业文化思想深入人心，随着企业文化对企业经营业绩和社会形象的作用与影响日益增强，人们也越来越重视对影响企业战略形成的文化因素的研究，由此形成了战略管理的文化学派。实际上，权力和文化是一体两面的。权力控制着组织实体并使其分裂，文化则将个体连接起来并重新整合为一个整体。权力学派的研究着眼于自我利益和局部，而文化学派的研究则注重团队利益和整体。

文化学派认为，企业文化及其背后的价值观念对战略形成有着重要影响，因而战略的形成是一个基于企业成员共同信念和理解的社会交往过程，是一个将企业组织中各种积极因素进行整合以发挥作用的过程。战略制定是一种集体行为，建立在由组织成员共同拥有的信仰和价值观之上，是观念形态的形成和维持过程。战略采取了观念的形式，以组织成员的意愿为基础，表现为有意识的行为方式。由于存在共同的信仰，战略的变化不会超出或违背企业的总体战略观点和现存文化。

文化学派的观点对解释许多企业在同等条件下的经营行为和经营业绩存在的巨大差异很有说服力。其基本前提假设是：第一，组织中的个体通过文化适应过程和社会适应过程来获得组织文化的共同信念，进而指导自身行为，这是一个潜移默化的过程；第二，企业文化作为一种观念体系和行为规范的集中表现,以各种方式作用于组织的各个层次和各个环节,组织成员只能部分地描述这种共同信念和价值准则，而其生成机理和作用机制则可能十分模糊;第三,战略形成是一个集体思维过程,战略在形式上首先是一种观念而并非一种行为,这种观念根植于集体意向之中,并在组织模式中得到反映、受到保护并成为企业竞争优势的来源;第四,文化观念体系并不鼓励战略变革,组织往往至多在整体战略观念之内作一些行为上的改变。

9.环境学派(the Environmental School)

环境学派认为,企业与环境是互动的,环境对企业战略具有至关重要的影响,企业必须适应环境并找到自己生存和发展的位置。由于组织在战略形成过程中无法控制环境变化,企业的组织和领导处于从属和被动的地位,只能对环境变化作出相应的反应,所以战略形成在本质上是一个反应过程。

环境学派中主要存在两种不同的发展方向。一种称作"权变理论(Contingency Theory)",该理论阐述了环境的独特方面与组织的特殊属性之间的关系，侧重于研究企业在特殊的环境条件下和面临有限的战略选择时所做的预期反映。例如,外部环境越稳定,内部结构就越倾向于正规，企业战略形成就越偏好于采用计划的形式。权变理论要求企业发挥主观能动性，因为企业可以在一定的环境条件下，对环境的变化采取相应的对策以影响和作用于环境,争取企业经营的主动权。

另一种称作"规制理论(Institutional Theory)",它强调企业所处的环境往往是企业难以把握和控制的,因此企业必须适应环境,企业战略的制定必须充分考虑环境的变化,了解和掌握环境变化的特点。只有如此,企业才能在适应环境的过程中找到自己的生存空间,并获得进一步的发展。该理论把环境看成两类资源的仓库:经济资源和符号(Symbolic)资源。经济资源是人们熟悉的、有形的货币、土地、设备等资源,而符号资源则包括企业形象、声望、组织能力等无形资源。企业战略就是一种寻找、获取经济资源并把它们转化为符号资源的方法,从而保护企业免受环境复杂多变的影响。

环境学派强调的是企业组织在其所处环境中如何获得生存和发展，其作用是让人们关注环境因素,但又与钱德勒对环境与战略关系的研究有所不同。其基本前提假设是:第一,环境作为一种完整而独立的综合力量出现，在战略形成过程中成为一个中心角色并处于支配地位,而不仅仅是一种影响因素;第二,权变理论假设外部条件迫使组织处于特定的活动范围,要么组织按照环境要求改变自己,要么组织改变自身的角色而成为环境的附属物;第三,规制理论认为由环境所施加的政治及意识形态压力减少了但并未完全消除企业的战略选择，只不过将会发生不同组织间通过模仿而逐渐出现结构与行为趋同的"规制同形现象(Institutional Isomorphism)";第四,企业所处的环境是企业无法把握和控制的,领导变成了一种被动因素,只能负责观察了解环境并保证组织完全与之适应,而不是试图改变环境;第五,组织群体在原来所处的独特的生态学意义的范围中进行活动,直到资源逐渐稀少,或者环境恶化、充满敌意,最终导致组织的消亡。

10.结构学派(the Configuration School)

结构学派是一个比较特殊的学派,它博采众长,集各种学派观点之大成,同时又更加注重学术性和描述性，它与所有其他学派的根本区别是提供了一种对其他学派进行综合的方式。结构学派更像一个混合体，它把企业组织看成是一种由一系列行为和特征组成的有机结构；把战略制定看成是对其他各种学派观点的一种整合。

结构学派认为企业战略应从两方面去定义才能真实地反映企业战略的性质和特点：一方面战略在一定时期需要稳定，形成某种需要从多个角度认识的架构；另一方面战略变革又穿插于一系列相对稳定的战略状态之间，因而战略架构也是动态的。明茨伯格提出的“5P”是结构学派最具代表性的观点。

结构学派把战略形成看作一个转型过程——当企业处于某种状态时，战略就应该能够反映并适应相应的转型。转型是结构的必然结果，如果结构是一种存在状态，那么战略制定就是从一个状态到另一个状态的飞跃过程。具体而言，随着企业组织的不断成长和所处环境的日趋成熟，初建时期的结构就会让位于一种更为正规的、由职业经理人依靠计划过程来领导的结构。

实际上，几乎每一学派都可以在结构学派观点中找到自身的影子。譬如，面对相对稳定的环境，在企业战略形成过程中计划学派就占有重要地位；而面对比较动态的环境，企业家学派则对企业战略的制定起着更大的作用。

结构学派的基本前提假设是：第一，组织通常都可以被描述为某种稳定的结构状态：在某一特定时期采用特定结构形式，与特定的组织目标相匹配，使组织产生特定行为从而形成某种特定的战略；第二，这种稳定结构间或被某些转型过程所打破，即组织实现由一种结构状态向另一种结构状态的质的飞跃；第三，这种结构状态与转型过程的交替出现可能会随着时间的推移而自动显现为一种规律，从而构成组织的生命周期；第四，战略管理的关键就是维持稳定，能够周期性地认识到转型的需要，并在不破坏组织的前提下管理转型过程；第五，战略制定过程既可以是一种总体设计和正规计划，又可以是系统分析或领导远见，还可以是共同学习或权力斗争。不论何种形式，它们都有自己的具体内容和存在时间，换言之，这些战略学派的观点本身就代表了特别的结构。

三、古典战略理论时期理论观点的核心思想与不足

从各学派的观点中不难看出，尽管这一时期学者们的研究方法各异，具体主张不尽相同，但总体的核心思想是一致的，主要体现在以下方面。

首先，企业战略的基点是适应环境。企业所处的环境往往是企业自身难以左右的，因而企业制定战略必须充分考虑环境的变化，只有适应环境变化，企业才能求得生存与发展。

其次，企业战略的目标在于提高市场占有率。企业战略适应环境变化旨在满足市场需求，获得理想的市场占有率，这样才有利于企业生存与发展。企业如何获取理想的市场占有率在古典战略管理理论中居于核心地位。

第三，企业战略的实施要求组织结构随之变化与适应。古典战略管理实质上是一个组织对其环境的适应过程以及由此带来的组织内部结构化过程。因而在战略实施上势必要求企业组织结构与企业战略相适应。

这些核心思想为企业战略管理理论体系的形成与发展奠定了坚实的基础，但不容否认，

以环境为基点的古典战略理论也还存在着一些不足之处。

第一,该理论大多从现存的产业市场出发进行战略分析,要求企业所适应的环境实质上是已经结构化了的产业市场环境,这势必导致企业的生存发展空间十分有限,往往被动地适应环境,处于被动地追随领先者的困境之中,成为战略的追随者。

第二,该理论对企业战略环境进行分析的方法与工具还不够完善,在指导企业战略管理实践上显得有些力不从心。另一方面,它较多地关注了从企业外部环境来考察企业战略问题,但对企业内在环境考虑不够充分。

第三,这些理论学派普遍把企业战略的制定与实施视为企业高层经理人员的工作,而在一定程度上忽视了企业内部配套管理方面的工作。

第四,该理论重在分析和推理,其隐含前提是企业高层管理者可以在对未来环境进行可靠预测的基础上制定合理的战略,这一前提与相对稳定的经营环境相适应。但随着经济和社会的发展,经营环境的不确定性越来越强,只运用该理论已经很难随环境变化及时地作出战略决策。

第三节 竞争战略理论阶段

随着企业经营环境的不断变化和市场竞争的日益激烈,古典战略理论阶段出现的十大战略理论学派,在指导企业战略管理的实践中逐渐表现出了各自的局限性。20世纪80年代以后,美国企业界盲目崇拜战略的心理趋向和过分夸大战略管理作用的热潮也有所下降,这些问题和不足之处为推动企业战略管理理论的发展提供了契机。

从20世纪80年代初以来,在众多学者、专家对战略管理正确与否的激烈争辩和反复探讨的过程中,战略管理的理论体系进一步臻于完善,其中波特教授提出了以产业(市场)结构分析为基础的竞争战略理论,为战略管理理论的发展和完善做出了突出贡献。在波特理论的影响下,战略理论研究的焦点纷纷转向企业如何获得和保持竞争优势,有力地推动了企业战略理论的发展与创新,因此这一时期可称为竞争战略理论阶段。综合这一阶段的研究成果,可以将其划分为三大主要学派:行业结构学派、核心能力学派和战略资源学派。

一、行业结构学派

行业结构学派的主要代表就是波特,他深受以梅森(Mason)和贝恩(Bain)为代表的产业组织学派的影响,将产业组织理论中结构(S)—行为(C)—绩效(P)这一分析范式引入了企业战略管理研究,实现了产业组织理论和企业竞争战略理论的创新性兼容,并达到了战略制定和实施这两个过程的有机统一。

波特把行业结构分析作为确立竞争战略的基石,把理解行业结构作为战略制定的起点。他从产业组织论的观点出发,分析了行业内部的市场机遇与竞争因素,将企业行为与其经营环境的分析有机结合,提出了一整套竞争战略的理论与方法。

行业结构学派的基本前提假设是：企业战略选择在很大程度上取决于选择一个有吸引力的行业；同行业的大多数企业一般都控制着基本相同的资源，实施着基本相同的战略；企业战略管理者都是理性的，都是根据利润最大化的原则作出决策的。

波特在1980年的《竞争战略》一书中指出，企业盈利能力取决于其选择何种竞争战略，而竞争战略的选择应基于以下两点考虑：

第一，选择有吸引力的、高潜在利润的产业。不同产业所具有的吸引力以及带来的持续盈利机会是不同的，一个企业选择朝阳产业要比选择夕阳产业更利于提高自己的获利能力，因为一个企业所选择产业的内在盈利能力，是决定该企业获利能力与机会的重要因素。

第二，在已选择的产业中确定自己优势的竞争地位。一般说来，不管一个产业中的吸引力以及提供的盈利机会如何，处于竞争优势地位的企业要比劣势企业更有利可图。而要正确地选择有吸引力的产业以及给自己的竞争优势定位，必须对将要进入的一个或几个产业中的结构状况和竞争环境进行分析。

在《竞争战略》一书中，波特提出了著名的五种竞争作用力分析模型，认为产业的吸引力、潜在利润来源于这五方面竞争作用力之间的相互作用。而战略制定的关键就是要透过表面现象分析竞争压力的来源，对压力来源的认识可以突现企业的关键优势与劣势。企业可以通过其战略对五方面竞争力量发生影响，并影响产业（市场）结构，甚至改变某些竞争规则，从而赢得竞争优势，提高自己的盈利能力。

在此基础上，波特提出了赢得竞争优势的三种通用战略，即成本领先战略、差异化战略和集中化战略。波特认为企业必须从这三种战略中选择一种以赢得竞争优势。要么把成本控制到比竞争者更低的程度，要么提供与竞争者不同的产品和服务，让顾客感觉提供了比竞争者更高的价值。集中化战略要求企业致力于服务特定的市场、特定的产品或特定的地理范围。后来波特对这三大战略作了改变，根据成本与差异化竞争及竞争的范围提出了四大战略：成本领先、差异化、成本专一化与差异专一化。而后，波特通过对各个具体产业如分散型产业、新兴产业、走向成熟的过渡产业、夕阳产业及全球性产业的环境分析，把上述三种通用战略加以具体化。

《竞争战略》的一个重要断言是："脚踏两只船（Being Stuck in the Middle，或译"夹在中间"）的战略注定要导致企业低利润。"也就是说企业只能选择成本领先、差异化或集中化战略中的一个作为其主导战略。任何脚踏两只船的战略都是注定要失败的，这种战略要么失去价格敏感的大批客户，要么因为高成本而在竞争中丧失利润，在高利润行业中又无法战胜那些专攻高边际利润或做到了全面差异化的公司。而且采用脚踏两只船战略的企业容易导致企业文化、组织安排与奖励制度上的混乱与冲突。

与经典战略理论相比，竞争战略理论前进了一大步。它指出了企业在分析产业（市场）结构竞争环境的基础上制定竞争战略的重要性，从而有助于企业将其竞争战略的眼光转向对有吸引力的产业的选择上。然而，同经典战略理论一样，竞争战略理论仍缺乏对企业内在环境的考虑，因而无法合理地解释下列问题：为什么在无吸引力的产业中仍能有盈利水平很高的企业存在，而在吸引力很高的产业中却又存在经营状况很差的企业？受潜在高利润的诱惑，企业进入与自身竞争优势毫不相关的产业进行多元化经营，最终这些企业为何大多以失败告终？波特后来对此缺陷有所认识，于是在1985年的《竞争优势》一书中，从企业的内在环境出发，提出以价值链为基础的战略分析模型，试图弥补原有理论的不足。但是，价值链分析方法几乎涉及企业内部所有方面，存在着对主要方面，如特定技术和生产方面重视不足的局限性。而且价值链虽然看起来简洁明了，但实际上很难操作。在这样的背景下，以资源、知识为基础的核心竞争力理论和战略资源理论便迅速地发展了起来。

二、核心能力学派

1990年，普拉哈拉德和汉默尔在《哈佛商业评论》上发表《公司的核心能力》一文，1994年两人又合著《竞争大未来》一书，正式提出了核心能力理论，形成了20世纪90年代西方最热门的企业战略理论学派。

普拉哈拉德和汉默尔认为，从本质上来讲，企业的核心能力是"组织中的积累性学识，特别是关于如何协调不同的生产技能和有机结合多种技术流的学识"(Prahald & Hamel, 1990)，是指企业发展独特技术、开发独特产品和创造独特营销手段的能力。它具有三个明显的特征：能够为客户带来巨大的价值，即核心能力具备最终产品消费者可感知的价值；能够支撑多种核心产品，即核心能力提供了企业进入种类繁多市场的潜在途径，从而显示出系统的竞争能力，它使一家公司能够参与相当分散的业务；竞争者难以复制或模仿，即核心能力使企业竞争力独树一帜，其竞争者难以模仿或难以在短期内赶上，如本田公司在发动机研发和制造方面形成了核心能力，以其独特性获取了长期的产品差异竞争优势。

他们强调指出，现代市场竞争与其说是基于产品的竞争，不如说是基于核心能力的竞争。企业的经营能否成功，已经不再取决于企业产品、市场的结构，而取决于其是否具有核心能力并且将其最大限度地发挥出来。他们将企业之间的竞争分为三个层次：核心能力的竞争、最终产品的竞争和核心产品的竞争。把企业比作一棵树，最终产品是树的果实，业务单元是树枝，核心产品是树干，核心能力则是树根。核心产品是决定最终产品价值的部件或组件，是核心能力与最终产品之间的纽带，也是一种或几种核心能力的实物体现。树根是树的生命源头，正如同核心能力是所有能力中最核心、最根本的部分，它可以辐射、作用于其他各种能力，影响着其他能力的发挥和效果。企业只有在核心能力领域中保持领先地位，才能有牢固的基础，在核心业务开发中超过对手，进而在最终产品市场上打败对手。

由于核心能力的形成经历了企业内部资源、知识、技术等的长期积累和整合，从而具有对手难以复制和模仿的特征，能够使企业形成可持续的竞争优势。因此，该学派认为，企业经营战略的关键就在于识别、培养和发展企业的核心能力。只有具备了核心能力，企业才能快速适应市场的变化，满足顾客的需求，才能在顾客心目中将企业与竞争对手区分开来，为获取超额利润提供保证。

核心能力理论存在这样的理论假设：企业具有不同的资源（这里的资源包括知识、技术等），并且能够在这些资源的基础上形成独特的能力；由于资源不能在企业间自由流动，因而对属于某企业特有的能力，其他企业无法得到或复制；企业利用这些资源的独特方式是企业形成竞争优势、实现战略管理的基础。

三、战略资源学派

对企业资源基础论的研究最早可以追溯到20世纪50年代。早在1959年,彭罗斯在《企业成长论》一书中就认为企业是生产性资源的集合体,企业应当依据自身的能力状况来确定其发展目标,特别是多元化经营的深度和广度。20世纪60年代,利恩提出:一个企业能做什么并不是由它所碰到的机会决定的,而取决于企业所能掌握的资源,企业成功或其未来发展的关键在于它发现和创造其特有竞争力的能力。这一时期,尽管战略资源理论的雏形已经出现,但并没有为分析企业战略提供理论和系统框架。

进入20世纪80年代,组织经济学、战略管理理论取得了很大发展,这些理论的最新成果促进了企业资源基础论的完善。1984年,沃纳菲尔特在《战略管理杂志》(Strategic Management Journal,SMJ)发表了《企业资源基础论》一文,认为企业优势来源于企业所拥有资源的数量、质量和使用效率,而不在于外部的环境因素,这篇论文成为战略资源学派奠基之作。20世纪80年代,库尔(Cool)和申德尔(Schendel)通过对美国医药产业内企业间存在的关键的系统性绩效差异的研究,进一步确定企业的内在特质是造成它们业绩差异的重要原因。1995年,柯林斯和蒙哥马利在《哈佛商业评论》上发表了《资源竞争:90年代的战略》一文,深化了对企业资源的认识。

战略资源学派认为,每个组织都是独特的资源和能力的结合体,可以将企业看作是各种资源的不同组合,由于每个企业的资源组合不同,因此不存在完全一模一样的企业。公司的竞争优势取决于其拥有的有价值的资源,资源价值的评估不能仅限于企业内部,而是要将企业置身于其产业环境,通过与竞争对手的比较,才能发现企业拥有的有价值的资源,只有和战略最相匹配的资源才最有价值。

根据战略资源学派的观点,企业在资源拥有方面是异质的。至少在短期内,企业的资源能力具有"粘性",即不易改变,企业只能从事与其资源相符的商业活动,并获得相同程度的收益。这是因为:第一,商业活动是一个十分复杂的过程,企业不可能具备迅速形成新竞争力的组织能力;第二,部分资产难以简单地进行交易,例如:商业技巧和声誉;第三,即使一项资产能够通过购买获得,企业也难以从这种通过交易获得的资产中获利。由此得出的结论是:有效的资源配置、开发和保护是取得最佳绩效的必由之路。企业的竞争优势产生于产品市场的上游和企业所拥有的特定、难以模仿的资源。

因此,企业战略的主要内容是如何培育企业独特的战略资源,以及最大限度地优化配置这种战略资源的能力。在企业竞争实践中,每个企业的资源是各不相同的,企业所拥有的战略资源和运用这种资源能力的差异,就成为企业竞争优势的源泉。

在企业资源异质和资源粘性的约束下,作出进入某产业的决策过程如下:确定企业的独特资源;确定该项资源获得高额收益的市场;确定资产的收益是否通过以下途径获得:对相关市场的整合、将中间产品出售给关联公司、将其资产出售给相关企业。而在五种竞争力模型的分析框架下,一项进入决策的过程大致如下:根据其结构性吸引力选择产业;根据对竞争者基于理性所作的战略推测选择进入战略;企业通过市场获得那些尚不具备的资源以满足竞争所需。

另外，战略资源学派思想在应用性研究方面也出现了一些有价值的研究成果。彼得·圣吉运用系统动力学理论研究了团队的学习问题，在《第五项修炼》一书中提出“学习型组织”的概念；1993年，汉默尔和钱皮在《企业再造——企业革命宣言》一书中提出“流程再造理论”。其后不久，美国一些学者根据信息技术迅猛发展和知识经济来临的趋势，又提出了“企业转型”理论，强调在更高层次上确定企业模式，对市场作出迅速反应，并把握机会创造市场。

战略资源学派的基本理论假设是：每个企业都是一组独特资源的组合，这些独特的资源是企业战略的基础也是企业回报的基本源泉，资源的差异是竞争优势的基础；一个企业之所以能获得高于平均水平的投资收益率，主要是因为它拥有能够支持其战略的独特资源；同一行业的企业不可能拥有相同的战略资源，其中最主要的不同可能是组织资源、人力资源和无形资源；由于资源的稀缺性使得资源在企业间缺乏流动性，在企业间不能随便或轻易转移。

四、三大学派对战略管理理论的贡献与不足

由以上介绍可以看出，在企业战略环境的内外部分析中，以波特为代表的行业结构学派完善了外部环境分析的框架，而内部环境分析问题的解决，则是由核心能力学派和战略资源学派来完成的。三大学派都对战略管理理论的发展做出了重要贡献，但也还存在着一些不足。

1.行业结构学派的贡献与不足

行业结构学派将产业组织理论引入了企业战略管理分析，提出了企业竞争战略理论，首开了总结通用战略的先河。最重要的是，波特提出的五种竞争作用力模型、价值链分析等理论方法，为复杂而又难以捉摸的战略问题提供了一个简明而有力的分析工具。

在波特之前，安德鲁斯等人已经提出了诸如SWOT这样至今历久不衰的概念性框架，即要认清企业内部的优势和劣势，以迎接外部的机会和挑战。但究竟如何去识别和分析这一框架中优势、劣势和机会、威胁，并没有现成的答案。波特的“五力模型”则为之提供了一个普遍适用的框架，解决了其中机会、威胁这一对外部因素的分析方法问题。因此，在企业战略环境分析中，行业结构学派为外部环境分析框架的完善做出了巨大贡献。

另外，产业结构学派认识到了单纯追求市场占有率的局限性。市场占有率本身并不能说明一个企业的竞争优势，在毫无吸引力的行业中争夺市场占有率，即使取得胜利，也无法获得成功，企业最重要的是取得竞争优势。从此以后，行业定位与竞争战略的观念深入人心，如何获得竞争优势成为战略管理理论探讨和企业实践的主题，有力地推动了企业战略管理理论与实践的发展。

但是，行业结构学派的理论也有着明显的缺陷。首先，行业结构学派的战略观念是静态的，没有充分考虑竞争环境的快速和动态变化对企业战略的影响。例如，行业结构分析是基于已经存在的产业，是已经结构化或尚未完全结构化的产业，因此这个产业的游戏规则已由该产业中领先企业所决定，其他企业进入此产业后只能服从这些游戏规则，同时，受到进入壁垒、规模经济、转换成本、学习效应等因素的影响，企业进入此产业的成本也相当高。

其次，过分强调市场竞争。行业结构学派的理论强调竞争是企业成败的关键，在某种程

度上讲,竞争战略的目的就是为了打败竞争对手。这样的零和博弈式的竞争观念已经难以适应现在的市场环境, 企业战略的目标并非击败竞争对手, 而是向顾客提供其真正需要的价值。制定企业战略需要考虑竞争对手的反应,但这并不是第一位的要素,忽视了顾客所需要的价值才是企业最大的损失和失败。如果企业过于注重同竞争对手进行针锋相对的竞争,就可能会以对手的行动为导向,迷失自己的战略目标,难以真正建立起自己独特的竞争优势。

第三,产业结构的分析方法尚不完善。五种竞争作用力的分析模式忽视了影响企业战略的很多重要因素,尤其是企业资源、能力等内部因素对企业战略的影响。波特的方法在理论和实践中都无法回答这样的问题:假如竞争优势可以通过企业采取与众不同的定位来取得,那么如何解释在同一行业中大小相当而又采取类似战略的企业之间在业绩上的重大差异?为什么在无吸引力的产业中仍能有盈利水平很高的企业存在, 而在吸引力很高的产业中却又存在经营状况很差的企业? 再进一步,即使有的行业存在先入优势,那么什么样的企业才能够想到并抢到这种优势?答案只可能从企业的内部去寻找,一定是企业内部所拥有的某些特质决定了它面对外部环境时所采取的不同战略,继而导致了不同的绩效。

20世纪80年代早期,鲁梅尔特的实证研究已经发现,产业内的利润差异比产业间的利润差异要大得多。这一发现推翻了行业结构学派的市场结构决定企业盈利水平的论断,使人们相信最重要的利润源泉是企业具有的特殊性。例如,90年代初美国西南航空公司在其他同行均大幅亏损时却保持了利润的持续增长, 这又一次说明行业的市场结构并不是企业经营业绩的决定因素。西南航空公司赖以竞争的是一种无形的特质,如友善、风趣、实惠等,这是一种综合性的、其它航空公司无法模仿的能力。企业实践中这种现象的大量存在和从企业内部寻找竞争优势来源的思想逐渐促成了20世纪80年代中后期核心能力学派和战略资源学派的兴起。另外,随着时代的发展,人们越来越认识到,企业所处的环境及其采用的战略是一个极为复杂的系统,只有从每一个相关角度深入分析,才有可能得出正确的结论。而波特把复杂的环境性因素简化为五种力量、把多样化的战略形态简化成三四种基本竞争战略的做法,容易束缚企业面向未来、发挥战略创造性的能力。同时,波特一再反对在同一业务中同时采用成本领先与差异化的“脚踏两只船”战略,认为成本领先与产品差异化水火不相容,但新的生产方式的出现,如戴尔(Dell)及列维斯(Levis)的大规模定制概念已经使波特的这一论断无法成立。

2.核心能力学派与战略资源学派的贡献与不足

核心能力学派和战略资源学派的研究都是从企业内部展开的,有着很多的共同点。其基本观点是,并不是企业所有的资源、知识和能力都能形成持续的竞争优势,而只有当资源、知识和能力同时符合珍贵(能增加企业外部环境中的机会或减少威胁的资源、知识和能力才是珍贵的)、异质(企业独一无二的,没有被当前和潜在的竞争对手所拥有)、不可模仿(其他企业无法获得的)、难以替代(没有战略性等价物)的标准之时,它们才成为核心能力或战略资源,才能让企业利用外部环境中的机会,采取与众不同的战略定位,获得持久的竞争优势。

核心能力学派和战略资源学派认为, 企业竞争战略的选择必须最大限度地有利于培植和发挥企业的战略资源, 而战略管理的主要工作就是培植和发展企业对自身拥有的战略资源的独特的运用能力,即核心能力。核心能力的形成需要企业不断地积累战略实施所需的各种资源,需要企业不断学习、不断创新、不断超越,只有在获得一定水平的战略资源后,企业才能通过一系列组合和整合形成自己独特的、不易被人模仿和替代的核心能力,才能获得和保持持续的竞争优势。

在这两大学派对以波特为代表的行业结构学派的学说作出补充之后,SWOT这一概念性战略分析框架才在“内”、“外”两个方面都得以充实和完善。迄今为止,企业战略分析仍然是按照分析自身优势与劣势、找到外部环境机会与威胁的思路展开的,其中对机会与威胁的分析是以行业结构学派的理论作为核心的分析工具,而对企业优劣势的分析则借重于战略资源和核心能力学派的思想。

核心能力和战略资源理论克服了波特的价值链分析模型涵盖企业内部所有方面的过度广泛性,使企业找到了战略分析与制定的立足点和出发点,利于企业集中自身资源,突出对独特竞争能力的培育,获得可持续的竞争优势。同时,它强调企业在思考和选择哪些方面能力可能成为战略资源或核心能力的同时,还应关注未来新的战略资源和核心能力的培养,为此就要求企业必须提高产业预见能力,应根据对人的需求、技术发展、社会大趋势等前瞻性的预测,从市场出发来构想未来的产业,培养新的核心能力,从而使自己保持领导地位,成为未来产业的领先者。这为企业发挥战略创造性,制定独特的、创造性的战略提供了理论工具。

1997年,科利斯和蒙哥马利在《公司战略——企业的资源与范围》一书中,运用核心能力理论和竞争战略理论的研究成果,对多业务企业经营战略进行研究,提出了“公司战略三角形”分析框架。该分析认为企业优势就是企业创造价值而带来超越对手的优势,从而将价值创造作为企业经营战略的最终目标,并用公司优势的系统创造分析方法,替代以往竞争优势的内外部环境分析方法,弥补了波特“五力模型”的缺陷。

因此,核心能力学派和战略资源学派突出了企业内部条件对保持竞争优势及获取超额利润的决定性作用;强调了对资源和能力的分析在企业战略制定过程中的重要性;提供了进行资源和能力分析的理论和方法;把组织机构、管理、控制和协调机制第一次看成是一种资源。

表现在战略管理实践上,核心能力学派和战略资源学派要求企业从自身资源和能力出发,在自己拥有一定优势的产业及其关联产业进行多元化经营,避免受产业吸引力的诱导而盲目进入不相关的产业经营。这对指导企业回归主营行业,降低多元化的风险,获取战略资源,建立核心竞争力,从而获得高于平均水平的投资收益率,进而取得可持续的竞争优势具有重大意义。

但是,核心能力学派和战略资源学派也有着突出的理论缺陷:该理论至今尚未形成一个全面、准确、统一、规范的资源和能力概念,两个名词的混淆和误用使企业无所适从;这一理论尚未形成体系,缺少严密的概念及基本定理;如何识别、形成、应用、巩固、保护战略资源和核心能力,如何进行有效管理,尚缺乏操作性较强的途径。

第四节　企业战略管理理论前沿与展望

企业战略管理的理论与实践经过早期战略思想阶段、古典战略理论阶段和竞争战略理论阶段的发展,取得了丰硕的理论成果和实践经验。进入21世纪,企业战略管理进一步巩固了在管理学科中的核心地位,企业界普遍树立了战略致胜的思想和理念,战略管理实践方兴未艾,这都使得战略管理的理论研究更加蓬勃发展,出现了许多新的研究成果,从中我们可以看到战略管理学科的前沿和未来的发展趋势。

一、重视战略实践,强调对实践经验的总结和提炼

传统的企业战略管理研究比较重视理论推理、数学模型和计量分析,但数学模型和计量分析仅仅是战略管理的工具和手段,过于迷信这些工具或手段容易束缚人的思想,窒息创新精神。越来越多的学者从成功企业战略管理的实践经验中认识到,战略管理具有很强的实践性,离开实践,纸上谈兵,决不会有成功的战略。因此,新的战略管理理论更加注重从实践中学习并运用于实践,如最新提出的愿景驱动式管理、战略转折点管理等理论都是在大量实例研究的基础上总结提炼出来的。

过去的战略管理研究,常以个别因素和市场关系的分析为模式,显然已经不能适应复杂多变的经营环境。但同时,战略又毕竟是各个企业自己制定的,它受到不同领导者管理艺术及其风格的影响。因此,理论界在继续重视和运用个别企业实践经验研究的同时,更加注意进行整体分析,两种方法的有机结合推动了战略管理的进一步发展。

目前,来源于实践的战略研究已经产生了很多有价值的成果。例如,许多战略专家发现,美国在国际竞争中屡遭败北的原因在于,美国许多企业偏重财务管理,轻视生产和技术管理。他们提出,只有具备强大的物质基础,把管理返回到生产技术这个基点上来,才能改变目前的被动状态。此外,近来西方国家的战略管理,对企业的精神因素也很重视。他们把企业的价值观和信念作为战略的基础,认为企业成功与否主要取决于集体精神与行为,而不取决于外部环境和条件。例如美国惠普公司认为企业经营好坏,主要取决于企业家精神,而不强调企业的市场竞争地位。组织的士气、企业的精神,需要经过较长时间方能确立,而它一旦形成一个相对稳定的企业文化,便能激发起职工的巨大工作热情。

再如,日本学者伊丹敬之认为,以往人们对战略制定的程序和方法研究较多,但对什么是"优秀战略"研究不够。他认为,所谓"优秀战略"就是"适应战略",即要求"战略内容与战略环境形成适应关系"。具体地说,战略要与环境、资源和组织三个因素相适应,环境是企业的外部因素,包括技术、竞争和顾客三个变量,而资源和组织是企业的内部因素,这三种适应关系缺一不可。以开发新的经营领域而言,如果企业战略决策者选择的领域没有前途,那么该战略就是错误的;其次,如果企业最高管理层不具备开拓新领域所需的资源和能力,那就更无成功之望;最后,即使有了资源,但战略不符合组织的状况,不能调动人的积极性,那么再好的战略设计最终也只能是空中楼阁。只有同时具备上述三种适应关系,战略才能获得成功。

二、信息技术对战略管理的影响与战略管理的信息化趋势

随着信息技术的迅猛发展，人类社会正经历着深刻的变革，政治、经济、法律、社会、文化、市场等企业外部环境因素越来越复杂多变，企业面临的竞争更加激烈。在这样的背景下，信息技术对战略管理的理论和实践必将和已经产生了深远和全面的影响。

首先，信息技术给企业的组织和运营方式带来了深刻的变革，新型组织结构和企业模式的出现对企业战略管理的理论研究和实践带来了新的课题和新的经验。

人类已经进入知识经济时代，信息技术的迅速发展实现了消费者、生产者等经济主体之间的互联互动，资金、技术和商品的流通趋向全球化，世界经济越来越融为一体。这种知识化、网络化和全球化的基本趋势使企业经营的宏观环境发生了极大的变化：消费者对企业的产品和服务越来越挑剔，个性化要求越来越强烈，对产品或服务提供的时间要求越来越高，而对单一企业产品或服务的依赖性和忠诚度却在不断降低；市场竞争日趋激烈，市场波动加速，企业生命周期和产品生命周期逐渐缩短，企业进入了速度竞争的时代。在新的竞争环境下，企业开始反思已有的组织结构，试图建立有足够弹性的、更加灵活的组织和管理模式，网络型组织结构由此产生，进而出现了被誉为21世纪主导性企业模式的新型企业——虚拟企业(Virtual Enterprises，VE)。

虚拟企业是由具有价值链不同环节核心能力的独立厂商，为适应环境变化、把握市场机遇、实现成本分担及资源和能力的共享，以知识、项目、产品或服务为中心，通过各种契约合作方式所构建的不具有独立企业形态却实现了特定企业功能的动态企业联合体。自从1991年肯尼斯·普瑞斯(Kenneth Preiss)与史蒂文·L·戈德曼(Steven L. Goldman)、罗杰·N·内格尔(Roger N. Nagel)在《21世纪制造企业研究：一个工业主导的观点》的研究报告中首次提出虚拟企业概念以来，关于虚拟企业的理论研究正在成为管理科学中的一个研究前沿和热点。

面对基于信息技术的企业组织模式变革，企业战略管理的理论和方法也面临着巨大的挑战。如何适应新的竞争环境，建立面向技术变革的战略管理理论，已经成为众多战略管理学者关注的焦点。学者们已经提出了许多基于IT的战略管理思想，主张通过利用信息技术或建立战略信息系统来实现企业竞争战略，获得竞争优势，以实现企业的使命和目标。不少专家已将信息技术与信息系统作为竞争战略或其重要组成部分，信息技术已不仅仅被看作一种工具，一种资源，而是成为获得竞争优势、决定企业兴衰存亡之关键，采用信息技术与建立信息系统已经成为企业重要的竞争战略之一。

其次，随着信息技术的不断进步，战略管理越来越呈现出网络型、信息化管理的发展趋势。

在瞬息万变的时代，一个准确、灵活、富有弹性的战略对企业的生存发展起着决定性的作用，而全面、准确、客观地分析和掌握外部环境的变化和企业内部条件的优劣是有效制定和实施科学可行的企业战略的关键。信息社会中企业的内外部环境更加复杂多变，这对企业把握环境、认识环境、分析环境、适应环境的能力提出了严峻的挑战。企业只有以完善的信息网络为基础，才能迅速获得企业环境各方面的信息，进而准确分析企业优势、劣势、机遇和威胁，从而选择最佳战略方案，获得竞争优势。谁能以最快的速度掌握最多的信息，谁就能获得

竞争的胜利，实现战略目标。因此，信息技术在战略管理中的地位越来越重要，对企业战略管理理论和实践的影响越来越大。

第三，信息技术越来越影响着企业职能战略的制定和实施。

作为一种经营管理的工具和手段，信息技术深刻地影响着企业的经营模式和管理方式，进而使得职能战略的制定和实施也与传统战略理论有了很大不同。例如，市场营销战略是企业重要的职能战略，电子商务的蓬勃发展为企业市场营销战略的制定和实施提供了新的思路和空间，而网络传输、电子数据交换等技术和手段又为企业营销战略的实施提供了技术支持，因此，企业营销战略的理论与实践已经呈现出明显的电子化发展趋势。

三、从注重竞争转向超越竞争、强调合作

自斯密以来，由西方文化所主导的经济学和工商管理学体系，都是以"竞争"为主线的。反映在战略管理学科上，20世纪90年代以前西方的战略管理理论和实践也大多建立在对抗竞争的基础之上，企业的发展战略就是"竞争"的战略，竞争是战略的核心和关键，而竞争的目的之一就是要使竞争对手丧失优势甚至将其致于死地。

然而，过度的对抗性竞争有可能破坏产业环境、损害竞争秩序，带来鱼死网破、两败俱伤的严重后果，造成社会资源的巨大浪费。同时，在网络经济的背景下，技术的日益分散化也在客观上使任何企业都不可能长期垄断某一领域，完全依靠自己的能力掌握竞争的主动权。因此，20世纪90年代中期以后，理论界和企业界都逐渐认识到，"竞争"与"合作"本来就是人类经济活动的两个同等重要和普遍的方面，没有好坏与主次之分，都是推动人类社会经济和其他方面进步的动力。竞争的目的应该是为了长期生存和健康发展，企业间不一定只有竞争关系，必须超越这种完全以竞争为中心的战略逻辑。合资、合营、特许经营、战略联盟、战略外包等以合作为中心思想的企业战略开始受到企业的青睐。

1992年，只有20%的美国公司CEO用肯定的态度看待战略联盟，到1997年已有60%的人赞成首先考虑这种竞争方式。全球著名的企业战略咨询公司麦肯锡在其编著的《协作性竞争：全球市场的战略联盟与收购》一书中指出，在全球性的市场中"完全损人利己的时代已经结束"，未来的竞争必须合作。美国管理学大师彼得·德鲁克在1995年就指出，工商业正在发生的最伟大的变革，不是以所有权为基础的企业关系的出现，而是以合作伙伴关系为基础的企业关系的加速增加。

在这样的背景下，通过创新、创造和合作来超越竞争开始成为企业战略管理研究的一个新焦点，出现了一些崭新的理论。

1.顾客价值中心理论

早在1954年，彼得·德鲁克就指出，公司的首要任务是"创造顾客"，顾客购买和消费的决不是产品，而是价值。1988年，泽瑟摩尔（Zaithaml）首先从顾客角度提出了顾客感知价值理论。他将顾客感知价值定义为：顾客所能感知到的利得与其在获取产品或服务中所付出的成本进行权衡后对产品或服务效用的整体评价。

很快，对顾客价值的理论研究蓬勃展开并延伸到企业战略管理的研究中。以顾客价值为中心的战略理论扩展和超越了传统战略理论的逻辑，使顾客价值成为企业间的竞争规则。成

功创造了顾客价值的企业成为规则的制定者，它比遵守者知道的信息和拥有的相关资源要多,这个战略逻辑的起点就决定了竞争的胜负。因此,企业之间竞争的胜负取决于能否有效地掌握和满足顾客需求,创造顾客价值。企业可以从培育产业先见、转移战略核心(顾客)、超越资产和能力进行战略决策、为顾客打破惯例等方面围绕顾客价值重组自己的战略体系,创造独特的竞争优势而不必和竞争对手进行你死我活的竞争。

但这种顾客导向的战略理论主要适用于已经结构化了的产业市场中,要准确、全面了解顾客需求也并非易事。同时,顾客导向战略实质上是一种追赶、防御战略,所以要想取得未来产业的领先地位,企业就必须超越顾客导向,避免仅仅把目光聚焦于顾客需求,变被动、追随为主动、创造,引导顾客需求,创造产业市场,主导游戏规则,获得长期发展。

2.战略联盟理论

战略联盟概念最早是由美国DEC公司总裁简·霍普兰德(J. Hopland)和管理学家罗杰·奈格尔(R. Nigel)提出的,战略联盟理论的出现,使人们将关注的焦点转向了企业间各种形式的联合。

战略联盟是指由两个或两个以上对等经营实力的企业,为达到共同拥有市场、共同使用资源等战略目标,通过各种协议、契约而结成的优势相长、风险共担、要素水平式双向或多向流动的松散型网络组织。其实质是在经营能力和资源对等的、各自独立的伙伴间建立的,为了战略目的而达成的长期合作协定。

战略联盟理论强调合作竞争，认为企业的竞争优势可以构建在自身优势与他人优势相结合的基础上。该理论认为,企业是市场环境系统中的一个参与者,要实现其战略目标、扩大市场占有率、开拓新市场,就应当与相关企业以战略联盟形式集中有限资源,更好地满足顾客需求。可以结成战略联盟的组织既包括生产企业、供应商和客户,还可以包括金融机构、行业协会、科研机构、政府职能部门等,已经形成了相互补充、相互完善、利益共享、风险共担、联合竞争、共同发展的新的市场体系。

近年来，发达国家企业已经应用战略联盟理论来指导企业的实践活动，许多大公司有50%以上的业务是通过战略联盟获取利润的。研究表明,在今后十年中,战略联盟有望超过并购而成为企业间交易的主流。据统计,在世界150多家大型跨国公司中,以不同形式结成战略联盟的高达90%;从1986年到1995年间,欧洲、日本在美国的联盟企业数目递增了423%。面对战略联盟的蓬勃发展,有的西方战略管理学家甚至提出,在很大程度上,21世纪将是企业联盟之间的竞争。

3.商业生态系统理论

1986年，专门从事全球商业与经济伙伴研究的美国剑桥战略咨询公司董事长兼总裁詹姆斯·穆尔(James F. Moore)在《哈佛商业评论》上发表了《新竞争生态学》一文,首次提出了商业生态系统(Business Ecosystem)概念。接着,穆尔又于1996年出版了《竞争的消亡》一书,利用生态学原理初步建立了商业生态系统的理论框架，标志着战略管理理论的指导思想发生了重大突破。

在该书中,穆尔以生物学中的生态系统这一独特视角来描述当今市场中的企业活动,通过对高科技公司成长过程的描述向人们展示了处于同一商业系统中的相互依存的“商业物种”的共同进化现象,以及整个商业生态系统的进化过程,阐明了新时代商业竞争的竞合法则,描述了商业生态系统的生命周期阶段及其领导策略。

该理论认为, 在当今产业界限日益弱化的情况下, 企业不应把自己仅仅看作单个的企业,而应把自己当作由供应商、生产者、竞争者和其他利益相关者构成的企业生态系统的成员。在这个生态系统中,战略制定的基本单位成为合作演化的生态系统;企业业绩不仅是企业内部管理好坏和行业平均利润的函数, 还是企业在生态系统中联盟和网络关系管理好坏的函数;整个经济网络的发展和公司在其中的地位成为战略思考的重点;合作范围扩展到所有可以被纳入生态系统内的企业; 竞争主要在企业生态系统之间以及在系统内取得领导和中心地位的企业之间进行。

穆尔站在企业生态系统均衡演化的层面上,把商业活动分为开拓、扩展、领导和更新四个阶段,他建议高层经理人员经常从顾客、市场、产品、过程、组织、风险承担者、政府与社会等七个方面来考虑商业生态系统和自身所处的位置, 系统内的公司可以通过竞争将毫不相关的贡献者联系起来,创造一种崭新的商业模式。在这种全新的模式下,制定战略应着眼于创造新的微观经济和财富,抛弃狭隘的以行业为基础的战略设计。

商业生态系统理论指出,现代企业在快速多变的复杂环境中生存,其长期发展已经不是单个公司所能够左右与控制的事情。越来越多的事实表明,现代企业是与其相关企业、供应商、顾客、社会组织、公众以及自然环境等共同成长的。世界上最有效率的公司,通过建立商业生态系统发展了新的竞争优势,而许多孤立于生态系统之外的公司则逐渐被淘汰。

商业生态系统理论较之以往的竞争战略理论有了较为明显的突破。具体表现为:

首先,商业生态系统理论是以领导企业为核心的商业联合共同体为主要研究对象,探讨商业联合体的形成及演化问题, 解释了为什么同样功能的商业模式有的会成长而有的则会消亡,揭示了商业生态系统中系统成员通过商业关系而相互作用的内在机理,阐述了价值创新模式、嵌入式网络经济与提高价值型商业壁垒对商业生态系统成长的关键作用。通过对商业生态系统的研究,可以了解企业垄断的趋势及结构状态,提出新的竞争合作理论,打破传统的以行业划分为前提的战略理论的限制。

其次,将生态学方法应用于商业系统研究,引入了商业多样性、领域边界等概念,为描述商业运行提供了有力的工具。商品是具有生命的“生物”,生活在社会经济系统之中,具有活力及生命周期。而商业生态系统同样具有生命周期,其发展呈现出了很强的“生物生态”特征。生物生态中的科学方法可以更加科学地描述商业生态系统的结构及运动规律,它们的移植应用得到了许多尚未发现的商业原理。

第三,提出了如何创造一个商业生态系统的原理与方法,并论述了企业在商业生态系统中取得领导地位的原则。商业生态系统的演化过程从开拓阶段开始,经过扩展、领导直到自我更新或衰亡。面对市场环境,企业应嵌入主流生态系统,并通过占据关键生态位,成为共同体的最佳角色;再通过健康的系统边界,并不断向系统提供创新价值,从而确立企业的权威领导地位。

最后,商业生态系统理论弥补了以前战略管理理论偏重竞争而忽视合作的缺陷,给出了在商业融合环境下理解商业运作整体结构的新思路,与超越竞争的其它理论相比,它的研究视野更宽更广,因而更具有前瞻性。

因此,在商业生态理论的影响下,未来战略管理理论将着重研究如何提升商业生态系统的竞争力,而对于单个企业来讲,选择与自身组织结构和企业文化等相匹配的商业生态系统,以及实现企业间良好的分工协作是其战略研究的重点。

四、战略管理理论研究的动态化趋势

进入21世纪,世界经济格局发生了深刻变化,企业面临的全球竞争环境更加复杂多变和难以预测,面对这样的挑战,传统战略管理理论的静态分析方法已经无法满足企业战略管理的需要。在这样的背景下,战略管理研究开始重视动荡环境中的企业生存发展问题。

同时,由战略分析、制定、实施与控制等阶段组成的战略管理过程是一个不断重复、不断更新的动态过程。在传统的战略管理理论中通常都是对这几个阶段进行分步研究,但在实际应用中,这几个步骤往往是同时发生,或是按照不同的步骤进行的,而且这一系统还应该有足够的弹性以适应企业所面临的时刻变化着的外部环境。因此,以战略管理理论为依据进行的动态企业战略研究,也是国内外理论界的重要研究方向。

另外,如何使已经制定的战略能够根据环境的变化进行动态调整,尽可能取得预期成效,也成为战略管理研究必须解决的新课题。于是,近年来一些管理学者提出了一些新的战略理论,如动态能力论、竞争动力学方法等。

1.动态能力论

西方管理学者从20世纪90年代初就开始研究环境变化对行业内部竞争的影响和行业内主要竞争对手之间的互动,从中已经发现,行业内部的竞争越来越明显地具有动态化的特点。而企业在传统战略管理理论的指导下,往往在建立高度专业化的核心能力的同时建立起了核心刚性,在运用战略资源与核心能力的同时又牺牲了企业的灵活性。因此,理论上关于动态竞争和核心刚性的探讨最终导致了动态能力理论的出现。

明确提出“动态能力”(dynamic capability)战略观的是蒂斯、皮萨诺和谢恩(Teece,Pisano & Shuen)于1992年发表的《动态能力与战略管理》一文,在这篇文章里作者提出:组织资源的相对卓越性并不完全合理,而且从规范观点的角度看,企业必须永远处于一种建立动态能力的状态下。“动态能力”观中的能力(capability)不同于“核心能力”(core competence),动态能力是指企业整合、建立及重构内部、外部竞争能力以适应环境变化的能力。

该理论的提出主要基于以下认识:过去的战略理论是由从企业战略的层次上,对企业如何保持竞争优势的分析构成的,而对企业怎样和为什么要在快速变化的环境中建立竞争优势却论述不多。动态能力论则主要是针对基于创新的竞争、价格/行为竞争、增加回报以及打破现有的竞争格局等领域进行研究的。它强调了在过去的战略理论中未能受到重视的两个方面:第一,“动态”的概念是指企业重塑竞争力以使其与变化的经营环境保持一致的能力,当市场的时间效应和速度成为企业战略成功的关键、技术变化的速度加快、未来竞争和市场的实质难以确定时,就需要企业有特定的、对创新的反应能力;第二,“能力”这一概念强调的是战略管理必须适当地使用、整合和再造企业内外部的资源和能力以适应环境的变化。

动态能力论的基本理论假设是:动态竞争是高强度和高速度的竞争,每个竞争对手都在不断地建立自己的竞争优势并削弱对手的竞争优势，竞争对手之间的战略互动(strategic interactions)明显加快；任何一个抢先战略都有可能被竞争对手的反击行动所击败；任何企业的先动优势和竞争优势都是暂时的，而不是可以长期保持的；竞争战略的有效性不仅取决于时间领先，更主要的是预测竞争对手反应、改变需求或者竞争规则，及时建立新优势的能力；在静态竞争条件下竞争战略的主要目的是建立、保持和发挥竞争优势，主要对成本与质量、时间和专有技术、建立进入障碍、规模优势等四个领域的竞争有直接贡献，但在动态竞争条件下，上述四个领域所建立起来的优势都是可以被打破的。

在传统战略管理理论所研究的静态竞争条件下，制定竞争战略时很少考虑和预测竞争对手的反应和随后一系列的竞争博弈。而在动态竞争条件下，制定竞争战略的有效性很大程度上依赖于预测竞争对手的反应、削弱和限制竞争对手还击的能力。传统战略管理理论制定战略的另一个出发点就是扬长避短，以自己的竞争优势打击竞争对手的弱点，但这种观点只有在竞争对手没有学习能力和竞争的互动只有一次的情况下才是正确的。在动态竞争条件下，如果一个企业总是以自己的优势打击对手的弱点，在多次打击之后，就会发现对手已经产生抵抗力，通过模仿或者学习克服了自己的弱点，或者想办法改变竞争规则、创造新优势，企业如果过于依赖或固守原有的竞争优势而没有及时建立新的优势，就会在下一回合的竞争互动中处于不利地位。

因此，传统竞争战略的制胜原则是如何把握机会消灭竞争对手，长期地保持竞争优势，而动态竞争条件下制定竞争战略的目的是要创造新的竞争优势，其关键是如何把握机会放弃自己原有的优势，建立新的优势。基于动态能力理论，有学者提出，企业唯一可持续的竞争优势就是比对手更快的学习能力，而形成可持续竞争优势的重要方法就是建立学习型组织。

2.竞争动力学方法

竞争动力学方法是在竞争力模式理论、核心能力理论和战略资源理论的基础上，通过对企业间的相互作用、参与竞争的企业质量、企业的竞争速度和灵活性等影响企业经营绩效的主要内、外部因素的分析，来回答在动态竞争条件下，企业应如何制定和实施战略管理，才能获得超过平均水平的收益和可持续的竞争优势。

首先，它研究处于竞争状态的企业之间的竞争作用，以及这种竞争作用产生的原因和发生的可能性；第二，它研究和分析影响企业竞争或对竞争进行反应的能力要素；第三，它分析和对比了不同条件下的竞争结果。近年来，竞争动力学的研究和分析方法在国外受到越来越多的关注，有关的研究成果被普遍地应用在战略管理的实践中。

3.引入系统复杂性理论研究战略的制定与实施

复杂性理论历来是系统科学关注的对象和研究的焦点，但在传统战略管理理论研究中却没有受到足够的重视，这主要是由于环境的相对稳定性和可预测性保证了传统战略实施的成功。但在动态竞争的环境中，进行比较准确的中长期预测几乎是不可能的。这样以来，战略管理就必须放到一个动态的相关环境中进行考虑，必须增强战略的柔性以实现对组织的快速调整和变革。这种突变的、不可逆的、非线性的变化是复杂性的显著特征，使得复杂性理论在战略制定和实施过程中的运用成为可能。基于复杂性理论的战略管理思想，将重点研究组织内部不同组成部分之间的内在关系及如何交替改变他们之间的相对位置，以减少控制、增强企业的自适应能力，维持组织在渐进变革和快速变革过程中的动态平衡。

综上所述，进入21世纪，信息网络技术的日新月异、经济全球化的迅猛发展和企业生存环境的日益复杂动荡对企业战略管理的理论与实践都提出了严峻的挑战，而战略管理理论也在为迎接挑战而不断地进行着积极的探索和尝试，可以预言，21世纪的战略管理学科必将获得更大的发展，为企业走上成功之路做出更大的贡献。

思考题

1.在古典战略理论阶段出现了哪些战略学派？
2.设计学派对古典战略理论的发展做出了哪些贡献？
3.企业家学派的基本前提假设是什么？
4.学习学派的基本前提假设是什么？
5.古典战略理论时期理论观点的核心思想是什么？有哪些不足？
6.行业结构学派的代表人物是谁？有哪些主要观点？
7.核心能力学派与战略资源学派做出了什么理论贡献？尚存哪些不足？
8.21世纪的战略管理学科有哪些发展趋势？
9.信息技术怎样影响战略管理的理论和实践？

第三章 战略管理者与战略思维

本章内容是围绕影响企业战略管理的结构性和主体性因素展开的。首先介绍了公司治理与战略管理的关系，其次给出了企业战略管理者的分类并逐一分析了他们在企业战略管理中的作用，最后对企业家的战略思维问题进行了探讨。

本章核心问题是研究以企业家为首的战略管理者如何在既定企业的战略管理中发挥应有的作用，使读者了解企业家应怎样认识和培养战略思维能力，领导企业获得战略管理的成功。

第一节 公司治理与战略管理

公司治理是现代企业制度的核心，而战略管理也已经成为企业管理的主线，二者之间有着必然和密切的联系，对企业构建竞争优势，获得经营成功发挥着重要影响和作用。

一、公司治理概述

在传统的企业制度形式中，所有者和管理者是同一个人，因而并不存在公司治理问题。伴随着公司制的诞生，由于所有权和经营权的分离，企业的所有者与经营者之间产生了委托—代理问题，道德风险和逆向选择问题越来越突出，为有效解决上述问题，建立有效的公司治理机制尤为必要。

1932年伯利和米恩斯在《现代公司和私有产权》的论著中，通过大量的实证研究认为现代公司的所有权和控制权实现了分离，控制权由所有者转移到支薪经理(管理者)手中，而管理者的利益又经常偏离股东的利益，引起了人们对公司治理问题的重视。1984年，英国人特里克(Tricker，1984)首次提出了现代公司治理的重要性，他认为公司治理是关于如何治理公司实体，特别是有限责任公司的过程，即运用权力指导公司的方向，监督管理人员的行动，担负起应尽的职责和按照公司所在国的法律法规来约束公司。

此后的大量研究丰富了公司治理的研究范围。如企业契约理论把企业看作是一系列契约的组合，公司实际上就是以一组契约来代替市场机制，这种代替节约了交易成本，同时又增加了管理成本(监督成本、信息成本等)。对于每个公司，参与者都要追求自身利益最大化，使得公司权利的配置非常复杂。公司治理作为一种制度安排，对企业从创立、经营乃至死亡的全过程责任、利益的分配问题作了事先的考虑和约定，可以看作是企业所有契约中最早成立和最基础的契约。

一般来讲,公司治理的核心在于寻求一种保证战略决策有效性的管理模式。从另一个角度看,公司治理也可以理解为关于企业组织方式、控制机制、利益分配的所有法律、机构、文化和制度安排,界定的不仅仅是企业与其所有者(share-holders)之间的关系,而且包括企业与其所有相关利益集团,如雇员、顾客、供货商、所在社区等的关系,是企业的要素投入者和利益相关者之间的一种制度安排,是公司针对利益相关者之间可能出现的利益冲突而建立的一种秩序和规则。公司治理通过合理地运用用人机制、监督机制和激励机制以及对股权结构、资本结构、治理机构设置和职权安排的合理配置,有效地解决了利益相关者的相互关系,为公司形成统一战略目标并卓有成效地对战略进行实施和控制提供了平衡的工具。

由于不同国家经济水平、社会文化传统和政治法律制度的不同,经过长期的公司发展历程和企业制度的演变,形成了不同的公司治理模式。从股权结构和监控机制的角度来看,可分为英美模式和德日模式,前者以股东主权和竞争性资本市场为主要特征,后者则以主银行制和法人相互持股为主要特征。

现代英美公司治理模式的典型特征是股权分散,总经理持股很少,股票流动性较大。公司治理的主要目标是保证公司的高层经理与股东利益之间的一致性,运用各种长期报酬手段,有效帮助公司应付或避免一些潜在的代理问题,从而保证公司战略管理的有效性。在所有权集中的公司,如大型国有企业,公司治理的重点则放在克服大股东的机会主义行为上,保护所有投资者的利益。由于经历了较长时期资本主义自由发展的过程,资本流通相对活跃,证券市场发展相对充分,英美公司较少受政府、工会、管理机构或银行的影响,公司治理的有效性在很大程度上有赖于证券市场对公司经营管理者的激励和监督。对经理层的业绩评价更多是以资本市场上公司的表现来衡量的。然而,分散的股权使英美公司治理结构下的股东更多采取"用脚投票"的间接控制方式。

德日型公司治理模式以后起的工业化国家为代表,这些国家一般都经历过一个相对人为的资本主义急速发展时期,受政府、工会、管理机构或银行的影响较深,资本流通性较弱,证券市场上相对较多地呈现交叉持股现象,并且占总股份的比例较大。在这样的公司治理模式下,监督和约束首先来自交叉持股的公司和银行,这些大股东从公司长远利益考虑,直接对经营者的选拔和经营过程进行有效干预,其持股的目的往往不是为了较高的股息和红利,而是为了稳定相互支持与控制的局面。

二、公司治理与企业战略管理的联系

英文的治理(governance)来自于希腊文,其原意就是掌舵、控制和指引的意思;董事(director)在英文中也有指导、指引方向的意思,只从字面上理解就能发现公司治理和战略管理有着密切的联系。公司治理和公司管理之间存在着相互协调发展的内在联系,而战略管理研究的是企业发展方向问题,是公司管理的核心内容,决定着一个企业未来的兴衰成败,因此战略管理是维系公司治理与公司管理的纽带。通过对不同类型治理结构的研究,可以发现公司治理通过董事会、经理人和特有的监督约束机制对战略管理施加着重要影响。

1.公司治理影响战略管理者在战略管理中的角色

战略管理者是战略环境的分析者、企业战略的制定者、战略实施的领导者和组织者、战略实施过程的监督者和战略执行结果的评价者，具体来说，主要包括董事会、经理层、业务单元及事业部经理、职能部门管理者、专职计划人员及其他战略管理的参与者。其中，董事会在公司战略管理中有着重要的地位和作用。从公司治理的角度看，董事会被视为代表股东和其他利益相关者监督经理人员的有效机制，是公司决策控制系统的最高点。

在不同的治理结构下董事会和高层管理者在战略的选择、实施和控制上的目标及作用会存在较大的差异。首先，权能的不同会影响到董事会参与战略管理的程度，积极的董事会在建立、修改公司战略中起领导作用，低度参与的董事会只是行使形式上的监控和审查权能。英美模式由于股权松散，其董事会权能小于日德模式下的董事会权能，公司董事会对战略参与的权能较弱，高层管理人员更多出于对公司在资本市场的表现和自身利益的考虑而进行战略选择。德日型董事会由于持有公司较大的股份，对公司战略决策的参与意愿和能力都比较强，在公司战略制定和实施过程中表现出积极的态度，对整个过程的控制力也相对较强。其次，董事会的权能也影响到董事会对高层管理者的约束和监督，英美模式将监督权交给了市场，而在德日型治理模式下，董事会更容易对高层管理人员施加影响，在战略上体现自己的意愿。

2.公司治理影响公司战略的制定

制定战略目标是战略管理的核心和关键，而公司治理主体对公司制定战略目标有着决定性的作用。同时，董事会和高层管理者对战略目标的选择又受到自身利益关系的制约，而这种制约正是公司治理结构制衡的对象。

1996年，英国某大学商学院通过对30家在英国有影响的日本海外子公司和英国公司进行的营销战略比较调研发现，在战略目标的选择上，日本公司更注重长远利益，具有更清晰的全球营销思想和明确的战略目标，而英国企业则比较注重短期利益，以维持短期利润和现有的市场地位为战略目标，甚至不顾市场地位下降而竭力维持短期财务目标和生产目标。两种不同的营销战略恰好反映了两种不同公司治理结构的作用结果。

相对来讲，在所有权非常集中的日本与德国，银行、企业等大股东由于持有公司较多的股权，成为公司治理的主体。他们与上市公司形成了非常密切的合作关系，更看重公司的长远发展，以保证自己的投资安全和保值增值，这种关系可以使公司的决策层更专心于公司的长期发展战略。因此，高层管理人员在进行战略决策时，必须将大股东的利益要求放在首位，其战略选择也必然体现这一趋势。

而英美公司由于股权分散，单个投资者没有动力去直接监督经理层，只能通过“用脚投票”作为控制经理人员的主要手段，发达的控制权市场也成了约束经理层最重要的力量。因此投资者在股市中关注的主要是公司的财务业绩，股东更多依据公司在资本市场上的表现来衡量经理人员的能力，一旦公司股价下跌，马上就可能面临敌意接管(takeover)，这样包括公司董事和经理层在内的人员就要被替换，因此高层管理者更注重公司的短期财务指标和股价，以使自己在任职期间不受市场“弹劾”。

因此，在这两种不同的治理模式下，德日公司相对更容易采纳高风险、高收益、投资期长的战略，而英美公司则倾向于选择风险相对较小、投资见效较快的战略，管理层在制定公司战略时更追求短期利益，不注重对研究开发和长期项目的投资。

3.公司治理影响对战略选择过程的监督

公司治理结构的另一个核心问题是关于组织监督和制衡机制的安排，这种安排也直接影响到战略选择的过程。在德日型公司模式下，董事会对经理人员的监督和约束是比较有效的，但德日公司董事会的决策是依靠集体讨论来决定的，对董事会本身来说，缺少外部制衡，因此这种方式的有效性和经济性还有待于实证研究。在缺少对董事会外部制衡的情况下，董事会又对高层管理人员有较大控制力，那么依照董事会意愿而制定的战略就难以避免主观性和独断性，尤其表现在出现集体"失聪"的时候。外部制衡机制的缺乏，使战略选择失误的可能性大大增加，同时对董事会较弱的约束力也难免造成董事会的利己行为。

而英美型公司治理模式则由于具有较为完善的市场机制和法律环境，经理人市场发育也相对比较充分，虽然董事会的监督和约束能力较弱，但成熟的市场可以弥补这一不足，使"内部人控制"几率达到最小。在战略制定过程中，高层管理者对战略制定的失误负有完全责任，股东只在利润指标和公司价值上对管理者的经营进行评判，经营不善的管理者将在经理人市场中被淘汰。因而，公司外部监督与约束较德日模式相对要强一些。

4.公司治理和战略管理共同影响企业竞争优势的构建

公司治理与公司管理构成了企业竞争优势培养创造系统，而战略管理是企业管理的主程序，战略管理全过程构成了企业管理的核心。因此，完善的公司治理和强有力的战略管理与企业竞争优势的构建有着密不可分的关系。

从企业生命周期角度来看，公司治理结构、战略选择与企业生命周期是相适应的。企业在不同发展阶段针对不同的管理问题应采取不同的战略，公司治理结构也有所不同。创业期主要是企业基本能力的积累阶段，企业规模较小、业务单一、组织结构简单；成熟期的企业资金流量大、规模适中、产品线丰富、管理较有效率；而处于衰退期的企业则具有组织臃肿、产品过时、效率低下等特征。因此，不同时期企业治理结构的选择有所不同，战略选择也有着较大的区别，导致不同时期企业竞争优势的定位也有所不同。

从公司治理的各个层次与整个战略管理全过程来看，二者的相互融合将有利于企业竞争优势的提升。首先，公司治理主体的形成及选择对战略导向具有决定性的作用，公司整体的运作将由战略的导向而定；反之，公司竞争优势得到提升后，公司的治理主体将有意识地完善自身的结构，并自觉而有效地实施战略。

其次，企业治理主体的安排将影响战略主体的决策动力，两个主体之间的部分重合有利于公司目标的统一和价值观的重合，这将极大地促进公司能力的整合。战略主体通过不断地对企业发展战略进行选择和实施，可以达到局部调整治理结构的目的，而这种企业治理的微调在累积一个时段后就可能会引发治理机制的质变，这种循序渐进的演变最终将使公司治理机制趋于完善，并最终形成企业的强势竞争力，有力地提高企业的战略绩效。

例如，1902年成立的3M公司在世界上共有8.5万名员工，如何使这个庞大的企业具有持续的竞争优势、最大化地创造公司价值成为历任企业经营者面对的核心问题。在近百年的曲折发展中，公司高层多次由于战略失误导致业绩不佳而遭到资本市场的摒弃，公司董事会和经理层多次更迭。为了缓解来自市场、消费者、股东等各方的压力，3M公司制定了明晰的公司战略，开始实施战略管理。通过公司治理与战略管理间的有效整合和互动，企业逐步形成了良好的组织学习能力，卓有成效地创造了强烈的学习、创新氛围，形成了以“创新为荣、分享技术、传播智慧”为核心的企业文化。在创新文化的影响下，公司的创新能力得到大幅提升，成功开发了以客户需求为导向的核心产品，构建了竞争优势。到2002年末，实现了350亿美元的销售收入。3M公司的成功就来自于完善的公司治理结构与公司战略管理全过程的有效互动和协同，并通过创新文化这一载体实现了企业价值的最大化。

第二节 企业战略管理者

战略管理者是企业战略管理的主体，是企业战略管理过程的设计者、推动者、实践者和参加者。按照管理层次，可以将一般企业的管理者划分为公司层、业务层和运营层三个主要的管理阶层，这三个管理阶层构成了企业的正式组织结构，他们都在企业战略管理体系和过程中扮演着不可或缺的角色，都是重要的战略管理者。另外，在战略管理的整个过程中，企业内外部的许多单位或个人都会参与到企业战略管理的不同阶段中，为企业战略管理做出贡献。因此，基于以上考虑，我们将企业战略管理者综合划分为以下四类。

公司层战略管理者，主要由企业董事会和经理层组成，也包括企业的专职战略管理部门及其规划人员；业务层战略管理者，包括各业务单元或事业部的主要领导者；运营层管理者，主要是指企业各职能部门的负责人以及在某一特定业务单位内的职能领导和部门领导；战略管理参与者，主要包括企业员工、非正式组织领导、战略咨询顾问及行业专家。

一、公司层战略管理者

在企业战略管理者之中，董事会和企业经理层居于最高层，是主要的战略管理者，担任着制定企业战略、进行战略决策、组织战略实施并进行战略控制的重要职能。同时，很多大型企业都设有专门的战略管理部门与专职战略规划人员，这个部门及其人员往往由总经理或高级经理直接领导，为企业战略管理服务，相当于经理层的内部智囊团或高级参谋机构，由于他们直接为经理层出谋划策，帮助经理层甚至董事会进行战略管理，在企业组织中处于特殊地位，我们也将其作为公司层战略管理者来认识。

1.董事会

公司董事会是现代公司的权力中心，它决定着公司的重大战略决策，是战略管理的起点和终点，因此董事会与战略管理之间的关系非常紧密，二者的相互影响和互动直接影响企业的战略适应能力及综合竞争力。

一般来说，董事会的职能是：监督公司对其资产的管理；制定或批准公司的使命、目标、战略和政策；按照公司的财务业绩检查公司的管理活动；聘用或解雇公司的主要负责人。

董事会在战略管理过程中的作用概括起来主要体现在两个方面：决策与监督。所谓决策，就是董事会要提出企业的使命，为经理层划定战略选择的具体范围，提供建议并积极参与战略制定过程，最终决定公司的战略方案，确保战略有利于股东利益，还要审批经理层的战略计划和重大战略行动，为他们提出忠告和建议，规划出具体的改进措施。所谓监督，就是董事会要通过其下属的委员会及时了解并监视企业内外部环境的变化，提醒经理层注意这些变化将会给企业造成的影响；同时对管理层执行公司战略的绩效进行评价，决定经理人员的替换和奖励。

基于决策和监督的两大职能，董事会要能够独立地评判经理层提出的战略方案是否经过了充分的分析论证，不断地审查公司战略目标和战略措施的合理性。虽然必须赋予经理层应有的权力，但要对其进行监控，提出建设性的批评意见，时刻准备在必要的时候进行必要的干预。

董事会还要对现任经理层的领导能力和绩效进行评价，一旦公司业绩没有达到应有的水平就要及时进行恰当的人事变动。例如，在苹果计算机公司、通用汽车公司、IBM、康柏计算机公司和美国捷运公司等企业，都曾出现过由于公司董事会认为经理层对公司战略的调整速度和深度不足以适应市场的变化而要求首席执行官退位的事件，董事会通过起用新的领导人增加了公司的活力，从而更新了公司的战略。

美国学者惠伦按照董事会参与企业战略管理的程度以及在战略管理中所起的不同作用，将董事会进行分类，形成了董事会连续统一体(Board of directors continuum)，如表3-1。参与战略管理程度最高的董事会属于促进型董事会，这种类型的董事会都会积极认真地完成其任务，例如每半年或一年召开一次董事会研究企业长期发展的战略问题。相反，处在另一极端的董事会属于挂名型董事会，它们从未提出或决定企业战略，除非企业陷入严重危机。

表3-1 董事会在战略管理中的参与程度

参与战略管理的程度

低 ←——————————————————→ 高

被动、消极地　　　　　　　　　　　　　　　　主动、积极地

挂名型	无主见型	低度参与型	中度参与型	积极参与型	促进型
从来不知道应该做什么，对战略毫不关心	听任管理人员作出一切决策；只负责对管理人员提出的建议进行审查	只是从形式上对部分企业高层管理者的建议进行审查	有限地参与有关管理方面的决策，或者有选择地评审关键性战略决策或行动方案	对企业的使命、战略、政策和目标提出询问，并作出最后抉择，通过各种委员会进行年度的管理审计	在建立和修改企业使命、目标、战略和政策中起领导作用，并设有一个非常负责的战略委员会

从法律的角度看，董事会作为股东选择的、体现其意志的代表，对企业拥有重大决策权并负有监督之责。但在实际运作中，情况往往随企业、董事会产生的程序和董事来源的不同而有所变化。例如，当董事会成员主要来自企业外部时，则董事一般不会是企业所处行业的专家，因此他们比较超脱，常常只能就总经理提出的某项议题作出决策，因而在战略制定中的实际参与程度并不深。相反，当董事主要由企业内部成员，即企业高级经理担任时，董事会自然是最主要的决策者，它会在有关职能参谋部门的协助下，深入、详细地对战略方案的各个方面予以研究、讨论，并对决策后的实施给予高度关注和经常督导。

从历史的角度看，美国过去绝大多数企业的董事会只在企业管理中起着一般或形式上的作用。绝大多数董事会成员不是由于其知识能力而是因为其经济和社会地位而被选为董事的，董事会只是简单地批准企业管理者的建议，而战略管理中最重要的工作则由企业管理者组成的专业人才集团来进行。至于那些由家族拥有的企业，董事会只是一种摆设。李·艾科卡(Lee Iacoca)曾经这样谈到福特汽车公司："福特汽车公司是在1956年成为公众公司的，但是亨利从未真正接受这种改变，他认为，他就是这个公司的祖宗，……公司要按他的意志行事。他对待董事会和大多数企业高层管理者就像培植蘑菇，盖上肥料，让它们处在黑暗之中。他之所以有这种态度是因为他和他的家族拥有12%的股份和40%的选举权。"

但是，随着公司治理与战略管理理论研究和实践的发展，这种状况已经有所改变。一方面因为消费者、投资者、企业员工对企业越来越多的不负责任的行为表示不满，他们要求董事会在企业的经营决策方面负起更大的责任。在这种背景下，企业董事会成员更加年轻化和专业化，相当多的董事会是由企业高层经理、其他企业的高级经理、银行家、律师、著名学者甚至工会领导人构成的。另一方面，企业董事会的法律责任更加明确，法律要求董事会要对企业表现出"应有的关心"(due care)，否则由此造成企业和股东利益的损失要由董事承担责任。例如，当美国联邦储蓄保险公司(FDIC)组织45亿美元去拯救芝加哥大陆伊利诺斯银行的时候，就曾迫使该银行16位董事中的9位离职、2位辞职，因为他们没有对该银行表现出应有的关心。除此之外，美国证券交易委员会要求大多数董事要在企业年度报表上签名，并且承担法律责任。因此，目前西方企业的董事会能够而且不得不更多地参与企业管理，尤其是在战略管理中发挥重要作用。

2.企业经理层

战略管理涉及企业活动的各个方面，虽然它也需要企业中、下层管理者和全体员工的参与和支持，但毋庸置疑，企业经理层扮演着无可替代的重要作用。这不仅是由于他们能够统观企业全局、全面了解企业情况，而且更重要的是他们具有对战略实施所需资源进行配置的权力。

(1)总经理

企业战略管理的内容可以从两个方面来理解，首先是制定企业战略，其中包括在企业环境发生变化时重新制定或修订企业战略；其次是管理和实施既定的企业战略。这两方面包含了战略管理的全部内容，也构成了总经理(或者总裁、首席执行官等，企业规模不同、设置不同，则会有不同的职衔称谓，本书统称总经理，是指企业事实上的最高负责人)最基本的职能。

总经理是企业最重要、最关键的战略管理者，他对企业所处环境非常熟悉和敏感，对企业内部状况又非常了解，所以在企业战略的制定上，他的意见最有权威性，有关战略方案也往往是在总经理的主持下拟订出来，并报送董事会的。一些次要的战略方案或对于小企业而言，总经理可能就是最终的战略决策者。一旦战略付诸实施，总经理又自然地成为其最高执行负责人。因此，总经理的主要责任就是领导整个战略管理过程，制定公司的主要战略目标和战略措施，组织领导企业战略的实施并对战略执行状况进行控制。

总经理的首要职能是明确企业战略目标，这是说明企业存在的价值和理由、衡量企业的业务是否适宜，以及考虑应采取怎样的手段去完成企业业务的基础。其次，总经理要组织领导业务层战略管理者、运营层战略管理者和战略管理参与者构建企业战略系统，制定各层次的企业战略，以全面完善的战略措施和步骤保证企业战略目标的最终实现。制定战略时，总经理要在对企业内外部环境详尽分析研究的基础上，综合考虑如何把握市场机会、规避市场威胁、发挥企业优势、弥补企业劣势，开发新的产品和劳务，以更好的方式满足顾客的需求。要确定企业资源的配置和业务的取舍，研究如何培育和保持核心能力，积极应对各种变化，等等。

总经理的第二个主要职能是组织领导企业战略的实施。包括组建高效的管理机构，进行组织变革，培育支持企业战略的企业文化，向员工灌输企业的使命与愿景，筹措资源，激励员工，监控总体战略、业务战略和职能战略的执行，当战略执行状况脱离其预期目标时及时采取正确的行动予以干预和纠正，在企业内外部环境发生重大变化时及时调整企业战略，等等。事实上，明茨伯格所提出的经理人的十项管理职能都属于战略管理范围。

(2)高级经理

高级经理是指企业经理层中除总经理外的其他高层管理人员，如副总经理、财务总监等。高级经理在战略管理中也起着不可忽视的作用。一般来说，经总经理授权，他们往往在企业中负责某一具体领域的工作，是其所负责领域的专家。因此，在这些领域中，他们的意见是最重要的，总经理对企业重大问题的看法常常得益于他们在各个方面极有价值的意见和建议。总经理的决策往往是在归纳、分析、概括各个高级经理建议与观点的基础上形成的，甚至一些战略方案根本就是集体决策的产物。因此，高级经理一般都会参与整个公司战略中关键要素的提出和确立，参与战略分析与制定，并同总经理紧密合作，统一一致，有效地协调和控制战略管理的全过程。只有在小型的所有者管理的公司中，战略制定和战略实施的任务才会小到由一个人来管理的程度。

另外，企业总体战略一经批准，就要分解至企业各个领域和层次，转化为各个领域和层次的具体战略、方针和计划。高级经理们往往就成为这些领域具体战略、方针和策略的制定者、实施者。正是由总经理、高级经理及组织中较低层次的战略管理者组成了一个战略管理的组织网络来传递信息、协调关系、控制战略实施过程。

例如，主管生产、营销、财务、人力资源以及其他部门的副总经理有着重要的战略管理责任。一般来说，生产副总经理在生产战略的制定中承担着主要的责任；市场营销副总经理在营销战略的制定中承担着主要责任；财务副总经理则往往负责制定恰当的财务战略；等等。

但是，战略制定和实施的责任并不局限在总经理和高级经理的身上，企业中的每一个主要的单元——业务单位、部门、参谋人员、支持小组或者地区分公司，在公司的战略计划中，通常都有一个主要的或支持性的角色。而负责那个组织单元的管理者在上级的指导下，通常完成该部门的部分或绝大部分战略的制定工作，并选择执行战略的途径和方法。虽然越接近公司组织结构的底层，管理者的战略制定和执行的角色就越窄，职能就越明确，但是，每一个管理者在其所管理的领域里都是一位战略制定者和战略实施者，因此，各层管理人员都是企业的战略管理者。

3.战略管理部门与专职战略规划人员

随着战略管理实践的深入，繁重的战略分析、制定和控制工作常常使企业高层管理人员难以应付,越来越多的大中型企业开始设置专门的战略管理部门,为企业高层管理者乃至董事会进行战略管理提供帮助。该部门往往被冠以“战略研究部”、“企划部”、“规划部”、“战略中心”等名称,通常由一个高级经理甚至总经理亲自来掌握,主要负责跟踪企业内外部环境的变化、收集信息并进行加工处理、监测企业生产经营实际表现等。他们也常常根据经理层的指示,在听取各领域专家意见及了解企业各方面建议的基础上,酝酿、起草企业战略方案。毫无疑问,这些方案一般会拟出若干个,一起提交总经理甚至董事会研究决策。在战略实施中,该部门通常不被赋予具体执行战略的责任和权力,一般只是负责监督实施结果与预期目标的差异,当遇到重大事项时,及时发出预警,向上级或有关部门报告,由经理层作出决策,进行必要的干预和调控。

企业战略管理部门由一些专职的战略规划人员组成, 这些人员都要求具有综合全面的个人素质,是该企业或行业的专家,熟谙战略管理尤其是战略分析、制定与控制的理论和方法。他们的首要工作是帮助高层管理者制定企业的目标和战略,设计企业战略管理系统,协调、指导和审查业务战略、职能战略及重大战略计划的制定,帮助经理层进行战略管理。其次, 他们要对企业的战略环境进行监控, 收集和分析环境变化和企业运行的各种信息和数据,提出和评价各种可执行的战略方案,为企业各业务单元或事业部提供环境分析结果,对其战略计划给予指导,对企业高层管理者所关心的问题进行专项研究。正因为专职战略规划人员可以在战略制定和控制过程中发挥如此重要的作用, 因而在某些企业中他们实际上决定着企业的未来。

二、业务层战略管理者

业务层战略管理者主要是各业务单元、事业部的负责人,他们是对某一特定业务承担自负盈亏责任的管理者,拥有该业务单元内的领导权。该层次的战略管理者处于企业组织结构的中层,在战略管理中处于承上启下的地位。他们负责将企业的总体战略进一步具体化,制定业务战略,对其负责的业务单元采取特定的战略。

业务层战略管理者的出现和存在几乎是一种必然。由于现代大中型企业的经营范围往往在地理上越来越分散、产业上越来越多元,处于公司总部的高层管理者对每一个地理区域和经营运作单元情况的了解都不足以支持他们制定和实施所有必要的战略方案。因此,高层管理者将一部分战略制定和实施的责权下放给业务单元和事业部的负责人, 从而让他们在这个层次上取得特定和明确的战略结果,这几乎成了一种惯例。

另外, 把战略责权下放到业务单元和事业部, 让他们担负起制定和执行业务战略的责任,实际上建立了一种成败权责制度。如果战略的执行者就是战略的制定者,他们就很难在没有达到目标的情况下推卸责任或寻找借口。同时,对于将要执行的战略,如果执行者本人也参与了制定工作的话,那么他们很可能对该战略有很强的支持和信心,而这一点正是有效执行战略的重要前提。

但是,不容否认,业务层的战略管理者在战略管理中也有自身的局限性,例如,战略管理方面的理论与技术掌握不多;限于工作范围和利益,很难站在整个企业的高度提出问题并进行决策;可以用于战略思考的时间有限,等等。美国学者的一项研究指出,该层次的战略管理者在企业战略选择过程中有这样一些特点：他们选择的战略通常与总经理选择的有所不同；其观点部分地受到他们个人视野及所在单位使命和目标的影响。

在另一项研究中，美国学者考察了一个小型计算机服务公司，这个公司想增加与计算机相关的系列功能，扩大现有的服务项目，作出了六项关于并购的战略决策。这项研究发现：业务层管理人员倾向于上报那些可能被上司接受的方案，而扣下不易通过的方案；他们为上级战略决策提供的数据量取决于：收集数据的难易程度、他们将对日后指标完成情况负责的程度、为获得有利决策所必需的数据量和他们认为上司作决策时所希望看到的数据；各部门或单位都从自身利益出发来评价战略方案，因而评价各不相同，一般来说，他们倾向于少冒风险，对战略方案作出的建议和评价总是与过去的战略差异不大。

当然，研究中也发现，企业中有些经营层管理人员敢于提出与上级完全违逆的战略思考，他们更多地认“理”不认“人”。对于这样的极少数管理人员，总经理应该多倾听他们的意见，他们的看法中往往寓含着真实的成分。

总之，经营层管理人员在企业战略管理方面所扮演的角色是战略性角色和操作性角色的有机组合。两种角色孰大孰小，具有较强的权变性，不能一概而论。能否使经营层管理人员扮演好战略管理角色的关键，是高层管理者对他们的态度及具体的管理措施。高层管理者不仅要肯定经营层管理人员在战略管理方面的战略性角色和能动作用，而且要设计用以支持其施展战略性功能的具体措施，包括培育合作创新型的企业文化、建立自由畅通的信息交流渠道、尝试针对经营层管理人员的模糊工作任务和职位制度、成立多个可控的权力中心、制定基于人力资本增值和项目发展的绩效测评制度等等。当然，这也对高层管理者的管理能力提出了挑战。所以，高层管理者要加强学习，在战略管理的情境下战略性地管理经营管理人员，为促进企业战略目标的实现提供强有力的领导保障。

三、运营层战略管理者

运营层战略管理者包括企业各职能部门的负责人以及在某一特定业务单元或事业部内的职能领导和部门领导，他们对该职能部门或业务单位的某一部分职能工作有着直接的领导权，如生产制造、市场营销、财务、研究与开发、人力资源等，他们在战略管理中的主要职责体现在战略实施上，就是组织领导其下属，在所负责的领域里执行各自的职能战略，支持企业总体或业务单元的战略实施。作为辅助职能，企业总部职能部门的领导还有协助经理层制定和完善企业总体战略和职能战略的责任，而业务单元和事业部的职能领导也要协助所在单位的负责人制定和完善该业务单元的战略。

运营层战略管理者负责企业的具体职能工作，这是企业运营和发展的基础，因此，该层次管理者是企业战略实施的中坚，对企业战略执行起着至关重要、不可或缺的作用。他们还要为公司层管理者和业务层管理者提供必要的信息，以协助公司层管理者和业务层管理者形成切实可行的战略方案。由于该层次的管理者比上两个层次的管理者更加接近市场、接近顾客、接近一线员工，因此他们更加了解市场环境和企业内部的细微变化，由此提出的意见和建议对企业战略的形成具有非常现实的帮助，利于提高企业各层次战略的可操作性。

四、战略管理参与者

在传统战略管理理论中，上述三个层次的战略管理者无疑是企业战略管理的主要力量，但是，随着战略管理理论与实践的不断发展，我们越来越清楚地认识到，由于企业环境与自身的巨大变化和这三个层次战略管理者天然的局限性，仅有他们是远远不足以制定和实施一个优秀的企业战略的。在企业战略的制定与实施过程中，还有一些重要的参与者，他们对战略管理的制定和执行有着各自不同而又不可或缺的作用。

1.企业员工

在传统的战略管理理论中，战略制定主要是企业高层管理者的任务：在制定总体战略的基础上，再确定业务战略和职能战略，并由他们负责战略实施。这是一种沿着企业等级链从上到下的战略管理模式。进入21世纪，在快速变化的竞争环境中，这种战略模式必将失效，因为即使最优秀的管理者在面对动态复杂的竞争环境时，也会受到认知的限制及信息的约束，导致战略的制定滞后于环境的变化，无法把握稍纵即逝的商机。因此，21世纪的企业战略管理强调，战略管理必须采用全员参与的模式，尤其强调一线员工的参与，因为他们能最早感受到环境的变化，能最快地捕捉到市场的机会。而高层管理者的主要任务则是保证组织信息渠道的畅通，对组织结构进行重新设计和再造，用良好的机制来实现战略制定、决策和实施过程中的广泛参与。

当然，不可否认，企业战略管理首先是企业家的战略管理，企业战略制定过程中的战略构思、分析和决策主要是企业首脑及高层管理者的责任，企业战略实施中遇到重大困难或出现新的发展机遇也只能依靠企业首脑和高层管理者坚毅、明智的领导。但是，无论企业战略的分析、制定、实施还是作出或大或小的调整，都离不开广大员工的信息输入，企业使命、愿景和目标的顺利实现必须建立在广大员工理解、支持和全心全意投入的基础之上。因此，企业员工也是企业战略管理者中的重要一员，企业战略管理也应当是广大员工积极投入、参与的战略管理。

2.非正式组织领导

企业是一个包括许多子系统在内的正式组织，但各种非正式组织也必然与之相伴相生，这是不以正式组织领导的意志为转移的。非正式组织对企业战略的制定和执行也具有重要影响，这种影响的大小同时取决于企业正式领导的领导方式和非正式组织领导人的影响力。

在决定企业使命、愿景、目标和各层次战略的过程中，企业内部可能会有各种不同的意见，这些意见反映了企业内部不同团体的利益需求和思想认识。如果不能成功凝聚集体的智慧，达到各方都满意的战略，则战略制定的过程就会演变成各种利益集团讨价还价的过程。如果正式领导不向非正式组织妥协，则非正式组织可能对强行通过的企业战略加以抵制，企业的战略执行就可能遭遇巨大的阻力和摩擦，严重影响企业战略的成功，而经妥协产生出来的决策又往往是次优的。

因此，企业管理者必须重视非正式组织及其领导，通过充分沟通和有效引导，或采取其它有效措施，使非正式组织领导积极参与到企业战略管理中来，支持、配合和协助企业战略的制定、实施和控制，必将有助于企业战略管理的成功。

3.战略咨询顾问与行业专家

在这个企业环境急剧变化的时代,企业决策已经成为专家决策、比较决策,而由于企业自身资源和能力的限制,企业又很难拥有大量的专家,企业家自身的知识和能力也越来越难以应付复杂环境下的战略决策，导致很多企业无法作出科学系统的思考和制定科学可行的战略。在这种背景下,借助外脑,到企业外部寻找智力支持是理想的做法,因此,管理咨询行业应运而生。

西方企业聘请管理咨询顾问来辅助战略决策和企业管理已经十分普遍，西方管理咨询业也已经发展得非常成熟,出现了诸如波士顿、麦肯锡、罗兰贝格等世界知名的咨询公司。我国的管理咨询行业正处于起步向发展过渡的阶段,管理咨询业务迅速增长,越来越多的企业开始认识和接受管理咨询。

因此,在企业战略管理尤其是战略制定过程中,咨询顾问往往是一些重要而特殊的参与者,他们来自企业外部,往往由高等院校、科研单位、社会研究机构及管理咨询公司中的专家构成。咨询顾问由战略咨询顾问和管理咨询顾问组成,战略咨询顾问对企业战略管理的理论和方法有着深入研究,富有实践经验,能够在总体上对企业战略管理的各个阶段给予协助和指导。管理咨询顾问则往往是企业管理某一领域的专家,如人力资源管理、财务管理等,能够帮助企业完善某特定职能领域的管理,提高该领域的水平和能力。优秀的咨询顾问能够协助企业制定科学可行的战略,解决战略执行中的矛盾和问题,帮助企业实现战略目标。因此,有人把管理咨询顾问比喻为所有行业的“参谋长”,称之为站在所有行业之上的人,其重要性可见一斑。

但是,不容否认,我国管理咨询业发展还很不成熟,企业对管理咨询业的认识和了解也还很有限,相当多的企业还不是一个合格、成熟的管理咨询客户,表现在企业对管理咨询的价值定位、咨询顾问与自己的关系认识不清,不知道如何咨询,导致很多企业咨询项目的失败,甚至造成企业重大的战略性失误和挫折,严重影响企业经营发展。本书附录中,康佳集团与麦肯锡的战略咨询合作就是一个典型的失败案例。

因此,企业要正确认识咨询顾问尤其是战略咨询顾问在企业战略管理中扮演的角色,这是用好外脑,有效发挥战略咨询顾问的经验和智慧,帮助企业实现战略目标的关键。浙江大学项保华教授指出,战略咨询顾问所扮演的角色有以下三种:

其一是“擦鞋匠”。被咨询企业是“鞋子”,战略咨询顾问就是“擦鞋匠”。“鞋子”脏了,“擦鞋匠”可以帮着擦干净,但“擦鞋匠”能力再强也无法把一双“草鞋”擦成“皮鞋”或者将一双“旧鞋”擦成“新鞋”。因此,战略咨询顾问不可能代替企业解决所有问题,只能帮助和指导企业解决问题。

其二是“挖宝人”。战略咨询顾问不仅是“擦鞋匠”,而且还是鞋子价值的“发现者”。尽管“擦鞋匠”不能把一双“草鞋”擦成“皮鞋”或者将一双“旧鞋”擦成“新鞋”,但却可以发现和提升被咨询企业的潜在价值,告诉被咨询企业,“草鞋”派什么用场最好,“旧鞋”坏了如何修补,等等。在企业受困于日常经营事务、无暇进行系统思考、当局者迷时,战略咨询顾问凭借自身的知识与经验,通过全面详尽的信息加工和分析,就能够协助被咨询企业拓宽战略思路,制定和实施良好的战略。

其三是“助动者”。是指战略咨询顾问不仅能够协助企业推动战略的成功执行，还能对被咨询企业起到“催化剂”的作用。往往由于咨询顾问的中介沟通，消除了存在于被咨询企业内部人员之间的成见与摩擦，使企业达成共识，形成合力，有助于战略实施的成功。

因此，我们认为，企业的战略咨询业务是在战略咨询专家的协助下，企业寻找和确定未来生存发展的位置、途径和方式的战略合作项目。企业与战略咨询顾问间的合作是一种战略性的合作，战略咨询顾问是企业的战略合作伙伴，是企业战略管理的重要参与者，企业应当在战略管理过程中高度重视双方的合作，发挥各自的优势，努力获得战略管理的成功。

另外，在企业战略管理尤其是战略制定过程中往往还需要征询一些行业专家的意见，行业专家一般对本行业的技术与发展有深入了解，在某些领域有着精深的研究和造诣，他们能够帮助企业准确地认识行业特征、把握发展动向，也是战略管理重要的参与者。

除以上四类的战略管理者外，企业还有许多利益相关者，他们对企业都有各自的期望和需求，如股东希望企业能使其资产保值增值，带来投资回报；顾客希望企业以更好的产品和服务满足其需求；政府希望企业依法经营、认真完税、为经济发展做出贡献；供应商和经销商希望企业健康发展，与其更好地合作，谋求更大的利益；主要社会团体，如环保组织希望企业的生产经营不以损害环境为代价，消费者权益保护组织希望企业不损害消费者的权益，工会希望企业保障员工的利益，等等。这些利益相关者对企业的期望和要求会通过各种渠道和方式体现出来，企业在制定和实施战略中必须加以考虑，才能使企业的生存价值得到体现，企业的战略得到最大限度的认同和支持。

五、企业战略管理方式与战略管理者的观念类型

无数案例证明，只有在企业各层次、各方面战略管理者都积极参与、相互合作的情况下，企业战略管理才有可能成功。国外学者在这方面进行了很多研究，例如，根据董事会与企业经理层参与企业战略管理的程度，学者们描述了四种不同的战略管理方式，如图3-1所示。

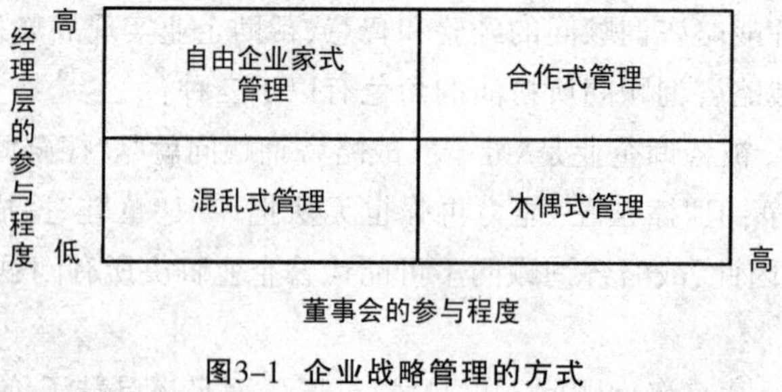

图3-1 企业战略管理的方式

混乱式管理(Chaos Management)。指企业的董事会和经理层都不重视和参与企业的战略管理。董事会被动地等待企业经理层提出战略方案，而企业经理层则埋头于日常事务，循规守旧。这种企业根本就没有实施战略管理。

自由企业家式的管理(Entrepreneurship Management)。是指企业战略管理工作完全由企业经理层负责，企业的董事会根本不参与。在这种企业中，经理层或者拥有最大的股权，或者

是影响力极大的人,而在这种情况下,董事会只是一种摆设。

木偶式管理(Marionette Management)。木偶式管理是最少见的一种企业战略管理方式,是指企业的董事会完全掌握了企业的重大决策权,而企业的经理层只能唯命是从,贯彻执行董事会的决策。

合作式管理(Partnership Management)。合作式管理是指企业的董事会和经理层都积极参与企业战略管理,并且在这一过程中积极地合作。这是一种最有效的企业战略管理方式。在这种企业中,董事会成员积极参加各种委员会的工作,通过各种方式为高层经理提供有用的信息。

在另一项研究中,美国学者将企业战略管理者的观念按属性划分为变革意识、驱动意识、目标意识、行为准则和管理思想五个维度,按照观念的不同将企业战略管理者划分为五种类型,见表3-2。

表3-2 战略管理者的观念类型

观念类型 观念属性	稳定型	反应型	预期型	探求型	创造型
变革意识	依赖于过去的战略,追求战略实践的一致性,求稳,不冒风险,在稳定环境中寻求生存	以求稳为基础,对环境变动作适应性被动反应,不愿冒风险,对新战略艰难适应	有变革愿望,能够接受一定的风险,对环境和新战略的适应已逐步地增强	变革愿望强,敢冒风险,战略选择广泛,有着较强的外在适应性	有强烈的变革愿望,勇冒风险,乐于在变化的环境中经营,追求战略选择的广泛、变异、新奇
管理思想	古典的、物质刺激的、规章制度的、严格控制的	古典的但亦有着某种人情的物质刺激,正规的、权力的	人情的、相信人的和分权的物质和精神刺激	尊重人的、权力分享的、使人满意而调动人的	激励人的,用成就、创造、挑战、工作意义、价值激发
目标意识	过去性目标	顺应性目标	现实性目标	满意性目标	挑战性目标
行为准则	按章办事,遵纪"守法"	既定标准,遵"规"守"矩"	遵守常规,但亦有相当灵活性	灵活性强,不拘陈规	权变投机,勇于变革创造
驱动意识	"以不变应万变",在外部压力下不得已而为之	"识时务者为俊杰",对内外变化呈刺激反应模式	"在其位谋其政",责任感驱动强烈	"不入虎穴,焉得虎子",较强的功利心驱动	

第三节 企业家战略思维

德国著名的军事战略家克劳塞维茨曾说过:“在双方军队参战之前，战争的胜负已经可以从双方的战略家身上看出来了。”我国古代也有“将帅不济,累死三军”的说法。这都说明企业战略管理者尤其是企业家的战略能力和水平高低决定着企业战略管理的成败。

思维是人脑的机能,是在实践基础上人脑对客观世界的能动反映,正确的思维是物质与精神、主观与客观、理论和实践、知和行的一致。战略性思维,是指管理者站在企业总体的高度,综合运用所掌握的企业内外部信息,创造性地制定企业战略目标、进行战略决策的思维能力和思想方法。战略思维过程就是对客观事物——企业及其内外部环境的各种信息经过归纳、综合、分析、推理、判断等思维加工,最后形成主观认识——战略思想的过程。企业首脑或领导集团的使命感和战略思维,往往是企业发展的核心推动力量。因此,企业家必须具备战略思维能力,只有这样才能在错综复杂的环境中把握正确的发展方向,制定正确的企业战略,发展壮大企业。

一、战略思维概述

战略思维是企业家领导战略管理工作必备的能力和素质，进行战略思维必须遵循目的性、全局性、长远性和重点性的原则。

1.战略思维的概念

所谓战略思维,就是领导者(个人或集团)在进行战略谋划时所特有的思维方式、思维理念和思维活动的总和。战略思维是战略主体在头脑中所进行的思维比较、归纳、综合、分析、推理、判断、选择、总结与升华的全过程。

战略思维是一种总揽和驾驭全局、照顾到事物的各个方面和各个阶段、从事物的整体和过程出发思考问题和解决问题、以追求整体最优的思维能力和思想方法。战略思维的核心是全局性思维,就是要求总揽全局、驾驭全局,争取全局工作的主动与胜利。其基本着眼点是如何正确处理全局与局部、长远与眼前的关系问题。

企业领导者的实践活动是一种整体性、全局性和战略性活动,企业家在谋划全局、指挥全局时,必须具有战略头脑,具有战略思维的能力和素质。学习战略思维的目的,是提高战略分析、制定和实施的科学性和有效性,提高领导者驾驭企业全局、成功实施战略管理的能力和效率。

2.战略思维的基本原则

企业家进行战略思维活动必须遵循以下基本原则:

(1)目的性原则

战略制定的首要任务是确定企业的战略目标,有了明确的目标,企业才有了生存发展的方向，企业的所有工作才有了存在的价值，而企业进行战略管理的目的就是要确定并最终实现战略目标，因此，战略管理具有极强的目的性。战略领导者进行战略思维，作出战略决策就必须把实现一定的战略目标、赢得有利的战略态势作为根本出发点。

（2）全局性原则

古今中外成功的军事战略家在战争中都不计较一城一地之得失，一切思维和行动都以战争全局的胜利为指归，正所谓"不谋全局者不足以谋一域"。同样，企业战略管理追求的是企业整体的成功，而不仅仅是局部的胜利。因此，战略领导者进行战略思维，作出战略决策必须紧密围绕实现企业战略目标这个核心，处理好全局与局部的关系，力求实现全局利益与局部利益的统一，当二者发生矛盾时，局部利益必须服从全局利益。

（3）长远性原则

企业战略是企业未来生存发展的长期目标及实现该目标的途径和手段的总和，战略管理研究的就是如何实现企业的长期目标，因此，这就要求战略领导者进行长远思考，放眼未来，用长远眼光看待和处理企业问题，正确处理企业在实现长远目标的一个长期过程中不同发展阶段的关系，既要为实现现阶段的短期目标而奋斗，又要为实现长远目标创造条件，而不能鼠目寸光、只看眼前。正所谓"不谋长远者不足以谋一时"。

（4）重点性原则

企业的资源和能力是有限的，某一特定时期企业外部的环境要素和企业内部的主要矛盾、突出问题也是特定的，企业家的时间、精力更是有限的，因此，资源稀缺性和能力有限性的客观现实决定了战略领导者在战略管理中不可能也不应该面面俱到，而是应当抓住一定时期的主要矛盾，确定战略重点，做好中心工作，以推动全局工作的开展和全局性问题的解决。

二、战略思维的基本内容

不论在什么情况下，企业内外部环境的变化或企业战略目标的调整，总会通过企业内个体或群体的战略思维表现出来。从战略思维的形成过程看，现代领导者的战略思维，主要有系统性思维、超前性思维、创造性思维及动态性思维四方面内容。

1.系统性思维

系统思想作为一种从整体上解决复杂问题的科学方法，反映了当代科学发展的综合性特征以及辩证思维方式的嬗变。由于系统思想为人们提供了一整套用宏观战略眼光分析问题的世界观和方法论，所以，特别适用于进行战略和战略思维的研究。作为思维对象的企业及其活动的系统性，决定了需要与之相适应的系统性思维。系统性思维的本质在于根据战略思维对象自身所具有的系统性质考察事物。

（1）客观事物的系统性

系统性是客观事物所具有的本质属性，主要表现在以下方面：

系统整体性。即任何事物都是一定意义上的系统，都是由若干相互依存、相互制约的部分所构成；系统的整体功能存在于各个部分的相互作用之中，并且不等于各个部分功能的简单相加；要认识事物的性质和规律，必须从系统整体出发。

系统相关性。即世界上一切事物都是相互联系相互作用的,这种关系表现在构成系统的各个部分之间、各个部分与系统之间、系统与环境之间的相互联系和相互作用,系统的性质和规律就存在于这种相互联系和作用之中,其中某一方面的变化都可能引起系统性质和规律的变化。系统相关性表明,要认识事物的性质和规律,必须着眼于部分、系统、环境三者之间的相互影响和相互作用。

系统层次性。任何系统都是相对于它的组成部分而言的,如果相对于它的环境而言,它又是部分;任何系统都存在三个层次,即子系统——部分、系统、大系统——环境,处于不同层次上的系统一般具有不同的性质和功能。因此,在分析处理问题时,首先需要分清问题所属的系统层次和系统性质,在此基础上,才有可能提出正确的解决方案。

系统动态性。无论是自然系统还是社会系统都含有时间因素,也就是说他们都存在于四维空间之中,都有产生、发展、消亡(更新)的过程。虽然我们在考察某些系统时,可以暂时抛开时间因素,把本来具有动态特性的系统当作静态系统来考察,但这并不意味着客观世界中存在着静态系统。

系统功能与结构统一性。它包含这样几层含义:有什么样的系统结构就有什么样的系统功能;系统结构可以根据系统功能的要求来设计;要改变系统功能,首先要改变系统结构。客观事物所具有的以上系统性质,即系统整体性、相关性、层次性、动态性和功能—结构统一性,构成了系统思维的客观依据。

(2)系统性思维的要求和特点

企业家的系统思维,是指系统主体——企业家在进行思维时,坚持从系统观点出发,着眼于事物的整体、部分与环境三者之间的相互联系、相互作用和相互制约,多侧面、多角度、多层次、多变量地考察事物。通过对事物进行纵向与横向、动态与静态、局部与整体、内部与外部的综合分析,全面地认识事物,有效地把握事物,从而为制定和实施最佳战略提供认识的依据。

系统性思维对思维主体有三点要求:第一,在空间上要处理好全局与局部的关系。全局是由局部构成的,局部是全局的局部,要站在全局的高度看问题。第二,在时间上要处理好过程和阶段的关系。过程是由阶段构成的,阶段是过程中的阶段,看问题要从全过程出发。第三,在结构上要处理好系统和层次的关系。层次是系统中的层次,要站在大系统的立场看各个层次中的问题。因此,系统性思维是全方位的、时空统一的、多维的、开放性的思维,它是战略思维的基础。

系统性思维具有以下特点:

全方位整体性。即从各个侧面、各个角度、各个层次考察企业。也就是立足企业的整体,把思维触角伸向四维空间的任一方面、任一角落,不受任何条条框框的束缚,制定出驾驭全局和指导全局的企业战略。现实生活中,凡是这样考察问题的企业领导人,大都能够站得高、看得远、看得全,并能清醒地认识到本企业在社会经济发展大系统中的恰当位置,从而自觉地按照全局的要求,积极主动地制定出相应的战略。

时空统一性。即把对事物的时间考察(包括过去、现在和未来)与空间考察(包括上、下、左、右、前、后、东、西、南、北、中等)统一起来,形成立体的思维结构。

无限开放性。无限开放思维的客观基础在于客观事物自身所具有的无限开放性,反映在企业领导者的思维过程中,就表现为不断开拓自己的思维空间,不断与外界交流信息,使自己的视野与无限开放的外界环境相吻合。

(3)系统性思维的原则

企业家进行系统思维应当遵循以下原则:

第一,系统整体性思维原则。要求思维者把事物全局作为考虑问题、分析问题和解决问题的出发点和归宿。事物的全局,是由诸多要素、方面、部分、阶段相互联结、相互作用所构成的有机结构和动态发展过程。全局由局部构成又并非局部的简单相加,它高于局部、统率局部,决定着事物发展的方向和走势。

因此,战略思维作为客观事物及其规律在人的头脑中的反映,要有整体性的意识和特质。领导者要着眼大局,有整体观念,从大局的高度来观察、处置局部问题,局部利益要服从全局的最高利益。当全局与局部利益发生矛盾时,就要以局部服从全局,不计较一时一地之得失,绝不能为了谋取局部利益而损害全局利益。高瞻远瞩、深谋远虑和目光短浅、只顾眼前,是战略家和事务家的本质区别。毛泽东在谈到战争时就曾指出"只要有战争,就有战争的全局"、"研究带全局性的战争指导规律,是战略学的任务"、"指挥全局的人,最要紧的,是把自己的注意力摆在照顾战争的全局上面"、"如果丢了这个去忙一些次要的问题,那就难免要吃亏了"。

同时,全局是由局部构成的,全局的胜利要靠各个局部的协调动作和共同努力。一般的局部尽管对于全局不起决定性作用,但若多数局部都失败了,全局的胜利也就无法实现。因此,企业家要统筹兼顾、全面安排,照顾到各个局部,有效发挥各个局部的作用,使之协调动作,共同完成企业整体、全局的战略目标。

第二,系统结构性思维原则。结构性思维要求企业家注意研究事物的结构,通过优化结构来提高全局的整体功能。结构是事物、系统内部各种要素相互联系、相互作用的方式,系统整体的性质和功能既取决于构成系统的各种要素的性质和功能,更取决于各种要素之间的结构。我们既可以为了实现某种功能而构建事物的特定结构,也可以通过改变事物的结构而改变事物的功能。领导者必须认真研究与战略管理有关的结构问题,如产业结构、组织结构、投资结构、人员结构等,通过合理的结构来实现资源配置的优化和企业运营效率的提高。

第三,系统协同性思维原则。任何系统都是由互有差异的要素相互联系、相互作用所形成的差异协同体。这种协同体不仅是一种系统结构,更重要的是系统存在与演化的动力机制,正因为系统差异协同发展,才使得系统要素的合理作用得以发挥。用系统差异协同的观点来看企业,整个企业就是一个存在着不同职能、不同岗位、不同专业、不同性格等要素差异的协同体,只有实现了系统要素的差异协同发展,才能确保企业战略目标的实现。

第四,系统核心性思维原则。是指企业家要把注意力的重心放在对战略全局有决定性意义的问题和动作上。全局中各个局部所处的地位、作用是不同的。有的起一般性作用,有的起比较重要的作用,有的则发挥着最重要的、决定性的作用。因此,在战略管理的过程中一方面要统筹全局,另一方面,又要突出和抓住重点,不能平均用力。"一着不慎,满盘皆输",这里的"一着"并非是任意的、无关全局的,而是在全局中具有决定性意义的。

2.超前性思维

按照思维过程与思维对象变化过程的相互关系，思维方式可以划分为滞后性思维和超前性思维。所谓滞后性思维，是指对于已经存在的现实过程的思维，特点是思维过程落后于思维对象变化的实际过程。所谓超前性思维，是指面向未来，超越客观事物实际发展进程的思维。其特点是，这种思维过程发生于思维对象实际变化过程之前，即在思维对象实际发生变化之前，就考察其未来可能出现的各种趋势、状态和结果。

在现实生活中，滞后性思维与超前性思维都是人们不可缺少的思维方式。比如工程失败、决策失误、企业破产等不良后果，进行认真的反思是非常必要的。虽然这是“事后诸葛亮”，但它对人们总结经验教训，避免以后重蹈覆辙有重要意义。但是，滞后性思维毕竟属于被动的思维方式，进行这种思维甚至是以全局性失误和损失为代价的。因此，它不能成为企业领导的主导思维方式。企业领导的主导思维方式只能是超前性思维，就是要求战略管理者思想敏锐、目光远大，能先人一着地预见到事物的发展变化，提早作出决策并付诸行动。

超前性思维是在分析现实的基础上对未来的思考，表面上看来是时间上超前和空间上超前，但其本质是认识上超前和观念上超前，也就是思维主体对客体的超越，这是超前性思维的本质特征。当然，认识上的超前和观念上的超前是以客观事实为依据，以对客观规律的认识为前提的，是建立在对企业内外部环境变化的全面把握和科学分析的基础之上的。战略管理者只有通过分析内部条件和外部环境、分析历史背景和时代特点，才能对事物的发展趋势和发展阶段作出大致准确的预见。如果离开客观事实，无视客观规律，仅凭良好的愿望和主观的猜测进行预见，就无科学性可言。

决策是领导者的主要职能，而战略决策是领导者决策最重要的方面，领导者地位越高，越有必要提高自己的战略眼光和超前思维能力。“凡事预则立，不预则废”，战略管理自始至终都贯穿着超前和预见。预见未来的能力，是领导者智力的突出特征。因此，超前性思维是战略思维的核心。

超前性思维要求企业高层管理者必须从长远角度看问题，时刻关心企业的长远发展。一般来说，企业各级管理者分配在企业战略规划上的时间因其在企业内的地位不同而异，其中总经理的大部分时间应当用于考虑企业今后2~4年的发展上，而部门经理则集中精力考虑今后3~6个月内的工作。

一般说来，企业活动空间越广阔、涉及因素越多、变化幅度越大、影响越深远，就越需要加强思维的超前性。随着经济全球化的迅猛发展和中国改革开放的深化，加之中国加入WTO，基本建立市场经济体制，国际市场国内化，国内市场国际化，企业的活动空间得到了极大拓展。时代要求企业领导者面向全国、面向世界、面向未来，在国际国内两个市场上寻求自己的战略立足点。在强手如林、竞争激烈的现代市场经济条件下，要想掌握战略主动权，没有超前性思维是不行的。可以这样说，没有超前性思维，就没有真正意义上的企业战略。

3.创造性思维

企业家的本质在于创造，没有创造性就不能称为企业家，而企业家的创造性又突出体现在企业的战略管理活动中。如果说，系统性思维是企业家战略思维的基础，超前性思维是战略思维的核心，那么，创造性思维则是战略思维的灵魂所在。

所谓创造性思维，就是在思维过程中，冲破各种思想障碍和束缚，寻求“独到”和“超越”。在常人、前人的基础上，有新的创见、新的发现和新的突破。它表现在企业家的活动中，就是制定和实施异于常人和前人的，并且符合事物发展现律的企业战略。创造性思维相对于传统思维而言，是一切具有创新性质的整体性思维过程。

《孙子兵法》中关于创造性思维的论述非常丰富，例如，“奇正之变，不可胜穷”，这里所讲的“正”就是常规，而“奇”则是非常规；“出其不意，攻其不备，乃取胜之道”、“善出奇者，无穷如天地，不竭如江河”。认识和掌握奇正之变，依赖于思维主体的创造性思维，善于运用创造性思维的人，能够善于把常规性思维和非常规性思维结合起来。奇正相生，变化无穷，这是一切领导艺术的思维源泉。

创造性思维有以下特点：

独立性。独立性是创造性思维的基础，没有独立性就没有创造性思维。也就是不唯“上”，不唯“书”，只唯“实”，独立自主、实事求是地制定和实施企业战略。

求异性。创造性思维的重要特点在于求异，而不是求同。企业家战略思维的“求同”往往导致墨守成规、缺乏创见。而只有“求异”，只有“标新立异”，才能展开思想的翅膀，在无限的空间里追求异乎寻常的企业战略。邓小平“一国两制”战略思想的提出，就是求异性思维的典范。一个企业的领导者如果缺乏求异性思维，就难以提出适合本企业的发展战略。

联动性。这是指思维主体由于受到某种启发而产生的思维联想和升华。其具体表现形式有：纵向联动，即发现某一现象后，立即深究一步；逆向联动，即看到一种现象，立即联想到它的反面：“如果反过来，会怎样？”横向联动，即发现一种现象后，立即联想到与之相似或相关的事物。

多向性。所谓多向性，是指从不同侧面、不同角度考虑问题，这是创造性思维的重要特点，同时也是它往往能够另辟蹊径、“柳暗花明又一村”的主要原因。创造性思维的多向性，主要取决于企业领导者的三种思维机制：首先，是发散思维机制，即对于同一个战略课题，能够提出尽可能多的设想和方案，以扩大战略的选择余地。其次，是转向思维机制，即思维在同一方向受阻，或“山穷水尽疑无路”之时，便马上能够转向其他方向，直到找出“满意”或“更好”方案为止。在现实生活中，某些成功战略往往是被“逼”出来的。不过，只有具备“转向思维机制”的人，才能越逼越活，越逼路越宽，直到逼出“高招”来。而对于那些“一条路走到黑”的人，多半难逃“逼死”的厄运。最后，是创新思维机制，即创新意识，是一种强烈的创新自觉性和能动性，是追求超越、追求新奇的心理状态。对于具有强烈创新意识的人，即使在思维没有受阻甚至已经找到较好方案的情况下，还能够不满足、不止步，继续寻找更好的方案。现实生活中，许多优秀的战略方案就是这样制定出来的。

4.动态性思维

21世纪的企业生存于一个复杂动荡的环境，环境中各方面的因素都在变化，因此，战略领导者在动态的环境中开展工作，就必须具备动态的思维方法，善于在企业和环境都处于运动、变化的情况下进行动态的战略管理，领导企业对内外部环境的变化作出正确的反应。

要掌握和运用好动态性思维，保持战略管理的动态性，企业家必须注意做好以下工作：

收集信息情报。企业应当建立信息情报组织系统，通过文件、电话、报纸、广播、网络、会议、交谈、观察、调查、考察等渠道获得尽可能多的信息情报资料。同时,在信息情报的海洋里要善于分析思考,不能做信息情报的奴隶。

保持充分弹性。企业要素和外部环境都随着时间、空间不断地发展、变化,为了在复杂的、时常难以控制的变化中争取主动,必须在战略制定和实施中都留有余地,保持系统调节的预备能力和适应变化的能力。

注意时间配合。事物不仅作为整体,也作为过程存在,因此,在工作中不仅要照顾到各个局部,还要照顾到各个阶段,安排和组织好企业内部各种活动时间上的配合,协调好各项工作的步骤、进展和衔接。

综上所述,系统性思维、超前性思维、创造性思维和动态性思维的统一,构成了企业战略思维的完整模式。

三、直觉思维、分析思维与战略思维

直觉思维和分析思维是人类的两种基本思维方式。直觉思维主要是右半脑的思维活动,能够对错综复杂的现象进行综合处理,非线性地研究问题,充分发挥人的智慧,提出创造性的设想,但这种方法难以准确把握和复制,无法独立于思维者个人,容易出现片面性。而分析思维主要是左半脑的思维活动,可以借助科学技术方法进行理性的思考,对各种要素进行最优组合,但对那些难以描述清楚的复杂现象却无法分析,而且很难利用客观信息和主观综合能力得出创造性结果。两种思维方式的对比见表3-3。

表3-3 两种思维方式的对比

	直觉思维方式	分析思维方式
优点	1.速度快,节省时间、财力 2.可根据经验、直感对错综复杂的现象、定性信息作迅速判断和综合	1.降低复杂性 2.全面,防止漏掉有关因素 3.过程程序化,盲目性小
缺点	1.面对复杂问题不知从何处下手 2.易出现偏差和片面性 3.过分依赖个人的思维能力	1.费时,成本高 2.缺乏创造性成果 3.过分简化原问题,易使实际问题变形
适用情况	定性和模糊信息较多,时间紧迫	问题复杂,较易定量,有充裕的时间
可能结果	智慧的火花	条件简化情况下各部分的最优组合,对系统的全面分析

由于企业战略问题的复杂性,仅凭经验和直觉思维进行研究非常困难,只靠分析思维,运用科学技术手段来计算和推断更是无能为力。这是由战略管理的学科特点所决定的:

制定和实施企业战略要进行大量的调查研究,掌握充分必要的资料和数据,借助理性思维和逻辑推理,进行准确的量化分析,这是战略决策正确的基础和依据。离开这些工作,企业战略管理就会不可避免地陷入盲目性,所造成的失误往往是灾难性的。

但是,仅靠理性思维和逻辑思维无法把握经济、社会和科技的迅猛发展和变化。企业及其环境系统的复杂性、时域的动态性和不确定性及突变特点使战略问题无法转化为数学模型来处理,需要企业家借助想象和直觉等非理性的思维,以敏锐的眼光、独到的视角捕捉机会、发现风险,正确制定和实施战略。这又使主观判断、创造性、革新和风险精神在战略形成中有重要作用。

而且,研究思考战略问题往往处于信息资料极其缺乏的状态,尤其是有关未来的信息。因此,自然科学的规律、观念和方法对战略管理者虽有帮助,但这种公式化的方法对于解决战略问题显然过于简单。

大量研究证明,战略创造性常常在正确而有洞察力的分析下得到激发,而为了得到正确的分析,又需要运用直觉思维和探索精神提出恰当的问题,产生新的概念,二者的有机结合才能最终形成优秀的战略构思和方案。因此,片面强调定性分析、直感判断或全部运用数学方程和模型的研究方法都无法深入地进行战略思维。战略思维必须将科学的分析方法和智力的灵活性结合起来,即将分析思维方式与直觉思维方式结合起来,相互补充,取长补短。在有些环节上利用直觉思维可以加强系统分析的可靠性和速度;同时,利用一些技术方法又可以提高直觉思维的分析能力和综合能力;将直觉思维的综合性和系统分析的程序性结合起来,还可以在充分发挥各自能力的基础上产生二者综合的能力。

由于人们非此即彼的思想,在企业战略管理实践中经常伴有直觉思维和分析思维这两种方法间的冲突。靠直觉判断而成功的管理者往往难以全部或自愿接受正式规划体系的束缚,不适应理性的战略分析和规划;也有人认为在正式的战略分析中不应该有直觉思维存在。实际上,这两种方法是相互交融的。理性的正式战略分析能够帮助管理者更加全面系统地考虑战略问题,从而更加敏锐地将直觉融入到规划过程中去,至少能够为管理者提供更多深思熟虑的时间。而从根本意义上讲,正式战略规划就是将战略家头脑中的直觉复制下来并且程序化。因此,战略思维是直觉思维和分析思维的结合,企业战略管理的思维方法,不仅要靠严密细致的理性分析思维,也要依靠经验、想象、直觉等非理性的思维。

思考题

1.公司治理与企业战略管理有何联系?

2.企业战略管理者有哪些类型?

3.董事会在企业战略管理过程中起到什么作用?

4.总经理在企业战略管理中具有哪些职能?

5.为什么企业员工也要参与企业战略管理?

6.战略咨询顾问在企业战略管理中扮演哪些角色?他们和企业是怎样的关系?

7.战略思维必须遵循哪些基本原则?

8.战略思维包括哪些基本内容?

9.为什么战略思维是直觉思维和分析思维的结合?

Strategy

第二篇 方法篇

Management

第四章　宏观环境分析

本章从政治环境、经济环境、社会文化环境和科学技术环境四个方面，全面深入地介绍了企业宏观环境分析的主要思路和方法，勾勒出了企业宏观环境分析的基本线条，给出了一个一般性的宏观环境分析框架。

企业宏观环境分析的目的是找到企业外部宏观环境中存在的机会与威胁，希望读者除掌握企业宏观环境分析的基本框架外，重点理解宏观环境分析的主导思路，能够举一反三，根据特定行业和企业情况进行权变处理，对企业宏观环境进行动态、全面、深入的战略分析。

第一节　政治环境分析

政治环境主要是指制约和影响企业经营的各种政治要素及其运行所形成的环境，即国际国内的政治制度、体制、经营所在国的方针政策及法律、法规等方面的因素。政治因素从宏观上广泛而深刻地制约和影响着企业战略的制定与实施，尤其关系到企业的长期发展，有时甚至起到决定性的作用，因此，战略管理者必须具备政治头脑，对国际国内的政治环境进行认真深入的分析。政治环境分析可以从国内和国际政治环境两方面展开。

一、国内政治环境分析

国内政治环境分析就是对企业所在国的政治环境进行分析，一般来说，国家政治稳定、政策明确连续、法律公正廉明、社会政治气氛宽松，有利于企业的健康稳定发展。

1.政治形势分析

即分析和预测国家政治形势的宏观状况及走势。一般可以从下面两方面展开：

首先，分析国内政局是否稳定。国内安定团结的政治局面，不仅有利于经济发展和人民收入的增加，而且会使公众心理预期乐观积极，市场需求稳定增长，给企业带来长期健康发展的机会。反之，如果国内政局动荡，企业经营环境就很难预期，企业就无法考虑长远，甚至直接影响到企业的日常经营。

其次，要判断政局的中长期走势，就必须了解国家的主要政治力量及其政治活动趋势。不同政治组织或派别的力量消长及其在政坛影响力的大小对政府的路线方针与政策会产生不同程度的影响。各政党所代表的利益集团及社会阶层和价值取向不同，造成了他们在国家经济政策选择方面的差异性。

例如,在许多发达国家中盛行的多党制政治体制,其基本架构就是由两个代表不同利益集团、具有不同社会价值取向的主要政党形成的,如美国的民主党与共和党、英国的工党与保守党、德国的社民党与基民党、澳大利亚的工党与自由党—国家党联盟等。一般来说,美国的共和党、英国的保守党、德国的基民党、澳大利亚的自由党—国家党联盟等代表的是大商业集团及雇主的利益,强调"效率至上"的价值观,而美国的民主党、英国的工党、德国的社民党、澳大利亚的工党等则代表劳工集团及下层社会的利益,强调"公平取向"的价值观。而占这些国家人口绝大多数的中产阶级则游走于两大政党之间,他们在某一特定时期对各政党的态度,是决定哪个政党能够取得执政权的关键。

因此,企业通过对国内主要政治派别及其政治活动趋势的判断,就能够对国内政局的长期发展作出预测,进而分析国家各方面的方针政策,为制定企业战略提供参考。

2.政治体制分析

任何国家政治体制设计的终极目的都是将社会各种利益集团和阶层整合到可以使国家和政府有效运作的一个管理系统之中,政治体制往往决定了一个国家政治权力的配置,具体而言,决定了执政党的产生方式及其政治权力运用方式。

一个国家的政治体制及其运作方式是影响国内外投资者对这个国家投资意愿的直接决定因素,也将直接影响到国内外企业在这个国家的经济利益。由于绝大多数国家的政治格局都经常由于政党更迭而发生明显的变化,并直接影响各种经济政策的选择与实施,所以进行政治体制分析的重点是执政党和政府的产生及其运作方式。

例如,在不同的国家中,政治选举的具体形式千差万别。美国的选举制度是非强制性的,合法选民可以参加选举,也可不参加选举。而澳大利亚、比利时等国的选举制度则是强制性的,合法选民必须参加选举。美国总统选举制度的特征是"选人不选党",尽管总统候选人也是由某一政党支持的,所以美国常常会出现一个党在参、众两院是少数,总统却由少数党代表担任的情况。而英国、加拿大和澳大利亚等国的政治体制是议会政府制,即议会(主要是众议院)多数党建立政府,多数党领袖成为政府首相或总理,少数党则成为反对党。在意大利、以色列、法国、奥地利、德国、印度等国家,尽管存在两个主要政党,但同时也存在众多的规模较小的政党。在很多情况下,两大主要政党均不能获得独立执政的绝对多数席位,他们必须和一些小党组成联合政府,才能获得真正的执政权,这种合作过程通常就是互相妥协和利益交换的过程。因此,这些国家的政府有时非常不稳定,一旦联合执政的某个小党由于某种原因退出联合政府时,势必造成政府成为少数政府,只有重新进行大选。

3.法律环境分析

法律环境是指与企业相关的社会法律系统,包括国家和地方政府颁布的各项法律法规以及国家立法、司法与执法机关等。法律环境为企业的经营提供了活动范围和游戏规则,它规定了企业可以做什么,不可以做什么。在法律环境完善的国家和地区,企业明确自己的合法权益,企业活动及企业间的大部分关系都可以受到有关法律和法规的制约。合法经营受到法律的保护,非法交易则要受到法律的制裁。同时,完善的法律环境还起到保护企业正当竞争的作用。

在对法律环境进行分析时,企业要认识到:法律和法规的目的是维持社会秩序、促进经济和社会的繁荣。因此，法律法规对企业活动既有约束的力量，也有支持和帮助的力量。企业研究并熟悉法律环境，既可保证在战略管理过程中能够严格依法管理和经营，也能够用法律手段保障自身的权益。

分析法律环境主要应分析以下因素：

(1)法律规范

法律规范中，企业与经济法律法规的关系更为密切，因此要对和企业经营密切相关的经济法律法规进行认真深入的学习研究。如《公司法》、《中外合资经营企业法》、《合同法》、《专利法》、《商标法》、《税法》、《企业破产法》等。

(2)国家立法、司法、执法机关

立法系统关系到企业的行为规范界限、企业间关系的调节和处置方式，以及对企业利益的承认和保护程度。近几年来，我国经济立法工作的步伐明显加快，先后制定和颁布了一系列经济法律和法规，但与市场经济发展的要求之间还有很大差距，亟待进一步完善法律法规体系。

我国的司法、执法机关主要有法院、检察院、公安机关以及各种行政执法机关。与企业关系较为密切的行政执法机关有工商行政管理机关、税务机关、物价机关、计量管理机关、技术质量管理机关、专利机关、环境保护管理机关、政府审计机关等。此外，还有一些临时性的行政执法机关，如各级政府的财政、税收、物价检查组织等。

(3)企业的法律意识

企业的法律意识是法律观、法律感和法律思想的总称，是企业对法律制度的认识和评价。企业的法律意识，最终都会物化为一定性质的法律行为，并造成一定的行为后果，从而构成每个企业都不得不面对的生存环境。

在我国市场经济体制不完善、法律系统不完备的情况下，曾有一些企业采取某些手段钻法律的空子，取得了一定的短期利益，但这种行为同时也破坏了正常的企业经营环境和竞争秩序，使企业无法构建自己的长远战略体系。因此，将经营系统建立在法律漏洞基础上的企业不可能有长期发展的机会，靠这种手段获得的成功一定难以长久，一旦受到法律制裁，被制裁的成本将远远高于其因钻法律空子所获得的利益。我国资本市场上曾经风云一时的德隆系、格林柯尔系的轰然倒塌，其领导人的身陷囹圄都是深刻的教训。因此，企业一定要树立法律意识，把企业战略构建在法律法规所允许的范围内，这才能使企业获得长期的发展。

4.执政党路线方针与政策分析

执政党及其领导下的政府的执政理念决定了其政治经济路线、方针与政策，规定了国家政治、经济、社会、文化的发展方向，决定了经济发展的水平、质量和速度，也直接关系到社会购买力及市场需求的变化，对制定企业战略有重大意义和价值，应当进行全面详尽的分析。

一般来说，执政党的执政理念和政治经济路线集中体现在各项经济政策中，代表性的政策有产业政策、财政税收政策、货币政策、外贸政策和劳动工资政策等，企业均应进行认真分析。

(1)产业政策分析

在市场经济条件下，国家宏观经济调控体系中的各种政策可以分为两大类：一类是调节宏观经济总量的政策,称为宏观经济政策,主要包括货币政策和财政政策;另一类是调节经济结构的政策,即产业政策。

产业政策属于长期发展政策,具有主动调节、供给调节和正向推动经济发展的特征。由于产业政策是根据国民经济计划确定的总目标和长期的产业结构设想而制定的,是经济发展目标的具体化,因此它在国家总的经济政策体系中居于特殊地位,对其他各项经济政策的制定和实施具有指导作用,体现在以下方面:

首先,产业政策直接体现了国家经济发展战略的意图,具有相对的稳定性,起着引导宏观经济政策的作用。在宏观经济运行过程中,通常采用短期财政货币政策对经济活动进行随机调控以实现经济的短期稳定,而这种随机性的宏观经济政策是为包括产业政策在内的长期发展政策服务的。

其次,产业政策的目标是实现产业结构的合理化和高级化,引导宏观经济政策实现总量平衡。宏观经济政策虽然对供给有一定影响,但主要是影响总需求,而产业政策则主要是通过对供给源泉和基础的调节,改善供给状况,使供给在总量上和结构上满足社会需求。因此,政府运用宏观经济政策调节经济波动,如果没有相应的产业政策相配合,就不可能解决好结构偏差和结构失调问题,必然为下一轮的经济波动埋下隐患。

第三,产业政策侧重于供给管理,通过增加和改善有效供给,支持宏观经济政策的需求管理。宏观经济政策的目标,一般都是在供给相对稳定的基础上通过对需求的调节而实现供求平衡;而产业政策调节的目标则着眼于改善产业组织和产业结构,通过优化资源配置来扩大未来有效供给的能力。在经济过热、需求膨胀或市场疲软、有效需求不足的情况下,利用短期宏观经济政策压缩需求或刺激需求,实现总量平衡是必要的,但如果不以产业政策为导向,实现的只能是低水平的总量平衡,不可能解决生产可能性边界问题,不可能提高有效供给的数量和质量。

最后,产业政策的特征是"差别对待",即根据国民经济发展总趋势,对不同产业及各产业内部不同企业采取不同方向、不同强度的调节。通过这种"差别对待"的导向作用,使具有一般性质和普遍意义的宏观经济政策具体化、差别化,避免"一刀切",取得理想的政策效应。

因此,政府常常通过产业政策来引导企业的行为,产业政策决定和体现了不同时期政府对各产业进行鼓励、支持或约束、紧缩的方向和力度,也体现了国家宏观经济政策的长期导向。比如政府为了鼓励科技产业的发展,就会在与之相关的财政、税收、金融、利率等方面采取优惠政策;产业准入条件也会影响企业的投资范围和领域,等等。因此,企业应该密切关注国家的产业政策,将对产业政策的分析作为政策分析的重点。

(2)财政政策分析

财政政策是国家在一定时期内为了实现特定的经济社会发展战略目标,在财政领域内制定的各项政策的统称。财政政策有收入政策工具和支出政策工具两类,收入政策工具主要是指税收政策;而支出政策工具又分为购买性支出政策和转移性支出政策,其中,购买性支出政策又有公共工程支出政策和消耗性支出政策之别。下面逐一分析各种财政政策对企业经营的影响。

第一,税收政策。税收是国家财政收入的主要来源,税收政策深入影响到国民经济的各个领域，从生产、交换、分配和消费各环节影响着要素的流动和国民收入的初次分配与再分配。国家一般通过减税或增税两种方式来进行经济调节。

税收对要素流动的影响是通过税收的收入效应和替代效应发挥作用的。收入效应是指消费者或投资者因收入的购买力下降或上升对商品消费或投资总量所作的调整；替代效应则是因商品的相对价格的变化使购买者对其支出结构所作的调整。对收入征税会直接减少纳税者的可支配收入；对收入按高低不同的税率征税会改变不同收入者的相对收入地位，产生税收的收入效应和替代效应；对商品或非商品流转额征税会改变商品或服务的相对比价，也会产生税收的收入效应和替代效应。

税收常常是政府产业结构调整的重要手段。政府调整产业结构就是要运用一定的政策手段，鼓励或限制生产要素向某些产业、产品的流动，从而实现产业结构的合理化和高度化目标。较为直接的手段有政府组织公共投资或实行行政限制，也可以在组织财政收支过程中运用预算程序来进行直接或间接干预，而税收政策是政府运用预算程序对资源配置进行调节的主要政策工具之一。税收对产业结构的影响实际上就是通过税收来改变不同产业要素收入的相对水平，从而使资源按着产业结构的优化方向流动。

政府也常常用减少税收的手段来刺激消费、增加投资和扩大就业人口，提高国民收入水平。例如，降低个人所得税会增加个人的可支配收入；降低企业所得税能刺激企业增加用于再投入的利润，提高企业效益。

税收政策给社会经济提供了一种指示，给市场主体发出了一个信号，表明国家要鼓励什么、限制什么。而且，在其他市场主体正常纳税的情况下，税收优惠的享受者的确得到了国家程度不同的资金支持。纳税主体为了获得国家的税收支持，就必然调整自己的经济行为，因此，税收政策对企业经营行为的影响主要体现在以下方面：

税收政策能够影响企业对投资区域或投资产业的战略选择。随着企业的发展和产品生产份额的扩大，企业必然产生地域扩张和产业扩张的冲动，在企业作出投资区域和投资产业的战略决策时，该地区、该产业的税收优惠政策是企业考虑的一个重要方面。当然，企业在投资时并不仅仅简单考虑该地区或产业的税收优惠，还要受到其他因素的影响。

税收政策能够影响企业对合并与分立的战略选择。企业合并是指两个或两个以上的企业按照法定程序组合成为一个企业的法律行为。我国为了鼓励企业盘活资产，对企业兼并亏损企业制定了税收优惠政策，即允许被兼并的亏损企业的亏损额与兼并企业的利润相抵减，以抵减后的利润交所得税。这样一来，利润高的企业通过合并有累积亏损的企业就可获得税收上的优惠。而企业分立则与之相反。它是指将一个企业按照法律规定，分化成两个或两个以上新企业的法律行为。例如，我国税法规定，对年应纳税所得额在3万元(含3万元)以下的企业，减按18%的税率征收所得税；年应纳税所得额在10万元(含10万元)以下至3万元的企业，减按27%的税率征收所得税。这样企业可以把那些为本单位产品生产配件的一些小的分厂从名义上分立出去，单独纳税，从而获得所得税上的好处。

市场经济条件下企业直接面向市场，成为独立的法人实体，企业的经济行为与经济利益紧密地联系在一起，企业要实现其战略目标就必须千方百计地增加收入和降低成本，而在企业成本中纳税占了很大一部分。因此，如何正确利用税收政策实施企业战略、使企业税赋合理化是企业家应当高度关注的战略问题。

第二,公共工程支出政策。政府通过人为地扩大公共工程支出,更多地投资于民间资本无能力或不愿意承担的工程,可以扩大总需求,有助于经济复苏。

第三,政府消耗性支付政策。是指政府直接购买劳务和消费品并用于当期,如增加政府雇员,提高雇员工资,扩大办公设备的购买量,等等。

第四,转移支付政策。是政府通过为企业、个人或下级政府提供无偿资金援助,以调节社会分配和生产的政策。如对居民的补助,对企业的投资补助、限价补助、进出口补助等都会直接促进企业生产发展或保证企业利润的提高。

以上三种财政政策都是政府的财政支出政策工具,一般来说,政府开支的增加将首先使那些与政府直接联系的企业受益。企业能够从承接政府投资的项目、为政府供应产品或服务和获得政府的投资补助中获得更多的发展机会和利润,因此,企业应当不断关注政府财政支出政策的动向,抓住机遇,积极争取,让政府财政支出政策为实现企业战略服务。

(3)货币政策分析

货币政策是指国家以宏观调控目标为标准,在金融信贷方面制定的各项政策措施的统称。财政政策和货币政策,是国家宏观调控力度最大的两项政策,国家常常选择适当的财政政策与货币政策配合使用,运用两者间的协调机制来保持国民经济的良性循环。

从整体上说,财政政策和货币政策都包括紧、松两种政策选择。两者的组合模式无外乎四种形式,即双松模式、双紧模式、紧财政松货币模式、松财政紧货币模式。这几种模式的组合对经济运行进而对企业经营产生着不同的作用。

第一,财政、货币的双松政策。即政府方面增加财政支出,扩大公共开支,减少税收,运用财政结余或者形成财政赤字;银行系统则扩大货币供给,主要手段是降低存贷款利率、法定准备金率和贴现率,同时央行在公开市场业务中购买有价证券和票据以投放货币、专业银行扩大贷款规模以增加投资。

双松模式会导致社会总需求在短期内迅速扩张,对经济运行产生强烈的刺激作用。如果社会上可供开发和利用的资源被大量闲置,投放的资金能被闲置资源所利用,则双松模式就是行之有效的调控方式。

第二,财政和货币的双紧政策。银行部门一方面压缩贷款规模,提高存贷款利率、法定存款准备金率和贴现率,卖出政府债券等方式抑制货币投放,另一方面又通过各种渠道大量回笼货币。财政部门则采取增加预算收入、增加税收、增加财政结余和财政在银行的存款等手段,同时压缩财政支出,尤其是固定资产投资规模。这样,社会上的货币供给明显减少,总需求迅速收缩,能够在短期内有效地刹住恶性通货膨胀,但会造成经济的萎缩和萧条。

双紧和双松模式都属于对经济的同向操作,其实施过程对经济的震动很大,往往造成经济发展过程中的大起大落,形成生产要素的不合理配置和资源的大量浪费,通常只有在经济膨胀和萧条时期才采用双紧和双松政策。

第三,紧财政松货币的调节模式。在这种模式下,财政紧缩开支,扩大收入,实行"量力而行,量入为出,收支平衡,略有结余"的财政政策。这样就基本堵住了财政收支分循环向总循环增加货币供给量的渠道。同时银行实施松的货币政策,适当增加货币投放,就能独立自主地控制货币流量,有效地刺激投资和需求,保持经济的适当发展速度。

第四,松财政紧货币的组合政策。在松的财政政策下,财政部门通过扩大预算支出、动用历年财政结余、减少财政在央行的存款和扩大财政预算赤字的手段增加支出,同时通过减税鼓励投资,扩大固定资产投资规模。而银行采取紧的金融政策,紧缩银根。这样一来,银行的货币供给被抑制,社会货币供给总量收缩,社会总需求就相应缩小。

第三种和第四种模式均属于逆向调节的"软着陆"模式。这种紧松搭配模式的最大效应在于能够有效地控制货币供给的增减,使之与一定时期流通中的商品总量相适应。第三种模式说明财政的紧缩抑制了银行的通货膨胀;第四种模式体现出银行的紧缩抑制了政府的财政扩张。

总之,企业通过对国家财政和货币政策的分析,能够准确地把握政府对经济进行宏观调控的思路和手段,预见到未来经济发展的走势,从而制定科学可行的企业战略。

(4)外贸政策分析

外贸政策是国家制定的对外经贸方面的政策,在世界经济全球化、中国加入WTO的大背景下,外贸政策对企业经营的影响越来越大。表现在以下方面:

首先,外贸政策对进口数量和结构的作用,直接影响到国际竞争对国内市场的影响程度和企业技术进步的快慢。在市场经济条件下,企业选择何种增长方式,除了内在动力外,主要取决于市场竞争的压力。如果外贸政策是贸易保护型的,那么实际上就限制了国际竞争在国内作用的发挥程度,企业在国内市场上由于感受不到国际竞争的压力,因而缺乏进一步提高效率的动力,许多低效率企业因受保护而得以生存,在国内市场已获得垄断地位的企业更是"夜郎自大"、不思进取。反之,自由进口政策由于打破了国内市场与国际市场的界限,引进国际竞争,将促使国内已获得垄断地位的企业进一步提高效率,获取更多的规模经济效益,淘汰因保护而生存的低效率企业,使资源向优势企业集中,优化资源配置。

同时,如果外贸政策鼓励进口先进的技术设备,会直接促进国内企业的技术进步,不但节约了技术创新的成本,缩短了时间,而且节约了资源的耗费,提高了产出效率。相反,如果鼓励进口消费品、限制进口先进的技术设备或者一视同仁地限制进口,就会阻碍国内企业的技术进步。因此,企业只有敢于、善于"与狼共舞",勇敢地与跨国公司竞争,才能发展壮大自己。

另外,国家还常常通过外贸政策调控出口增长速度和出口结构来调节产业结构。鼓励出口结构高度化的政策,可以使采用先进技术的产业和生产新产品的企业得到迅速扩大的国际市场需求的支持,加速资金周转,容易获取规模经济效益,从而使该产业比重逐步上升。

广义的外贸政策包括汇率政策,汇率是商品国内价格与国际价格的折算系数。如果汇率过高,出口价格相对低廉,初级加工、低技术的劳动密集型产品可以凭低价优势迅速扩大出口,但也助长了企业追求数量扩张的惯性;同时进口价格相对昂贵,阻止了一般商品的进口,削弱了进口产品的竞争,也阻止了先进技术设备的引进,妨碍了企业的技术进步。相反,如果汇率过低,将会阻止粗放型出口的增长,有利于引进先进的技术设备。

汇率水平的高低在相当程度上受制于政府的汇率政策。汇率政策是一国进行国际经济活动时最重要的综合性价格指标,它包含了该国在世界市场上从事经济竞争的主要信息,其变化不仅直接决定了对外贸易的平衡,而且还深刻影响着国内经济活动,特别是货币政策的独立性。随着我国与世界经济融合程度的提高，这种影响将更加显著。因此，企业对国家的汇率政策和机制也要高度关注。

(5)劳动工资政策分析

劳动工资政策是一个国家用以界定劳工双方在劳动中所发生的权利义务关系的法律法规，往往规定了劳动用工的方式、劳动合同的签订和解除、劳动工资水平、工作条件和要求、休息与休假、员工福利等方面的内容，对企业用工的方式方法和人力成本都有着重要影响。在这个人力资源成为企业第一资源的时代，企业必须以人为本，按照国家劳动工资政策的要求，从战略高度认识和处理劳工关系，才能得到政府的支持和员工的拥护，获得可持续的增长。因此，企业必须认真分析、研究和掌握国家的劳动工资制度，进而订立科学的人力资源战略，以支持企业总体战略的实现。

总之，在企业政治环境分析中，对国家政策的分析是一个重点。企业如果能通过认真全面的分析准确把握国家政策，从而有所预见，就可以及早采取措施，抓住重要的战略机遇，消除和规避因政策变动所带来的不利影响和风险，这无疑将有助于企业顺利制定并实施优秀的战略并获得最终的成功。

例如，1993年底，全国的房地产热还处于顶峰时期，而福建省一家中等规模房地产开发公司的决策者却将其下属的许多房地产项目出售变现。当时这是一个让大多数人都无法理解的决定，然而，环境的变化很快让所有人不得不惊叹其决策的果敢和英明。三个月后，国家出台宏观调控政策，提高利率、紧缩信贷、提高银行法定准备金率，这一系列的紧缩财政、金融和货币政策的实施，使一大批房地产开发企业或破产倒闭，或亏损累累。此时，该公司又利用自己手中掌握的流动性极强的货币资本和金融资本，转而收购破产的房地产公司和项目。一卖一买，公司获得了巨额利润。事后，公司总裁将这次成功的“资本大逃亡”归功于公司宏观经济分析部对国家经济政策的准确分析和预测。

5.政府职能与行为分析

作为国家行政机关，政府是国家政治权力的行使者，也是重要的企业相关利益者之一，所以对政府的分析是企业政治环境分析必不可少的内容。

对政府的分析可以从政府职能与政府行为两方面展开。政府职能是政府在国家社会政治系统中所扮演的角色、承担的责任、义务和所拥有权力的总和，决定着政府进行宏观调控、管理公共事务的范围、领域和方式方法；而政府行为是政府根据宪法和法律，通过政府机关及其工作人员运用和行使国家权力的行动，是政府在一定职能下的具体行为，是政府职能的外在表现，直接体现了政府的结构和职能。因此，对政府职能和行为，尤其是政府行为的全面分析使企业可以了解一国一地政府的职能和行为方式，明确如何与经营所在地政府保持良好的关系，促进企业的发展。

同时，政府是由许多不同的部分及相互联系的运行机制所组成的一个非常复杂的有机整体，其自身具有一定的结构。例如，在相互关系即运行机制上，政府具有一定的权力结构，政府以国家的名义行使权力，表现出自上而下的垂直型和强制性；在组织形式上，政府具有一定的组织结构，包括中央政府与地方政府的区域层次结构、不同部门和行业政府的部门(行业)职能结构以及与此相关的由各级各类不同职别的政府首脑、政府官员、一般公务人员所构成的官僚结构。

政府结构对政府行为产生着重大的影响,不同的结构、不同的运行机制和组成部分都将产生不同的政府行为,对社会经济的发展也产生着不同的影响。因此,在分析政府的行为时,不仅要分析权力的运行机制,还要分析政府系统的整体行为、构成政府系统的各个部分如中央政府、地方政府、不同部门(行业)的政府行为,甚至代表政府行事的政府官员的行为。我国自建国以来就进行了多次行政管理体制改革,经过20多年的改革开放,政府职能的转变取得了显著成绩。加入世贸组织后,我国市场经济体制基本确立,政府职能有了较大改变,政府机构改革进一步深入,政府促进经济和社会协调发展的职能不断加强。

根据WTO无歧视、透明、促进公平竞争和资源有效配置等原则的要求,政府对市场干预要适度、对市场监管要有力、宏观经济调控要有效率、政府政策及行为要统一透明。但是,目前我国很多政府部门的职能配置和机构设置还有许多问题,距离WTO规则的要求还有一定距离,具体表现为许多政府行为的失当。例如,政府公共管理、服务和监督职能没有充分发挥,同时对具体社会事务又干预过多,导致某些领域政府行为的弱化与盲目干预并存;政府行政垄断在某些领域依然存在,行政审批制度较多;一些部门和地方政府仍习惯于过去那种自上而下的"指挥式"管理,或出于部门利益、地方利益甚至长官意志,对企业进行过多的行政干预;地方保护主义和部门主义思想仍很严重,有法不依、执法不严时有出现,导致政策执行缺乏统一性和连续性。总之,我国相当多的政府部门仍然存在着既当"运动员"又当"裁判员",角色"越位"、"错位"和"缺位"现象并存的问题。

因此,转变政府职能,实现政府职能与管理手段的战略性调整和转变,建立服务型政府是我国政府改革的方向并将沿着以下思路展开:在有所为和有所不为的基础上,弱化政府微观经济管理职能,强化宏观经济调控职能和社会职能;提高公共产品的供给,加强政府公共服务意识;减少行政垄断和对企业的过度干预,清理并大幅减少政府行政审批事项,保留下来的要增加透明度和可预见性;将不属于政府管的事全部交给社会中介机构和市场去做。

二、国际政治环境分析

进入21世纪,世界经济全球化趋势日益突出,以国际政治为中心,世界各国的经济、社会、文化等问题交织在一起,影响着全球每个国家的社会经济发展。因此,现代企业已经生存在一个全球化的环境中,无论企业属于哪个国家,在哪些国家和地区生产经营,国际政治环境都对其有着直接或间接的影响,进而决定着企业的生存与发展。因此,企业应当树立全球化视野,从全球角度考虑企业战略问题,这就需要对国际政治环境有清晰的认识。

1.国际政治局势分析

国际政治局势分析是对国际政治局势现状及发展趋势的总体判断,据此可以建立对国际政治环境整体的认识和了解,有利于深入分析其他方面的问题。

当前的国际政治格局仍是冷战后形成的"一超多强"结构,即美国独霸下的大国关系格局。虽然从长期看,国际政治多极化和美国霸权的衰落是必然规律,但在短期内,美国在全球的实力地位却仍然无法动摇。同时,欧盟、日本、俄罗斯都在各自国家战略的指导下,在国际舞台上积极活动,施加影响,努力争取更加有利的战略位置和更多的国家利益。

朝鲜问题是东北亚地区最大的不稳定因素,中东地区的经济发展和政治进步相当缓慢,中东和解希望渺茫。同20世纪90年代相比,中欧、东南欧地区的形势趋向稳定,总体发展方向是向欧盟和北约靠拢。非洲被长期动乱、部族仇杀、内战和国家间冲突所困扰,大部分地区会在经济全球化中被进一步"边缘化",其安全形势与经济前景不容乐观。拉美和加勒比地区多年来不断出现经济衰退和波动,阿根廷、乌拉圭、委内瑞拉等国的经济危机和政治危机暴露出深层次的社会矛盾。因此,拉美各国在本地区以外的国际事务中尚难发挥重要作用。当前世界政治中冲突热点最为集中的地区是欧亚大陆的腹地,即东起巴基斯坦、西至巴尔干半岛、北到里海、南及红海的广阔地带。这个地区是全球地缘政治的中心,民族宗教问题最复杂、宗教极端势力最活跃、石油资源最丰富、大国争夺和竞争最激烈、未来的政治发展方向最不确定。因此,欧亚大陆腹地是决定未来一二十年世界是否能维持和平与稳定的关键地区。

同时,上海合作组织范围内的合作不断深化,东亚、南亚、非洲和拉美区域一体化均在调整中迈出新步伐,各类跨国公司和非政府组织日趋活跃,均显示出有利于世界稳定与均衡发展的积极作用。

因此,总体来看,我国面临的国际政治环境仍然是机遇大于挑战。这为我国企业抓住战略机遇发展自己创造了良好的政治环境。

2.大国战略与国际关系分析

世界政治环境中最重要的影响因素是美、欧、日、俄等大国所采取的国家战略。同时,不少国家和地区都与其他国家和地区建有不同性质的政治联盟,这些政治联盟往往规定在某成员国家(地区)的某些利益受到伤害时,其他成员国家和地区将采取预先约定的共同制约手段。除政治联盟外,不同地区还有一些经济联盟,这些经济联盟使原本分割的地区在某些方面具有整体特征,使企业一般环境的范围扩大,也有可能影响企业在不同投资地区的利益。因此,要进一步深入认识全球政治环境的现状与趋势,就要对大国战略以及在各自战略指导下的国际关系进行分析。

美国外陷阿富汗与伊拉克战后重建困局,内受卡特里娜飓风袭击引发的社会震荡,双赤字居高不下,暴露出超级大国硬实力的局限性,内部凝聚力与国际影响力的下降也使其软实力受损。这些情况迫使布什第二任期内从一味奉行单边主义向适当注重多边协调、从动辄先发制人向重点谋求谈判解决争端的方向转变,这种转变已多少显示出超级大国的无奈、理性与顽强守成的复杂战略心态。

伊拉克战争引发新老欧洲分野,欧盟宪法又在法国和荷兰遭到否决,内部社会与政治问题凸显,一体化进程严重受挫,欧洲大国借助欧盟扩大以充当未来世界独立一极的政治抱负和能力受到影响。

日本多年来经济结构调整的努力已见成效,社会与政治主流急切谋求所谓"普通国家化",执政当局不惜牺牲与亚洲邻国的友好合作关系,顽固地坚持错误历史观,表明日本面对多极化趋势加速发展产生的危机感日益浓重,导致战略思维混乱,对外政策单调僵硬,缺乏应有的理性。

相比之下,巴西、俄罗斯、印度和中国形成的所谓"BRIC"集团的综合实力稳步上升,战略自信与外交主动性明显增强。

这种群雄并起的态势使未来世界的国际关系显示出前所未有的复杂性。一方面,单极与多极以及多强之间围绕某些核心利益与价值观的竞争渐趋白热化。美、欧、日、俄间在经济、地缘政治、发展模式等方面存在着激烈的竞争,在军备控制、地区政策、联合国和其他国际组织的作用等问题上也经常出现意见分歧,其中俄罗斯同发达资本主义国家的差距更大,歧见更多。

另一方面,美受内外诸因素牵制,对外政策开始重视大国合作,而大国之间在意识形态、政治制度、战略利益方面的共同点大于分歧,以8国集团等机制为标志的大国协调与合作格局业已形成,其他大国更多地以“软对抗”而不是“硬较量”的方式处理与美分歧,除日本以外各大国在处理彼此关系时不乏客观与理性。这表明,冷战后大国关系既竞争又合作、竞争中合作、合作中竞争、相互借重和彼此制衡的基本态势仍继续存在并有所发展。

全球战略格局和力量对比决定了发达国家在联合国、世贸组织、世界银行、国际货币基金组织等全球性国际组织中仍然占据主导地位,而且在世界经济、国际安全等领域继续保持现存秩序和有利于它们的规则。以美国为代表的西方国家在一定程度上垄断着全世界的舆论导向、新闻媒体和文化传播。当代资本主义的主流意识形态和政治制度在可以预见的将来缺乏强有力的挑战者。

虽然发展中国家的经济发展速度整体上超过发达国家，但世界范围内的贫富差距在继续加大。发展中国家外债负担增加,金融风险增大,对发达国家的经济依赖更为严重,大多数仍然没有摆脱贫困落后和民族宗教纷争,不同程度上存在政治不稳定和社会失控现象,有的还有国家分裂的危险。当前世界出现动乱和冲突的地区分散在中东、非洲、中亚、南亚、东南亚、巴尔干半岛和部分拉美国家,而恐怖主义、生态恶化、传染病传播、毒品走私、难民等问题也在这些地区最为严重。因此,当前世界政治局势的总体特点是美国独霸、中国崛起、大国合作、北强南弱,企业应当在这样的大背景下制定自身的发展战略。

3.国际法律环境分析

国际方面的法律因素主要涉及各国的国内法以及国际公约和条约的有关规定，各个国家社会制度不同、经济发展阶段和国情不同,体现统治阶级意志的法制也不同,我国企业与某个国家进行交易活动或实施国际化战略,就必须事先掌握通行的国际法规、国际惯例及东道国的法律制度。

(1)世界主要法律体系

除了我国的法律体系外,目前世界上有三种主要的法律体系。分别是伊斯兰法、判例法和成文法。

伊斯兰法来源于《古兰经》,在公元前10世纪就初具雏形。全球56个穆斯林国家中有27个实行伊斯兰法,其特点是掺杂了许多伊斯兰宗教戒律,有保护其宗教信仰的色彩,如禁止投资酿酒业或烟草业等。

判例法起源于英国,流行于美国、英国、加拿大、澳大利亚、新西兰、印度、南非等国家,在全球26个国家实施。其法律系统分为商法、民法和刑法三个相互独立的部分,特点是法院依据司法惯例、以前对类似案例的判决、普遍习俗及法官对良好公共政策的看法对案例进行判决。法院在司法条款解释方面扮演主要角色。

成文法起源于古罗马法。世界上有70多个国家使用这种法律体系,包括法国、西班牙、意大利、德国、日本和绝大多数拉丁美洲国家。其特点是法院依据各种时期编纂在一起的详尽的法律典籍与条文进行判决。

(2)国际法体系中的基本法律原则

在国际法体系中,下列基本法律原则是每个国家都应当尊重的。

主权原则。每个主权独立的国家都有权制定自己的司法体系,而在一个国家内实施的司法系统,不能被自动用于另一个主权独立的国家。主权原则高于其他国际法原则。

国籍原则。无论其公民住在哪里,每个主权国家都具有对其公民的裁判权。

地域原则。每个主权国家都具有在他的司法管辖领域内进行裁判的权力。

保护原则。每个主权国家都具有对危害其国家安全的行为进行裁判的权力,而不管这种危害行为发生在何处。

礼仪信条。各国政府都必须尊重一个主权国家根据其法律与宪法对自己的公民所进行的审判。

(3)企业国际化经营中的关键法律问题

国际化战略是企业常用的增长战略,也是经济全球化环境中企业战略发展的必然趋势。企业在进行国际化经营中经常涉及的东道国法律包括:公司法、合同法、外国投资法、证券交易法、银行借贷法、税法、知识产权保护法、环境保护法、专利法、广告法、商标法、劳工法等。其中,尤其要重视以下法律问题:

涉及欺诈、歧视、推销方法、定价及地区独家代理协议的竞争法规;维护零售价格的法律;撤销经销商和批发商协议的法律;有关产品质量及扩展的法律;有关包装的法律;有关产品保修与售后服务的法律;有关价格控制的法律;有关专利、商标、版权的法律;有关劳工的法律;有关投资的法律;有关合同的法律。

(4)关税、配额及非关税贸易壁垒

关税和配额是企业在国际经营中最主要的贸易障碍。由于WTO致力于减少和消除关税、配额,越来越多的国家开始采用非关税贸易壁垒进行贸易保护,即用法律法规等形式限制外商进入某些经济领域或提高质量标准、反倾销等。

企业在进行战略分析时要充分考虑关税、配额及非关税贸易壁垒对国际化经营的影响,我国企业尤其应当认真学习研究WTO的相关规则,提高在WTO框架下进行国际经营、维护自身合法权益的能力。

4.目标国的国内政治环境分析

当企业在战略分析中涉及到某国家或地区的相关问题,或对国际化经营有所考虑,准备制定或实施国际化战略、进入某个国家或地区的市场时,必须充分了解和掌握目标国家的国内政治环境,这是企业作出正确战略决策的基础。因此,企业可以运用前面介绍的国内政治环境分析的一般框架和思路,对目标国的国内政治环境进行分析,只有政治环境有利于企业战略目标实现的国家和地区,企业才可以考虑制定具体的战略行动。

5.国际政治风险评估

在国际环境中经营,政治风险是企业无法控制和掌握、甚至无法预料的根本性风险。企业在制定和实施国际化战略时必须对国际政治风险进行评估。

国际政治风险又可以分为宏观风险和微观风险两类。

宏观政治风险是指对所有外国企业的投资和经营活动产生同样不利影响的威胁或阻碍外国企业经营活动的政治因素。如征收财产、非自由兑换货币、战争、经济和政治制裁、国内动乱及拒绝履行合同等方面。

微观政治风险是对某一或某些外国企业的投资和经营活动产生同样不利影响的威胁因素或阻碍外国企业经营活动的限制与规定。包括政府产业法规、对特定行业税收的改变、国产化法规、报复行动、恐怖活动、从有潜在敌意地区的撤离及不同的政治观念和宗教党派等。

(1)国际政治风险评估指标体系

世界上较有影响的国际政治风险评估机构及指数有以下几种：

第一，商业环境风险指数(Business Environment Risk Intelligence，BERI)。这是有关140多个国家的风险排名、分析和预测数据。主要预测三类风险：社会及政治因素引起的政治风险、经营风险和R系数(利润返回母国或资本调拨回国的风险)。

其中，政治风险是由专家对下列因素的评判和打分得出政治风险指数 (Political Risk Index，PRI)：政治体制的划分；语言、种族和宗教的划分；为维持权力实施的强制措施；意识形态：腐败、民族主义、妥协性和裙带关系；人口密集程度和财富分配；极左政府上台的能力；对主要敌对力量依赖的程度；地区政治的负面影响；以罢工和非暴力反抗形式表现的社会冲突；不稳定性，如战争和暗杀。

经营风险指数(Operation Risk Index，ORI)是由专家对下列因素的分析和评判得出的：对国民比外来者的优待程度；商业环境的总体质量。

R系数用于评价一国允许跨国公司把利润和资本调拨回国的意愿和能力，主要依靠经济统计方法得出。

最后在上述三个指数的基础上计算出一个国家政治风险的综合得分。

第二，风险控制信息服务(CRIS)。风险控制信息服务指数是对BERI指数的有益补充。它主要涉及人身安全，如雇员及家属是否会被绑架和受到损害等问题。它是通过专家对政党状况、叛乱、当地治安和机场安全等项内容进行的重点预测基础上得出的。

第三，普林斯模型。这是通过国际问题专家、政府接触、使馆官员及分析国际货币基金组织和政府出版物得出的预测。主要包括以下分析要素：专家评估一国的国家性质；政权稳定性风险；发生动乱的可能性；投资限制；未来对贸易的限制。

第四，国际国家风险指南(ICRG)。国际国家风险指南(International Country Risk Guide)是自1980年起对140个国家的政治、经济和金融风险的排名系统。包括众多的金融风险、经济风险和政治风险评价因素，仅政治风险就有13项：社会经济情况；经济规划；政府稳定性；外来冲突的风险；腐败；军队在政治中的影响；宗教在政治中的影响；法制和秩序的程度；民族问题的紧张程度；政治暴力；内战的威胁；政党的发展；官僚统治的质量。

(2)控制政治风险的方法和途径

约翰·丹尼尔斯和詹姆斯·施维卡特把国际政治风险的控制与管理方法概括为以下几种：改变期望风险和期望收益；在东道国内选择合适的经营位置；分散资源；利用合作协议；

建立联盟;使子公司议价能力最大化。

第二节 经济环境分析

经济环境是指企业经营过程中所面临的各种外部经济条件，包括经济要素的性质、水平、结构、变动趋势等多方面的内容,涉及国家、社会、市场及自然等多个领域,主要包括宏观经济总体状况、社会经济结构、经济体制以及各种经济资源状况等。

企业的经济环境分析就是要对经济环境中的各种要素进行分析，以便借此判断宏观经济运行的态势、探索宏观经济运行规律及预测其未来的变化趋势,把握经济环境对企业的影响,从而制定出正确的企业经营战略。

另外,国家经济政策是国家履行经济管理职能,调控国家宏观经济水平、结构,实施国家经济发展战略的指导方针,对企业经济环境有着重要的影响,因此,经济环境分析要与政治环境分析中对国家经济政策的分析相结合。

一、宏观经济总体分析

宏观经济的总体状况及发展趋势将直接影响一个国家的市场规模和产业前景，既可能形成企业的发展机会,也可能对企业造成威胁。企业对宏观经济总体状况分析的目的就是准确把握经济发展的走势,作出相应的战略决策。

宏观经济的总体分析可以从经济发展阶段、经济发展规模与水平和宏观经济形势三方面展开,其中包括对GDP,通货膨胀率,商品市场物价水平,居民收入与支出,利率、汇率和投资率,储蓄与信贷,固定资产投资与存货等具体方面的分析。

1.经济发展阶段分析

按照传统的经济周期理论,我们可以考察目前国家经济处于何种发展阶段:萧条、停滞、复苏还是增长,以及宏观经济的周期性发展规律。国家经济处在经济周期哪个阶段、发展趋势是走向繁荣还是走向萧条，对各个经济主体的中短期预期都会产生巨大的影响进而又反作用于宏观经济,推动当前经济趋势的发展。企业战略的制定一定要建立在准确判断经济发展阶段和趋势的基础上,如果作出了错误的预期,将产生灾难性的后果。

例如,当经济趋于萧条时,企业如果错判形势而盲目扩大生产能力,结果就会造成企业产品销售困难、大量积压或降价销售,劣化企业财务结构,降低资本收益率;也会导致地方政府财政紧张,区域金融条件恶化,各类资源的瓶颈制约加剧,从而造成整个经济体系循环不畅,劣化整体经济资源的配置,反过来使企业经营环境恶化,更加影响企业的生存和发展。

我们也可以按照美国学者罗斯托(W. W. Rostow)的经济成长阶段理论来认识国家经济所处的发展阶段。他的理论把世界各国经济发展归纳为五种类型:传统经济社会;经济起飞前的准备阶段;经济起飞阶段;迈向经济成熟阶段;大量消费阶段。凡属前三个阶段的国家称为发展中国家,而处于后两个阶段的国家称为发达国家。

2.经济规模与发展水平分析

经济规模与发展水平是指一个国家经济发展的规模、速度和所达到的水准。常常用市场规模来衡量一个国家的经济规模,通过对经济规模与发展水平的分析,对市场空间和潜力的大小、经济发展的总趋势作出预测。

市场规模是指一个国家或地区的市场总容量,或者说是商品的总需求水平。一个国家市场的大小、市场潜力的有无对企业的经营影响非常大,企业处于一个规模巨大的市场中,必然对企业经营发展有利,企业可以大胆实施增长型的战略;如果企业面临的市场很小,则必须小心谨慎,同时及早寻求新的市场。

在众多衡量宏观经济的指标中国内生产总值(GDP)是最常用的指标之一,GDP的数值能够反映一国或地区经济整体的发展能力和市场潜力, 其增长速度反映了经济整体的发展速度。它的总量及增长率与工业品市场购买力及增长率有较高的正相关关系。一个国家GDP水平低、增长缓慢,企业经营环境就不佳,如果其GDP增长幅度大、经济形势好,企业则可高速发展。近年来欧美各国都将亚洲特别是中国视为新的投资热点地区,就是因为亚洲经济保持了持续的高速增长,而中国经济保持了更高的增长速度。

同时,不同产业的发展速度与GDP的增长速度有一定的关联,比如主导产业、新兴产业、高新技术产业的发展速度一般比GDP的增长速度要高, 这些产业对其他产业发展的带动效应也较大;而传统产业、衰退产业的发展速度一般比GDP的增长速度要慢。通过研究不同类型产业的发展速度与GDP增长速度的关系,可以为企业确定战略目标,决定对已有业务的投资安排,调整业务组合和资源分配提供重要的参考。

3.宏观经济形势分析

对宏观经济形势的分析和判断必须建立在对反映经济运行各方面状况的一些指标的量化分析基础之上,通常从以下方面来综合考察。

(1)物价水平与通货膨胀率

市场物价水平通常用物价指数来衡量,它与国民经济的联系非常密切,物价水平与通货膨胀率都是反映宏观经济通货膨胀水平的基本指标。从国际经验看,非短缺经济可能出现通货膨胀,而发展中国家也可能出现通货紧缩。在早已告别短缺经济的发达国家,通货膨胀的例子比比皆是;而在发展中国家,宏观调控能力弱,如果经济结构不合理,部分产业重复建设现象严重,局部的产品供大于求,就容易出现通货紧缩压力。

如果国家经济通货膨胀严重,则物价总水平上浮较大,使人们基本生活需要支出大幅度增加,购买力下降,降低了居民的实际收入水平,影响居民福利的提高;而误导的价格信号又会使某些消费行为提前,某些购买行为被推迟;个人可自由支配收入的降低会长时间抑制耐用消费品的需求,导致产品积压,生产停滞;而生产资料价格大幅度上涨,使企业生产经营成本上升,增加了生产性投资的风险,对企业经营产生不利影响。同时,高通货膨胀所造成的社会心理将对整个市场的供求关系产生深层次的影响, 甚至可能引起商品抢购风潮和银行挤兑从而对社会稳定造成冲击,等等。如果企业不能对此作出准确的估计,或者日后通货膨胀的程度大大超过企业可能承受的范围,则企业既有的战略就将会成为一页废纸,形同虚设。

同样,通货紧缩也会给经济造成危害。在商品价格持续下滑的情况下,企业盈利能力下降,可能减少生产和投资;消费者预期价格还会继续走低,因而减少当期消费,进一步影响经济增长;同时,企业实际偿债负担加重,可能导致企业破产和金融机构不良资产增加,对经济、金融稳定造成冲击。

(2)居民收入

市场消费需求是人们有支付能力的需求,仅仅有消费欲望,有绝对消费力,并不能创造市场;只有既有消费欲望,又有购买力,才具有现实意义。国民收入与消费者的购买力呈正相关关系,国民收入增长得快,消费者购买力提高,市场规模也就相应扩大。因此,研究宏观经济和市场的发展必须研究一国居民的收入。

收入是个人在特定的时间内所得到的资金流量,国民收入即是整个国家在该时间内所得到的资金流量。在研究收入对宏观经济的影响时,常常应用以下指标:

个人收入。指城乡居民从各种来源所得到的收入。其中,各地区居民收入总额用以衡量当地消费市场的容量;人均收入反映了购买力水平的高低。我国统计部门每年采用抽样调查的方法,取得城镇居民家庭平均每人全年总收入,农村居民家庭平均每人全年总收入和纯收入等数据,可供企业进行战略分析时参考。

个人可支配收入。从个人收入中,减除缴纳税收和其他经常性转移支出后,所余下的实际收入,即能够用以作为个人消费或储蓄的数额。

可任意支配收入。在个人可支配收入中,有相当一部分要用来维持个人或家庭的生活以及支付必不可少的费用。只有在可支配收入中减去这部分维持生活的必需支出,才是个人可任意支配收入,这是影响消费需求变化的最活跃的因素。

可支配收入决定了社会和个人的购买力,由此决定了潜在的市场容量。因而,可支配收入与GDP可以一起起到影响企业发展空间的作用。除了可支配收入的总量之外,可支配收入的分配结构将决定具体产业所面临的市场容量和市场分布结构,影响着产业结构和产业布局,进而影响具体产业的发展空间。另外,可支配收入的发展速度和发展稳定性也对企业战略有重大影响,可支配收入在某一时期的突然大幅度扩大会吸引大量过于乐观的产业投资,引起生产能力在某一时期的同水平迅速增长。如果随后可支配收入发生较大幅度的降低,就会造成企业生产能力的大量过剩和随之而来的价格战。

中国经过20多年的经济改革,经济环境发生了很大的变化,人均国民收入水平迅速提高,2003年中国人均GDP达到1000美元,预计2020年将达到3000美元,在宏观上出现了市场结构的明显变化和购买力在总量和结构上的发展,面临内需提升的重要转折,为企业发展提供了良好机遇。

(3)利率与汇率

利率与汇率等经济指标是典型的市场信号,它们一方面将影响可支配收入、物价水平和社会资金供应从而影响社会总体购买力,另一方面也将通过对企业经营要素价格和投资成本的影响而作用于企业的经营成本,进而影响企业的潜在获利能力。例如,利率变化是国家运用货币政策进行宏观调控的信号,反映着宏观经济的发展趋势和方向,也直接导致企业融资成本的增加,对企业长期投资产生重大影响;而汇率的波动对国际经营的企业来说,也是直接关系到国际竞争力和获利能力的重大问题。

(4)储蓄与信贷

国民总储蓄可以分为三个部分,即居民储蓄、企业储蓄和政府储蓄。在国民经济核算的资金流量表中,企业分为金融企业和非金融企业,但由于非金融企业在金融机构的储蓄是金融机构的负债,两者相互抵销,因此企业储蓄不作进一步区分。企业储蓄主要来源于折旧和利润,这里的企业包括各种所有制形式,同时还包括实行企业化管理的事业单位,这部分可能占到总储蓄的30%左右。

政府储蓄一般来自预算,而住户储蓄即个人储蓄占到总储蓄的60%左右。这包括银行新增储蓄存款、个人新增手持现金、新增外汇资产、新增股票、债券等金融资产以及新增固定资产,再减去新增贷款和其他负债。

储蓄是金融的根本来源。所谓融资,就是将储蓄者的资金提供给投资者使用,所以金融活动的本质就是将储蓄转化为投资。因此,储蓄状况对整个金融系统的运行影响很大。同时,较高的储蓄率也会推迟现实的消费支出,加大潜在的购买力。我国人均收入水平虽不高,但储蓄率相当高,从银行储蓄存款余额的增长趋势看,国内市场潜量规模极大。

信贷是金融或商业机构向有一定支付能力的消费者融通资金的行为。主要形式有短期赊销、分期付款、消费贷款等。消费信贷使消费者可用贷款先取得商品使用权,再按约定期限归还贷款。消费信贷的规模与期限在一定程度上影响着某一时限内现实购买力的大小,也直接影响着提供信贷商品的销售量。如购买住房、汽车及其他昂贵消费品,是否及如何提供消费信贷往往是影响消费者购买决策的关键因素,消费信贷可提前实现这些商品的销售,促进该产业及企业的发展。

(5)固定资产投资与存货

在现代经济中,总消费不论是绝对量还是相对量的变化通常都很小。相比之下,投资是经济体系中最活跃的因素,经济周期通常都与投资较大波动相联系,这在发达国家和发展中国家都是一样的。因此,固定资产投资规模及其增长率是衡量特定时期国家经济是否过热,是否有通货膨胀危险的重要指标。

存货也是非常重要的宏观经济指标,因为存货增加能够灵敏地反映总供求和经济周期的变化。由于有效总需求等于消费加固定资产投资和极少量的必要库存增长,又等于总需求减去非意愿投资即绝大部分库存增长,因此有效总需求关键取决于存货增加。对存货增加的分析,可以解释许多问题,如经济增长的高速度与低效益并存、银行不良贷款比率居高不下等。由于存货增加主要属于非意愿投资,因而产成品存货增长将导致企业效益下降和银行不良贷款增加。我国四大国有商业银行的不良贷款中相当一部分与存货增加有密切关系。

二、社会经济结构分析

社会经济结构是指社会经济中不同的经济成分、不同的产业部门以及社会再生产各个方面在组成国民经济整体时相互的适应性、量的比例及排列关联的状况。社会经济结构主要包括产业结构、所有制结构、地区结构、消费结构等许多方面,其中最重要的是产业结构。

社会经济结构存在的问题,往往决定了特定行业的发展前景和方向,影响到行业内企业的生产经营活动,甚至造成国民经济发生危机。因此,企业在制定战略时必须关注社会经济结构的变化,适应宏观经济环境的变化,把握时机,勇于开拓创新,才能制定出适宜的战略方针。

1.产业结构分析

产业结构是指国民经济中各产业部门之间的相互组合关系。从广义来看包括两个方面的内容:国民经济各产业之间在生产规模上的相互比例;各产业之间的相互关联方式。目前对产业结构多作狭义理解,即国民经济中各产业之间的相互比例关系。

产业结构是社会经济结构中最重要的方面。从我国来看,经过20多年的快速发展,中国经济取得了长足的进步。到"十五"期末,我国的经济总量已经达到15万亿元,人民生活总体上达到小康水平。但在较长时期的快速发展过程中积累下来的问题和矛盾,如经济增长方式粗放、资源环境约束增强、自主创新能力薄弱、产业结构的高度化水平较低、就业压力加剧等也凸现出来,成为影响"十一五"时期经济进一步发展的主要障碍。

这些问题和矛盾在很大程度上都是直接或间接与现行产业结构不合理相关联的,根本的解决途径就是通过产业结构调整来实现产业结构的优化升级。我国目前产业结构的问题主要表现在以下几个方面:

首先,三大产业发展不协调。与第二产业相比,第三产业在"十五"期间的表现不尽如人意,在GDP中所占份额一路下滑,2004年仅为31.9%,即使按最近发布的第一次全国经济普查的数据调整到40.7%,还是明显低于其他同类国家的水平,与发达国家的差距更大。第二、三产业不协调发展的一个后果是经济增长吸纳劳动力的能力减弱,另外,第二产业对能源、原材料的消耗比较大,对生态、环境的破坏相当严重。

其次,基础产业基础设施供需矛盾仍很尖锐。自2003年以来,煤、电、油、运等基础产业产品的短缺成了制约中国经济发展的"瓶颈"。

第三,产业结构的高度化受制于技术瓶颈。尽管我国高新技术产业有了一定的发展,但这些产业中,我国往往不掌握关键性的自主知识产权,在国际竞争中常常受制于人,在国际分工中只能扮演简单加工、装配的角色。

同时,作为国家工业发展基础与核心的装备制造业技术陈旧,总体水平与发达国家相比差距较大,所以许多设备还要依靠进口。例如我国90%多的光纤制造装备,80%以上的集成电路芯片制造装备和石油化工装备,70%的轿车制造装备、数控机床、纺织机械都是进口产品。

因此,遵循科学发展观和转变经济增长方式的要求,大力推动产业结构的调整升级进程,是我国必须完成的历史性任务。在"十一五"期间,我国产业结构调整的方向是巩固和加强农业基础地位,加强基础设施建设,以振兴装备制造业为重点发展先进制造业,加快发展高技术产业,提高服务业比重,优化服务业结构,大力发展循环经济,优化产业组织结构,调整区域产业布局等。

国家对产业结构的发展思路和调整方向都会在产业政策中反映出来,企业只要认真分析研究,就能找到未来产业发展的方向和机会,从而制定合理的企业战略,利用和享受国家的产业政策,抓住国家产业结构调整带来的机遇,规避未来产业发展的威胁,实现长期健康发展。

2.所有制结构分析

所有制结构是指国家经济体系中各种所有制经济在国民经济中的数量构成和比例关系。不同所有制经济在国民经济中的合理比例能够有效发挥各种所有制的优势,促进经济整体的健康发展，反之则会导致严重的社会资源浪费和生产效率的低下，影响经济的长期发展。

我国对所有制结构及其改革的认识经历了长期的争论，核心问题实际上就是关于公有制的实现方式问题,具体说来,就是国有经济和非国有经济的比例问题、非国有经济尤其是民营经济在国民经济中的地位问题。有经济学家十分形象地把社会主义经济比喻为八宝饭。八宝饭里的糯米是主要成分,没有糯米就不是八宝饭,但糯米本身并不是八宝饭。八宝饭里还有红枣、莲子等,没有红枣、莲子等东西单有糯米就只是糯米饭,只有把糯米和红枣、莲子组合在一起并以糯米为主导才是八宝饭。所以"如果只有公有制经济,而没有非公有制经济,就不会形成市场经济,也就不会有社会主义市场经济"。

党的十五大在深刻总结我国经济建设长期实践经验的基础上，明确提出我国现阶段要实行以公有制为主体、多种所有制经济共同发展的基本经济制度。党的十六大进一步强调必须毫不动摇地巩固和发展公有制经济,毫不动摇地鼓励、支持和引导非公有制经济发展。

但是,目前我国所有制结构仍然不尽合理,并且影响到产业结构的调整,表现在以下方面:国有资本分布仍比较分散,结构仍不合理。目前,我国国有经济还广泛分布于一般加工业、零售业与餐饮业等国有经济并无竞争优势、并不适宜经营的领域。国有经济的这种"点多、线长、面广"的特点,所有制结构的单一导致市场竞争不足,特别是在国有经济居垄断地位的行业和领域中,市场机制不能起有效的调节作用,既限制了社会资本的投资机会,阻碍了非公有制经济的发展,同时也使有限的国有资本不能集中使用,导致企业经营效率低,产品和服务质量差,行业发展水平低,国际竞争力弱。据分析,2003年中国500强企业主要是国有及国有控股企业，营业收入约为8408亿美元，仅相当于2003年世界500强营业收入总额137290亿美元的6.1%;在盈利能力上,2003年中国500强利润总额约为423亿美元,仅相当于世界500强利润总额1335亿美元的32%。

不适当的产业准入管制使所有制结构不合理和产业结构不合理同时存在并相互影响。改革开放以来,我国非国有经济以年均20%以上的速度快速增长,总体规模迅速发展壮大。但是,从行业分布看,它们主要集中在第二产业尤其是工业部门,而第三产业由于严厉的准入限制,投资障碍多,进入壁垒高,非国有经济的发展相对慢得多。如第三产业中的金融保险业、电信业、铁路和航空运输业、教育卫生文化和信息媒体还基本处于垄断、管制和限制经营的状态。国有企业对这些特定领域的行政性垄断,抑制了民间投资需求的扩大,最终导致服务供给长期不能适应日益增长的、多元化的社会市场需求。而且,垄断形成的高成本,及因部分潜在服务业需求得不到实现造成的服务消费价格的上涨，又对这些产业产品及相关产业产品的消费需求产生消极的抑制作用，使得第三产业的生产和消费、供给和需求均受到抑制,进而最终影响了产业结构的调整和优化。

外商投资经济的产业分布倾斜加大了三次产业的结构偏差，扩大了三次产业发展水平的差距。20世纪90年代中期以来,在我国的外商投资一直保持高速增长态势。但从行业分布来看,外商投资过于集中分布在第二产业尤其是工业部门,而第三产业的投资比例偏低。外商投资的这种结构性倾斜在一定程度上加大了三次产业的结构性偏差。从制造业内部投资结构看,纺织、服装及其他纤维制品制造、食品加工制造、饮料制造和家具制造等劳动密集型一般加工工业仍吸引了相当比例的外商投资,重加工业和技术密集型工业的投资比例仍有待于进一步提高。

调整完善所有制结构和优化产业结构是相辅相成、相互促进的。各种所有制经济在市场竞争中发挥各自优势,相互促进,共同发展,才能促进产业结构优化升级,所以所有制结构调整和完善可以为产业结构优化升级提供重要的微观经济主体,而调整完善所有制结构也为产业结构优化提供了制度保证。

因此,我国所有制结构调整的思路和方向是:在坚持公有制经济为主体的前提下,调整国有经济的布局与结构,促进个体、私营等非公有制经济的进一步发展,加速公有制经济与非公有制经济的融合渗透。首先,根据“有进有退,有所为有所不为”的原则,对国有经济进行战略性调整和改组,使国有资本逐步退出一般竞争性领域,集中投向关系国家安全和国民经济命脉的重要行业和关键领域以及对结构调整升级起带动作用的重点行业和企业。其次,探索多种有效的公有制实现形式,大力发展股份制经济,把单一投资主体的公有制经济改造为多元投资主体的股份制经济,增强公有制经济的活力。再次,进一步发展个体、私营经济,克服体制和政策障碍,取消投资、信贷、税收、服务等方面的歧视性政策和做法,引导个体私营经济健康发展。放宽市场准入,允许非公有资本进入法律法规未禁入的基础设施、公用事业及其他行业和领域,消除非公有经济发展的体制性障碍。

目前,我国国有企业正以每年4000户至5000户的速度递减,由国务院国有资产监督管理委员会直接监管的中央企业也由196户减少到169户,国资委的目标是培育和发展80家到100家有较强国际竞争力的大企业集团。

3.地区结构分析

地区结构是在国家经济总量中不同地区所占比例的分布,往往表现为地区之间经济特点、产业布局和经济发展水平的差异。不同地区具有不同的资源禀赋和发展历史,其区域产业结构也不尽相同,这使得不同地区的经济发展特点、水平和模式都有一定差异。合理的地区结构能使地区之间取长补短、优势互补、分工协作、共同发展,而地区结构失调却往往导致经济发展的区域性不平衡,影响到经济整体的平衡发展,常常出现地区间经济发展速度和水平的差异扩大,甚至造成社会性问题。

影响地区结构的主要因素有:(1)社会消费,即区域生产消费和生活消费状况;(2)资源状况,自然资源组合对产业结构的影响是显而易见的;(3)技术水平,技术水平是生产力的重要因素,其发展状况不仅影响生产效率和产品质量,而且影响生产领域的扩展和新产业的形成;(4)基础与传统,区域原有产业结构基础和生产传统;(5)区际联系与区域分工,商业流通、资金融通、人才和劳动力的流动,以及技术的转移、信息的传递等,都是地区结构变动的重要影响因素。

判断地区结构是否合理的标准是:(1)是否充分利用了区域资源,这里所指的区域资源是广义的资源,它包括人力、财力、物力、自然资源等,即包括所有的生产要素;(2)区域产业的技术结构是否合理；(3)区域内各产业部门之间的关联协调如何。尤其是主导产业与服务产业和基础性产业的协调关系；区域产业结构是否有较强的转换能力和应变能力；区域产业结构性效益的高低。

地区结构调整应遵循三个原则：比较优势原则，即突出地区优势特色，防止结构趋同，实现区域间的优势互补和分工协作；可持续发展原则，即正确处理好经济发展与合理使用资源、保护生态环境的关系，如实施西部大开发就必须把环境和生态效益放在突出位置；适度倾斜原则，即根据不同地区的经济发展情况和国家财力状况，给予必要的扶持。

改革开放以来，我国东西部发展日益突出的不平衡现象就是地区结构不平衡的表现。因此，国家先后提出"西部大开发"战略、"中部崛起"战略和"振兴东北老工业基地"战略都是基于地区结构合理化的战略举措，国家经贸委在《"十五"工业结构调整规划纲要》中就曾将地区结构调整作为"十五"期间工业结构调整的重点之一。

地区结构的差异和区域经济发展的不平衡既为企业带来了增长空间和回旋余地，也对企业的区域发展战略提出了挑战，因此，企业进行地区结构分析就能够充分抓住区域经济的特点和差异，获得更大的发展空间。

4.消费结构分析

人们在消费过程中所消费的各种消费资料和劳务的组成关系及比例关系，就是消费结构。消费结构可以从不同的角度进行分类，按照消费对象，可以分为对生活资料的消费和对社会服务的消费，前者消费的对象是物质产品，后者则是为生活服务的劳务；按消费需要的层次来分类，可以分为对生存资料的消费、享受资料的消费和发展资料的消费；按消费方式分类，可以分为社会消费与个人消费，前者是指满足共同需要的消费，后者是指满足个人需要的消费；按所消费的商品内含价值来分类，可以分为高档、中档、低档消费品的消费。

研究表明，消费结构受许多因素的影响，如社会制度、生产力水平、居民收入水平、人口总量及结构、城市化水平、商品化水平、劳务社会化水平以及消费心理等。在收入一定和其他条件不变的情况下，个人消费的结构还受到生活环境、地理条件、劳动者的职业、家庭成员的人数和构成、家庭生命周期所处的阶段以及民族特点、风俗习惯等一些因素的制约。

1853年至1880年间，德国统计学家恩斯特·恩格尔(Ernst Engel)曾对比利时不同收入水平的家庭进行调查，并于1895年发表了《比利时工人家庭的日常支出：过去和现在》一文，分析收入增加影响消费支出构成的状况。在将支出项目按食物、衣服、房租、燃料、教育、卫生、娱乐等费用分类后，发现收入增加时各项支出比例的变化情况为：食物消费所占比例趋向减少，教育、卫生与休闲支出比例迅速上升。这便是恩格尔定律。食物消费占总支出的比例，称为恩格尔系数。恩格尔系数越大，生活水平越低；反之，恩格尔系数越小，生活水平越高。

因此，消费结构的变化趋势是逐步由低消费结构向高消费结构发展，由主要是物质生活消费向更多的精神消费扩展。在生产力水平较低的条件下，人们必须首先满足基本的生活需要，当温饱问题解决之后，消费的增长就侧重于享受资料和发展资料。到一定阶段，在全部消费中，生存资料消费所占比例会明显低于享受资料和发展资料消费的比例。同时，随着消费水平的提高，人们在消费品的数量方面得到一定满足之后，将对消费品的质量提出更高要求，消费支出将更多地投向高档和精致的新产品，从而从低消费结构向高消费结构发展。在物质生活达到一定水平之后,精神生活将更加被重视。这种消费结构变化趋势的实现将是长期的、逐步的。

因此,企业要深入研究和把握消费结构的变化,以指导企业战略的制定和执行,使企业能够不断适应消费结构升级的趋势,主动满足消费者不断增长的消费需求,始终抢占市场先机,获得长期的发展。

三、经济体制分析

经济体制是国家经济组织的形式。经济体制规定了国家与企业、企业与企业、企业与各经济部门的关系,并通过一定的管理手段和方法,对社会经济活动的范围、内容和方式起影响和调控作用,是国家组织经济活动的基本形式。经济体制对企业的生存与发展提出了系统的基本规则和条件,企业战略应与企业行为的方式、方法协调一致,这对企业的发展是至关重要的。

资源是稀缺的,稀缺就意味着需要进行选择、配置。任何经济活动的职能都在于将稀缺的资源在无限的、彼此有竞争的需求之间加以配置。在对稀缺资源的配置方面,已经形成了三种主要的经济体制,即计划经济、市场经济与混合经济。

计划经济条件下,由政府决定应当生产什么或为谁生产。国家预测人们的需要并为企业确定相应的生产指标,同时建立起原料和制成品的分配网络。实际上,计划与复杂的生产决策之间的协调常常困难重重,导致一些商品的生产过剩或短缺,因为这些生产商品没有与消费者的实际偏好相吻合。

市场经济与一个社会的经济制度性质无关,是以市场配置资源或调节经济运行的经济。在市场经济中,资源配置的核心问题是如何把稀缺的资源配置到最需要的地方,从而使资源得到最有效的利用。经济决策是由各个独立的经济主体自主作出的。供给和需求双方在市场上相互作用,形成了市场价格的运动,并贯穿于经济运行的始终,就像一只"看不见的手"调节着整个国民经济的运行。按生产要素贡献和市场效率分配刺激经济实体实现生产要素的最佳结合,从而提高资源配置的效率。

实际上所有国家实行的都是一种混合经济体制,它包括公有制经济和非公有制经济,政府的干预程度将根据国家的需要及执政党的政治观点而有所不同,其结果是非公有制经济的地位很大程度上受到公有制经济的规模及其所消耗的资源的制约。

四、资本市场分析

资本市场是金融市场的重要组成部分,通常指的是由期限在1年以上的各种融资活动组成的市场。是提供一种有效地将资金从储蓄者(证券持有者)手中转移到投资者(企业或政府部门,同时又是证券发行者)手中的市场机制。在西方发达资本主义国家,资本市场的交易几乎已经覆盖了全部金融市场。

从宏观上,资本市场可以分为储蓄市场、证券市场(又可分为发行市场与交易市场)、长期信贷市场、保险市场、融资租赁市场、债券市场、其他金融衍生品种市场等。其中证券市场与债券市场形成了资本市场的核心。

没有资本，企业连简单的生存都很难维持，发展壮大就更是一句空话，企业战略尤其是增长型的战略离开了资金的支持只能是无本之木、无源之水，根本不可能实现。资本市场是企业融资的主渠道，因此，任何企业都应当高度关注并随时分析了解资本市场状况，制定正确的财务战略，为企业总体战略的实施提供充足的资金支持。

1.资本市场总体分析

资本市场作为金融市场最重要的组成部分，具有资源配置、资本资产风险定价、为资本资产的流动提供服务等功能，在现代经济中发挥着不可替代的作用。资本市场的主体通常被称为市场参与者，在发达的资本市场中，发行和购买金融工具的市场参与者一般包括居民家庭、企业、中央政府及其代理、地方政府以及境外投资者。参与资本市场的服务企业分为金融中介企业和非金融企业，其中金融中介机构在资本市场的所有参与者中发挥着最重要的作用。

中国的资本市场形成经历了不太长的时间，作为其标志的中国证券市场是从1981年发行国库券开始的。后来，上海和深圳证券交易所的建立，标志着证券交易体系开始走向规范。1992年，成立了中国证监会和中国证券委员会，相继颁布了一批证券业方面的法律法规。至此，中国资本市场才初具框架。

与国际上先期工业化以及新兴工业化国家和地区的资本市场发展相比较，中国现行资本市场的发展状况仍然存在诸多不足之处与问题，突出表现在以下方面：

首先，融资结构不合理。十多年来，我国融资结构虽然发生了一些变化，直接融资发展较快，融资比例有所提高。但总体上以银行贷款为主的间接融资仍占绝对主导地位，企业资金需求的80%以上依赖银行贷款，通过资本市场直接融资的规模仅占全社会融资总量的约1/10。而在世界上许多国家，间接融资与直接融资的比例大约为1:1。融资结构不合理造成企业资产负债率过高，资本金严重不足，加上种种原因的综合影响，致使银行不良贷款率居高不下，金融风险逐步积累。

在直接融资问题上，中国企业更多想到的就是股票市场，这是中国资本市场发展进程中的误区。在发达国家和地区，债券市场融资额和交易规模并不逊色于股票市场。有关资料显示，美国、日本的债券总量大约相当于其GDP的140%左右，世界平均水平在95%左右，亚洲市场经济国家也达85%左右。

其次，资本市场交易工具品种单一、结构残缺。在发达的资本市场中，资本市场工具保持多样化趋势。以香港资本市场为例，目前国际市场上的金融衍生工具中80%以上已被其采用；在股票市场上，不仅出现了期指、期权、认股权证等投资品种，而且这类衍生工具大有超过现货市场之势。香港上市公司在债券市场上的集资形式更为多样化，在债券、票据和存款证3种形式的基础上，先后出现了浮息工具、变息工具、可换投股债券、信用卡应收债券等多种形式。

虽然中国资本市场存在以上缺陷，但这些问题总的来讲是和中国资本市场的发展阶段相适应的，其他国家在发展初期或多或少都曾出现过这些问题。中国的资本市场是发展中的资本市场，是新兴的资本市场，其中蕴涵着巨大的潜能。

2.股票市场分析

证券市场是资本市场的核心，而股票市场又是最重要的证券市场之一，企业必须高度关注股票市场的动态。我国股票市场经历了十几年的艰难发展，取得了很大的成绩，在短短十几年中达到了许多国家几十年甚至上百年才实现的规模，取得了不少成功经验，但也存在如下一些问题，严重制约了自身功能的发挥，阻碍了股票市场的健康发展。

首先，市场规模过小。股票市场虽然发展速度较快，但总体规模与国外还有相当大的差距，与国民经济发展的客观要求也有较大差距。

其次，市场主体缺位。企业是市场经济条件下股票市场的重要主体，而目前我国国有企业改革尚未完成，企业的市场主体地位仍然不强，政企不分、产权不清、权责不明、约束无力、活力不足仍然是我国企业的主要特征。另外，市场主体残缺还表现在投资主体主要是个人，投资的质和量均较低，以投资基金为代表的机构投资者比例仍显不足。

第三，市场中介机构不完善。我国目前的中介机构主要包括证券公司、信托投资公司、会计师事务所、律师事务所、资产评估机构、证券投资咨询公司等，虽然其业务已涉足证券的承购包销、发行、交易、自营、财务顾问等内容，但与国外投资银行业务相比，还存在着较大的功能缺陷。

第四，流动性不足。我国股票市场大部分市值被不能流通的国家股、法人股占据，大大影响了市场流动性和资源配置功能的发挥。为解决这一问题，国家已经启动了股权分置改革，但最终成功还须假以时日。

最后，证券市场制度不健全，运行秩序不规范。由于制度的缺陷导致了诸如虚假报表、虚假上市、基金黑幕、大户操纵股价等一系列违规现象出现；由于对上市公司的监管力度不够，导致许多上市公司只注重筹资而淡化经营；由于市场的退出机制不完善，致使市场投机气氛强烈，市场价格严重背离公司股票价值的情况比比皆是。

3.债券市场分析

“十五”期间，以全国银行间债券市场的迅速崛起为标志，我国债券市场有了长足的发展。但是，目前我国债券市场的作用还远没有充分发挥出来。2002年美国狭义债券存量相当于其GDP的1.6倍，如果包含资产支持证券则达到2倍多；而我国2005年底债券存量估计只占GDP的50%弱，因此我国债券市场可发展空间非常巨大。

由于管理体制不完善、金融改革滞后等深层次的原因，目前中国债券市场还存在一些较为严重的问题。

首先，债券市场制度不健全，缺乏适宜的宏观政策环境。债券市场制度包括信息披露制度和利益保障与实现制度等，由于制度不健全使投资者面临的市场风险过大，严重挫伤了参与者的投资积极性。

其次，严格的市场准入制度导致债券市场供给严重不足。我国企业发行公司债券有严格的市场准入制度，发行主体基本是中央级大型企业，筹集资金的用途也有严格的限制，符合条件的发行主体较少。同时，政出多头，企业债券发行仍由中国人民银行、中国证监会归口管理，分别管理发行额度、发行利率和上市流通，发行债券的企业通过审批的成功率很低，使企业申请债券融资积极性不高。

第三，债券市场供需严重失衡。由于近年来商业银行流动性过于充足，大量闲置资金投向债券市场，加之债券市场扩容，造成债券市场需求增加。与有限的供给相比，供需严重失衡,进而导致市场价格信号失真,加之发行方式不完善,都增加了债券市场的系统性风险。

第四,管理体制不善,市场人为分割。目前,我国债券市场管理体制极为不顺,没有明确统一的管理部门。发改委、证监会、中国人民银行都对市场有一定的管理职能,甚至发债主体——财政部和政策性银行对市场发展都有极大的影响。由于政出多门、相互牵制,交易品种、市场参与主体、交易机制等各不相同,市场债券托管、清算、交割等基础建设滞后,市场分割严重,降低了债券的流通性,导致交易成本增加,效率降低。

第五,交易品种单一,市场缺乏避险工具。在债券市场发债主体单一的同时,债券品种单一、投资品种过于集中,投资者选择的范围狭窄,几乎没有任何风险管理和控制手段,市场风险不能有效地得到分散和控制,增加了市场的系统性风险。

虽然存在以上问题,但一个长久繁荣健康的债券市场是构筑活跃的金融市场的基石,在整个金融体系中,它是联系银行货币存贷市场和资本市场的桥梁和纽带。随着资本项目可兑换逐步开放,中国债券市场将融入国际金融市场;随着中国居民、企业、金融机构对投资多元化要求越来越高,对债券资产必然产生巨大的需求;同时,我国商业银行信贷资产证券化以及流动性管理、中央银行疏通货币政策传导机制、稳步推进利率市场化改革、货币政策与财政政策的协调、本外币政策协调等都需要发展债券市场。因此,建立统一的、多层次的、面向所有社会投资者的债券市场是中国债券市场发展的必然目标。

与股票相比,债券融资的优点在于筹资成本相对低廉,同时可以防范股权为人所控。因此,许多发达国家企业的债券融资规模与股票规模相当,美国和日本企业债券融资规模甚至超过了股票。因此,对我国企业而言,不仅应当关注股票市场,争取上市融资,还要认真分析、了解和关注中国未来债券市场的发展,以便制定正确的融资战略,及时拓宽企业融资渠道,获得总体战略的成功。

五、人力资源市场分析

人力资源市场是配置劳动力并且协调就业决策的市场。人力资源市场是一个多维的概念。从空间范围上看,有世界人力资源市场、全国人力资源市场和地区人力资源市场之分。如某些高级技术人才,供求双方往往是在较大的地区范围内申请就职或雇用人员;许多体育明星的市场就是世界性的或全国性的;企业家市场的范围也不亚于前者。某些实际操作性比较强的工种,供求双方往往是在比较狭窄的地域内申请就职或招聘人员,此类人力资源市场往往呈现地区性质,例如文秘和汽车技工等工作。

人力资源市场还可以按其他标准划分,如按产业划分、按职业划分、按人口划分、按交易规则划分、按工种划分等。但作为人力资源市场的参与者,需求方即工商企业或其他单位并不只需要一种类型的人才;供给方即人力资源所有者也不是从一而终,因而市场归类呈现出很大的变动性,例如,有些教师可能因为工资水平比较低,转而下海从事经商活动。职业发生变化,其人力资源市场归属也相应地发生变化。

企业的第一资源来源于人力资源市场,任何战略都是由人来制定并由人去执行的,因此,人力资源市场对企业制定和执行成功的战略起着决定性的作用,必须进行详尽的分析。对人力资源市场的分析主要从人力资源市场的供需双方和市场本身的总体状况来展开。

1.人力资源供给分析

人力资源供给有广义和狭义之分。广义供给是指整个社会的劳动力供给,包括各地区、各行业的各类劳动力供给;狭义供给则可以分为某企业的人力资源供给、某行业的人力资源供给或某地区的人力资源供给。单个企业可以得到的人力资源供给水平主要取决于企业规模、经营分布、产品多样性、厂区位置等因素;一个行业可得到的人力资源供给受到行业特点、行业发展前景、社会预期等方面因素的影响;一个地区可以得到的人力资源的供给主要取决于劳动力流动的程度以及本地人口可以被吸纳就业的程度等。

人力资源的供给来源是分析人力资源供给的重要问题，主要包括企业外部的人力资源供给来源和企业内部的人力资源供给来源。在宏观环境分析中,企业应重点分析外部的人力资源供给来源,实际上就是社会供给来源。

企业外部人力资源的供给要受到整个社会经济发展状况、产业结构、人口等多方面的影响,还要受教育政策和劳动、人事政策的影响。人口数量是影响人力资源供给的一个重要因素,一般来说,人口数量越大,说明人力资源越丰富。但人口只有参加了有偿的社会劳动,才可以成为现实的人力资源。因此,在人口数量一定的情况下,劳动力参与率越高,说明人力资源供给越充足。而劳动力参与率又受社会文化、教育普及水平、劳动年龄等因素的制约和影响。

国家劳动、人事、统计、教育等部门对宏观人力资源供给情况都有着较为全面、详细的掌握,关于全社会和区域人力资源的专业分布、学历结构、行业划分、特殊人才概况、供给数量等,每年都会向社会予以公布,企业可以根据这些资料进行具体的分析,重点要研究实现企业战略所需的人力资源供给来源、数量和结构,结合对人力资源需求的分析,制定人力资源战略,提出相应的对策。

我国企业外部人力资源供给的主要渠道有:大中专院校应届毕业生、复转军人、技职校毕业生、失业人员、其他企业在职人员、流动进城农业人口等。大中专院校和技职校应届毕业生的供应较为确定,主要集中于夏季,且数量、专业、层次、学历均可通过各级教育部门获得,很好分析预测;复转军人由国家指令性安置,也较容易掌握;对城镇失业人员和农民工的分析预测,要综合考虑城镇失业人员和农民工的就业心理、国家就业政策、政府对农民工的控制及其他因素;对其他企业在职人员的供给,则需要考虑社会心理、个人择业心理、企业本身的经济实力和吸引力及同类企业人员的薪酬和福利待遇等因素。通过量化的分析,企业应该能够在本单位可能提供的待遇水平的基础上,科学地预测外部人员的可供给量。

2.人力资源需求分析

人力资源的需求包括总量需求和个量需求两大方面。所谓总量需求是指一个国家在某一阶段或时限内对人力资源的需求总量,包括数量、质量和结构等方面的需求量;所谓个量需求,是指某一企业在某一阶段或时限内对人力资源的需求量,同样包括数量、质量和结构等方面。

影响整个社会人力资源需求的因素主要有以下方面:

首先,经济的发展和增长。经济高速增长必然会创造大量的就业岗位,增加劳动力需求,而经济增长速度减慢或经济下滑必然会引起劳动力需求下降,甚至引起失业率上升。

其次,产业结构。人力资源的需求结构本身就是由产业结构、行业特点、地区特点等方面的因素决定的,因此产业结构的现状及变化趋势影响着人力资源需求结构和比例的状况与变化。

第三,技术水平。技术水平对人力资源需求既有正向影响,也有反向影响。例如,有了新技术,一方面会生产出新产品,从而扩大对劳动力的需求;另一方面,由于采用新技术使生产效率大大提高,又会减少对人力资源的需求。

除以上因素外,经济波动、人口增长与年龄构成以及新思想、新观念也会对人力资源的需求产生影响。

3.人力资源市场总体分析

人力资源市场的运行过程也就是求职者与用人单位以及社会中介、政府之间相互影响和作用的过程,具有市场主体资格的劳动者和用人单位始终是人力资源市场运作的主角。企业确定一定时期内自身对人力资源需求的种类、数量及政策,制定人力资源战略,将受到社会对同等人力资源的供给和需求的双重影响和制约,因此企业还要从总体上把握人力资源市场的特点和发展趋势。

首先,人力资源市场发育水平直接影响着供求双方在劳动力市场上的行为及供求契约的达成方式。市场不完善可能使劳动者信息不灵,企业在劳动力需求上享有一定的独占性,可以按照自己的预定价格招收劳动力;而在市场基础环境健全完善的条件下,劳动力市场完全竞争,企业的独占性将遇到巨大的挑战。所以企业必须根据不同时期、不同地区劳动力市场的发育状况、供求关系以及各类劳动者薪酬、福利条件的变化情况,制定正确的人事政策。

其次,我国目前人力资源市场的总体特点是供大于求。人口多、增长快、人口迁移流动不断扩大、城市人口增长速度加快都增加了社会人力资源的供给。同时,我国的产业结构调整和国有企业改革造成了大量的城镇失业人口,加上固有的农村剩余劳动力问题,使我国的人力资源市场总体上供大于求。由于决定劳动力总需求的经济发展是受很多客观因素制约的,而受人口惯性所影响的劳动力总供给也不是短期内就能变化的。所以劳动力供大于求的总量性失衡将会在相当长一段时期内存在,而且是造成中国失业问题的主要原因。

第三,人力资源结构性失衡与总量过剩同时存在。对企业来说,就业形势严峻意味着可以以较低的成本获得劳动力。但不容忽视的是,和劳动力总量供给过剩同时存在的是人力资源的结构性失衡。突出表现为各行业、各领域的高级技术人才、高级管理人才、复合型人才都存在着不同层次的短缺,甚至到了有价无市的地步,严重制约和影响了我国企业战略成功实施。例如,加入WTO后,我国企业竞相实施国际化战略,走出国门,和跨国公司展开国际竞争。但在国际化战略实施中遇到的最大困扰就是高级跨国经营管理人才的匮乏,从一定程度上减缓了企业国际化的步伐,甚至直接间接导致了企业战略的失败。

因此,企业作为人力资源市场需求主体,必须了解人力资源市场状况、社会人力资源的供给以及对特定人力资源的市场需求,才能有的放矢,制定有针对性和竞争性的人力资源战略,掌握用人的主动。

六、自然资源与环境分析

自然资源包括三类,一类取之不尽、用之不竭,如空气和阳光;另一类虽数量有限但可更新,如木材、粮食;还有一类既有限又不能再生,如石油、煤及各种矿产资源。第一类和第二类资源各地分布不均,而且不同年份、季节情况不同,第三类更是面临长期短缺。

自然资源状况对企业经营有着很大的甚至是战略性的影响。首先,自然资源往往是企业原辅材料的来源,甚至能够从产业链上游扩散影响到整个产业链上企业的生产成本。如钢铁制造业以铁矿石为原材料,铁矿石涨价会造成钢铁制造业生产成本上升,如果再推动钢材价格上涨就有可能影响到所有下游产业(如汽车制造业)的成本。

其次,自然资源往往是某个产业的战略资源,决定着该产业的发展前景。如石油是石化产业的原材料,更是该产业的战略资源,而且已经成为整个国家的战略资源,关系到整个国家的长期发展。

第三,自然资源往往是企业的主要能源或能源生产的来源,影响到企业的生产成本。如我国煤炭储量很高,有50%以上的煤炭都用于发电,煤炭价格和电力价格、电力供应有着很大的关系,几乎对所有企业的生产经营都有影响。

另外,自然环境是人类共同生存的环境,自然环境的破坏和污染直接间接地影响着社会每一个人,每一个组织。如由于采伐树木导致森林减少;环境污染和水资源浪费导致工业用水紧张;矿物质的毁灭性开采致使矿业资源短缺等。

随着科学技术的发展,人类对自然环境、对人与自然的关系的认识逐步转变,人类改造自然的方法也越来越多。因此,不少理论工作者和企业管理人员在进行环境分析时,对自然环境分析的重视程度有所降低。不可否认的是,虽然有不少企业利用资本或是技术资源的优势克服了在自然资源方面的不足,也有不少企业通过适时调整产业结构或产品结构来弥补其所处的自然环境方面的劣势。但自然环境仍然是不可忽视的重要外部环境。对企业来说,应进行战略分析的自然资源与环境因素主要有地理位置、气候条件、资源状况等三方面。

1.地理位置分析

企业的地理位置直接影响到投入要素的可获情况、投入要素的质量和要素成本。交通便利地区、港口城市或历史上形成的特定要素集散中心都是可以利用的地理位置上的明显机会。除此之外,地理位置还影响着企业人力资源的质量、适宜从事的业务种类、基本经营方式和可利用的社会协作关系。例如,大型经济中心城市可以供应的优秀人才量一般较大,人才也有合理流动的机会;大型经济中心城市一般不适宜特大型的产业投资,特别是大量占用市政设施和资源投入量很大的制造业;某些中小城镇历史上已成为特定产业和特定经营方式的集中地,因而不断吸引同类型投资的进入等。需要注意的是,不同地理位置还与不同地方政府的管理方式相关,所以,在分析地理位置时还要对相应的政治环境进行分析。由于固定设施的投资转移性较低,因此,违背地理位置特征的投资不但会增加企业投资后的经营困难程度,还会成为企业退出的障碍。

2.气候条件分析

技术的发展使人类应付自然气候条件的能力也相应提高,所以,气候条件对企业的影响也相应降低。现代企业在战略规划时需要考虑的气候条件主要是气候对特定产品性能要求方面的影响、地区气候条件对生产组织和安排的影响以及气候异常变化所提供的某些短期机会。例如,1998年夏季,美国加州地区的高温使电风扇一度成为抢手货。

3.资源状况分析

某地区自然资源拥有量和可利用情况是形成该地区比较优势的重要方面之一，它影响着企业对投资地区和投资回报期的选择。一般来讲,自然资源状况对从事资源开采和原材料初加工企业的影响更大一些。在国际化程度越来越高、技术能够越来越多地影响资源利用和替代、影响产业价值链上各环节价值分布和转移的情况下,一般性自然资源对企业战略决策的影响有所降低。但企业仍应从全球的高度和视角关注与企业生产经营密切相关的重要资源或战略性资源的状况,掌握该资源在全球的分布、储量、品质等资料,并考虑采取战略性的举措控制该资源的开采和加工,以保证企业未来能够长期可持续地生产经营。

从全球来看,能源匮乏、资源短缺必将是未来人类必须共同面对的重大战略问题。根据这样的发展趋势,企业应重点发展节约能源、降低原材料消耗的产品,如节能、节电、节时、节空间的产品;寻找替代品,开发新能源,如以太阳能、风能、潮汐能、核能、地热等新能源代替煤炭、石油等传统能源;加强“三废”的综合利用;发展人工合成材料,使产品轻型化、小型化、多功能化等,这些产业和领域在未来必将充满着成功的机会。

七、社会资源分析

企业经营除了需要自然资源,更离不开一些重要的社会资源的支持,因此,进行社会资源的分析是制定企业战略所必需的。在众多的社会资源中，我们认为最为重要的是物流资源、信息资源和知识资源这三种资源,这些资源决定着企业的生产经营成本和效率、与外界沟通的成本和难易以及企业学习创新的速度和水平。如果一个地区交通运输状况很差,则企业需要的原材料难以运进,生产的产品难以送出;通信条件落后,增加了企业与外界信息交流的难度,外界信息也不能及时反馈;而智力支持不足,则对企业的研发和创新都会产生消极影响。这些因素在筹划跨国、跨地区经营战略时尤为重要。

1.物流资源分析

对物流资源的概念有两种理解，广义地讲是指物流服务和物流作业所依赖的资金、技术、知识、信息、人员、场地、设备、设施、网络等所有元素,狭义地讲主要是指物流企业、物流市场以及运输仓储等物流基础设施。我们进行物流资源分析从狭义的角度来认识,即分析企业经营所在地的物流业及其基础设施状况。

物流资源是物流业运行的基础,它决定着社会物流能力的大小和物流水平的高低,也是地区乃至国家经济基础设施的重要一环。同时,物流成本是企业成本的重要部分,物流成本的高低与企业的效益紧密相关,而且具有乘数效应,即物流成本的降低可以显著增加企业的效益。

从社会的发展趋势来看,物流作为“第三利润源”,已经引起了全社会的注意,“物流热”急剧升温。我国现代物流业的发展正处于起步阶段,物流业必将获得高速的发展。特别是由于当今科技的发展和计算机网络技术的广泛应用，给社会物流资源的整合和企业的物流改造提供了强有力的技术支持。在顾客需求多样化、个性化、理性化趋势明显的当今社会,借用、整合社会物流资源,改进企业物流职能、降低物流成本、提高物流效率是企业适应市场需求、提高核心竞争力、获得战略成功的必行之路。

企业的物流活动不仅限于企业内部,很多甚至大部分物流活动都在企业外部发生,必须使用社会的物流资源,因此,企业物流活动的成本与效率相当程度上取决于社会环境中的物流资源状况。如果社会物流资源供给充分,能够廉价高效地满足企业的物流需求,企业就可以显著降低物流成本,从战略上就可以考虑采取物流业务外包、协作等方案;如果社会物流资源不足,往往使企业的生产经营受到影响,企业就只能靠自身来解决物流问题;如果连基础的物流资源条件都不具备,那么企业就无法在当地经营了。

目前我国大多数企业的物流活动都主要由企业自身承担，造成物流资源分散，效率不高。随着市场经济的发展和传统卖方市场向买方市场的转变,传统的企业物流运作模式的弊端也日益突出,概括起来主要有以下几个方面:企业物流规模较小,无法取得规模效益;企业内部物流相关职能部门各自为政、相互脱节、物流系统协调性差、无法达到整体最优;库存决策缺乏与供应商的合作,无法利用供应链上的相关物流资源,致使库存成本难以降低。加之信息系统落后、企业间缺乏合作,导致企业在物流资源的运用和整合上重内不重外,企业与外部环境不能形成良性互动,缺乏动态适应性。

从社会角度来看,我国物流资源重复配置的现象较为严重,运输工具、仓库、港口、车站等物流设施的利用率不高。尽管各个部门已较为注重提高各自的经营效率,但整个物流供应链的效率却不高。例如,在现有体制下,铁路、公路部门都是在隔绝的状态下进行规划,双方互不沟通,虽然从单一角度看,其规划都有合理性,但现代物流需要海运、陆运、空运综合考虑,最大限度地整合、优化资源,各自为政的规划必然造成重复建设、资源浪费和布局不合理。以北京为例,铁路部门规划的物流节点距市中心相对较近,而公路的物流节点则大多在郊区,铁路节点和公路节点间还需建设连接线路。因此从总体来看,这种规划不但造成资源不能共享,浪费土地资源和建设资金,还导致了不合理的相向运输。

因此,进行物流资源的分析就是对企业经营的社会环境中公共物流资源的分析,企业只有掌握了社会物流资源的状况,才能对企业的物流问题进行战略性的筹划,进而制定科学的物流战略,降低企业成本、提高运营效率。

2.信息资源分析

信息资源是相对于物质资源和能量资源而言的一种非物质形态的社会财富。从狭义上讲,信息资源就是人们收集、开发、加工、利用的文献资料和数据。在这个层面上,信息就是信息资源。从广义上讲,信息资源包括信息和信息的收集、加工、整理、存储、处理、传递及利用相关的技术设施、资金和人才。广义的信息资源概念是把信息系统的所有投入都作为一种资源,一般对信息资源多从广义的角度来认识。

在新世纪之初,人类正走进以信息技术为核心的知识经济时代,一个重要特征是信息资源成为最主要的战略资源,它同物资、能源一起成为推动社会发展的支柱资源。信息资源与资本、劳动力、技术进步共同推动经济增长,对整个国民经济的发展具有乘数作用。有学者通过研究系统输入资源后的产出发现，输入的物资资源和能源资源的投入产出比都不大于1,

只有信息资源的投入产出比有可能大于1。因此,一个国家、一个地区、一个企业生产力水平的高低、竞争力的强弱,在很大程度上取决于信息资源的开发利用水平。信息资源富裕者利用信息可以获得更多的资源和市场从而增强竞争优势,而信息资源贫乏者则因为获得信息能力差、信息利用不足,造成增长缓慢,收入降低,于是二者之间的差距日益增大。

具体说来,信息资源对企业的战略管理具有以下作用:

首先,掌握充分准确的信息是开发利用信息、制定科学有效的企业战略的基础,我们进行战略分析就必须建立在掌握大量信息的基础之上;其次,社会信息资源拥有的数量和质量、信息基础设施建设水平往往决定了一个地区的经济发展潜力,这是企业选择生产经营和投资区位的重要参考标准;另外,对有的产业来说,掌握信息的多少和快慢直接决定着企业能否生存,企业的战略必须首先考虑信息资源的获取问题。例如,时装业企业必须随时跟上世界时装流行的趋势,如果信息不灵,就意味着被市场所淘汰。所以世界知名的时装品牌纷纷把设计中心和信息中心设在世界时装信息资源最丰富、最前沿的地方——伦敦、巴黎和米兰等城市。这就是从信息资源角度作出的正确战略决策。

因此,进行信息资源分析主要就是分析社会信息资源的来源和集散地,掌握社会信息生产、加工、处理、传播的渠道,为企业利用信息、作出正确的战略决策提供基础条件和方便。关于企业外部环境的信息存在于社会方方面面,往往集中于一些生产、储存、加工、处理信息的专门机构。一般来说,社会信息资源的主要来源有以下机构:图书馆、档案馆、博物馆及科技情报和文献机构,这是文献信息资源最集中的地方;网络,信息时代的海量信息都在网络上储存和传播;科技开发机构、新闻出版机构等社会信息资源生产机构;数据库,是稳定的信息资源储存机构。

例如,从我国西部地区和东部地区信息资源水平的比较上就能够看到西部和东部经济发展的差距及其来源。无论是文献生产机构、文献收藏机构还是文献信息资源生产量,西部地区占全国的比例都很小,除公共图书馆个数和报纸生产量超过全国总数的30%以外,其余各项所占全国的比例均低于30%,录音带、激光唱片的生产量还不足10%。西部的网络建设和网络资源利用状况也明显落后于东部,有独立IP的CERNET接入单位数量仅为全国的1/5,而域名数量、因特网用户、电子邮箱用户数量均不到全国的1/10。科技情报机构、科技开发机构、博物馆、新闻出版机构、数据库建设以及电话普及率也都低于东部地区,尤其在数据库建设和电话普及率方面与东部相差悬殊,远远落后于东部省区。

因此,总体上西部地区除四川、重庆、陕西三个省市信息资源发育较好外,其余省份均表现为信息资源短缺,这是制约西部经济发展的重要因素之一。企业充分了解了这些情况,在制定战略时就可以加以考虑。

3.知识资源分析

知识创造财富,知识推动发展,知识因素是当代经济发展中最核心的因素,知识资源是一个国家、地区和企业发展最大的优势资源,企业分析其生产经营环境中知识资源的拥有情况具有重大的战略意义。

(1)知识与信息的区别与联系

知识来源于信息,是人们在改造世界的实践过程中所获得的认识和经验的总和,但知识与信息既有联系又有着本质的不同。首先,信息是可编码的知识或称为显性知识,而知识除了包括显性知识之外,还包括隐性知识,即存在于人大脑之中的、不可编码化的知识,包括经验、教训、技能等,因而知识包涵了信息。

其次,知识作为认识成果,不能与人分离,它存在于人的实践过程中,其价值主要体现在能够在一定程度上正确地指导实践,而信息却可以独立于人体而存在,其基本作用是作为认识的媒介,可以使主体对客体有所了解或从信息中获得某种感受。

第三,知识是对信息的加工,具有动态属性,它只能在知识劳动者对信息的运用中体现,并可能在交流中发生裂变、聚变从而创造出新的知识,而信息却是静态的,它无需人的交流与运用也照样能够存在,例如一个静态的广告牌,它本身包含了许多信息,但我们却不能说它具有知识。

因此,信息是正确决策的依据和知识生成、进步的原料;而知识则是有效地认识、选择、整理、加工、传播、开发和利用信息、使信息充分发挥作用的前提。

(2)知识资源分析方法

知识资源是与知识生产、创造、传播、共享及利用相关的设施、资金和人才的总和。从信息与知识的关系来看,信息资源也属于知识资源的范畴。但由于二者在战略分析中的不同作用,我们分别进行分析,因此这里的知识资源是狭义的,即不包括信息资源。对社会知识资源的分析可以从以下四个方面展开:

首先,知识基础设施分析。知识基础设施是一个国家或地区从事知识生产、交流和创造的机构数量和质量。知识基础设施的水平往往与三大产业有关,即教育、信息和科技产业,可以用知识生产机构数量、水平、知识创造投入、高知识拥有者占人口的比例等指标来衡量,如某地区科研机构、高等院校数量与水平;科研经费投入绝对数与相对数;工程技术人员或高学历人员占总人口的比例等。

第二,知识吸收能力分析。知识吸收能力决定于人力资源状况,它反映一个地区人口利用已有知识的能力,以及能否利用知识来促进发展。可以用两方面指标来衡量:第一,人力资源存量,即人口已经接受教育的状况(以人口平均受教育的年限衡量);第二,新生人力资源的创造,即人口正在接受教育的状况(以每万人在校学生人数或入学率来衡量)。

第三,知识交流能力分析。知识交流能力反映一个地区的人口传播知识的能力,决定于该地区人口在其需要知识时是否有获得的途径,以及知识传播的效率。其衡量指标包括:人均报纸订阅量(第一代纸质知识传播工具)、电话普及率(第二代电信交流工具)、每万人互联网用户数(第三代网络交流工具)。

最后,知识创新能力分析。知识创新能力反映一个地区知识生产和创新的能力,是一个地区的核心能力,一个国家或地区要在未来的全球竞争中立于不败之地,就必须大大强化这种能力。其衡量指标包括人均国内专利授权数、人均国际检索收录论文数、人均科研成果数等。

(3)知识资源分析的作用和意义

随着知识经济的出现,知识资源对经济发展起着越来越重要的作用。知识对于经济增长的作用机制,新经济增长理论已有很多的研究,也有很多实证研究进一步证实了知识对经济增长的促进作用。因此，知识创造财富，知识推动发展，知识因素是当代经济发展中最核心的因素，是一个国家和地区经济发展最大的优势资源，是形成各国和各地区之间经济发展差异的最重要因素，知识发展水平落后是制约一个国家和地区经济发展的最大瓶颈。

因此，企业对经营相关国家和地区的社会知识资源状况进行分析有以下意义：对其社会知识资源状况的分析直接关系到企业对该国家或地区经济发展现状、潜力和前景的认识，进而影响到企业对其战略环境的认识；知识资源分析的结论影响着企业在经营区位、产业方向、企业内部职能的空间布局等问题上的战略决策；企业研发创新机构所在地的社会知识资源状况直接决定着企业获取、创造和利用知识的能力范围，关系到企业的知识创造和创新能力，进而影响到企业战略目标的达到。

例如，北京是全国的政治中心、信息中心和科技创新中心。北京地区的知识密集度为全国之首，是全国平均水平的6.06倍；2003年，北京区域创新能力综合指标在全国31个省市区中名列榜首，知识创造能力在全国处于绝对领先的位置；北京的国家重点院校占全国的比例近1/4、国家重点实验室占全国的1/3、中国科学院院士占全国的56%、中国工程院院士占全国的52%；2002年北京地区的研究与发展经费为220亿元，占全国的1/6，超过上海、天津和重庆三个直辖市的总和，国家级科技计划有超过1/3的经费投放在北京地区；有研究表明，与上海、广州、深圳和香港比较，北京有7个"第一"，即人才总量、人才密度、工程师科学家数量、高层次人才数量、创新能力、人才培养能力、人才吸引力等。因此，北京是全国知识资源最富庶的地区。

由于北京已经确立了其知识资源的优势，因此，在全球产业（包括IT业、传统制造业和服务业）向中国的全面转移中，大多数跨国公司在我国北方地区的战略布局都是在北京设立研发中心和营运总部，而在周边商务成本较低地区设立生产基地。这样的布局既有利于这些企业战略的实现，也进一步推动了北京地区经济的发展，从而为该地区的企业创造了更好的外部环境，形成了良性循环。

当然，企业经营所在国家和地区的知识资源水平落后也并不意味着企业就无可作为了。一般来说，在客观规律和竞争机制的作用下，知识总是向着能够实现效益最大化的地区、领域、行业和企业流动；向着受益人群多、转移效率高的地方流动；向着知识产权能够得到充分保护的地区流动；向着环境最适宜扩散、更新的地方流动；向着有利于形成最佳结合、取得最大回报率的地区流动。所以，企业仍然可以采取各种战略性的举措来提高自身的知识吸收、交流和创造能力。例如，企业可以加强与高校和科研院所的合作，通过联合办学、委托培养等形式培养人才；密切与科研机构的联系，加强科技交流与协作，依托其人才知识优势，推进科技创新和成果转化；积极接受智力及技术辐射，形成人才智力密集带等。

第三节　社会文化环境分析

社会文化环境是指一个国家或地区的社会和文化状况，包括社会阶层的形成与变动、人口状况、人们的生活与工作方式、文化传统与风俗习惯等因素。社会文化环境是经过长期积淀逐渐形成的，它通过两个方面影响企业：第一，影响社会公众的构成、居民的价值观和生活方式，从而影响他们对产业和对企业的态度，进而影响到企业的公众形象和市场营销；第二，影响企业内部人员的价值观和工作态度，从而影响企业的士气。比如，交通的便利导致人口分布和流动的变化，就会改变人们的消费活动条件；知识经济时代人们文化素质的提高，对企业人力资源的培训与开发提出了更迫切的要求；某些影响较大的社会事件或活动会显著地改变消费者的价值观、审美观从而影响其消费习惯，等等。

与政治、经济、技术环境不同的是，社会文化环境的变化以及对社会的影响一般表现为渐进的、甚至是潜移默化的方式。所以，企业对社会文化环境的变化往往不易察觉，甚至在一般环境分析时忽略了对社会文化环境的分析。事实上，政治、经济和技术等环境在一定程度上都受到社会文化环境的影响。下面我们从人口、文化和社会三个角度来分析。

一、人口环境分析

人口因素对企业的影响分别表现在人口数量对市场总容量和劳动力成本的影响；人口结构对需求结构、进而对产业结构和产品结构的影响；人口的分布对产业分布和需求集中地区的影响；人口的受教育水平对需求类型、产业人才质量、企业人力资源状况等方面的影响，等等。虽然人口因素在一定时期内的表现形式相同，但它们对具体产业的影响是不同的。总体来说，人口的数量变化影响的是不同产业的扩张幅度，而人口的质量改变则影响产业结构的优化和产业重点的转移。在战略环境分析中如果忽视人口因素，往往会抹煞不同地区的人口差异和由此决定的需求差异，盲目根据产业或产品特征在其他国家或地区的表现决定本国本地区的产业或产品特征，过于乐观地预计产品的更新换代周期，从而造成产业结构和产品结构的不适应，或是投资不适度等错误。对人口环境的分析一般从以下方面展开：

1.人口总体分析

市场是由有购买欲望同时又有支付能力的人构成的，一个国家或地区人口的多少直接决定了市场规模和需求潜力，所以人口数量是影响企业市场的首要因素。

目前世界人口环境变化的主要趋势是：全球人口数量持续增长，1999年10月12日全球总人口已达到60亿，此后每年约增加1亿。人口增长首先意味着人民生活必需品的需求增加；美国等发达国家人口出生率下降，而发展中国家出生率上升，90%的新增人口在发展中国家，使得这些国家人均所得的增加以及需求层次的升级受到影响。

我国实行计划生育政策以来，人口增长率已趋缓，但由于人口基数很大，人口绝对数的增长仍然很快。第五次人口普查结果表明，2000年末我国人口已达12166亿，中国现有近13亿人口，超过欧洲和北美洲人口的总和。随着我国经济的发展，人民收入不断提高，中国已被视为世界最大的潜在市场。专家预计，我国人口将持续增长直至21世纪中期达到顶峰。人口的增长势必引起生活消费品市场容量的增长，而且，在人一生中的不同阶段，生活消费品的消费结构和数量也不同。

其次，人口总体分布情况也是决定劳动力供给的最主要因素。在人口统计学上，最理想的人口分布应该是中间粗、两端较细的锥形结构，正金字塔或倒金字塔都不是理想的人口年龄结构。中国目前的妇女总和生育率已经降到1.8左右，即平均每个妇女一生中生1.8个孩子，接近世界很多发达国家的水平。但由于过去长期以来人口增长的惯性，总人口和劳动年龄人口都还处于上升趋势。因此，在未来相当长的一个时期内，中国劳动力供给持续增长的趋势是无法改变的。中国男16~59岁、女16~54岁的劳动年龄人口，1995年为7.31亿人，2000年为7.8亿人，2010年将达到8.57亿人，2015年将达到峰值8.7亿人。直到2030年，劳动年龄人口总供给也不会低于2000年的水平。如果考虑到今后若不再规定退休年龄或者由于人口寿命延长而推迟退休年龄的话，那么人力资源供给水平将会更高，这一方面表明我国将拥有世界上最丰富的劳动力资源，另一方面也预示我国将面临极大的就业压力。

另外，特定地区的人口数量也和该地区的产业结构有一定联系。研究发现，只有200万人口以上规模的城市，其非城市区才可能发展起较大比重的第二产业，如制造业；只有500万人口以上规模的城市，其周边地区才发展起了较大比重的第三产业；而60万~200万人口的城市，其周边地区一般存在着较大比重的第一产业，即农林牧渔等。

因此，企业掌握了人口总体的资料，就可以对产业和企业市场的规模和潜力、未来的人力资源市场及投资地域与方向等进行清晰的分析预测。

2.人口结构分析

比人口总量更加重要和具有具体分析价值的是人口的结构。人口结构是人们形成不同消费偏好的重要原因，也是进一步分析市场潜力的重要依据，同时，人口结构也将影响社会人力资源的供给，从而影响到企业的人力资源战略。人口结构有着丰富的内容，它包括人口的自然结构（如年龄结构、性别结构等）、人口地域结构（如城乡结构、地域分布等）、人口社会结构（如家庭结构、职业结构等）。

（1）性别结构分析

性别结构是人口自然结构的基本内容之一，其主要影响因素有出生性别比及死亡人口的性别差异。在通常情况下，死亡人口的性别差异变化不大，因而出生性别比将成为影响总人口性别比的决定性因素。

性别差异给消费需求带来差异，购买习惯与购买行为也有差别。一般说来，在一个国家或地区，男、女人口总数相差并不大。但在一个特定的地区，如矿区、林区、较大的工地，往往是男性占较大比例，而在某些女职工占极大比例的行业集中区，则女性人口又可能较多。企业掌握了特定地区的人口性别结构就可以据此进行产品定位、目标客户选择等一系列市场营销战略决策。例如，由于女性多操持家务，大多数日用消费品由女性采购，因此，不仅妇女用品可以设专业商店销售，很多家庭用品和儿童用品也都可以纳入妇女市场，在广告宣传上也多以女性为诉求对象。

（2）年龄结构分析

随着社会经济的发展，科学技术的进步，生活条件和医疗条件的改善，人类的平均寿命大大延长，全球人口年龄结构呈现以下变化趋势：

第一，人口老龄化趋势。人类寿命延长，死亡率下降，人口老龄化是当今世界发展的必然趋势。我国2000年人口普查数据表明，65岁以上人口占总人口的比例为6.96%，15~64岁人口负担老年系数为9.92%。预计到2030年，我国60岁及以上人口将达到3.35亿，占总人口的比例将由目前的10%左右上升到21.9%，这一比例远远超过国际上公认的老年型社会的标准——10%。到2050年，我国60岁及以上人口数及其占总人口的比例将分别上升到4.12亿和27.4%，届时，我国将成为高度老龄化的国家。

虽然人口老龄化是世界人口发展的大趋势，但这一趋势在中国又表现出自己的特点，主要有：首先，老龄化的速度快，来势猛。未来40年中国老年化速度将高于世界平均水平和欧美各国水平。据美国人口普查局的统计和预测，65岁及以上人口比例从7%上升到14%需要经历的时间，法国为115年，瑞典为85年，英国为45年，而在中国却只要大约25年。其次，中国是在经济不发达的背景下发生人口老龄化的。发达国家的老龄化都是在经济发达时期出现的，而且老龄化速度慢，因此，它们对人口老龄化的承受力强，有较长的时间准备和适应。中国是发展中国家，即使到本世纪中叶老龄化达到高峰时，人均GDP也只能达到目前中等发达国家的水平。上述两个特点将使中国面临更加严峻的老龄化挑战。

对企业来说，人口老龄化的趋势使得“银色市场”日渐形成并扩大成为一个必然趋势，针对老年人的商品和服务市场必然日益兴旺。这个未来必然崛起的巨大市场为企业带来了极大的潜在机会，企业应当以战略的眼光进行分析、预测和把握。

第二，出生率下降的趋势。美国等发达国家人口出生率下降，出生婴儿数和学龄前儿童减少，给儿童食品、童装、玩具等生产经营者带来威胁，但同时也使年轻夫妇有更多的闲暇时间用于旅游、娱乐和在外用餐，这又为旅游业、娱乐业和餐饮业带来了市场机会。

(3)地域结构分析

人口在地域上的分布，关系到市场需求的异同。居住在不同地区的人群，由于地理环境、气候条件、自然资源、风俗习惯的不同，消费需求的内容和数量也存在差异。同时，人口的城市化和区域性转移，也会引起社会消费结构的变化，这都为企业带来了新的市场和发展机会。

以我国为例。首先，我国是一个农业大国，农村人口占全国人口的大多数。但我国农民人均收入较低，与城市人口相比，消费数量和层次都有相当差距，存在巨大的潜在消费需求和消费升级潜力。所以，在全国总人口数量一定的情况下，城乡人口结构比例不同，市场容量会有很大的差别。

其次，21世纪上半叶将是我国城市化迅速发展时期，因为：我国城市化水平已经超过20%，按照世界上不少国家的经验，城市化将进入快速发展阶段；城市化是工业化及整个社会经济发展的产物，中国经济的持续高速发展必将带来城市化的高速发展；我国当前的城市化水平相对于经济发展水平严重滞后，因而在21世纪加快城市化发展步伐也势在必行。随着城市化的发展、人口流动加速和小城镇的兴起，大量的农村人口将转变为城市人口。这种城乡结构的改变，将对我国消费品市场的容量和结构产生深远的影响。

第三，我国人口地域结构分布极不平衡。早在1935年，人口学家胡焕庸先生在分析我国人口分布特点时，就提出了著名的“爱辉腾冲线”——在黑龙江省爱辉县(今黑河市)和云南省腾冲县之间划一条直线，线西广大地区占中国国土面积近60%，但拥有人口却不到中国人口的6%，而占国土40%略强的线东地区人口却占全国人口的94%以上。时至今日，我国人口分布的这种大格局仍然没有大的变化。西部大多数地区仍然人烟稀少，每平方公里不到1人，东部各地区则人口稠密，尤其是沿海各三角洲地带，每平方公里多达600~800人。更为严重的是，人口的上述分布和资源的分布很不适应。如果就资源、耕地等现有条件而言，东部地区人口近于饱和，而广大西部地区却存在大量尚待开发的资源。目前这样的人口分布格局和未来的发展趋势给企业当前的战略布局和未来的战略走向都提供了有价值的思考空间。

(4)家庭结构分析

家庭是社会的细胞，也是商品采购和消费的基本单位。一个市场拥有家庭单位和家庭平均成员的多少，以及家庭组成状况等，对市场消费需求的潜量和需求结构，都有十分重要的影响。

一般来说，一个家庭生命周期即一个以家长为代表的家庭生活的全过程，按照年龄、婚姻、子女等状况，可以划分为以下七个阶段：未婚期，年轻的单身者；新婚期，年轻夫妻，没有孩子；满巢期一，年轻夫妻，有六岁以下的幼童；满巢期二，年轻夫妻，有六岁和六岁以上儿童；满巢期三，年纪较大的夫妻，有已能自立的子女；空巢期，身边没有孩子的老年夫妻；孤独期，单身老人独居。在家庭生命周期的这几个阶段，家庭组成不同，生活消费的特点和习惯也不相同。因此，通过对特定国家和地区处于每一阶段的家庭数量的统计分析，企业就能够对当地市场消费的特点有比较清楚的了解，从而可以制定有针对性的营销战略。

从目前的社会发展趋势来看，随着计划生育、晚婚、晚育的倡导和实施，职业妇女的增多，单亲家庭和独身者的涌现，家庭结构出现了明显的小型化趋势，即家庭规模小型化，而家庭户数却不断增加，这给住房、家具、炊具、家用电器等方面的需求带来了明显的变化。

(5)职业结构与社会阶层分析

职业是指从业人员为获取主要生活来源所从事的社会工作类别，它是劳动者参与社会经济活动的直接体现。职业结构就是指社会上从事不同职业人群的比例构成，而社会阶层的划分往往是由人们所从事的职业决定的，因此，职业结构影响和决定了社会阶层的构成。社会上从事不同职业和不同社会阶层的人群都有着不同的特点，往往体现出不同的价值观和生活消费习惯，因此，企业对职业结构与社会阶层的分析有助于准确把握社会需求结构的变化，进而制定正确的企业战略。

根据国家职业分类大典，我国现有的职业结构划分为8个大类、66个中类、413个小类和1838个细类(职业)。从我国现有职业结构看，职业的分布具有三个突出特点：第一，技术型与技能型职业占主导。占实际职业总量74.8%的职业分布在“生产、运输人员及有关人员”大类，这一大类的职业分属我国工业生产的各个主要领域，其工作特点和内容是以技术型和技能型操作为主。第二，第三产业职业比重较小。三大产业中的职业分布以第二产业的职业比例最大，广义的第三产业的职业仅占实际职业总量的10%左右。第三，知识型与高新技术型职业过少。现有职业结构中，属于知识型与高技术型的职业数量不足实际职业总量的3%，即使考虑到受保密因素等影响，这一比例仍然很低。

职业结构高级化是工业化国家普遍发生的社会结构变迁中的一般特征，指社会结构中高层次职业的数量逐渐增加。研究表明，1978年以来，中国职业结构呈现渐趋高级化的变化。2000年同1992年相比，在职业结构的总量中，低层次职业(生产工人和农业劳动者)的比例下降了8.17%，而中层职业的比例则增加了7.2%。

从现代化发展的一般规律来看，工业化的持续发展必然带来经济结构、产业结构以及社会组织结构的变化，并进而带来以职业结构为基础的社会阶层结构的调整。从国外发达国家的经验来看，随着现代化水平的提高，产业结构中第一、第二产业比例逐步下降，第三产业比例则呈现快速增长的态势。与此相应，就业结构中第一产业就业人数比例一般在10%以下，而第三产业就业人数比例基本都在65%以上，如美国，1997年三次产业的职业结构分别为2%、19%、79%。正是这样一种以第三产业为主的职业结构，塑造了一批脱离生产第一线的从业人员，使商业、服务业、信息业、金融业等行业蒸蒸日上，并形成了庞大的行政和经营管理人员、专业技术人员、办事人员、商业服务业白领等所谓社会中间阶层。这些中间阶层政治态度温和、文化素质较高、职业体面、收入中等、生活安定，并在人数上占了社会的大多数，在发达国家通常为50%~60%左右，使社会形成了中间大、两头小的菱形或橄榄形阶层结构。

与发达国家相比，我国产业结构层次较低，导致社会阶层结构也明显不合理。从职业结构看，我国第一产业就业人数比例仍高达50%，第三产业就业人数比例只有27.5%，与发达国家普遍两者比例分别为10%以下和65%以上无法相比。产业结构水平和职业结构水平的低层次决定了社会阶层结构水平的低层次。据研究，我国目前能构成社会中间阶层的人数比例只占15%~20%左右，远远低于发达国家。

研究显示，未来八至十年，中国的职业高级化水平将有一个飞跃式的提高，社会中间阶层也将有一个跳跃式的扩大。对全国人均GDP和各类职业比例的关系研究发现，经济增长不仅对非农职业岗位有直接的促进作用，更对中高层职业的增加有相当大的影响。在人均GDP增长的过程中，国家与社会管理者、经理人员、专业技术人员、办事人员、商业服务业人员、产业工人这些职业阶层人员都呈逐年增加趋势，而农业劳动者则逐年减少。当然，虽然中国中高层职业人员十八年以来呈增加趋势，但同工业化国家的职业结构高级化相比还有相当大的差距。

新中国成立以后，我国逐步形成了工人阶级、农民阶级和知识分子阶层组成的社会结构。改革开放20多年来，中国社会发生了深刻变化，其中阶层的变化是中国社会转型和经济转轨的最核心内容。这一变化包括：农业劳动者不断向其他社会阶层流动，农业劳动者阶层正在逐步缩小；商业服务业员工的数量有所上升，产业工人随着农村工业化有明显上升；社会中间阶层的扩张迅速，使中国社会阶层结构由金字塔形逐渐向橄榄形转变；掌握和运作经济资源的阶层正在兴起和壮大。

2002年，中国社会科学院重大研究项目——“当代中国社会阶层研究”课题，经过数十位社会学学者历时3年调查研究，取得重大成果。专家们通过大量详实的调查数据指出当代中国社会已经分化为十个阶层，标志着中国现代社会结构雏形基本形成。

这十类社会阶层是：国家与社会管理阶层、经理阶层、产业工人阶层、农业劳动者阶层、私营企业主阶层、专业技术人员阶层、办事人员阶层、个体工商户阶层、商业服务业人员阶层和城市无业、失业和半失业阶层。

专家分析，中国的现代社会阶层结构还仅仅是一个雏形，与现代化社会阶层结构的理想状态及运行机制相比较，还存在很大差距，这主要表现在，现代社会阶层结构形态是中间大、两头小的橄榄形结构。而目前我国的农业劳动者阶层规模过大，社会中间阶层规模太小。同时,尽管各阶层的位序关系已经基本形成,但没有得到全社会的充分认可;社会阶层结构的发育也存在明显的区域不均衡现象,经济越不发达的中西部地区,社会阶层结构越简单,已经不能适应国家现代化建设的需要了。因此,就结构形态而言,目前中国社会阶层结构还只是一个中低层过大、中上层有所发育但还没壮大、最上层和底层都比较小的"洋葱头"形结构,正在向着理想状态,即两头小中间大的"橄榄形"结构过渡,将逐步形成公正合理开放的现代化的社会阶层结构。

总之,随着职业结构和社会阶层的变化,社会各阶层消费者的价值取向和生活方式都会发生巨大的变化,这为企业提供了巨大的市场机会。

例如,从企业家阶层来看,老一代企业家的生活方式、消费品味、言行举止和社会心态接近于蓝领阶层,往往表现出矛盾的行为:一方面有暴富心态和炫耀消费行为;而另一方面,艰苦奋斗的创业经历又使他们务实、精明和吃苦耐劳。而新一代企业家的心态和行为趋于白领或者更上层。他们拥有高学历、很强的商业技能和较新的商业理念,更加理性和理智。他们的生活方式也趋于上层,随着整个群体的扩大,高级消费品的需求将逐渐增多。

再如,随着收入增加,非基本消费的数量和比例提高,人们所购买的商品越来越"高级化"。以正在扩大的中产阶层为例,他们将是购私产房、私人汽车、定期旅游休假和相应文化、社交消费的主体。消费文化将发生改变,其一是出现消费分层,消费自主性增加,大众耐用消费品有了稳定的需求;其二是地位消费,随着中产阶层的增多,出现了消费名牌而彰显身份的"地位消费"。据调查,目前"消费中产"的比例已经达到35%。白领群体在个性化和炫耀性消费方面远远高于普通人均水平。

二、文化环境分析

文化环境是指哲学、宗教、语言、文学艺术、风俗习惯、价值观念等要素构成的社会文化系统。文化对所有社会公众和企业利益相关者都有着多层次、全方位、渗透性的影响,它影响和制约着人们的观念和思维,影响着消费者的消费行为和人们的工作态度。虽然社会文化多以间接方式作用于企业,对企业经营的影响往往是潜移默化的,但有时却决定着企业战略的成败,不容忽视。

文化可以分为主体文化和次级文化两个层次。一个国家或地区的主体文化是占据支配地位的,起凝聚整个国家和民族的作用,由千百年的历史所形成的文化,包括价值观、人生观等;次级文化是在主体文化支配下所形成的文化分支,包括种族、地域、宗教等。我们主要从以下方面进行分析。

1.宗教信仰

某国家或某地区的主要宗教信仰或多年沿袭下来的宗教色彩会逐渐在社会公众心目中树立某种价值观念,形成某种生活模式,进而深刻地影响人们的消费偏好和生活习惯,而且这种习惯和偏好有着很强的刚性,很难通过其他的宣传和学习来改变。因此,企业要进入某个区域市场,就必须首先学习了解、进而遵守和适应当地的宗教习惯,必须理解和遵守当地的宗教禁忌。

2.价值观念

指人们对社会生活中各种事物的态度和看法。价值观的影响范围很广，涉及到企业环境的各个方面，同时成为其他环境因素存在和变化的基础。对企业而言，价值观的影响表现在：企业外部，价值观影响着社会对财富、劳动、分配等个人利益关系的态度，从而影响社会对企业活动的评价标准，影响人们对企业存在意义和企业目标的看法，影响对企业社会作用的认识，影响国家对外国投资的态度，当然也影响人们对商品、交换等市场行为的认识。从企业内部看，价值观影响企业成员在处理与企业的关系、与管理部门的关系、与企业内其他人员的关系上的认识，影响到企业与其投资者和相关利益集团的关系，也影响到企业员工的行为方式和工作态度。不同的文化背景下，价值观念差异很大，在正常环境下，价值观的改变具有传递性，不易觉察，其根本改变往往需要经过若干代人的交替。在很多情况下可以观察到的人们行为方式的不稳定状况正反映了价值观变化的这些特点。对于不同的价值观念，企业应研究并采取不同的战略战术。

3.生活方式

生活方式不但影响需求量和需求结构，还影响人们对不同产业的看法，影响人们对企业行为、企业之间关系以及企业和个人关系的评价。生活方式的影响范围很广，作用时期也很长。但生活方式的影响一般表现为渐进的方式，在人们或企业尚未清楚地确认之前就已经开始发生作用。所以，能够较早地认识到生活方式的变化及其变化的规律，企业就能主动地迎合这一变化。另外，由于生活方式的影响表现为潜移默化的形式，所以，企业甚至有可能根据生活方式的变化规律而主动引导变化，使自己能较长时期地处于市场领导的地位。

4.消费习俗

指历代传递下来的一种消费方式，是风俗习惯的一项重要内容。消费习俗在饮食、服饰、居住、婚丧、节日、人情往来等方面都表现出独特的心理特征和行为方式。

5.消费流行

由于社会文化多方面的影响，使消费者产生共同的审美观念、生活方式和情趣爱好，从而导致社会需求的一致性，就是消费流行。消费流行在服饰、家电以及某些保健品方面，表现最为突出。消费流行在时间上有一定的稳定性，但有长有短，有的可能几年，有的则可能是几个月；在空间上还有一定的地域性，同一时间内，不同地区流行的商品品种、款式、型号、颜色可能不尽相同。

文化中的核心观念，具有高度的持续性和稳定性，企业的经营行为若与当地文化的核心观念冲突，便可能被视为异端邪说。而文化中的次要观念会随时间推移发生变化，这使得企业有较多机会和可能改变人们的次要观念。在一个特定的文化环境中还可以区分为一些亚文化，不同亚文化的传统和风俗习惯，是人们根据自己的生活内容、方式和自然环境，长期形成并世代相传的，亚文化的存在对不同社会群体的消费需求和消费选择有着不同的影响，企业也应当有所了解。

三、社会环境分析

企业的社会环境包括着企业经营环境社会因素的方方面面。从战略管理的角度，企业主要关心那些和企业经营有实际或潜在利害关系，或有一定社会影响力的社会团体和个体(统称为社会公众)，一般包括政府机构、新闻媒体、金融机构、社会团体、一般公众等。

社会公众对企业经营有直接或间接的影响，企业和公众之间是否有良好的关系、在公众心目中树立了怎样的企业形象、公众对企业有怎样的期望和要求等因素都会直接或间接地影响企业战略的实现，他们从不同角度和不同方面关注、监督、影响、制约着企业战略的制定与实施。因此，企业在制定战略时必须对社会公众进行认真分析，以塑造良好的企业信誉和公众形象，创造一个优越的生存发展环境。因此，社会环境分析主要从分析社会公众入手。

1.融资公众

指和企业融资有关的金融机构，如银行、投资公司、证券经纪公司、保险公司等。企业应当处理好和融资公众之间的关系，尤其要注意树立良好的信誉，使融资公众能够在企业融资上提供支持和帮助。

2.媒体公众

主要是报纸、杂志、广播电台和电视台等大众传播媒体。由于其工作性质，媒体公众具有特殊的地位，在相当程度上影响甚至左右着其他公众对企业的认识和态度，对企业具有战略性的影响。因此，企业必须与媒体建立友善关系，得到媒体对企业的支持和认同，保证企业信息能够在需要的时候及时准确地发布出去。

3.社会团体

一般来说，主要的社会团体包括工会组织、消费者权益保护组织、环保组织及其他群众团体等。社会团体对企业有着不同的要求和期望，如企业内的工会组织代表本企业职工的利益，同时往往和属于社会团体的上一级工会组织有着密切的联系，要求企业维护和保障员工的利益；消费者权益保护组织要求企业保护消费者的权益；环保组织要求企业保护生态环境等。社会团体往往在社会上有相当大的影响，企业应当高度重视与其处理好关系。

4.社区公众

指企业经营所在地邻近的居民和社区组织。保护社区环境、关心和支持当地政府、支持文化和慈善事业、赞助当地公益活动等是社区对企业的主要期望和要求。如果能够得到社区公众的支持，企业就能有一个宽松的生产经营环境，减少很多困难。如果处理不好和社区的关系甚至关系恶化，可能会给企业的正常生产经营带来不利影响，甚至挑起诉讼或酿成有一定社会影响的重大事件，如因企业污染社区水源，造成社区居民围堵企业大门，类似事件将对企业造成严重的负面社会影响，很难消除。因此，企业必须重视保持与当地公众的良好关系，注意在社区公众心目中塑造一个受欢迎的形象。为此，企业应当积极支持社区的重大活动，热心社区内的市政建设、文体福利事业，为社区的发展贡献力量，争取社区公众理解和支持企业的生产经营活动。

5.一般公众

指上述各种关系公众之外的社会公众。一般公众虽未有组织地对企业采取行动，但他们是企业的潜在消费者，企业形象会影响他们的惠顾和对企业的宣传。企业要通过高效的公关活动建立良好的社会形象，为企业的长期发展打下坚实的社会基础。

总之，社会文化环境的改变已经对企业提出了社会责任的要求，企业已经不仅是传统观念认识的盈利性经济组织，而是对自然、人类、社会、经济的协调持续发展负有责任的组织，企业有责任作为社会的一员，贡献自己的力量，来帮助社会解决诸如失业、国民教育、环境保护、消费者利益保护等问题。

第四节 科技环境分析

科学技术是影响人类前途和命运的最大力量。在面临原料、能源危机的今天，科学技术已成为决定人类命运和社会进步的关键所在，科技水平和产业化程度的高低也是衡量一个国家或地区综合力量和发展水平的重要标志。

人类进入21世纪，科学技术日新月异，知识经济已经到来，世界新科技革命的兴起对企业生存与发展造成了深刻的影响：生产的增长越来越多地依赖科技进步，大部分产品的生命周期有明显缩短的趋势；技术优势成为企业竞争中的主要优势所在，企业有无创新能力成为企业能否生存发展的前提条件；高新技术不断改造传统产业，劳动密集型产业面临极大压力；发展中国家劳动力低廉的优势在经济全球化中被削弱；新兴产业特别是以高科技为代表的新兴产业不断涌现，促进了产业结构趋向尖端化、软性化和服务化。

现代科学技术有硬件和软件两种形态，硬件就是物质化了的新材料、新设备、新工艺等；软件是指信息化的新思想、新方法、新方式等。科学技术是社会生产力的新的和最活跃的因素。科技环境不仅直接影响企业内部的生产与经营，还同时与其他环境因素互相依赖、互相作用，给企业的经营活动带来机会或威胁。如新技术、新工艺、新材料的应用与推广直接影响企业的产品和生产方式；新技术的应用为人们的消费创造了更多的选择，消费者拥有了更多、更好的产品满足其需要；技术进步推动了需求的多样化、分散化，使企业之间的竞争更为激烈；新技术的产生，对技术陈旧的老行业、老产品可能带来致命的打击，如复印机的出现使复写纸行业日益清淡，电视、影碟播放机的普及拉走了电影观众等。

科技环境是指企业所处环境中科技要素以及和该要素有关的各种社会现象的集合。它包括社会科技水平、社会科技力量、国家科技体制、国家科技政策和行业科技状况等诸多因素。科技环境对企业长期发展有着举足轻重的影响，企业必须密切关注科学技术的发展动态，使企业的发展获得不竭的动力。

一、社会科技水平分析

社会科技水平是构成科技环境的首要因素，它包括科技研究的领域、科技研究成果结构与水平、科研发展的重点方向和科技成果的推广应用状况四个方面。

1.科技研究领域分析

科技研究领域是一个国家有关人员或机构在进行科学研究活动的科技领域。科研领域的多少代表着一个国家科技研究的广度，一般来说，国际科技发展的前沿和热门领域，国家都应该组织科技力量进入，否则将在某些领域被国际科技的发展所淘汰。

2.科研成果结构与水平分析

科研成果结构与水平是一个国家科技力量在各个科研领域已经取得的科研成果构成情况和水平高低。科研成果的数量和质量是国家或地区科技水平高低的标志,因此,从对科技成果的构成和水平的分析就可以看到国家科技研究的优势和劣势所在，也就能够对一个国家或地区的总体科技能力有一个准确的判断。

3.科研发展的重点方向分析

科研发展的重点方向是一个国家或地区在未来将重点发展的科研领域。这往往是国家科技力量和经费重点投入的方向,也是影响到国家经济发展和总体实力的战略性问题。

例如,信息、生物、新材料是21世纪前30年发展最快、最热门的三大领域,集结了当今世界最强势的研究力量。我国即将发布面向未来15年的《国家中长期科学和技术发展规划纲要》,据专家预测,未来10年我国在这三大领域最有可能的科技突破集中在以下10个方面:下一代移动通信技术、下一代网络体系、纳米级芯片技术、中文信息处理技术、人类功能基因组学、生物制药技术、生物信息学、蛋白质组学、农作物新品种培育技术、纳米材料与纳米技术。

4.科技成果的推广应用状况分析

科技成果的推广与应用代表着一个国家或地区科学技术研究成果对经济发展的现实和长远作用,集中体现在科技成果对经济发展的贡献上。由于我国长期以来不重视科研成果的推广应用,使大量优秀的科研成果被束之高阁,不能为经济发展做出贡献,因此,我国除了要加强各个领域的科技研发外,更重要的是促进科技成果的的推广和应用,这对经济发展将产生显著和巨大的推动作用。

总体来说,在关系未来科技发展的关键领域中,我国许多核心技术仍依赖追踪、模仿和引进国外技术,原始创新能力明显不足。整个中国科技正面临着前所未有的发展压力:对外要适应国际科技竞争的紧迫形势,对内要满足经济社会发展进程中的重大战略性需求。而原始创新能力和技术创新能力的薄弱，已成为当前和未来相当长时期内影响我国整体竞争力的极大障碍,因此,加强自主创新已经成为人们关于中国科技发展的共识。

二、社会科技力量分析

社会科技力量分析是对一个国家或地区从事科学技术研究工作的机构和人员的总体和结构状况进行分析,借以了解该国家或地区的科研实力总体及分布状况。社会科技力量分析可以从科研力量构成和科研机构分布与水平两方面进行分析。

1.科研力量构成分析

科研力量构成是指在一个国家或地区有哪些机构或人员从事科学技术研究工作，这是一个国家或地区科研工作队伍的主要结构。从国际上来看,一个国家的科研力量主要由三方面构成:(1)企业的研发机构。在国外,企业研发机构是应用型科学技术研究的主体,大量的应用型成果都是由企业科研机构研究成功并直接转化为生产力的。(2)高等院校。高等院校身兼教学、科研与社会服务三项主要职能,一般的研究型大学都具有较强的科研实力,是国家基础和前沿科学研究的骨干。(3)专业科研机构。这是在各领域专门从事科学研究的机构,一般在所从事的领域有一些突出的特长。

2.科研机构分布与水平分析

科研机构分布与水平是国家或地区科研机构的空间分布与各自的科研实力和水平。企业要了解以下方面的信息：国家及行业主要科研机构的分布状况、各自的研究领域和专长、科研实力如何、有哪些主要学术带头人、擅长的研究领域是什么、在哪些领域有突出贡献、在国际或国内处于怎样的水平等等。通过对以上信息的了解和跟踪，企业能够随时掌握国家和地区科技发展的前沿和动态，从中可以发现技术革命和产业变革的端倪，掌握竞争的先机。

三、国家科技体制与政策分析

科技体制是指一个国家社会科技系统的结构、运行方式及其与国民经济其他部门的关系状态的总称，国家科技政策指的是国家凭借行政权力与立法权力，对科技事业履行管理、指导职能所制定的法规和政策。

1.科技体制分析

科技体制是科学技术活动的组织体系和管理制度的总称。它包括组织结构、运行机制、管理原则等内容。

在科技体制改革前，我国的科研院所主要有两大类：一类从事基础科学研究，主要集中在高校和科学院系统；另一类从事应用技术研究，主要集中在中央和地方的产业部门，高校和科学院系统特别是地方科学院系统也有一部分。无论是高校的还是高校以外的科研院所都有一个共同特点，就是均属于事业单位，科研任务主要由政府下达、科研经费主要靠政府投入、科研成果主要靠政府推广。这种科技体制，与当时的计划经济体制是相适应的，在历史上也做出了重要贡献。

但随着经济体制由计划经济向市场经济转变和世界科学技术的迅猛发展，我国的科技体制也显露出越来越多的问题，主要表现是科技与经济相脱节，高新技术研究成果难以迅速转化为现实生产力，科技和经济难以结合，“吃大锅饭”的现象依然制约着科技人员积极性和创造性的发挥，这种科技体制成为科学技术进步与发展的障碍。

自上世纪80年代以来，我国政府一直对计划经济时代形成的科技体制进行改革，从1999年开始，这一改革全面展开。我国科技体制改革的主要内容是：建立结构优化、布局合理的组织结构，加强技术成果转化为生产能力的中间环节，提高企业的技术吸收与开发、创新能力，促进科研设计机构、高等院校、企业之间的协作和联合，促进人才的合理流动；建立市场经济与技术创新有机结合的运行机制，改革科研拨款制度，开拓技术市场，提高科技机构的自我发展能力和为经济建设服务的活力；建立科技机构和科技型企业的现代组织制度，充分发挥科技人员的创造才能和积极性；建立适应市场经济体制的宏观科学管理体制，转变各级管理部门的职能，加强宏观调控服务职能。

2.科技政策分析

一般来说，一个国家或地区经常采取的科技发展相关政策主要有以下几方面：

(1)财税扶持政策

科研资源在不同创新阶段和不同创新主体之间的配置是市场机制和政府政策导向双重作用的结果，反映了科技研究与创新的效率和政府对科技研究的干预力度。政府常常通过行政拨款、税收优惠和银行贴息等调控方式，抑制或鼓励创新资源向某个阶段、某些部门倾斜。

（2）投融资政策

我国目前科研融资体系中，政府的投入仍占主体。据统计，我国科研创新成果转化资金的来源中，26.8%来自于国家科技计划拨款，来自于风险投资的仅2.3%，而且大部分风险基金主要靠政府出资，以信贷或担保方式参与。未来应当吸引大量的风险投资进入，支持科技创新。

（3）培育市场主体政策

政府采取一系列政策措施积极培育民营高科技企业成为科技研究和创新主体。如，20世纪80年代初，深圳市政府就对民营企业发展高新技术产业采取了一系列引导措施，专门设立了民科企业的协调服务机构，提供信息、政策、融资等服务；还积极支持民营小企业进行内部制度改革、上市融资等。华为、中兴通讯等高科技企业初创时期，在企业股权分配制度、拓宽融资渠道等方面都得到了政府的辅导和帮助。

（4）人才激励政策

科技研究和创新主要依靠科研人才，他们是科技创新的核心力量，决定着科技创新的发展潜力。各国政府在推动科技创新中都很重视人才建设，推广实施人才发展战略，在培养、引进人才，促进人才流动等方面都制定了许多激励政策。

发达国家的历史经验表明，一个国家科学技术研究和创新的水平主要取决于其科研体制和政策，采用正确的科技体制与政策对促进科技进步、增强科研水平、提高科技对经济增长的贡献率起着至关紧要的作用。企业对国家和地区科技体制与政策的深入了解能够为企业技术开发和科技创新提供很多宝贵的机会。

四、产业科技状况与发展动态分析

以上分析的都是企业科技环境中较为宏观的问题，关系到企业所在国家或地区的科技发展。企业更为关心的是和所在行业有关的科学技术发展问题，这对企业的发展有着直接的影响。因此，科技环境分析的最后要对产业的科技状况与发展动态进行研究。可以从基础科技理论、核心关键技术、应用技术与专利三个方面展开。

1.基础科技理论

这里所说的基础科技理论是与本产业的产品和技术相关的重大基础性科学技术理论，这些方面科学理论研究的进展往往会很快扩散到技术应用层面，进而对产业的产品和主导技术产生重大影响，甚至使之产生革命性的变化。例如，3G手机理论研究和应用技术标准的成熟会很快导致手机业的技术革新和产业规则重建；平板显示技术的成熟会加快彩电业产品的更新换代；存储材料技术的重大突破会带来计算机设备加速更新换代，如闪存技术对传统软盘的取代，等等。因此，企业必须深入了解本行业的技术和产品涉及哪些方面的基础科学理论和应用技术研究、基础理论的研究动态和主要研究力量、未来可能产生突破的主要领域和前沿、理论突破对本产业可能的影响，等等。要不断跟踪基础科技的前沿和动态，一旦出现重大科研成果，就可以及时采取战略性的举措，走在行业变革的前列，主动建立或及早适应新的行业规则，避免被技术的革新而淘汰。

2.核心关键技术

核心关键技术是对本行业生产至关重要的应用型的技术。这种技术往往可以构成企业核心竞争力的来源，谁首先掌握了这些技术就可以建立竞争对手难以替代的技术优势。因此，企业应当全面了解核心技术的发展历史、现状和动态，预测其发展趋势和方向，采取产学研合作、自主研发等手段掌握行业的核心关键技术。

3.应用技术与专利

应用技术与专利是行业技术中较为成熟、可以直接应用的部分，也是最容易产业化的技术和创新，对企业来说即期利益最大，而且往往可以通过市场交易的手段得到。因此，企业应当做到：了解行业中的应用技术与专利掌握在哪些机构和个人手中；对本企业产品至关重要的关键技术和专利，尽可能通过市场手段加以获取；自身拥有的应用技术与专利要通过法律手段加以保护，尽可能使其发挥出应有的作用。

总之，在企业面临的诸多环境因素中，科技因素对企业的影响是双重的，一方面，它可能给某些企业带来机遇；另一方面，科技因素会导致社会需求结构发生变化，从而给某些企业甚至整个行业带来威胁。例如新科技能够造出汽车、青霉素、电子计算机造福人类，但同时也造出了核弹、神经毒气、计算机病毒危害人类；每种新技术都是一种破坏性的创造，新技术的出现总会无情地危害原有的技术，如晶体管危害了电子管、电视威胁了电影。如果一个企业固守成规，不能跟上技术革命的步伐、及时采用新技术，它就注定要失败。

思考题

1.如何进行企业法律环境分析？

2.产业政策对国家经济发展有何作用？如何进行分析？

3.国家怎样用财政政策与货币政策配合进行宏观调控？

4.国际政治环境分析从哪些方面展开？

5.怎样分析国家宏观经济形势？

6.我国目前的产业结构存在哪些问题？未来如何调整？

7.社会经济结构由哪些方面构成？

8.企业的主要社会资源有哪些？如何进行分析？

9.社会人口结构从哪些方面进行分析？

10.从哪些方面进行企业的科技环境分析？

第五章 行业与市场环境分析

本章属于企业的中观环境分析，分别从行业总体与结构、市场与顾客和竞争者三个主要角度，介绍了企业对行业和市场环境的分析方法。

行业与市场环境分析的目的是找到企业所处行业环境和市场环境中存在的机会与威胁，希望读者除掌握行业与市场环境分析的基本框架以外，重点理解行业与市场环境分析的主导思路，能够举一反三，抓住行业特点和企业情况，权变地对企业所处的行业环境与市场环境进行动态、全面、深入的战略分析。

第一节 行业分析

行业环境是指企业所在行业的状况，介于宏观环境与企业内部环境之间。行业是影响企业生产经营活动最直接的外部因素，是企业赖以生存和发展的空间。进行行业环境分析的目的在于了解企业所在行业的总体状况，进行行业选择，寻找所在行业中存在的威胁和机会，把握竞争态势，确定自己在行业中的地位。

一、行业总体分析

行业是指按企业生产的产品(或劳务)性质、特点以及它们在国民经济中的不同作用而形成的工业类别，是生产满足同一类顾客需求的产品的企业总和。行业总体分析主要是从总体上认识行业的地位、特点、发展趋势等方面的宏观问题，并考察与企业生产经营相关的行业特征，使企业能够深刻理解行业发展的一般规律和未来前景，从而作出正确的战略决策。行业总体分析一般围绕以下方面展开：行业地位、特性、发展趋势、经营特征与成功关键因素、行业吸引力等。

1.行业在社会经济中的地位分析

认识行业首先要了解该行业在社会经济中处于怎样的地位。行业在社会经济中的地位主要表现在以下三个方面：

第一，行业的产值(净产值和总产值)、利税额及吸收劳动力的数量，在全国工业产值、财政收入和就业总量中的比例。一般来说，行业这三方面指标占全国的比例越高，行业的地位就越高。而且，这三方面任何一个方面的比例较高都是行业重要性的体现，行业产值高说明对GDP的贡献大，利税高说明对国家财政的贡献大，劳动力数量多说明对解决社会就业问题作用大。

第二,行业的现状和未来对整个社会经济及其他行业发展的影响程度。行业发展对经济整体和其他行业发展的影响越大越广,说明行业越重要。例如,信息产业对所有的行业都产生着深远而广泛的影响,对国民经济也做出了重大贡献,因此,必然是应当重点发展的产业。

第三,行业在国际市场上的竞争优势和比较优势。一般来说,国家都会对国际竞争力较强的行业给予重点支持,同时对具有比较优势的行业也会进行扶持。

行业产品的收入弹性系数也能说明行业在社会经济中的地位,其公式如下:

某行业产品的收入弹性系数=某行业产品的需求增长率/人均国民收入增长率

若弹性系数大于1,说明这种行业在产业结构中能够占有更大的份额,有更广阔的发展余地。

通过对行业社会经济地位的分析,企业能够确定本行业在社会经济系统中所处的位置和扮演的角色,明确该行业是否是社会经济发展的主导行业或支柱行业。由于国家一般对支柱行业都会持续支持、大力发展,企业就可以分析出国家的产业政策走向和产业发展的前景。

2.行业特性分析

各行各业由于其使命、发展条件以及产品特点、生产工艺过程等方面的不同而具有不同的特征。通过对行业特性的分析,可以掌握企业所在行业或所进入的行业与其他行业的差别和联系,有利于企业把握行业环境。行业特性分析可以从以下几个方面展开:

第一,行业分工特性。行业分工特性是指从产业链的纵向和横向来分析行业与上下游产业及横向同类产业之间的分工合作关系。从产业链纵向来看,一个产业往往有上游产业和下游产业,上游产业一般是为本产业提供原材料的产业,下游产业一般是以本产业产品为原材料的产业,如纺织业的上游产业有农业、畜牧业,而下游产业有服装业。另外,一个产业内部还有不同的层次,高层次行业包括若干低层次行业。如将机械行业作为高层次行业,它又包括如电机行业、机床行业等多种低层次行业。

从行业所处产业链位置的横向来看,同一层次的行业又包括许多不同方面的行业,如与车床同在一个层次的还有铣床行业、刨床行业等。还有为本行业生产提供辅助材料、辅助工艺加工的行业,都对本产业的生产经营有着一定的影响。

行业的这种纵横分工关系界定了每个行业在产业链中的位置和经营范围,决定了每个行业与其他行业的分工合作关系。企业考虑自身战略问题离不开对本行业的分析,而要全面深刻地理解一个行业就必须把该行业放到这样一个纵横交错的行业关系中全面考虑。有时一个行业发展的滞后往往不仅仅是该行业自身的问题,相关行业的发展水平对其有很强的制约作用。例如,我国装备制造业的落后不同程度地影响了其他行业的发展。

第二,行业产品特性。按照行业生产的产品性质,可以将行业分为五大类,即:生产最终工业用品的行业;生产各种工作母机的行业;制造各种工作母机所需工作母机的生产行业;生产坯料、零部件、元器件的行业;生产原料、动力的行业。从这五个方面也可以看到本行业的性质和特点。

第三,行业资源特性。从行业所使用的资源和技术来分类,行业可以划分为劳动密集型行业、资金密集型行业和技术密集型行业。这三种行业在所使用的主要资源上有着质的差别，体现了不同的行业特性。

3.行业经营特征与成功关键因素分析

每一个行业都有其特定的经济特征和经营特征。行业的经济特征分析，主要是分析行业的规模经济和市场份额要求，进而分析对行业经济特征具有重要意义的经验曲线效应。规模经济是在一个特定的行业达到经济合理性需要的生产规模。因为每个行业都有一种基本的价格—成本—利润特征的组合，如果一个企业达不到相应的规模，将会失去相对成本优势，使其无利可图，难以长期发展。市场份额是分析行业内部每个企业在市场总额中所占的比例，进而分析相应的规模与市场份额之间的关系。行业的经营特征分析涉及的问题较多，比如资本要求、规模经济、成本构成、价格决定、经营边际利润、各种资本利润率下的单位成本变动、增加效益的方法、广告和营销等，它们是行业和竞争分析的基础。

在行业分析中还应抓住行业成功的关键因素。日本管理学家大前研一在《企业家的战略头脑》(1986)一书中指出，不同行业的企业具有不同的成功关键因素，它们位于不同的功能和领域，控制一二个关键因素就足以建立起竞争优势，优秀的企业都是从果断应用以成功的关键因素为基础的战略开始的。

一个行业的成功关键因素是由该行业的特点所决定的。进入每个行业都有各自的基本要求，不具备这些要求的企业根本不可能在该行业中获得经营成功。例如，机械制造业和汽车业对规模有很高的要求，规模就成为这两个行业中的成功要素之一；计算机行业需要极高的创新能力和灵活性，这两个因素就是该行业的成功关键因素。

一个行业的成功关键因素一般有三四个，确认这些关键因素是行业分析的首要任务。一般可从竞争对手、用户需求、产业结构、进入壁垒、替代品、成本特征、销售渠道等方面寻找成功关键因素。

企业战略的确立都以成功的关键因素为基础，企业的竞争优势也大多是通过重点抓住一个或几个成功的关键因素并用比对手更好的方式而建立的。通过分析产业的成功关键因素，可以帮助企业认识企业目前的内部资源和能力在产业中是优势还是劣势，有助于企业对内部优势和劣势的评估。

当然，每个行业成功的关键因素是有差异的，同一行业不同时期或不同地位的企业成功的关键因素也是不一致的。例如，联想集团在其发展的初期，就是成功地抓住了联想汉字系统的开发、建立香港贸易公司以贸易促生产、以低档微机的板卡生产为突破口等几个关键因素，从而带动了企业的发展。而中国家电行业成功的关键因素则是技术开发、规模生产和完善的售后服务。

4.行业吸引力分析

在行业的总体形势分析中，进行行业变动趋势、行业经济和经营特征分析归根结底都是为了弄清整个行业的相对吸引力，包括长期吸引力和短期吸引力。

决定和影响行业吸引力的因素主要有：市场规模、潜在的增长率、所处行业的生命周期；行业结构；资本要求；市场需求的稳定性；社会的政治、法律和环境问题；技术和创新情况；行业性的机会和威胁；行业经济效益；竞争程度；企业进出的潜在趋势；行业前景等。

需要指出的是，对行业吸引力的评估和分析，必须从特定企业的观点和立场出发，要充分考虑到一个企业的行业地位、竞争优势和企业自身的各种能力(如转移能力、战略协同能力等)。因为即便是一个吸引力不大的行业,如果企业已经适应它,也可能是一个非常有吸引力的行业。例如,纺织行业是我国的传统产业,行业吸引力远没有房地产、IT等行业大,而中国华源集团却在短短的几年时间内,充分利用国家的产业政策,进行优化重组和结构调整,实现规模经营,发展专业化协作,走出了一条以工贸结合、实业化为基础的发展道路,逐步变成以高科技纺织为主业的大型企业集团,到1998年初,企业总资产已由1992年创建时的1.4亿元迅速增长到80亿元,集团内部企业超过70家。

5.影响行业兴衰的主要因素

一个行业的兴衰受到很多因素的影响,主要有技术进步、政府影响和干预及社会习惯的改变等。

(1)技术进步因素

技术因素对行业发展的作用,在企业科技环境分析中已有介绍。在众多技术因素中,最重要的也是需要首先考虑的是产品的稳定性。通过产品稳定性分析,检验产品的性质及技术复杂性有助于判断产品的未来需求能否保持不变,或是否会出现大幅度变化,而历史资料只能说明过去的产品需求。例如,仅以风行一时的时尚产品为基础的行业如果不能跟上技术更新的步伐就必然会被淘汰,如家电业的录像机、VCD都已经淡出市场。而产品性质较稳定的产业,如钢铁工业和化学工业,其产品需求也有着较长期的稳定性。当然,由于价格构成的变动及其产品需求的减少,这些产品需求较稳定的行业在不同年份的获利能力仍会有所波动。

技术进步对行业的影响是巨大的。例如,电灯的出现极大地削减了对煤气灯的需求;蒸汽动力行业则被电力行业逐渐取代。显而易见,投资于衰落的行业是一种错误的选择。投资者必须不断地考察一个行业产品的前途,分析其被更优产品或其他产品替代的趋势。

(2)政府的影响和干预

政府可以通过多种途径来广泛地影响一个行业,只是程度不同而已,因而企业战略决策者必须评估政府对特定行业的影响。

一般来说,由政府进行管理的主要行业是:公用事业如煤气、电力、排水、排污、邮电通信、广播电视等;运输部门如铁路、公路、航空、航运和管道运输等;金融部门如银行与非银行金融机构、保险公司、商品与证券交易市场、经纪商、交易商等。政府的管理措施可以影响到行业的经营范围、增长速度、价格政策、利润率和其他许多方面。

政府实施管理的主要行业都是直接服务于公共利益,或与公共利益有着密切联系的。公共事业是社会的基础设施,投资大、建设周期长、收效慢,允许众多厂商投巨资竞相建设是不经济的。因此政府往往通过授予某些厂商在指定地区独家经营某项公用事业特许权的方法来进行管理。被授权的厂商也就因此而成为这些行业的合法垄断者,但这些合法的垄断者和一般的垄断者不同,它们不能任意规定不合理的价格,其定价要受到政府的调节和管制。政府一般只允许这些厂商获得合理的利润率,而且政府的价格管制并不保证这些企业一定能够盈利。成本的增加、管理的不善和需求的减少同样会使这些企业发生亏损。

例如,交通运输行业与大众生活和经济发展有着密切的联系,产业服务范围广(国内外运输),涉及问题多(各地不同的法律、税收和安全规则等),有必要由政府统一管理;金融部门,尤其银行部门,是国民经济的枢纽,也是政府干预经济的主要渠道之一,它们的稳定关系到整个经济的繁荣和发展,因而也是政府重点管理的对象。

政府对行业可以进行促进干预或限制干预。政府促进行业发展可以通过补贴、优惠税收、限制外国竞争的关税、保护某一行业的附加法规等措施来实现,因为这些措施有利于降低该行业的成本,并刺激和扩大其投资规模,例如,美国纺织业就受到进口关税这一法律的极大保护。同时,考虑到生态、安全、企业规模和价格因素,政府会对某些行业实施限制性规定,这会加重该行业的负担。

总的来说,政府干预对某些特定行业是有益的,它极大地保证了某些行业的稳定发展,也避免了社会资源的极大浪费。例如,航空业有其自己的正常航线,因而不会出现所有的航班仅在可能获利的城市之间飞行;公共事业规模经济的要求保证了某地域内只能有一家电力公司,从而避免了潜在的混乱,不至于有四五家电力公司在同一条街上竖起自己的电线杆。

(3)社会习惯的改变

在当今社会,公众和政府越来越强调经济行为应负的社会责任,越来越注重工业化给社会带来的种种影响。这种日益增强的社会意识倾向对许多行业已经产生了明显的作用。例如,近年来许多西方国家,特别是产品责任法最为严格的美国,在公众的强烈要求和压力下,纷纷对许多行业的生产及产品作出了种种限制性规定。如美国政府要求汽车制造商加固汽车保险杆、安装乘员安全带、改善燃油系统、提高防污染系统的质量等。医药行业也受到政府的专门管制,如受美国的仪器与药品管理委员会和消费者的监督。

防止环境污染,保持生态平衡目前已成为工业化国家的一个重要的社会趋势,在发展中国家也正日益受到重视。现在发达国家的工业部门每年都要花费几十亿美元的经费来研制和生产与环境保护有关的各种设备,以便使工业排放的废物、废水和废气能够符合规定的标准。从上面的分析可知,社会倾向对企业的经营活动、生产成本和利润收益等方面都会产生一定的影响。

6.行业发展趋势分析

根据行业生命周期理论,每个行业一般都要经历初期成长、迅速增长、剧烈竞争与合并、早期成熟、饱和、衰退这一发展过程,当然现实发展中不排除跳跃。由于每个行业随时处于发展变化之中,因而企业必须把握行业未来的发展变化趋势。引起行业变动的主要因素有:

(1)行业长期增长率的变化。长期增长率会影响行业的投资、行业的供给与需求,以及行业内部的竞争。

(2)产品的用户及产品用途的改变。这一改变会改变服务的要求,扩大或缩小产品线,增减资本,变更市场营销方法等。

(3)产品创新。产品的不断创新会扩大需求,强化竞争之间的产品差异,影响制造方法、规模经济、营销成本和渠道等。

(4)工艺技术创新。技术的创新可以极大地降低成本,增加对资本的要求,影响经济规模和纵向一体化的效果,可以改变企业的相对成本地位。

(5)市场营销方法的创新。它可以增加需求和产品差异等。

(6) 专利知识的传播。专利知识或重要技术的传播会为新的竞争者的进入打开方便之门,从而引起行业的变动。

(7)成本与效益的变化。成本与效益的变化主要取决于规模经济的变化,当规模经济导致产品单位成本降低时,企业就会进一步扩大规模,降低成本,增加效益。

(8)主要企业的进退。大企业的进入和退出会改变现有的竞争状况。

(9)从差别产品到一级产品的重心转移。行业的演变,不同程度上取决于产品差异的强弱。行业成熟的标志是产品的趋同。

(10)社会政策和法律的改变。主要是政府产业政策的引导和限制作用会对行业产生重大影响。

通过以上十个方面的分析,基本上可以看出一个行业总体的变化趋势。例如我国的电视机行业由于社会经济的发展带动其长期增长,市场年需求量从800万台提高到1500万台;产品与技术的不断创新也导致市场需求不断变化,由单一功能、小屏幕发展到多功能、大屏幕;市场竞争使规模经济水平不断提高,由50万台发展到100万台;市场范围逐步扩大,由城镇到农村,由国内到国外;竞争也使企业个数迅速下降,行业迅速走向成熟,新的企业进入困难。随着农村经济的发展和国家电力体制改革,今后市场的重心会逐步向农村转移。

二、行业生命周期分析

行业的生命周期是一个行业从出现直至完全退出社会经济领域所经历的时间。行业的生命周期包括四个阶段:导入期、成长期、成熟期和衰退期。如图5-1所示,生命周期曲线的形状是由社会对该行业的产品需求状况决定的。行业是随着社会某种需求的产生而产生,又随着社会对这种需求的发展而发展,最后,当这种需求消失时,整个行业也就随之消失,行业的生命即告终止。行业的生命周期长则百年,短也有几十年。行业生命周期是在忽略产品型号、质量、规格等差异的基础上对行业整体发展水平予以考察和分析得出的。判断行业处于生命周期的哪个阶段,可以用市场增长率、需求增长率、产品品种、竞争者数量、进入(或退出)行业的障碍、技术变革和用户购买行为等方面作为标志。行业在所处生命周期的不同阶段,反映出不同的特点。

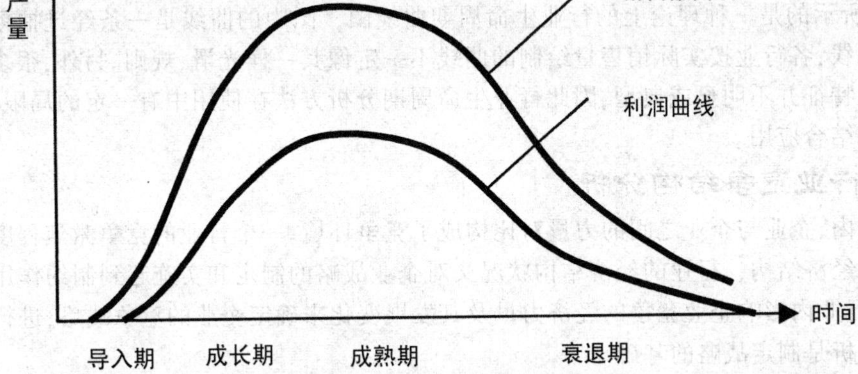

图5-1 行业生命周期示意图

1.导入期

在导入期，行业的市场增长率较高，需求增长较快，技术变动较大，进入壁垒低，行业中的企业主要致力于开发新用户，抢占市场，在图5–1上表现为呈45度角向上倾斜的曲线。此时，技术的不确定性非常大，在产品、市场、服务等方面有很大的发展余地，企业对行业特点、行业竞争状况、用户特点等方面的信息掌握不全面，进入行业比较容易。例如，被称为“朝阳产业”的生物工程产业目前正处于导入期，由此引发了世界排名前十位的化学大公司的战略转移和战略部署。以火药起家的杜邦公司现正向医药、农业、生物工程进军，于1997年收购了美国最大的种子公司——先锋种子公司20%的股权。1999年初，日本制定了《开创生物技术产业的基本方针》，据此提出了“生物产业立国”的新的国家目标。

在导入期，由于用户对产品尚不太了解，一般不愿盲目接受，因而销售量增长缓慢而且不稳定，产品本身往往也存在着这样那样的问题，有时产品销售收入不足以补偿产品的生产和销售费用，处于亏损状态，这时企业要承担风险，投入一定资金，加强促销活动，同时，要下功夫解决产品本身存在的问题，尽力争取市场，缩短投入期。

2.成长期

在成长期，行业的市场增长率很高，需求高速增长，技术趋于定型，行业特点、行业竞争状况和用户特点已比较明显，产品品种和竞争者数量增多，进入壁垒提高，此时进入行业比较困难。在图5–1上表现为一条陡峭的曲线。如果企业所处的行业位于此阶段，就会给企业带来高速发展的机会，如电子、信息等行业目前正处于这一阶段。

3.成熟期

在成熟期，行业的市场增长率不高，需求增长不明显，技术已经成熟，行业特点、行业竞争状况和用户特点清晰而稳定，买方市场形成，行业盈利能力下降，新产品和产品的新用途开发更为艰难，进入壁垒很高，此时进入行业非常困难。在图5–1上的曲线表现为持续和平缓，像钢铁行业、纺织行业这些在第二次浪潮中出现的行业被人们称为“夕阳产业”，目前这些行业效益普遍下降，市场增长率不高甚至缓慢下降，竞争激烈而又残酷，行业重组势在必行。

4.衰退期

处于衰退期的行业，市场增长率下降，需求下降，产品品种和竞争者数量减少，在图5–1上表现为销售额曲线越来越趋向于横坐标，而利润曲线基本上与横坐标重合，甚至低于横坐标。

图5–1所示的是一种理论上的行业生命周期曲线图，图中的曲线是一条经过抽象后的典型化的曲线，各行业按实际销售量绘制的曲线不一定像其一样光滑、规则。另外，很多行业的生命周期特征并不明显或典型，因此行业生命周期分析方法在使用中有一定的局限性，应与其他方法结合应用。

三、行业竞争结构分析

在行业内，企业与企业之间的力量对比构成了竞争环境。一个行业的竞争激烈程度取决于行业内的经济结构，行业的经济结构状况又对企业战略的制定和实施起到制约作用。所以，要根据行业内影响企业竞争的经济力量及其发展变化来确定企业的竞争战略，进行行业竞争结构分析是制定战略的基础。

美国哈佛大学迈克尔·波特教授在其所著的《竞争战略》(1980)一书中提出：任何一种行

业都存在着五种竞争作用力,即:新进入者的威胁、替代品的威胁、用户侃价能力、供应者侃价能力和现有竞争对手的竞争,如图5-2所示。企业的竞争环境就源于企业在行业内同这五种竞争作用力之间的相互关系。

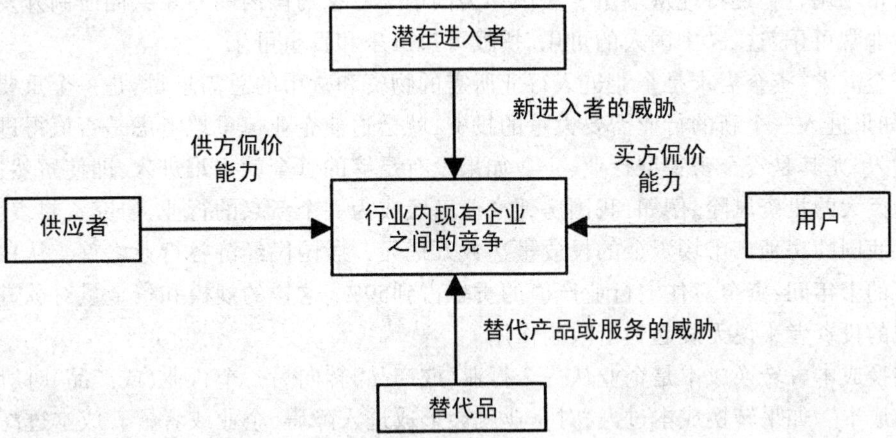

图5-2 五种竞争作用力示意图

这五种基本竞争力量的状况及其综合强度,决定着行业竞争的激烈程度,同时也决定了行业最终获利能力。在竞争比较激烈的行业中,企业获利较低,如我国的化工行业、食品加工行业和机械加工行业等;而在竞争相对缓和的行业,许多企业获利较丰厚,如我国的邮电通信业和保险业等行业。

1.潜在进入者

行业外准备或正在进入某行业的企业称为潜在进入者。由于潜在进入者的加入,使行业内原有的竞争力量的格局将要或已经发生变化。因为潜在进入者在加入到某一新领域时,会向该行业注入新的生产能力和物质资源,以获取一定的市场份额,其结果可能导致原有企业因与其竞争而出现价格下跌、成本上升、利润下降的局面。这种由于竞争力量变化而对行业内原有企业产生的威胁称为进入威胁。

但是,一个企业能否进入到某一个行业,取决于该行业对潜在进入者的进入壁垒,以及该行业内现有企业对进入者的态度。

(1)进入壁垒

如果进入壁垒比较多、比较高,对欲进入行业的企业来说就会非常困难,对行业内现行企业来说,进入威胁就会小一些;反之,进入威胁就会增大。决定进入壁垒的主要因素有:

规模经济。规模经济是指在一定时期内,企业所生产的产品或劳务的绝对量增加时,其单位成本就会趋于下降。规模经济会迫使新进入者不得不面对两种难以接受的选择:或者以大的生产规模进入该行业,结果是大量投资引起的市场投入量的增加,利益分配格局剧烈变化,引发该行业现有企业的强烈抵制;或者以较小的生产规模进入该行业,结果是产品成本过高造成竞争劣势。

产品差异。产品差异是由于顾客或用户对企业产品的质量或品牌信誉的忠诚程度不同而形成的产品之间的差别。新进入者要想进入市场并从现有企业中夺取用户,取得一定的市场份额，就要在产品开发、广告和用户服务等方面进行大量的投资，而这种投资具有特殊的风险性。如美国的可乐型饮料市场，新进入者很难与可口可乐和百事可乐相抗衡。在中国，可口可乐和百事可乐的市场占有率分别为57.6%和21.3%。杭州"娃哈哈"集团公司用两年的时间进行市场调查，还特地从瑞士、法国和美国请来专家与国内的专家共同研制开发新的配方，以"非常可乐"这一"中国人的可乐"挑战可口可乐和百事可乐。

资金需求。资金需求是企业进入行业所需的物资和货币的总需求量，是一个重要的进入壁垒。如果进入一个新的行业需要大量的投资，就会迫使企业慎重地考虑是否值得进入或应如何进入。尤其是资金密集型行业，企业如果没有足够的资金就很难进入，即使贸然进入，也要承担巨大的投资风险。例如，我国房地产业已经成为一个新兴的行业，研究资料表明，近十年来，我国的房地产市场资金的投放量达数万亿元，居国民经济各行业之首，从1986年到1995年的十年间，资金对住宅行业产值的贡献占到59%。这样的规模和资金量对欲进入房地产领域的投资者来说无疑起到了限制作用。

转换成本。转换成本是企业从一个行业(或产品)转向另一个行业(或产品)时所支付的一次性成本。如果转换成本过大，对企业就会形成进入障碍，企业或者冒着成本过高的风险进入该行业；或者放弃进入的机会而停滞不前。转换成本包括：由于重新训练业务人员、增加新设备、调整检测工具等因素而增加的成本。

销售渠道。销售渠道是企业进入新行业时所面临的与以往不同的产品分销途径或方式。一个行业原有的分销渠道已为行业中原有的企业所占有，新进入者要想让这些销售渠道接受自己的产品或服务，就必须采用让利、合作、广告津贴等减少企业利润的方式，这就形成了进入壁垒。

资源供应。如果行业内现有企业已经与原材料及技术供应渠道建立了良好、稳定的供应关系，则新进入者进入后的资源供应问题就很难解决，进入壁垒就相当高。因此，新进入者在进入行业之前应当做好资源供应方面的调查研究。

经营特色。如果行业内原有企业已经树立了良好的企业形象或建立了突出的经营特色并取得了用户信任，新进入者就要付出相当大的代价来树立自己独特的企业形象、建立自己的经营特色、取得用户的信任，甚至在一开始进入该行业时就要承受一定的亏损。

其他成本因素。如果行业内现有企业已经掌握了某种技术诀窍、积累了丰富的生产经验，或由于工人操作熟练、废品率低造成其成本较低，新进入者一时还难以达到这一成本水平，就可能面临亏损或不利的竞争局面。

政府政策。政府的政策、法规和法令、政府补贴和政府的某些限制政策等也会在某些行业中成为限制新进入者的进入壁垒。

(2)现有企业的反应

如果现有企业对新进入者采取比较宽容的态度，进入某一行业就相对容易；反之，如果现有企业非常敏感，就会对新进入者采取激烈的反击和报复措施，如在规模、价格、广告等方面提高进入壁垒或主动发起市场进攻以扼制新进入者。1999年4月7日，我国最大的彩电生产企业——长虹集团全面降低其各种规格的彩电价格，降价幅度为10%到30%。随后，康佳、TCL等几乎所有品牌的彩电都打出了9折、8折、特价的促销招牌。信息产业部1999年公布的彩电行业平均成本价是:54厘米彩电为1200元,而当时54厘米彩电的市场价已接近甚至低于1200元,对于新进入者来说,在价格上已没有多少降价空间,也就难以进入该行业。

2.供应者

供应者是向企业及其竞争者提供生产经营所需资源的企业或个人,包括提供原材料、零配件、设备、能源、劳务及其他用品等。任何行业中的供应者都会想尽办法使对方在价格、质量、服务等方面满足自己的要求,使自己获得更高的收益,在这方面表现出来的能力就是供应者的侃价能力或叫供应者的讨价还价能力。能力强的可以得到较多收益,能力差的收益就低,甚至遭受损失。影响供应者讨价还价能力的主要因素有:

(1)供应者和本行业的集中程度

如果供应者所在行业的集中程度比对方高,即本行业原材料供应由几家大企业控制,则供应者的相对地位就更加重要,就能够给购买者施加更大的压力,迫使对方接受自己的交易条件。

(2)交易量的大小

如果供应者的供应量占购买者购买量的比例大,则供应者的讨价还价能力就强。

(3)供应品特色

如果供应品的差异性大、具有特色,用户对产品的依赖性就大,供应者就会处于优势地位,在交易中持强硬态度。

(4)转换成本的大小

如果购买者转换供货单位的成本大,转换困难,供应者讨价还价的能力自然就强。

(5)供应品的可替代程度

如果供应品的可替代程度较高,存在合适的替代品,则供应者的竞争会受到限制,讨价还价能力相应减弱。

(6)本行业对供应者的相对重要程度

如果供应者对本行业起到关键作用,则供应者讨价还价的能力就提高。反之,如果本行业是供应者的重要用户,供应者的命运与本行业息息相关,则供应者对本行业的压力就小。

(7)供应者前向一体化的可能性

如果供应者有可能前向一体化,就会增强对本行业的竞争压力,使本行业的企业处于不利地位,讨价还价能力就强。

(8)本行业后向一体化的可能性

如果本行业的企业有可能后向一体化,就降低了他们对供应者的依赖程度,从而减弱供应者对本行业的竞争压力。

(9)供需双方的信息掌握程度

在信息社会,信息影响着供应者和购买者双方的力量对比,谁拥有的信息量大、掌握信息的速度快、运用及时,谁就拥有价格谈判的主动权。

除按照波特的五力模型进行的供应者讨价还价能力分析以外,还应当对行业或企业的主要供应商进行更加详尽和全面的分析。因为:供应商对企业的生产经营有着实质性的影响,由其供应的原材料数量和质量将直接影响产品的数量和质量;所提供的资源价格会直接影响产品成本、价格和利润。尤其是在物资供应紧张时,供应商更起着至关紧要的作用。如市场原材料供应紧张时，企业的原材料供应一旦中断，生产经营将受到严重影响；有些比较特殊的原材料和生产设备，还需供应商为企业单独研制和生产。

所以，企业对供应商的影响力要有足够的认识，应当尽可能地与其保持长期的良好关系，及时全面掌握供应商各方面的变化与动态，使物资供应在时间上和连续性上能得到切实保证。根据不同供应商所供货物在生产经营活动中的重要性，企业可对为数众多的供应商进行等级归类，以便合理协调，抓住重点，兼顾一般。另外，企业要从整个供应链的高度，综合考虑供应商与企业的长期合作与整合问题，可以采取一体化战略或联盟战略来确保供应。

3.用户

买方侃价能力，也叫用户的讨价还价能力，是指用户在价格、质量、服务等方面提出有利于其利益的条件，造成作为供应企业之间的相互竞争，从而降低产品价格的能力。对于行业中的企业来讲，用户是一个重要的竞争力量，它可以通过压低价格、要求高质量的产品、要求提供附加服务、加剧供应者之间的相互竞争等手段提高自己在交易中的地位。用户的讨价还价能力受到以下因素的影响。

(1)用户的集中程度

如果本行业产品集中供应给少数用户、用户的购买能力集中或用户购买数量占企业产量的比例较高，则用户的重要性就高，讨价还价能力就强。

(2)本行业产品的标准化程度

如果用户购买的是标准产品或产品的差异性较小，用户就可以挑选供应者，并造成供应者之间的相互竞争，从而得利。

(3)本行业产品对用户产品质量的影响程度

如果本行业产品与用户产品质量关系密切，甚至有举足轻重的影响，则用户对价格不敏感，甚至愿意付出更高的价格得到质量最好的产品。

(4)本行业产品占用户成本的比例

若用户购买的本行业产品在其成本中占很大比例，则他们讨价还价的动力较强，在购买时对价格问题就更为挑剔，反之则对价格不太敏感。

(5)用户的转换成本

如果用户的转换成本不高，则不必固定于某个供应者，侃价能力就会提高。

(6)用户的盈利能力

如果用户的盈利水平较高，则用户的注意力就不会过于局限在价格上，对价格不太敏感，讨价还价的动力会有所降低。

(7)用户后向一体化的可能性

用户如果有可能采用后向一体化战略，就会在交易中对供应者施加压力，取得优势地位，对本行业造成威胁。

(8)本行业前向一体化的可能性

本行业如果有可能采用前向一体化战略，就会在交易中对用户施加压力，取得谈判的优势。

(9)用户掌握的信息

用户充分掌握了有关市场需求、市场价格、供应者制造成本等详尽的信息资料，就会具有较强的讨价还价能力。

4.替代品

替代品是指那些与本企业产品具有相同功能或类似功能的产品。在质量相同的情况下，如果替代品的价格比被替代产品的价格更具竞争力，那么替代产品投入市场以后，被替代产品就会失去优势，生产被替代产品的企业收益就会降低，对企业构成威胁。科学技术的发展导致替代产品不断出现，如塑料替代钢材、电气机车替代蒸汽机车、空调替代电风扇等。所以，企业如果一味坚持旧有的技术，其产品必将被替代，企业也最终会被社会所淘汰。替代品的竞争实质上是生产替代产品的企业和生产被替代产品的企业之间的竞争。但是，这种竞争不是盲目的，一定要考虑替代产品和被替代产品的生命周期阶段和总的发展方向。

5.现有企业之间的竞争

现有企业间的竞争是指行业内各企业之间的竞争关系和程度。不同行业的竞争激烈程度是不同的，决定企业间竞争激烈程度的因素主要有：

(1)竞争者的多少及竞争者间的实力对比

一般来说，一个行业内企业数量越多，竞争越激烈。但是，如果行业内主要竞争对手基本上势均力敌，那么无论行业内企业数目多少，行业内部的竞争必然激烈，在这种情况下，某个企业想要成为行业的领先企业或保持原有的高收益水平，就要付出较高的代价。反之，如果行业内只有少数几个大的竞争对手，形成半垄断状态，企业间的竞争便会趋于和缓，企业的获利能力就会增大。

(2)行业市场增长率

市场增长率高的行业，由于企业都专注于扩大市场，相互之间的竞争就会弱化。如果行业市场增长率不高，就可能导致竞争加剧。

(3)产品差异化程度与用户转换费用

如果用户从购买一个企业产品转到另一个企业产品的转换费用较低时，用户对企业的依赖性就比较低，企业间的竞争就比较激烈；反之，如果转换费用高，或者行业内企业的产品都具有明显的特色，那么往往目标市场就有差异，竞争就不激烈。

(4)固定成本和存储成本

如果行业固定成本较高，企业产量必须至少达到保本点，这迫使企业必须充分利用其生产能力，发挥固定资产的效率和效益；当生产能力利用不足时，企业宁愿削价维持产量也不愿意让固定资产闲置，进而造成行业生产过剩，企业间竞争加剧。在存储费用高或产品不易保存的行业内，企业都急于实现销售，也会使行业内竞争加剧。

(5)退出障碍

退出障碍是指那些迫使投资收益低、甚至亏损的企业仍然留在行业中从事生产经营活动的各种因素，或者说是企业要退出某个行业时要付出的代价。包括：固定资产专业化的程度、退出成本的高低、协同关系的密切程度、感情障碍，以及政府和社会的限制等。从企业长期利益的角度看，一个行业的理想状态应该是进入壁垒高而退出壁垒低，这样既有利于扼制新进入者，又有利于不成功的竞争者退出该行业。如图5-3所示。

进入障碍＼退出障碍	低	高
低	低利润 收益稳定	低利润 高风险
高	高利润 收益稳定	高利润 高风险

图5-3 进入退出障碍和获利能力

从收益方面看，竞争激烈的行业，企业间收益水平处于均等状态。在竞争相对缓和的行业中，企业会普遍获得较高的收益。

从资本流向看，竞争激烈的行业，会导致投资收益率下降，最终会使那些投资收益率长期低于竞争收益率的企业终止经营，将资本投向其他行业。相反，在竞争相对缓和的行业，由于投资收益率较高，就会刺激外部资本流入该行业，表现为一方面是新进入者带入的资本，另一方面是行业内现有企业追加的投资。

虽然五种竞争力量共同决定行业竞争的强度和获利能力，但是，对于不同的行业或在不同的时期，各种力量的作用是不同的，一般是最强的一种力量或几种力量共同处于支配地位，起决定作用。因此，进行行业竞争结构分析就必须抓住那些处于支配地位、起决定作用的竞争力量。应该指出的是，企业对行业的竞争强度和获利能力并不是完全无能为力的，企业可以通过制定适当的战略或进行战略调整来谋求相对优势地位，从而获得更高的利润，甚至改变、影响行业的竞争结构。

四、行业内部结构分析

在运用五种竞争作用力模型分析了影响行业竞争的主要力量之后，我们还要深入行业内部，对其已有的结构进行进一步分析。首先，要收集和整理构成一个特定行业结构的各种原始资料，一般有以下几个方面：制造商的个数及其在行业中的相对地位；市场用户的构成；从制造商到最终的产品使用者的分销渠道；行业内部纵向一体化的程度；行业的进入和退出壁垒；行业的规模；行业的其它一般环境特征。比如，行业的竞争状况、行业的商品生命周期、行业的技术变化和竞争范围等。

行业内部结构分析的第二步是选择适当的方法分析行业的基本结构。目前常用的方法是战略集团分析法，这种方法对由多个不同的竞争集团构成的行业是一种有效的分析方法。

企业战略集团(strategic groups)是指在同一产业内有相同或相似竞争战略的企业集合。战略集团由具有相似的市场竞争方法的企业组成，它们往往具有可比的产品组合，利用类似的分销渠道，实行程度相近的纵向一体化，面向相同的用户，依靠相同的工艺技术方法，生产相同性能的产品满足用户的需求，广泛地运用大众传媒进行广告宣传并按相同的价格—质量比进行产品销售等。进行战略集团分析的基本目的是了解整个行业的内部结构状况，观察各个企业在行业中的地位。

在同一产业内有相同或相似竞争战略的企业是最具“同类”性的企业，其多少与性质对企业竞争的影响很大。一般来讲,多样性强的产业可以容纳较多的战略集团,单一性强的产业可能仅能容纳一个战略集团。

划分企业战略集团的主要标准可以是企业规模、市场广度、产品与服务质量、地理位置与市场重心、一体化水平、企业目标、企业市场定位等。在进行企业战略分组、分类时,可以运用直角坐标法,每次取两个或三个标准作为坐标轴,把要归类的企业在坐标中标出,企业在坐标系中的位置越近,企业的战略越接近,越趋于在同一战略集团内。反之则相反。

在制作战略集团图时,一般是找出行业内不同企业的一些共同特征,从中选择所要研究的两个作为变量,把行业内各企业置入双变量二维空间图,并把处于相同战略空间上的企业作为同一个战略集团,用圆圈代表各集团占行业总销售收入的大小比例,即可看出行业内各企业集团间的竞争地位关系。图5-4是采用纵向一体化程度的高低和产品线的宽窄作为变量,对某行业进行的战略集团划分。

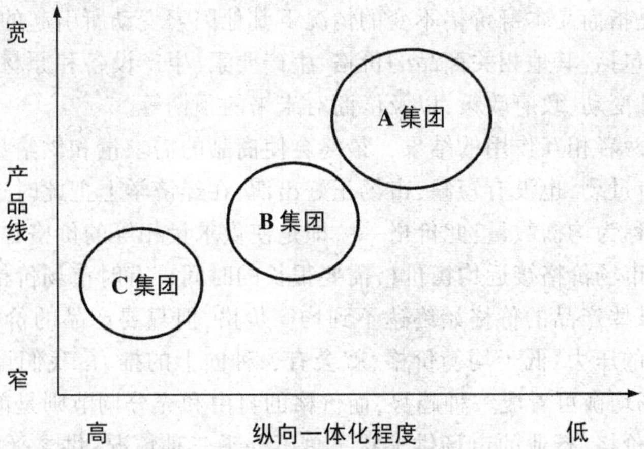

图5-4 某行业战略集团划分图

对行业内企业进行战略集团划分的根本动因是:行业的发展趋势对不同战略集团有不同的影响,由此可以进一步分析各个集团的走向;由于各个战略集团的市场地位强弱不同,导致不同战略集团企业的利润潜力各不相同;加盟各个战略集团的障碍大小不一;不同战略集团的企业常常享有不同的对供应商和客户的谈判力,所受到的其它行业替代产品的竞争压力也不一样;一个行业内的战略集团越少,竞争程度越高。

第二节 市场分析

企业是因市场而存在的,每个行业的市场都有其特点,企业要在行业中建立竞争优势,就要对本行业的市场有深入的了解和认识,因此,市场分析就是对行业市场进行的具体分析,主要从市场供求、市场细分和消费者三个方面进行。

一、市场供求分析

在规范的经济分析中，需求是指消费者在某一特定时期内，在某一价格水平时愿意而且能够购买的商品数量。需求量指在某一特定价格水平时，消费者计划购买的量，是在一个特定的价格点上对应的数量。需求则是在不同价格水平时对应的不同需求量的总称。用整个需求曲线来表示，影响需求的因素主要有：商品的价格、消费者的货币收入、消费者的偏好、相关商品的价格、价格变化预期等。

供给是指生产厂商在某一特定时期内，在某一价格水平时愿意并且能够供应的商品量。供给包括单个厂商的供给和市场供给，市场供给是某种商品的单个厂商供给量的总和。供给也是供给欲望与供给能力的统一，供给能力包括新生产的产品和过去的存货。供给的多少取决于生产，供给量是指某种商品在某一特定价格水平时，生产厂商愿意或计划供给的商品量。供给的变动是指商品本身价格不变的情况下其他因素变动所引起的商品供给变动，影响供给变动的因素包括：其他相关商品的价格、生产要素（生产设备和原材料、劳动力、土地等）的价格、技术条件变动、政府政策，以及厂商对未来的预期等。

需求和供给两者相互作用的结果，最终会使商品的需求量和供给量在某一价格上正好相等。此时既没有过剩，也没有短缺，市场正好出清，在经济学上把此时这一价格上供给和需求量相等的数量称为均衡数量，此价格——即是使供求量相等的价格称为均衡价格。

有时产品的市场价格接近均衡价格需要很长的时间，有时市场价格总是围绕均衡价格上下波动，甚至某些产品的价格始终达不到均衡价格，但只要产品的价格高于均衡价格，就会受到一个向下的压力；低于均衡价格，就会有一种向上的推力，我们可以说它趋近于均衡价格。因此，市场均衡可看成一种趋势，而价格的自由和充分调节则是前提。

围绕着均衡价格，行业的市场供求状况总不外乎三种情况：供求平衡、供不应求和供大于求。企业进行市场供求分析不仅要了解总体的市场供求状况，更为重要的是按照产品结构了解供求动态，即企业要分析，在自己生产销售的产品中，哪些是供求平衡的，哪些是供不应求的，又有哪些是供大于求的，进而分别分析其市场供求状况产生的原因，采取相应的战略对策。

二、市场细分分析

市场细分概念的出现基于这样一种考虑：在需求结构日益复杂、需求种类日益增加的情况下，企业没有可能、也没有必要将某一产业的全部市场作为自己的经营范围，只能根据自己的核心能力选择某一特定的市场范围，在这个市场空间中力争形成独特的竞争优势，占据有利的市场地位。特别是在国际化和经济活动信息化程度提高的情况下，市场的地域范围扩大了，细分市场的绝对规模也不再局限于某一国家或地区范围，市场细分就更加重要。

市场细分过程包括：决定细分基础、选择细分标准和对应的判别权数、进行细分排队、归并细分市场要求、选择细分市场和差别化等五个步骤。

1.决定细分基础

企业可以采用不同的细分基础将完整的产品市场进行细分。细分基础一般有：功能（又称为产品)、价格、地域、最终市场等。

(1)按功能细分

按功能对产品市场进行细分是最常采用且最容易为用户接受的一种方式。例如,将汽车分为公共运输车、特殊用途车、轿车等。

(2)按价格细分

按价格细分可以有若干种情况,如在功能差别的基础上对不同的功能采用差别价格,又如对具有季节性的产品形成季节价格差别。按价格细分需要建立在成本差别的基础上,以避免成为反倾销法规制裁的对象。

(3)按地域细分

按地域细分的前提是不同地域的用户群对产品的消费要求有所不同,为了满足这些消费差别,企业需要对产品功能进行调整,由此造成产品功能上的差别。另外,不同地域在收入水平上的差别、由空间距离所引起的运输难度和运输成本差别等因素也会对产品的包装、分销和其他供应条件产生影响。可见,按地域细分一般以功能差别和由此造成的成本差别为基础。

(4)按最终市场细分

按最终市场细分是指根据最终用户的差别划分市场。其具体形式可以包括根据用户规模、服务水准、购买规模(频率)、所需的分销方式、用户特征等形成不同的细分市场。其中,分销方式可以是从直接销售到经过完整的自多层批发商、零售商再到达用户的间接分销两个极端之间的任意组合,由此形成不同的分销成本和服务方式。用户特征可以包括人口特征、心理特征和行为特征,不同的用户特征对产品的功能、价格、分销方式、服务水准等都有不同的要求。

企业究竟采用以上细分基础中的哪一个或哪几个的组合,需要考虑各类细分市场的特征。因此,接下来需要决定选择细分市场的参考标准。

2.选择细分标准和对应的判别权数

选择细分市场的参考标准一般包括各类细分市场的潜在获利能力、市场的状态、竞争优势、协同效应以及竞争形势等。其中,市场的状态可以从市场发展速度和前景、市场成熟程度、未来市场规模等方面进行分析;竞争优势反映企业在该细分市场中经营所具有的或可以形成的在质量和服务上的优势;协同效应主要表现在企业在该细分市场上的经营活动与企业其他活动在资源及业务上具有的共享程度,或是企业经营活动与同一产业链上前后向活动的衔接及一体化程度。竞争形势主要反映在该细分市场上的竞争强度。

可以看出,以上各项选择标准的组合实际上是一个范围缩小了的产业结构分析,各项因素对企业的影响程度可以是不同的。因此,企业在分析之前首先需要决定采用哪些选择参考标准,然后需要决定各项选择参考标准在标准组合中的重要性,即决定各项因素的权数。

3.进行细分排队

细分排队是指根据各细分市场上消费者的需要和消费者对各项需要重要性的确认,以及本企业和竞争对手企业在满足消费者各项需要上的能力或表现,发现在各类细分市场上企业所处的竞争地位。消费者对某特定产品(服务)的需要可能有:及时交货、产品质量、可靠性、价格、退货政策、企业(产品)信誉、价值、产品线长度、折扣政策、稳定性等。可以用以下的矩阵进行分析(见图5–5)。

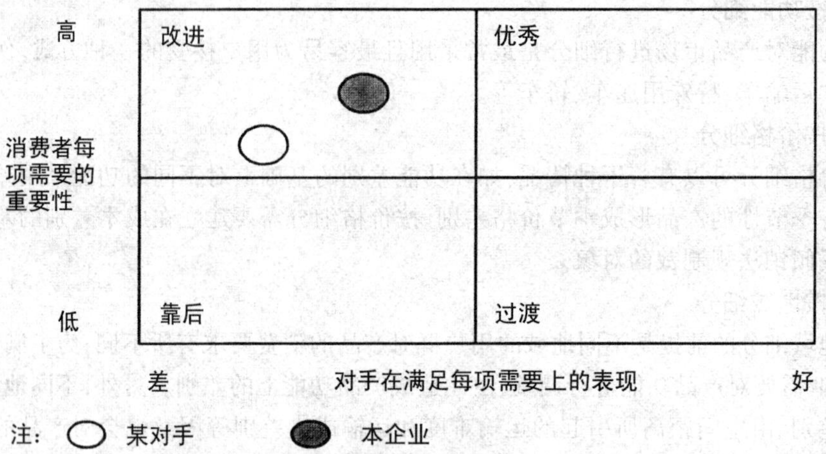

图5–5 细分排队矩阵分析

矩阵的纵坐标为消费者对某特定产品各项需要的重要性判断，横中线表示一般重要性；横中线以上表示高于一般重要性，越向上越重要；横中线以下表示低于一般水平的重要性，越向下越不重要。横坐标为本企业及其他竞争对手企业在满足特定需要上的表现，纵中线为一般表现；纵中线以左为低于一般水平的表现，越向左表现越差；纵中线以右为高于一般水平的表现，越向右表现越好。对同一产品，需要将消费者的每一项需要均绘制在矩阵中，对不同的需要可以标以不同的颜色。然后根据企业在满足各项需要上的优势决定企业满足消费者需要的综合能力，以作为选择细分市场的依据之一。

处于“优秀”格内的需要既受到消费者的重视，又是企业(及对手)能较好满足的需要，如果本企业的表现能强于对手，就能够形成竞争优势；处于“改进”格的需要，虽然受到消费者的重视，但在满足上的表现较差(可以是本企业表现差，也可以是对手表现差)，企业如需取得优势，需要进行某些改进；在“过渡”格中的需要，对消费者来说并不重要，但企业却能很好地给予满足；处于“靠后”格的需要，消费者不重视，企业也不能很好地满足。因为前两格的需要都是消费者所重视的需要，因此，企业只有在表现上强于对手，才能取得竞争优势，也才有进入该细分市场并获得成功的可能。后两格的需要在分析时尚不受消费者的重视。所以，企业如果要进入这两格细分市场，还需要对消费者进行教育，提高他们对这些需要的兴趣；或是在资源分配时，将对这些需要，特别是处于“靠后”格需要的满足置于较后的位置，或者暂不考虑对这些需要的满足。

4.归并细分市场要求

在这一步，企业需要列出在若干细分市场上都相同的消费者要求。对这些共同的要求，可以由统一设计的功能、部件或同一水平和类型的服务来给予满足，其他各具特色的要求则需要分别根据产品所服务的细分市场进行特别设计。

5.选择细分市场和差别化

经过以上步骤的分析，企业就可以选择那些能比对手更有竞争力的细分市场作为自己开展经营活动的区域，并根据市场的要求具体确定差别化的形式，制定相应的战略。

企业可以借助于细分市场吸引力分析表(见表5-1)来进行细分市场的选择。细分市场吸引力分析表的横栏为按某一基础对市场进行的细分，纵栏为能反映企业目标要求的选择参考标准。对已经在该项业务领域活动的企业来说,可以在纵栏的最后一栏列入企业目前在各细分市场上的销售百分比,以表示企业的市场地位。

表5-1是某方便食品制造商对其产品进行的细分市场吸引力分析，该企业以分销渠道作为对市场进行细分的基础,将各分销渠道是否符合本企业的能力、获利潜力、分销渠道的竞争情况、市场成熟程度和市场规模,以及在各分销渠道上产品的创新机会等作为对细分市场进行选择的参考标准。

从表5-1中可以看出,企业存在三个需要特别注意的细分市场表现:第一,从各项选择参考标准来看,批发店渠道应该得到发展,而企业所占的市场份额较低;第二,杂货店渠道可以逐步退出,目前企业在该渠道所占的市场份额又过高;第三,快餐店渠道仅有一个客户,风险较大。

在进行了以上三个层次的分析后，企业就可以将分析中获得的对企业经营成功产生主要影响的关键环境因素结合在一张表中,得到综合的分析结果。

表5-1　细分市场吸引力分析表

分销渠道 标准	邮购	批发店	杂货店	食品店	零售店	饭店	机构	快餐店
符合本企业能力	低	高	低	中	高	符合	高	符合
获利能力	低	高		中-低	高	低	低	中
竞争情况	无吸引力	有吸引力	无吸引力					中
市场成熟程度 市场规模	发展 小	发展 中	衰退 高	慢发展	快发展	慢发展	稳定	发展
产品创新机会	高	高	高	高	高	高	高	高
本企业销售百分比		5%	10%	5%	25%	5%	5%	40%(一个客户)

注:从细分标准上看,快餐店这一分销渠道符合企业能力,市场处于发展阶段,产品创新机会也较高。但企业实际上只有一个快餐店客户,且对该客户的销售额占了企业全部销售额的40%,表示企业对某一用户依赖很大,需要引起注意。

三、顾客分析

顾客就是企业的目标市场，是企业服务的对象，也是企业市场营销活动的出发点和归宿,企业的一切生产经营活动都应以满足顾客的需要为中心。从这个意义上说,顾客是企业最重要的环境因素。各类市场都有其独特的顾客,他们不同的变化着的需求,要求企业以不同的方式提供相应的产品和服务,从而影响企业各层次战略的制定和实施。

企业的产品是否处于恰当的市场位置，不是以企业的主观意志为转移和以企业的好恶为标准来判断的，是由顾客来判断并最终反映在企业产品的销售上，因此，企业必须对其顾客进行深入的分析。这里的顾客概念是广义的，是指所有购买本企业产品的单位或个人。对生产消费品的企业来说，顾客就是最终市场上的消费者；对生产工业制成品提供下游产业进行深加工的企业来说，顾客主要是指购买本企业产品进行进一步加工的生产者；当然，有的产品既可以直接进入消费品市场供消费者消费，又可以成为工业原材料，则企业的顾客就同时包括了消费者和生产者。因此，顾客分析主要从对消费者和生产者的分析入手。

1.消费者心理与偏好分析

由于经济的不断发展和人们收入水平的不断提高，人的消费动机已从过去的单一性转向多样性和复杂性，如何认识和分析消费者已经成为影响企业经营成败的关键因素。因此，企业必须首先分析消费者消费行为发生变化的深层次原因，即消费者的心理与偏好。

消费者的消费心理，主要是指消费者在购买商品时，是出于怎样的考虑，为什么决定购买或不购买。例如，消费者购买一种产品是出于经济实惠的考虑，还是希望通过在消费该商品的同时显示其特定的社会地位。如果消费者主要考虑前者，则他们在消费行为上的表现就会对商品的价格斤斤计较，愿意选择价格较低的商品。如果出于后一种考虑，则对价格不会过分关心，主要选择价格较高的商品来显示其与众不同或抬高其社会地位。

分析消费者心理，还要分析消费者的生活方式和性格。例如，消费者是追求时髦，还是追求朴素或随俗；其性格是外向还是内向，是独立还是依赖，是乐观还是悲观等。消费者的生活方式和性格会直接影响其消费行为。例如，一个收入水平很高，但追求朴素、性格内向的消费者，在面对同类而不同价的商品时，往往会选择价格较低的商品，但这并不说明他没有足够的支付能力。相反，一个收入水平不高，但追求时髦、性格外向的消费者则往往选择价格较高的商品，在收不抵支的情况下，他甚至会负债消费。现代社会许多收入不高的年轻人的高消费，大多属于这种情况。

消费者的偏好在一定程度上产生于人类的基本需要，如人们需要粮食充饥，需要衣服御寒，等等。在经济学上，消费者偏好更多地涉及人们生活的社会文化环境，受到当时当地社会风俗习惯的影响，如我们对衣着花色款式偏好的变化就主要取决于时尚的变化。进入21世纪，消费者对产品和服务的偏好发生了明显的变化，他们对产品和服务提出了5个方面的要求，即速度、质量、品种、服务和价格。

速度。由于消费者工作节奏和生活节奏比以前大大加快，因而要求企业所提供的产品和服务必须满足人们工作和生活的快节奏。例如，当家庭收入达到一定水平时，人们就愿意到大型超市购物，把吃、穿、用等方面的消费品一次全部买回家，同时还可以进行娱乐和健身，大大节省了时间。

质量。21世纪的消费者要求产品和服务要有全球性最佳质量。目前，质量战略受到企业的高度重视，企业竞相通过ISO系列认证、实施6-西格玛战略就反映了消费者对提高产品和服务质量的迫切要求。

品种。消费者日益增强的个性化需求要求生产厂商必须越来越注重产品品种的多样性，以此来满足消费者。

服务。消费者在购买商品时越来关注产品的售前、售中、售后服务,服务已经直接影响着商品的销售量,成为企业竞争的有力武器。

价格。21世纪消费者追求的是更加合理的价格,企业能不能实现质量性能与价格的最优组合,是区分企业成功与失败的关键。企业间不应该简单地打价格战而应当打价值战,只有企业产品和服务的性能价格比高于竞争对手才能取得竞争的胜利。

2.消费者行为分析

消费者行为是指消费者为满足其个人或家庭生活需要而发生的购买商品的决策或行动。消费者行为是消费者心理和偏好的外在体现,通过对消费者行为的分析能够帮助企业更好地把握消费者的心理和偏好。

(1)消费者购买行为模式

消费者的购买行为可以划分为三种模式:

第一,经济学模式。即将消费者看作"经济人"。"经济人"的行为是合理的、完全理性的,其购买决策建立在大量理性的、清醒的经济计算基础之上。这种购买模式的消费者追求"最大边际效用",他们会根据自己获得的市场信息、个人愿望和收入,购买那些能使自己得到最大效用(或满足)的物品。用经济学模式分析消费者购买行为,注重产品的价格和性能因素,强调经济动机对消费者购买行为的影响,但单纯的经济分析难以完全解释清楚消费者行为的发生及其变化。

第二,传统心理学模式。传统心理学模式强调需求的驱策力,即需求促使人们产生购买行动,而需求是由驱策力引起的。这一理论倡导者主张,通过各种各样的强化力量加强诱因—反应的关系,借助强大的驱策力来建立消费者的购买行为。企业促销策略、广告策略的制定一般都是基于这种模式,也收到了较好的效果。但这种理论不能令人满意地解释人们对商品及促销活动的感受以及人际之间的影响在购买行为中的作用。

第三,社会心理模式。社会心理模式的提出是社会学家和心理学家共同努力的结果。这一模式将人看作社会人,认为人会遵从大众文化的标准及形式,人们的行为会遵从于周围的文化以及密切接触群体的特定标准。即人们的需求和行为都要受到社会群体的压力和影响,以致于处于同一社会阶层的人们在商品需求、兴趣、爱好、购买方式、购买习惯上有着许多惊人的相似。营销人员所面临的主要任务就是确定哪些人对哪些产品最具影响力,以使这些人在最大限度和范围内施展其影响,这种模式对营销活动有重要的指导意义。

(2)消费者行为的影响因素

影响消费者行为的内在因素有:

动机。动机与行为有直接的因果关系,动机导致行为。消费者行为的直接原因是动机。消费者动机是很复杂的,可以概括为两部分:生理动机和心理动机。而动机又是由需要而产生的,内在的需要在外界的刺激下就会产生动机。马斯洛指出人类的需要可以由低到高排列成五个不同的层次,即生理需要、安全需要、社会需要、自尊需要和自我实现需要,前两个层次需要属生理的和物质方面的需要,后三个层次主要是心理的、精神方面的需要。不同人的需要不同,同一个人不同时期的需要也不同,同一个人对同一件商品也会有多方面的需要。即需要具有差异性、多样性和动态发展性。

感受。指消费者在其了解的范围内，通过其眼、耳、鼻、舌、身接受外界环境色、声、香、味、形等刺激所形成的心理上的反应，是个体对社会和物质环境的最简单、最初的理解。感受有选择性和有组织性的特征，受外在刺激和个人因素的影响。

态度。态度通常指个体对事物所持有的一种协调一致的、有组织的、习惯性的内在心理反应。态度不仅是在后天环境中产生的，也是针对某一对象产生的。

学习。学习是指在相似的情况下，由过去的行为所引发的行为改变，或者说，学习是指由于经验而引起的个人行为的改变。

影响消费者行为的外在因素有：

相关群体。相关群体指能直接或间接影响一个人的态度、行为或价值观的团体，可分为参与群体与非所属群体。相关群体对消费者购买行为的影响主要体现在以下方面：向消费者展示新的生活方式和消费模式，供人们选择；影响人们的态度，帮助消费者在社会群体中认识消费方面的“自我”；相关群体的“仿效”作用能使某群体内的人们消费行为趋于一致；相关群体中的“意见领袖(或意见领导者)”常常对其他成员发挥着巨大的示范作用。据研究，相关群体对汽车、摩托、服装、香烟、啤酒、食品和药品等的购买行为影响较大，对家具、冰箱、杂志等影响较弱，对洗衣粉、收音机等几乎没有影响。

家庭状况。家庭对消费者购买行为的影响很大。我们可以从以下三个方面研究：家庭就是一个相关群体，影响着其成员的购买行为；家庭中有着不同的购买角色，他们在不同商品的购买决策上发挥着不同的作用；处于家庭生活周期不同阶段的购买行为不同。

消费者所处的地理环境。如居住在城市还是农村，对消费者的消费行为有很大影响。一般来讲，高质高价的商品容易为城市居民，特别是大城市的居民所接受，农村消费者则欢迎高质低价或中等质量、中等或低价的商品。

另外，消费者所属的社会阶层及社会文化状况都对消费者的购买行为有不同程度的影响。

(3)消费者购买行为的主要类型

消费者主要有下面一些类型的购买行为：

经常性购买。是一种简单的、频度高的购买行为，通常指购买价格低廉的、经常使用的商品。

选择性购买。这种类型的购买比经常性购买复杂。企业应当适时地传达有关新品种商品的信息，增加顾客对新产品的了解和信任感，促使其下决心购买。

探究性购买。指消费者对自己需要的商品一无所知，既不了解性能特点，又不清楚选择标准和使用养护方法。

企业应当根据不同类型消费者对自己产品不同类型的购买方式设计有针对性的营销策略。

(4)消费者购买决策过程的主要步骤

消费者的决策过程可以分成四个连续的步骤，即确认需求、寻求信息、估价比较决定购买、购后评价。

确认需求。消费者购买之前首先要确认自身需要解决的“问题”，即存在哪种需求。消费者的需求问题有很多来源，一般有：商品不足，这类问题主要针对个人或家庭基本生活用品；得到新的信息；原有需求扩大。

寻求信息。消费者的信息来源包括消费者的个人经验、相关群体影响、媒体宣传等方面。

企业要注意利用以上因素为消费者提供信息,同时还要考虑到影响消费者获取信息的因素。

估价比较、决定购买。在比较复杂的购买行动中,消费者对已经得到的信息进行估价、比较,以便作出购买决策。企业应不断开发满足消费者不同需求的产品,并设法使自己的品牌、特点给消费者留下印象,以便消费者在选择和比较中作出决定。

购后评价。消费者购买商品以后,购买过程实际上还在继续,他会对已购的商品作出评价。企业对这一步必须给予充分的重视,因为它关系到产品今后的市场和企业的信誉。判断消费者购后行为有两种理论,即预期满意理论和认识差距理论。

以上步骤表明,消费者的购买活动先于购买行为而发生,后于购买行为而结束。售货现场的交易过程只不过是消费者购买决策过程中的一个步骤,企业切忌以一概全,必须研究整个购买过程,才能制定有效的战略。

3.生产者购买行为分析

生产者的购买行为与生活资料消费者的购买行为既有很多相似相同之处,也有着明显的差别。

(1)生产者购买行为的特征

生产者的购买行为有下列特征:①购买者的数目少、交易量大。②区域相对集中。③需求受消费品市场的影响。生产企业对生产资料的需求常取决于消费品市场对这些生产资料制品的需求,这种需求叫"派生性需求"或"引申需求"。④需求缺乏弹性。生产资料的购买者对商品和劳务的价格变动反应不大。⑤需求受社会技术发展状况和经济状况影响较大。⑥专业性采购。一般由经过良好训练、具备专业知识和有一定采购经验的采购人员进行采购。⑦需要产品服务。供应者售前售后对用户的服务更为重要。⑧直接采购,厂家与用户直接见面。⑨品质与时间的要求较高。对生产资料的品质要求严于消费品,对供货时间的要求也较高。⑩由多数人影响购买决定。

(2)生产者购买行为类型及购买决策过程

根据企业采购的目标和需要不同,生产资料购买行为可分为三种类型:

直接续购。即购买方企业为满足生产活动的需要,按常规方式订货,由采购部门按过去的订货目录向原来的供货方继续订购过去采购过的同类产品。

修正重购。即购买方企业部分地改变要采购的商品的规格、质量、价格或供应者。

新购。即指购买方企业第一次采购某种生产资料。

这三种类型中,第一种直接续购属惯例化购买,一般由采购部门担任;第三种新购是最复杂的购买情况;第二种修正重购则介于这两者之间。

(3)影响生产者购买行为的主要因素

影响生产者购买行为的主要因素有:

①环境因素,即企业外部因素的影响。②组织因素,指企业自身的采购目标、政策、程序、组织结构和内部工作制度等对购买行为的影响。③人际因素,企业中人事关系对购买行为的影响。生产资料的采购决策常由企业各层次不同部门人员组成的"采购核心"作出,一般包括使用者、影响者、采购者、决策者及控制者。④个人因素,所有组织的购买行为都是在有组织的、相互影响的基础上产生的一种个人行为。参与购买决策的个人,在购买决策中难免受个

人因素的影响，如购买者个人年龄、收入、受教育程度、职位、性格及对待风险的态度等。

(4)生产者购买决策的主要阶段

生产者的购买行为与消费者的购买行为有相似之处，也有一些不同。其购买过程分为以下八个阶段：

确认需求，即认识需求并提出解决需求的方法；决定需求项目的特点和数量；详细说明需求项目的特点和数量；寻找和判断潜在的供应来源；接受和分析供应企业的报价；评议报价并确定供应企业；安排订货；执行情况的反馈和评价。上述八个阶段中，新购行为一般要依次通过，并可能增加一些具体步骤，而其他类型的购买可以缩减一些步骤。

企业竞争的实质就是争夺顾客，哪个企业的产品和行为得到顾客的理解、支持和认可，企业就能在竞争中求得生存和发展。而顾客的消费心理、购买动机、购买行为与模式是不断发展变化的，因此，分析研究顾客的消费心理和行为的发展趋势，争取顾客的支持和认同是企业的立身之本。

第三节 竞争者分析

《孙子兵法》中最脍炙人口的一句话就是“知己知彼，百战不殆”，所谓“彼”首先就是指竞争者。市场经济中的企业都在竞争中生存，竞争者之间的博弈是企业进行战略决策的重要依据，因此，企业只有认真分析了解竞争者，才能取得竞争的主动，采取正确的战略，建立竞争优势。

一、竞争者识别

竞争者分析的首要问题是，谁是企业的竞争者？一般来说，企业的竞争者是指那些与本企业生产类似的产品和服务，并具有相似的目标顾客和相似的产品价格的企业。如美国的可口可乐公司将百事可乐公司作为其主要竞争者；通用汽车公司将福特汽车公司作为其主要竞争者。

根据竞争双方分别是买方还是卖方，可以将竞争者分为三类：买方与卖方之间的竞争(A类)；卖方与卖方之间的竞争(B类)；买方与与买方之间的竞争(C类)。如图5-6所示，我们以企业X为例，它与供应商(卖主)及营销中间商(买主)之间的竞争都属于A类竞争，而它与生产同类产品的企业Y之间既有B类竞争，又有C类竞争。

根据上述对竞争类型的分类，也可相应地将竞争对手分为三大类：A类竞争对手；B类竞争对手；C类竞争对手。如相对某一企业来说，供应商与营销商就属于A类竞争对手；那些在同一市场销售同类商品的企业就属于B类竞争对手；而在同一市场采购同类商品的企业就属于C类竞争对手。

对于任何企业来说，它的竞争对手都可以说是无限多的。面对众多的竞争对手，企业必须善于识别主要的竞争对手，只有正确识别主要的竞争对手才能制定正确有效的竞争策略，企业一般可以按照以下程序来识别主要的竞争对手：

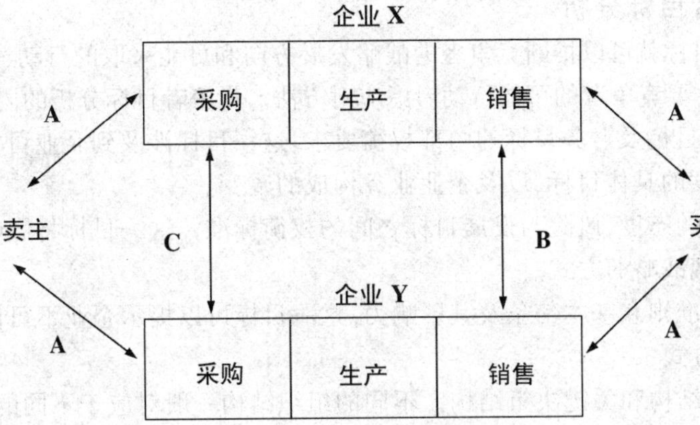

图5-6 竞争对手的分类

首先,主要的竞争对手与本企业的主导产品是相关的。对于那些正在进行战略转移的企业明确这一点十分重要,因为随着企业经营战略的转移,企业主导产品也可能发生转移,相应地主要的竞争对手也将可能变动。

其次,相对于企业某一主导产品,主要竞争对手会属于哪一类竞争对手。同时也应该知道,随着主导产品在市场上供求状况的变化,企业的主要竞争对手也将发生变动。

第三,寻找主要竞争对手。明确企业主要竞争对手存在于企业哪一产品相关的哪一类竞争对手之后,下面要做的事就是在这一类竞争对手中确定哪些对手是主要竞争对手,这是寻找竞争对手工作中最关键、最重要的一环。

二、主要竞争者的战略分析

主要竞争者是指那些对企业现有市场地位构成直接威胁或对企业目标市场地位构成主要挑战的竞争者。对主要竞争者进行分析首先要对其战略及支持其战略的能力进行分析,包括目标分析、假设分析、现行战略分析和潜在能力分析四个方面的内容,如图5-7所示。

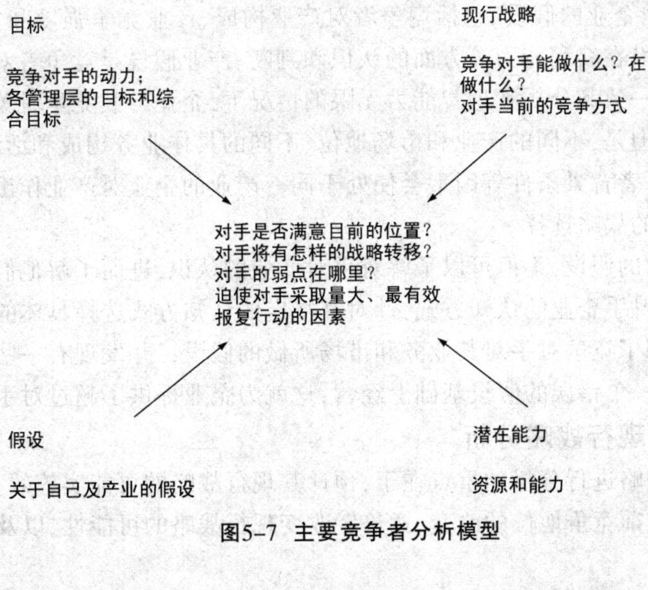

图5-7 主要竞争者分析模型

1.主要竞争者目标分析

了解竞争者的目标就可以推断竞争者的战略发展方向和可能采取的行动,从而在战略管理一开始就能针对主要竞争者的可能行动考虑应对方法。竞争者目标分析的内容主要包括:

(1)对手的财务目标及财务目标的内部权衡要求。这一目标涉及到企业可能设立的有关发展速度和进攻强度的具体目标,以及企业业务构成的改变。

(2)对手对风险的态度,风险与发展目标之间的权衡标准。这一目标将影响企业可能选择的战略类型和实现战略的方式。

(3)对手的行为准则和基本信条及其影响力。这一目标可以提示企业不可能采取的战略类型和实现战略的方式。

(4)对手的组织结构和关键决策结构。不同的组织结构一般对应于不同的业务组合,反映不同的领导方式和资源分配方式。而不同的关键决策结构反映企业内部权力的配置及对战略的影响,对战略选择影响很大。

(5)竞争者所采取的控制制度和激励制度类型及其有效性。这将影响企业战略所受到的约束和鼓励条件以及战略实施成功的可能性。

(6)对手最高领导者和领导集体的工作风格以及最高领导集体发生变化的可能性。最高领导者和领导集体的工作风格将影响他们对环境的认识和战略类型的选择,而最高领导集体发生变化的可能性将影响到战略类型和竞争手段的改变。

(7)对手整个管理层对企业未来目标的认同程度。这一点将影响战略实施的效果。

从以上对主要竞争者的目标分析可以得知对手竞争动力的来源、竞争动力的表现形式(不同的战略类型和实现战略的方式)、竞争者的长期综合目标和目标的结构。

2.主要竞争者假设分析

竞争者确定目标是以其对环境和对自己的认知为前提的,认知的前提就是假设。竞争者战略的假设有两类:第一类是竞争者对自己的力量、市场地位、发展前景等方面的假设,称为竞争者的自我假设,自我假设是竞争者进行内部环境分析的结果;第二类是竞争者对自己所在产业及产业内其他企业的假设,包括竞争者对产业构成、产业竞争强度和主要产业威胁、产业发展前景、产业潜在获利能力等方面的认识和判断。产业假设是竞争者对外部环境分析的结果。在信息完全一致和分析者理智能力无限的情况下,企业与其竞争者关于产业的假设应该是完全相同的。但是,不同的产业和市场地位、不同的具体业务构成和活动方式、不同的理智分析能力和分析者背景条件等因素会使处于同一产业的企业对产业作出差别很大的假设,并据此产生不同的战略选择。

了解对手对产业的假设,不但可以了解对手对产业的认识,进而了解他们可能采取的战略类型,还可以了解对手企业的认知方式,针对其特定的认知方式选择具体的竞争方式。例如,当企业已经识别了竞争对手对其业务和市场所做的假设,并发现有一些已经不能成立时,竞争对手就是在一个错误的假设基础上经营,这就为企业提供了超过对手的机会。

3.主要竞争者现行战略分析

对竞争者现行战略进行分析的重点在于,预计其现行战略的可能实施效果、其战略的成功实施可能造成的当前竞争地位的改变、竞争者改变现行战略的可能性,以及由此引起的对本企业的影响。其中,竞争者改变现行战略的可能性是受竞争者目标和假设支配的。通过对竞争者现行战略的分析,我们可以了解竞争对手正在做什么和能够做什么,了解竞争对手的具体竞争方式。

4.主要竞争者潜在能力分析

潜在能力是支持主要竞争者实施其战略的基础条件,因此必须加以分析,才能评估其战略的可行性和可能性。潜在能力分析涉及到对竞争者以下几个方面能力的分析:

(1)核心潜力分析

核心潜力可以表现为竞争者在某项职能活动方面独特的长处,如技术开发能力、研究开发的商品化能力、品牌优势和对品牌的利用能力等。在许多情况下,核心潜力可以由产品或服务的竞争力所反映,但在产品或服务实际上差别不大时,核心潜力就往往来源于不断的技术创新及对创新成果的恰当的商品化能力,来源于企业长期市场活动形成的信誉,来源于社会对企业特定经营方式的接受和肯定。

(2)竞争能力分析

竞争能力来源于核心潜力。例如,企业在技术开发上的核心潜力可以形成企业在新产品推出上的竞争能力;企业在品牌利用上的核心潜力可以形成企业在市场占有上的竞争能力。竞争能力是一个时点性概念,需要不断强化和调整。从长期发展角度看,了解竞争能力变化更为重要。

(3)迅速反应能力分析

迅速反应能力表现为企业对环境变化的警觉性和立即采取有关反应行动的能力。迅速反应能力强的对手能更早地觉察出环境的变化,也可能较早地采取相应的行动。需要注意的是,迅速反应能力是否能转化为竞争能力将取决于迅速反应的正确程度。

(4)适应变化能力分析

适应变化的能力可以表现在两个方向:一是能正确认识环境变化的趋势并能采取符合环境变化趋势的行动;二是企业内部系统的构成具有足够的弹性,足以使企业以较低的成本,在不破坏企业基本能力的情况下对环境的变化作出正确的反应。可见,迅速反应能力重在"快",而适应变化能力重在"正确"。

(5)抵抗恶劣环境的持久耐力分析

该项能力使企业在面临恶劣的外部环境时能坚持较长的时间,等待环境的改变,或是等待自己所采取的反应性行动的效果出现。

应当注意的是,资源是能力的基础和后盾,因此,在分析主要竞争对手每一种能力的时候,都要分析支持该能力的资源是什么?有多少?即,要全面掌握竞争对手的资源和能力状况。

三、主要竞争者优势劣势的评估

竞争者能否顺利实施其战略并实现战略目标,取决于每个竞争者的资源和能力状况。通过上面对竞争对手资源和能力的分析,企业可以更好地了解对手的优势和劣势,从而确定自己的市场定位和具体竞争战略。

准确的分析建立在充分、及时、准确的信息基础之上。因此,企业应当注意收集每个主要竞争者关键经营指标的数据，特别是生产规模、销售收入、市场份额、毛利、投资报酬率、现金流量、新投资及设备能力的利用情况，等等。当然，企业能够收集到的竞争对手信息肯定是有限的，所以要求企业必须开发和利用更多的信息渠道。例如，可以通过向顾客、供应商和中间商进行调查研究来增加对竞争者的了解；也可以从媒体对竞争对手的报道、竞争对手的自我宣传、主要领导人的公开言论中得到有用的信息；还可以通过二手资料、个人经验或传闻来了解竞争者的经营动态、优势和劣势，等等。总之，数据越充分、越准确、越及时就越有助于企业更好地评估每个竞争者的优势和劣势，制定有针对性的战略。

四、主要竞争者反应模式的评估

企业作出战略决策一定要考虑竞争对手之间的博弈，但仅凭对竞争者的战略和优劣势分析还不足以说明它在一定的竞争态势中可能采取的行动，以及对价格战、广告战、推出新产品等对手的竞争性行为作出什么反应。每个竞争者都有其经营哲学、企业文化和某些起主导作用的信念，因此企业要深入了解竞争者的思维体系和经营历史，分析竞争者面对特定情境的一般反应模式，由此预测竞争者对企业的某种战略举措可能作出的反应。

竞争对手常见的反应模式有以下四种类型：

1.从容型

某些竞争者对对手的某些特定的竞争行动没有迅速反应或反应不强烈，这属于从容型的竞争者。企业只有搞清楚竞争者表现得从容不迫的原因才能制定对策。有可能是由于对手对其顾客的忠诚度比较自信，或其业务需要收缩，也可能是他们对其他竞争者的行动反应迟钝，或者缺乏作出反应所需要的资源，等等。

2.选择型

竞争者可能有选择地只对某些类型的攻击作出反应，而对其它类型的攻击则无动于衷。企业如果能了解主要竞争对手会在哪些方面作出反应，则可为企业的竞争行动选择最为可行的行动范围。

3.凶猛型

面对向其市场或相关领域发动的任何进攻，凶猛型企业都会作出迅速而强烈的反应。其行动意在向竞争对手表明，最好不要向其发动进攻，否则它将奋战到底。因此，凶猛的反击行动可能起到战略威慑的作用，使对手不敢贸然挑起战端。但一旦其反击方式被对手所掌握，又反而容易为人所乘，使之抓住自己的弱点进行攻击。

4.随机型

有些竞争者并不表现出明显的、有章可循的反应模式，他们在任何特定情况下，都有作出或不作出反应的可能，从其竞争历史上无法看出任何规律，使竞争对手无法预见。

必须指出的是，在传统竞争战略理论中，分析竞争对手就是为了找到对手的优势和弱点，从而避实击虚，进行打击，目的是以竞争对手的失败换取企业战略的成功。这种单赢式的竞争思想已经远远不能适应当前急剧变化的竞争环境。因此，这里进行竞争对手分析的目的不仅是为了获得竞争优势，而更多的是获得战略主动权，避免恶性竞争并寻找与竞争对手合作的机会，实现共赢和多赢。

思考题

1.行业在社会经济中的地位主要表现在哪些方面？

2.一个行业的生命周期有哪些阶段？分别具有什么特点？

3.影响行业竞争结构的有哪些方面的力量？

4.行业进入壁垒的影响因素有哪些？

5.企业与供应者和用户之间讨价还价能力的高低受哪些因素影响？

6.市场细分有哪些步骤？

7.消费者的购买行为有哪些影响因素？

8.生产者的购买行为与消费者的购买行为有何不同？

9.从哪些方面对企业主要竞争者进行分析？

第六章　企业内部环境分析

本章从企业资源、企业能力、企业现状和企业文化四个方面,全面深入地介绍了企业内部环境分析的主要思路和方法,勾勒出了企业内部环境分析的基本线条,给出了一个一般性的企业内部环境分析框架。

企业内部环境分析的最终目的是找到企业内部的优势与劣势,希望读者除掌握企业内部环境分析的基本框架外,重点理解内部环境分析的主导思路,能够举一反三,根据特定企业的情况进行动态变化,对企业内部环境进行全面、深入的战略分析。

第一节　企业资源分析

企业资源是由企业控制或拥有的、服务于企业生产经营的各种投入品。资源反映了企业的实力,企业经济活动必须要有资源,按不同目的,资源可分为不同类型,按其是否容易确认和评估来分,资源可分为有形资源、无形资源和人力资源;按其发挥的作用不同,可分为一般意义上的资源和战略资源。

一、企业有形资源分析

企业有形资源包括企业的财务资源和实物资源,主要是指企业的金融资产和物质资产。金融资产主要是指企业的筹资和借款。为了制定企业战略,金融资产分析的重点是中期和长期的财务优势和劣势,而不是短期的财务形势,因此要把更多的注意力放在长期的企业净收入趋势及总资产利用上。同时要计算出企业在计划期内为保持战略所要求的增长率而必须进行再投资的数量,从而判断出企业能否单独依靠自己内部的财力资源来支持预期的增长。根据这个计算结果,企业可以了解到如果能够用自己的财力支持增长的话,企业还可以有多少剩余资金去支持企业内其他经营单位的发展;同样,如果不能依靠自己内部的财力支持增长的话,企业需要多少外部资金,应当用什么筹资方式来解决企业生存和发展需要的外部资金。因此分析人员应对企业资金来源、资金使用结构状况、企业获利能力及经济效益的状况、企业利润分配、成本费用结构等状况进行分析。

物质资产主要包括企业的厂房、土地、设备等固定资产。分析企业生产设备状况,主要分析人均固定资产、设备平均役龄、设备的新度结构、设备的专业工艺特性等。人均固定资产随行业特性有所不同,在同一行业中企业人均固定资产值越高说明企业资金技术构成越高,其生产力水平也越高。设备平均役龄及设备新度结构说明企业设备更新的速度及生产力的潜力。设备的专业工艺特性反映了企业设备机械化、自动化的程度,反映了企业生产力发展的水平。分析企业的设备加工能力,均衡生产问题,设备闲置及利用状况,生产设备与劳动力之间在数量上和质量上的适应程度,设备的维修和保养状况等。

必须指出的是,企业的物质资产和金融资产的价值在财务报表上都有所反映。但是,财务报表仅仅是以货币计量的方式来反映实物资源的特性,这是不够全面的,财务数据有时并不能完全表达企业有形资源的所有属性及其战略意义。例如,财务报表上的一些固定资产和存货的价值,相对于技术进步和市场变化可能被高估。因此,全面分析企业有形资源的拥有情况要综合运用财务数据和其他能够反映物质资产属性的指标。

二、企业无形资源分析

无形资源主要指企业的形象、品牌、商誉、知识产权、专利权、商标权、交易秘诀、技术诀窍和专用知识等。因为无形资源是企业不可能从市场上直接获得、不能用货币直接度量、也不能直接转化为货币的,竞争对手难于掌握和模仿,所以它们是持续竞争优势的可靠来源,也能够成为企业核心能力的基础。

在一项研究中,研究人员邀请高级经理人去识别公司持续竞争优势的源泉,经理们指出了30多种竞争优势的源泉,这些源泉中最重要的一项是无形资源——公司产品质量的信誉。在对英国公司的847名总裁的调查中也证实了这一点。这项研究希望能了解公司总裁对各种无形资源对整个公司成功的相对重要性的理解,研究的结果证实了公司信誉的重要性。总裁们根据其重要性把公司信誉排在了无形资源的第一位。

在知识经济时代,知识资源也成为重要的无形资源。因为,知识资源中,无论是企业创造并拥有的无形资产,还是有用的信息或智力资源,都是建立在知识的占有、利用、再创造的基础之上,其表现形式与企业的物质资源相比较,不是人们习惯上看得见、摸得着的东西,而是具有无形化的特点。知识资源具有如下特点:

(1)可以反复利用。知识资源不像物质资源那样在生产经营过程中一次全部消耗或分期分批消耗到产品或服务之中,在向产品或服务中转移后,这些知识资源仍然为企业所拥有,企业无需花费任何额外的代价就可以反复利用。

(2)不会枯竭。知识资源中的智力资源部分是一种活化的知识资源,在一定条件下可以创造出新知识,而这些新知识又被不断地注入到企业的固化的知识资源当中,从而使得整个知识资源呈现出不断扩张的特点。从这个意义上讲,企业的知识资源是不会枯竭的。

(3)企业内部可以共享。企业出于生产经营活动的需要必须要进行信息的交流与共享,信息化的知识资源在交流与共享中没有什么障碍, 即使是人脑中难以编码的隐性知识也可以通过讨论等形式展开交流。正是在这种不断的交流与共享中,企业知识资源才能够被有效地开发和充分地利用,从而可能转化为企业真正的竞争优势和财富,同时企业的知识资源也不断地得到积累和扩张。

(4)企业知识资源的使用不会出现边际收益递减。知识资源不会像一般物质资源那样出现边际收益递减,相反却会出现递增的现象,即知识资源的增加会使企业物质资源利用更加充分和有效,使企业产品或服务附加价值大大提高。

对企业拥有的无形资产进行量化分析可以借助很多专业的无形资产价值评估方法,评估无形资源的货币价值。但无形资源的属性和价值仍然不能完全以货币来计量,因而更重要的分析是从企业长期发展的战略高度进行定性分析,找到企业在无形资源上的优势和劣势,从中发现构建企业核心竞争力的来源并进行战略性的思考。

三、企业人力资源分析

如果一个企业拥有大批高质量的管理人员、科技人才,它就具有了最重要的内在优势,可以抓住和利用许多外在的机会,否则再好的外部机会都无法利用甚至会变成威胁。因此,人力资源是企业的第一资源,企业的人力资源水平往往可以决定企业战略管理的成败。

企业人力资源分析主要是对企业拥有的人力资源数量、质量和结构进行分析,了解企业人力资源的水平和潜力,找到人力资源方面的优势与不足,进而制定人力资源战略,为企业各层次战略的实现提供充足的人力保障。企业人力资源分析可以采用总体分析和结构分析两种方法进行。

1.人力资源总体分析

企业人力资源总体分析是从总体上了解企业所拥有人力资源的数量和质量。即根据行业的特点和企业的特点,分析企业拥有执行企业战略所需的各类、各种人才的数量。例如,一个家电生产企业,可以分析企业内大学本科以上学历的员工有多少、占多大比例;初、中级以上职称的员工有多少、占多大比例;家电专业技术人员有多少;学习过电子专业的员工有多少;学习过国际贸易专业的员工有多少,等等。通过总体分析,企业能够从宏观上看到自身人力资源的实力,是否拥有足够的实施企业战略的人才,是否有发展的潜力,是否有充足的人才储备,等等。

经过总体分析,企业要注意掌握人力资源的存量、余量与增量。存量是企业现有人力资源的数量,余量是企业人力资源储备的数量,而增量是指企业未来需要增加的人力资源数量。企业必须掌握好存量、余量与增量的数量关系。首先,存量必须能够满足现有需求;其次,必须进行人才储备,尤其是关键岗位的人员配备必须留有余量,以免员工意外离职带来难以弥补的损失;最后,余量与增量的大小都必须与企业规模及资本实力相匹配,过多过少或与企业发展状况不适应都将影响企业战略目标的实现。

2.人力资源结构分析

要深入具体地了解企业人力资源的状况还必须进行人力资源的结构分析,这更能反映企业人力资源的内在特征。人力资源结构分析可以从年龄、性别、学历、技能和性格等方面展开。

(1)年龄结构分析

年龄结构即企业员工的年龄构成。如果总体上年龄结构偏大,企业很可能会面临人才断档、青黄不接;而如果年龄结构偏小,则有可能缺乏有经验的管理人才和技术专家,对企业战略的实现也是不利的。进行年龄结构分析要注意以下问题:

企业年龄结构有行业特点,如餐饮服务业企业的年龄结构一般偏小,因为大量的一线服务人员都是年轻人。

年龄结构有岗位特点。如一般服务业的一线岗位员工年龄不能太大;一般领导班子的构成不一定过于年轻化,最好的领导团队是老中青相结合的年龄搭配,能够充分发挥老专家的经验优势和年轻人的创造力。

因此,企业进行年龄结构分析时必须结合行业特点和一般规律,分析企业的年龄结构是否合理,如果存在问题就应该提出对策加以纠正。

(2)性别结构分析

性别结构即企业中男性和女性所占的比例。性别结构同样具有行业特点和岗位特点。例如,纺织企业一般女性员工数量多于男性员工,因为生产一线的操作工人一般都是女工;大部分企业的财务人员都以女性居多,等等。

通过性别结构分析,合理搭配一个部门、团队的性别比例和结构,能够显著提高整体的工作效率,这一点早已得到证实。

(3)学历、技能结构分析

学历结构是指企业中不同学历层次员工的比例，而技能结构是指企业中拥有不同层次专业技术职务任职资格员工的比例。学历和技能结构同样具有行业特点和岗位特点,例如,技术密集型企业的学历和技能结构一般高于劳动密集型企业;企业中职位越高,学历和技能一般也越高。

一般来说,学历结构和技能结构代表着企业人力资源的总体质量,但也不能绝对化。企业并不是高学历、高技能人才越多越好,如果企业并没有足够的岗位量才使用或进行适量的人才储备,就会造成显著的人才浪费,不仅增加了企业的人力成本,也对员工积极性产生非常不利的影响。

(4)性格结构分析

性格结构是企业中具有不同性格特征员工的比例。由于很多工作岗位都对工作人员的性格有一定要求,所以性格结构带有非常明显的岗位特征。例如,做财务工作必须细心、谨慎,财务人员就应当具有这样的性格特征;从事营销工作必须热情、坚忍,营销人员也就应当具有这样的性格特征。

性格结构分析有助于企业研究员工性格与工作岗位的符合性，充分发挥每一位员工的积极性和性格优势去从事最适合的工作，从而合理配置人力资源，为实现企业战略做出贡献。

另外,对企业人力资源还可以按岗位进行分析,即对某些特定岗位的人力资源进行专门分析。例如,分析企业高层领导者,对其年龄、文化程度、经营管理能力与素质、威信、思想状况、人际关系等方面进行分析;分析企业管理人员,对其数量占全体员工的比例、年龄、文化程度、工作能力与素质、健康状况、思想状态等进行分析;分析企业技术人员,对技术人员的数量占全体职工的比例、年龄、专业、文化程度等情况进行分析;分析企业员工,对企业员工的数量、男女比例、年龄、文化程度、思想状况、健康状况等方面进行分析。

四、企业资源的竞争价值分析

不同企业所拥有的资源是有差异的,这就使企业在资源方面有着不同的优势和劣势。企业间资源的差异可以很好地解释为什么有的企业能够在竞争中获得更大的利润,取得更大的成功。如果一家公司所拥有的资源不但充足而且恰到好处,特别是,如果公司所拥有的优势资源具有产生竞争优势的潜力的话,那么,这家公司在竞争中取得成功的把握性就比较大。

因此,对企业的每一种资源都应当从以下四个方面进行竞争价值的分析。

1.可得性

即竞争对手是否容易得到这种资源?这种资源是否容易被竞争对手复制?企业拥有的资源竞争对手越难得到、模仿成本和难度越大,它的潜在竞争价值就越高。难于获取和复制的资源往往能够限制竞争,从而使资源所带来的利润具有持久性。

企业资源可能会因为以下原因而难以获得、难于复制:资源本身具有独特性或稀缺性,如不动产的地理位置非常好、受到专利保护等;资源的获得需要时间,而且难以加速取得,如品牌、商誉、对高深技术的掌握;获取资源需要大量的资金等。

2.为企业带来的价值

即这种资源能否真正在竞争中为企业带来价值?价值有多高?所有企业都必须避免盲目相信他们所拥有的资源会比竞争对手更多更强,任何资源的价值最终都必须从它为企业带来的价值中得到体现。

3.优势的持久性

即这种资源为企业带来的竞争优势能持续多久?一种资源为企业带来的竞争优势持续的时间越长,其价值就越大。由于技术或行业环境的快速变化,有些资源很快就会丧失其竞争价值。

4.可替代性

即这种资源是否能够被竞争对手的其他资源或能力所抵消?不可替代或难以替代的资源对企业来说具有更大的价值,因而也就更容易使企业获得竞争优势。

通过以上分析,有许多企业会发现,自己并不拥有能够完全满足上述四项要求的、具有优异竞争价值的资源,甚至连具有某方面竞争价值的资源都很少。绝大多数企业是拥有一个资源组合,即企业资源中的一到两种很有价值,有一些比较好,其他的从满意到平庸不等。只有少数企业,通常是行业的领导者或者行业未来的领导者,才拥有大量的富有竞争价值的上乘资源。

第二节　企业能力分析

企业对资源的运用形成了能力。企业能力是指企业统筹整合资源以完成预期任务和目标的技能,是企业运用资源创造价值、实现价值的技能。企业的能力大小与企业资源条件及其有效配置和利用程度正相关。竞争优势的基础是企业拥有的资源,但是单个资源通常并不能形成竞争优势,就像一个拥有众多球星的球队,如果没有对这些"大脑"的有效组织管理,这些"大脑"并不能构成球队的竞争力。所以,没有能力,资源就很难发挥作用,也很难增值。从这个意义上来说,能力与资源共同构成了企业竞争优势的基础。

美国的哈雷摩托车公司是世界上最早开发出摩托车的公司之一，第一次世界大战期间第一个冲入德国的美国士兵就是骑着哈雷摩托车。由于哈雷摩托车具有悠久的"光荣历史",它在美国人的心目中一直具有非常稳定的企业形象，曾经占领了美国摩托车市场份额的70%。但是20世纪60年代以后,随着本田等日本摩托车的进入,哈雷在美国的市场份额急剧下降,公司一度达到行将破产的边缘。究其原因,不是哈雷没有资源,它有规模、有比日本企业更好的设备、有品牌形象,有美国本土的"地利"、"人和",但是没有整合资源以适应新的竞争环境的能力。而它的竞争对手,如本田公司,由于具有市场创新的能力,能够发现和适应美国妇女对小型摩托车的需求,同时具有持续降低成本和提高质量的能力,从而打败了所有的欧、美摩托车公司,取得了美国摩托车市场90%的份额。

作为连接企业各部分的粘合剂,能力产生于有形资源与无形资源长时期的相互作用。能力的基础是企业的人力资本,这是因为资源的开发、传递与信息交换只有通过"人"才能实现。正如一家大公司的总裁所说:"每一个竞争者都可以购买和使用与我们完全相同的机器和设备,但惟有一样东西他们买不到——我们的员工对企业的投入和他们的技能。"

进行企业能力分析的目的是要了解企业对所拥有资源的配置和运用水平，企业是否有效利用和发挥了所拥有资源的潜力,在此基础上哪种能力可以用来创造或维持竞争优势。通过内部能力分析,企业明确了自身的核心专长及比较薄弱、需要改进的方面,有利于企业制定战略时扬长避短。

一、基本能力分析

分析企业能力首先从分析基本能力开始，一般来说，企业都应当具备以下五种基本能力:筹措供应能力、生产制造能力、科研开发能力、营销服务能力和组织管理能力。

1.筹措供应能力分析

筹措供应能力(简称筹供能力)实际上是企业的资源获取能力,即企业从外界获取生产经营所需资源并将其配置到企业内部各相关职能部门的能力。按照企业资源的分类,企业的筹供能力至少包括企业对资本的筹供、人力资源的筹供、知识资源的筹供和生产经营物资的筹供四个方面。资本筹供能力即企业财务部门的筹资、融资能力;人力资源筹供即企业获得所需人力资源的能力;生产经营物资的筹供就是通常所说的采购供应能力;而知识资源的筹供就是企业从外界知识、信息资源的生产加工机构和集散地获得知识资源的能力。

如果企业无法获得资金、人力甚至生产物资,那么连正常的生产经营都无法维持,更不用说实现战略目标了。因此,企业的筹供能力高低直接关系到企业能否及时获得生存发展所需的基本资源,是企业最基础的能力。

企业筹供能力受以下要素的影响:企业所处的地理位置;企业与资源供应者(包括供应商、金融机构、人力资源市场和供给者、科研和情报机构等)的关系;资源供应者与企业讨价还价的相对能力；资源供应者和企业前、后向一体化的趋势；企业供应部门的人员素质和效率，等等。因此，企业筹供能力的分析就要从这些方面展开。

2.生产制造能力分析

生产制造是企业进行资源转换，产出其产品的中心环节，生产制造环节的任务是将投入要素进行合理的组合，转变为能满足企业对价值要求的产出。企业生产系统必须保证达到数量、质量、成本和时间等方面的要求和标准，以最快的速度、合理的成本生产符合市场需求的数量和质量的产品，形成有竞争性的生产制造能力。对企业生产制造能力的分析主要从以下几个方面进行。

(1)生产工艺和流程

这是由企业整个生产系统的设计所决定的。内容包括：生产工厂的选址与设计、工艺技术的选择、生产工艺流程的分析、生产能力和工艺的综合配套、生产控制等。企业要分析以下问题：生产能力的布局是否合理？企业生产能力在各生产点上的安排是否协调平衡？生产设施和设备的数量搭配和空间安排是否合理？企业是否应该进行某种程度的前向或后向一体化？生产加工技术是否使用恰当？生产路线是否合理？整个生产工艺流程的设计是否先进和高效？

(2)生产能力与生产周期

企业的设计生产能力一般是由建厂初期的工艺路线设计、设备选型和配备所决定的，而实际生产能力受到原材料质量和供应、生产调度管理水平、工人技术水平、设备运转状况等因素的影响。生产周期是从原材料投入生产到最终产品产出所需要的时间，生产周期越短，说明企业的生产效率越高，生产系统的快速反应能力越强。

分析企业生产能力和生产周期首先要了解设计生产能力大小、一般生产周期和最短生产周期、生产设施和设备维修保养计划、生产调度与现场管理等问题。具体问题包括：生产是否有明确的计划和有效的预测？产量是否达到了合理的经济规模？生产任务是否经常处于饱和状态？是否还有扩大生产能力的余地？设备是否按计划进行维修保养？设备使用率、完好率高不高？工厂、库房的位置、数量和规模是否合适？是否有全面、合理的生产成本计划？是否有处理临时订货的应急计划？是否有有效的生产控制体系？

(3)库存

库存状况反映了企业生产过程中原材料、在制品和产成品的均衡，关系到企业生产的连续性。要分析以下问题：企业是否有有效的库存控制体系？原材料、在制品和产成品的库存量与库存成本是否合理？

(4)生产管理人员与工人

生产管理人员与工人是企业生产系统的主要工作人员，其工作能力和状态是决定企业生产能力的关键因素。要分析以下问题：企业是否对所有岗位进行了时间和工作研究？是否有科学合理的劳动定额？生产岗位是否有高效率？工人技术水平如何？生产管理人员是否称职并具有很高的积极性？生产一线员工的缺勤率和离职率是否合理？生产工人的士气如何？

(5)质量

质量是企业的生命，企业生产系统必须提供高质量的产品和服务。对其分析内容包括：

生产设备是否先进？原辅材料质量是否稳定？企业是否具有有效的质量保证体系？用户是否对产品质量满意？质量控制成本是否合理？员工质量意识强不强？质量问题处理是否及时？是否反复发生同样或类似的质量问题？

(6)交货期

在当前这个速度竞争的时代，在同样数量、质量和成本的条件下，能否快速反应、准时交货，直接关系到企业能否及时满足市场需求，影响企业的信誉和形象。因此，企业生产系统的交货期越来越成为企业竞争优势的重要来源。对此进行分析主要考虑：以往的生产任务是否准时或提前交货？交货延误的原因是什么？是系统偏差还是偶然偏差？生产系统工作人员的时间观念强不强？生产流程中各道工序间配合是否默契？是否实现了均衡生产？半成品、在制品是否经常有积压现象？

3.营销服务能力分析

市场营销可以定义为确认、预见、创造和满足用户对产品和服务的需求的过程。营销服务的任务就是通过恰当的市场活动来实现蕴藏在企业产出物中的价值。从战略角度考虑，企业的营销服务能力主要包括四方面的内容：市场定位能力；营销组合有效性；营销管理能力和服务能力。

(1)市场定位能力

市场定位能力直接表现为企业市场定位的准确性，取决于企业在以下三个方面的能力：

市场调查和研究的能力。对市场需求进行调查分析是企业进行目标市场选择的重要依据。企业的市场营销人员要能够通过各种渠道和办法了解和监视市场需求的变化，同时还要有能力对所收集到的各种市场信息进行分析和整理。

评价和确定目标市场的能力。市场细分是企业选择和确定目标市场的基础与前提，要求市场营销人员必须掌握市场细分的技术方法，准确把握市场细分标准。

占据和保持市场位置的能力。企业必须有能力占据和保持其市场位置。例如，如果想在市场中成为“高质量”的代表，它就必须有能力提供高质量的产品，树立产品质量稳定的市场形象。企业如果想在竞争中保持低成本优势，它就一定要有能力使生产规模超过其他对手，或者保持和稳定低价原材料的供应渠道，等等。

市场定位是市场营销的关键环节，具有十分重要的地位，对制定企业战略、评价企业在营销服务活动中的优势和劣势具有巨大的影响。

(2)营销组合有效性

企业在确定了目标市场后，要通过四个方面的市场营销活动来满足目标市场的需求，即：产品或服务、定价、促销、分销活动。这些基本活动的有效性对企业市场营销能力的高低有着至关重要的作用。

产品或服务。主要包括试销、产品和品牌定位、制定产品质量保证条件、包装、淘汰旧产品和提供用户服务等。

定价。影响企业定价决策的有五种利益相关者：用户、政府、供应商、竞争者和经销商。政府可以在定价、反对价格歧视、最低价格、广告等方面采取一定限制措施；企业与供应商和经销商的相对讨价还价能力决定了最终的销售价格。

促销。不同的销售方式对消费品和工业用品的销售有不同的效果,成功的战略实施往往取决于企业销售某些产品或服务的能力,包括众多的市场营销活动,如广告、促销、公共宣传、人员推销等。尤其当企业采取市场渗透战略时,这些活动更加重要。

分销。分销一般涉及以下活动:仓储、分销渠道、分销覆盖范围、零售网点布局、销售区域、库存水平和布局、运输工具、批发及零售。目前,绝大多数生产商不向用户直接销售产品,各种经销实体发挥着中间商的作用。要运用经济、管理和适应性几方面的标准来确定各种分销渠道的成本与收益,还必须考虑对渠道成员进行必要的激励与控制,以及为适应未来变化所需要作出的调整。

(3)营销管理能力

主要是指企业对各项营销工作进行管理的能力,具体包括营销队伍的建设与培训、营销人员的考核与激励、应收账款管理、客户关系管理等一系列工作。应当分析:营销人员是否有较高的素质和敬业精神?营销人员的积极性、主动性和创造性是否得到了充分的调动?应收账款余额占销售额的比例、平均收回时间;营销部门、营销人员和企业是否共享了所有的客户资源?企业是否掌握大客户的情况并与其建立了良好、经常的沟通机制?营销活动效率如何?是否有健全的营销管理制度?合同签订和订单处理程序是否高效、完善?

(4)服务能力

服务能力是企业为用户提供售前、售中和售后服务的能力,可以从硬件和软件两方面进行分析。

硬件方面要分析以下问题:企业是否设立了足够的服务网点?服务网点的服务设施、检测维修仪器、交通工具、服务人员的工具与装备水平如何?服务网点是否有充足合理的零配件、易耗品库存?在客户服务上是否有充足的资金投入?等等。

在软件方面,要分析以下问题:服务网点或服务人员是否有足够的资源调配权?服务人员的技术水平、个人素质和形象如何?服务人员的服务意识和服务精神如何?从顾客投诉到得到服务需要多少时间?顾客对服务态度和水平的满意度是多少?等等。

4.研究开发能力分析

研究开发能力简称研发能力,是指企业是否有能力根据企业发展的需要开发和研制新产品,是否有能力对生产工艺、设备和流程进行改进。研发能力是企业创新能力的突出体现,对企业竞争力的培育越来越重要。企业研发能力的分析主要包括以下几个方面:

(1)研发组织与队伍

研究开发活动必须基于一定的组织,强有力的研发机构将使企业具有不可替代的技术竞争力。例如,IBM在美国本土和中国北京的研究院,吸收了大量的科技精英;朗迅公司的贝尔实验室,有三位诺贝尔科学奖获得者为之效力。因此,研发组织状况是企业研发工作的总体反映。该组织能否适应市场变化和技术发展的要求?是否具有对各部门进行协调和调整的权力?能否保证在新产品研制成功后顺利地向生产方面移交?企业领导是否重视并给以有力的支持等,这些状况的好坏直接反映了研究与开发的能力。

现代市场经济逐渐趋于知识经济,而知识的有效载体主要是人。企业科技队伍的现状和变化趋势从根本上决定着企业的研发能力和水平。因此,企业要对科研队伍进行分析,主要包括:研发队伍的总体实力如何?人员构成是否合理?是否有能够独立承担研发课题的技术专家或科研带头人?研发队伍的专业结构、技能结构、知识背景是否合理?研发人员是否有强烈的创新意识和合作精神?研发人员的积极性、主动性和创造性是否得到了充分的发挥?等等。

(2)研发组合

企业的研究与开发在科学技术水平方面有四个层次:即科学发现、新产品开发、老产品改进和设备工艺的技术改造。企业的研发能力决定了其研发水平处于哪个层次或哪个层次的组合,进而决定着企业在研发方面的强项和弱项,也决定着企业研发的方向。一个好的研发部门应该能够根据企业战略的要求和实力决定选择哪一个或哪几个层次的有效组合。

(3)研发成果

企业已有的研发成果是其研发能力的具体体现。如技术改造、新技术、新产品、专利以及商品化的程度、给企业带来的经济效益等。

(4)研发资源

企业研发活动要正常开展必须配备先进的研发设施、获得足够的研发经费,因此,企业研发能力的高低与研发活动得到的资源支持有着密切的关系,应当进行比较分析。企业要分析以下方面的问题:企业研发设施的数量、价值和先进水平;每年研发经费占总销售收入的百分比;研发设施水平、研发经费数量与竞争对手研发支出的绝对和相对比较;企业人均研发经费和研发人员平均获得经费数额。

5.组织管理能力分析

组织管理能力是企业组织协调和配置资源的能力,可以从以下方面进行分析:

(1)制度建设

制度建设是企业管理的基础,应当分析以下问题:企业是否有科学、完善、齐备的管理制度?是否得到了有效的遵守和执行?企业管理制度是否定期修订和完善?各级管理人员是否树立了制度管理的意识?是否带头遵守制度?

(2)管理人员

管理人员是企业管理的执行者,应分析以下问题:企业各层次管理人员的能力和素质如何?管理人员占企业员工总数的比例是否合理?管理人员能否起到模范带头作用?能否得到其下级的支持和拥护?管理人员的敬业精神和合作意识是否强烈?管理部门和管理人员之间的协调配合状况如何?

(3)控制系统

企业控制系统的有效性决定着企业的执行力,关系企业战略及工作计划能否实现,是企业组织管理能力的集中体现,应进行重点分析。企业控制系统跨越了若干职能活动,如:安全控制系统;存货控制系统;质量控制系统;财务上的成本控制、流动资本控制、应收账款控制、资本性投资控制及对商业信用的控制系统;生产控制系统;预算控制系统;内部审计控制系统等。因此要对各个控制子系统分别进行分析,主要的内容是:控制点设置是否合理?是否经常出现失控状态?控制信息采集是否充分、及时和准确?控制信息的反馈是否及时?调整决策的作出和传达是否高效?干预是否适度?

二、价值链分析

对企业资源与能力进行分析的一个常用工具是迈克尔·波特教授提出的价值链。所谓价值链是一个企业用来进行设计、生产、营销、交货以及对产品起辅助作用的各种活动的集合。在市场经济条件下，一个企业的竞争优势最终是由其产品或服务的价值体现并由消费者接受与否以及接受程度决定的，而消费者是否接受的关键则在于他们对企业提供产品或服务与其他竞争者的价值判断，或者说，他们对公司设计、生产、销售、供货及支持活动完成方式的价值评价。当他们寻找到真正渴望得到的价值并愿意为此支付价格时，企业便在市场上实现了产品或服务的价值，从而在产品或服务的竞争中建立起自己的竞争优势，反之亦然。所以，企业要想在竞争中获得优势，就必须把自己的经营资源通过各种活动为顾客创造价值。也就是说，企业内部的各种活动都应该是创造价值的活动，由于这些活动在企业内部犹如一条链条，因而称为“价值链”。

价值链分析的重点在于价值活动分析。价值活动可以分为两大类：基本活动和辅助活动。基本活动是涉及产品的物质创造及其销售、转移给买方和售后服务的各种活动等，主要包括进货后勤、生产作业、发货后勤、市场营销和服务。辅助活动是辅助基本活动并通过提供外购投入、技术、人力资源以及各种公司范围的职能以相互支持，主要包括采购、技术开发、人力资源管理和企业基础设施。如图6–1所示。价值链图中的虚线反映了基本活动与辅助活动之间的相互联系以及共同支持整个价值链。

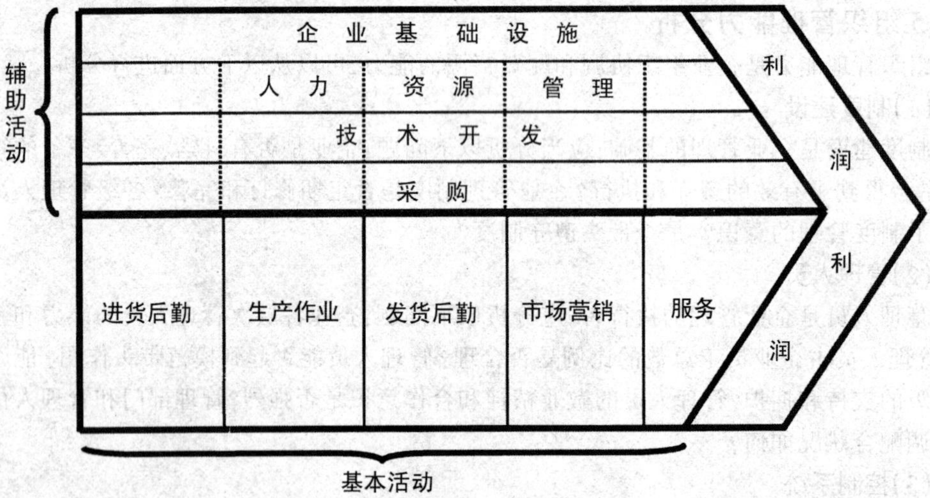

图6–1 基本价值链

1.基本活动

企业的基本活动是生产经营的实质性活动，按发生的时间顺序划分为五类：进货后勤、生产作业、发货后勤、市场营销以及服务活动。而每一种活动又可以根据具体的行业和企业的战略再进一步细分成若干活动。

(1)进货后勤

进货后勤是与生产投入品的进货、仓储和分配有关的活动，即从物料经过采购到达企业直到投入生产为止的过程中所有的活动，包括物料的验收、储存、物料在厂内的运输、存货控制、物料发放、向供货商退货等活动。进货后勤活动决定了投入生产过程物料的数量、质量、时间、地点及投入方式，直接影响到生产的连续性和效率。

（2）生产作业

生产作业是将投入品转变为最终产品的活动过程。在制造性企业中，生产作业包括机械加工、包装、装配、设备维修、产品检测、生产调度等活动。生产作业决定了企业产品或服务的内在质量、产品种类和生产成本。

（3）发货后勤

发货后勤是从完成产品生产到产品到达用户手中之间的活动，包括成品在厂内的运输、成品的储存、交货运输、调货处理、分销、交货调度等活动。发货后勤活动的质量将影响到企业的存货水平和资金的回收时间，影响到产品质量的保持以及企业与用户的关系。

（4）市场营销

市场营销活动是促进和引导用户购买本企业产品的所有相关活动，包括广告、促销和推销、产品定价和报价、选择销售渠道、建立代销关系等活动。

（5）服务

服务活动位于产品确定用户到最终结束其使用寿命之间，是为了提高或维持产品价值而产生的活动，包括产品的安装和维修、用户的培训、零部件和备件的供应、产品调整等活动。近年来，服务活动的范围和内容在逐步扩大，从范围上讲，售后服务活动已经超前于产品确定其用户的时间，逐步延伸到整个营销过程。例如，帮助潜在用户调整生产工艺、培训技术人员，以便使他们有朝一日可以使用自己的产品。服务活动也不再随着产品使用寿命的结束而终止，而是延续到新一轮消费和服务的开始。从内容上看，服务活动甚至包括为用户提供预测、实现本企业与用户生产的一体化，为用户提供财力、技术、人员和管理支持等方面。随着行业竞争程度的提高，很多制造型企业也越来越重视服务，甚至提出了向服务型企业转型的战略。

不管企业处于何种行业，上述五类基本活动都不同程度地发生，只是有些是由企业自己从事，有些是由外部协作系统提供。即使由外部协作系统提供的那些基本活动，也需要与企业的价值活动过程衔接，因而都需要进行系统的内部分析。

但我们应该注意，不同产业的企业所需要的基本活动是不同的，处于不同的社会及产业协作系统条件的企业所必须具备的基本活动也是不同的。例如，对宾馆酒店业，特别是在各地设立分支的连锁酒店来说，其基本活动中可以用同样的标准要求其生产活动（提供服务）和营销促销活功，使企业在各地分支机构的服务标准保持一致。这种各地一致的标准也成为这些企业的外部识别标志和质量的保证，因而企业对这两项活动的重视程度就会更高一些。对食品销售企业，进货后勤与发货后勤关系到食品的质量，是基本活动中最重要的活动。对这些企业来说，甚至还可以不直接从事生产活动。

行业不同，每一项基本活动体现出来的竞争优势也有所不同，即任何企业都是创造产品和服务的价值系统的一部分。对分销商来说，原料供应与成品储运是最重要的功能；对商业服务企业来说，成品储运是关键要素；对生产电脑、家电的企业来说，售后服务是最重要的活动。总之,各类基本活动都会在不同程度上体现出企业的竞争力。

2.辅助活动

辅助活动是企业中基本活动以外的所有活动。辅助活动为基本活动提供服务,构成企业竞争优势的主要来源,包括采购、技术开发、人力资源管理、企业基础设施等工作。辅助活动既支持整个价值链的功能,又分别与每项具体的基本活动有着密切的联系。

(1)采购

采购活动是企业投入品的购买活动,包括原材料、机械设备、劳务等的购买活动。由于企业各项活动都需要投入不同的要素,所以采购活动对企业各项活动都提供支持,贯穿了企业整个价值链。企业的采购活动可以由不同的部门进行,例如,原材料采购一般由采购部门负责,而机械设备的采购就由设备动力部门负责,劳动力的获取一般由人事部门负责。采购的内容也随产品种类的变化、工艺过程的调整、资源质量、获得地点和价格的变化而常有变化。对进行全球经营的企业或采购量很大的企业来说,采购成本对所获价值量的影响很大,所以,它们需要探寻全球采购的有效方式。

(2)技术开发

技术开发活动是指可以改进企业产品和工序的一系列技术活动,由于企业每项生产经营活动都包含技术,它关系到产品的功能强弱、质量高低和资源的利用效率。因此,技术开发活动服务于企业的全部活动,它贯穿于企业产品设计及价值链形成过程的各种创造及改良活动之中。技术开发活动由许多独立的活动组成,其中大部分由企业的研发部门进行,但也有一些技术开发活动发生于研发部门以外的其他职能部门,例如,物料流动系统的革命、新的管理方式的采用、新的生产营销技术、使用计算机信息网络等技术开发活动就是由其他部门进行的。

(3)人力资源管理

人力资源管理包括企业人员的招聘、选拔、雇用、培训、考核、激励和退休等活动。所有的活动都由人来完成,而人力资源管理活动以人为对象,因此,人力资源管理活动支持着企业所有的基本活动和辅助活动,以及整个价值链。

(4)企业基础设施

企业基础设施是指企业的组织结构、控制系统以及企业文化等活动。企业基础设施与其他辅助活动不同,一般是用来支持整个价值链的运行。在多种经营的企业里,公司总部和经营单位各有自己的基础设施;由于企业高层管理人员能在这些方面发挥重要影响,因此也往往被视为基础设施的一部分;还包括企业计划、财务、质量控制及法律服务等活动,以及所有与其他基本活动和辅助活动分离但又贯穿整个价值链的活动。

价值链分析的第一步是确定企业的价值链构成,然后通过与外部独立活动对比的方法来确定每一项活动对企业整体价值的贡献。对比的方法是从市场上寻找可以提供同样活动的交易对象,将企业自己从事该项活动的成本与市场交易价格相对比,如果企业的成本低于市场交易价格,则该项活动就可以为企业的最终价值做出贡献,而如果企业自己从事某项活动的成本高于市场交易价格,则该项活动为企业提供的是负价值。

如果对某项活动,企业在可能的市场范围内无法找到外部交易市场,则可以与竞争对手的成本进行比较,企业的成本低于对手的成本,则该项活动为企业提供正价值;反之,则提供负价值。

总的来说,企业应该保留能为企业提供正价值的活动。对提供负价值的活动,则可以考虑出售,然后从市场上购入该项活动。对那些提供负价值,而又无法由市场购入的活动,就需要进一步分析这部分活动对企业整体价值的削弱情况。一旦从事该项活动使企业整个价值低于最低可接受水平,企业就要果断地停止整个业务。

另外,还有一种情况需要进行例外考虑,即企业的某项业务是为另一项关系企业未来发展方向的业务服务的,这时,虽然该项业务中的某些活动不能提供正价值,也不一定就需要停止。此时需要将该项业务与其服务的战略方向性业务捆绑在一起,作为一项完整的业务进行分析。

价值链方法为企业内部分析提供了有效的思路和指导,在把企业所有活动进行系统分割、区分出九项价值活动并进行了价值分析后,就可以从中找出关键的内部要素,并将其作为企业竞争优势的来源而作进一步的分析。

3.价值链系统分析

许多企业在进行了内部价值链分析后,将那些由自己企业承担反而会使总价值降低的活动进行了剥离,采取了从市场购入而不是自己从事的方式进行生产经营,于是便产生了本企业价值链与提供前后向活动的企业的价值链连接的问题。为此,企业在进行了本企业的价值链分析后,还需要进行包括前后向活动的提供者,即包括企业供应商和客户价值链在内的价值链系统分析,见图6-2。

如图6-2所示,价值链系统分析包括两项内容:

一项是分析企业价值链与为自己提供前向或后向活动的价值链的接口。以与供应商价值链的接口分析为例,当企业将一部分活动(如某种零部件)的生产由自制改为外购时,企业价值链中该零部件的生产活动就消失了,供应商价值链中的推销促销环节的任务也发生了

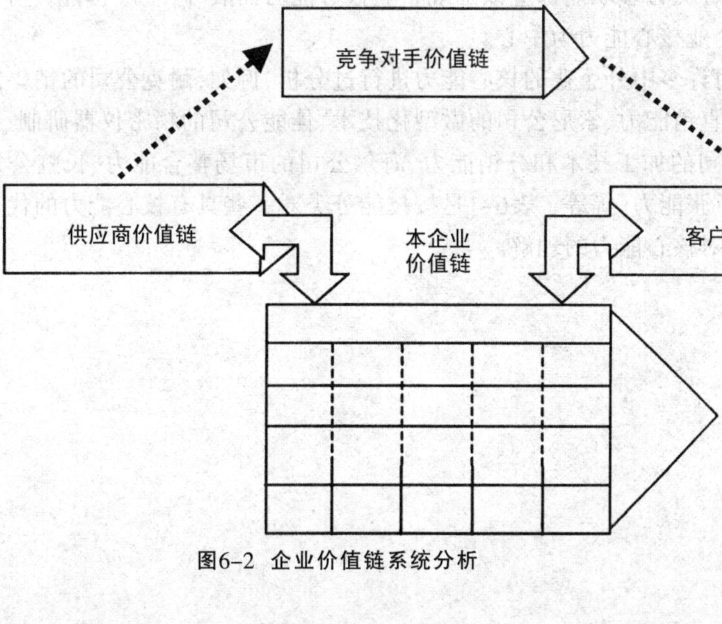

图6-2 企业价值链系统分析

根本的变化，在双方的价值链能如同一个企业那样顺利衔接时，它们共同的成本将有所降低，而且还能取得流程连接、信息共享、更好地了解和满足客户需求，进一步开发流程功能等方面的效果。

另一项分析是将企业的价值链系统与竞争对手的价值链系统进行对比分析。对绝大部分企业来说，其竞争对手往往与自己有共同的供应商和共同的客户，企业与对手的竞争不但表现在自己的价值链功能与对手的价值链功能的竞争上，还表现在双方在与供应商和客户价值链连接的效果上，只有当企业价值链系统整体价值高于竞争对手时，才能在市场上表现出更高的竞争力。从这一点上看，企业不但要关心对自己价值链的培养，而且要关心对供应商和客户价值链的培养。

总之，通过价值链分析，尤其是与行业内其他对手的价值链活动相比较，企业可以发现其内部各项活动的优势和劣势，寻找不断改进和创新的源泉。因此，价值链分析是企业内部环境分析的重要工具，为企业的战略选择提供了依据。

三、核心能力分析

经过以上分析，企业已经能够找到自身的优势和劣势了。但企业竞争优势的构建究竟应以何种能力为基础，还需要进一步进行核心能力的分析。

1.核心能力的涵义

核心能力是指居于企业能力的核心地位并能产生竞争优势的要素作用力，具体地说是组织的集体学习能力和集体知识，尤其是如何协调各种生产技术以及如何将多种技术、市场趋势和开发活动相结合的知识。核心能力不会因为被使用而衰退，它不像实物资产那样会随着时间的流逝而退化。核心能力是将现行事业相互结合的胶合剂，也是新事业发展的发动机。

企业核心能力是指决定企业生存和发展的最根本因素，是企业持久竞争优势的源泉。积累、保持、运用核心能力是企业生存和发展的根本性战略，也是企业经营管理的永恒目标，计划、组织、协调、控制等各类管理职能都应该围绕企业核心能力而展开，生产、营销、财务等各个管理领域都应该以企业核心能力为中心。

学者或企业家曾对许多中外企业的核心能力进行过分析，例如，耐克公司的销售能力和设计能力、戴尔公司的直销能力、索尼公司的微型化技术、佳能公司的精密仪器研制、NEC公司的数字技术、松下公司的加工技术和分销能力、海尔公司的市场整合能力、长虹公司的技术吸收创新和低成本扩张能力，等等。表6-1是按技能分类对一些具有核心能力的代表性企业的观察，有助于加深对核心能力的理解。

表6-1　按技能分类观察企业核心能力

技能分类	核心能力	代表企业
经营管理	高效率的财务管理系统 多元化企业在战略控制上所需的专业知识 有效的部门分类及事业单位的经营(调整、收购合并、管理能力) 强大的领导能力	汉森(Hanson) 埃克森(Exxon) 通用电气(GE) 壳牌(Shell) 伊莱克斯(Electrolux) 沃尔玛(Wal-Mate) 联邦捷运公司(Federal Express)
经营情报	强大的中央控制,有效率的MIS网络	全美航空(American Airline) Sabre Network
研究开发	开发革新产品的基础研究能力 新产品开发速度	默克(Merck)、索尼(Sony)、3M、美国电报电话公司(AT&T) 佳能(Conon)、马自达(Matsuda) 本田(Honda)
生产	生产的效率性 创造工艺的持续性向上能力 韧性和敏捷的反应速度	丰田(Toyota) Nucor Benetton
产品设计	设计能力	苹果公司(AC)
营销	品牌的管理及促销 广泛利用高品质名声，促进销售的活动对市场流动的快速反应	宝洁(P&G) 百事可乐(Pepsi Cola) 奔驰(Benz) American Express The Gap
销售和流通	销售量大大增加 快速有效的物流 为顾客服务的品质和效率性	微软(Microsoft)、Glaxo 联邦捷运公司(Federal Express) 迪斯尼(Walt Disney) 马克—斯潘塞(Mark and Spencer)

2.核心能力的确认

至少可以从三个方面来确认企业的核心能力:

市场和事业的开拓能力。核心能力为通往多种市场提供潜在通道,例如,在激光方面的核心能力,使企业易于进入像VCD、CD唱机、计算机光驱这类产业;在显示系统方面的核心能力,可以使企业进入像计算机、迷你电视机、计算机显示器这类产业。所以,卡西欧公司进入手持式电视机市场就在人们意料之中。

对消费者福利贡献的能力。核心能力应该对最终产品所体现的消费者福利有显著的贡献。很明显,本田公司在发动机方面的专长、英特尔公司在微处理器方面的专长以及AT&T在通信方面的专长,都符合这一条件。

阻挡竞争者模仿的能力。核心能力应使竞争者难以模仿。如果核心能力是一些特别技术和生产技能之间相协调的产物，那么它就很难被模仿。竞争对手可能会获得包含核心能力的某些技术，但它会发现，要想全面复制核心能力拥有者的内部协作和学习的总体方式会难上加难。

3.核心能力的评价标准

尽管各企业核心能力的表现形式有所差异，但衡量和评价核心能力能否形成可持续竞争优势的标准是相同的，即占用性、耐久性、转移性和复制性。评价核心能力的这四个标准，实质上是说企业适应市场需要的核心能力必须具有在较长时期内获得超过平均利润的与众不同的特质，很难被竞争者效仿。

(1)占用性

占用性是指企业在多大程度上能够完全拥有企业内部战略性资源产生的收益而不被其他个人或组织据为己有。这个标准有以下含义：第一，这种占用性不是指企业对资源的占用性，而是其他个人或组织对资源的占用程度。他们对资源的占用性越低，企业持续获利的能力就越高，资源优势和核心能力就能充分发挥。因为，如果一种战略资源深深扎根于企业之中，它就很难被他人占用，其收益就能为企业所独享；反之，如果其他个人或组织能够占有该资源，那么万一资源的占有者，如一个拥有企业关键客户资源的营销人员，转而倒向竞争者，企业就很容易蒙受损失。

第二，这种占用性是指资产所有权和经营权的统一。当一个企业只拥有固定资产，而无法掌握控制和管理资产运营的技能，那么由个人对资产管理垄断而形成的利润占用性必将提高，企业持续获利的能力就必然受到影响。

第三，企业在关键性战略资源与核心能力上最大限度地降低对其他组织的依赖，减少外部力量的占有程度，也是形成可持续竞争优势的重要因素。例如，一个拥有良好信誉和口碑的产品，其品牌构成该企业关键性的战略资源与核心能力，但企业在联营生产中为了短期利益将品牌出售，结果为时不久，企业就在顾客的叫骂声中走向衰落。再如，当企业拥有先进的技术装备和制作工艺、大批量的生产能力、广泛的市场接受程度时，决定企业竞争优势的资源与核心能力已从生产领域转向销售领域，如果没有一支强大的销售与维修队伍和精心编制的销售网络，而是由中间商或代理商把持销售通道，企业获利能力必将大打折扣，并为价格、销量和回款等问题所困扰。

(2)耐久性

所谓耐久性，是指企业战略资源与核心能力作为利润源泉的持久程度。如何理解耐久性是强化耐久性的关键。第一，耐久性不是指企业拥有的设备、技术和产品等有形资产，技术变革速度的加快，使产品和技术的生命周期不断缩短，一种产品或技术统治市场几十年的时代已经过去，就像战场上没有常胜将军一样，市场中也不存在永不衰退的产品和技术。企业拥有的有形资源的耐久性程度日趋下降，与企业无形资产耐久性上升形成鲜明的反差。

第二，耐久性强调的是企业无形资产，如企业在社会公众中的商誉、有口皆碑的品牌、行业创新的旗手、一流的营销管理和令人满意的顾客服务等。耐久性的无形特征越多，资源的战略价值越大。无论产品和技术发生何种变化，只要企业运营能力和制度能力一如既往，无形资产的光环就会普照市场，无形资产价值的影响力就会体现在多代产品上并持久地发挥作用。那些想长期拥有竞争优势的企业,既不可随波逐流、盲目改变,也不可夜郎自大、固步自封,必须在巩固和发展资源优势与核心能力上下功夫,围绕企业内部运营管理和制度创新做文章。企业要在巩固现有优势的基础上发展新优势,使新开发的竞争能力有利于强化原有的资源优势与核心能力,并形成强大的竞争优势滚动发展的态势。

(3)转移性

所谓转移性,是指战略性资源与核心能力转移程度越低,其保持高额利润的竞争优势就越高。战略资源与核心能力转移程度越高,企业竞争优势的持续性就越差。有些资源经常出现转移,如原材料、机器设备、产品、过时技术、掌握特殊技能或通用技能的雇员,甚至连工厂的所有权的转让等,这些非战略性资源与核心能力的买卖活动均属于正常行为,并不影响企业竞争优势。而企业专有的战略性资源与核心能力——企业丰厚利润的支撑点,如扎根于企业组织、融于企业文化的管理优势和经营理念;独特而领先的技术和良好的公众形象等,都不能轻易转移,因为战略资源转移之时,便是企业竞争优势丧失之日。

(4)复制性

所谓复制性,是指企业的战略资源与核心能力能被竞争者轻而易举地"仿制"和"克隆",企业就难以持久地拥有获取高额利润的竞争优势。如果竞争者经营雷同的项目或购置同类资产,就可能在同一市场形成相同的能力,企业原有的竞争优势将不复存在,经济学中的均衡理论在这里将发挥作用,削价竞争将使公司的超额利润、甚至利润很快消失。

竞争优势越容易被复制,其战略资源与核心能力的重要性就越低。那么,缺少独特的专有性和有效防御仿制能力的战略资源与核心能力，其战略品质能否成立，值得人们认真思考。一般来说,缺乏差异性和专有性的资源,我有你有他也有的资源,一般不能称为战略性资源,也不能形成优于竞争对手、实现竞争优势的核心能力。战略资源与核心能力越容易被竞争者复制,企业可持续竞争优势就越差。

经过以上分析,企业找到了自身资源和能力的优势与劣势,确认了企业的核心能力,为制定能够产生可持续竞争优势的企业战略打下了坚实的基础。

第三节　企业经营现状分析

对企业资源的分析反映了企业的实力,是企业能够制定和实施某种战略的基础;对企业能力的分析反映了企业在以往的经营活动中表现出来的资源运用的技能，使我们对企业未来发展的潜力和表现有了一定的预期和估计。但这些分析还不够全面,还没有能够完整地反映出企业内部环境的全貌,我们还需要对企业当前的状态进行一个扫描,即企业的经营现状分析。

经营现状分析是在进行企业战略分析的当前时点上,对企业状况进行的全面描述,是企业连续不断的发展历程中在当前时点上切出的一个横截面，它反映了企业内部各个方面的当前表现。如果说企业资源分析回答了"我有什么?"的问题,企业能力分析回答了"我能做什么？"的问题,那么企业经营现状分析就是回答了"我正在做什么？现在怎么样？"的问题。

企业的经营现状与企业的资源和能力既有联系，也有区别。企业经营现状是企业资源和能力与外部环境综合作用的体现，资源优、能力强的企业有可能在外部环境不利的情况下表现不佳，资源差、能力弱的企业在有利的外部环境下也有可能在某些特定时点上表现优异。例如，在行业的成长期，往往企业业绩表现优异，但实际上资源和能力并不充分，其良好业绩是快速增长的市场带来的，一旦市场竞争趋于激烈，缺乏资源和能力的企业将最先被淘汰；在竞争激烈的行业中，有的企业在某些时候表现欠佳，但其资源和能力并不缺乏甚至相当强，其业绩不良是由于不利的外部环境造成的，只要能够保住市场、持续经营，等到环境转暖就会柳暗花明。

因此，对企业经营现状进行分析能够使战略决策者清晰地看到企业当前的状况，和资源能力分析结合起来，就能够对企业有全面深入的认识，既不会因经营现状良好而盲目乐观，忽视自身的弱点和问题，也不会因现况不佳而丧失斗志。这种对自身客观、理性、全面的认识是制定正确战略的思想基础。

对企业现状的分析可以从企业经营的各个方面展开，一般按照企业的主要职能，从财务、组织、采购供应、生产质量、技术研发、营销服务等方面展开。

一、财务状况分析

财务状况是企业经营现状的集中表现，财务状况分析是企业经营现状分析的基础和关键。企业的经营者、投资者、债权人、员工和政府都会从不同的角度，根据各自的价值观念来考察企业的财务状况。例如，企业经营者关注当前和长期的经营效益；短期和长期信贷户关心稳定的利息和本金偿还能力；企业员工关心支付工资和其他社会福利方面的财务能力；政府则注意纳税的可靠性和经营的合法性。

通常运用财务比率分析法来对企业财务状况进行分析。财务比率分析是根据企业主要财务报表所提供的数据进行的。单纯计算企业财务比率就是反映企业在进行分析的这个时点上的情况，即经营现状。把计算出来的财务比率与以前的财务比率、竞争对手的财务比率和整个行业的财务比率进行比较，就能看到企业的优劣势和发展趋势。财务比率一般分成以下五大类：

1.清偿比率

流动比率=流动资产/流动负债

用来测定企业的短期偿债能力。

速动比率=速动资产/流动负债

其中：

速动资产=流动资产−存货−预付账款−待摊费用−待处理流动资产损失

用来测定在不用出售库存产品和材料的情况下，企业可以在多大程度上清偿其短期债务。

2.债务与资产比率

资产负债率=负债总额/资产总额

用来测定债务在总资产中所占的百分比，表示企业资产对债权人权益的保障程度。

资本负债率(产权比率)=负债总额/所有者权益总额

反映企业所有者权益对债权人权益的保障程度。

收益与利息比率=税前利润/总的年利息支出

用来测定需要多少税前利润,企业才能支付每年的利息。

3.经营比率

存货周转率=主营业务成本/平均存货余额

用来测定企业的库存是否过多,或在同行业中周转是否太慢。

固定资产周转率=主营业务收入净额/平均固定资产净值

用来测定厂房、设备等固定资产的利用率,表明企业固定资产是否得到充分利用。

总资产的周转率=主营业务收入净额/平均资产总额

用来测定企业是否用其资产产生了足够的销售额,表明企业资产使用效率的高低。

应收账款周转率=年赊销总额/应收账款

用来测定企业需要多长时间才能回收赊销货款。

4.盈利比率

毛利率=(销售额-总生产成本)/销售额

用来测定可供支付的经营管理费和作为利润收入的毛利润是多少。

纯利润率=净利润/销售总额

用来测定每元销售的税后利润。

投资收益率=净利润/总资本

用来测定每元资本的税后利润。

每股盈余=净利润/企业售出普通股总额

用来测定股东从每一普通股票上可能得到的红利。

5.增长比率

销售增长率=本年销售收入增长额/上年销售收入总额

衡量企业经营状况和市场占有能力。

利润增长率=本年利润增长额/上年利润总额

衡量企业效益增长状况。

二、组织结构状况分析

企业组织结构的形式多种多样,但基本的结构类型不外乎以下几种:简单结构、职能结构、部门结构和矩阵结构。一些新的组织结构形式,往往是以这些基本结构形式为基础进行创新而成的。各种组织结构形式都有其优缺点,适用于不同情况,本无优劣之分,关键看其是否与企业战略相匹配。企业在评价其组织结构时,要看组织结构是否与未来战略变化相适应。如果相适应,企业战略就易于实施;如果不适应,就需要企业根据战略的要求进行组织结构的调整和变革。

1.组织结构及其影响因素分析

组织结构是关于组织中的人员和任务如何相互联系和依赖的相对稳定的网络结构,常将企业组织形式以结构图的形式表示出来,形象地体现企业各成员之间的层次关系、指挥关

系以及协调关系。影响组织结构的因素主要有:

(1)协调机制

要达到组织的整体要求，首要和基本的决策就是确定组织中相互依赖的人员和群体如何相互协调。组织整体的活动得以完成的基本协调机制有:互动调整、直接监督和标准化。互动调整是指通过相同等级的员工之间共享与工作相关的信息、人际沟通的方式来实现组织的协调;直接监督是指一个人对其他人的工作负责的机制;标准化是通过向员工提出固定的工作标准和程序使他们明确自己的职责和任务,包括工作流程、产出(产量)、技能和规范四个方面的标准化。

一般地,对于一个12人以下的群体,适宜采用互动调整的协调机制;对多于12人的群体,就应该采用直接监督的协调机制;当组织人数超过50时,则采用标准化机制更为有效。管理人员应当注意在使用一种协调机制的成本和该机制带来的好处之间作出权衡。

(2)正规化

当组织采用标准化的协调机制时,也就意味着引入了正规化的机构。正规化是指制定组织行为的规则并将这些规则诉诸文字。在高度正规化的组织中,有明确的工作说明书,有繁多的组织规章制度,对于工作过程有详尽的规定。但工作正规化程度越高,员工决定自己工作方式的权力就越小。

(3)专门化

专业化是指组织的工作被划分成具体到个人的任务。早在20世纪初,亨利·福特发明了生产线作业管理方法,给生产线上的每一个员工分配特定的、重复性的工作,即让员工从事专门化的工作,结果大大提高了他们的生产效率。今天,工作专门化这一术语被用来描述组织中把工作任务划分成若干步骤来完成的细化程度。

不过,到了20世纪60年代以后,越来越多的证据表明,在某些工作领域,扩大而不是缩小工作活动的范围(如工作扩大化、内容丰富化等),反而可以提高生产率。

(4)部门化

一旦通过工作专门化完成任务细分之后，就需要按照类别对它们进行分组以便使不同的工作可以协调进行。组织进行部门化的途径很多,可以根据需要分别依据职能、产品类型、地域、生产过程、顾客的类型等进行部门化。大型组织进行部门化时一般都综合利用上述各种方法和途径。

20世纪90年代以来部门化出现了两个较普遍的倾向:第一,以顾客为基础进行部门化越来越受到青睐;第二,坚固的职能型部门被跨越传统部门界限的工作团队所替代。

(5)管理幅度和管理层次

管理幅度是指一个管理人员所能有效地直接领导和控制的实际人员数。管理层次是指组织内纵向管理系统所划分的等级数。一般情况下,管理幅度和管理层次成反比关系。管理幅度受多方面因素影响,有领导者方面的因素(知识、能力、经验等),被领导者方面的因素(素质、业务熟练程度等),也有管理业务方面的因素(业务的复杂程度、工作环境等)。管理层次主要受员工培训情况、事前计划情况、领导者授权情况、企业变动情况、目标明确程度、意见交流情况等的影响。

(6)集权与分权

在有些组织中,所有的决策都由高层管理者作出,基层管理人员只管执行高层管理者的指示,这属于集权。另外一些组织则把决策权下放到最基层管理人员的手中,这属于分权。近年来,分权式决策的趋势比较突出,这与使组织更加灵活和主动地作出反应的管理思想是一致的。

2.组织结构的类型及其特点

企业组织结构一般有以下4种类型:

(1)职能制结构

职能制结构是一种以工作为中心进行组织分解的结构,组织从上至下按照相同的职能将各种活动组合起来,一般由采购、制造、销售、财务和行政管理等部门构成,如图6–3所示。

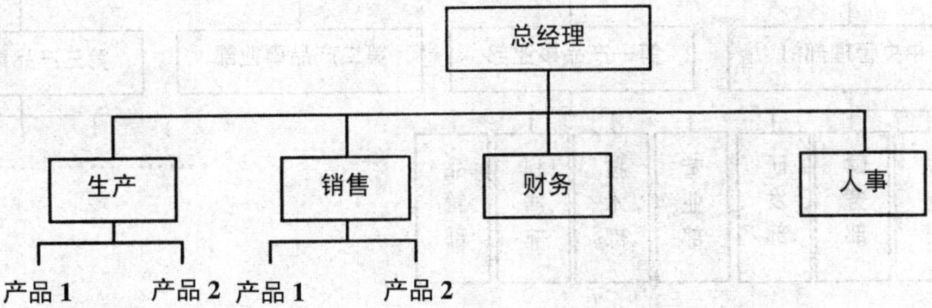

图6–3 职能制组织结构

表6–2概括了职能制组织结构的特征。

表6–2 职能制组织结构的特征

关联背景	结构:职能制 环境:稳定 技术:例行性的、相互依存较低 战略目标:内部效率、技术质量
内部系统	经营目标:强调职能目标 计划预算:基于成功的预算、统计报告 正式权力:职能经理
优点	鼓励部门内规模经济 促进深层次技能提高 促进组织实现职能目标 在中小型规模下最优 一种或少数几种产品时最优
缺点	对外界环境变化反应较慢 可能引起高层决策堆积、层次超负荷 导致部门间缺少横向协调 导致缺乏创新 对组织目标的认识有限

(2)事业部制结构

事业部制结构是1920年美国人波尔·杜邦在改组杜邦公司时首先提出的，是根据以产品和产品系列构成为原则组建的事业部来确定组织结构。一个事业部一般都是企业的一个"利润中心"，其组织结构如图6-4所示。类似的组织结构还有模拟分权结构，是在1921—1922年间，美国通用汽车公司副总裁弗雷德·斯隆对杜邦的事业部制结构的模仿和改进，也叫斯隆模型。

表6-3概括了事业部制组织结构的特征。

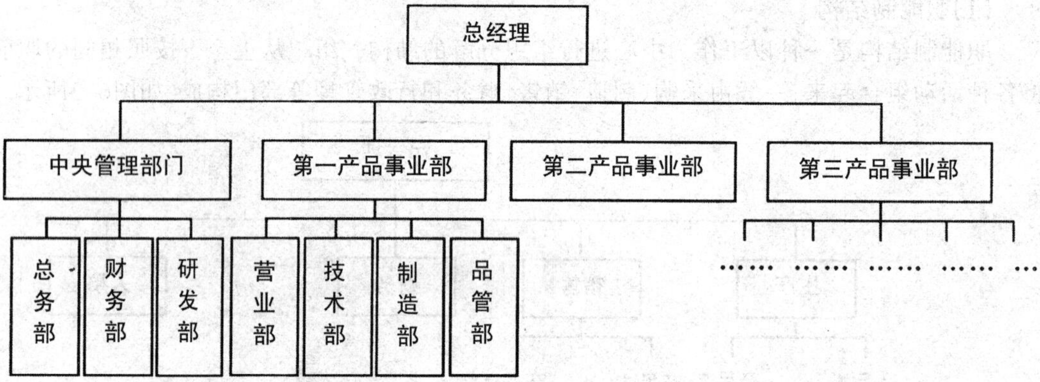

图6-4 事业部制组织结构

表6-3 事业部制组织结构的特征

关联背景	结构：事业部制 环境：中度到高度的不稳定 技术：非例行性的、较高的相互依存 战略目标：外部效益、适应、顾客满意
内部系统	经营目标：强调产品线 计划预算：基于成本和收益的利润中心 正式权力：产品经理
优点	适应不稳定环境下的快速变化 通过清晰的产品责任和联系环节实现顾客满意 跨职能的高度协调 各分部适应不同的产品、地区和顾客 在产品种类较多的大公司中效果最好 决策分权
缺点	失去了职能部门内部的规模经济 可能导致产品线之间缺乏协调 失去了深度竞争和技术专门化 产品线之间的整合与标准化变得困难

(3)矩阵制结构

矩阵制结构就是把一个以项目或者产品为中心构成的组织(横向组织)叠加到传统的、以职能来构成的组织(纵向组织)之上,由此产生的组织形式近似一个矩阵。矩阵制结构中的成员具有双重角色,他们既对原属的职能部门负责,职能部门的主管仍是他们的上级;同时也对项目经理负责,项目经理对他们拥有项目职权。其组织结构如图6-5所示。

表6-4概括了矩阵制组织结构的特征。

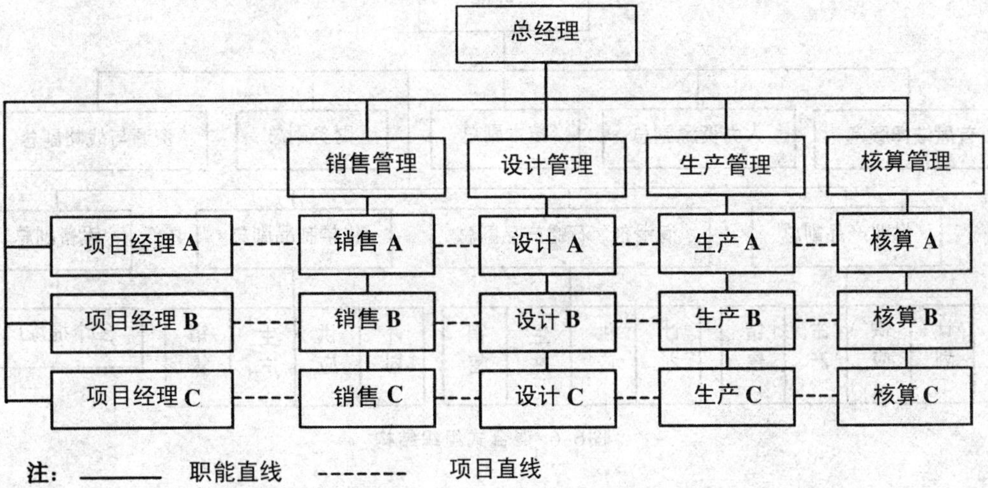

图6-5 矩阵制组织结构

表6-4 矩阵制组织结构的特征

关联背景	结构:矩阵制 环境:高度不确定性 技术:非例行性的、较高的相互依存 战略目标:产品创新和技术专门化
内部系统	经营目标:同时强调职能和产品线 计划预算:基于职能和项目(产品)的双重系统 正式权力:职能经理和项目(产品)经理的联合
优点	获得了适应环境双重要求所必需的协作 项目(产品)之间实现人力资源的弹性共享 适于在不确定环境中进行复杂的决策和经常性的变革 为职能和生产技能的改进提供了条件 在拥有多种产品的中等组织中最优
缺点	导致员工卷入双重领导之中,降低了人员的积极性并使其迷惑 员工需要有良好的人际关系技能并经过全面的培训 耗费时间,包括经常的会议和解决冲突 员工必须理解这种模式 需要维持权力平衡

(4)混合式结构

混合式结构是对以上各种结构的综合运用。当一家企业成长为大公司,拥有多个产品线或市场时,通常会综合职能制、事业部制结构而组成若干自主经营的单位,同时,有些职能也被集中在总部控制,以获得规模经济和深度专门化。图6-6以一家多元化企业为例显示了这种结构,表6-5概括了这种组织结构的特征。

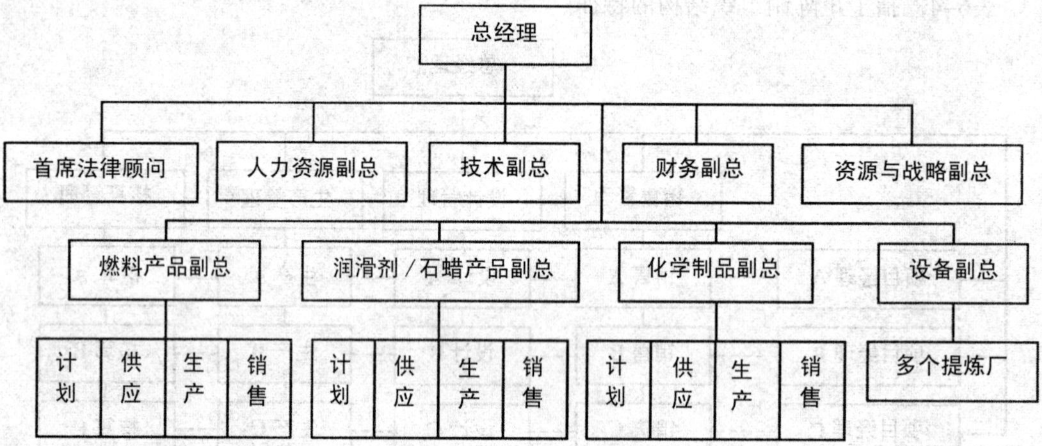

图6-6 混合式组织结构

表6-5 混合式组织结构特征概括

关联背景	结构:混合式 环境:中度到高度的不确定性,变化的客户要求 技术:例行或非例行性的、一定的相互依存 战略目标:外部有效性、适应、顾客满意
内部系统	经营目标:强调产品线和某些职能 计划预算:基于事业部的利润中心、基于核心职能的成功 正式权力:产品经理在职能经理的协作下
优点	使组织在事业部内适应和协调,在核心职能部门内实现效率,事业部的目标更一致 获得产品线内和产品线之间的协调
缺点	可能产生过多的管理费用 事业部和公司其他部门之间的冲突

三、采购供应状况分析

采购供应状况主要指企业是否具备有利的供应地位、与自己的供应者关系是否协调、是否有足够的渠道保证、能否以合理的价格来获取所需资源等。

在采购供应状况分析中,原材料和零部件的供应应当首先考虑。主要分析当前原材料及零部件供应的可靠性、及时性;企业有哪些供应商,主要供应商经营是否稳定;所供应原材料及零部件的技术特性与质量保证状况;企业对外协作的关系如何,等等。

其次,要分析企业能源供应状况,主要涉及目前企业所用水、电、煤、气、油等能源供应的可靠性、及时性;所供应的能源是否质量稳定;企业与能源供应部门是否有良好的协作关系;企业三废如何处理,等等。

第三,要分析企业资金的供应问题,即目前的主要筹、融资渠道有哪些?是否畅通、稳定?企业与资金供应者,即银行等金融机构是否有良好的关系?目前的资金供应能否满足企业经营发展的需要?

第四,要分析企业人力资源的供应问题,即企业目前主要的人力资源来源是什么?哪些人力资源供应充分,哪些供应不足?能否满足企业经营和发展的需要?

四、生产质量状况分析

企业生产质量状况可以进行大量的定量分析,常用以下指标进行分析。

产量:企业在一定时期内生产的各种产品数量,反映企业的生产规模和能力。

产品平均技术性能:是用产品某种技术性能(物理性能或化学性能)的平均数来反映大量产品的质量水平。

产品合格率:是指合格产品数与全部产品数的比值。

产品成品率:是指合格的成品数与投入坯料数的比值,该指标越高说明作业质量越好,生产成本越低。

产品等级品率:是指某等级品数与全部合格产品总量的比值。

产品质量分数:是指当有些产品的质量考核项目很多时,可对每一考核项目打质量分,逐项计分后算出质量总分,用以反映产品质量水平。

废品率:是指在全部送样产品中废品数占全部产品数量的比例。

返修率:是指检验不合格,但可以返工修复的产品数量占全部送检产品数量的比例。

开箱合格率:对企业产品进行开箱抽检,合格产品占抽检数量的比例,反映企业的总体质量水平。

用户质量投诉率:是用户质量投诉占投诉总数量的比例,反映用户对企业产品质量的满意程度。

合同准期率:是指按期交货的合约数量占企业业务总量的比例,反映企业生产的准期性。

五、技术研发状况分析

企业技术研发状况总体上可以从以下方面得到反映:企业的生产工艺和产品技术在国内外处于怎样的水平?与国内及国际先进水平的差距如何?企业研发经费占销售额的比例、新产品销售额占企业总销售额的比例等。具体可以从三个方面进行分析。

1.研发组织状况

研发组织是企业研发工作的运行机构,组织状况是研发工作的总体反映。主要分析:该组织目前运转是否正常?岗位设置和分工是否合理?岗位工作量是否饱和?有无闲置?研发人员之间的协调合作是否有效？正在进行哪些产品或项目的研发？进展如何？研发人员目前的配备使用是否合理？等等。

2.研发成果状况

主要分析目前研究开发的成功率及导致成功与失败的具体原因，进行了多少老产品的改进，效果如何？新产品的投资效果如何？企业有无技术储备？等等。

3.研发过程

对研发过程可以从三个方面进行分析。

首先，研发程序分析。目前的研发程序是否合理，各阶段内容是否完善。

其次，研发进度分析。有无完善的研发计划，能否按计划控制研发进度，进度超前和滞后的原因，超前和滞后对企业的经济影响，能否动态调整开发进度。

第三，研发质量分析。研发成果水平如何？老产品改进和新产品开发后的质量如何？等等。

另外，企业研发的物质条件如何、是否有先进的研发装置和仪器设备、是否有充分的知识资源和获取渠道也是影响研发状况的重要因素。

六、营销服务状况分析

企业的市场营销服务状况分析可以从市场定位、营销战略组合两个方面来分析。

1.市场定位分析

主要要分析以下内容：企业目前的市场定位是什么？这个市场定位是否符合企业的状况？这个定位是否建立在进行市场调查的基础之上？企业的目标市场是否具有可测量性、可进入性、可盈利性和可行动性？企业的市场定位是属于避强定位、迎头定位还是重新定位？当前采用的市场营销战略是否符合这个市场定位？是否有效？企业多长时间进行一次市场调查？市场调查的规模多大？企业是否掌握目标客户的需求和消费行为？企业如何进行市场细分？是否科学、准确？企业当前在目标市场中处于怎样的竞争地位？该地位是否稳固？等等。

2.营销组合分析

从市场营销组合的每个方面来考察企业目前的营销状况。

(1)产品或服务

产品功能、质量、包装、款式、花色、型号、规格等是否符合用户需求？企业目前对用户提供怎样的服务？服务质量和水平如何？是否有健全的服务监控系统？用户的投诉是否能得到及时处理？等等。

(2)定价

目前企业通过怎样的程序来定价？采用哪种定价策略？产品价格和企业的定位是否相符？产品价格是否随市场的变化而调整？如何进行调价？用户、经销商对产品的价格是否认同？企业的产品价格与竞争对手孰高孰低？是否有价格竞争力？等等。

(3)促销

企业目前主要在哪些媒体做广告？是否对广告效果进行测评和监控？广告费支出占销售收入多大比例？企业的广告由谁设计？是否符合企业定位？客户对广告的评价和反映如何？

企业的销售队伍有多少员工？能力、素质怎样？平均每个营销人员的销售业绩是多少？与同行业平均水平和竞争对手相比如何？营销人员是否有强烈的事业心和进取精神？营销队伍是否有团队意识和协作精神？企业的营销管理政策能否调动营销人员的积极性、主动性和创造性？等等。

(4)分销

企业如何进行成品仓储？仓储成本多高？与同行业平均水平和竞争对手相比如何？企业目前在哪些地域市场上销售？怎样进行分销？分销渠道是否合理？是否稳定、畅通？分销覆盖范围是否符合企业的市场定位？分销网点布局怎样？是否合理？企业与分销商是否有经常性的良好沟通？企业是否掌握每一个分销商的经营状况？企业的分销政策是否合理可行？对分销商的激励是否充分？分销商对企业产品的经营积极性高不高？等等。

应当指出，企业经营现状可以从企业方方面面的表现得到反映，要运用大量的指标、信息和数据，很难一一列举，因此这里只能提供总体思路和基本框架。针对特定的企业，我们要对这个一般框架进行权变和细化，力争把企业经营的状况完整、真实、全面、准确地扫描出来、表现出来，供战略决策者参考。

第四节　企业文化分析

企业文化是企业的软环境，企业每一位员工都在企业文化环境中工作，潜移默化地受到企业文化的影响。因此，企业文化是企业内部环境的重要组成部分，它影响和决定着内部环境的其他方面，对企业战略的制定和执行也具有重大影响，要进行深入分析。

一、企业文化理论简介

企业文化理论体系创建于20世纪80年代初期，美国的一些管理学家通过比较日、美两国企业的经营管理经验提出了企业文化理论。1980—1981年，美国出版论著《Z理论——美国企业界怎样迎接日本的挑战》、《日本企业管理艺术》、《企业文化——企业生存的习俗和礼仪》、《寻求优势——美国最成功公司的经验》，标志着企业文化理论的诞生。

清华大学张德教授把企业管理分为三个阶段：第一阶段是经验管理阶段(1769—1901年)，最大的特点是人治，靠领导人的经验来管理企业；第二阶段是科学管理阶段(1901—1980年)，最大的特点是法治，靠制度来管理企业；第三阶段是文化管理阶段(1981至今)，最大的特点就是文治，把企业文化作为企业管理最重要的方面。

1.企业文化的内涵

企业文化是企业中居主导地位的价值观、管理哲学、道德观念以及表现这些理念的经营思想、作风和方式，是企业在长期生产经营中形成，并被员工认同遵从的思想观念、价值标准、行为方式的总和。

凡是有人群存在的地方就有文化。企业文化是文化的一种表现形态，是企业在长期的实践过程中形成并为组织成员普遍遵守和奉行的共同价值观念。它反映和代表了组织成员的整体精神、共同的价值标准、合乎时代的伦理和追求发展的文化素质。企业文化也反映了一种管理方式,它强调企业内部各成员的行为控制通过价值取向来进行内化和优化。

企业文化的内容包括企业职工的思想意识、价值观念、道德规范、精神风貌、人际关系、传统风俗和工作态度等;从外在表现上主要包括企业的各种文化教育、技术培训、娱乐联谊活动等。企业文化就是这两个方面内容有机联系而形成的企业精神风貌。具体来讲,组织文化涵盖了以下八个方面的内容:

(1)企业价值观和精神;(2)企业发展战略和目标;(3)企业管理制度;(4)企业道德规范和行为准则;(5)企业形象和凝聚力;(6)企业内部人际关系和文明建设;(7)企业人才成长发展条件;(8)企业生产、生活条件、文化活动及文化氛围等。

2.企业文化的成因

企业文化形成是一个复杂的历史过程,其影响因素较多,主要有:

(1)民族文化。企业文化首先受到民族文化的影响,企业要注意科学地分解民族文化的积极和消极因素,从传统民族文化中吸取精华、排除糟粕,为企业文化的成长提供良好的"土壤"。

(2)世界文化。它也是影响企业文化的重要因素。尽管不像民族文化那么直接,但也不能忽视而应吸取其精华,把世界文化与民族文化很好地结合起来。

(3)企业生产力状况与外部环境。企业生产力状况是企业文化的物质基础,是直接影响企业文化形成的重要内容。企业经济实力、技术装备水平、信息手段和工艺方法、产品服务质量、职工观念等都是企业文化赖以形成的外在因素。社会制度、经济体制,甚至如顾客、竞争对手等环境因素,都会对企业文化的形成产生很大甚至是决定性的影响。

(4)企业员工素质。包括企业家素质与职工素质,是影响企业文化形成的重要内因,员工文化素质不同会形成不同的企业文化。

(5)现代管理科学的发展。企业文化是一种管理哲学,随着管理理论和实践的不断发展,企业文化将会不断地丰富更新。

3.企业文化的类型

桑南菲尔德(Jeffrey Sonnenfield)提出了一套标签理论,有助于我们认识企业文化之间的差异,认识到人与文化合理匹配的重要性。通过对组织的研究,他确认了4种文化类型:

(1)学院型:学院型企业是为那些想全面掌握每一种新工作的人准备的地方。在这里他们能不断地成长、进步。这种企业喜欢雇用年轻的大学毕业生,公司为他们提供大量的专门培训,然后指导他们在特定的职能领域内从事各种专业化工作。

(2)俱乐部型:俱乐部型企业非常重视适应、忠诚感和承诺。在俱乐部型企业中,资历是关键因素,年龄和经验都至关重要。与学院型企业相反,这种公司把管理人员培养成通才。

(3)棒球队型:这种企业是冒险家和革新家的天堂。这种企业从各种年龄和经验的人中寻求有才能的人,根据员工产出状况付给他们报酬。由于公司对工作出色的员工予以巨额奖酬和较大的自由度,员工一般都拼命工作。在会计、法律、投资银行、咨询公司、广告机构、软件开发、生物研究等领域,这种企业比较普遍。

(4)堡垒型:棒球队型公司重视创造发明,而堡垒型公司则着眼于企业的生存。许多这类企业以前是学院型、俱乐部型或棒球队型的,但在困难时期衰落了,现在尽力来保存自己尚未被消蚀的财产。这种企业工作安全保障不足,但对于喜欢流动性挑战的人来说,这儿是令人兴奋的工作场所。堡垒型组织包括大型零售店、林业产品公司、天然气探测公司等。

4.企业文化的作用

企业文化是企业构建竞争优势最重要的平台,是企业内部的软环境,它决定和影响着企业内部环境的其他方面。联想集团柳传志在谈如何创办成功企业时说得好:管理是房屋,企业文化是地基。具体而言,企业文化具有以下六个方面的作用。

(1)导向作用

导向作用是指企业文化把企业整体及企业员工个人的价值取向和行为取向引导到企业所确定的目标上来。在激烈的市场竞争中企业如果没有一个自上而下的统一目标,很难参与市场的角逐,更难于在竞争中求得生存和发展。对于一般的组织也是这样。

企业文化就是在企业具体的历史环境和条件下,通过共同价值观和群体意识的培育,将人们的事业心和成功欲转化成具体的奋斗目标、信条和行为准则,使员工在潜移默化中接受共同的价值观念,形成组织的精神支柱和精神动力,对组织产生认同感,为组织的既定目标而努力。因此,优秀的企业文化实质上就是建立内部的动力机制。这一动力机制的建立,使组织真正成为一个有机整体,不但可以产生具有创造性的策略,而且能使员工勇于为实现企业的目标而作出个人牺牲。

(2)规范作用

作为一个组织,常常不得不制定出许多规章制度来保证组织活动的正常进行,这当然是完全必要的。但即使有了千万条规章制度,也很难规范每个员工的每个行为,更难消除一些员工对规章制度的逆反心理和对抗行为。而组织文化则是用一种无形的思想上的约束力量,形成一种软规范,制约员工的行为,以此来弥补规章制度的不足,并诱导多数员工认同和自觉遵守规章制度。其作用机制是:企业文化通过建立共同的价值体系,形成统一的思想,使企业的精神信念形成员工的深层心理定势,进而创造出一种响应机制,只要外部诱导信号发生,即可得到积极的响应,并迅速转化为预期的行为,这就形成了有效的"软约束"。这种响应机制通过协调和自我控制来实现,可以减弱硬约束对员工心理的冲击,缓解自治心理与被治现实形成的冲突,削弱其心理抵抗,从而使组织上下左右达到统一、和谐和默契。

(3)凝聚作用

文化是一种极强的凝聚力量。企业文化是组织全体员工共同创造的群体意识,是一种粘合剂,把各个方面、各个层次的人都团结在企业周围,对组织产生一种凝聚力和向心力,使员工个人的思想感情和命运与企业的安危紧密联系起来,对组织产生归属感和认同感,使他们感到个人的工作、学习、生活等任何事情都离不开企业这个集体,将企业视为自己的家园,认识到企业利益是大家共存共荣的根本利益,从而以企业的生存和发展为己任,愿意与组织同甘苦、共命运。如果说薪酬和福利形成了凝聚员工的物质纽带的话,那么企业文化则形成了凝聚员工的感情纽带和思想纽带。

(4)激励作用

企业文化强调以人为中心的管理方法,其核心是要创造出共同的价值观念。良好的文化氛围,往往能产生一种激励机制,使每个成员所做出的贡献都会及时得到其他员工及领导的赞赏和奖励,由此激励员工为实现自我价值和组织发展而勇于献身、不断进取。

企业成功与否的关键在于员工创造性的发挥。企业文化的建设和更新、群众心理素质的提高、民主意识的增强,客观上促进了员工思想水平的提高和参与意识的发育,这有利于员工把个人利益与企业的社会荣誉、生产经营的好坏联系起来,使员工以主人翁的态度进行工作。而主人翁地位的巩固与实现又呼唤着强烈的权利感和义务感,使组织产生精神振奋、朝气蓬勃、开拓进取的良好风气,诱发每个员工的创造热情,从而形成一种激励环境及激励机制。这种环境和机制胜过任何行政指挥和命令,它可以将被动行为转化为自觉行为,化外部动力为内部动力,其力量是无穷的。

(5)创新作用

企业要生存和发展,要在与其他企业的竞争中获胜,就要树立自己的风格和特色,就要与其他企业加以区别,就要创新。企业文化就是一个企业能区别于其他同类企业的特色,其主体是人。一个没有文化的企业就像一个没有个性的人,人们不会去注意它,也不会记住它。一个没有文化的企业或有着不良文化的企业是绝无竞争力的。

建立具有鲜明特色的企业文化,是组织创新的一个重要方面,是激发员工创新精神的源泉和动力。如日本本田公司董事长本田宗一郎就是一位有一百多项专利的发明家,他在企业中一贯鼓励员工进行创新,鼓励他们犯"合理错误",因而在本田公司创造出了人人创新、事事创新的良好氛围。

因此,建设积极的、富有个性和特色的企业文化,是企业独特风格和特色的主要方面,是激励员工创造性、积极性的巨大动力,是企业在激烈的市场竞争中立于不败之地的重要保证。

(6)辐射作用

企业文化的辐射作用指企业文化不但对本企业,还会对社会产生一定的影响。企业不仅是一个经济实体,也是一个社会群体,它不仅是物质财富的生产者,也是精神文明的创造者。企业文化也是一种"自我表现",它向社会展示了企业的形象,包括企业职工的精神面貌、经营思想、管理风格,向外界提供可以信赖的信息,提高企业的知名度与美誉度。企业文化建设不仅要培养企业成员热爱集体、关心企业、积极工作、为公众服务的态度,培养相互依赖、相互合作的和谐气氛,减少摩擦和内耗,而且要使他们提高自己的思想觉悟和精神素质,把热爱关心小集体的感情升华到热爱国家的高尚情操。

二、企业文化层次分析

企业文化从结构上可分为三个层次,即物质层、制度层和精神层,如图6-7所示。因此,进行企业文化分析主要从这三个层次展开。

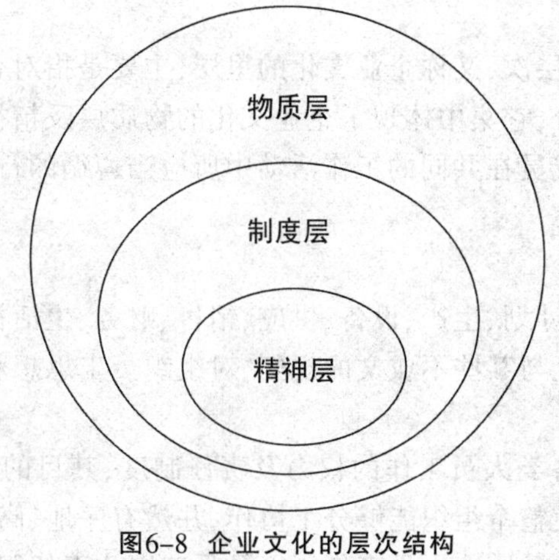

图6-8 企业文化的层次结构

1.物质层

这是企业文化的表层部分，是形成制度层和精神层的条件，它往往能折射出组织的经营思想、经营管理哲学、工作作风和审美意识。对于一个生产性企业来说，它主要包括四个方面。

(1)企业面貌

企业的自然环境，建筑风格，车间和办公室的设计及布置方式，工作区和生活区的绿化、美化，企业污染的治理等，都是企业文化的反映。

(2)产品的外观和包装

产品的特色、式样、品质、牌子、包装、维修服务、售后服务等，是组织文化的具体反映。如美国汽车以豪华、马力大为特点；日本汽车以省油为特点；德国"奔驰"汽车以耐用为特点；法国香水以香味纯正、留香持久而著称等，每个企业的产品都反映了企业特有的文化。

(3)技术工艺设备特性

设备指企业的机器、工具、仪表、设施，是企业的主要生产资料。任何一个具体的设备，都与一定的技术和工艺相联系。技术工艺设备和原材料，是维持企业正常生产经营活动的物质基础，也是形成企业生产经营个性的物质载体。一定的技术工艺设备，不仅是知识和经验的凝聚，也往往是管理哲学和价值观念的凝聚。因此，企业的技术工艺设备的水平、结构和特性，必将凝结和折射出该企业文化的个性色彩。

例如，云南少数民族蜡染布的作坊式设备、手工工艺和精湛的个人技术，反映出一种具有鲜明民族、地方色彩的文化；日本的某些现代化企业中大量采用机器人高效率地进行生产，这种不知疲倦的"钢领工人"的崛起，不仅是企业技术工艺设备上的突破，也反映了一种以"人—机系统"为特点的新型企业文化。

(4)纪念物

企业在其环境中往往置以纪念建筑，如雕塑、石碑、纪念标牌等；在公共关系活动中常常送给客人纪念品或礼品，它们都充当着企业文化的载体，成为塑造企业形象的工具。

2.制度层

这是企业文化的中间层次，又称企业文化的里层，主要是指对企业员工和企业行为产生规范性、约束性影响的部分，它集中体现了企业文化的物质层及精神层对员工和企业行为的要求。制度层规定了企业成员在共同的工作活动中所应当遵循的行动准则，主要包括以下四个方面。

(1)工作制度

指企业中领导、技术、计划、生产、设备、供应、销售、财务、生活福利、劳资人事、奖惩等方面的制度，这些成文的制度与某些不成文的规则，对组织员工思想和行为起着约束作用。

(2)责任制度

指企业内各级组织、各类人员工作的权力及责任制度，其目的是使每个员工、每个部门都有明确的分工和职责，使整个组织能够分工协作，井然有序地、高效率地工作。主要包括领导干部责任制、各职能机构及职能人员责任制以及员工岗位责任制等。

(3)特殊制度

主要是指企业的非程序化制度，如员工民主评议干部制度、干部“五必访”制度(员工生日、结婚、死亡、生病、退休时干部要访问员工家庭)、员工与干部对话制度、庆功会制度等。

(4)特殊风俗

企业特有的典礼、仪式、特色活动，如生日晚会、周末午餐会、厂庆活动、内部节日等。

3.精神层

精神层是深层次的企业文化，居于整个企业文化系统的核心，主要是指企业的领导和员工共同信守的基本信念、价值标准、职业道德及精神风貌。它是企业文化的核心和灵魂，是形成企业文化的物质层和制度层的基础和原因，具体包括企业精神、经营哲学、企业道德、企业价值观等。企业文化中有没有精神层是衡量一个企业是否形成了自己文化的主要标志和标准。企业文化的精神层包括四个方面。

(1)企业经营哲学

它是企业领导者为实现企业目标在整个生产经营管理活动中的基本信念，是企业领导者对企业生产经营方针、发展战略和策略的哲学思考，是企业经营管理的世界观和方法论。只有以正确的企业经营哲学为基础，企业内的资金、人员、设备等才能真正发挥效力。有了正确的经营哲学，处理企业生产经营管理中发生的一切问题才会有一个基本依据。经营哲学的形成首先是由企业所处的社会经济制度及周围环境等客观因素所决定的，同时也受企业领导人人文修养、科学知识、实践经验、思想方法、工作作风及性格等主观因素的影响。企业经营哲学是在长期经营活动中自觉形成的，并为全体员工所认可和接受，具有相对的稳定性。

(2)企业精神

企业精神是企业全体或多数员工共同一致、彼此共鸣的内心态度、意志状况和思想境界，是企业内部员工群体心理定势的主导意识，是企业经营宗旨、价值准则、管理信条的集中体现。它是企业有意识地在员工群体中提倡、培养的优秀观念和良好精神风貌，是对组织现有的观念意识、传统习惯、行为方式中的积极因素进行总结、提炼及倡导的结果，通过全体员工的实践体现出来。

企业精神反映了企业的特点，它与生产经营不可分割。不仅能动地反映了与企业生产经营密切相关的本质特征，而且鲜明地显示了企业的经营宗旨和发展方向。企业精神一旦形成群体心理定势，既可通过明确的意识支配行为，也可通过潜意识产生行为。其信念化的结果，会大大提高员工主动承担责任和修正个人行为的自觉性，从而主动关注企业前途，维护企业声誉，为企业贡献自己的全部力量。

(3)企业道德

道德指人们共同生活及行为的准则和规范，企业道德是指企业内部调整人与人、单位与单位、个人与集体、个人与社会、企业与社会之间关系的准则和规范。道德与制度都是行为准则和规范，但制度是强制性的行为准则和规范，而道德是非强制性的行为准则和规范。一般来讲，前者解决是否合法的问题，后者解决是否合理的问题。

道德的内容包括道德意识、道德关系和道德行为三部分。道德意识是道德体系的基础和前提，它包括道德观念(人们的善与恶、荣与辱、得与失、苦与乐等观念)、道德情感(人们基于一定的道德观念，在处理人际关系和评价某种行为时所产生的嫉恶扬善、喜正厌邪的感情)、道德意志（人们在道德观念和道德情感的驱使下形成的实现一定道德理想的道德责任感和克服困难的精神力量)和道德信念(人们在道德观念、道德情感、道德意志基础上形成的对一定道德理想、目标的坚定信仰)；道德关系是人们在道德意识支配下形成的一种特殊的社会关系；而道德行为是人们在道德实践中处理矛盾冲突时所选择的某种行为。

就其内容结构上看，企业道德主要包含调节成员与成员、成员与组织、企业与社会三个方面关系的行为准则和规范。作为微观的意识形态，它是企业文化的重要组成部分。

(4)企业价值观

企业价值观，是指企业在追求经营成功过程中所推崇的基本信念和奉行的目标。从哲学上说，价值观是关于对象对主体有用性的一种观念，而企业价值观就是企业全体或多数员工一致赞同的关于企业意义的终极判断。

这里所说的价值是一种主观的、可选择的关系范畴。一事物是否具有价值，不仅取决于它对什么人有意义，而且还取决于谁在作判断。不同的人很可能作出完全不同的判断。例如，一个把创新作为最高价值的企业，当利润、效率与创新发生矛盾时，它会自然地选择后者，使利润、效率让位；同样，另一些企业可能认为企业的价值在于致富、企业的价值在于利润、企业的价值在于服务或企业的价值在于育人，那么，这些企业的价值观就分别可以称为“致富价值观”、“利润价值观”、“服务价值观”、“育人价值观”，等等。

在西方企业的发展过程中，企业价值观经历了多种形态的演变，其中比较典型的企业价值观是最大利润价值观、经营管理价值观和社会互利价值观，它们分别代表了三个不同历史时期西方企业的基本信念和价值取向。

最大利润价值观，是指企业全部管理决策和行动都围绕着如何获取最大利润来展开，所有企业行为的价值都按照这一标准来进行评判。经营管理价值观，是在现代公司制背景下，管理者受投资者委托从事企业经营管理而形成的价值观。该价值观除了强调尽可能为投资者获利以外，还非常注重企业人员自身价值的实现。企业社会互利价值观于20世纪70年代兴起，它要求在确定企业利润水平的时候，把员工、企业、社会的利益统筹起来考虑，不能失之偏颇。当代企业价值观最突出的特征就是以人为中心，以关心人、爱护人的人本主义思想为导向。过去，企业也很重视人才培养工作，但只是把人才培养作为一种手段，作为企业提高效率、获得更多利润的途径。这种做法实际上是把人作为工具来看待，所谓培养人才，不过是为了改进工具的性能，提高使用效率罢了。而现代企业价值观的发展趋势已经开始把人的发展视为目的，而不是单纯的手段，这是一种根本性的变化。企业能否给员工提供一个适合人发展的良好环境，能否给人的发展创造一切可能的条件，这是衡量一个现代企业优劣的根本标志。

从上面分析可知，企业文化的物质层、制度层及精神层是紧密相连的。物质层是企业文化的外在表现，是制度层和精神层的物质基础；制度层制约和规范着物质层及精神层的建设；精神层是形成物质层及制度层的思想基础，也是企业文化的核心和灵魂。

三、企业文化要素分析

1982年哈佛大学教授泰伦斯·狄尔(Terrence E. Deal)和艾兰·肯尼迪(Allan Kennedy)出版了《企业文化》(Corporate Culture)一书，成为企业文化理论诞生的标志性著作之一。他们在对近80家企业的深入调查基础上，提出了“杰出而成功的公司大都有强有力的企业文化”的著名论断。他们认为企业文化的要素有五项：企业环境、价值观、英雄、典礼与仪式、文化网络，其中价值观是核心要素。

1.环境

指企业的性质、经营方式以及企业与外界的联系等，是对企业文化的形成和发展具有关键影响作用的因素。

2.价值观

企业内部成员对某件事物判断的一致认识，是组织的基本思想与信念，是企业文化的核心。企业成功的关键就在于引导全体员工分辨、接收和执行组织的价值观。

3.英雄

英雄人物是企业价值观的化身和人格化，是企业文化的一种象征。他们的一言一行都体现了企业的价值观念，是企业员工的榜样和敬重的对象，为员工提供了可效法的具体楷模。例如，企业传奇般的创办人、企业的劳动模范、企业的优秀员工，都是企业英雄的表现形式。

4.典礼及仪式

典礼和仪式是企业日常工作生活中的一些惯例和常规，是对企业中某些活动的戏剧化、固定化和程式化。抽象的企业价值观通过典礼和仪式以有形、可见的形式表现出来，起到了强化企业文化的作用。例如，企业的会议、现场巡视及表彰、对话等活动的组织和形式，都属于企业典礼和仪式的范畴，是传播企业文化、提高企业成员共同认识的重要方式。

5.文化网络

文化网络是组织内部非正式信息传递的主要渠道，它能够有效地传递企业价值观和英雄意识，传递和反馈企业文化信息，可以说是企业价值观和英雄人物事迹的“运载工具”。

四、企业文化分析方法

进行企业文化分析可以按照企业文化的层次理论和要素理论展开，可以通过以下方法进行研究。

1.研究企业领导人的价值观

一个企业是否具有统一的、为广大员工普遍认可的经营价值观,在很大程度上取决于企业最高领导人是否有明确的经营哲学和价值观念。因此,对企业最高领导人价值观的分析研究就往往能够反映企业的价值观。

具有优秀企业文化的企业所表现出来的一个共同特点就是，企业的最高主管或决策者都具有清晰明确的价值观念,能把主要精力放在思考企业的经营价值观及战略决策方面,并以个人的独特领导权威和魅力,向员工不断灌输自己的经营价值观。

2.观察企业如何处理与企业外部的关系

企业作为社会系统的有机组成部分,每时每刻都在同外界进行交往和联系。而企业奉行的交往原则,在很大程度上是由其经营价值观和社会责任感所决定的,是企业文化的外在表现。

因此,通过客观地观察企业如何处理与企业外部环境的关系,尤其是如何对待利益相关者,就能对企业的文化作出较为准确客观的评判。例如,企业是否注重外部环境的变化?用什么态度对待客户？能否为消费者不断提供新产品和新的服务项目？在这些方面,文化不同的企业处理方式大相径庭,尤其在如何处理企业同客户的关系方面,更能表现出不同企业间的文化差异。

3.深入细致地进行企业内部调研

企业文化的作用是整体一致的,它会综合反映在企业内部每一个员工的观念、态度和行为中。因此,深入细致地进行企业内部调研是企业文化分析的关键。

在企业内部调研中,通过查阅、分析企业成文的制度,对企业各级工作人员进行调查、访谈和观察,能够深入了解到企业员工对企业的知晓度、企业价值观的渗透程度、员工的责任感与参与感、员工对企业树立的典范人物的评价、企业内部交流与沟通的方式与内容、企业员工对企业历史和传统的了解度和自豪感等方面的信息，就可以对企业的文化进行较为准确的总结和概括。

综合本章,通过对企业资源、能力、现状和文化的分析,企业能够客观、理性、全面地认识自己,也就能够对下面的问题作出回答：

"我现在是谁？我现在在哪里？我做过什么？我能做什么？我有什么东西可以用来实现目标？我有什么长处和短处？我的文化是什么？"在正确回答这些问题的基础上,企业进一步思考"我想成为谁？我想到哪里去？我要怎样去？"这样的问题,就能够产生科学可行的战略构想了。

思考题

1.如何分析企业拥有的有形资源和无形资源？

2.如何进行企业人力资源分析？

3.从哪些方面分析企业资源的竞争价值？

4.从哪些方面分析企业的生产制造能力？

5.如何分析企业的营销服务能力？

6.如何分析企业的研究开发能力？

7.企业价值链由哪些活动构成？

8.如何确认和评价企业的核心能力？

9.企业资源、能力与经营现状有着怎样的关系？

10.企业文化有哪些作用？

11.企业文化分为哪些层次？包括哪些要素？

12.如何进行企业文化分析？

第七章 战略制定与选择

本章首先介绍了企业战略系统的基本结构,为制定和实施企业战略提供了基本框架;重点对战略制定与决策的过程和主要矩阵工具进行了详细介绍,并深入分析了战略制定与决策的关键问题。

通过学习本章应理清对企业战略系统基本结构的认识,掌握企业目标体系的构成和确立方法、了解企业战略体系的结构,掌握战略制定与选择三个阶段的各种工具,能够熟练运用这些技术和方法进行战略制定与决策。

第一节 企业战略系统的构成

在对企业内外部环境进行全面系统的分析之后,战略管理过程就进入了第二阶段——战略的制定与选择阶段。战略的制定与选择是一个决策过程,而一切决策总是围绕着一定的目标展开的。由于企业自身与环境的复杂性和不确定性,确定战略目标本身就是一个决策问题,它处于战略决策之中,而不是战略决策之外。在战略目标确定之后,就要制定实现目标的行动方案,并对各种方案进行比较选优。这一过程就是我们通常所说的、狭义上的战略制定与选择。

因此,简要地说,战略决策就是选择企业的长期目标及实现该目标的行动方案。目标与行动方案是构成企业战略的基本要素。系统的层次性理论告诉我们,构成系统的要素自身也是一个系统,它也具有自身的微观结构,要素子系统的微观结构决定着要素的功能与性质,进而影响系统功能。因此,了解企业战略系统的构成是我们从总体上把握战略决策基本要求,进而确定战略目标、制定具有可操作性的企业战略的前提。

企业战略系统[①]包括了企业目标及实现目标的途径与方式两个方面,因此,这一系统由两个子系统构成,分别是企业战略目标体系与企业战略体系[②]。企业战略目标体系为企业规定了系统化、层次化、多维度的战略目标,而企业战略体系制定了企业各层级的战略措施。

① 所谓"战略系统"中的"战略"是广义的战略概念,包括战略目标和战略措施两部分含义。

② "战略体系"中的"战略"是狭义的战略概念,仅指战略措施,不包括战略目标的含义。由于战略体系由总体战略、业务战略和职能战略构成,为与这些常用的战略类型和名称保持一致,故仍采用"战略"一词。通过"体系"与"系统"的不同提法应能分清二者的关系。

一、企业战略目标体系

企业战略目标体系是企业战略系统的子系统,它构成了企业不同层次、不同维度的战略目标。企业战略目标体系自身也具有内部系统结构,由使命、愿景和目标三个层次构成,如图7-1所示。

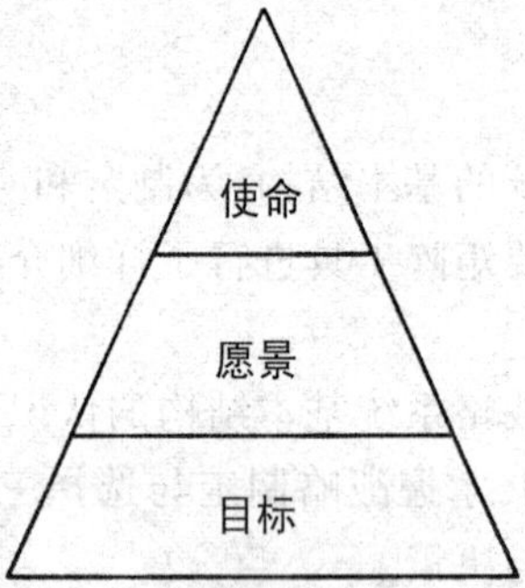

图7-1 企业战略目标体系的构成

企业战略目标体系的三个层次遵循着从抽象到具体、从长远到眼前、由里及表、由本至末的逻辑顺序构成,使命是企业最根本、最长远的战略目标;愿景是使命的形象化、具体化;而目标又是对愿景在不同维度上的分解,使之具体化、可操作。这三个层次的战略目标由上到下逐级指导,由下到上逐级支持,共同构成了一个完整的企业战略目标体系。

1.企业使命

企业使命是企业在社会经济生活中所担当的角色和责任，是企业区别于其他企业而存在的理由,是企业开展活动的方向、原则和哲学。德鲁克认为,企业使命是对三个问题进行深入思考的结果,即:“我们的企业是一个什么企业？我们的企业将是一个什么企业？我们的企业应该是一个什么企业？”

对于“我们的企业是一个什么企业？”这一问题的思考,也就是对企业生产什么、为谁生产等企业经营活动基本问题的思考,它涉及到企业如何选择其经营范围和目标市场,实质上是要求企业明确其在整个社会经济分工体系中的基本功能定位。

对于“我们的企业应该是一个什么企业?”这一问题的思考,是企业在对行业成功经营的一般规律、企业性质和活动特征的基本认识的基础上,对企业在特定经营范围中如何承担其社会责任、实现其基本职能等问题的认识,也是对企业实现其功能定位基本途径的选择范围的初步界定。

而对“我们的企业将是一个什么企业？”的思考,则是企业对自身基本功能定位及采取特定途径与方式实现其基本功能的运作结果的理性预期。因此,确定企业使命,就是要明确企业在社会经济活动体系中的地位与功能、明确企业在社会经济活动中所扮演的角色、所承担的社会责任,并在此基础上决定企业在经营活动中关于“做什么”、“怎么做”的长期行为导向。

(1)企业使命的作用

企业使命作为企业最高层次的战略目标和企业经营的根本原则，在企业经营活动中发挥着不可替代的作用。企业使命的作用可以概括为以下四个方面：

首先，为企业员工提供思想指导和精神动力。企业使命的形成过程，是企业内部广大员工对企业根本目标、价值标准等形成共识的过程。企业使命明确之后，它就会成为企业以及全体员工选择自身行为的总原则和总指导，指引企业不同层次、不同地域、不同职能的单位和员工在实现企业使命的共同目的下独立工作。企业使命中关于企业存在根本目的的陈述，不但揭示了企业经营活动的社会意义，也为广大员工寻求工作的意义和价值提供了基本方向，有助于员工精神需求的满足，为企业广大员工提供了精神动力。

其次，明确发展方向和业务主题。企业使命中关于企业经营范围及企业发展路线的陈述，明确了企业的长远发展方向和基本业务主题，为企业选择实现目标的途径和手段即战略方案提供了依据。也就是说，企业使命确定了企业最终的战略目标，为企业决定应以什么方式(制定什么政策、如何配置资源等)进行哪些经营活动(生产哪些产品、进入哪些市场等)来实现战略目标指明了方向、提供了依据。

第三，树立企业形象。企业通过对企业使命的宣传推广，不仅能使企业内部员工确立统一的思想与行为准则，也为外部公众直接、快捷地了解企业提供了有效的途径。特别是企业使命中关于企业经营思想、行为准则的陈述，反映了企业处理自身和社会、各种相关利害团体和个人关系的观点和态度，是企业递给社会公众的一张名片，能够引导社会公众认同企业社会角色，促进企业树立良好社会形象。

第四，协调企业内外部矛盾和冲突。企业使命的确立回答了企业利益相关者的关切和期望，为企业配置资源提供了根本性的原则指导，有助于企业在处理内外部利益相关者的不同利益需求和进行资源配置时有章可循、有法可依，也有助于企业的利益相关者对企业的目的、目标和经营方式达成相近的理解和认知，进而在出现利益冲突时能够在共同的前提和方向下协调沟通，使共同利益最大化，减少矛盾和冲突。

(2)企业使命的基本内容

一个清晰表述的企业使命要能够正确回答上述三个问题，就应当包括三方面的基本内容：

第一，企业基本目的。企业作为一个社会成员，必须对社会发展有所贡献才能生存。满足社会的需要是企业生存的依据，也是企业开展经营活动的最根本的目标导向。因此，企业使命首先要明确地揭示企业的基本社会责任或对社会的贡献。这种社会责任或对社会的贡献，是企业从一个社会成员的角度出发，对企业自身、其利益相关者以及社会对企业的期望和要求的高度概括。

第二，企业经营活动范围。企业经营活动范围的界定主要通过对产品与市场的界定来实现。企业的基本产品、市场和技术，是构成企业活动的基本因素，也是帮助客户和市场识别企业、树立企业形象的基本依据，所以必须在企业使命中作出回答。

第三，企业基本行为规则和原则。世界观决定方法论，这不仅适用于个人，也适用于企业。企业要保持集体行动的统一，不仅要求做到行为目的的一致性，还必须确保思想认识的一致性。企业要将在经营活动中积累起来的经营哲学、核心价值观等企业精神文化通过浓缩与概括，以企业使命的形式进行宣传普及，使其在企业内部得到普遍认可，成为企业全体成员共享的信仰和行为准则，才能从整体上整合、优化并控制企业各方面、各层次的经营活动。

(3)确定企业使命应考虑的因素

企业使命往往以非常简练的方式进行表述，但简练并不等于简单，确定企业使命是一项系统工程，必须综合考虑许多复杂的因素。

首先，企业使命要根植于企业文化和历史传统，综合反映企业各个利益团体的要求，使企业使命的认同和推广存在坚实的思想和利益基础。阿里德·赫斯(Ariede Geus)在《长寿公司》一书中指出，使命代表着一个组织中的某种共同抱负和最基本的认同感。这样的企业使命才能成为指导企业决策的依据、各个部门合作的共同焦点、取得杰出成就的激发因素和一致性的源泉。如果企业使命脱离企业文化、历史传统和各个利益集团的要求，那么这种企业使命就完全成为了一个异已的东西，也就不会被企业员工及社会公众所认同和分享。

其次，企业使命的确立要考虑企业家的哲学、理念和价值观。企业战略往往就是企业家的战略，企业家是最重要的企业使命制定者、组织者和实现者，企业使命往往就是企业家个人使命的体现。因此，确立企业使命要充分考虑企业家个人的经营哲学、思想理念和价值观，只有企业家视企业使命为己任，才有可能付出个人所有的智慧和能力为之奋斗，企业使命才有了实现的可能和根本性的动力。

第三，企业使命应当具有一定的独特性。确定企业使命时，要结合企业历史上的突出特征、周围环境的发展变化及企业资源的情况，特别是企业的独特能力等方面的因素，揭示企业在目标、行动、理念上的特色、表明公司的独特贡献。

最后，确立使命要考虑企业内外部的环境条件。企业使命虽然抽象和长远，但必须具有合理性和可行性，有可能在将来成为现实，这才能够使企业上下为之长期努力。空中楼阁式的企业使命毫无实现可能，也就不可能对企业的现实经营产生任何作用。因此，确立企业使命不能仅凭主观意愿和凭空想象，必须考虑企业外部环境条件的约束和企业自身的优势与劣势，只有在企业有可能具备相应资源和能力、外部环境条件有可能允许的条件下确立的企业使命才是有实践意义的。这也是我们在进行了企业内外部环境分析之后再来确立企业使命的根本原因。

当然，企业使命的确立也不能完全局限于企业内外部环境现实条件的限制，那样就失去了企业战略的创造性和主动性，成为对环境的被动反应。因此，企业家要做一个“现实的理想主义者”，既要志存高远，又不异想天开；既脚踏实地，又敢于创造，在充分、现实地考虑企业内外部环境条件的前提下，发挥企业家的激情和创造力，确立既不脱离现实，又具有挑战性的企业使命。

(4)企业使命的表述规范

虽然许多企业都提出了自己的使命，但大多都流于形式，不能真正发挥作用，一个很重要的原因就在于企业使命本身的表述问题。确定企业使命并不是简单地提出一个口号，而是有着其内在的严格要求。

一般认为，规范的企业使命表述应当包括以下九个方面的内容：

①顾客。谁是企业的主要顾客？

②产品或服务。企业的主要产品或服务是什么？

③市场。企业主要在哪一个地区或行业展开经营?

④技术。企业的主导技术是什么?

⑤对企业生存、增长和盈利的关切。企业对近期、中期、远期经济目标抱什么态度?

⑥哲学。企业的基本理念、价值观和愿望是什么?

⑦自我认识。企业对自身如何认识?自己的长处和竞争优势是什么?

⑧对公众形象的关注。企业期望给公众塑造一个怎样的企业形象?

⑨对雇员的关心。企业要为员工做出怎样的贡献?

(5)使命表述应注意的问题

企业使命是企业对自身基本目标与任务的陈述, 在对这九个方面进行表述时应注意以下问题:

首先,对业务范围的表述既不能太笼统,也不能太具体。也就是说,既不能制定得太宽也不能制定得太窄,既要抽象,又要具体,还应该具有一定的弹性。限定业务范围的"宽"与"窄"的问题是使命表述的难点。范围太宽可能在语言上太模糊而显得空洞无物、不着边际,丧失了企业的特色,使人无法从中了解企业的业务究竟是什么。范围太窄会将企业限定在一个过于狭小的经营空间里,有可能丧失相近领域中的重要战略机会而限制企业的发展,失去对企业长远发展的指导意义。

因此,最好的办法是以需求为导向,在企业目前产品需求的基础上提高1~2档的抽象水平上进行措辞。例如,一家计算机生产企业可以将其业务定义为"生产计算机",但这样的表述过于具体、太窄,限制了企业的活动范围甚至有可能剥夺企业的发展机会,如果将其使命定义为"向用户提供最先进的办公设备,满足用户提高办公效率的需求"就较为理想,为企业未来的发展留下了足够的空间。再如,通讯是用户不变的需求,必然长期存在,而电话电报这样的通讯产品都有可能被取代。因此,一家电话电报公司应将自己的使命定义在"提供通讯服务"或"满足通讯需要"上,而不应局限于电话电报上。与此类似,一家汽车公司应将自己的使命定义为"生产交通工具"而不是"生产汽车"。

其次,对市场的描述旨在提示企业服务的客户群体和地域,它实质上就是企业的市场定位。

第三,对技术的描述说明企业产品在生产、运输、服务过程中采用的技术种类和等级,实质上反映了企业产品和服务的质量水准。

第四,企业使命的表述必须简洁、精练,便于企业员工和社会公众理解、记忆、传播。过分复杂的使命陈述,表面上比较严谨、全面,但给人们理解、记忆和传播带来困难,更谈不上通过员工口碑相传,让社会公众耳熟能详;也谈不上让员工烂熟于心,潜移默化地规范员工的思想和行为。德鲁克认为"使命应该能印到T恤衫上"。因此,使命表述不应过长,一般以200字以内为宜。

下面是一些优秀公司的使命表述,可以作为参考:

亚洲电话电报公司:

我公司是向世界各地的商界、个人以及政府机关提供网络设备、计算机系统等通信产品及服务的全球性公司。公司在全球信息传递及管理方面拥有单一的和综合的能力。公司信仰

“科技以人为本,服务以诚为重”,使世界各地的人们毫无困难地享受彼此沟通的欢乐。公司的目标是使人类与他们的信息紧密相联,并使公司在这一领域里成为世界一流的企业。

美国麦瑞尔公司:

我们公司是一家跨国金融服务机构。我们以世界范围内的顾客为中心,向个人、公司、政府以及各类组织或机构提供优质服务。我们的目标是:力争在顾客服务标准方面成为行业领先者,为股民或投资者带来利益,为我们的雇员提供丰厚的报酬。这将是我们长期努力的目标。

美国石油公司:

美国石油公司是一家在全球范围经营的、综合性的石油化学公司。我们发现、开发石油资源并向用户提供高质量的产品与服务。我们高度负责地从事经营活动,以得到一流的资金回报,同时兼顾长期增长、股东收益和履行对社区和环境的责任。

美国遗传技术研究公司:

遗传技术研究公司要成为生物技术产业的领先公司。公司利用人类基因信息开发、制造以及销售可以极大满足医疗需求的药品。我们将通过不断地攀登科学高峰,而高度诚信地为患者、医疗事业以及我们的雇员做出贡献,同时为我们的股东提供可观的回报。

最后,企业使命具有动态的稳定性。企业使命一经确定,将随着时间的推移逐步深入人心,对员工、社会公众产生日渐深刻的影响。因此,保持企业使命的稳定性是增强企业使命有效性的重要保障,对企业使命的制定、改变和调整要极其慎重,切勿朝令夕改,把企业使命仅仅当成一种哗众取宠的宣传工具。但是,随着企业自身条件与外部环境的变化,既定的企业使命又会成为企业进一步发展的桎梏,因此,确定企业使命又是一个动态的过程,贯穿于企业经营活动的始终。

为确保企业员工和社会公众正确、全面、深刻地理解企业使命,提高全体企业成员对企业方向、意义、成就和市场机会的共同认识,增强企业使命对各战略业务单位、各职能部门的员工思想和行为的指导作用,企业通常在确立企业使命后编制企业使命说明书,对企业使命进行全面、深入的阐释。企业使命说明书是对企业使命、经营哲学和核心价值观的全面论述,又是对企业使命进一步的具体化和明确化, 为理解和落实企业使命提供更具规范意义的条款。

在现实中,企业使命的形成往往是一个逐步成熟的历史过程。在企业创建之初,多数企业对使命的认识比较模糊、简单,通常只涉及经营范围的初步界定。随着企业在特定范围生产经营活动的体验不断积累和深化,经验会逐步转化为理念,企业使命也随之逐步成熟和完善,并越来越具有企业特色。因此,不仅不同的企业对企业使命的表述详略不一,方式各异,而且同一企业在不同时期的企业使命表述在内容、形式方面也有较大的差别。

总之,企业使命是企业制定和实施战略的依据,是企业最长远、最根本、最高层次的战略目标,是企业一切工作的出发点、原则、评判标准和最高目的。不同的企业使命使处于相似环境中的企业表现出不同的特点和竞争力,也将使目前地位相同的企业拥有完全不同的未来。

2.企业愿景

愿景从字面上看有两层含义:第一是愿望,是有待实现的意愿;第二是远景,指具体生动的景象,是想要实现的未来蓝图。因此,综合起来讲,愿景是一个关于渴望状态的蓝图,是愿望的景象,是一个人或组织希望将来实现的理想目标。

企业愿景是企业管理层、员工和其他利益相关者的共同愿景,是建立在共同价值和使命基础上的共同愿望、期待或理想,简单地说就是企业管理层、员工和其他利益相关者想使企业成为什么样的企业的共同愿望形成的具体景象。企业愿景建立在个人愿景的基础上。个人愿景经过相互交流、融合,并在企业使命的引导下经过提炼与升华,并最终达成共识,就转化为企业成员共享的愿景。也就是说,企业愿景是企业管理层、员工和其他利益相关者的个人愿景相互作用、相互影响、相互协调的结果。企业愿景源于个人愿景,个人愿景则通过企业愿景得以升华、规范并进一步地强化和体现。只有企业愿景不是外在的、强加于人的,而是企业全体员工每个人真心向往的共同愿景时,才能激发员工的激情,感召员工为实现企业愿景贡献自己的智慧和力量。

(1)企业愿景与使命的关系

企业使命指明了企业根本性的奋斗目标和发展方向,其表达方式必须高度凝练、高度抽象,也只能通过特定的语言和文字来表述。但这样的表述虽形式规范、稳定却不够生动形象,必须将其具体化才能产生直接的激励效果。愿景就是将企业使命的抽象语言文字形象化、具体化为具体的影像,把使命转变为真正富有激励意义的预期结果并形象地表达出来,画出了未来美好理想的蓝图。因此,企业愿景是企业使命的具体化和形象化,是将企业使命落实到操作层面的必备环节。

管理学家巴纳德认为,一个组织只有同时满足组织目的与个人目的,才能有效地整合个人行为,长期生存下去。企业使命是在正确认识企业存在原因的基础上,明确其承担的社会责任和目标,侧重于揭示企业的组织目的;而企业愿景在体现企业的组织目的之外,还包含了企业管理层、员工和其他利益相关者个人的内心报负,反映他们的理想和期望,更侧重于组织目的与个人目的的结合。因此,企业愿景比企业使命更加具体、直接地影响企业的生存和发展。

(2)企业愿景的作用与意义

美国心理学家马斯洛研究发现,出色团体的最显著特征就是具有共同愿景。共同愿景对于促进合作学习、共享知识、创建学习型组织具有极其重要的作用。彼得·圣吉指出:“如果没有共同愿景,就不会有学习型组织。”科林斯和帕里斯的研究也表明:具有明确的、并被员工共享的愿景的企业,往往是那些排在世界前列的广受尊敬的企业;没有明确的企业愿景或企业愿景没有为员工普遍共享的企业,很难成为位居世界前列的企业。因此他们认为具备全体员工共同拥有的企业愿景,是企业成长为优秀企业的重要条件。

综上所述,具体说来,企业愿景具有以下几方面的意义和作用:

首先,企业愿景能够整合个人愿景,增强企业凝聚力。企业愿景既反映企业使命的要求,又集中反映了企业员工和其他利益相关者的个人愿景, 找到了企业需求与员工和其他利益相关者要求的结合点,从根本上确保了企业生存的基本条件。企业愿景描绘出企业未来的宏伟蓝图,不仅为企业员工及利益相关者提供了企业未来满足其需要的基本前景,也描绘了企业员工及其他利益相关者自身行为的社会意义, 使他们能够从企业愿景中提前体验其存在的社会价值,诱发员工对工作产生自豪感和成就感,满足员工归属、自我实现等高级需要,增强员工对企业的满意度,有利于提高企业的凝聚力。

企业愿景的形成过程实际上也是对员工个人愿景进行培育、诱导、矫正、强化的过程。员工个人愿景的发育程度、合理程度是各不相同的,只有合理的、明确的个人愿景才能为其本人提供精神动力。企业将员工愿景提高到企业愿景的高度,对拥有合理的个人愿景的员工是一种肯定和激励;对部分愿景比较模糊的员工来说,普及企业愿景的过程就是明确、强化其个人愿景的过程;对部分个人愿景不合理的员工来说,是对其个人愿景进行矫正的过程。所以,企业愿景的形成过程,事实上是对员工个人愿景的诱发、规范和提高,是对员工群体思想意识的一次整合。这种整合既提高了员工个人愿景的理性和积极的社会适应性,也增强了企业愿景的思想基础。通过这种整合,使企业愿景成为员工个人愿景不断获得发展、丰富的源泉,使员工切切实实地意识到企业的生存与发展是其安身立命、实现个人抱负的基本途径,增强了企业的吸引力,为全体员工注入共同的、持久的精神动力。

其次,企业愿景能够统一员工思想和行为,减少组织冲突。企业要统一员工的行为,首先必须统一员工的思想认识。企业愿景为企业、企业各部门、企业员工树立了共同的理想,使员工对企业发展的基本方向、目标及意义有了比较具体、清晰的认识,引导员工将个人需要的实现与企业发展有机结合起来,将企业使命由外在的目标转化为员工个人内在的追求,自觉规范个人行为使之符合企业发展的需要,有效地消除了组织冲突的主要根源。

在环境不确定和管理人员有限理性的条件下,企业各级管理人员不可能时时处处都能向下属单位和个人下达明确、正确的指令,很多事务需要下属部门或员工相机处理。如果没有被企业全体员工所共享的使命和愿景,那么各部门和员工就会从本位主义或个人主义的立场出发处理工作,冲突必然在所难免。如果企业愿景被员工普遍接受并得到不断丰富和扩充,那么在上级指令不明确的情况下,就可能根据部门、个人对企业愿景的理解作出恰当的决策,并启发部门和员工在工作中相互适应。

第三,企业愿景能够提高企业应变能力和弹性。在动态竞争条件下,企业愿景是企业及时、成功应对危机的必要条件。在动态竞争条件下,如果不能创造性地、柔性地应对环境变化,企业本身的生存发展就会出现问题。一般认为,组织追随战略,战略的张力和柔性决定着组织的灵活程度和应变能力。企业愿景引领员工从不同角度展望未来,员工对未来普遍的关注使企业超越了简单的“刺激—反应”模式,能够尽可能地预先洞悉未来的危机,从企业愿景出发制定应急方案,并使其所采取的行动与企业使命相一致,保证企业长远利益的实现和社会公众的认同,在保证战略方向正确性的同时留有回旋的余地,提升了企业的应变能力。

(3)企业愿景的形成

企业愿景形成的前提是,企业必须首先完成使命表述,这使企业愿景的形成有了指南和方向。企业愿景一般有两种形成途径:

第一,自上而下。即在企业高层积极倡导下经企业员工普遍认同而形成。在确立企业使命并表述完成后,企业高层将企业使命用形象化的方式加以表现,如以语言、文字、图片、模型、音像作品等技术手段作为愿景表达的载体,向广大员工广为宣传和展示,如果获得了员工的认同,企业愿景即告形成。

第二,自下而上。即通过企业员工个人愿景的交流、汇集,经企业正式提炼和升华而形成。在确立企业使命并表述完成后,企业高层将企业使命广为宣传,使员工尽人皆知,鼓励员工就企业使命展开讨论,交流相互的理解和认识。同时,有意识地收集员工对企业使命不同角度的个人理解,记录广大员工的个人愿景与企业使命有哪些重叠,了解员工对企业、对个人未来发展的期望和预想,最后由企业高层在企业使命的原则指导下,将员工的个人愿景总结、提炼、升华,加以形象化的展示,经员工认同后,形成企业愿景。

相比较而言,第二种愿景形成方式更具群众基础和实际效力,但其操作需要更多时间和成本,也更加困难。无论采取哪种途径,都必须注意:愿景的形成必须以企业使命为前提,正确把握和体现企业使命的基本内涵和理念,同时要以先进的技术手段尽可能地将人们脑海中的构想逼真地展示出来。

3.企业目标

企业使命指出了企业发展的总方向,企业愿景给出了企业未来的理想图景,但还没有给企业各部门和员工提供一个可以执行的具体方案,还不能有效地指导员工的行为。因此,要使企业的使命和愿景得以实现,必须将其进一步具体化,根据企业内部等级体系、分工合作关系、企业特定的发展阶段等因素进行分解,转化为不同部门乃至于不同岗位的具体目标,让每个员工明确知道自己应该做什么、做到什么水平,才能有效地整合全体员工的行为,最终通过集体努力实现企业使命和愿景。

(1)制定目标的原则

企业战略目标的制定应当按照以下原则进行:

①可接受。企业目标反映着企业相关利益者的期望和要求,因此必须易于被他们所理解和接受。而现实中企业的相关利益集团和主体的要求和期望是互不相同甚至相互冲突的。例如,股东追求价值最大化、员工追求高工资和良好的工作条件、管理人员希望企业发展成长、顾客渴望获得质优价廉的产品、政府希望企业尽可能地多纳税和关心社会公益事业。所以,企业制定目标必须在这些要求中求得平衡,使之易被各方接受,以利于目标的顺利实现。

②可检验。企业使命和愿景可以是抽象的、形象化的,但到了目标层次就应该是具体的,是可以进行准确衡量并在事后予以检验的。因此,目标应当尽量以定量的指标来拟定,这是使其具有可检验性的最有效的办法。但也必须注意,有许多目标难以量化,而且时间跨度越长、组织层次越高、工作综合性越强的目标就越具有模糊性。对于这样的目标,应当用定性化的术语来表达其达到的程度。

③可分解。是指目标必须能够按不同维度进行分解,构成一个体系,使目标之间相互联合、相互制约,系统地支持企业使命和愿景的实现,也能使目标更好地转化为各方面具体的工作安排,转化为实际行动。

④可实现且可挑战。目标是对其承担者的一种激励,特别是当企业目标充分体现了企业相关利益主体的共同要求,使企业目标与利益主体目标很好地结合在一起时,就会极大地激发各相关利益者的献身精神和支持热情。因此,企业目标的制定应该具有能激发各方面积极性和发挥各方潜力的作用,必须难易适中,既有可行性又有挑战性,既不能定得过高,脱离实际,也不宜定得过低,毫无挑战性。目标过高难以实现,可望不可及,必然会挫伤员工积极性;目标过低,

无需努力就可轻易实现,容易被员工忽视,不能调动和发挥人的潜力,使企业获得更大的发展。因此,制定的目标要使其承担者经过一定努力可以实现,这样的激励作用是最佳的。

(2)企业目标的内容

人们对企业目标的认识经历了一个长期演化过程,对企业目标的内容进行了多方面的探讨。最初,在古典经济学家的眼中,企业归所有者——资本家所有,企业的目标就是为资本家获取利润,这时的企业目标只包括经济内容,简言之,就是追求企业利润的最大化。

继而,随着资本所有权和经营权的分离,企业经营者的利益要求日益凸现;人力资源在企业中作用的逐步提高,使企业员工的利益要求对企业目标的选择产生影响;市场竞争程度的加剧,使企业越来越重视对客户需求的满足;同时,企业越来越多地与其它社会单元进行各种方式的合作,在经营活动中就必须照顾供应商、经销商等合作伙伴的利益要求。所以,随着人们对企业经营活动认识的深化,人们不再把企业仅仅看成是所有者的企业,而是一个由要素所有者为实现自身利益而组建的契约组织,企业要健康成长,必须满足参与企业契约各方的利益要求。

另外,企业经营的外部性问题使越来越多的人开始思考企业的社会价值与社会责任,为企业目标注入了社会方面的内涵。因此,时代的发展使得企业目标告别了单一化,成为一个具有多方面丰富内容的系统,这在企业的使命和愿景中都已经得到了体现,所以企业的具体经营目标必然包括多方面的内容。

究竟企业的经营目标应该包括哪些方面的内容,学者们有过大量的研究和不同的观点。例如,德鲁克在《管理实践》一书中提出了八个关键领域的目标:①市场方面的目标,应表明本公司希望达到的市场占有率或在竞争中达到的地位;②技术改进和发展方面的目标,对改进和发展新产品,提供新型服务内容的认知及措施;③提升生产力方面的目标,有效衡量原材料的利用,最大限度地提高产品的数量和质量;④物资和金融资源方面的目标,获得物质和金融资源的渠道及其有效的利用;⑤利润方面的目标,用一个或几个经济目标表明希望达到的利润率;⑥人力资源方面的目标,人力资源的获得、培训和发展,管理人员的培养及其个人才能的发挥;⑦职工积极性发挥方面的目标,对职工的激励、报酬等措施;⑧社会责任方面的目标,注意公司对社会产生的影响。

B·M·格罗斯在其所著的《组织及其管理》一书中归纳出组织目标的七项内容:①利益的满足,组织的存在以满足相关的任何组织利益、需要、愿望和要求;②劳务或商品的产出,组织产出的产品包括劳务(有形的或无形的)商品,其质量和数量都可以用货币或物质单位表示出来;③效率或获利的可能性,即投入——产出目标,包括效率,生产率等;④组织生存能力的投资,组织能力包括存在和发展的能力,有赖于投入数量和投资转换过程;⑤资源的调动,从环境中获得稀有资源;⑥对法规的遵守;⑦合理性,即令人满意的行为方式,包括技术合理性和管理合理性。

综合学者们的观点,我们认为,企业首先是一个经济组织,它通过为社会经济生活提供产品或服务来获取财富,以满足企业利益相关者的经济利益,因此经济类目标应当是企业的首要和主要目标。但是企业作为社会系统的一个子系统,它的发展与社会发展相互影响、相互制约,因此企业在追求经济目标的同时,也应确立社会目标。企业经济目标和社会目标在短期、局部上看有时存在一定的矛盾,实现社会目标有时会削弱经济目标的资源保障,企业经济目标的实现有时也会妨碍社会目标的实现,但是从长期、全局上,二者是相辅相成、相互促进的。

从经济目标本身来看,企业经济活动的成果和绩效需要从多方面来反映和衡量,企业的经济目标也必须是多方面的。首先,企业必须成长,不能成长的企业就无法给利益相关者带来长期的回报;其次,企业的成长必须有效益和效率,投入产出必须合理;再次,企业的生存发展离不开资源,企业成长如果以资源的破坏为代价,这种成长是无法长久的,因此要衡量企业资源的拥有和运用水平;最后,企业必须创新,不善创新的企业没有未来,所以企业要达到创新的目标。这样一来,我们就可以较为全面地来反映企业经济活动实现的成果,能够达到这些方面目标的企业就一定能够实现其使命和愿景。

综上所述,我们认为,企业目标应当包括以下五个方面的内容,或者说,可以从以下五个方面来拟定企业目标:

第一,成长性目标。成长性目标用来衡量企业增长和发展的程度、水平与速度,表示企业的总体实力及增长。例如可以采用以下方面的指标:企业的销售额及其增速、利润及其增速、资产总额及其增速、市场占有率及其增长率、产量、产品线的广度和深度等。

第二,效益性目标。效益性目标用来衡量企业投入产出的效益和效率,代表着企业生存与发展的质量。可以采用以下方面的指标:投资收益率、销售利润率、每股平均收益、存货及应收账款周转率、劳动生产率、产品合格率、投入产出比率、单位产品成本等。

第三,资源性目标。资源是企业发展的基础,资源性目标用来衡量企业拥有资源的数量、质量和运用水平,表示企业未来发展的潜力。例如,采用资本结构、现金流量、流动资本、应收账款回收期、员工素质提高程度、员工专业技术水平提升程度、员工培训数量和频度、员工流动频率、缺勤率、迟到率、战略性资源占有情况、客户满意度、客户投诉率等方面的指标。值得注意的是,我们这里把客户作为企业的战略资源来看待。德鲁克曾指出,企业的目标就是创造顾客,因此,企业是否拥有足够的优质客户资源是衡量企业发展前景的重要指标。将客户指标作为资源性目标也有利于提高企业对客户的重视程度,使企业能够从战略高度看待客户,建立战略性的客户关系。

第四,创新性目标。创新决定企业的未来,创新性目标用来衡量企业在学习、创新、创造方面的水平和能力。例如,企业产品创新、技术创新、管理创新的数量和水平;企业技术改造、设备升级的相关目标;企业创新性项目的实施目标;企业研发的广度、深度和频率;企业知识管理的目标等方面的指标。

第五,社会性目标。社会性目标用以衡量企业在树立良好社会形象、处理公共关系、承担社会责任等方面的能力和水平,代表企业与外部环境的关系。如参加环保、公益事业、慈善事业等方面活动的服务天数或资助金额、公众美誉度、社会知名度等。

(3)企业目标的维度

拟定企业目标要考虑目标体系里包括哪些方面的内容,将企业使命和愿景按上述五个方面进行分解,形成对使命和愿景的支持。但这还不够,制定一个完善的目标体系还必须考虑其他两方面问题。

首先,企业内部横向的职能分工和纵向的权力等级是企业组织结构的主线,要调动企业上下的积极性就必须使组织结构中每一个单元都有明确的目标。因此,企业目标必须逐层详细分解到企业各管理层次、各职能部门以至于每个员工,才能使其落到实处;也只有企业内部各个层次、部门都有明确具体的、相互协调的目标,企业内部活动才能有序展开并形成合力,最终实现企业愿景和使命。按照这样的思路,目标就可以逐层分解为总体目标、单位目标和职能目标,直至员工个人的目标。

其次,企业使命和愿景的实现不可能一蹴而就,而是一个持续的、渐进的管理过程。因此,在这一过程中,各层次目标都要分解成短期目标、近期目标和远期目标,分步骤、分阶段地实施;同时也要根据某一特定阶段企业目标的实现程度来对未来阶段的目标进行充实或调整,使得短期目标、近期目标和远期目标处于一个相互影响、动态适应的状态之中。

因此,综合起来,我们可以按照目标的内容、目标的作用范围或对象、目标的时间期限三个维度拟定企业的目标。这三个维度是从不同的侧面反映目标的特性及不同目标间的关系,在表面上各有侧重,但是在本质上具有相容性和同一性,实际上都反映了企业组织的系统性。

(4)确定企业目标的步骤

一般来说,确定企业目标需要经过调查研究、拟定目标、评价论证和目标选择这样四个具体步骤。

第一步,调查研究。制定企业战略目标的过程中,首先要充分利用战略分析阶段的研究成果,对企业外部环境、内部条件的现状、未来变化情况及其互动关系有一个比较系统的认识。同时,企业在调查研究过程中,要特别注重对企业使命和愿景、企业文化,尤其是企业经营哲学、价值观进行详细分析。不仅要搞清楚企业有什么样的经营哲学、价值观、使命和愿景,而且要从外部环境、内部(客观)条件、企业文化三个方面相互适应的角度,探讨企业应该建立什么样的经营哲学、价值观、使命和愿景。从这一角度看,调查研究过程事实上也是对企业经营哲学、价值观、使命和愿景的评审或构建过程。接下来,根据企业内部条件分析确定企业能够选择哪些目标,根据外部环境分析确定企业可以选择哪些目标,根据企业经营哲学、价值观、使命和愿景分析确定企业值得选择哪些目标,或者应该选择哪些目标。通过这三个方面的分析,就可以大致勾勒出企业战略目标的选择空间。

第二步,拟定目标。经过第一阶段的调查研究,基本确定了企业目标的选择空间之后,就可根据企业目标的结构性要求着手拟定战略目标。拟定战略目标一般需要经历两个环节:拟定目标方向和拟定目标水平。一般情况下,外部环境总会给企业带来多重的机会威胁,企业自身也存在多种优势与劣势,愿景和使命又为企业提供了一定的选择余地,因此在同时符合这三方面要求的目标选择空间中包含了多重的目标取向。因此,企业在拟定目标的过程中,要对可供选择的企业目标按目标取向进行归类、按照目标的性质和目标体系的结构要求进行优化和整合,初步形成若干个目标选择方案。

在这一步骤中,要特别注意目标取向的一致性和目标结构的合理性要求。在同一个目标体系中,目标取向要尽可能一致,避免把相互冲突的目标纳入同一级目标和直接关联的上下级目标当中;如果同级目标的冲突难以避免,那么就必须明确目标之间的主次关系。在确定目标体系结构的安排上,既要考虑各项目标理论上的经济关系,也必须考虑特定的企业经营环境中各项目标之间的现实经济关系,并以现实经济关系为主要依据确定目标之间的从属关系,从质和量两个方面确保目标体系的协调性。

另外,要尽可能追求目标体系主体结构简单明了。一方面要尽量减少目标层次,另一方面要尽量减少同级目标的个数。在战略目标层次的安排上,要紧紧把握战略目标的基本属性,对战略目标不要分解得过分详细,要为企业经营活动留有活动余地;在同级目标的安排上,舍弃对上级目标没有重大的、直接的影响的目标,或者将关联性较强的若干个目标合并成一个目标。在拟定目标的过程中,要根据企业现在的实际情况和未来的发展变化,尽可能多地提出一些目标方案,以便对比选优。

第三步,评价论证。评价论证阶段的主要任务是对各个可行的方案进行完善,比较各个目标方案的优劣,为目标决策提供依据。评价论证的首要任务是对目标方案基本方向的正确性进行评审。要着重研究战略目标是否符合企业使命、愿景的要求,是否符合企业的整体利益和企业内部条件、外部环境未来发展趋势的要求。这种对目标方案基本方向的正确性评价事实上是对第一阶段即调查研究阶段的重复,不过这次重复是对第一阶段形成的基本观点的一种质疑性甚至颠覆性的评审,如果目标方案的基本取向经受不住质疑性的挑战,就有可能被淘汰。对那些经过质疑性评审的方案,接下来进入可行性论证评价环节。

可行性论证评价的重点是战略目标对企业资源与能力的要求是否与企业未来可能拥有和支配的资源和能力相适应。一般来说,这二者之间特别是企业目标要求与现状之间总是存在一定的差距,要用动态的、发展的眼光去观察这一问题,只要在关键的时期、关键的资源与能力领域有可靠的措施能够保持动态的平衡,就不要轻易地否定方案。如果未来外部环境变化的不确定性很大,则要采取谨慎的态度,要立足于企业自身的特别是现有的资源与能力,而不能过分依赖于外部市场。如果外部环境未来的变化趋势比较稳定,且对企业比较有利,企业能够通过多种渠道获得资源与能力,则可考虑提高战略目标的水平。

接下来,对经过可行性优选的方案的完善程度进行评价。着重考察三个方面:一是目标的明确性,亦即目标是否存在多义或歧义;二是目标的协调性,亦即目标之间的主次、从属结构关系是否正确;三是目标的可靠性,亦即实现目标的约束条件是否完备。如果在这一过程中发现目标方案存在不足,那么就要对这些目标方案进行修订,使之完善。这样一来,剩下的各个目标方案都基本具备了候选资格,可以进入最后的决策阶段了。

最后,目标选择。在按照上面的步骤对目标方案的优劣作出评价之后,企业决策者还不能直接决定选取哪个方案。因为一般情况下,各个备选方案基本上都是瑕瑜互见,各有优劣。决策者要从备选目标方案中作出抉择,首先要对各项评价指标的重要性作出评判,而这一判断与决策者的价值观、个性、经验等因素有关,很难找到统一的标准。比如,有的决策者可能重视目标可实现性的大小,有的决策者可能更重视目标的期望效益,在变革时期决策者可能更注重目标方向的正确性,等等。决策者在对目标评价标准的重要性作出评判之后,结合备选目标方案在各项评价指标方面的优劣,通过综合权衡,就可以作出战略目标的最终选择。

以上四个步骤只是对制定战略目标基本过程的描述,在实际工作中可能在各个步骤上都会出现多次反复。比如,备选方案的优劣很难区分,就很可能要返回到第三个步骤;备选方案太少很可能需要返回到第二个步骤，有时甚至需要返回到第一个步骤。制定一个正确、科学、完善的战略目标体系对企业来说极其重要，同时也极其艰巨，因而这种反复是有益的，也是必要的，企业必须正确认识这种反复的意义，扎扎实实地做好每一步骤的工作。

二、企业战略体系

企业战略系统的另一个子系统是企业战略体系。企业战略体系是企业各层级的战略措施，是实现企业使命、愿景与战略目标的途径和方式。企业战略体系由三个层次构成，即：总体战略、业务战略和职能战略，如图7-2所示。

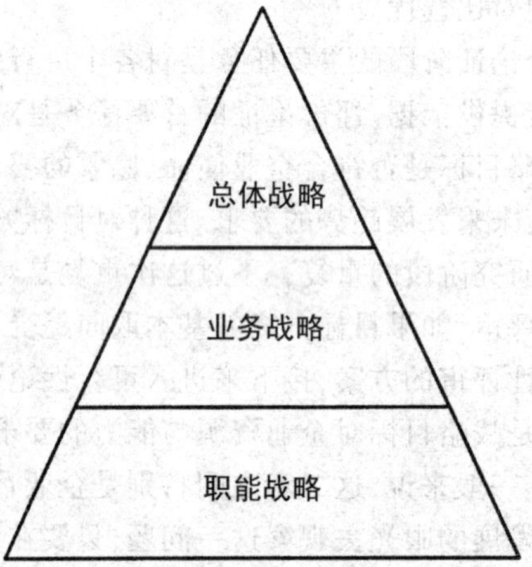

图7-2 企业战略体系的构成

1.总体战略

总体战略又称公司战略，是企业最高管理层为实现企业的使命、愿景和总体战略目标而制定的企业战略总纲，是企业最高层次的战略措施。总体战略的主要任务是确定企业在以下几方面问题上的基本战略途径和手段。

(1)总体战略的主要内容

第一，决定企业发展态势。企业未来的总体发展态势是企业总体战略要首先考虑的问题，即根据对企业内外部环境进行的分析，判断战略环境的总体趋势和利弊，决定企业在今后一段时期内的总体战略态势是进行业务增长、维持现状还是收缩业务，以及采取怎样的行动和措施来实现。这为企业确定了基本的战略基调，对其他方面问题的考虑都会以此为准则。

第二，明确企业经营范围。企业经营范围在企业使命中已经有过表述，但使命中的表述比较宽泛。这里，总体战略要以实现企业使命和愿景为最终目标，较为准确具体地确定企业的经营范围，包括产业范围、地域范围等。

确定企业经营范围必须从三个方面入手：通过外部环境分析，明确企业面临什么样的机遇与挑战，回答“企业可以做什么”的问题；通过企业内部环境分析，明确企业能够抓住哪些机遇或者克服哪方面的挑战，回答“企业能够做什么”的问题；通过对企业主观条件，即经营哲学、使命与愿景的深入理解和分析，考虑企业“应当做什么”的问题。在通盘考虑、综合权衡这三方面要求的情况下，企业才能确定一个正确的经营范围。

确定企业经营范围首先要从纵横两个方向来考虑：横向就是确定企业总体上在哪些经营领域从事经营活动，而纵向就是确定企业在产业链上从事哪些环节的经营活动。

企业横向经营范围的选择实质就是专业化与多元化的问题。专业化是指企业专门从事某一类经营活动，多元化是指企业分别在多个领域内开展经营活动。企业在专业化和多元化间的选择可以从许多角度进行权衡。

从一般的经济学原理出发，企业专门从事某一类经营活动，一方面有利于企业在同等条件下扩大生产规模，获得规模经济优势，另一方面有利于企业深化内部分工，提高生产效率。但专业化的缺陷在于企业规避行业风险的能力较弱。企业从事多元化有利于分散经营风险，但导致企业资源分散使用，削弱企业在各个领域的实力。

如果一个企业拥有或控制的资源非常丰富，也并非可以从备选的经营范围中任意挑选若干个领域从事多元化，至少其选择的经营领域不应该存在矛盾和冲突，能够相容、共存。例如，如果一个企业同时从事食品与农药生产，则容易导致消费者对企业形象与产品产生负面的评价；企业同时从事煤炭采掘和电脑软件开发会导致企业管理风格方面的冲突，因为这些经营领域产品和服务的不同特点使之很难纳入同一个企业。因此，经营活动能够相容、共存是多元化的必要条件之一。

进一步，现实中经济资源的稀缺性决定了企业发展中普遍存在的资源约束。在资源约束、规模经济与专业化普遍存在的情况下，企业选择多元化就必须能够获得更大的优势。而要创造新的、更大的优势，就必须使多个领域的经营活动能够相互促进，获得范围经济。

范围经济是指企业不同类型的经营活动能够在资源和能力方面共享或互补，最终导致企业产品成本下降或质量提高。范围经济可以从多个途径获得，不同经营活动对原材料、副产品的综合利用，分享技术与经验，对单项经营活动外部效应的利用，资金的相互调剂等都属于范围经济范畴。范围经济有时是明显的，有时是隐含的，比如两个领域中相互学习、核心能力的集成与扩散等。范围经济并不普遍存在，可供企业多元化选择的范围有限，但获得范围经济的途径却是多样的，与企业自身条件、外部环境密切相关，并且在不断发展变化。比如，过去汽车行业与家电行业基本上不存在联系，但现在汽车普遍地装配音响、空调，两者的关系越来越密切。一家一流的汽车制造企业收购一家一流的音响制造企业为其制造汽车专用音响设施，可能更有助于汽车品质的提高，但这对一家三流的汽车企业来说，却并非良策。有人将企业经营范围横向选择的决定看成是规模经济与范围经济之间的权衡，虽然不一定准确，却反映了决定企业横向经营范围的主要决策依据。

企业纵向经营范围的选择主要是确定企业在特定领域中选择从事哪些环节来构建自己的业务链，这一问题的实质是市场化与一体化之间的权衡，或者说得更简单一点，就是“自制与外购”的决策。这个决策的主要依据是市场交易费用与企业组织协调费用的比较。如果企业依靠市场来获取生产经营所需的产品或服务，则会发生搜集信息、商务谈判、调解合同纠纷等市场交易费用；如果企业通过一体化的方式实现这些产品或服务的自给，则由于生产环节增加而产生组织协调成本。因此，自产与外购的决策主要取决于这两种费用的比较。当组织协调费用低于市场交易费用时，企业就倾向于将这些产品或服务的生产环节纳入自己的经营范围；相反，当组织协调费用高于市场交易费用时，企业就会选择在市场上购买这些产品或服务。当组织协调成本与市场交易费用相等时,企业与市场的替代处于相对静止或相对均衡状态,企业规模将不再扩张,企业经营范围也就由此确定。

另外,企业还必须在总体战略中明确企业经营的地域范围,即企业在哪些国家和地区经营,进入哪些区域市场,等等。

第三,确定业务组合,建立战略业务单元(Strategic Business Unit,简称SBU)。企业不同经营领域能够获取的竞争优势的潜力是不同的，确定业务组合就是根据企业培育持续增长竞争优势的要求,确定各项业务活动在企业整体经营格局中的地位与作用、相互关系和战略期内的发展方向与目标。

业务组合的核心是确定企业的核心业务,核心业务是企业最主要的经营活动,是企业竞争优势的生长点或者聚集企业核心竞争力的焦点。恰当的业务组合不仅能使企业充分利用现有竞争优势,还能通过不断淘汰没有优势和前途的业务,将资源调集到使用效率比较高的领域,形成新的竞争优势,保障企业的可持续发展。

确定了业务组合的同时就形成了战略业务单元的基本框架。战略业务单元是根据业务活动的类型及其关系所构建的基本的战略管理单位,包括一系列存在直接联系的经营活动,是一个相对独立、完整的业务链条。战略业务单元是落实企业业务组合的主体,业务组合是战略业务单元的基础。一般情况下,一个战略业务单元往往就是一个事业部,但是从本质上讲,战略业务单元是一个功能性机构,它侧重于强调经营活动的性质和类型,而不完全依赖于企业实际的组织构架。比如民用煤油与航空煤油尽管是从同一车间或分厂生产出来的,但由于产品用途不同、市场环境不同,就有可能属于不同的战略业务单元;而在另外一些企业里,为了便于管理可能将不同地域的分厂分别作为一个事业部,但这些事业部包含在一个战略业务单元之中。

第四,配置战略资源。资源是业务发展的物质条件,资源配置的方式和次序要适应业务组合的客观要求。所以在总体战略中必须明确企业资源配置的基本原则、优先次序和重点方向,将企业最优的资源投入到最有吸引力和最有战略价值的业务单元中。

总体战略对企业资源的配置主要是对重要的战略资源的分配，而不是出具详尽的资源分配清单;是对企业获取所需资源的途径、方法以及相关政策的界定,而不是单纯对企业现有资源的分配;是对资源投入产出过程的动态平衡,而不是某一时点的静态平衡。

第五,建立风险应对机制和战略变革机制。总体战略是建立在对未来环境和条件的预测的基础上的,由于人的有限理性和环境的不确定性,这些预测与未来的实际情况总会存在一定的差距,当这些差距较大并动摇了制定企业战略所依赖的基本依据时,继续执行既定战略无疑是危险的。因此，企业制定总体战略的同时必须考虑建立风险应对机制和战略变革机制。首先要明确企业战略稳定的基本前提,并针对这些基本前提条件建立长效监控机制;其次要对环境变化的方向进程尽可能地进行动态预测,提前做好预案;再次,在制定战略时,注意在目标、方向、途径、资源方面保持一定的灵活性,保持一定的战略自由度;最后,要明确战略的要点和关键环节,能够及时评价战略实施效果,进行动态控制。

(2)总体战略的基本类型

总体战略从宏观上确定了企业总体发展的基本态势、方向和范围,因此,根据企业的总体发展态势，一般把企业总体战略分为三大类：增长型战略、维持型战略和紧缩型战略。

第一，增长型战略。增长型战略就是企业在现有的战略水平上追求更高的目标，提高经营层次、增强企业实力、实现企业扩张和发展。进一步，按照企业增长的方向可以把增长型战略分为集约型增长战略、一体化增长战略、多元化增长战略和国际化增长战略。按照企业实现增长的手段或途径，可以把增长型战略分为自我扩张战略、购并战略、合作与合资战略和联盟战略。

需要说明的是，上述分类只是为了研究和讨论的方便而进行的理论划分，实际上上述战略在现实中往往是相互交叉的。例如，某企业实施多元化战略，这是从业务角度来看的，但从经营的地域和实现多元化的方式看，就可能是通过跨国并购新产业中的企业来实现，这就同时实施了多元化、国际化和并购战略；同样，企业实施一体化战略，也可以进行合资合作或者并购。但这并不意味着进行这样的划分是无意义的，其好处是可以对复杂的企业战略进行适当的理论抽象，便于找到规律，进行理论总结和案例分析，从中总结经验教训，提升理论认识，进而更好地指导企业实践。

第二，维持型战略。维持型战略就是指企业在现有的发展状况下，一定时间内维持现有的战略态势。维持型战略的特征就是较少或基本不作出重大战略决策。这种战略常常表现为持续地向同类型的顾客提供同类的产品或服务，维持市场占有率，并保持企业长期一贯的投资回报率，等等。

第三，紧缩型战略。紧缩型战略简称紧缩战略，又称为撤退战略或收缩战略。是指企业在一段时间内减小经营规模或缩小经营范围。在现实中没有人愿意采取紧缩型战略，进行全面紧缩更是任何企业都不愿面对的选择。但是进入20世纪90年代后，如何认识和管理衰退已经成为战略管理领域最活跃的问题之一。

我们这里只简要介绍这些常用战略的基本概念，以构建企业战略体系的总体框架，更加深入具体的介绍详见第九章。

应当指出的是，现实中的企业战略远比以上三种理论总结的战略态势要复杂得多。尤其对一个多元化经营的公司来说，往往会在有些业务领域实施增长战略，而在另一些业务领域实施维持战略，同时在业务衰退领域则实行紧缩战略。因此，现实中的企业往往实施的是一种组合型的总体战略，就是根据企业内外部环境的状况在不同的业务领域或在不同的发展阶段分别选择上述三种战略中的一种或几种。应该说，组合型战略是企业总体战略的一种正常形态。

企业进行战略组合的基本方式大体上有同时组合和顺序组合两种。同时组合主要表现为：在撤销某一战略经营单位、产品系列或经营部门的同时增加其他一些战略经营单位、产品系列或经营部门；在某些领域或产品中实行紧缩战略的同时在其他领域中实施增长战略；某些产品实行维持战略并转移的同时，另一些产品实施增长战略，等等。顺序组合主要表现为：在某一特定时期实施增长战略，然后在另一特定时期实施维持战略；首先实行维持或者紧缩战略，待情况好转时再实施增长战略，等等。

2.业务战略

又称经营单位战略、战略业务单元战略、事业部战略、竞争战略等，关于该战略的内涵并没有什么争议，但我们采用业务战略这个名称，是出于以下考虑：

该层次战略的主要思想和目标是促进企业在某项业务领域中获得优势地位，这是该层次战略的本质；战略业务单元或事业部只是从事业务工作的部门或层级，或者说是业务战略的执行主体，战略业务单元战略、事业部战略这样的提法并不能表达出该战略的本质和内涵；而竞争战略的提法容易把人的思想引导到简单的竞争上去，忘记了竞争只是手段，而不是目的。因此，我们认为采用“业务战略”这个名称较为贴切。

业务战略即由各战略业务单元或事业部根据总体战略特别是业务组合的要求，确定本业务发展方向、具体竞争方式和资源使用重点。总体战略主要回答“干什么”的问题，业务战略则主要解决“怎么干”的问题。总体战略限定了业务战略的选择空间，业务战略要服从总体战略的要求，为实现总体战略服务。因此，业务战略的选择空间是比较小的，是在总体战略限制的空间中寻求竞争优势的塑造。一般情况下，业务战略的主要内容有以下几个方面：

首先，根据总体战略对战略业务单元在企业整体经营格局中的地位和作用、业务领域的外部环境与所拥有的资源和能力，明确本业务单元对实现总体战略应当做出的贡献和责任，以及业务活动的定位和发展方向。

其次，确定业务活动的范围。根据业务活动对总体战略所承担的责任与贡献、与其他业务活动的关系、公司整体对业务活动的资源配置情况，以及主要市场与用户群的结构、要求和变化趋势，确定业务单元在整个业务链条上应当介入哪些环节。

第三，根据业务单元所涉及的价值链、业务单元所采用的基本技术类型和技术扩散利用的潜力，确定业务单元的核心活动以及获得并控制资源的方式，确定竞争方式和手段。

第四，要提出业务单元内部资源配置的基本原则和方向，平衡资源的投入。业务战略是指导战略业务单元经营活动的最高纲领，战略业务单元内部的资源配置就要遵循业务战略的原则和方向，为战略业务单元战略的实现做出贡献。对任何企业来说，资源的稀缺都是绝对的，战略业务单元一样如此，所以要在业务战略中对资源的配置和投入进行综合协调和平衡，保证将优势资源充分投放到能够培育和发挥竞争优势的方向。

最后，要明确业务单元内部各项职能活动所承担的责任，指导业务单元的职能战略。职能活动的责任既包括各职能活动对本业务单元所承担的责任，也包括各职能活动直接或间接地对其他业务领域承担的责任，以及支持总公司职能战略的责任。业务战略还要确定业务单元内职能活动对该业务单元取得成功所起到的作用，明确哪些是关键职能、哪些是次要职能，从总体上把握业务活动中各职能战略之间的协调和平衡。

应当指出，对那些经营范围相对集中、没有实施多元经营或没有独立经营的业务单元的企业来说，业务战略与总体战略是同一的；而对多元经营的企业来说，总体战略与业务战略就是两个不同层次的战略。

我们这里只对业务战略进行简要的介绍，具体内容和业务战略的实施要点在第十章专门讨论。

3.职能战略

又称职能支持战略，是按照总体战略或业务战略对企业内各方面职能活动进行的谋划。职能战略的主要任务是：根据总体战略和业务战略确定职能活动的基本方向、原则和政策;制定该职能领域的重大活动方针,以支持总体战略和业务战略的实现;根据该职能在公司或战略业务单元中的地位与作用统筹配置资源;与相关职能活动建立跨职能协调机制,等等。

(1)职能战略的类型与内容

总体战略和业务战略的成功离不开各方面职能活动的支持,企业主要的职能活动也都应该有相应的职能战略进行指导。所谓职能战略是一个统称,是指导企业各方面职能工作子战略的集合。一般来说,我们将企业职能战略分为三类,共13种:

第一类,生产运营型职能战略。是企业或业务单元的基础性职能战略,从企业或业务运营的基本职能上为总体战略或业务战略提供支持,包括研发战略、筹供战略、生产战略、质量战略、营销战略、物流战略等。

第二类,资源保障型职能战略。是为总体战略或业务战略提供资源保障和支持的职能战略,包括财务战略、人力资源战略、信息化战略、知识管理战略等。

第三类,战略支持型职能战略。是从企业战略全局上为总体战略和业务战略提供支持的战略,包括组织结构战略、企业文化战略、公共关系战略等。

必须说明的是,对不同行业、不同经营范围和规模的企业来说,所划分的职能战略数量和名称不一定要强求一致,可以根据企业的特点酌情制定。例如,对小企业来说,可以将这里的生产战略与质量战略合而为一,将筹供战略和物流战略合而为一,等等。但无论将职能战略如何划分和称谓,企业的所有职能活动都应该以企业总体战略为导向和指南,都要有相应的职能战略来指导,这是设计和制定职能战略的基本原则。

我们这里只介绍职能战略的总体结构,各职能战略的具体内容和实施要点在第十一章专门讨论。

(2)职能战略的层次

值得注意的是,职能战略本身也是具有层次的。公司总体战略制定后,公司各职能部门就要以总体战略为指南,制定公司级的职能战略,用以指导总公司各个职能部门的活动,支持总体战略的实现。类似地,各业务单元内部的职能部门要根据该业务单元的战略制定业务级的职能战略,指导业务单元内的职能活动,以支持业务战略的实现。这就使得职能战略具有了公司级和业务级两个层次。

总公司与战略业务单元的职能部门虽然在机构设置上不尽相同,但其职能却基本类似,因此,公司级职能战略与业务级职能战略的构成非常类似,都包括一些企业必备职能的指导战略,如上述的财务战略、人力资源战略等。但由于公司级职能战略以总体战略为指导,业务级职能战略以业务战略为指导,而业务战略又受总体战略制约和指导,因此,公司级职能战略对业务级职能战略也具有约束和指导作用,给出了其战略思考的范围和空间以及资源配置的约束条件,因此,业务级职能战略是在企业战略业务单元的层面上对公司级职能战略的分解和支持。

综上所述,总体战略、业务战略与职能战略的总体结构关系如图7–3所示,这是企业战略体系的完整构架。

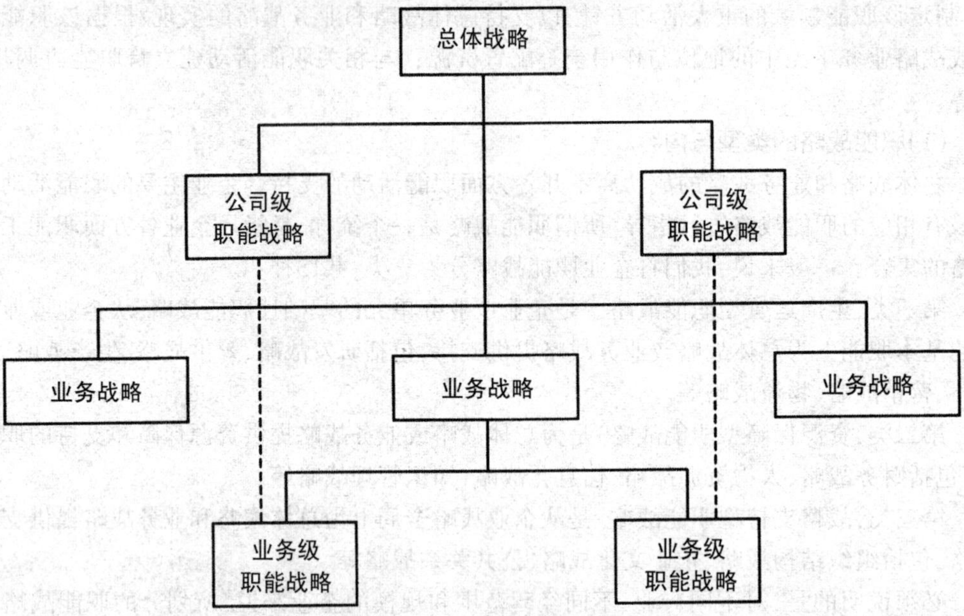

图7-3 企业战略结构示意图

综合本节，我们成功地构建起了由企业目标体系和企业战略体系两个子系统构成的企业战略系统的完整框架。企业目标体系中三个层次的企业战略目标是企业战略体系中三个层次的企业战略要努力的方向和奋斗的目标，企业战略体系内三个层次的战略是实现企业目标体系中三个层次战略目标的路径和方式，这两个子系统相互关联、相互作用，共同勾画出了企业在未来生存与发展的长期目标以及实现该目标的途径和手段。

第二节 企业战略制定

当明确了企业战略系统的结构，提出了企业使命表述，构建了企业战略目标体系之后，我们就要进一步运用企业内外部环境分析的信息和资料，为企业制定能够实现使命和目标的具体战略，进而构建企业的战略体系了。

企业战略的制定过程就是在对企业内外部环境进行全面分析研究的基础上，对企业外部环境要素中的机会与威胁和企业内部环境要素中的优势与劣势进行匹配的过程。企业战略制定过程可以划分为两个阶段：信息输入阶段和信息匹配阶段。战略制定这两个阶段技术方法的主体框架由外部因素评价矩阵、内部因素评价矩阵和SWOT矩阵构成。

一、信息输入阶段

信息输入阶段是对企业内外部环境分析的总结和凝练，就是将企业在内外部环境分析中发现的机会、威胁、优势和劣势等关键要素加以提炼和总结，利用矩阵方法进行量化评分，为进行信息匹配、制定战略做好准备。

信息输入阶段用到的主要技术工具有外部因素评价矩阵和内部因素评价矩阵两种,还有竞争态势矩阵作为辅助手段。这三个矩阵中的关键环境要素信息为信息匹配和决策阶段使用的矩阵方法提供了基本的信息输入。信息输入的实质就是要求战略制定者将对企业内外部环境分析的信息进行综合提炼，将战略制定者对环境要素的主观认识以尽可能客观的方式定量化。

为了便于读者掌握战略制定方法的基本框架,我们在对战略制定技术方法的主体框架,即外部因素评价矩阵、内部因素评价矩阵和SWOT矩阵,乃至战略决策阶段采用的定量战略计划矩阵的介绍中都采用对同一个企业进行战略分析、战略制定的实例来进行说明,这样可以使读者迅速找到几种矩阵方法之间的联系,从而更快更好地掌握战略分析的主要工具。

我们作为分析案例的是国内某汽车公司,简称S汽车有限公司,该公司是20世纪90年代我国某大型汽车公司与F国X汽车公司合资兴建的轿车生产企业,主要生产K系列轿车。上述四个矩阵的分析及其战略的制定都以该公司于某年所面临的战略环境为背景。

1.外部因素评价矩阵(External Factor Evaluation (EFE) Matrix)

外部因素评价矩阵(以下简称EFE矩阵)是战略制定者在完成了对企业外部环境的分析后进行的总结和提炼,囊括了在宏观环境分析、行业环境分析、市场环境分析和竞争对手分析中发现的所有关键环境要素。EFE矩阵实际上是对企业外部环境的抽象再现,即将复杂的外部环境和众多的环境要素进行筛选，找到那些真正对企业未来的生存与发展产生战略性影响的要素,供战略制定者进行进一步的研究。EFE矩阵的结构如表7-1所示。建立EFE矩阵的步骤如下：

(1)选择外部环境关键要素

战略制定者要从对企业外部环境进行的大量分析研究中发现并选出那些最关键的环境要素,包括影响企业和其所在产业的各种机会与威胁。这是建立EFE矩阵的基础环节,也是决定着战略制定是否符合环境实际,是否具有合理性的关键一步。

为了既全面反映环境特征,又不至于因关键因素过多而使战略制定者无所适从,抓不住重点和要害,一般来说,所选择的关键外部因素总数在10~20个之间。首先列举外部环境中的重要机会,其次列举外部环境中的重要威胁。因素的列举要尽量用具体、简练的语言来表述，必要时要采用数字说明。将选出的关键外部因素分机会与威胁按顺序编号，依次填入EFE矩阵的左边第一列。

(2)关键因素赋权

对机会与威胁中的每一项关键因素赋予权重,填入“权重”一列与该因素对应的空白位置。权重的数值由0.0(表示该因素不重要)到1.0(表示该因素非常重要)。每项因素的权重值表示该因素对企业在产业中取得成功的影响大小,影响越大,则权重越高。一般来说,机会往往比威胁得到更高的权重,但当威胁因素特别严重时也可得到高权重。必须注意,所有因素的权重总和等于1。

(3)关键因素评分

根据企业现行战略对填列的各项关键因素的有效反应程度进行评分,填入“评分”一列与该因素对应的空白位置。评分分值范围为1~4分。如某项环境因素得到4分,就代表企业现行战略能够很好地对该因素作出反应,得3分代表反应超过平均水平,2分代表反应为平均水平,而得到1分则代表企业现行战略对该环境因素的反应很差。评分的高低反映了企业现行战略的有效性,它是以企业为基准的,而步骤2中的权重高低则是以产业为基准的,这是二者非常重要的区别。威胁和机会都可以被评为1、2、3、4分。

(4)计算加权分数

用每个因素所得的权重乘以它的评分,即得到每个因素的加权分数,填入"加权分数"一列与该因素对应的空白位置。

(5)计算总加权分数

将"加权分数"一列所有因素的加权分数相加,得到企业外部环境要素的总加权分数,填入"总计"栏与"加权分数"列相交的、矩阵右下角的空白位置。

无论外部因素评价矩阵所包含的关键机会与威胁数量的多少, 按照上面的赋权和评分规则,一个企业所能得到的总加权分数最高为4.0,最低为1.0。平均总加权分数为2.5。如果总加权分数为4.0,说明企业在整个产业中对现有机会与威胁作出了最出色的反应。换言之,企业的战略有效地利用了现有机会并将外部威胁的潜在不利影响降至最小。而如果总加权分数为1.0则说明公司的战略不能利用外部机会或回避外部危险。

表7-1 S汽车公司外部因素评价(EFE)矩阵

关键外部因素	权重	评分	加权分数
机会			
1.政府支持轿车消费的政策和我国经济的稳定发展、居民购买力的上升使中国轿车市场将继续保持快速增长的态势	0.10	2	0.20
2.国家即将制定和出台一系列涉及环境保护、资源保护、降低污染等方面的政策法规,有利于K系列轿车技术水平的发挥	0.15	3	0.45
3.国内代用燃料汽车技术研发取得进展	0.10	2	0.20
4.大多数经销商最关心产品质量因素,S公司在此方面有一定优势,利于打开市场	0.10	4	0.40
威胁			
1.新动力汽车技术迅速市场化,我国研发和应用都相对落后	0.10	1	0.10
2.中国加入WTO将使世界著名汽车公司大举进入中国汽车市场,竞争将更加激烈	0.10	2	0.20
3.同行业竞争对手正在融入跨国公司全球战略,竞相推出新产品,竞争力正在得到加强	0.15	2	0.30
4.国内银行在汽车消费信贷方面还未迈出实质性步伐,对汽车市场缺乏有力支持	0.05	1	0.05
5.未来较长时期内,国内轿车生产能力的增长可能快于产品市场需求的增长速度,极有可能供过于求	0.15	3	0.45
总计	1.00		2.35

综合以上,通过建立EFE矩阵,我们一方面得到了企业现有战略对外部环境响应程度和能力的量化评价,更重要的是,选出了企业外部环境中的关键机会和威胁,并对其从行业和

企业两个角度,逐一进行了相对重要性的比较和量化评价,这些工作为进行信息匹配,制定战略打好了基础。

表7-1就是S汽车公司的EFE矩阵(为便于说明,这里对原矩阵进行了简化,因此关键因素只有9项)。从中可以看出,S公司总加权分数为2.35,低于平均总加权分数2.5,说明企业对外部环境机会和威胁的应对能力还不够强,需要高度重视。

2.竞争态势矩阵(Competitive Profile Matrix,CPM)

竞争态势矩阵(以下简称CPM矩阵)是外部环境分析的一个辅助性工具,用于竞争对手分析中确认企业主要竞争者相对企业的战略地位,归纳出主要竞争者的优势与劣势。从竞争态势矩阵中得到的分析成果可以作为机会要素或威胁要素写入EFE矩阵。CPM矩阵的结构如表7-2所示。

表7-2 竞争态势矩阵实例

关键因素	权重	雅芳		欧莱雅		宝洁	
		评分	加权分数	评分	加权分数	评分	加权分数
广告	0.20	1	0.20	4	0.80	3	0.60
产品质量	0.10	4	0.40	4	0.40	3	0.30
价格竞争力	0.10	3	0.30	3	0.30	4	0.40
管理	0.10	4	0.40	3	0.30	3	0.30
财务状况	0.15	4	0.60	3	0.45	3	0.45
用户忠诚度	0.10	4	0.40	4	0.40	2	0.20
全球扩张	0.20	4	0.80	2	0.40	2	0.40
市场份额	0.05	1	0.05	4	0.20	3	0.15
总计	1.00		3.15		3.25		2.80

资料来源:[美]弗雷德·R·戴维.战略管理(第八版).经济科学出版社,2001

CPM矩阵的做法与EFE矩阵类似,也有不同之处。首先,左边第一列都要填列关键因素。与EFE矩阵不同的是,CPM矩阵中的关键因素不像EFE矩阵那样被分为机会与威胁两类,而是表示企业在该行业中获得经营成功的重要因素,更侧重于企业内部和行业自身的因素,表述也更为笼统,不包括具体数据。

其次,对关键因素赋权。CPM矩阵中的权重含义和赋权方法与EFE矩阵相同,表示该因素对企业在产业中取得成功的影响大小,影响越大,则权重越高。权重的范围由0.0到1.0,所有因素的权重总和等于1。

第三,将主要的竞争对手填入第一行,有几个对手就列出几个。当然,企业必须首先确认主要的竞争对手后才可以进行CPM矩阵分析。

第四,针对每个竞争对手在每项关键因素上的实力和优劣,分别进行评分。这里的评分表示竞争对手在该因素上具有优势还是劣势,按照以下规则评分:4=强,3=次强,2=弱,1=次弱。

第五,分别计算每个竞争对手的加权分数,计算方法与EFE矩阵相同。

最后,分别计算每个竞争对手的总加权分数,计算方法与EFE矩阵相同。

这样一来,经过CPM矩阵分析,我们就得到了竞争对手相对优势与劣势的比较,总加权分数越高,说明该对手的总体优势越强,反之反是。同时,战略分析者还可以将竞争对手的评分和总加权分数与企业自身的相应指标进行比较，就可以看到企业与竞争对手之间的相对竞争优势和差异所在,为制定战略提供有价值的信息。

表7-2是一个对雅芳(Avon)、欧莱雅(L'Oreal)和宝洁(Procter & Gamble)公司进行竞争态势分析的CPM矩阵实例。从权重的大小可以看出,战略制定者认为广告及全球扩张是该行业最为重要的影响因素;从评分高低可以看到,分析者认为雅芳和欧莱雅的产品质量上乘,雅芳的财务状况是最好的,等等。总体看来,宝洁公司是最弱的,其总加权分数仅有2.80。

必须指出的是:我们不能完全凭借在CP矩阵中的总加权分数高低来衡量企业与竞争对手之间的差距。数字仅仅反映了企业的相对优势,而关键因素的选择和权重、评分的高低都带有很强的主观因素,所以我们的目的并不是得到一个神奇的数字,而是对环境分析中获得的有价值的信息进行有意识的整理、吸收与评价,为战略决策服务。战略分析的其他方法都是如此。

3.内部因素评价矩阵(Internal Factor Evaluation (IFE) Matrix)

内部因素评价矩阵(以下简称IFE矩阵)是战略制定者在完成了对企业内部环境的分析后进行的总结和提炼,囊括了在对企业进行资源分析、能力分析、现状分析和企业文化分析中发现的所有关键要素。IFE矩阵实际上是对企业内部环境的抽象再现,即对复杂的企业内部要素进行筛选,找到那些真正对企业未来的生存与发展产生战略性影响的要素,供战略制定者进行进一步的研究。IFE矩阵的结构如表7-3所示。建立IFE矩阵的步骤如下:

(1)选择内部环境关键要素

战略制定者要从对企业内部环境的分析中发现并选出最关键的要素,这是建立IFE矩阵的基础环节。与EFE矩阵类似,为了既全面反映企业内部状况,又不至于因关键因素过多而使战略制定者无所适从，抓不住重点和要害，一般来说，所选择的关键内部因素总数也在10~20个之间。

将选出的关键内部因素分优势与劣势按顺序编号,依次填入IFE矩阵的左边第一列。要尽量用具体、简练的语言来表述,必要时要采用数字说明。

(2)关键因素赋权

对优势与劣势中的每一项关键因素赋予权重,填入“权重”一列与该因素对应的空白位置。权重的数值由0.0(表示该因素不重要)到1.0(表示该因素非常重要)。每项因素的权重值表示该因素对企业在产业中取得成功的影响大小,无论是优势还是劣势,对企业绩效有较大影响的因素就应当得到较高的权重。所有因素的权重总和必须等于1。

(3)关键因素评分

根据企业现行战略对填列的各项关键因素的有效反应程度进行评分,填入“评分”一列与该因素对应的空白位置。评分分值范围为1~4分,4分代表重要优势,3分代表次要优势,2分代表次要弱点,而1分则代表重要劣势。优势的评分必须为3或4,而劣势的评分必须为1或2。评分反映了企业战略的有效性,是以公司为基准的,而步骤(2)中的权重则是以产业为基准的。

(4)计算加权分数

用每个因素所得的权重乘以它的评分,即得到每个因素的加权分数,填入“加权分数”一列与该因素对应的空白位置。

(5)计算总加权分数

将“加权分数”一列所有因素的加权分数相加，得到企业内部环境要素的总加权分数，填入“总计”栏与“加权分数”列相交的、矩阵右下角的空白位置。

无论内部因素评价矩阵所包含的关键优势与劣势数量的多少，按照上面的赋权和评分规则，一个企业所能得到的总加权分数最高为4.0，最低为1.0。平均总加权分数为2.5。总加权分数大大低于2.5的企业内部状况处于弱势，而分数大大高于2.5的企业的内部状况处于强势。综合以上，通过建立IFE矩阵，我们一方面得到了对企业现有战略利用内部优势、弥补内部劣势的程度和水平的量化评价，更重要的是，找到了企业内部的优势和劣势并对其从行业和企业两个角度，逐一进行了相对重要性的比较和量化评价，为进行信息匹配，制定战略做好了准备。

表7-3　S汽车公司内部因素评价(IFE)矩阵

关键内部因素	权重	评分	加权分数
内部优势			
1.大部分员工受过高等教育，有较高的专业素质	0.10	3	0.30
2.企业生产工艺先进、技术含量高	0.15	4	0.60
3.S公司建立了科学的产品质量保证体系，产品质量在行业内居于领先地位	0.20	4	0.80
4.K轿车在其所定位的细分市场上具有一定的竞争力	0.05	3	0.15
5.S公司将得到F国X汽车公司全方位的支持	0.10	3	0.30
内部劣势			
1.资金需求大，长期债务负担沉重	0.20	1	0.20
2.K轿车还未真正成为名牌产品，市场占有率低，品牌价值不高	0.05	2	0.10
3.一些配套零部件成本费用较高	0.05	2	0.10
4.营销和服务体系尚不完善，激励机制有待改进	0.10	2	0.20
总计	1.00		2.75

表7-3就是S汽车公司的IFE矩阵(为便于说明，这里对原矩阵进行了简化，因此关键因素只有9项)。从中可以看出，S公司总加权分数为2.75，高于平均总加权分数2.5，说明企业内部状况总体高于平均水平，具有一定的优势。

二、信息匹配阶段

经过信息输入阶段的工作，找到了企业外部环境中的机会与威胁、内部环境中的优势与劣势，并对其进行了定量比较，接下来就要以这些关键环境因素为基础制定企业战略。

信息匹配阶段就是在机会、威胁、优势和劣势等关键要素构成的战略约束条件下，在对这些关键要素进行匹配的基础上进行战略构想，提出能抓住外部机会、回避外部威胁，发挥内部优势、弥补内部劣势的战略思路，供决策者进行评价和决策。信息匹配阶段采用的主要方法就是SWOT矩阵，另外还有战略地位与行动评价矩阵、波士顿咨询集团矩阵和内部—外部矩阵等常用方法。

1. 优势—劣势—机会—威胁矩阵 (Strengths-Weaknesses-Opportunities-Threats (SWOT) Matrix)

企业战略的目的在于获得和保持竞争优势,实现企业战略目标。有效的企业战略应该能够最大限度地发挥内部优势和利用环境机会,同时使企业内部劣势和环境威胁的影响降至最低程度。SWOT矩阵就是按照SWOT分析的基本思想,系统地对企业内部的优势和劣势、外部环境的机会和威胁进行匹配和分析,寻找利用优势、抓住机会、弥补劣势及防范威胁的切入点,从而制定合理有效的企业战略的一个基本分析工具。由于SWOT矩阵全面而又简明地给出了企业制定战略的基本思维方式和方法,所以,SWOT分析框架作为战略制定的基本原则至今仍被公认为最有效的战略分析制定方法。

通过SWOT矩阵,我们可以得到四类战略,即:优势机会(SO)战略、劣势机会(WO)战略、优势威胁(ST)战略和劣势威胁(WT)战略。优势机会战略是在对企业内部优势因素和企业外部机会因素进行匹配后得到的,是发挥企业内部优势而利用企业外部机会的战略;劣势机会战略是在对企业内部劣势因素和企业外部机会要素进行匹配后得到的,即通过利用外部机会来弥补内部劣势的战略;优势威胁战略是在对企业内部优势因素和企业外部威胁要素进行匹配后得到的,是利用本企业的优势回避或减少外部威胁的影响;而劣势威胁战略是在对企业内部劣势因素和企业外部威胁要素进行匹配后得到的,是在弥补内部劣势的同时回避外部威胁的战略。

SWOT矩阵由九个格子组成,如表7-4所示,包括4个因素格,要填入内外部环境因素;4个战略格,要填入经过因素匹配后得到的备选战略。而左上角的格子则永远是空格。

表7-4 SWOT矩阵构成

	优势-S	劣势-W
	1. 2. 3. 填列企业内部优势 ……	1. 2. 3. 填列企业内部劣势 ……
机会-O	SO战略	WO战略
1. 2. 3. 填列企业外部机会 ……	1. 2. 3. 发挥优势,利用机会 ……	1. 2. 3. 利用机会,扭转劣势 ……
威胁-T	ST战略	WT战略
1. 2. 3. 填列企业外部威胁 ……	1. 2. 3. 利用优势,回避威胁 ……	1. 2. 3. 减小劣势,回避威胁 ……

资料来源:[美]弗雷德·R·戴维.战略管理(第八版).经济科学出版社,2001

SWOT矩阵的构建过程包括以下五个步骤:

(1)填列企业内外部环境要素

即将信息输入阶段填入EFE矩阵的企业外部机会与威胁,填入IFE矩阵的企业内部优势与劣势分别填列到SWOT矩阵的四个因素格中。

(2)制定SO战略

将各项内部优势因素与各项外部机会因素相匹配，构思可行的战略措施，把结果填入SO战略格中。

表7-5 S汽车公司SWOT战略分析表

	优势-S	弱点-W
	1.大部分员工受过高等教育,有较高的专业素质 2.工艺先进、技术含量高 3.有科学的产品质量保证体系,产品质量业内领先 4.产品在其细分市场上有一定竞争力 5.企业将得到X公司全方位的支持	1.资金需求大,长期债务负担沉重 2.市场占有率低,品牌价值不高 3.一些零部件成本较高 4. 营销和服务体系尚不完善
机会-O	SO战略	WO战略
1.政府支持消费的政策、中国经济持续稳定发展和居民购买力提高将使轿车市场继续保持快速增长的态势 2.国家即将制定和出台一系列涉及环境保护等方面的政策法规,有利于公司技术能力的发挥 3.国内代用燃料汽车技术研发取得进展 4. 大多数经销商最关心产品质量,企业质量有一定优势,利于打开市场	1.与国内科研机构或高校合作研发环保轿车(S1,O2,O3) 2.营销战略中强化对企业技术水平和产品质量的宣传,以过硬的质量塑造品牌形象(S2,S3,O4)	1. 争取早日在境内或境外上市，增加资金来源(W1,O1) 2. 加强市场营销和广告投入,突出企业在质量、技术方面的优势,树立优质优价的产品形象(W2,W3,O2,O4)
威胁-T	ST战略	WT战略
1.我国对新动力汽车技术的研发和应用都相对落后 2."入世"后世界著名汽车公司大举进入中国汽车市场,竞争将更加激烈 3.同行业竞争对手正在融入跨国公司全球战略,竞争力正在得到加强 4.国内银行在汽车消费信贷方面还未迈出实质性步伐,对汽车市场缺乏有力支持 5.未来较长时期内,国内轿车可能供过于求	1.争取X公司的支持,在华设立研发中心,开发第二、第三代产品和环保轿车(S1,S5,T1,T2,T3) 2.大力培育以质量和技术为中心的核心竞争力(S2,S3,S4,T2,T3) 3.争取X公司的支持,尝试设立公司融资中心,进行公司对客户的消费贷款业务(S4,S5,T4)	1.改善营销和服务体系,强化与经销商的利益共享关系,也可考虑与实力雄厚的大经销商建立战略联盟(W4,T2,T3,T5) 2. 帮助零部件配套企业降低成本、改善管理,用零部件标准化、采供市场化、业务长期化来降低零部件成本(W3,T2,T3,T5)

(3)制定WO战略

将各项内部劣势因素与各项外部机会因素相匹配，构思可行的战略措施，把结果填入

WO战略格中。

(4)制定ST战略

将各项内部优势因素与各项外部威胁因素相匹配，构思可行的战略措施，把结果填入ST战略格中。

(5)制定WT战略

将各项内部劣势因素与各项外部威胁因素相匹配，构思可行的战略措施，把结果填入WT战略格中。

必须注意的是,在SWOT矩阵中进行战略因素匹配的目的在于产生可行的备选战略,而不是选择和确定最佳战略，并不是所有在矩阵中得出的战略都要被实施。如果备选战略较多,可以对相近或相似的战略进行分组,以便战略评价和决策。

如表7-5是S汽车公司的SWOT战略匹配表。根据SWOT分析与匹配,S公司可以采用SO、WO、ST、WT四类共9种具体战略,将其主要内容归纳起来可以分为三组,即超前研发战略、上市融资战略、基于技术和质量的核心能力战略(简称技术质量战略)。其中SO-1、ST-1属超前研发战略,WO-1为上市融资战略、SO-2、WO-2、ST-2属技术质量战略。(ST-3、WT-1、WT-2均可分组或单独列为备选战略,这里为了简化分析过程,故将其略去。)

这种通过关键要素匹配来制定战略的思想方法首先体现了企业战略对环境的适应性,同时也是一种全面审视企业战略环境,对无法量化的、复杂的企业环境要素进行相对定量比较,进而在内外部环境条件的约束下,将理性思维和直觉思维相结合,尽可能发挥战略制定者的创造力,获得有价值的战略构想的有效手段。

2. 战略地位与行动评价矩阵 (Strategic Positionand Action Evaluation (SPACE) Matrix)

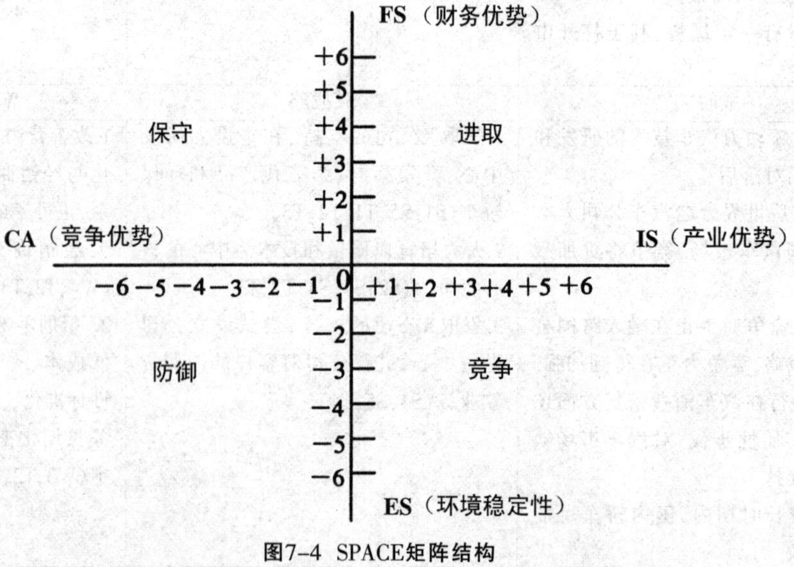

图7-4 SPACE矩阵结构

资料来源:[美]弗雷德·R·戴维.战略管理(第八版).经济科学出版社,2001

战略地位与行动评价矩阵(简称SPACE矩阵)是另一种重要的战略因素匹配方法,可以对企业的总体战略态势进行评估分析。该矩阵的结构是一个平面直角坐标系，如图7-4所示。SPACE矩阵分别从企业内外部环境中各选取了两方面的关键因素构成横轴和纵轴的两极，内部环境的关键因素是财务优势(FS)和竞争优势(CA)，外部环境的关键因素是环境稳定性(ES)和产业优势(IS)。矩阵的4个象限分别代表进取、保守、防御和竞争四种战略态势，实际上就是在对这四个关键内外部因素进行匹配的基础上所制定的战略方向。

之所以选择这4方面的因素进行战略匹配，是因为这些因素在企业战略环境要素中非常重要，对确定企业的总体战略最为关键。财务优势是企业内部资源优势的基础，离开财务资源的支持，企业的一切战略构想都无法实现；而竞争优势是企业总体优势的集中表现，因此财务优势和竞争优势的高低就代表了企业内部的实力强弱。环境稳定性是决定企业总体战略态势的主要因素，而产业优势集中代表了产业环境状况，因此，环境稳定性和产业优势代表了企业外部环境的总体状况。这样，将能够代表企业内外部环境状况的4个关键因素进行匹配，就可以决定企业应当采取的总体战略态势。

另外，这4方面要素都是由一组指标来衡量的，可以根据不同的企业类型和行业特点选用不同的指标，这使得SPACE矩阵有了相当的灵活性，能够适应不同的企业和行业。常用的指标如表7-6所示。

表7-6 常用内外部环境要素指标

内部战略环境	外部战略环境
财务优势(FS)	环境稳定性(ES)
投资收益 杠杆比率 偿债能力 流动资金 现金流动 业务风险	技术变化 通货膨胀率 需求变化性 市场进入壁垒 竞争压力 价格需求弹性
竞争优势(CA)	产业优势(IS)
市场份额 产品质量 产品生命周期 用户忠诚度 竞争能力利用率 对供应商和经销商的控制	

资料来源：[美]弗雷德·R·戴维.战略管理(第八版).经济科学出版社，2001

建立SPACE矩阵的步骤如下：

(1)选择指标

分别选择能够表示企业内部财务优势(FS)、竞争优势(CA)和外部环境稳定性(ES)、产业优势(IS)的一组指标，指标选取应全面、充分、有代表性，有定量指标的尽量选用定量指标，无法定量的应可以进行定性评价和比较。

(2)指标评分

根据其相对优势或劣势大小、机会或威胁程度高低，对各变量指标进行评分。对构成FS和IS轴的各变量指标给予从+1(最差)到+6(最好)的评分值，而对构成ES和CA轴的各变量给予从-1(最好)到-6(最差)的评分值。

(3)计算指标平均得分

分别将各指标的评分相加，再分别除以该轴上的指标总数，得出FS、CA、IS和ES各自的平均得分。

(4)作出向量点

将x轴上CA、IS两个因素的平均得分相加，得出向量点的横坐标值；将y轴上FS和ES两个因素的平均得分相加，得出向量点的纵坐标值，在坐标系中标出向量点。

(5)画出向量

自SPACE矩阵原点至向量点画一条向量(directional vector)。这一向量就是SPACE矩阵的最后成果，通过分析该向量所在的象限及向量本身的特征可得出各种不同的战略选择，它表明了企业可以采取的战略态势：进攻、竞争、防御或保守。图7-5给出了不同象限不同向量所代表的战略态势的例子。

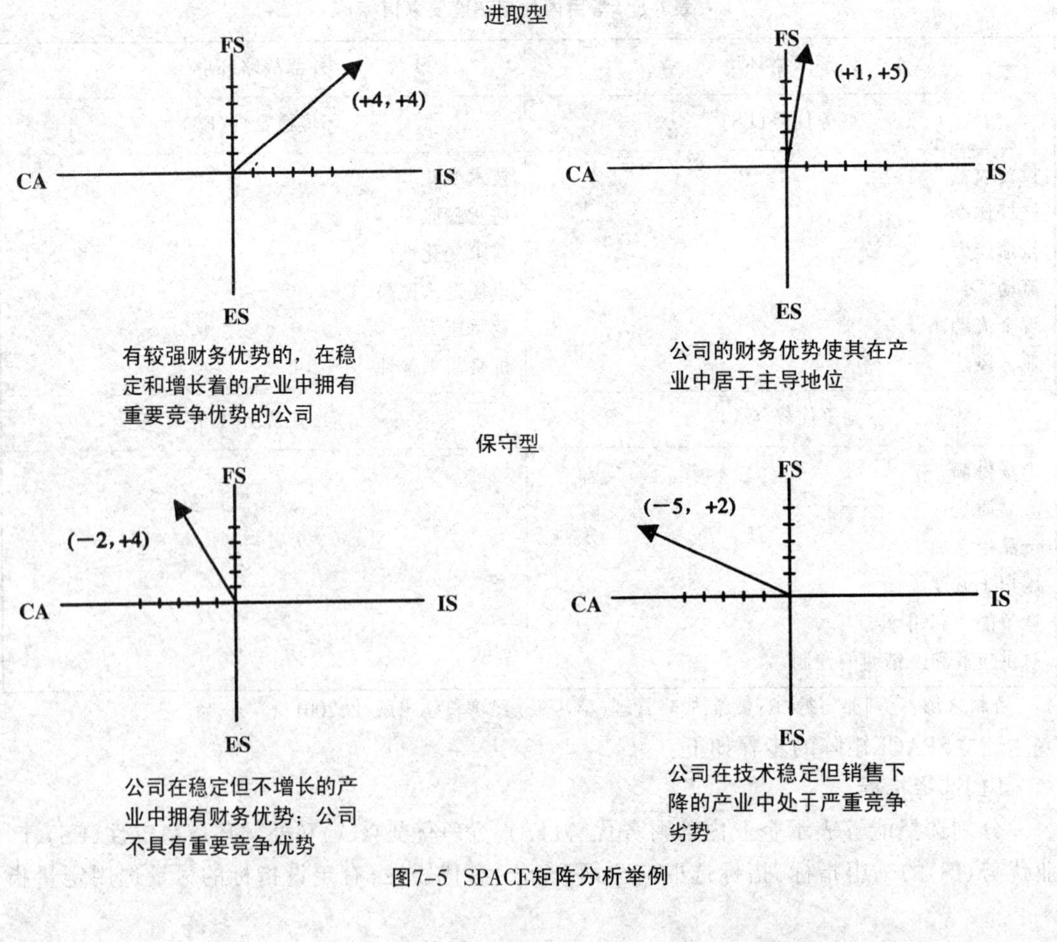

图7-5 SPACE矩阵分析举例

竞争型

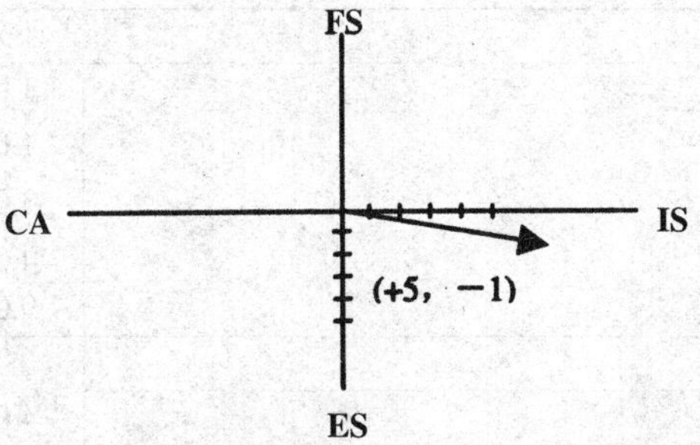

公司在高速增长的产业中
拥有重要竞争优势

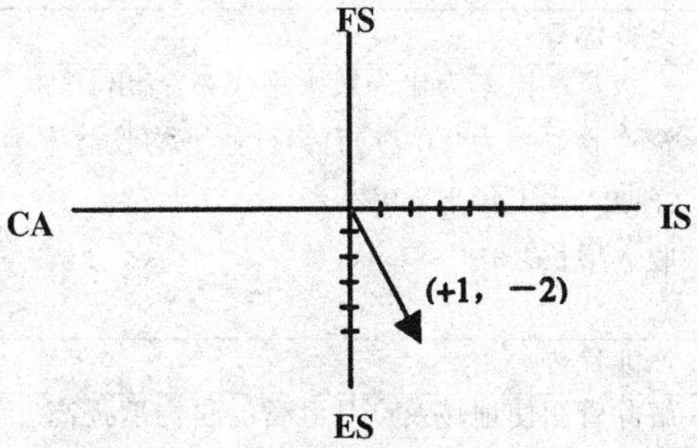

公司在不稳定的产业中有
很强的竞争优势

防御型

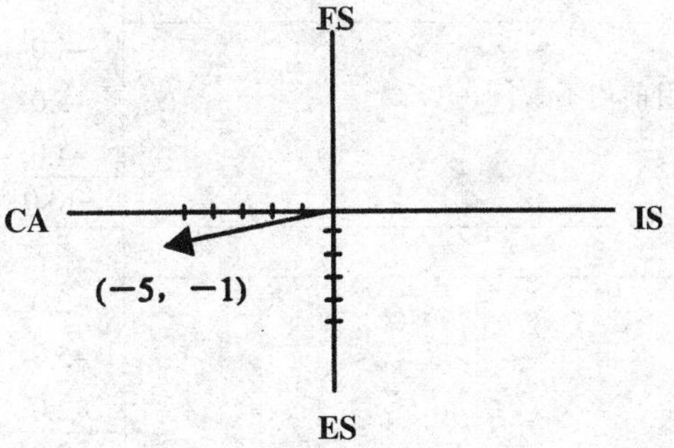

公司在稳定但负增长的产
业竞争中处于十分不利的
地位

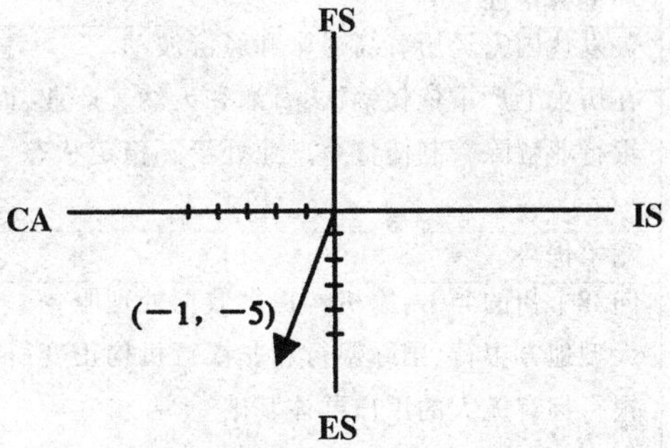

在非常不稳定的产业中有
财务困难的公司

续图7-5　SPACE矩阵分析举例

例如,当企业的向量位于SPACE矩阵的进攻象限(aggressive quadrant)时,就说明企业有着较强的财务优势,在稳定和增长着的产业中拥有重要的竞争优势,这样的企业当然就能够发挥自己的内部优势来抓住外部机会,从而采取增长型战略或其组合。当向量出现在SPACE矩阵的保守象限(conservative quadrant)时,意味着该企业应固守基本竞争优势而不要过分冒险,采取市场渗透、市场开发、产品开发等较为保守的战略。如果向量出现在SPACE矩阵的防御象限(defensive quadrant)就意味着企业应集中精力克服内部弱点并回避外部威胁,采用紧缩型战略。最后,向量落在竞争象限(competitive quadrant)中表明企业应采取一体化、市场渗透、市场开发、产品开发等竞争性的战略。

表7-7是对一家银行进行SPACE矩阵分析的实例,读者从中可以看到SPACE矩阵分析的完整过程。

用SPACE矩阵对企业进行总体战略态势分析是非常简明有效的，但它不能像SWOT矩阵那样产生非常具体的备选战略,因此,只能作为SWOT分析的辅助和参考。

表7-7　一家银行的SPACE矩阵分析实例

财务优势	评分
一级资本比率为比一般水平(6%)高出1.3%	1.0
资产收益率为负0.77,而银行业平均收益率为正0.70	1.0
净收入比上年下降9%	3.0
收入增长7%	4.0
	9.0
产业优势	
解除管制使地域及产品经营的自由度提高	4.0
解除管制使银行业竞争增强	2.0
宾州银行法允许收购其他五个州的银行	4.0
	10.0
环境稳定性	
欠发达国家经历着高通胀和经济波动	−4.0
在历史上严重依赖钢铁、石油和天然气产业,而这些产业目前均不景气	−5.0
银行业解除管制使整个产业处于不稳定状态	−4.0
	−13.0
竞争优势	
向38个州的450余家机构提供数据处理服务	−2.0
大型地方银行、国际银行和非银行机构正变得更有竞争力	−5.0
银行拥有庞大的用户群体基础	−2.0
	−9.0

计算	作出SPACE矩阵:
ES平均值为:−13.0÷3=−4.33 IS平均值为:+10.0÷3=+3.33 CA平均值为:−9.0÷3=−3.00 FS平均值为:+9.0÷4=+2.25 向量坐标轴:X轴:−3.00+(+3.33)=+0.33 Y轴:−4.33+(+2.25)=−2.08	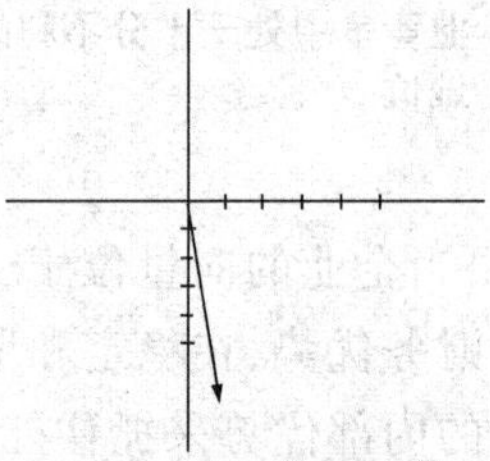
最终结论	该银行应采用竞争型战略

资料来源:[美]弗雷德·R·戴维.战略管理(第八版).经济科学出版社,2001

3.波士顿咨询集团矩阵(Boston Consulting Group (BCG) Matrix)

波士顿咨询集团矩阵(简称BCG矩阵)又称发展—份额矩阵,是由波士顿咨询集团开发的分析方法。该方法主要用于多元经营的企业,通过对其业务单元进行相对市场地位和产业增长速度的匹配来评价和决定业务组合及业务单元的战略取向。

BCG矩阵的结构如图7-6所示。矩阵的x轴代表相对市场份额地位 (relative market share position),是某业务单元在其产业中的市场份额与该产业最大竞争对手的市场份额之比。x轴的取值范围从0.0~1.0,中位值一般设为0.50,表示公司市场份额为本产业领先公司的一半。y轴是以销售额增长百分比为衡量指标的产业增长率,取值范围为−20%~+20%,中位值为0.0。以上取值范围是常用的x轴和y轴数值范围,但必要时也可根据企业的具体情况进行调整。

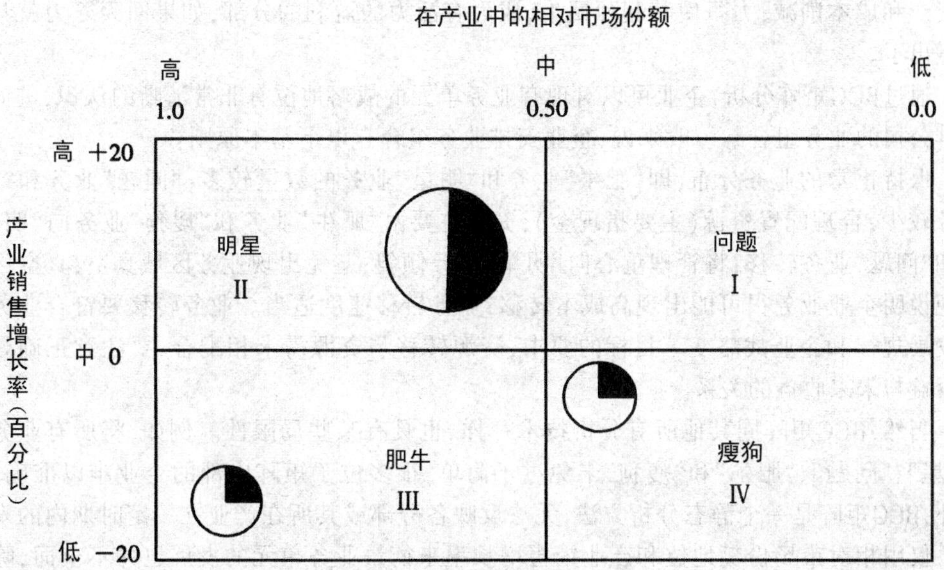

图7-6 BCG矩阵实例

资料来源：[美]弗雷德·R·戴维.战略管理(第八版).经济科学出版社,2001

BCG矩阵中的每个圆圈代表一个独立的业务单元或分部，圆圈的大小表示该业务单位的收入占公司总业务收入的比例，圆圈中阴影部分代表该业务单位所创利润占公司总利润的比重。

BCG矩阵的四个象限代表了业务单元的不同战略地位。位于第Ⅰ象限的业务单位被称为"问题",第Ⅱ象限的被称为"明星",第Ⅲ象限的被称为"肥牛",第Ⅳ象限的被称为"瘦狗"。

第Ⅰ象限的"问题"业务在高速增长的产业中有较低的相对市场份额地位。该区域市场发展率高,有可能成为企业的主导业务,但企业分部市场占有率低,现金创造能力较低,竞争力尚不突出和明确。因此,企业对"问题"业务需要考虑是采取市场渗透、市场开发或产品开发等战略,投入大量资金,提高其市场占有率和市场竞争力还是采取紧缩战略。

第Ⅱ象限的"明星"业务是企业业务组合中具有长期发展机会和获利能力的业务,是企业最佳的长期增长和获利机会所在。企业要对"明星"业务采取增长型战略,进行大量投资以保持或加强其主导地位,扩大市场占有率,支持其进一步发展。

第Ⅲ象限的"肥牛"业务有相对较高的市场份额地位,但产业增长不高。说明该区域的业务已经发展成熟,因此增长率低,占有率高,之所以称之为"肥牛"是因为其创造的效益往往超过需要投入的资金,是企业业务组合中的基础部分。对弱势的"肥牛"业务,市场已经走到尽头或正逐步衰退,应采取紧缩战略,进行收缩或剥离,快速收回现金。对强势"肥牛"业务,由于市场刚刚饱和,企业就应采取维持型战略,尽可能长时期地保持其优势地位,利用它贡献的资金发展新的业务。

第Ⅳ象限的"瘦狗"业务处于低增长或零增长产业,市场已经基本饱和,竞争激烈,利润率低,企业分部的市场份额也较低。由于"瘦狗"分部的相对劣势地位,企业对这类业务往往采取紧缩战略,将其清算或剥离。但在一个业务单元刚刚沦为"瘦狗"时,可以先进行大规模的资产和成本削减，力争使其起死回生，成为有活力的盈利的分部，如果回天乏力就只有尽快撤出了。

通过BCG矩阵分析，企业可以对现有业务单元的战略地位有非常清晰的认识，进而合理安排公司的业务组合。一般来说，企业安排业务组合有以下基本原则：

保持正常的业务分布，即“肥牛”业务和“明星”业务的数量较多，“问题”业务和“瘦狗”业务较少；合理配置资源（主要指现金），资源主要由“肥牛”业务和“瘦狗”业务向“明星”业务和“问题”业务转移；将管理重心向“明星”业务倾斜；避免出现业务区域真空，真空区域的出现说明企业业务很可能出现高成本转移；业务转移速度适当。业务转移要符合业务本身的发展规律和企业战略变革目标的要求，资源转移与资源需求相配合，要注意正确处理当前收益与未来收益的关系。

当然，BCG矩阵同其他所有分析技术一样，也具有某些局限性。例如，将所有业务归为“明星”、“问题”、“肥牛”和“瘦狗”未免过于简单，很多位于矩阵中部的企业难以准确归类。此外，BCG矩阵是一个静态分析方法，无法反映各分部或其所在产业在一定时期内的发展趋势。仅用相对市场份额地位和产业销售增长率来衡量业务单元的发展也并不全面，除此以外的一些指标，如市场和竞争优势等也具有十分重要的战略价值。

4.内部–外部矩阵（Internal–External (IE) Matrix）

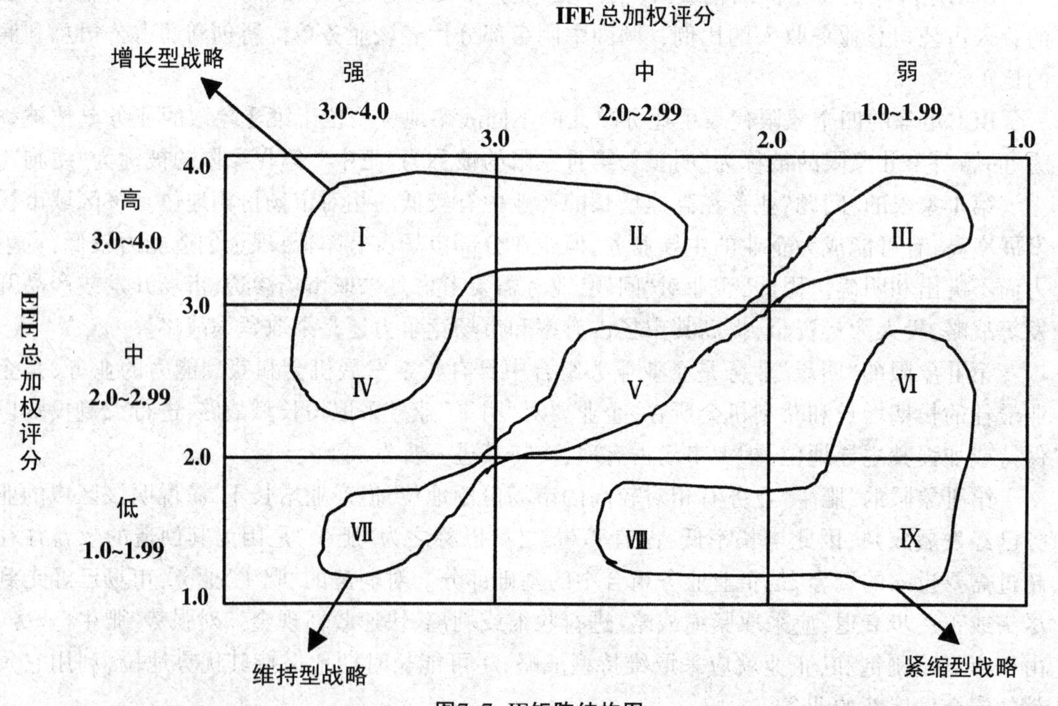

图7–7 IE矩阵结构图

资料来源：[美]弗雷德·R·戴维.战略管理（第八版）.经济科学出版社，2001

内部–外部矩阵（简称IE矩阵）是由通用电气公司的业务检查矩阵发展而来的。IE矩阵与BCG矩阵很相似，它们都是用矩阵图标识业务分部战略地位的工具，因此都被归为组合矩阵。IE矩阵的结构如图7-7所示，x轴是IFE矩阵的总加权分数，y轴是EFE矩阵的总加权分数。企业的每个业务单元都应该先做出自己的IFE矩阵和EFE矩阵，或由总公司为各业务单元进行EFE和IFE分析，由此得出的业务单元EFE和IFE总加权分数是总公司建立IE矩阵的基础信息。

在IE矩阵的x轴上，IFE总加权分数1.0~1.99代表内部弱势地位，2.0~2.99代表中等地位，而3.0~4.0代表强势地位。相似地，y轴上的EFE总加权分数1.0~1.99代表低，2.0~2.99代表中，而3.0~4.0代表高。这样形成了9个象限来表示企业业务单元的战略地位，这9个象限又可以被分为三个具有不同战略含义的区间。第一，落入第Ⅰ、Ⅱ、Ⅳ象限的分部属于增长和建立型业务，应当采取增长型战略，如市场渗透、市场开发、产品开发和一体化战略等；第二，落入第Ⅲ、Ⅴ、Ⅶ象限的分部应当采取维持型战略；第三，在第Ⅵ、Ⅷ、Ⅸ象限的分部可以采取紧缩型战略，尽快收获或剥离。

与BCG矩阵相同的是，要用业务分部的EFE和IFE评分找到业务单元的位置，进而用圆圈表示其在公司中的地位，圆圈的大小代表各分部对总公司销售额的贡献比例，圆圈中的阴影大小代表各分部对总公司盈利的贡献比例。

图7-8是一个完整的IE矩阵实例。描述了一个有4个分部的企业，如圆圈位置所示，分部1、2、3适合采用增长型战略，而分部4适合于紧缩型战略。分部2占公司总销售额的百分比最大，因此用最大的圆圈表示。分部1对公司盈利的贡献比例最大，因而阴影比例最高。

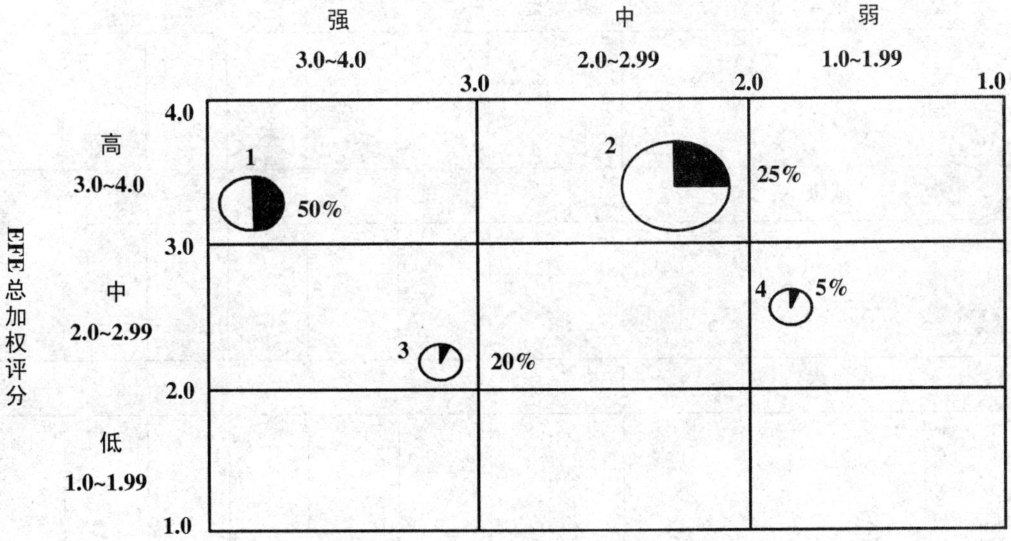

图7-8　IE矩阵实例

资料来源：[美]弗雷德·R·戴维.战略管理(第八版).经济科学出版社.2001

显然，由于两个矩阵轴线的含义不同，IE矩阵比BCG矩阵需要的信息更多。另外，两个矩阵的战略含义也各不相同。因此，跨国公司在制定备选战略时往往同时建立BCG矩阵和IE矩阵。一般是用BCG矩阵和IE矩阵反映当前情况，之后再用根据预测和计划值建立的矩阵反映未来情况。这种结合当前和未来的分析方法预示了企业所期望的战略决策对企业业务组合的影响效果。

第三节　企业战略决策

经过战略制定阶段的工作，通过战略信息的输入与匹配，战略制定者综合运用各种分析工具和思维方法，得出了备选战略，接下来就要将其提交最高决策者进行最终的战略决策。目前企业战略决策常用的定量分析方法只有定量战略计划矩阵一种，而战略决策过程更多受到各种因素的综合作用和影响。

一、定量战略计划矩阵（Quantitative Strategic Planning Matrix，QSPM）

定量战略计划矩阵（简称QSPM矩阵）是在战略制定阶段的分析基础上，对备选战略进行重新梳理和回顾，客观地评价各种备选战略对企业内外部环境的适应能力和战略价值。

表7-8　QSPM矩阵结构

关键因素	权重	备选战略					
		战略1		战略2		战略3	
		AS	TAS	AS	TAS	AS	TAS
机会							
1. 2. 3. ……							
威胁							
1. 2. 3. ……							
优势							
1. 2. 3. ……							
劣势							
1. 2. 3. ……							
总计							

QSPM矩阵的基本格式如表7-8所示。矩阵的左边一列按照机会、威胁、优势与劣势分别填入信息输入阶段所确定的关键内外部因素，在紧靠关键因素的“权重”列中，标出各关键因素在EFE矩阵和IFE矩阵中所得到的权重。顶部一行依次填入在信息匹配阶段形成的备选战略。当然，不一定在匹配阶段所提出的每种战略都要在QSPM矩阵中予以评价，战略制定者可以对进入QSPM矩阵的备选战略进行有意识的筛选。

另外，QSPM矩阵只能在战略组合内进行战略评价。QSPM矩阵中所包括的备选战略的数量和战略组合的数量均不限，但只有在同一组内的各种战略才可进行相互比较式评价，即进行比较评价的备选战略应当具有可比性。例如，第一组战略可能会包括集中化和多元化，而另一组战略则可能包括发行股票和售出分部以筹集资金等内容。这两组战略完全不同，所以不能放到一起来比较评价。

1.建立QSPM矩阵的步骤

QSPM矩阵的建立要经过六个步骤。

(1)列出关键因素

在QSPM矩阵的左栏列出企业的关键外部机会与威胁、内部优势与劣势，这些信息可直接从EFE矩阵和IFE矩阵中得到。QSPM矩阵中应至少包括10个关键外部因素和10个内部关键因素。

(2)关键因素赋权

将每个内外部关键因素在EFE矩阵和IFE矩阵中的权重填入权重栏。

(3)填入备选战略

将战略制定阶段提出的备选战略标在QSPM矩阵的顶部横行中，如备选战略分为互不相容的若干组，则分组进行评价，将一组内的不同战略填入。

(4)确定吸引力分数(Attractiveness Scores，AS)

即对每个备选战略的相对吸引力进行量化。吸引力分数(AS)的确定方法为：依次考察各项关键因素，对其提出这样的问题：“这一因素是否影响战略的选择？”如果回答为“是”，便应就这一因素对各战略进行比较，即考虑在这一特定因素的影响下，各战略相对于其他战略的吸引力如何，并按照如下规则进行评分：1=没有吸引力；2=有一些吸引力；3=有相当吸引力；4=很有吸引力。

如果对上述问题的回答是否定的，则说明该关键因素对特定的战略选择没有影响，那么就不给该组战略以吸引力分数。用一字线“—”表示关键因素并不影响所进行的选择。要注意的是，如果对某种战略进行AS评分，那么其他战略也要进行AS评分；如果给某种战略以一字线，那么同一行的其他各项也将为一字线。如果某因素影响某一战略而不影响其他战略，仍然说明它影响战略选择，因此应给予评分。还要注意各行中不应出现完全相同的吸引力评分。

(5)计算吸引力总分(Total Attractiveness Scores，TAS)

将各横行的权重分别乘以吸引力分数就得到了吸引力总分。吸引力总分综合反映了不同重要性的关键因素对各备选战略的相对影响力和战略吸引力。

(6)计算吸引力总分和(Sum Total Attractiveness Scores)

分别将QSPM矩阵中各备选战略的吸引力总分纵列相加得出吸引力总分和。吸引力总分和综合体现了备选战略吸引力的高低，总分和越高说明战略越具有吸引力。这个数值综合考虑和体现了所有影响战略决策的内外部关键因素，备选战略组中各战略吸引力总分和的不同表明了各战略相对于其他战略可取性的高低。

2.QSPM矩阵的优点与实例

QSPM矩阵的最大优点是可以用量化的方式对一组战略进行相对可行性和合理性的比较与评价，为最终的战略决策提供了客观、科学的依据。同时它使得战略制定者在战略决策过程中能够综合考虑相关的内外部重要因素，避免关键因素不适当地被忽视或偏重。

下面仍以S汽车公司为例说明QSPM矩阵的做法。S公司通过SWOT分析得到了3组主要战略，限于篇幅，我们仅选择其中一组进行QSPM矩阵评价。假如我们选择超前研发战略进行评价，这组战略有两种战略方案，一种是“与国内科研机构或高校合作研发环保轿车”(SO-1战略)，简称国内合作研发战略；第二种战略方案是“争取X公司的支持，在华设立研发中心，开发第二、第三代产品和环保轿车”(ST-1)，简称外资支持研发战略。将这两种备选战略填入QSPM矩阵进行比较，如表7-9所示。

表7-9 S公司的定量战略计划(QSPM)矩阵

关键因素	权重	备选战略			
		国内合作研发战略		外资支持研发战略	
		AS	TAS	AS	TAS
机会					
1.轿车市场继续快速增长	0.10	4	0.40	3	0.30
2.环保政策利于公司技术能力的发挥	0.15	3	0.45	4	0.60
3.国内代用燃料汽车技术研发取得进展	0.10	4	0.40	2	0.20
4.大多数经销商最关心产品质量	0.10	2	0.20	1	0.10
威胁					
1.我国新动力汽车研发和应用都相对落后	0.10	1	0.10	4	0.40
2.“入世”后竞争将更加激烈	0.10	3	0.30	4	0.40
3.同行业竞争对手竞争力正在得到加强	0.15	3	0.45	4	0.60
4.国内银行在汽车消费信贷方面还未起步	0.05	—	—	—	—
5.未来较长时期内，国内轿车可能供过于求	0.15	3	0.45	2	0.30
优势					
1.员工有较高的专业素质	0.10	3	0.30	4	0.40
2.工艺先进、技术含量高	0.15	3	0.45	1	0.15
3.产品质量业内领先	0.20	3	0.60	2	0.40
4.产品在其细分市场上有一定竞争力	0.05	—	—	—	—
5.企业将得到X公司全方位的支持	0.10	1	0.10	4	0.40

续表7-9　S公司的定量战略计划(QSPM)矩阵

关键因素	权重	备选战略			
		国内合作研发战略		外资支持研发战略	
		AS	TAS	AS	TAS
弱点					
1.长期债务负担沉重	0.20	2	0.40	4	0.80
2.市场占有率低,品牌价值不高	0.05	3	0.15	4	0.20
3.一些零部件成本较高	0.05	—	—	—	—
4.营销和服务体系尚不完善	0.10	2	0.20	1	0.10
总计	2.0		4.95		5.35

根据QSPM矩阵的分析,两种备选战略的吸引力总分和分别是:国内合作研发战略:4.95分;外资支持研发战略:5.35分。显然后者的吸引力大于前者,因此企业应优先选择外资支持研发战略予以实施。当企业从每一组战略中都选出了吸引力较高的备选战略,就可以进行最终的战略决策了。

二、正确认识和运用战略方法

综合以上,从信息输入、信息匹配到战略决策,我们介绍了一个完整的三阶段战略制定框架,其中主要的矩阵方法就是EFE矩阵、IFE矩阵、SWOT矩阵和QSPM矩阵,这四个主要工具前后连贯,联系紧密,形成了一个量化环境要素并在此基础上进行战略决策的方法模式,其他的战略分析工具都可以纳入这个方法框架之中。这种方法的突出特点就是选择关键环境要素并对其进行定量评分和量化的比较研究,最终作出科学的战略决策。其优点在于用科学理性的方法梳理了战略决策者的思维,使其全面、理性、冷静地进行战略思考,避免了战略决策的盲目、轻忽与疏漏。

我们必须注意的是,虽然这种方法本身并不复杂甚至很好掌握,但如何科学有效地运用这些方法却并非易事。运用这种方法最大的难度在于:

首先,如何保证环境要素选择的准确性和全面性,如果漏掉了重要的环境因素或将不重要的因素作为关键要素来分析,结论一定大相径庭。

其次,如何保证对各关键要素赋权和评分的科学性和客观性。权重和评分从绝对数上看毫无意义,当它们的相对比较却是战略决策的依据,具有重要的战略价值。差之毫厘,谬以千里,些微的偏差有可能在被系统放大后成为巨大的错误。

最后,如何在运用这种方法时充分发挥战略决策者的创造力。战略是富有创造性的艺术,但往往在进行量化评分的过程中,战略决策者的创造性也消失殆尽,这样制定出来的企业战略死板僵硬,很难成功。

因此,我们应当认识到,方法本身只是一种工具,而真正重要的是运用这些工具的人以及运用这些方法的指导思想。成功有效地运用战略制定方法建立在战略制定者对企业内外部环境的深入分析、全面把握、准确认知和深刻理解的基础之上。数字的比较虽然是客观的,但数字的产生却取决于主观的判断,体现了战略决策者的战略思维,这也正是我们始终强调战略思想在战略管理中的核心地位的根本原因。

三、战略决策的影响因素

战略决策过程是在备选战略中确定某些特定战略方案的选择过程。运用前面介绍的战略制定方法拟定和评价备选战略,是进行最终战略决策必不可少的基础工作和先决条件。如果在战略评价中已经筛选出明显优化的战略方案,则决策就较为简单。然而,在大多数情况下,战略评价过程提供给战略决策者的是若干种可行而又各有利弊的战略方案。在这种情况下,决策者就要考虑多种因素,进行综合的分析和权衡,才能做出最后的选择。

战略决策绝不是一种公式化的简单决策,而是一个复杂的脑力活动过程,需要决策者综合运用理性思维和直觉思维,综合各种环境要素和决策因素进行动态、系统的思考。战略决策常常受到以下因素的影响。

1.决策者的个性、认知与思维方式

在同一个产业,相同或类似的内外部环境条件下,不同的决策者往往会作出不同的战略决策,这种战略决策的差异主要来自于战略决策者个人之间的差异。战略决策者的个性、认知与思维方式对其战略决策有着决定性的影响,所以我们往往能够看到企业采取的战略与企业家的性格特征有相当的一致性。例如,个性张扬的领导者制定的战略也往往富于竞争性和攻击性,而为人低调的企业家制定的战略也往往稳健而平和。

在战略分析与制定的整个过程中,环境作为客观因素在企业战略中的反映是通过战略制定者对环境的主观认知来完成的。因此,同样的环境在不同认知结构的战略决策者看来是不同甚至完全不一样的,在对环境的不同认知基础上制定的战略自然也就千差万别。

另外,没有任何战略方法可以消除战略决策中的风险,而不同战略方案在收益和风险的配比上是不同的,高风险往往伴随着高收益。因此,决策者对待风险的态度对战略选择影响很大。乐于承担风险的战略管理者往往会采用进攻性的战略,愿意承担和接受高风险的项目,他们会对环境的变化作出主动的反应;如果决策者将风险看作一种客观存在,敢于承担某些风险的话,就会试图在高风险战略和低风险战略之间寻求某种程度的平衡;具有风险回避倾向的领导者往往乐于在稳定的产业环境中经营,尽可能回避与其他企业的直接竞争和时间跨度较大的战略,采取防御性的和稳定发展的战略并拒绝承担高风险的项目。

2.企业过去战略的影响

企业经营的连续性使企业战略具有了巨大的惯性,因而企业未来的战略很难完全摆脱企业过去和现有战略的影响。如果过去的战略已经取得了成功,或者在现行战略中已经投入了可观的时间、精力和资源时,老战略对新战略的影响就更大,所以在制定企业战略时必然要考虑企业过去和现行的战略。

明茨伯格曾对德国大众汽车公司1934—1969年和美国1950—1968年在越南的战略选择变化进行过详细的研究,他发现:如果当前的战略是从过去某一有影响的领导者所制定的战略演化而来,这将成为企业以后战略选择的主要影响因素;继而,当前战略将在官僚化组织

机构的贯彻实施下变得格式化;当该战略由于条件变化而开始失效时,企业仍习惯于将新的战略嫁接到老战略上;只有在外部环境变化更大,老战略已经明显不适用时才开始探索全新的战略。

因此,制定新战略的决策者更愿意接受与目前战略较接近或较大程度上反映了目前战略主要思想和内容的新战略。但如果环境已经发生了变化,现行的某些战略已经明显不再适用,这种战略决策的惯性就是十分危险的。

3.企业中的权力关系

企业中的权力关系对战略决策有很大的影响,在大多数企业中,如果一个拥有稳固的绝对权力的高层管理者支持某一战略方案,则该方案一般都会成为企业最终选择的战略并得到一致拥护。因此,企业的战略决策往往都是由企业中拥有最高权力的领导者作出的。如果企业权力并不集中,而是存在几个权力集团,那么最终的战略就往往是权力集团博弈的结果。

4.中层管理人员和职能人员的影响

中层管理人员和职能人员,尤其是公司战略部门管理与规划人员对战略选择也有重大影响。鲍威尔(J. Bower)和舒沃兹(J. Schwartz)的研究指出,如果中层管理人员和企业规划人员参加战略选择过程,由于受到个人视野及其所在单位的目标和使命的影响,他们选择的战略通常与总经理的选择不同,他们倾向于向高层推荐那些低风险、渐进式的战略,而不是高风险和突破性的战略。

卡特(E. Carter)研究了一些中小型公司作出的收购决策,发现中低层管理人员倾向于上报那些可能被上司接受的方案,而扣下不易通过的方案。各部门都会从自身利益出发来评价战略方案,在可能的情况下,他们的选择总是适合于自身的目标。

因此,中层管理人员和职能人员能够通过草拟战略方案以及对方案进行评价来影响企业战略的选择。一般说来,他们对战略方案的建议和评价,总是倾向于少冒风险,在不同程度上延续过去的战略。

5.时间因素的制约

企业的战略制定和实施都必然受到时间因素的影响,主要表现在战略决策时间、战略思考的时间范围和战略执行时间等方面。

战略决策时间。即允许企业进行详尽的战略分析和慎重选择的时间长短。如果战略决策必须在一定时间内完成,那么企业就必须在战略制定各个环节上合理安排时间。如果时限较短,企业就不可能有足够充分的时间来收集足够多的信息和资料,影响了企业对环境的全面深入分析,也必然减少了战略方案的数量甚至影响到战略方案的质量。在这种情况下作出决策往往只能立足于现有的信息条件,考虑少数的关键因素,有时甚至只能是一种应急战略。

战略思考的时间范围。从不同的时间期限来看,战略的价值是截然不同的,有些企业从短期着眼进行战略决策,必然重视那些能够迅速获得短期利益的战略方案。而有的企业从长期出发选择战略,则必然青睐那些具有长远利益的战略方案甚至愿意牺牲一定的短期利益来获取更长远的成功。

战略执行时间。战略实施前太长时间的准备和太仓促地将战略付诸实施都不利于战略的执行。即便是一个优秀的战略，在不适当的时间执行也会产生不利的结果。

思考题

1.企业的战略系统如何构成？

2.企业战略目标体系由哪几个层次构成？相互之间有什么关系？

3.什么是企业使命？企业使命有什么作用？

4.如何表述企业使命？使命表述要注意哪些问题？

5.什么是企业愿景？企业愿景有什么作用与意义？

6.企业目标包括哪些方面的内容？有哪几个维度？

7.企业战略体系由哪几个层次构成？相互之间有什么关系？

8.企业总体战略包括哪些内容？分为哪些基本类型？

9.BCG矩阵的四个象限叫什么名字？代表怎样的业务状况？应采取怎样的战略？

10.做出某企业的外部因素评价矩阵。

11.做出某企业的内部因素评价矩阵。

12.为某企业进行SWOT分析，制定备选战略。

13.运用定量战略计划矩阵对SWOT矩阵中的备选战略进行评价。

14.战略决策受到哪些因素的影响？

Strategy

第三篇

实务篇

Management

第八章　战略实施

企业经过战略分析、制定与决策过程，确定了企业战略，接下来就要着手进行战略实施。本章是对战略实施的总体介绍，涉及战略实施中有共性的重大问题，如战略计划的作用与内容，战略实施的原则、模式与阶段，组织结构、领导和文化与战略实施的关系等。

读者应从本章的学习中整体把握战略实施的基本思路、模式与方法，深刻理解组织、领导、文化与企业战略的关系及对战略实施的重大影响，为深入学习企业各层次战略的具体实施打下基础。

第一节　战略计划与实施

企业战略成功制定后的关键任务就是如何将既定的战略付诸实施。战略实施是决定企业战略能否落实为行动并产生最终绩效，实现企业战略目标，使企业愿景成为现实，完成企业使命的关键。战略实施的首要工作就是制定科学完善的战略计划。

一、战略计划

要将制定好的企业战略付诸实施，必须在企业战略框架内和前提下，按照企业战略系统构建的要求，进一步制定具体的战略行动计划，指导战略实施。

1.企业战略计划的概念

企业战略计划是将企业视为一个整体，为实现企业战略目标而制定的长期计划，是对企业战略的具体化和可操作化。当企业通过对内外部环境进行分析，制定并选择了准备付诸实施的战略后，接下来的主要工作就是细化该战略，为其制定具体的行动方案，以指导战略的实施，这就是企业战略计划。因此，企业战略计划在战略制定与战略实施之间处于承上启下的地位，是将企业各层次战略分解、细化，成为可操作的执行方案的过程，同时也为企业战略的动态调整留下了空间。

企业经常使用长期计划的概念和提法，战略计划与一般意义上的长期计划有着本质的不同。首先，战略计划与长期计划对未来的看法不同。制定长期计划的基本前提假设是：企业根据历史发展的数据，运用外推法便可以预测未来；企业未来的效益应该而且一定会比过去的效益好。在这样的假设下，企业高层管理者往往制定出企业实际上很难实现的目标，向基层管理者层层下压。而战略计划的前提假设是：未来不是可以用外推法预测出来的，未来不一定会比过去有所改善,只有经过认真的分析后才能作出决策。

其次,战略计划与长期计划的工作过程不同。制定长期计划的工作步骤是:首先运用外推法预测未来计划期内的综合指标;然后确定目标,并将目标分解到行动项目、预算和利润计划中;最后由企业的相关单位执行。而制定战略计划的步骤是:首先进行战略分析,制定选择战略;而后,将战略目标和战略方针按照目标的内容、目标的作用范围或对象、目标的时间期限三个维度进行分解,形成企业各个层级和部门多方面、分阶段的目标体系,同时制定应变计划;最后,根据这些具体目标分别作出预算和详细计划,由相关单位执行。

因此,从以上分析可以看出,长期计划的思维方式是单向的、线性的,而战略计划的制定建立在战略分析基础之上,充分考虑了未来环境的变化情况,是一种多向、超前、动态的思维方式。长期计划适用于稳定的、可预期的环境,而战略计划却可以应付环境的突变。

2.企业战略计划的作用

在企业战略实施过程中,企业战略计划发挥着下面的作用:

(1)指导企业战略实施

战略计划的制定完成意味着企业战略进入了具体实施阶段。企业高层管理者就可以根据战略计划调配资源、下达任务、确定下级的责权利关系,采取各种措施落实战略计划,协调企业各部门的工作,以保证达到战略计划所设定的目标。因此,战略计划以战略为指导,而企业上下所有的工作又以战略计划为指导,在贯彻实施企业战略计划的过程中,一步步地将企业战略变成现实。

(2)帮助企业应对环境的不确定性

企业经营环境有着众多的不确定性因素,尤其是现代世界政治经济局势的剧烈变化对企业战略管理提出了巨大的挑战。如何保持战略的柔性,使企业战略实施能够面对环境变化进行动态的调整,是关系到战略成败的大问题。战略计划就是应对这种环境不确定性的重要手段之一。

战略计划是面向未来的,因此制定战略计划要对未来环境的变化进行预测,估计未来的变化将对达到战略目标产生何种影响,制定出一系列应急计划,一旦出现变化就可以及时采取措施,不至于无所适从。由于人们掌握信息的有限性和不可预见的偶然因素的存在,环境的不确定性是必然存在的,但在科学预测的基础上做好战略计划工作就可以把未来的风险减少到最低限度。

(3)提高企业资源配置效率效益

战略计划的重要内容之一就是以战略为导向和标准,决定企业资源配置的领域、数量和方向。在战略计划的协调指导下,企业资源配置有章可循,可以从总体上得到有效控制和综合利用,发挥协同效应,减少不必要的活动带来的巨大资源浪费或损失,提高资源配置的综合效益。

战略计划对各部门各项工作时间进度的协调促进了部门之间的合作,减少了各项工作的等待停滞时间,从而确保在最短的时间内完成工作,使企业资源的利用发挥最大的效率。

(4)为战略控制提供标准

计划职能与控制职能具有不可分割的密切联系,计划是控制的标准,战略计划就是战略控制的标准。战略计划的顺利实施需要有战略控制活动予以保证,控制活动中发现偏差,又促使管理者进一步修订计划,调整目标和行动方案,实施新的战略计划。

3.企业战略计划的内容

战略计划必须指导企业战略的顺利实施、确定资源配置方案、提供战略控制标准、适应未来环境,因此,一份完整的战略计划必须包括以下几方面内容:

(1)对企业总体战略及上级战略的说明

企业总体战略是企业内部各层次战略计划的根本方向和指南,上一层次战略也是下一层次战略计划的方向和指南。因此,战略计划中首先包括对企业总体战略的说明,明确制定战略计划的基本方向、思路和依据。具体包括三方面内容:企业总体经营战略是什么(包括总体战略目标和实现总体战略的方针政策)?为什么制定该战略?实现此战略将会给企业带来怎样的发展。如果是业务单元的职能战略计划,则除了说明总体战略外,还应当按以上三个方面对其上级战略即业务战略作出说明。

(2)计划目标

战略计划中要对总体战略或上级战略目标进行分解,制定该战略计划执行单位的目标。一般都对该战略执行单位的目标从内容和时限两个维度进行分解(目标的作用范围或对象已经确定,就是该战略执行单位)。

从内容上看,目标可以从第七章第一节所述的五个方面进行设计,即成长性目标、效益性目标、资源性目标、创新性目标和社会性目标。当然,对不同层次的战略计划,这五方面目标的权重是不同的,如对一个业务单元来说,其社会性目标可能就要低于企业总体战略计划中的公司总体社会性目标。

从时间上看,战略计划中要制定不同时限的目标,一般分为长期目标、中期目标和短期目标,具体期限长短视行业、企业不同而定。一般来说,如果在较为动荡的行业环境中经营,该企业或业务单元的目标期限应适当缩短,以提高应变能力;如行业环境较稳定,则目标期限可以较长,提高战略的稳定性。

将目标的内容与时限联系起来看,在三个不同时限的目标层次中,一般时限越长,其目标所包括的指标就应当越少、越宏观、综合性越强,甚至可以提出指导性的指标或一个指标变动区间,为环境变化时进行调整留出余地。而时限越短,目标就应当越全面、越具体、越精确,并尽量使用量化的指标,以便监控和评价。

(3)行动计划和项目

制定战略计划时还要筹划战略实施的具体行动方案,包括该战略执行单位为实施其战略要进行哪些方面的活动、分为几个阶段或步骤、每一阶段或步骤的时限与目标等。各种战略行动往往会通过具体的项目来落实,因此战略计划中还要包括对重要项目实施计划和进度的安排。

(4)资源配置方案

实施企业战略不能没有设备、资金、人才等各种资源的支持,因此,资源配置方案是战略计划的核心内容之一。战略计划中应对各项战略行动进行资源配置,说明各自所需资源的种类、数量、提供时间等,并为其分别确定优先程度。有形资源的投入一般都折算为货币价值,以预算和财务计划的方式来表达,无形资源、人力资源和战略资源的投入要尽量采用量化指标表达,不一定要用货币价值体现。

(5)组织保证

战略计划必须由相应的组织机构来执行，因此在战略计划中应确定执行计划中各项工作和行动的部门和单位,明确其在战略实施中的权、责、利,尤其要明确该部门或单位主要负责人在战略实施中的责任。

(6)战略子系统的协调

按照企业战略体系的构成,企业总体战略、业务战略和公司级职能战略都有其子战略系统支持其实施,因而在其战略计划中就要明确其下级子战略如何支持该战略的实现,各下级子战略之间有怎样的关系,如何进行协调,等等。

(7)应变计划

企业必须具备较强的环境适应能力和战略柔性，要能够应对各种可能出现的不确定性因素对企业的影响。因此,应变计划是企业战略计划中不可或缺的重要内容。

应变计划应当包括以下内容:在企业未来的经营环境中可能出现哪些变化?这种变化对企业是机会还是威胁?对企业战略的实施有何影响?如何调整和应对?该变化的出现是否影响到企业对环境的基本假设和战略分析结论？如果是,那么如何调整战略目标和总体战略?如果不是,那么如何调整战略行动计划加以应对？等等。

4.制定战略计划的工作方式

计划是管理的首要职能,制定战略计划更是战略实施的关键一环,一般可以采取以下四种战略计划制定的工作方式:

(1)自上而下方式

集权制和分权制的企业都可采用自上而下的计划制定方式。在集权制企业中,由企业总部的高层管理人员制定企业总体战略计划，而后由各业务单位和职能部门再根据自己的实际情况制定本单位的战略计划。实行分权制的企业一般是由公司总部向各业务单位和职能部门提出计划指导书,提出制定详细计划的基本方针和要求,公司总部审议、平衡及修改这些计划之后,由各业务单位和职能部门执行。

自上而下计划方式的优点是:企业高层决定整个企业的经营方向,并对业务单位和职能部门提出如何达到这一方向的具体指导，使企业高层管理人员可以集中精力去思考企业总体经营方向,制定战略目标,构建战略系统。其不足之处是:高层管理者往往对业务单位和职能部门情况了解不够深入,不能进行详尽指导,而且有可能因指挥不当而打乱目前企业执行的计划。

(2)自下而上方式

这种方式的特点是企业高层管理人员对业务单位和职能部门的计划不给予具体指导,只要求各单位提交战略计划；各业务单位和职能部门根据自己所掌握的环境和市场信息以及内部资源情况,自行制定本单位的计划,由企业高层予以确认。

这种计划方式的优点是:由于企业高层对业务单位和职能部门没有具体指导,对其约束很少,使他们能够完全从自身情况出发,提出较为完整、完善的战略计划,体现其思想和意图。不足之处是对业务单位和职能部门要求较高,必须具备足够的战略分析和计划制定能力才有可能制定出可行的计划。习惯于自上而下计划方式、缺乏独立计划工作能力的业务单位和职能部门会感到无所适从,从而影响计划的可行性。

(3)上下结合方式

上下结合方式是将自上而下与自下而上两种方式的特点集中起来,在计划制定过程中,企业总部管理人员与业务单位和职能部门的管理人员都参与有关战略计划制定的对话和讨论,共同制定完善战略计划。企业总部与业务单位和职能部门的参谋辅助人员经常在一起讨论计划的变化,一起向总经理推荐适当的战略。分权制企业多采用这种方式,其最大优点是可以集中企业上下的知识和智慧,较好地协调总部与业务单位及职能部门的战略计划,增强计划的可行性,使企业能够用较少的时间和精力形成更加完善、更具创造性和可行性的计划。

(4)计划小组方式

这种方式是指企业高层管理人员组成一个战略计划小组,由总经理负责,共同研究制定企业战略计划。计划小组的工作内容与成员构成视问题不同而异,有很大的灵活性。

小型集权制企业和大型分权制企业都可以采取这种方式,如果企业高层领导与计划小组成员间能有良好的沟通与平等的合作,那么这种方式就会取得很好的成效。

由于我国相当多的企业目前仍采用直线职能制的组织结构,权力集中于企业高层领导手中,所以我国企业制定战略计划大多采用自上而下的工作方式。一般都是由企业高层制定战略框架,明确企业战略思想,再要求各业务单位和职能部门根据自己的实际情况及总部的要求进一步制定本单位的战略计划。

二、战略实施

战略实施是企业调动内外部环境中一切资源和能力,贯彻既定的企业战略以实现战略目标的过程。假定战略正确,那么战略成功的关键就在于能否有效地实施,因此战略实施是企业战略管理的关键环节。

1.战略实施与战略制定的关系

企业战略实施与战略制定有着必然的联系。战略制定是在实施战略行动之前的谋划,战略实施则要将战略谋划落实到战略行为中去并取得战略绩效,是调动和运用各种资源将战略变为现实并最终达到战略目标的过程;战略实施强调执行,强调把战略的谋划变为实际行动;战略制定注重领导人的分析决策能力,而战略实施必须要有较强的领导协调能力。

制定一个科学、合理的战略并不意味着战略目标会自动实现,要达到目标必须进行战略实施。在战略管理的整个过程中,实施战略与制定战略一样重要,但却比战略制定要困难得多,复杂得多。不同的战略制定与战略实施相匹配,会产生不同的结果,如图8–1所示。

战略实施 \ 战略制定	坏	好
好	挽救或遭受失败	成功
坏	失败	收效甚微

图8-1 战略制定与实施的关系

如果企业制定了科学合理的战略并将其有效地付诸实施，那么企业就能够比较顺利地取得战略成功，实现战略目标，这是最理想的情况。

如果企业制定的战略不够科学合理或不够完善，但在战略实施中却一丝不苟，执行有力，那么可能会出现两种不同的情况：第一种情况是，企业很好地实施了战略并在战略执行中发现了原有战略的不足之处，采取了各种措施加以弥补或克服了原有战略的某些缺陷，这就可以在一定程度上避免战略制定的某些失误，挽回部分损失并取得一定的绩效；另一种情况是，企业认真地执行了这个制定不佳甚至错误的战略，结果必然是加速地走向失败。

如果企业制定了很好的战略但贯彻执行不力，将使企业处境艰难，达不到理想的成效。在这种情况下，如果企业仅仅归咎于战略制定，而不分析战略实施中的问题，很可能重新修订了战略却仍然按照老办法去执行，战略实施必然收效甚微，甚至彻底失败。

如果企业制定的战略不科学、不合理，同时又没有很好地组织执行，那就意味着企业以错误的方式走上了错误的道路，必然会遭到重大损失而失败。

由图中的四种情况看，只有既制定了科学合理的战略又能有效地将战略付诸实施，企业才有可能取得最终的成功，实现其战略目标。

2.战略实施的基本原则

企业必须注意，在战略实施中要遵循以下基本原则，才能保证战略实施的成功。

（1）适度合理原则

战略实施中要遵循适度合理原则，具体表现在以下三个方面：

首先，不能用完美主义的观点看待企业战略。在制定企业战略的过程中，由于掌握信息的数量、准确性和及时性有限，战略分析与制定方法及战略制定者的认识能力也存在一定的局限性，所以对企业内外部环境的分析很难绝对准确和全面，未来更是难以精确预测，所以制定的企业战略很难要求达到最优。因此，战略的制定只能以满意为标准，这是符合现代决策的基本原则的。

其次，不能用机械的观点看待企业战略。在战略实施过程中，由于企业内外部环境始终处于变化之中，所以很难完全按照预定的战略行事，因此战略实施过程不是一个简单机械的执行过程。战略必须是动态的，要求执行人员大胆实践和创新。战略实施过程也是一个战略创新过程，新战略本身就是对旧战略以及旧战略相关的文化、价值观念的否定，没有创新精神，新战略就很难得到贯彻实施。因此，只要在主要方面基本达到预定目标，就可以认为战略的制定及实施是成功的。在战略实施中，既定战略的某些内容或特征有可能改变，但只要不妨碍总体目标及战略的实现,就是合理的。

第三,不能用绝对的眼光看待企业战略。企业战略必须由企业内部各层级各部门分工实施,虽然组织结构要适应企业战略的需要,但机构一旦建立就不可避免地形成其本位利益,企业内不同机构的本位利益和企业整体利益之间必然存在一定的矛盾和冲突。因此,实施企业战略必须对这些利益的矛盾和冲突进行协调、折衷甚至妥协,以寻求各方面的主动支持和积极参与,不可能离开客观条件去寻求绝对的合理性。只要不损害总体目标和战略的实现,这种折衷或妥协都是可以容忍的。

(2)统一领导、统一指挥原则

统一领导、统一指挥是重要的管理基本原则之一,在战略实施中更要强调这一原则。

一般来说,企业高层领导人员都会不同程度地参与战略制定过程,对企业战略环境及相关信息的了解比中下层管理人员及一般员工更加广泛,对企业战略各部分和方面的要求及其相互关系认识更全面,对战略意图的理解和体会更深刻。因此,战略实施应当在企业高层的统一领导下进行,只有这样才能从企业整体高度上,从长远眼光出发,协调、平衡其资源分配、机构调整、文化建设、信息沟通和执行控制,使企业战略卓有成效地执行。

同时,按照统一指挥原则的要求,企业每个部门只能接受一个上级的命令,避免发生多头指挥。战略实施中的问题,能在小范围、低层次解决的就不要放到更大范围、更高层次去解决,因为解决问题的层次越高,涉及的面就越大,关系就越复杂,企业就要付出更大的代价。

(3)权变原则

企业是在进行内外部环境条件分析的基础上制定战略的,但所分析的环境条件是在制定战略的那个时点上的状况,随着时间的推移,环境在不可避免地发生变化,所以当战略付诸实施后,局面的发展往往与原先的分析和假设有所偏离。因此,如果企业内外部环境发生重大变化,以至原定战略无法实现,就要对预定战略进行重大调整,这就是战略实施的权变问题。

权变观念应当贯穿于战略管理的全过程。反映在战略实施过程中,要求企业识别战略实施中的关键变量,对其进行灵敏度分析,当关键变量的变化超过一定范围时,预定的战略就应当调整。权变的关键在于如何掌握环境变化的程度,如果环境变化影响不大或威胁很快就会过去,企业却修改了原定战略,容易造成人心浮动,对战略执行缺乏信心,带来消极后果,有时最后的成功往往就在于最困难时的坚持。但如果环境确实已经发生了很大的变化,仍然坚持实施既定战略将直接导致企业经营的失败。

3.战略实施的模式

由于不同企业具有不同的组织结构、企业文化和领导风格,所以企业战略的实施也往往表现为不同的模式。

(1)指挥型模式

指挥型战略实施模式的特点是:由企业战略的制定者向企业高层领导提交战略方案,经高层决策,确定战略后,予以宣布并强制基层管理人员及全体员工执行。在这种模式中,企业高层领导把战略管理的重点放在如何制定最佳战略上,而战略实施工作则完全通过命令指挥的方式完成。

每种战略实施模式都有一定的适用条件，指挥型模式只有在符合以下条件的情况下运用才较为有效：

首先，指挥型模式要求企业能够准确有效地收集信息并及时地汇总到企业高层手中以便及时决策、发布指令，因此，这种模式对信息的及时性、准确性和全面性要求较高，不适于在高速变化的环境中运用。

其次，战略制定者与战略执行者的目标比较一致；企业目前的运行系统对战略实施影响不大；组织结构与体制高度集权；企业经营环境稳定，信息资源充分，多元化程度低；企业处于强有力的竞争地位，资源来源较充裕，在这样的条件下采取指挥型模式较好。

第三，企业最高领导应当有足够的权威，能够靠发布各种指令来推动战略的实施。

第四，如果企业体制并不充分集权，需要配备能力较强的规划人员。因为在分权体制的企业中，各业务单元出于本位主义，常常过于强调自身的利益而不顾企业战略全局，总部就应当配备一定数量的有全局眼光的规划人员来协调业务战略，使其更加符合企业的总体要求。

指挥型模式的缺点就是把战略制定者和执行者截然分开，战略制定由高层管理者完成，基层管理者及员工在被强制的情况下执行战略，缺少主动性和积极性，甚至会抵制战略的实施。

(2)变革型模式

变革型战略实施模式的特点是：企业高层通过建立一个专门机构来推动战略实施，战略的实施往往伴随着企业的一系列变革，如组织机构的调整、人事的变更，甚至业务合并或重组，往往采用较为激烈的手段和强力的控制来促进战略实施。企业高层领导把战略实施的重点放在推动战略执行上。

变革型模式在许多企业中比指挥型模式更为有效，但这种模式仍无法解决如何获得准确信息的问题、部门本位及个人利益对战略实施的影响及战略实施的动力问题。同时，还存在一个重大问题，即企业在建立新的组织机构及控制系统的同时也失去了战略的灵活性，在外界环境变化时难以动态调整。

因此，如果企业环境不确定性较大，应避免采用变革型模式。另外，以变革型模式进行战略实施时，采用以下方法能提高战略执行的成效：

由新建立的组织机构和参谋人员向全体员工传达新战略的基本思维和战略重点，把企业上下的注意力集中于战略重点以获得较高的执行力；建立科学的战略绩效评价系统及有力的战略控制系统，采用各项激励政策支持战略实施；充分调动企业内各部分人员的积极性，最大限度地争取员工对战略的支持。

(3)合作型模式

合作型模式的特点是：企业董事长或总经理要和企业其他高层领导人员一起对战略问题进行充分讨论，形成较为一致的意见，在此基础上制定战略并落实和贯彻，使每个高层领导者都能在战略的制定及实施过程中做出各自的贡献。企业董事长或总经理考虑的是如何让其他高层领导人员从战略实施一开始就承担起相关的战略责任。

吸收高层领导人员参与战略制定和实施的方式可以多种多样，如成立“战略委员会”，由各职能部门领导参加，讨论分析对企业战略问题的不同观点，在统一认识的基础上制定出战略实施的具体措施。关键在于组织起一支合格的企业战略管理者队伍,并使其很好地合作。

合作型模式克服了指挥型模式及变革型模式存在的两大局限，使企业高层领导接近一线管理人员,从而获得比较准确的信息。同时,战略制定建立在集体智慧的基础之上,由高层领导分工负责战略执行,提高了战略成功的可能性,往往会取得较理想的成果。但合作型模式中制定的战略是持有不同观点、出于不同目的的参与者相互协商的产物,有可能会由于折衷甚至妥协而降低了战略的合理性;同时谋略者与执行者的角色差别依然存在,仍未能充分调动全体员工的智慧与积极性。

(4)文化型模式

文化型模式的特点是：企业高层领导以企业文化为手段，建立共同的价值观和行为准则,不断向企业员工灌输其战略思想,使所有成员在共同的文化基础上参与战略实施活动。文化型模式特别适用于高新技术企业,这种企业中知识型员工占大部分,只有向他们讲清楚实施战略的原因和背景,让他们知其然知其所以然,才能调动其执行企业战略的积极性。

文化型战略实施模式打破了战略制定者与执行者的界限，力图使每一个员工都参与制定和实施企业战略,使企业各部分人员都在共同的战略目标下工作,因而战略实施迅速、风险小,企业发展迅速。但文化型模式也有其局限性,表现为:

受文化程度及素质的限制,劳动密集型企业中的员工参与战略制定与实施的程度有限;极为强烈统一的企业文化可能导致企业上下思维趋同，掩盖战略制定与实施中存在的某些问题,影响战略目标的达到;采用文化型模式要耗费较多的人力和时间,还可能由于企业高层领导不愿放弃控制权,从而使员工参与战略制定和实施流于形式。

(5)增长型模式

增长型模式的特点是：企业高层领导重视激励基层管理人员执行战略的积极性和主动性,鼓励员工为企业效益的增长而奋斗。高层领导会认真对待基层管理人员提出的一切有利于企业发展的方案,只要具有可行性,符合企业战略发展方向,在与管理人员充分探讨方案具体问题的基础上,就会批准这一方案,以鼓励员工的首创精神。

例如,对一个大型企业集团,母公司先不提出总体战略,而是先由各业务单元或下属子公司提出自己的战略，母公司对其进行综合平衡就形成了母公司的总体战略。在这种模式下,企业战略不是自上而下地推行,而是自下而上地产生,其最大好处就在于能够充分调动基层管理人员的积极性。

采用增长型模式组织战略实施应注意以下问题:企业战略是集体智慧的结晶,企业高层领导不可能掌握和控制所有重大机会和威胁,靠一两个人更是很难制定正确的战略。因此,企业高层领导应坚持发挥集体智慧的作用,要给基层管理人员宽松的环境,激励他们帮助高层进行战略决策并努力减少集体决策中的各种不利因素；高层领导不能把自己的愿望强加于组织成员;只有在充分调动和发挥基层管理者积极性的情况下,才能正确地制定和实施战略,一个稍微逊色但得到人们广泛支持的战略,要比那种“最佳”的却根本得不到人们热心支持的战略有价值得多。

以上五种战略实施模式各有其优缺点,适用于不同环境条件下的企业。在实际工作中,战略实施往往是五种模式的综合,即:战略实施应当在企业高层领导者的统一领导和指挥下进行;企业应建立专门机构来推动战略实施;要让企业高层领导各负其责,领导战略执行;要建立适于战略实施的企业文化,让企业全体员工对战略有一致的认识;调动基层管理人员的积极性和主动性。只有调动了各方面的积极性,做好战略实施的各项工作,企业战略才真正有效,企业的战略目标才有可能实现。

4.战略实施的阶段

一般来说,企业战略从计划转化为行动一般有四个相互联系的阶段:

(1)战略发动阶段

在这一阶段中,企业领导要设法将企业的战略转变为企业大多数员工的实际行动,调动起企业员工执行战略的积极性和主动性。企业要向员工宣传企业使命与愿景,灌输新思想、新观念,提出新口号、新理念,转变企业文化和员工思想中不利于战略实施的旧观念、旧思想,使大多数人逐步接受、理解和支持这一新战略。只有大多数人理解并支持的战略,才是能够成功实施的战略。

(2)战略计划阶段

制定战略计划是企业战略的具体化过程。战略计划中明确了实施企业战略的具体行动方针和战略重点,规定了资源配置的基本方案、各项任务的轻重缓急和时机,确定了工作量和完成期限。

(3)战略实施阶段

根据战略计划,企业组织战略实施。一般要建立适应战略目标的组织结构;筹措、调整各种可以利用的资源,进行再分配;建设有利于战略成功的企业文化;建立战略控制及激励制度以及良好的内部沟通体制等。

(4)战略控制与评价阶段

战略实践的环境是变化的,企业只有加强对战略执行过程的控制与评价,及时调整战略计划,才能适应内外部环境与条件的改变,使企业总体战略得以成功。

5.实施企业战略应当注意的问题

能否成功实施战略是企业战略管理是否成功的关键,在战略的实施中应当注意以下问题:

(1)充分做好战略实施的动员工作

员工是战略管理者中不可缺少的一员,无论多么优秀的战略都只能通过每一个员工每天的工作才能变成现实,离开了员工的支持,任何战略都不可能获得成功。因此,让员工了解企业战略,认同企业战略,进而支持企业战略并为此而努力工作是战略实施成功的首要条件。

所以,在企业将一项新战略付诸实施之前,一定要做好充分的宣传和动员工作。只有向员工充分展示内外部环境给企业带来的机遇和挑战、勾画出具体形象而鼓舞人心的愿景、深入分析实施新战略对员工长期利益的影响和关系,让广大员工了解企业战略意图、认同企业战略目标,才能充分调动他们的积极性和主动性,激发出他们的参与热情。通过耐心细致的动员,把员工的思想和认识统一到企业的使命、愿景、价值观和战略目标上就会使企业战略得到员工发自内心的充分拥护和支持,为战略实施和顺利推进奠定坚实的基础。

(2)制定具体和可操作的战略计划

“凡事预则立,不预则废”。制定具体、详尽、有可操作性的战略计划是保证战略实施成功的重要环节。战略计划为企业各层级、各方面的战略实施工作提供了具体指导，可以更好地配置资源，协调各方面的工作；抵御未来的不确定性，使企业能预先采取措施，降低可能导致的损失；使主管人员的注意力集中于各项目标的达到，管理人员的工作变得更为具体、明确；提高企业的工作效率，使主管人员按既定的目标和规划去控制任务的完成。

(3)资源配置与战略实施相匹配

企业战略每一步骤的实施都需要资源的配合。执行部门如果缺乏必要的资源，就无法保证战略的贯彻执行，正所谓"巧妇难为无米之炊"。由于资源分配受到诸多因素的制约，常常出现企业资源分配与战略脱节的现象，严重影响战略的实施。因此，合理的资源配置是保证战略实施成功的关键，企业要认真研究制定资源分配方案，"好钢用在刀刃上"，使有限的资源充分发挥效益。

健康良好的现金流是企业正常经营的基础和保障，人力资源是企业的第一资源，企业往往还有一些特定的战略资源，因而在资源分配中，资金、人力资源、战略资源如何获取并进行有效合理配置是具有战略意义的重大问题，企业始终都要高度关注。

(4)构建支持战略的组织机构

企业组织结构是企业战略实施的工具和手段，结构追随战略，战略指导结构，因此，企业战略能否成功实施与是否建立了支持战略的组织机构密切相关，本章第二节将专门就此问题进行讨论。

(5)培育有利于战略实施的企业文化

企业文化是企业内部的软环境，决定和影响着企业中的每一位员工，从而深刻地影响着企业运营的方式、方法和效率。特定战略的实施离不开相应企业文化的支持，培育有利于战略实施的企业文化是任何企业都应当考虑的战略问题。本章第三节将对此问题进行专题讨论。

(6)进行有效的战略控制

企业战略是在不断变化的内外部环境条件下实施的，环境的变化常常使企业的战略行动与战略意图不一致。因此，战略实施的整个过程需要随时进行监控，使战略的实施随环境的变化及时作出调整和变革。有关战略控制的内容详见第十二章。

第二节 战略实施与组织结构

企业战略的实施与组织结构有着十分密切的关系。组织结构是在战略实施过程中确定权责关系、配置企业资源、分工协调和控制反馈的主体框架，是将企业战略转化为员工行动的组织中介，也是将员工个人行为整合到企业战略行为中的主要工具。组织结构是否与企业战略相适应，成为战略能否正确落实与有效实施的首要条件。

一、企业战略与组织结构的关系

对企业战略与组织结构之间关系的考察，可以从实证方法与逻辑方法两方面入手。

1.战略与组织结构关系的实证研究

1962年，钱德勒在《战略与结构：美国工业企业的历史篇章》一书中，通过对美国70多家企业发展历史的考察，特别是杜邦公司、通用汽车公司、西尔斯—罗巴克公司和标准石油公司等美国四大公司发展史的实证研究，对战略与组织结构的关系提出了三方面的重要观点。

（1）结构追随战略

企业组织结构的变化受企业战略变化的驱动。企业战略的变化，会带来新的管理问题，进而会导致组织绩效的下降，最终会引发组织结构的调整，如图8-2所示。

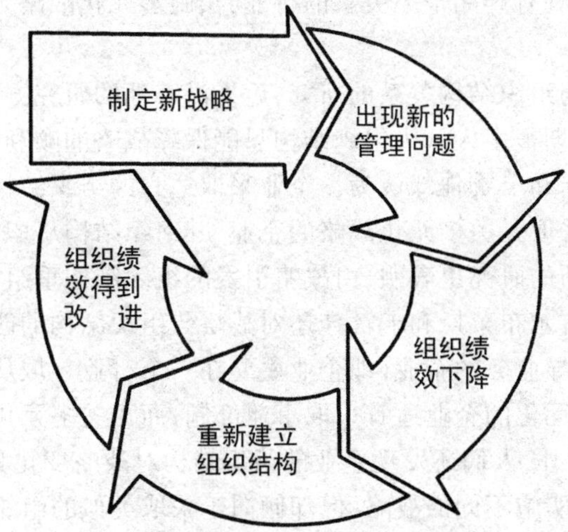

图8-2　战略—组织结构关系图

（2）战略的先导性与组织的滞后性

战略的先导性是指企业战略的变化要快于组织结构的变化。这是因为，企业一旦意识到外部环境和内部环境的变化提供了新的机会与需求时，往往率先在战略上作出反应，以谋求经济效益的增长。例如，经济的繁荣与萧条、技术革新的发展都会刺激企业发展或减少企业现有的产品或服务。而当企业自身积累了大量资源时，企业也会据此提出新的发展战略。

组织结构的滞后性指组织结构的变化常常要慢于战略的改变。组织结构的滞后性主要源自两方面的原因，第一，组织结构的调整需要有一个过程，不可能一蹴而就。当环境出现新的变化后，企业首先考虑的是调整战略。新的战略制定出来后才能根据新战略的要求来改变企业组织结构。第二，组织结构具有一定的惯性，并且组织结构的调整直接影响到管理人员的地位、权力甚至安全感，会遇到来自管理人员各种方式的抵制。

（3）战略与组织结构的匹配

钱德勒在该书中，通过对美国工业企业在不同历史阶段的战略与当时的组织结构进行了研究，总结了一些战略与组织结构匹配的基本规律。

工业发展初期。市场竞争并不激烈，企业外部环境比较稳定。这一时期的大多数企业考虑的是如何高效率地提高产量，扩大企业在本地区的销售量，为此而制定的战略基本上可以归结为数量扩张型战略。此时的企业往往建立简单的职能机构。

地区扩张时期。经过工业化初期的发展之后，随着企业生产规模的扩大和生产技术的提高,本地市场很难满足企业发展的需要。这时企业往往采取地区扩张战略,在其它地区开展生产经营活动。由于产品生产的专业化、标准化要求增强,客观上要求上级向下级授权,由此形成了总部与部门形式的组织结构。

工业增长阶段的后期。由于市场竞争加剧,企业往往通过向上游或下游延伸来缓解竞争压力或增强竞争优势,也即实施纵向一体化战略。在此阶段企业内部各生产环节间的协调性要求较高,企业设立中心办公室和多部门的组织结构。

工业发展进入期。行业内部的竞争进一步加剧,企业为了寻求新的增长机会或者避免行业风险,往往进入一些与现有产品毫无关系的行业,实施多元化战略。此时企业往往采取事业部制的组织结构。

钱德勒开启了战略与组织结构关系的研究,后人沿着他的研究方向进行了深入探讨,得出了一些有益的结论。早期很多人认为组织结构只能保障战略的顺利实施,而不能创造新的竞争优势。但吉尔布莱斯和卡赞佳却认为, 企业采取适宜的组织结构能获得一定的竞争优势,他们通过研究表明,采取无关多元化战略的企业,其组织结构从职能制转为事业部制后,公司报酬率增加了。蒂斯的研究也表明,由战略引发的组织结构重组,能够使企业的资产利润率增长1.2个百分点。吉尔布莱斯和卡赞佳还对战略与组织结构的匹配提出了更为具体的指导原则:单一业务和主导业务的企业(即企业主要在一个行业领域从事经营活动),适宜于采用职能制结构;相关多元化的企业适宜采取事业部制;而无关多元化的企业适宜采用复合式结构(或控股公司)。此外,人们还发现企业的组织结构对战略变化具有一定的适应性。处于同一行业的企业,尽管实施不同的战略,但却倾向于采取类似的组织结构。

2.组织结构与战略的逻辑关系

组织结构是指为了实现组织目标而建立的责权体系。如果把企业放在整个社会经济系统中进行考察就会发现,组织结构侧重于建立有效的企业内部秩序,而企业战略侧重于建立企业与环境之间的和谐关系。企业的内部秩序必须服从企业与环境建立良性互动关系的需要,否则这种内部秩序必然导致企业经营失败。同时,企业的内部秩序也对企业与环境的关系有着重大影响。

因此,在结构与战略的相互关系中,战略决定结构,组织结构必须服从战略的需要;同时,组织结构作为战略的载体和工具,也对战略具有反作用。

(1)战略对组织结构的主导

具体来说,战略对组织结构的主导关系表现在以下几个方面:

战略决定了企业组织的基本构架。企业生产经营过程的经济技术特点是决定组织结构的主要因素。不同领域、不同生产环节在生产经营活动过程中的相似性和差异化程度,决定了企业横向机构设置——部门化的选择空间。在某一特定生产领域的生产经营规模和特点,决定了企业管理层次设置的选择空间。即企业战略通过对企业经营范围的界定,决定了企业组织结构设置的选择余地。

战略确定了组织结构的地位与关系。企业生产经营过程的经济技术联系是企业内各机构间关系的物质基础,但并不是唯一的因素。企业寻求竞争优势的方向不同,各个机构对企业获得竞争优势的能力和贡献不同,那么在组织结构体系中的地位也不一样。比如,在追求技术领先的战略思想指导下,技术部门可能处于突出的地位;而在追求成本领先的条件下,财务部门可能居于核心地位。

战略是组织结构变化的推动力量。既然战略决定了组织的基本构架等关键要素,那么,战略的变革也就必将导致组织结构的变化。

(2)组织结构对战略的反作用

组织结构在一定程度上对战略的制定和实施具有反作用,主要体现在以下几个方面:

组织结构影响企业战略实施的资源配置。企业资源配置是由战略决定的,但必须依靠相关的组织机构才能将资源分配至特定的位置。企业资源能否满足企业发展的需要,不仅取决于资源的绝对拥有量,也取决于资源的利用效率。而资源利用效率受组织效率的影响,组织效率又与组织机构的设置直接相关。另外,组织结构如何设置不但影响资源的初始分配状态,也影响资源的动态配置。组织结构的变化,会影响资源分配格局的变化。并且在组织初始的资源拥有量不变的情况下,由于组织效率的变化而影响企业后续资源的拥有量,这就有可能成为战略变革的诱因。

战略的制定与实施是一个决策链,是由不同层次、不同时点的若干个管理决策构成的。这些决策总是依附于企业各个机构的。组织结构不同,则决策信息的来源与内容、决策的方法与程序、方案的选择依据、影响决策的利益和权力结构就有可能不同,最终导致企业战略与战略的实施效果不同。

组织结构直接决定企业内部的分工协作关系,决定个人获取、积累知识与能力的具体途径、方式、范围和效果,最终决定了企业核心能力的形成。从企业长期经营的过程看,企业的战略选择就受到企业自身能力的制约。

不同的组织结构设置方式决定了企业内沟通方式、处理冲突的规则、非正式组织和思维模式的不同,这些因素对战略实施过程都有不同程度的影响。

因此,当一个企业的组织结构已经确立,人员已经配备,规章已经制定时,企业在制定和实施战略时往往会力图避免过多地更改企业的组织结构,因为它会损失组织效率,分散企业资源甚至造成企业运行的停顿。

综合考察企业战略与组织结构之间的关系,我们可以得到较为全面准确的认识,即:企业战略决定组织结构,同时组织结构对企业战略具有反作用。因此,企业在制定战略时不能过于强调战略对组织的主导性,而应该或多或少地考虑到组织结构的因素,一个完全与现有组织结构脱节的战略不是一个好战略。我们将企业对组织结构与战略关系的正确认识概括为:结构追随战略,战略兼顾结构。

同时,在环境变化、战略转变的过程中,也总会有一个利用旧结构推行新战略的阶段,即交替时期。交替时期的存在并不利于企业战略的顺利实施,有时甚至对战略实施带来很大的干扰和影响。因此,如何尽可能地缩短这个交替时期,使组织结构尽快适应战略的变化是企业在制定战略之时就应当给予充分考虑的。

为解决这些问题,企业应当根据总体战略和业务战略制定一个重要的战略支持型职能战略——组织结构战略,为组织结构的变革和调整提供指导,使其能够为企业战略的顺利实施和战略目标的成功实现提供组织保障和支持。

二、影响组织结构选择的关键因素

企业组织结构应当适应战略的要求，但是企业战略并不能决定组织结构的一切方面和环节，不能完全提供构建企业组织结构的所有信息和要素。组织结构的选择或设计还与企业的规模和发展阶段、企业所面临的环境和技术等方面的因素有关。企业只有在明确这些因素对企业组织结构的影响途径和方式，在综合考虑以上几个因素影响与要求的基础上，才能与战略相适应，作出正确的选择。

企业组织结构类型的选择受到企业规模与发展阶段、生产技术特点、环境特点、经济社会文化因素、市场分工与技术分工水平及主要管理要素适应性等因素的影响。

1.企业规模与发展阶段

与其他事物一样，企业的发展是一个由简单到复杂的过程，并呈现出一定的阶段性特征。在某一特定的发展阶段，企业可以相对稳定地采用某种组织结构，不同企业在组织结构的选择上表现出某种共同的特征。当企业发展到新的阶段时，就应当选择新的组织结构。一般来说，企业的发展过程可以分为五个阶段：创业阶段、职能发展阶段、分权阶段、参谋激增阶段和再集权阶段。

创业阶段。企业规模小、经营范围狭小、经营活动比较简单，企业决策问题基本上由企业领导人承担，信息主要依靠非正式沟通，企业组织结构往往很不正规。

职能发展阶段。随着企业的发展，经营规模和地域范围逐步扩大，管理活动也日趋繁杂，很难完全依靠高层领导决策。这时，企业一般按照管理事务的专业性质建立职能机构。

分权阶段。当企业在某一领域获得长足发展之后，往往开始扩展产品线或者扩大经营范围。这一时期，企业通过建立分权制的组织机构，将日常管理工作交给各事业部主管处理，企业高层主要处理战略决策与战略规划方面的事务。

参谋激增阶段。分权制组织结构下事业部间往往存在很多重复性工作，企业资源的整合能力下降，领导甚至会觉得整个企业“失控”。这些矛盾随着企业的发展会越来越突出，企业就会通过增加公司一级的参谋机构，加强对事业部的计划与控制，进入参谋激增阶段。

再集权阶段。增加参谋机构的措施强化了企业整体的调控能力，却又引发了直线人员与参谋人员的矛盾，为了缓解这些问题，企业一般采取集权制管理，强化专业职能机构的权力，进入再集权阶段。

以上企业发展五个阶段对组织结构选择倾向的概括，是对企业发展的一般情况而言的，并不意味着每个企业的发展都要经过这五个阶段、必须采取相应的组织结构。

企业规模对组织结构的影响主要表现在三个方面：企业规模越大，越是要依靠正式的结构、制度、政策和程序来维持正常有序的活动，对组织结构的规范化程度要求越高；企业规模越大，需要协调的事务越多，协调的难度越大，越需要采取分权化组织结构；企业规模越大，横向部门和纵向等级就越多，因而组织结构也就越复杂。

2.生产技术特点

按照技术的复杂程度可以将生产过程分为单件小批生产、大批大量生产和连续性生产三种类型。在生产过程中，技术的复杂程度越高，管理、监督人员在员工总数中的比例越高，管理层次也越多。

生产过程的稳定性也与组织结构密切相关。在连续性生产的企业里,生产经营过程的重复性强,能够建立规范、稳定的分工与流程,企业一般会设立比较规范、稳定的职能部门,管理幅度比较大。同时由于生产过程中各环节之间的联系比较紧密,对各个环节的协调性要求高。这种条件下企业倾向于建立高度集权的职能制组织结构。

在单件小批生产的企业里，生产对象经常改变，企业很难建立适应多种产品的生产流程。企业往往依据生产环节加工工艺的共性,组成管理幅度较小的组织结构,以便随时根据特定产品的工艺要求集成生产能力。所以这种情况下,企业组织结构在基层的管理幅度比较小,但在中层的管理幅度比较大,并经常运用项目小组来增强部门间的合作水平。

大批大量生产处于单件小批与连续性生产的过渡状态,需要在集权或分权、结构的稳定性与动态性方面保持平衡。

3.环境特点

外部环境也对企业组织结构产生着重大影响。环境特点可以从环境的复杂性和稳定性两个方面来把握。如果环境对组织的影响因素较多,而且各因素间存在多种联系,则认为环境的复杂性较高,反之则反是。在环境比较简单的情况下,组织所要处理的管理事务也比较简单,可以建立集中化的组织结构,按照既定的程序和政策处理事务;环境越复杂,管理事务越难以按照统一的政策和程序处理,就需要采取非集中化的组织结构。

环境的稳定性是对那些影响组织的环境因素在未来发生变化的可能性大小的判断,这种可能性越大,则环境的稳定性越低。在环境比较稳定的情况下,企业一般采用具有明确责权分工的官僚机构;但在环境变动性较大的情况下,官僚机制反应太慢,就需要采用有机组织。

因此,根据环境的稳定性与复杂性程度,一般把环境分为四种类型,在不同环境条件下,企业应当采取不同类型的组织结构,如图8-3所示。

环境复杂性程度 \ 环境稳定性程度	大	小
高	非集中化官僚制	非集中化有机组织
低	集中化官僚制	集中化有机组织

图8-3　环境对组织结构的影响

4.经济和社会文化因素

经济和社会文化因素主要是通过对企业员工思想和行为的影响，最终影响企业的组织结构。随着经济社会发展水平的提高,企业员工的需要结构也会发生很大的变化,精神层面的需要越来越重要,如图8-4所示。员工需要能否得到满足,对组织效率有重大影响。为此企业建立组织结构时,必须把握当时的经济与社会发展水平,了解员工的需要结构,选择能够适应员工需要的组织结构。

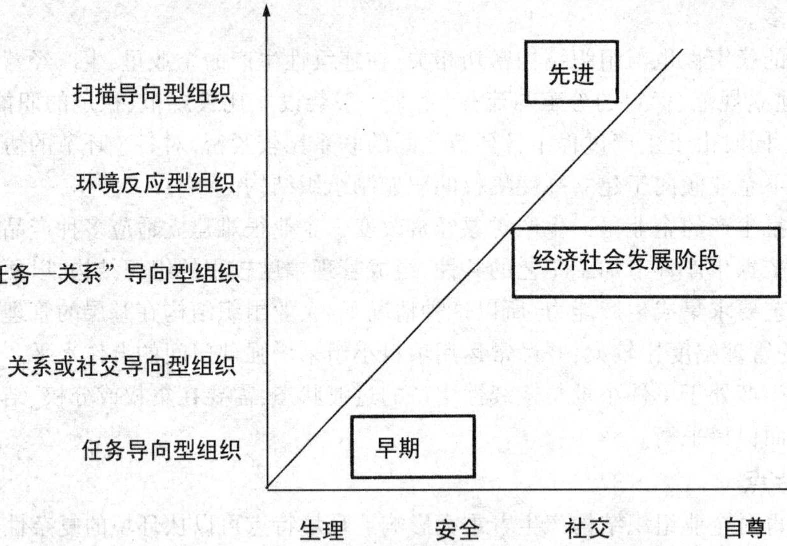

图8-4 经济发展水平和人的需要层次对组织结构的影响

在经济发展的早期,企业员工的需要结构中较低层次的生存和安全需要比较突出,企业就应当采用任务导向型组织,运用分工、命令、控制等手段,提高组织效率。因为任务导向型组织将员工的经济利益和工作任务直接挂钩,为员工提供了明确的行为导向;这一时期的企业员工普遍缺乏主体意识,对精神层次的需要甚少,追求不高,往往乐于接受命令,服从权威,并获得一定的安全感。

第二种类型的组织是关系或社交导向型。随着经济社会和文化水平的提高,员工的生存和安全需要得到一定程度的满足之后,精神需要逐渐形成。首先就是员工的社交需要,注重归属感和良好的人际关系。任务导向型组织中森严的等级、冷酷的监督与控制、单调的命令与操作,日渐引起员工对各级管理人员的敌视,妨碍了工作效率的提高。为了改变这一局面,企业需要转向关系导向型组织。在关系导向型组织里,弱化了分工与等级,扩大了员工思想情感交流的范围和施展个人才能的空间,通过思想情感交流、协商、潜规则和非正式组织补充指令、监督、控制的不足。

第三种类型是“任务—关系”导向型组织。随着经济、社会与文化的进一步发展,企业员工的思想、价值、需要日益呈现出多元化的取向,员工自尊和自我实现的需要越来越突出,依靠员工的交流与协调来维系组织运行显得力不从心。与此相反,企业却需要从更大的规模或范围来整合员工个人的努力。于是企业试图在任务与关系方面建立平衡,通常采用“任务—关系”导向型组织,在确保企业基本目标实现的前提下,把企业成长与个人成长结合起来,为个人成长预留广阔的发展空间。从权力体系上看,这种组织更注重责权体系的相互渗透或分享,上级保持对下级进行指导的权力,下级也能在一定范围内参与上级决策;在管理方式上强调目标管理的运用。

第四种类型是环境反应型组织。随着企业活动空间的扩大,市场竞争的加剧,环境的不确定性越来越大,谁能主动、快速、正确地对环境变化作出反应,谁就能获得生存与发展。这就要求企业组织是一个开放的有机系统, 始终保持与环境的动态适应。要成为这样一种组织，首先要保证企业内部存在广泛的、畅通的信息交流渠道，不同部门与层级的人员能够进行充分的探讨、交流和启发，及时地感知外部环境的变化；其次，员工目标与企业目标之间要形成良性循环，相互促进，使企业员工保持工作的积极性和主动性。要做到这些不能仅仅依靠正式的结构与领导，也必须充分发挥非正式组织与领导的作用。

第五种类型是扫描导向型组织。随着越来越多的国家进入后工业化时代，经济全球化的趋势日益加剧，国家的、民族的、地理的界限对企业活动的限制越来越弱，市场竞争在全球范围内展开。在这种情况下，工业化时代的传统优势很难长久保持，越来越多的企业试图摆脱在特定产品与市场上的竞争优势，而是把企业核心能力作为发展的立足点，并通过对全球市场的扫描，寻找发挥企业核心能力的时点与领域。这种类型的组织更注重其全球信息的获取与处理能力，而不是在既定的产品或市场上建立完整的功能。

5.市场分工与技术分工水平

市场分工是指由市场交换所反映出来的商品或服务的专业化水平。比如，我们可以从市场单独购买到的汽车各种零配件，实际上反应了汽车行业市场专业化分工的水平。技术分工则是指产品或服务在工艺流程上的独立性，比如一家食品加工厂将饺子皮与包馅分别指定专人去做，则反映生产饺子的技术分工水平。技术分工水平又可以分为社会平均的技术分工水平和企业技术分工水平，两者之间的差异主要取决于企业工艺装备水平与行业技术装备水平的差距。

市场分工水平与技术分工水平是既相区别又相联系的一对概念。有时，市场分工水平与社会技术分工水平和企业技术分工水平是相同或相近的。比如，在很多超市，我们可以单独购买饺子皮或者饺子馅。但更多的时候三者之间存在较大的差距，这就会导致企业采用不同类型的组织结构。

当企业技术分工水平高于市场化水平时，企业可以在产品或服务上进行自制或外购的选择。如果企业选择了自制，那么企业内部不同生产环节就可以实行事业部制，同时由于相关的产品或服务可以从市场上购买或出售，则企业内部不同环节之间的依赖性较低，内部协调的压力较小。如果企业技术分工水平低于市场分工水平、但高于社会技术分工水平时，企业往往有比其它企业更多的组织形式可供选择，既可按工艺专业化的原则组建专业部门，也可按对象专业化原则组建若干个平等的机构，还可以采用模拟分权制。不过，如果企业采取模拟分权制，内部协调的压力也很大，往往需要设立中心办公室之类的机构来进行协调。

当企业技术分工水平低于市场分工水平，也低于社会技术分工水平时，则企业只能按照对象专业化的原则设置平行的生产管理机构。

6.主要管理要素的适应性

组织的有效性最终取决于战略、环境、技术、任务、个体行为与结构等管理要素之间的适应性。Hattont和Raymond用一个同心圆来表示这种关系，如图8-5所示。

主要管理要素的适应性体现为三个层次：第一层为战略与环境之间的适应；第二层为组织任务与技术之间的适应；第三层为个人行为与组织结构之间的适应。在这三个层次的适应性关系中，外层的适应性为内层的适应性提供基本的选择空间，但内层的适应性也会影响外层的适应性；当同一个层次上存在不适应问题时，通过本层次内部调整要比通过外部其它层次的调整更为直接、有效；在追求适应性的过程当中，由外而内建立的适应性比其它方式更能提高企业的业绩。

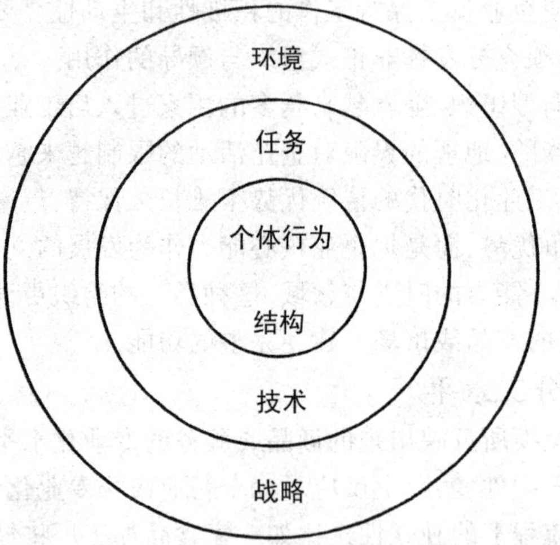

图8-5 管理要素适应性的同心圆模型

第三节 战略实施中的领导与文化

战略管理是企业最高管理层的主要职责，企业战略的制定和实施都必须在企业最高决策者的领导下进行，领导是企业战略实施的关键推动力量。从动态角度考察，一系列由目标、计划、指令、政策、规则所引导的员工行动，实质上是企业长期形成的思维模式和行为模式在不同时点、不同岗位的体现，企业文化是整个战略实施中引领员工行动的最基本、最稳定的力量。因此，本节就战略实施中的领导和企业文化问题进行探讨。

一、战略实施中的领导问题

要有效地发挥领导在战略实施中的作用，就应正确界定领导在战略实施过程中的主要职责，营造有利于领导活动的环境，并运用正确的工作方法，发挥领导效能。

1.战略实施中的领导职能

领导是在变化的环境中，为确立目标和实现目标所进行的活动施加影响的过程，是企业经营活动中的一项关键职能。战略实施中的领导是对战略执行施加影响的过程，领导对战略实施过程的影响是全局性的，发挥领导作用的途径是影响和支配那些对企业战略实施具有全局性和决定性影响的领域。具体地讲，有以下几个方面：

(1)把握企业发展的基本方向

确定企业发展的基本方向是战略决策的重要任务，这是企业内部条件与外部环境互动的结果，既受客观条件制约，也受主观因素影响。企业内外部环境的互动是一个持续的过程，不仅在战略实施过程中继续存在，而且具体情况还会发生变化，可能带来新的机遇与挑战。

在这种情况下,企业是坚持既定的发展方向,还是根据新的形势进行重新选择,是企业战略实施过程中所面临的最为重要的问题。由于这些变化对企业内部不同阶层、不同部门的影响不同,因而企业不同部门对这些变化的反应也不尽相同并带有因局部利益所造成的局限性。只有企业领导人才能获得比较全面的信息,站在企业全局的高度,综合分析利弊得失,作出正确的抉择。

企业战略的实施是依靠企业的组织体系进行的,一般是将战略依次分解到各管理层次、部门以至岗位并赋予与目标、任务相适应的责、权、利。从某种程度上说,战略实施就是企业内各层次、部门和个人追求自身利益的过程,这些行为的集成才是企业真正实施的战略。因此,企业真正实施的战略与制定的战略往往存在一定的差别,领导战略实施实际上就是对这些行为进行引导、整合和控制,使企业真正实施的战略与预定战略在基本方向上保持一致。

(2)宣扬企业使命与愿景,倡导支持战略的企业文化

企业的使命与愿景是企业的最终战略目标和最高战略目标，蕴含着企业的生存意义与核心价值，只有在使命与愿景的召唤和驱动下，企业战略的实施才能获得深层次的精神动力。因此,领导者最重要的职责就是宣传企业的使命和愿景,使之深入人心,成为全体员工的共同目标和价值观念,用远大的目标鼓舞员工努力奋斗。

战略制定、选择和实施的全过程无不受到企业文化的影响和制约,战略实施的成功更是离不开相应文化的支持。同时,企业领导阶层所持有的世界观、价值观往往在企业文化形成过程中发挥着主导性的作用。但是正因为企业文化更多地体现了领导者的思想观念,所以并不一定会被广大员工主动认同和接受。因此,领导者必须大力宣传、普及和倡导与企业战略相适应的企业文化。

(3)发展人力资源

人力资源是企业的第一资源,人力资源开发在企业中的作用越来越重要。在战略管理未被企业重视之前,人们就认为用人是领导的一项重要职责。随着对战略管理认识的深化,越来越多的企业把自己战略实施的成功归结为人力资源的有效性。美国钢铁大王卡内基和日本松下公司总裁松下幸之助都曾表示,如果保留现有员工队伍,那么即使失去所有资产也能重整旗鼓。甚至有人认为,随着竞争的加速,人力资源也许是企业仅有的可持续竞争优势。因此,作为对企业战略负总责的领导人必须对人力资源开发给予足够的关注。同时,人力资源开发是一项复杂的工作,牵涉到很多部门和环节,不是人力资源部门可以独立完成的,而是需要企业领导对人力资源开发实施统一协调和指导。另外,人力资源开发的一个重要内容,就是组建一支高效的管理团队,这是领导必须亲历亲为的工作。

(4)进行战略控制

控制是管理活动的一个重要环节,在战略实施过程中,控制同样必不可缺。由于企业日常生产经营活动都围绕企业战略展开,常规管理控制的对象、标准都源自战略,如果战略错误,那么管理控制也就失去了意义。因此,战略控制的首要任务是对战略的正确性进行动态控制。战略控制是一种宏观控制,不可能对战略实施的一切方面和环节都进行控制,只能选择对战略实施有重大影响的方面和环节进行重点控制；要选择具有重要性和代表性的控制对象,不能只注重某个方面;要注意控制方法与控制对象的匹配性,不能一刀切。因此,战略

控制主要集中在企业高层,是领导的一项重要职责。

(5)强化伦理准则

企业伦理(Business Ethics),又称为企业道德,是关于企业与利益相关者和其他社会组织、企业及其成员、企业内部员工之间的行为与关系的规范,是企业判断是非的标准。如果说国家法律与企业的规章制度对企业员工提供了外部约束,那么企业伦理则为员工提供了内在约束,有利于提高企业的信誉、改善员工的工作态度、促进员工相互协调、减少矛盾冲突、维护正常的工作秩序。一个缺乏伦理观念的企业,很可能走向违法乱纪、坑蒙拐骗、上下相欺的深渊,是无法在竞争中长期生存下去的,更谈不上实现企业的战略目标了。因此,在战略实施过程中,企业领导必须加强伦理建设。

(6)培育企业核心能力

企业战略的核心是获取竞争优势,而核心能力是竞争优势的基础,企业战略的成败取决于能否在经营活动中形成自己的核心能力。企业的核心能力是企业综合运用多种知识和技术的能力,是企业对自身资源和能力进行整合的结果。因而培育企业核心能力也是企业领导在战略实施过程中的一项重要职责。

2.领导战略实施的关键问题

领导是战略实施的主要推动者,领导能力是否与战略要求相适应、企业能否建立一个富有活力与效率的领导团队、能否为领导提供充分的激励、能否保证战略的连续性,这些问题对战略实施都有着重大影响。

(1)领导能力与战略的匹配

权力相称是一项基本的管理原则。在战略形成之后,如何选择具有战略领导能力的人员负责战略实施,是企业面临的重大问题。领导权变理论告诉我们,没有普遍适用的领导方式,领导方式必须根据企业实际情况来决定。只有在领导能力与战略相适应的条件下,领导才能有效地推进战略实施。为了找出领导能力与战略匹配的一般规律,首先要将领导能力与战略分为不同的类型,再研究二者之间的适应性。领导能力可以从服从性、社交性、能动性、成就压力和思维方式等五个方面进行分析和分类,如表8-1所示。

表8-1 领导能力的类型

类 型	行为方向	类型特点
行政型	服从性	循规守矩,例行公事
	社交性	性格内向,有教养
	能动性	稳重沉静,照章办事
	成就压力	维持现状,保护自己的势力范围
	思维方式	固执,坚持已往的处理方式
理财型	服从性	官僚,教条,僵化
	社交性	程序控制
	能动性	只做必做的事情
	成就压力	反应性行为,易受外部影响
	思维方式	墨守成规,按先例办事

续表8-1 领导能力的类型

类 型	行为方向	类型特点
交际型	服从性	在一定的目标内有最大的灵活性,有一定的约束性
	社交性	通情达理,受人信任,给人解忧,鼓舞人的信念
	能动性	扎实稳步,有保留但又灵活
	成就压力	注意长期战略,既按目标执行又慎重考虑投入
	思维方式	有深度与广度,能够进行比较思考
开拓型	服从性	非常灵活,富有创造力,偏离常规
	社交性	性格明显外向,在环境的驱动下具有很强的才能与魅力
	能动性	极度活跃,难于休息,不能自制
	成就压力	容易冲动,寻求挑战,易受任何独特事物的刺激
	思维方式	非更改的知觉,无理性的思维,有独创性
征服型	服从性	有节制的非服从主义,对待事物有创造性
	社交性	有选择的外向性,适于组织小团体
	能动性	精力旺盛,对"弱信号有反应",能够自我控制
	成就压力	影响范围逐步增加,考虑风险
	思维方式	有洞察力,知识丰富,博学,具有理性
冷静型	服从性	强调整体性,按时间行事,求稳
	社交性	与友人友好相处,保持联系,受人尊重
	能动性	按照目标行动,照章办事,遵守协议
	成就压力	稳步发展,通过控制局势达到满足
	思维方式	严谨,系统,具有专长

在不同的战略条件下,对领导能力五个方面的要求是不同的。比如稳定型战略要求领导能够敏锐地把握行业的基本规律并能够忠实地遵循常规;而增长型战略则要求领导要有追求成功的强大动力;多元化战略对领导的协调能力有较高要求;而紧缩型战略则要求领导具有一定的理财能力,在经营过程中逐步减少沉没成本。任何人的能力都有一定的局限性,领导与战略的匹配并不要求领导在所有方面都必须适应战略的要求,或者具有实施战略的全部能力;而是要求领导具有对关键的战略变量施加积极影响的能力。对那些相对战略要求较为次要的能力缺陷可以通过领导班子的配备来解决。霍福尔和达沃斯特根据行业吸引力与产业地位矩阵,对领导和战略的匹配提出了一些建议,如图8-6所示。

(2)领导的选拔和激励

企业领导人的选拔主要有内部选拔和外部招聘两种方式,这两种方式各有利弊。从企业内部选拔的领导比较熟悉企业情况,能够尽快地进入角色,也有利于企业战略的稳定并能在一定程度上激励高层管理人员,增强企业的凝聚力;但从内部选拔的领导往往会沿袭企业既定的思维方式和行为方式,缺乏改革创新观念,也容易受到企业内各种权力或利益集团的影响和左右。

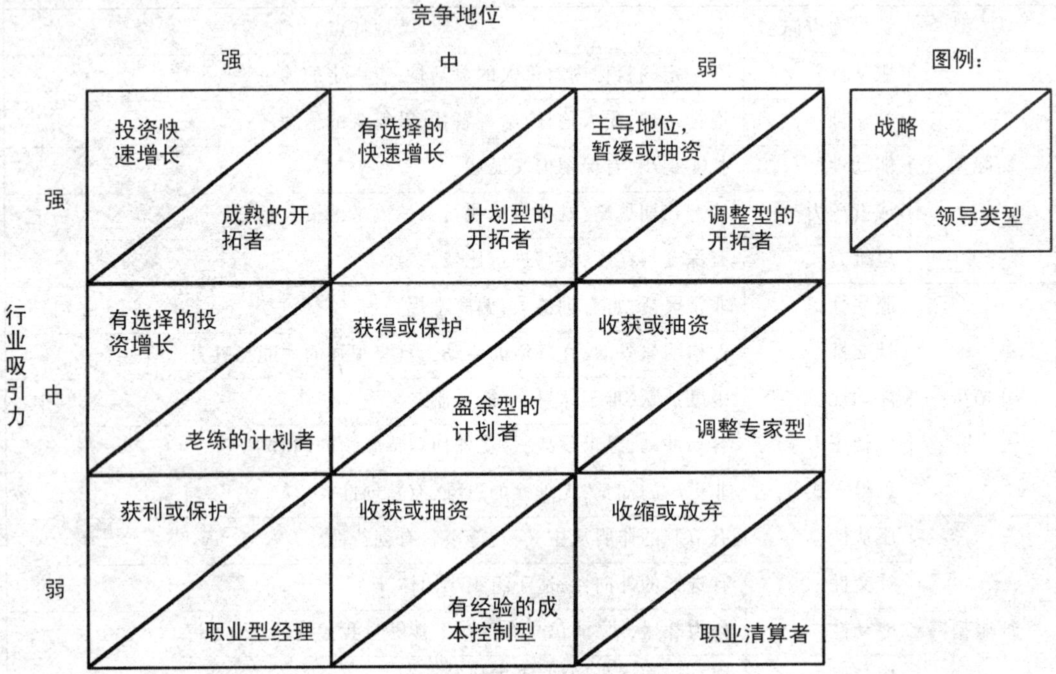

图8-6 领导者与战略的匹配

从外部招聘企业领导，首先是扩大了领导人员的选拔范围，可以充分利用经理人市场择优聘用，能够给企业引入新的观念和方法，有利于对企业传统思维和行为模式进行改造、变革；但从外部招聘的领导也可能因为对企业和行业缺乏了解，很难在短期内适应企业的情况，甚至造成决策失误。

企业到底应当采用哪种方式来选拔领导，关键取决于企业战略类型及企业所处的发展阶段。当企业在行业初期采用增长型战略时，从企业内部选拔具有一定经验积累的领导比较合适，因为此时谁能尽快地适应行业特点，谁就能发展更快。在行业成熟期和衰退期，则应从外部招聘领导。处于成熟期的企业已经在本行业积累了充足的经验，这些经验在经过持续的强化之后，有可能成为组织的惯性甚至惰性，此时需要对已经形成的惯例、规则、观念进行革命性的批判，从外部招聘领导有利于企业进行变革和创新；处于衰退期的企业如果从内部选拔领导，则难以克服在本行业已经形成的经验和情感的牵制，不能果断地放弃，所以也需要从外部招聘。此外，是内部选拔还是外部招聘，也需要考虑企业高层管理人员的素质是否能够满足企业发展的需要，以及行业对经验的依赖程度或者获得行业经验的难易程度。

企业对领导的激励方式对战略实施也有重大影响。企业对领导成员的激励主要有两个途径：提供稳定的任职期限或支付丰厚的报酬。如果企业领导工作业绩良好，则企业就相应地履行合同约定的任职期限或者续签合同，否则就会提前结束合同。企业为领导人支付报酬的方式主要有三种：固定薪酬、浮动薪酬或股票期权。从战略实施的角度看，前两种方式都有所欠缺。固定薪酬制缺乏对领导的有效激励，而浮动薪酬则可能诱发领导的短期行为，不利于长期战略的实施。

战略实施是一个长期过程，需要企业领导付出持续的努力，其成果虽然不一定在短时期内体现出来，却为以后的发展打下了基础；相反某些在短期内提升企业业绩的行为却不一定有利于长期的发展。因此，对企业领导的激励，应该做到短期利益与长期利益、企业家短期利益与长期利益间的平衡，避免单纯依据当期业绩来决定企业领导的薪酬。一般的做法是，将领导工作中的战略性工作和运营性工作分开评价。根据领导的短期经营业绩兑现当期报酬，对于战略业绩则赋予股本期权。由于短期的经营业绩易于评估，而长期的战略业绩却难以准确评价，所以企业应根据战略实施的不同阶段确定不同的评价标准，对短期战略确定较详细的评价标准，而对长期战略则进行粗略的方向性评估。

（3）领导变动与战略的延续和变革

一般来说，企业战略的时间周期大致是在未来10~20年，而企业领导的任期相对来说是比较短暂的。这样一来，一个战略周期内企业就可能多次进行领导人替换。企业领导的性格、偏好、观念对战略的选择有重大影响，那么在战略实施过程中就必然存在如何在领导人变动时处理好战略稳定和战略变革的问题。

要正确处理战略变革与战略稳定的关系，首先应在企业内建立正式的制定与修订战略的机构、制度和程序，特别是要依靠正规的程序约束和规范，使战略的变革或调整建立在领导深思熟虑的基础上。其次，要通过对企业情况与市场环境的详细分析，把握企业核心能力的内涵、特点、形成机制，一切战略变革或调整都要以增强企业核心能力为出发点而不能以领导人的好恶为标准。再次，要尽量保持领导的稳定性，除非现有领导不能适应正在实施的战略。另外，企业领导的调整最好选择在战略实施取得阶段性成果之后，因为此时一般来说要对前一阶段的工作进行整体性总结和评价，对后一阶段的工作进行整体性部署，甚至对战略要作适当的调整，也应当针对下一阶段战略任务的要求重新配备领导。尽管如此，由于企业各级各层领导在战略实施过程中的强大影响力，总会在战略中加入个人意图或倾向性，仅凭企业内部的力量很难制约。为此，企业还必须建立、健全有效的治理结构。

（4）领导人与高层管理团队的适应

在战略实施过程中，由于领导个人能力与精力的局限性，很难独立承担战略领导的任务。为此，需要根据领导能力与战略要求配备一个高层管理团队。高层管理团队的其它成员必须在能力上与领导人的能力互补，有效地缩小领导能力与战略要求的差距。

美国学者艾夏克·阿代兹提出的能力组合模型为我们配备领导班子提供了基本的理论依据。领导能力由以下四种能力组合而成：P—提供劳务或产品的生产技术能力；A—计划、组织和控制企业活动的管理技能；E—适应动荡环境，创造新劳务和承担风险的企业家素质；I—调节、平衡和统一企业活动与目标的综合才能。

在不同的环境特别是企业生命周期的不同阶段，企业领导的能力要求是不同的，如图8-7所示。在企业发展的初期，对企业家才能的依赖性较强；进入正规化阶段后则重视P，也即生产率；随着企业的进一步发展，则对管理能力比较倚重；在企业进入成熟阶段后，则对企业家才能的依赖较低，对P、A和I，也即生产率、管理和综合能力给予较为全面的重视。据此，企业可以首先根据战略与企业所处的发展阶段，评估企业在一定时期内对管理能力的要求；其次，则要评价领导个人能力与企业需要之间的差距；第三步，根据领导个人能力缺陷配备相应的管理团队成员。高层管理团队与领导之间的匹配,除了要考虑能力互补这一重要因素之外,还应该考虑团队成员年龄、个性、思想观念等方面的适应性。

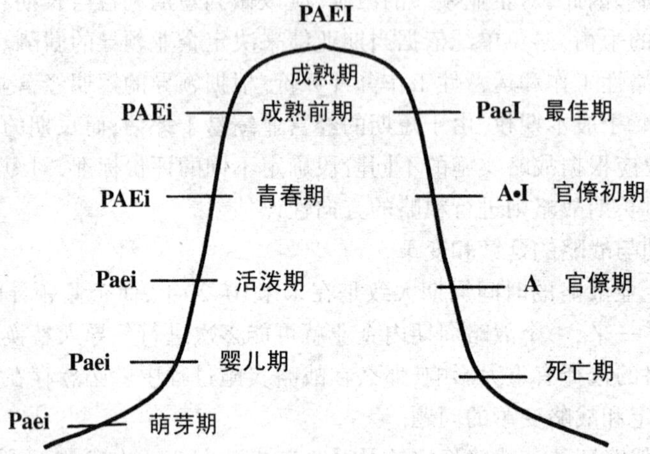

注：大写字母表示突出的重点，小写字母表示次重点

图8-7 企业生命周期不同阶段需要管理能力的变化

3.战略实施中的领导方法

企业领导必须充分运用战略性的激励和沟通手段，调动员工的积极性、主动性和创造性,才能对企业战略的实施进行有效领导。

(1)战略性激励

在战略实施过程中,企业领导要从战略的高度来制定并运用各种激励方式与方法,促进企业战略的顺利实施。企业日常生产经营中常常采用的是按照具体任务和工作要求来进行的任务式激励,一般是一事一奖,一事一报酬,激励效应比较直接。但由于其只局限于企业生产经营活动的某些具体环节,往往模糊了总体目标,有可能偏离战略的整体性要求,甚至破坏企业的战略基础。

因此,企业领导要从企业战略目标出发,制定并实施战略性激励,指导各个层次的任务式激励活动。战略性激励与任务式激励的一个根本区别在于,战略性激励追求激励与战略的整体性、动态性匹配,强调把企业发展和员工成长结合起来,激励方式、强度与各类人员、活动在战略实施中的地位和作用相适应。这样,不仅能促进部门和个人的工作效果,而且增强了企业整体活动的协调性,促进了战略的有效实施,也促进了员工的职业发展和个人能力的成长,为员工提供持续的动力,也为企业获得竞争优势打下了基础。战略性激励的重点环节主要有以下几个方面:

首先,要根据企业战略的要求确定激励资源的整体配置格局。企业不同活动在战略中所起的作用是不同的,企业激励资源的配置应与各项活动在战略中的地位相适应。同时,还要结合企业的现实条件,加强对影响战略实现的薄弱环节的激励。

其次,根据企业战略与组织结构的特点,建立系统化、程序化的激励制度。激励本质上是一种行为导向,混乱的激励行为必定导致员工行为的混乱。各级管理人员激励权限、激励范围的界定,激励对象的选拔和审查,激励标准的制定和落实,激励效果的反馈与评价,都必须纳入正规化、系统化、程序化的制度。激励制度一般是与企业的组织结构相适应的,但有时候也可能有例外,个别需要加强的关键环节和薄弱环节,往往会提高激励的层次,由高层领导直接实施;而一些虽然重要,但可循序渐进的工作,则由部门进行激励。

第三,根据企业文化背景、战略前景确定企业可提供的激励资源的种类和范围。企业在特定时期的实际情况决定了企业可能提供的激励资源的种类和范围,企业的文化背景和员工的需要层次决定了企业应当提供的激励资源的种类和范围。企业领导必须在这二者之间搞好动态平衡。

从员工行为与个人需要的关系来看,员工对激励资源的需要更具有主导意义。但是要注意到,企业能够提供的激励资源既是有限的,也是无限的。从物质方面来讲,任何企业给予员工的工资、资金、职务升迁都是有限的;而从精神层面讲,企业给予员工的尊重、职业安全感、自豪感却是可以无限发掘的。同时,员工的需要也是可以改变的。当企业向员工提供更多的尊重、职业安全感、自豪感时,员工的物质利益刚性就可能减弱。另外,企业要取得良好的激励效果,还必须考虑企业战略的要求。从企业长期发展的角度看,如果没有员工能力和素质的提高,企业就不可能形成并保持长期的竞争优势。因此,企业提供的激励资源也必须能够促进员工的成长。由此可以看出,企业激励资源的提供是企业现状与前景、员工需要、企业战略三者之间综合性、动态性的平衡过程,脱离了这三者之间的平衡关系,企业就不能从整体上维持持续、有效的激励活动。

第四,根据战略、文化和组织确定基本的激励模式。激励模式大致可以分为三类:诱引式激励、投资式激励、参与式激励。诱引式激励主要是通过与绩效挂钩的工资、福利及利润分享等手段调动员工的积极性,管理上则采取以单纯利益交换为基础的严密的科学管理模式。投资式激励主要是对员工进行开发和培训、促进员工个人能力和职业生涯的成长与发展。参与式激励则注重授权管理、自我管理和团队建设对员工的长期激励。不同类型的激励模式适应于不同的战略类型和文化背景。

采取成本领先战略的企业,所处行业的技术和市场一般比较成熟。企业对员工的技术水平有一定要求,但拥有技术的员工并不稀缺,只要支付足够的报酬,就可以在市场上大量获得。企业内部分工、协作关系也比较成熟、明确,大多数实行集权式管理,管理工作的重心是编写清晰的工作说明书,制定详细的工作规划。员工只需要遵照既定的操作程序和指令行事,个人主观能动性的发挥余地较小。企业内部等级森严、职责明确,形成一种强调等级与秩序、各尽其责的官僚主义文化。在这种情况下,企业对员工的要求就是提高工作效率,而员工所能追求的只有报酬。因此企业往往采用引诱式激励,将工资与工作效率挂钩,以绩效评估作为控制机制,通过给予员工丰厚的报酬达到激励的目的。

采用差异化战略的企业,主要以具有创新性和独特性的产品去战胜竞争对手。由于生产技术的复杂性,员工需要经过一定的培训才能胜任工作,职业风险较高。而且这种战略的成败取决于员工的创造性,需要开发员工的独立思考和创新工作能力。由于产品品种、规格繁多,技术、市场方面的差异较大,组织环境相对宽松,员工的自主性和团队精神比较高涨。因此,企业应采取投资式的激励策略,通过培训和教育,增强员工职业安全,促进员工职业发展,以此保证企业战略的实现。

采用集中化战略的企业主要以其高品质产品或服务来赢得竞争。这类战略能否成功取决于员工追求卓越、精益求精的集体努力,没有广大员工的主动参与,单凭少数人的努力无法实现。企业鼓励合作精神与责任意识,具有家庭式的企业文化。所以企业采用参与式激励,通过授权和鼓励员工参与决策或团队建设来激励员工。

以上是在不同战略、文化背景、组织结构条件下企业选择激励模式的基本倾向,但并不意味着企业在采取某一激励模式后排斥其它的激励模式。在企业经营实践中,由于战略、企业文化、员工的复杂性,企业完全可以将三种激励模式进行有效结合,综合运用。

此外,企业发展不同阶段的战略、文化和组织结构都有不同特点,因而企业的激励模式也可能发生变化。例如,在初创阶段,能否拥有核心的技术人才和管理人才是企业能否成功的关键,企业应制定吸引和留住人才的激励策略;但在衰退期时,这些激励措施显然是多余的。

(2)战略性沟通

沟通作为企业管理的基本手段,是企业成员交换信息、交流情感、共享智慧的根本途径。建立良好的沟通秩序,对改善企业文化、化解矛盾冲突、协调企业内外关系、保障战略实施等方面具有极大推动作用。所谓战略性沟通,是企业领导对企业的基本沟通目标、模式、制度、方法进行全局性的引导,以促进企业使命、愿景和战略的形成与认同及战略实施的有效进行。战略性沟通包括以下三个方面,沟通模式与制度设计、基本理念的沟通和战略部署的沟通。

企业沟通模式与制度的设计要为战略实施服务。企业沟通模式设计的首要工作,是要建立与企业战略目标相匹配、相适应的沟通渠道。沟通渠道是沟通活动的"基础设施",沟通渠道的合理性与系统性在很大程度上决定了管理沟通的适当性、完整性及沟通的效率和效益。一般来说,企业组织结构的基本框架是企业沟通的主渠道。脱离了组织结构,企业沟通渠道体系也就失去了基础和骨架。另一方面,又要看到企业的基本组织结构无法全面覆盖战略实施的沟通范围。要形成完整的企业沟通渠道结构,必须在正式的组织结构之外,根据每个企业自身特点和战略实施的要求,补充其它形式的沟通渠道。因而企业领导要特别注意对战略存在重大影响的方面,是否有快捷的沟通渠道。

其次,根据企业文化、管理模式和战略要求,明确企业沟通的根本目标和主导方式,规范沟通方式与方法,既要减少沟通资源浪费,又能切实提高沟通准确性和效率。比如,在实施纵向一体化战略的企业,可能把促进自觉协调、配合作为沟通的重点目标,主要采用链式沟通;实施横向一体化战略的企业可能把寻求比较一致的最优行动方案作为沟通的重点目标,主要采用轮式沟通;而实施多元化战略的企业为了集成和扩散企业核心能力,则以隐性知识的交流与学习作为沟通的重点目标,往往采用全通道式沟通。

企业战略性沟通的主要内容集中在两个方面,一是基本理念的沟通,二是战略部署与执行的沟通。管理沟通的内容极其丰富,从最基本的情感信息、日常操作性业务信息,一直到企业使命、愿景与战略信息,都是企业沟通的内容,都需要相应的沟通管理。企业领导由于时间精力所限,可能无法全面参与其中。但对企业使命、愿景、基本理念和战略部署方面必须给予足够的关注。不仅要指导这些方面的沟通渠道建设，而且要亲自参与到这些方面的沟通之中,发挥领导个人感召力,促进有利于企业战略实施的基本理念形成和普及,促进员工思想和行为的统一,并敏锐地感知内外部环境的变化,对战略、战略部署和沟通模式作出评价与调整。

二、企业文化与战略实施

企业文化对企业战略管理的全过程都有着重要的影响，因而企业在战略实施中必须注意发挥企业文化的作用,使其适应和配合企业战略,服务于企业战略的实施和战略目标的实现。

1.企业文化在战略实施过程中的作用

企业文化是企业战略的基础,是构建和维持企业战略优势的必备条件,更为企业提供了行为导向。

(1)企业文化是企业战略的基石

企业战略是企业在特定文化背景下在对企业内外部环境认识和判断的基础上所作出的选择。企业内外部环境的变化是客观的,但企业能否认识到这种变化,如何去判断这种变化对企业的影响,取决于企业的文化背景。从哲学的角度看,人并不能客观地全面地认识外部环境,往往是用已经形成的知识构架对外部环境进行有选择的反映。所以,企业文化是影响企业形成具有个性特征的企业战略的主要因素。面临同样的条件,不同文化背景的企业或企业领导往往会作出不同的战略选择;面临不同环境,企业在战略选择上却表现出一定的延续性,而保持这种延续性的主要根源就在于企业文化的相对稳定性。

企业文化背景不仅影响企业战略选择,也影响企业战略的实施。企业战略要得到切实的贯彻落实,必须获得全体职工的认同。如果职工不认同或理解战略,在执行过程中必然缺乏积极性与主动性;相反,如果企业战略能被广大员工认同和理解,不仅能有效提高员工执行战略的积极性和主动性,也能提高员工的自觉协调意识,减轻领导工作压力。而员工能否普遍地认同战略、准确地理解战略,有赖于企业文化的普及性及其与战略的适应性。因此,企业文化是战略的基石。

(2)企业文化是维持企业战略优势的条件

企业文化能够为企业创造价值并塑造核心能力,从而维持企业的战略优势。一个企业的文化如果与战略相适应,那么企业文化就会通过以下几个方面创造价值:

首先,企业文化能够简化信息处理,节约战略实施的协调和沟通成本。共同的文化背景,使企业员工对经营活动中发生的事物能够取得相对一致的看法和解决途径，促进了员工在行为上的相互理解和支持，减少了不同部门不同员工之间因为思想分歧而产生的摩擦与冲突,同时也减化了信息沟通,减少了信息沟通过程中的失真与扭曲,从而使战略实施的协调和沟通成本得以降低。

其次,企业文化能够减少企业内部的讨价还价活动,提高企业战略实施的效率。企业内部总是存在一定的权力和利益集团,这些权力或利益集团往往为了最大化自身利益,利用企业内部的各种关系讨价还价,妨碍企业各级组织作出正确决策。而在共同的文化背景下,企业内部对决策信息、决策的价值取向、决策行为的后果产生了共同的认识,使讨价还价活动减少，提高了企业战略实施的效率。

再次，包含于企业文化之中的隐性知识，具有一定的独特性，不易于竞争对手觉察和模仿，往往是企业孕育核心能力的主要源泉。企业文化越具有普及性，与战略的适应性越高，则企业文化越可能成为企业核心能力的重要源泉。

（3）企业文化是企业行为的导向

企业战略是关于企业未来发展的重大目标和实现目标的关键途径的描述。战略计划对战略实施做出了进一步的详细部署，但也不可能决定未来的所有活动，所以在战略实施过程中还是存在许多不确定性因素，需要发挥员工的主观能动性进行处理。如果员工没有共同的指导思想，那么战略的实施就会失控。相反，如果企业能够形成员工共享的企业文化，那么员工在共同的文化理念的指引下，采取与战略要求相适应的决策和行为，将促进战略的有效实施。

文化作为集体价值观和行为准则的集合体，在组织中能够发挥控制功能，弥补企业正式组织控制的不足。那些在价值观上依附企业文化的员工能够自觉地调整个人目标和行为，使之符合企业的要求。当然，文化对战略也会存在消极的影响。如果企业文化与战略不能相互适应，则会误导员工对战略的理解、误导员工的战略实施活动，甚至造成员工对战略实施的抵制。

2.培育支持战略的企业文化

鉴于企业文化对战略的重大影响，企业应当制定和实施企业文化战略，在战略实施过程中注意对企业文化与战略的适应性作出准确的判断，对不能适应战略要求的文化因素进行必要的改造。

对于文化与战略适应性的分析可以从两个方面入手。第一，战略实施所引起的企业结构、技能、共同价值、生产作业程序等组织要素的变化程度；第二，企业文化与发生的这些变化之间的一致性程度。据此可以形成如图8-8所示的矩阵。

组织要素的变化	有	无
多	以企业使命为基础（Ⅰ）	重新制定战略或进行文化再造（Ⅳ）
少	加强协同作用（Ⅱ）	根据企业文化进行管理（Ⅲ）

图8-8 企业战略与企业文化的关系的管理

根据矩阵中反映的不同情形，企业应当采取不同的协调方法。

（1）以使命为基础

对于处于第Ⅰ象限的企业，战略的实施会导致组织要素发生很大的变化，但这些变化却与企业文化存在潜在的一致性。因此，企业文化能对战略的实施给予有力的支持。在这种情况下，企业要紧紧围绕企业使命的普及、巩固与提升，进一步规范、强化现有的价值观念与行为准则，推动企业文化的发展，进而为战略的实施注入持久的动力与活力。在战略实施过程中，要自觉地遵循企业文化的引导作用，坚决避免采取与企业文化特别是企业使命相违背的决策与行为。

(2)加强协同作用

对处于第Ⅱ象限的企业来说，新战略的实施所引起的组织要素的变化较小，并且这些变化也与企业文化在很大程度上保持一致，文化与战略之间的适应性很高。企业要做的主要工作是，在维持战略与文化相适应的总体格局的基础上，更进一步地追求文化与战略相互促进，发挥战略与文化的协同作用。一方面继续提升、普及企业文化，另一方面要充分发挥文化导向作用，解决企业经营活动中存在的问题，使文化与战略的结合更加全面、深入。

(3)根据企业文化的要求实施战略管理

对处于第Ⅲ象限的企业来说，尽管战略实施引起的组织要素变化较小，但却与企业文化的潜在一致性很低，甚至存在冲突。在此情况下，企业要根据情况灵活处理。首先要在企业内部保持文化整体性的前提下，适当放宽对不同部门、领域的文化差异和特色的限制，增加企业内部文化的多样性。其次，对那些与战略实施有重大关联的变化，可根据不同部门的不同文化特点来实施。这样，就可以从总体上减少战略与文化冲突的范围和强度。

(4)重新制定战略或者进行文化再造

对于处于第Ⅳ象限的企业来说，战略实施与企业文化之间存在较大的矛盾与冲突，企业很难在文化与战略之间找到平衡，要么放弃战略，要么改造企业文化，二者只能择其一。如果文化与战略存在冲突，那么，企业首先要对战略的正确性作出重新评估。如果没有充足的理由，企业就要放弃现有战略。如果企业面临的战略选择余地较小，或者现有战略更多地来自于行业发展趋势和竞争环境，那么企业就要考虑如何进行文化再造。

由于企业文化的形成是一个长期的过程，有着巨大的惯性，在一个有限的时期内，企业文化的变化相当缓慢。并且，企业文化虽然是企业系统的一个子系统，但它更多地受诸多社会因素的影响，也是社会文化的一个子系统。因此，企业为保证战略的顺利实施，需要随时把握企业文化的现状与变化，并对企业文化进行主动的改造，使其适应企业战略的要求，这都需要制定和实施另一个重要的战略支持型职能战略——企业文化战略。

思考题

1.企业战略计划有何作用？

2.企业战略计划包括哪些内容？

3.战略计划制定有哪些方式？

4.战略制定与实施有什么关系？

5.战略实施有哪些基本原则？

6.战略实施有哪几种模式？适用于哪些情况？各有什么利弊？

7.实施企业战略应注意哪些问题？

8.组织结构与企业战略有怎样的关系？

9.现代企业的组织变革有哪些趋势？

10.组织变革有哪些阻力？

11.成功实施组织变革应注意哪些问题？

12.领导在战略实施中有哪些职能？领导战略实施应注意哪些问题？

13.战略实施中有哪些重要的领导方法？如何运用？

14.企业文化在战略实施中有哪些作用？

第九章 总体战略的实施

企业总体战略一般划分为增长型战略、维持型战略和紧缩型战略，本章分别对这三种总体战略的实施问题进行了讨论，深入研究了各种增长型战略的概念、特点、类型划分、利弊得失及实施要点。

希望读者全面掌握企业各种总体战略的分类、特点、利弊及其实施中的问题，提高战略执行能力，能够在实践中成功实施企业的总体战略。

第一节 增长型战略

增长型战略，又称为成长型战略、发展型战略、扩张型战略、进攻型战略，它是指一种使企业在现有的战略基础水平上向更高一级的方向发展的战略。该战略以增长为导向，以企业生产能力、销售量、市场占有率、利润额的提高，企业竞争实力的增强和规模的扩张为核心。增长型战略是成功企业的必经之路，正确地运用增长型战略，可以使一个企业由小变大、由弱变强、由缺乏竞争力变成具有较强竞争力，实现企业的不断成长与发展。

增长战略按照不同的标准有不同分类，按照增长的方向可以划分为：集约型、一体化型、多元化型和国际化型四种增长战略；按照增长的途径可以分为：内部扩张型、并购型、合作合资型和联盟型四种增长战略，如图9-1所示。

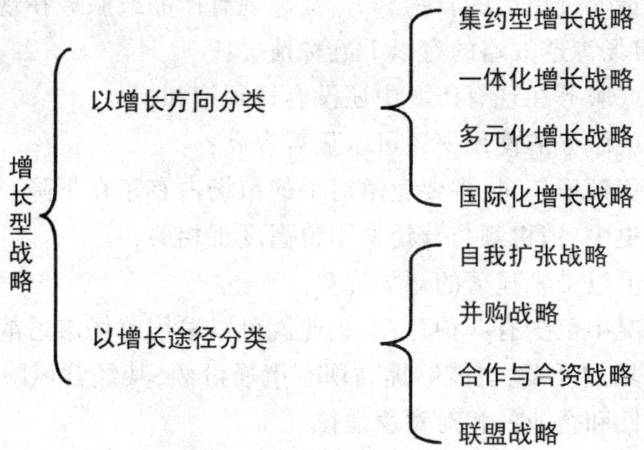

图9-1 增长型战略的分类

一、按照增长方向划分的增长型战略

企业可以从集约、一体化、多元化和国际化四个方向和角度考虑战略增长问题,因此,以此为标准,将企业增长型战略划分为集约型、一体化型、多元化型和国际化型四种,下面分别进行讨论。

1.集约型增长战略

集约型增长战略,又称为密集型增长战略、加强型增长战略和集中型增长战略,是指在原有生产范围内充分利用在产品和市场方面的优势和潜力来求得成长与发展的战略。该战略要求企业提高努力程度,尽量查找和发现缺口,缺口包括产品线缺口(在有关市场内缺少一条完整的生产线)、分配缺口(在有关市场内缺乏分配实体或者分流系统不完善)、市场缺口(市场没有被充分利用)和竞争缺口(竞争对手在有关市场相对弱小或努力不够)等。

随着消费需求的多样化和业务种类的增多,没有哪一家企业能够成功地解决所有用户的所有需求,只有为一个特定市场范围内的大多数消费者提供用途更广的产品的企业才能在竞争激烈的市场中立足,才有可能成为市场领跑者。因此,采用集约型增长战略的企业会将全部或者绝大部分的资源集中使用在最能代表自己优势或者有严重缺口的某项业务上,力争在该项业务上取得最佳业绩。

采用集约型增长战略并不等于用同样的方式重复同样的事情,企业可以利用不同的途径来实施集约型增长战略,如表9-1所示。表中所列四种战略除多元化战略外,都属于集约型增长战略。

表9-1 产品(服务)市场矩阵

产品或服务 市场	现有产品或服务	新产品或服务
现有市场	市场渗透战略	产品开发战略
新市场	市场开发战略	多元化战略

(1)市场渗透战略

市场渗透战略是指通过更大的营销努力,提高现有产品或服务在现有市场上的占有率。一般认为,适合采用市场渗透战略的有以下五种情况:

企业特定的产品或服务在现有市场中还没有达到饱和;

现有用户对产品或服务的使用率还可以显著提高;

在整个产业的销售额增长时,主要竞争对手的市场占有率在下降;

在以往的经营历史中,销售额与营销费用曾高度正相关;

企业规模的增大可以带来显著的竞争优势。

如果上述五种情况中至少有一种存在,企业就可以采用市场渗透战略。那么,企业即使不进行新产品和新市场的开发,也能够提高现有市场份额,其经营风险较小,但能否采取这一战略取决于市场特性和企业的相对竞争地位。

当整体市场在增大时,不仅领先企业和跟随企业可以提高产品或服务的市场占有率,那些只占少量市场份额甚至那些新进入市场的企业也可以相对容易地增大市场份额。因此,这一战略较适合市场处于成长期的企业。但当市场处于成熟期或衰退期时，由于竞争白热化，市场的需求已经趋于饱和或下降，很难有效地争取潜在消费者，同时市场领先者以成本和品牌优势形成竞争壁垒，使占有少量市场份额的企业很难实现市场渗透。当然，这并不意味着无机可乘，在领先企业认为的“鸡肋市场”，或者当领先企业疏于防范，或者有竞争对手退出该市场时，采用市场渗透战略的难度会降低，提高市场占有率的机会将增大。

采用市场渗透战略必须系统地考虑市场、产品和营销组合策略，具体来说，市场渗透的方法主要有以下两种：

第一，扩大现有产品或服务的消费群体。企业可以通过增加销售人员、增设销售网点、增大广告开支和加强广告宣传等手段，把企业现有产品的非使用者转化为使用者，把潜在的消费者转化为现实消费者，把竞争对手的顾客转化为自己的顾客。

第二，提高现有产品或服务的使用频率。通过广告宣传和多样的促销手段，提高现有产品使用者的使用次数，增加每次的使用量。

(2)市场开发战略

市场开发战略是指将现有产品或服务打入新的市场。市场开发战略比市场渗透战略具有更多的战略机遇，能够减少由于原有市场饱和或衰退而带来的风险。该战略一般适合于以下几种情况：

企业在所经营的领域非常成功；

现实中存在着未开发或未饱和的市场区域；

企业拥有扩大经营所必需的资金和人力资源；

企业可以获得新的、可靠的、经济的和高质量的销售渠道；

企业拥有过剩的生产能力；

企业的主业属于正在迅速全球化的产业。

企业能否采用市场开发战略来实现增长，不仅取决于企业所涉及的市场特性，也取决于企业产品或服务的技术特性。在资本密集型行业，企业资产的专用性程度很高，因而很难转产其他产品或服务，在这种情况下，企业的核心能力主要来源于产品，而不是市场，因而不断地通过市场开发来挖掘产品的新用途和新客户就是企业实现增长的首选方案。在技术密集型行业，企业的核心能力主要是建立在研发环节上的，这就迫使企业必须通过不断的市场开发，为自己的产品或服务寻找更大的市场空间来实现企业的发展。

实施市场开发战略一般有以下两种途径：

第一，市场重整。即企业将现有的产品或服务打入竞争对手的市场范围，或者将现有产品或服务打入现有市场中新的细分市场，以实现市场的重新洗牌。

第二，市场创造。即企业将现有产品或服务投放到新的地理区域或刚刚开始形成的市场内、在新的市场挖掘潜在用户或者开辟新的销售渠道。

(3)产品开发战略

产品开发战略是指通过改进现有产品或服务，开发新的产品或服务以增加产品销售和提高市场占有率的战略。从某种意义上说，产品开发战略是企业成长与发展的核心，通过这一战略，可以延长产品的生命周期，充分发挥现有产品声誉和品牌的力量，进而吸引本企业的忠诚

用户对新产品的关注和消费。一般认为,特别适合采用产品开发战略的情况有如下数种:

企业拥有成功的、处于产品生命周期中成熟阶段的产品,企业拥有很高的商誉,此时可以吸引老用户试用改进了的新产品,因为他们对企业现有产品或服务具有满意的使用经验;

企业所参与竞争的产业属于快速发展着的高新技术产业;

企业具有很强的研究与开发能力;

企业可以以可比价格提供更高质量的产品;

企业在高速增长的产业中参与竞争;

企业具备完善、高效的销售系统。

企业采取产品开发战略的成效受到消费者需求变化的速度、产品的生命周期、技术的变革速度等因素的影响。一般来说,技术和生产导向型的企业更专注于通过产品开发来寻求增长,一旦产品开发成功,可以给企业带来丰厚的利润。但成功地实施产品开发战略并非易事,它往往伴随着很高的投资风险。

产品开发战略没有固定的模式可供遵循,以下一些产品开发的原则可供参考:选择市场机会和设计产品的依据是市场需求和产品的市场定位,而不是某位管理人员或技术人员所欣赏的产品构思;以企业的核心能力为基础来开发产品,并以此构建企业长期发展的技术基础;在产品开发过程中充分借鉴消费者、供应商和企业销售人员的意见和技能,并尽可能地吸取竞争对手产品的优点,同时要强调企业内部各部门之间的交流与协作,避免新产品开发带来的混乱。

产品开发战略主要通过以下两种途径来实现:

第一,产品(服务)革新。企业在现有市场上通过新技术的运用,推出新一代的产品或服务,使产品或服务的性能有了大幅度提高。产品(服务)革新仍然沿用原有产品或服务的思路,没有突破原有产品的范畴。

第二,产品发明。指企业发明出别的企业从未生产或销售过的新产品,并进入到别的企业的市场领域。新产品的发明大多与原有产品的思路截然不同,因而具有开拓创新精神。

(4)集约型增长战略的优缺点

实施集约型增长战略有以下优点:可以促使企业发现和争取新的市场机会,避免企业组织老化,使企业保持活力;可以促使企业不断地变革与创新,增强竞争实力,保持竞争优势;可以帮助企业扩大生产规模,增加销售量,实现规模经济和经验曲线效应,提高盈利水平。

实施集约型增长战略的缺点有:企业市场份额、销售量的快速增长,有可能使管理者忽视效率和效益的下降;企业的快速成长可能导致盲目冒进,降低企业的整体能力水平,破坏企业资源和潜能的平衡,从而导致企业后续发展乏力;该战略可能导致企业管理者过分注重市场占有率、收益率、投资结构等问题,而忽视企业产品的质量与服务,忽视企业内部的微观管理。

2.一体化增长战略

一体化战略是指企业充分发挥自身在产品、商誉、技术和市场上的优势,使企业不断地向深度和广度发展的战略。根据物资流动方向的不同,一体化增长战略可分为:前向一体化战略、后向一体化战略和横向一体化战略,其中前向一体化战略和后向一体化战略并称纵向一体化战略，如图9-2所示。

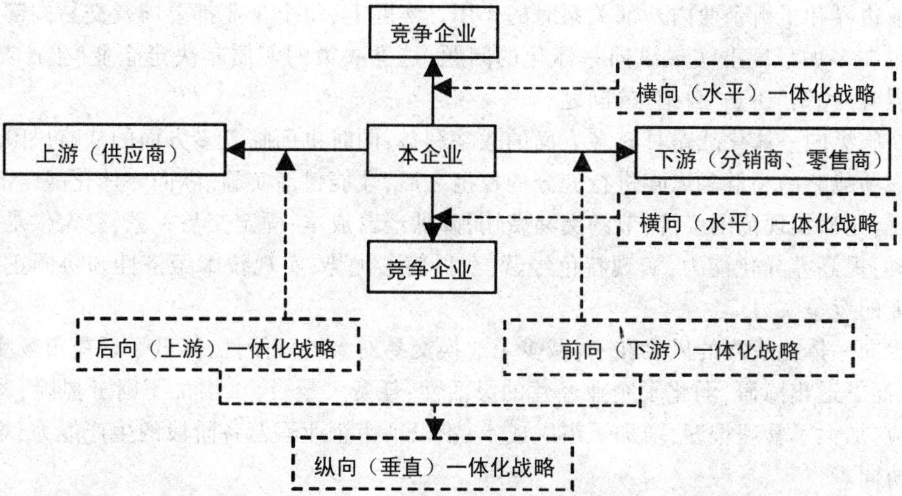

图9-2 一体化战略示意图

(1)前向一体化战略

前向一体化战略，又称为下游一体化战略，是指获得分销商或零售商的所有权或加强对其控制的一种战略。适合采用前向一体化战略的主要有以下几种情况：

企业现在的销售商或成本太高、或不可靠、或不能满足企业的销售需要；

企业可以利用的高质量的销售商数量有限，采取前向一体化将获得竞争优势；

企业所参与竞争的产业明显快速增长或预计将快速增长；

企业具备销售自己产品所需要的资金和人力资源；

企业有相对稳定的生产系统；

企业现在所使用的经销商或零售商的利润较高，这就意味着通过前向一体化，企业可以在销售自己的产品中获得高额的利润，并可以为自己的产品制定更有竞争力的价格。

(2)后向一体化战略

后向一体化战略，又称为上游一体化战略，是指获得供应商的所有权或加强对其控制的一种战略。以下数种情况尤其适合采取后向一体化战略：

企业现有的供货成本太高，或者供应商不可靠，或不能满足企业对零件、部件、组装件、原材料等的需求；

供应商数量少而需求方竞争者数量多；

企业所参与竞争的产业正在迅速发展；

企业具备自己生产原材料所需要的资金和人力资源；

零件、部件、组装件、原材料价格稳定，由此企业通过后向一体化，可以稳定其原材料成本，进而稳定其产品的价格；

企业现有的供应商利润丰厚，这也意味着供应商所经营的领域属于值得进入的产业；

企业需要尽快地获得所需资源。

前向一体化战略和后向一体化战略并称纵向一体化战略，又称为垂直一体化战略。纵向一体化战略是企业确定最佳经营范围时要涉及的核心问题之一，具体涉及到交易费用在决定企业边界和平衡企业内外部关系时的作用。实际上,每个企业都要涉及交易内部化问题,或者说在多大程度上实现纵向一体化的问题,这类决策的实质是决定企业“生产”还是“购买”,或者“代销”还是“自销”的问题。

实施纵向一体化战略具有多方面的战略利益,同时也面临着多方面的战略风险,企业必须对该项战略的利益和风险进行充分的权衡之后,才能付诸实施。纵向一体化战略的战略利益在于:能够实现范围经济,节约交易费用,降低经营成本;固定交易关系,稳定供求,规避价格波动;提高差异化能力,实现特色经营;获得信息优势,实现技术经济性和协同正效应,增强企业的竞争实力。

纵向一体化战略的风险在于:减少了改换交易对象的可能性,降低了适应市场变化的能力,提高了退出障碍,弱化了企业经营的灵活性;耗费大量资金,增加了财务风险;弱化了激励效应,加大了管理难度,增加了组织成本;难以平衡企业运营各阶段的生产能力,难以实现有效协同。

企业可以以多种方式和手段实现纵向一体化增长,如内部开发、自我延伸和自我扩张、兼并和收购、合资经营、组建企业集团等。

(3)横向一体化战略

横向一体化战略,又称为水平一体化战略,是指获得竞争对手所有权或加强对其控制的一种战略。以下情况特别适合采用横向一体化战略:

企业在一个成长着的产业中进行竞争;

企业规模的扩大可以提高其竞争优势;

企业具有成功管理更大规模组织所需的资金和人力资源;

竞争者由于缺乏管理经验或缺乏特定的资源而停滞不前（但当竞争者因为整个产业衰退而经营不善时,不适合采用横向一体化战略)。

横向一体化战略既可能发生在产业成熟化的过程中,也可能发生在产业成熟之后,但一般发生在企业竞争比较激烈的情况下。横向一体化战略也是风险与利益并存的战略,其战略利益在于:获得规模经济、扩张生产能力、减少竞争对手、增强竞争实力、取得协同正效应;该战略的风险在于:增加管理成本、提高退出壁垒、减少经营灵活性、加大协调难度、受到政府法规的限制等。

横向一体化战略的实现途径主要有:兼并和收购、合资经营、战略联盟、组建企业集团等。需要注意的是,横向一体化战略是单个企业迅速扩大企业规模和提高市场占有率的有效方式,但该战略本身并不会直接导致社会生产规模和总体市场份额的扩大。只有当一个企业由于存在不合理的流程或者活动组织等原因，使企业自身已经丧失了继续有效利用其现有生产规模的能力,同时,相对于该生产能力的市场需求仍然存在的情况下,横向一体化战略才能实现社会总体生产规模和市场总额的扩大。

3.多元化增长战略

多元化增长战略,又称为多角化或多样化增长战略,最初是由安索夫于20世纪50年代提出的,它是指一个企业同时在两个或两个以上的行业中进行经营,或者同时生产或提供两种或两种以上的产品或服务的一种战略。

在20世纪60、70年代,多元化增长战略在全球风靡一时,很多企业热衷于多元化经营,其出发点是为了避免对单一产业的过分依赖。到了80年代,由于企业规模的扩大,企业管理难度增加,多元化经营的流行程度有所下降,企业界正在出售或关闭其低盈利部门以集中精力于自己的核心业务。

与一体化增长战略相比,多元化增长战略侧重于把经营领域涉及到多个行业,实行跨行业的经营;而一体化增长战略则注重把业务范围集中在与现有产品或服务相关的行业或领域。

(1)多元化增长战略的分类

根据美国学者弗雷德·R·戴维的观点,我们可以将多元化增长战略划分为以下三种类型:

第一,集中多元化增长战略。集中多元化增长战略是指增加新的、与原有业务相关的产品或服务的战略。适合于采用集中多元化增长战略的情况包括以下几种:

企业参与竞争的产业属于零增长或慢增长的产业;

企业增加新的但与现有产品(服务)相关的产品(服务)可以显著促进现有产品(服务)的销售;

企业能够以有高度竞争力的价格提供新的产品或服务;

企业增加新的、但与现有产品相关的产品所具有的季节性销售波动刚好可以弥补企业现有生产周期的波动;

企业现有产品正处于产品生命周期中的衰退阶段;

企业拥有充足的资金和高素质的管理队伍。

第二,横向多元化增长战略。横向多元化增长战略是指向现有用户提供新的、与原有业务不相关的产品或服务的战略。适合采用横向多元化增长战略的情况有:

企业通过增加新的、不相关的产品,可以从现有产品或服务中得到更多的盈利机会;

企业参与竞争的产业属于高度竞争或停止增长的产业,其标志是低产业盈利和低投资回报;

企业可以利用现有的销售渠道向现有用户营销新产品;

新产品的销售波动周期与企业现有产品的波动周期可以互补。

集中多元化战略和横向多元化战略又合称为相关多元化,或者集约多元化战略、同心多元化战略。实施相关多元化战略的方式主要包括以下数种:探求密切相关的技术和专有技能,并将这些技术和技能从一个经营领域转移到另一个经营领域;将企业所拥有的著名品牌或者在消费群体中建立的信誉从一个产品或服务转移到新的产品或服务;通过兼并和收购,快速获得在相关领域经营的机会;通过组建合资公司或者战略联盟来实现在相关行业或领域的延伸。

第三,混合多元化增长战略。混合多元化增长战略,又称为无关多元化战略、复合多元化战略,是指增加新的但与原有业务不相关的产品或服务的战略。集中多元化与混合多元化的主要区别就在于前者可以基于市场、产品和技术等方面的共性,而后者则更多是出于盈利方面的考虑。在以下的数种情况中适合采用混合多元化增长战略：

企业的主营产业正经历着年销售额和盈利的下降；

企业拥有在新产业成功竞争所必需的资金和人才；

企业有机会收购一个不相关的但却有良好投资机会的企业；

收购与被收购企业之间目前已经存在资金上的融合；

企业现有产品的市场已经饱和。

实施混合多元化战略的途径有企业内部自我扩张、兼并和收购、合资经营和组建企业集团。但大多数采取混合多元化战略的企业都是通过并购一家已经成立的公司来进入新领域的，很少有企业自己组建新的子公司来寻求混合多元化。这是因为，混合多元化战略以盈利为导向，只要企业认为混合多元化可以带来收入和利润的持续增长，并且被并购公司不会因为经营不善而倒闭，那么通过并购而带来的增长就可以转化为投资者的价值。

(2)采用多元化增长战略的动因

关于企业采取多元化战略的动因，理论上有多种解释，使我们可以多角度地认识的企业多元化。

第一，投资组合理论。即把不同种类、不同周期的业务进行有效的排列组合，在不影响投资期望报酬的前提下，可以减少投资风险。根据投资组合理论，企业的每项投资都有其独特的活动周期，只要两项投资之间呈现出负相关，这两项投资组合后形成的组合风险将会缩小。

但需要注意的是，多元化经营与分散风险之间并没有必然的直接联系，因为投资面临着系统和非系统两种风险，多元化经营可以在一定程度上降低非系统风险，但对系统风险却几乎没有影响。

第二，逃避业务萎缩理论。即当企业无法实现自己的经营目标，或者企业所经营的领域和行业由于各种原因处于衰退或被限制发展时，企业为了避免“萎缩”或“死亡”，只好进行多元化经营，实现行业的战略性转移。

第三，协同效应理论。即企业实施合理的多元化战略可以通过更有效地使用企业的资源而产生相当明显的规模经济和范围经济，能够以更低的成本来创造出新的价值。

第四，核心能力理论。即企业实行多元化经营可以培养或提高自身的核心能力。该理论认为，核心能力是关于如何协调不同生产技能和有机结合多种技术流的能力，核心能力是在组织中不断积累而形成的。通过多元化经营可以组合不同业务所需要的技术和技能，为核心能力的培养提供更多的机会。

第五，委托—代理理论。该理论认为，企业的管理层更倾向于多元化，这样可以使管理层认为自己在多个领域取得了成功，可以满足个人的成就感，可以取得更大的权力，可以提升自身的价值，可以获得更高的薪酬。

(3)多元化增长战略的利益与风险

多元化战略是一把“双刃剑”，它既可以使企业迅速膨胀，取得巨大的成功，也可能使企业陷入经营泥潭，甚至破产消失。

多元化增长战略的战略利益有：第一，产生协同效应。即企业实施多元化经营之后，新老产品、新老业务、生产管理、人力资源管理、财务管理、市场营销等各个方面、各个领域，就会产生融合，使资源得以共享，从而产生管理协同、生产协同、技术协同、市场营销协同、财务协同等多方面的促进作用。第二，分散经营风险。即企业通过多元化经营可以有效组合自己的业务和资源，可以寻找新的生存空间，培养新的经济增长点，减少利润的波动，实现企业持续稳定的发展。第三，增强市场力量。即多元化企业可以凭借其在规模及不同业务领域经营的优势，在单一业务领域实行低价竞争，从而取得竞争优势；多元化企业也可以实现互利销售，从而扩大企业的市场份额。第四，降低交易成本。即企业通过多元化经营可以形成资本、人力资源等内部市场。建立资本内部市场可以通过资金在不同业务领域之间的流动来满足各业务领域的资金需求，降低企业的筹资成本；建立人力资源内部市场可以节省招聘费用，可以更充分地掌握候选人的信息，有利于作出正确的用人决策，从而降低人资成本。

多元化增长战略的战略风险在于：第一，分散企业资源。企业的资源是有限的，实施多元化经营必然要分散企业资源，会降低某项业务特别是重要业务在竞争和发展中所需要的资源与能力的拥有量，削弱企业成长的动力。因此，企业如果在原有业务领域并未真正取得竞争优势，而急不可待地进入新的业务领域，就很容易使自己在兼顾新老业务的同时陷入困境，造成经营上的失败，甚至破产。第二，引起管理低效与冲突。即企业的多元化经营会造成企业规模的扩大，必然会增加管理层次和管理跨度，导致需要交换的信息和下达的指令增加，影响了信息传递的及时性和准确性，从而产生“X-非效率”(X-Inefficiency)；同时，企业的多元化经营会使公司内的企业数量增加，各业务之间的相关性趋小，不同业务单位之间的关系趋于复杂，从而使企业管理与协调难度增大。第三，新业务进入壁垒的风险。即企业要进入一个新的行业，需要具备一系列条件：进入新行业的充足资金；拥有经营新行业的管理人员和业务骨干；掌握与新行业相关的基本知识、基本经验和基本操作技巧；了解新行业的最新信息；符合新行业运营的完善的营销网络；建立与新行业相关的社会关系，等等。而这些“需要”中的任何一个缺失，都会成为企业进入新行业、新领域的壁垒，给企业的经营带来风险，使企业付出惨重代价。

4.国际化增长战略

企业国际化是指企业突破地域的界限，在国际市场上组合生产要素，利用管理技能，从事国际性的生产经营活动，由国内经营向国际经营转变的过程。企业国际化的主要标志是，企业在国内经营的基础上，以国际市场为导向，利用国内国外两种资源、国内国外两种市场，把国内优势和国外优势充分结合，实现在国际市场上的经营与发展。

国际化增长战略是指从事国际化经营的企业为求得在国际市场中长期的生存和发展而所作的长远的、总体的规划。国际化增长战略是一种全球战略，是国际性企业经营活动的指导原则。它以全球市场为出发点来合理配置企业资源，它要求国际企业不能简单地对市场有利机会和不利机会作出直接反应，而要以全球规划为目标，把全球的经营活动作为一个整体，在全面考虑企业所处的竞争环境和自身资源的基础上，周密安排全球战略目标和全球战略部署。

(1)国际化增长战略的类型

国际化增长战略有两个至关重要的维度，分别是降低成本的压力和因地制宜的压力。如果以这两个维度作为一个坐标系的横轴和纵轴，以压力的高低作为可取的变量值，我们可以建立一个矩阵，国际化增长战略的四种类型就在该矩阵所围成的四个方格里，如图9-3所示。

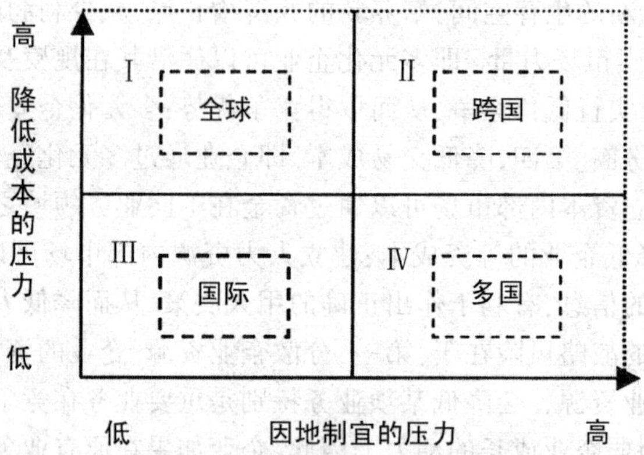

图9-3 国际化增长战略类型矩阵

资料来源：王永贵.加拿大企业全球竞争战略探析.南开管理评论，2001(2)

全球化战略。这一战略所对应的是图中第Ⅰ象限，该象限表示降低成本的压力很高，而因地制宜的压力很低，即企业可以通过在需求趋于相同的全球市场上以同样的方式提供相同的产品，从而实现规模经济。因此，可以将全球化战略定义为：在全球市场上推广标准化的产品和服务，并在有利的国家进行集中的生产经营，实现规模经济和经验曲线效应，以获得高额利润的战略。采取这一战略的关键点在于成本领先，而当地的个性化需求较小。在要求提供差异化产品的市场上，这种战略是不宜采用的。

跨国战略。这一战略所对应的是图中第Ⅱ象限，该象限表示降低成本的压力和因地制宜的压力都较高。这一战略要求企业一方面要努力以不同的产品和营销手段来满足不同的市场需求，另一方面还必须保持较低的成本。企业采用这种战略，可以运用经验曲线效应，形成一定的区位效益，满足当地市场的个性化需求，达到全球学习的效果，实现成本领先或产品差异化。这一战略受到行业特点、市场特征等多方面条件的限制。

国际化战略。这一战略所对应的是图中第Ⅲ象限，该象限表示降低成本的压力和因地制宜的压力都较低。实施这一战略的企业大多把其在母国所开发出的具有价值的产品和技能转移到国外市场，从而创造出更高更多的价值。在此情况下，企业多把产品开发的职能留在母国内，而只在东道国建立制造和营销机构。采用这一战略的关键点在于企业在国际市场上具有竞争优势，并且在国际市场上降低成本的压力较小。如果当地市场的消费者要求提供本土化的产品和服务，这一战略就不适合采用。

多国化战略。这一战略所对应的是图中第Ⅳ象限，该象限表示降低成本的压力低，而因地制宜的压力高。实施这一战略的企业必须在不同的市场上以不同的方式提供差异化的产品或服务，以满足当地市场的特殊消费需求，因此，这种战略的成本结构较高，无法获得经验曲线效应和区位效益，但作为回报，企业可以在当地市场实行高价格。当某一市场强烈要求根据当地市场的需求提供特殊的产品和服务，而降低成本的压力较小时，企业应当采取多国化本土战略。

(2)国际化增长战略的动因

企业采取国际化增长战略的动因很多,通常认为,企业实施国际化增长战略是出于以下几种考虑:

第一,优化资源配置,降低获取生产要素的成本。企业经营必须有资本、技术、劳动力、土地、原材料、信息等多方面资源的支持,企业占有资源的多寡决定着企业的竞争地位和成长速度。实施国际化战略,企业可以在全球范围内以较低的价格获取生产要素,降低资源配置成本,提高资源配置效率。

第二,延长竞争优势。在企业开发出一项新技术或一种新产品的初期,企业可以获得较高的利润,拥有明显的竞争优势,随着产品和技术的传播和成长,企业将逐渐丧失其所拥有的竞争优势。但由于各国经济发展水平、生活方式、价值观念等方面存在差异,企业可以将本国处于衰退期的成熟产品或相对过时的技术推广到受欢迎的国家或地区,从而在该国市场获得持续的竞争优势。

第三,获得规模经济效益。当存在超越本国市场容量的规模经济时,企业可以将主要在国内销售的产品或服务输出到国外,将企业的筹供、生产、营销等经营活动转向国际化,这样既可以扩大生产规模,降低生产成本,获得规模经济效益,也可以占领国际市场,增加销售量,提高产品竞争能力,为企业走出去打下良好的基础。

第四,转移核心竞争力,拓展市场,获取更多利润。企业的核心竞争力是由企业的效率、质量、创新能力、管理水平、顾客忠诚度等多方面因素组成的,企业可以将其在国内市场上所形成的核心竞争力进一步推广到国外,占领更大的市场空间,获得更大的利润。

第五,获得经验曲线效益和区域经济效益。企业实施国际化经营,必然会扩大原有的生产规模,同时,企业营销与服务的全球化,会更进一步增加消费者对其产品的需求,促使企业经验不断积累,导致经验曲线不断下滑,降低企业运营成本,实现经验曲线效益;企业在国际化经营过程中,会将创造价值的活动放在最适合的地点进行,这样不仅可以降低创造价值的成本,实现成本领先,也可以使企业形成差异化,获取超额利润。

(3)国际化增长战略的战略模式

国际化增长战略由来已久,企业界和学术界在对国际化模式的研究中总结出了三种主要的国际化模式:

第一种是起源于欧洲的U-M(the Uppsala-Internationalization Model)模式。这一模式是在研究瑞典企业国际化经验的基础上建立起来的。该模式认为:企业进行国际化的主要障碍来自于对国外市场的缺乏了解,因此,企业的国际化就是通过组织学习来不断获得知识的过程;由于国外市场存在很多的不确定性因素,因此企业的国际化通常采取的是一种渐进的方式,并通过"干中学"来减少或规避市场风险;经验是国际化进程的一个推动力,经验是无法实现自我传递的,经验的转移依赖于人员的掌握情况,在国际化进程中不能将经验与个人分离开来;企业可以通过对以往获取经验的不断积累来逐步提高参与国际竞争的程度。U-M模式强调企业应为适应国际化发展的要求而采取适当的组织形式,并将国际化过程视为企业为适应自身对出口依赖程度提高这一新情况而进行的结构性调整。随着对国际市场专有知识的不断获取,企业会不断增加国际化的投入,并通过组织学习来减少外部的不确定性。

另一种是起源于美国的I-M(the Innovation-related Internationalization Model)模式。这一模式建立在企业不断进行适应性调整的阶段论的基础之上，将国际化看作是一个不断创新并不断采用新的经营方式的过程。这一模式认为，企业的国际化进程实际上就是企业不断创新的过程。该模式认为企业的国际化由前后相连的四个阶段组成，即国际化的预备阶段、初始导入阶段、当地市场扩张阶段、全球合理化阶段，如图9-4所示。在国际化的预备阶段，企业不断进行产品、技术开发，完善售后服务体系，建立健全管理体系，成为全国性的公司，为进一步走向国际市场打下基础；在初始导入阶段，企业开始尝试进入国际市场，开始收集国际市场的有关市场信息，并决定进入哪个国家市场、何时进入、如何进入。这一阶段是企业国际化成败的关键时期，直接影响国际化的进程；在当地市场扩张阶段，企业开始在国外市场积极寻找机会，寻找新的成长和扩张方向，扩大市场份额；在全球合理化阶段，企业战略的完善和实施都以全球为导向，这个阶段主要是提高全球范围内的运营效率，并为各国经营的协调和战略的整合提供有效的途径。

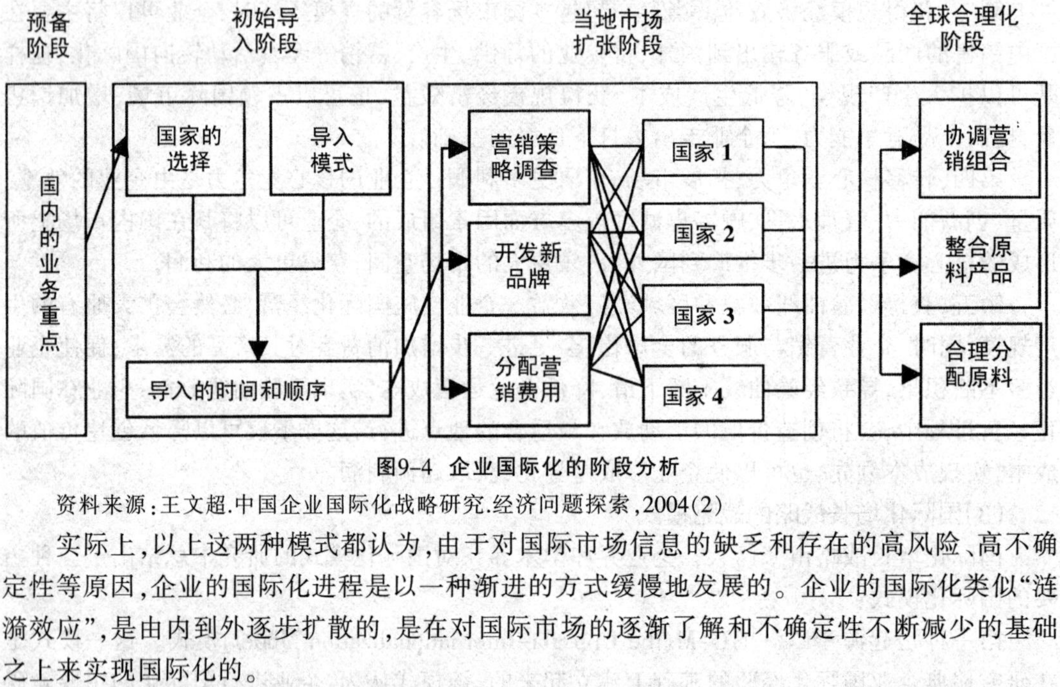

图9-4 企业国际化的阶段分析

资料来源：王文超.中国企业国际化战略研究.经济问题探索，2004(2)

实际上，以上这两种模式都认为，由于对国际市场信息的缺乏和存在的高风险、高不确定性等原因，企业的国际化进程是以一种渐进的方式缓慢地发展的。企业的国际化类似“涟漪效应”，是由内到外逐步扩散的，是在对国际市场的逐渐了解和不确定性不断减少的基础之上来实现国际化的。

第三种国际化模式是快速国际化模式。这种国际化模式采取的并不是前两种渐进的发展模式，而是从企业创立之初就致力于企业经营的国际化。这一模式适合国际化非常明显的中小企业，它要求企业通过国际市场来获取稀缺性的资源，并将产品或服务销售到国际市场以实现范围经济，提高企业的国际竞争力。

从国际化经营的具体方式来看，企业实施国际化增长战略的模式主要有以下几种：

出口模式。这一模式适合任何规模的企业。通过出口，企业可以给自己在国内已经处于饱和或者衰退阶段的产品重新找到市场，或者使产品的销售条件变得更加有利。由于出口模式所涉及的活动主要集中在营销领域，企业其他职能的活动改变不大，因此，这一模式的优点是风险低,投资少。但这一模式容易引起进口国的反倾销抵制或配额控制约束,也容易受制于国外经销商,同时,企业不容易及时把握国外消费者需求的变化。

许可证生产模式。这一模式是指通过签订许可证合同、收取使用费的方式使东道国的企业获取使用自己企业的专利、技术诀窍生产产品的权利。采用该模式的优点是企业专利技术“卖给”东道国企业,不但可以使自己企业的专利得到更广泛的使用,补偿一定的技术研究开发费用,还可以通过所提供技术的后续发展对东道国企业的生产经营进行控制。但采用该模式可能会为本企业培养出一个竞争对手,也有可能发生权利被侵害的情况。

特许经营模式。这一模式是指通过收费的方式让东道国的企业获取使用本企业的商标、产品或服务以及经营模式的权利。采用这种模式,企业不仅不用支付投资,还可以在特许期间从受特许一方获得固定的收入,提高自己的声誉。

独资经营模式。这一模式是指企业在国外投资并完全控制所投资企业活动的方式。使用该模式可以保证企业对所投资企业的绝对控制权和经营决策权,有利于集中管理和决策;有利于技术和经营策略的保密;可以获取全部利润。但这种模式大多不受东道国的欢迎。通过自我创建或者兼并、收购的方式可以实现独资经营。

合资经营模式。这一模式是指两个或两个以上国家的企业共同拥有和控制企业,合资各方共同投资、共同经营、分担风险、共负盈亏。采用这种模式可以发挥合资各方的优势,可以在资金、技术、管理等方面实现优势互补,有利于产品开发、成本降低和质量提高,也可以使用东道国成熟的营销渠道,利于产品销售。这一模式是企业快速进入国际市场的有效途径,也颇受东道国的欢迎。

非股权安排模式。这一模式是指企业在东道国的企业中没有股份投资,而是通过非股权投资的方式控制东道国企业的技术、管理、销售渠道等各种资源。采用这种模式的企业通过签订一系列的合同为东道国提供各种服务,并与东道国企业建立密切的联系,从中获得各种利益。非股权安排模式是一种非常灵活的投资方式,它主要包括管理合同、国际分包合同、工程承包合同等。

BOT(Build-Operate-Transfer)模式,即“建设—运营—转让”模式。这一模式是指企业与东道国政府签订特许协议,在一定期限内,按照合同的规定对东道国的某一基础设施项目进行建设和经营,所得收益用于偿还项目债务和取得一定的投资回报,合同期满后,将该项目设施无偿移交给东道国政府。该模式投资大,建设周期长,不确定性较多,风险较大,但成功使用该模式可以获取超额利润,并为在东道国的其他经营打下基础。

(4)国际化增长战略的战略风险及风险规避

企业在实施国际化增长战略过程中,除了要面临通常的市场风险外,还要面临巨大的政治风险,例如,东道国的政府政策和政治环境中存在的不稳定因素,特别是东道国政府任意改变“游戏规则”,导致企业利润和资产的损失或冻结,甚至海外资产被全部没收等。政治风险不同于市场风险,市场风险往往源于成本、消费者需求、竞争等因素的变化,而政治风险则包括市场风险在内的所有不确定性因素。根据政治风险对国际化方式的潜在影响,我们可以将政治风险划分为以下四种:

普通不确定性风险(General Instability Risk)。这一风险是指由于东道国政局可能发生变革而引起企业经营上的不确定性。

所有权、控制权风险(Ownership Control Risk)。这一风险是指由于东道国法案的变化可能剥夺或限制外国投资者对投资项目的所有权或有效的控制权,进而导致经营上的不确定性。

经营风险(Operations Risk)。这一风险是指由于东道国政府政策或法案的实施,可能限制外国投资者进入某一业务,或限制外国投资者在生产、营销、财务等方面的经营,进而导致不确定性产生。

转移风险(Transfer Risk)。这一风险是指由于东道国政府可能颁布一些法案限制外国投资者将利润或资本转移出东道国,而产生经营上的风险。

因此,对政治风险进行评估,是规避国际化战略风险的前提。在第四章中我们曾介绍过企业宏观环境中的国际政治环境分析,但那是一个一般性的分析框架,重点在于对国际政治形势的总体判断, 这里我们重点研究实施国际化增长战略时对东道国政治风险的评估。图9-5是对政治风险评估过程的描述。

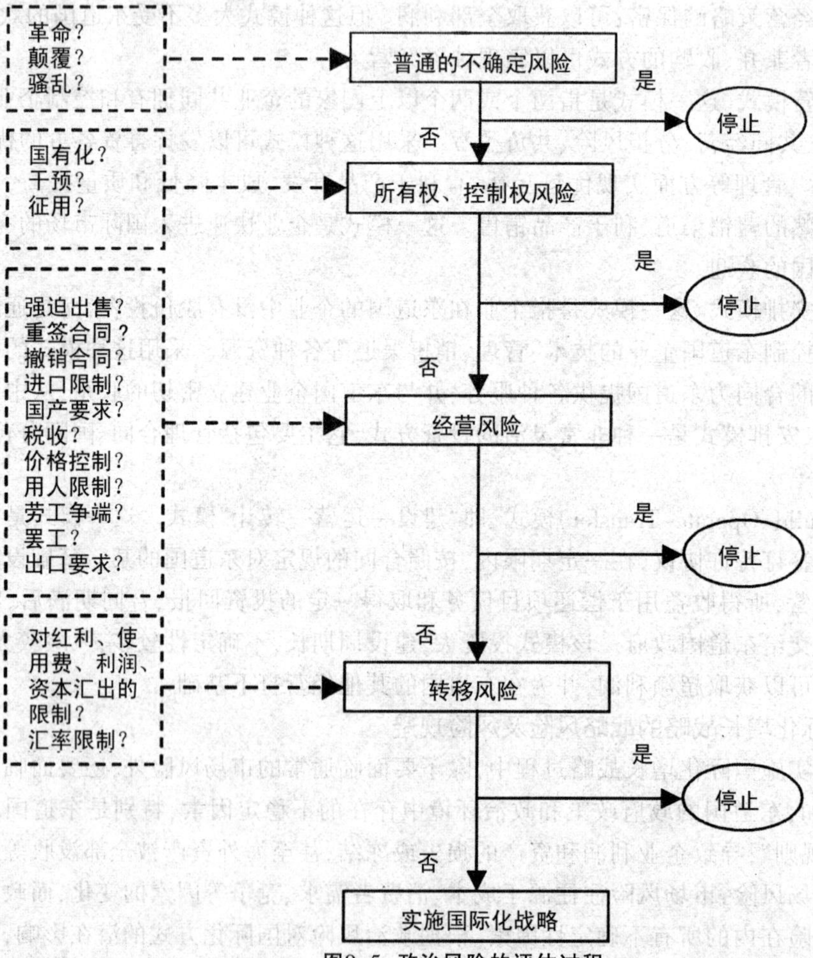

图9-5 政治风险的评估过程

资料来源：根据John D. Daniels等人的International Business Environments and Operations Upper Saddle River. N. J. Prentice Hall.2001整理

普通不确定性风险评估是第一阶段，如果企业预期东道国在投资期内始终处于混乱的政治局面，必须立即停止国际化战略，否则将进入政治风险评估的第二阶段，所有权、控制权的风险评估。第二阶段评估主要看是否存在所有权、控制权丧失的风险，如果这一风险太高，则应立即停止国际化战略，否则将开始第三阶段，经营风险的评估。在评估经营风险时，企业应该明确投资方案的特征和预计的现金流，以确定风险因素对投资回报率的影响。如果风险与盈利能力的博弈不能满足企业的要求，应该立即终止实施国际化战略，否则，将进行最后一个阶段——转移风险的评估。在此阶段，企业必须预计东道国外汇管理政策的变化，及时预测汇率变化的走势，如果风险过大，影响了企业的投资回报率，则应终止国际化战略，否则应该继续实施国际化战略。

根据经济机会和政治风险综合分析来确定合适的国际化战略模式，也可以在一定程度上规避国际化战略风险。关于经济机会和政治风险的综合分析，AKbter提出了一种矩阵分析框架，如图9-6所示，该图给出了经济机会和政治风险的四种不同组合，企业可以根据自身的目标、资源条件、管理水平、知识经验等选择一种最适合的战略模式。

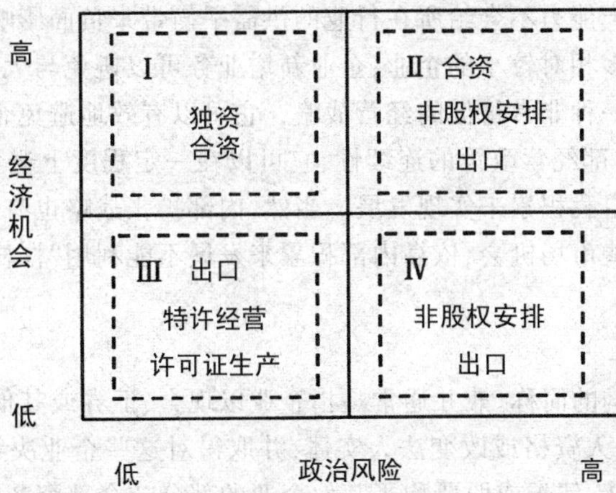

图9-6 AKbter的经济机会、政治风险分析矩阵

图中第Ⅰ象限表示经济机会高，而政治风险低，此时企业为了捕捉经济机会，试图快速进入这些市场，并且希望拥有投资项目的所有权和控制权，所以采取独资和合资经营模式都非常恰当；图中第Ⅱ象限表示经济机会和政治风险都高，在此情况下，企业可以通过合资、非股权安排、出口等模式来规避政治风险，同时抓住经济机会，合资虽然投入资源较多，但由于合资企业经营成败与当地政府利害相关，这种模式可在一定程度上减少因政府干预而引起的政治风险；图中的第Ⅲ象限表示经济机会和政治风险都较低，此时企业应该选择出口、特许经营、许可证生产等方式，为将来当地市场商业环境改善时参与更高水平的竞争做好准备；图中的第Ⅳ象限表示经济机会低，而政治风险高，在此情况下，企业应该避免在资本方面的过多投入，最好采取出口或非股权安排模式。

二、按照增长途径划分的增长型战略

从增长途径来看，企业可以采取内部扩张、并购、合作合资和缔结战略联盟四个途径进行战略增长，因此，以此为标准，又可以将企业增长型战略划分为内部扩张型、并购型、合作合资型和联盟型四种，下面分别进行讨论。

1.自我扩张战略

自我扩张战略是指企业依靠内部逐渐积累起来的资源和能力来寻求自我发展的一种战略。企业通过内部的自我开发、自我扩张和再创业可以实现集约型、一体化和多元化增长战略，自我扩张战略是实施增长战略的主要途径之一。

自我扩张战略的主要方式包括：通过技术创新，开发新产品，或者加大投入扩大原有产品的市场份额，来实现企业的集约型增长战略；通过创建新的业务部门，或创办新的企业，或纵向裂变，或经营现有价值链上的副产品来实施一体化或多元化增长战略等。一般认为以下情况比较适合采用自我扩张战略：

企业拥有充足或过剩的资源；

企业自我扩张比并购成本更低；

企业拥有大部分或全部进行有效竞争所需要的技术；

企业新增加的生产能力不会给所在行业的供需平衡带来负面影响；

目标行业存在很多相对较小的企业，企业新增业务可以避免与大公司直接竞争。

内部扩张战略是一种非常稳健的经营战略，它可以有效地避免企业所有权和控制权的丧失，可以保持企业内部经营政策的连续性，它可以在一定程度上避免财务风险，这是因为企业主要依靠内部的自我积累来实现发展。当然，内部扩张战略也有一定的弊端，自我滚动式发展可能会失去一些市场机会，依靠内部积累来发展不能利用“杠杆原理”，发展速度不可能很快。

2.并购战略

并购是兼并和收购的简称。兼并通常是指企业以现金、证券或其他形式购买取得其他企业的产权，使其丧失法人资格或改变法人实体，并取得对这些企业决策控制权的经济行为。而收购是指企业用现金、债券或股票购买其他企业的部分或全部资产或股权，以获得该企业的控制权。企业的并购战略是指企业通过现金、证券或其他形式的交易取得其他企业的部分或全部控制权的战略行为。并购战略是企业资产重组的一种重要形式，是实现企业战略性扩张、取得协同效应的重要手段。

(1)企业实施并购战略的动因

实现规模经济。当企业的经营水平或规模尚未达到实现规模经济的潜在要求时，企业实施并购行为，尤其是实施横向并购，可以降低运营成本，提高技术开发能力和生产效率，实现规模经济的目标。

产生协同效应。企业间的并购，尤其是纵向并购，可以将行业中处于生产链条上不同环节的企业联合在一起，由此带来交易成本的降低，从而获得有效的经营协同效应。对整个生产链条加强控制和追求协同效应，是引发企业间进行纵向并购的主要动因。企业纵向并购的实质是市场交易的企业内部化替代。

实行多元化经营。为了保持组织资本和声誉资本的增值，保持在财务和税收方面的优势，企业会寻求多元化经营。而并购尤其是混合并购是企业实现多元化经营的一条捷径，进行多元化经营,可以在一定程度上降低和分散经营风险。

增强核心竞争力。企业的核心竞争力是企业保持竞争优势的最关键因素之一。在企业很容易筹集到大量现金进行并购的条件下,通过并购经营不善、但有发展潜质的企业,可以实现增强企业核心竞争力的目标。

实现全球化的目标。跨国公司的管理者往往把并购视为保持竞争力、实现全球化目标的关键手段。企业通过实施并购战略不仅可以节约时间,迅速打进国外市场,还可以利用优势互补、聚合效应和名牌效应来降低成本,同时并购还可以消除争夺市场和资源的对手,扩大市场份额,收到事半功倍的效果。

具体来说,并购可以实现以下目的:更好地利用现有的生产能力;更好地利用现有的销售能力;减少管理人员;降低运营成本;减小销售的波动幅度;利用新的供应商、销售商、消费者、产品或服务等;获得新的技术;合理避税。

(2)并购战略的风险及风险管理

企业并购可以给企业带来巨大的战略利益,但是在市场经济条件下,高收益通常伴随着高风险。企业并购从筹划阶段到其实施过程以及并购后的整合阶段整个过程都面临着很多不确定性因素,导致了许多不同的风险。有些风险是系统风险,是无法避免的;有些风险是非系统风险,企业可以通过采取积极措施,对其进行防范和管理。

企业并购战略的风险有不同的分类方法,如果以时间顺序为标准来考虑,可分为并购前风险、并购中风险和并购后风险。下面就从这三个方面对企业的并购风险加以讨论。

首先,并购前的风险及管理。并购前的风险主要包括两种:选择并购目标企业的风险和选择具体并购方式的风险。

选择目标企业的风险来自两个方面。第一,动机风险。即并购企业在选择目标企业时,如果不是从自身的长期发展战略出发,而是单纯地将并购作为扩张、融资的手段,这样并购后,企业因规模过大而产生规模不经济,反而会使企业背上沉重包袱。第二,信息风险。即在选择目标企业时,对其基本情况缺乏深入了解,尤其是当目标企业已经进行了“包装”,如隐瞒了大量债务,或者存在未决诉讼、担保事项等,待并购后再显露出来,将使并购企业债务压力加大,财务风险增高。因此,在市场经济条件下,企业作为独立的经济主体,在选择并购目标时,不但要符合自身的利益,还要符合主购企业的长期发展战略。同时,主购企业还应该做到尽职详细调查,必要时可以聘请经验丰富的中介机构对信息进行进一步的证实,以便对信息进行正确的筛选,减少并购成本。

企业的并购方式多种多样,有股权收购和资产收购之分。股权收购有整体性股权收购、控股性股权收购、承债性股权收购等方式;资产收购有规模扩张型、借壳上市型、重组型和置换型四种方式。不同并购方式要求的资本数量不同,也都有各自的优缺点。因此,主购企业应该根据自身的资本规模及各种并购方式的优缺点进行适当的选择,减少因方式选择不当所造成的风险损失。

其次,并购实施阶段的风险及其防范和管理。企业并购进入实施阶段时,企业所面临的风险主要有融资风险、法律风险和反收购风险等。

融资风险及其防范管理。企业并购所需的大量资金往往是主购企业的自有资金所不能满足的，要进行大量融资。而融资方式的选择，融资资金在时间上、数量上能否满足并购需要，融资成本是否能承受，以及现金并购是否会影响正常生产经营活动等都构成企业并购的融资风险。对于融资风险，企业可以采取以下防范措施：首先应该采取正确的方法对目标企业进行正确的评估，然后再根据其价值确定所需资金量。确定融资量以后，再根据自身的发展能力和资本结构，选择恰当的融资手段。并购最常用的筹资手段为自有资金、发行股票、配股和发行新股，也可以采用发行债券、银行贷款等负债型融资手段。近几年来兴起的杠杆收购，就是充分利用了银行贷款等融资手段。

法律风险及其管理。企业并购，各国都有相应的法律、法规进行规范。如我国对并购的规定，收购方持有一家上市公司5%的股票后必须公告，以后每递增5%均需公告，当持有30%股份时要发出全面收购要约等，从而使并购成本急剧上升，并购难度和风险加大，甚至会迫使并购方放弃并购计划。对于这样的法律风险，我们称之为系统风险，企业无法规避这样的风险，只有严格遵守法律法规，避免和法律法规相冲突。

反收购风险及其管理。企业并购往往会受到被并购方的抵制，尤其在强行并购时，更会激起目标企业的强烈反抗，甚至会动员一切力量，采取一系列反并购措施进行对抗。诸如出售自己的优质资产、寻找白衣骑士（指目标企业为免遭敌意收购而自己寻找的善意收购者）、大举负债等，反并购不仅会使企业受到重创，也往往使并购失败。而且，敌意收购通常无法从目标公司获取其内部实际运营、财务状况等重要资料，给公司估价带来困难。因此，为了减少因为反收购行为而带来的风险，主购企业应该事先制定严密的收购行动计划并严格保密、快速实施。同时，可以认真分析目标公司的股本结构及重要股东，与某些股东进行有效的沟通，并满足其部分利益，以减少反收购的压力。

第三，并购完成后的风险及管理。企业并购完成后主要面临着经营风险和文化整合风险。

经营风险及其管理。经营风险是指企业并购后，如果无法使整个企业集团产生经营协同效应、财务协同效应、管理协同效应和市场份额效应，难以实现规模经济与优势互补，或者并购后规模过大、管理跨度增大而产生规模不经济，而未能达到并购预期目标产生的风险。经营风险的原因主要是并购总体方案策划疏漏或者预测有误所致，也可能是并购后市场发生较大变化，如新竞争者出现、消费需求改变等导致并购后企业无法按原方案进行生产与销售而产生的风险。

因此，企业并购后，要尽快组建强有力的领导班子，对目标企业进行有效的资源整合，调整人员结构，寻找新的利润增长点，尽快产生并购协同效应，将其纳入企业集团的总体战略中。对目标企业的整合重组包括从经营战略、产业结构、销售网络的重整一直到对目标企业进行资产优化、人事结构调整等等。

文化整合风险及其管理。由于每个企业内外部环境不同，经营理念、管理风格不同，使不同企业形成了不同的企业文化。同时，企业文化是稳定的，它作为一种无形的东西，有深远的影响力和强大的惯性，从骨子里影响着企业乃至员工的行为。并购后，若文化不能及时融合，就会造成并购双方激烈的文化冲突，使企业成员丧失文化的确定感，继而产生行为的模糊性和降低对企业行为的依赖，最终影响并购企业预期价值增值的实现。

为了对企业文化进行有效整合,减少可能的整合失败给集团带来的风险,并购企业应该全面、详尽地分析本企业与目标企业双方文化的性质及特点,描述目标企业文化的成员统一性、团体重要性、人际导向、控制等特征变量,采用结构性、系统性的评估方法,对上述特征变量逐一比较,并加以适当的量化处理,避免评估过程中的盲目性和主观性。此外,并购企业还应该了解目标企业的宗旨、历史、创业者的个性特征、员工甄选标准等信息,从中探求目标企业组织文化的本质,以正确评估文化的相容性,选择适当的文化整合模式,避免双方因文化不相容而使并购失败。

具体来说,企业文化整合模式有吸纳式、渗透式、分离式三种。吸纳式是被并购方完全放弃原有的价值理念和行为假设,全盘接受并购方的文化,使并购方获得完全的企业文化控制权。这种情况主要适合被并购方的企业文化较弱,购并方有优秀的企业文化。渗透式是指双方的企业文化互相渗透,各自都按适合集团发展的方向进行文化调整。这种情况适合于双方有着相似的企业文化,比较容易接受对方的企业文化。分离式是双方在文化方面均无基本改变,各自在文化上保持独立。这种情况一般发生在双方都有各自的优秀文化且都不愿意改变的情况下。

3.合资与合作战略

合资与合作战略是指两个或两个以上的企业为了共同利用某个市场机会而结成暂时合作关系的一种战略。这一战略又有合资经营和合作经营两种类型。

合资经营是两个或两个以上的独立企业或投资人根据事先商定的比例将各自资产的一部分投入共同组建、共同拥有的一个合资企业。合资企业通常采用有限责任公司的形式。合资经营是东道国合资方吸引资金和引进技术,实现企业的扩展和发展的一种重要形式。

合作经营是指两个或两个以上的企业通过契约进行合作的一种战略方式。由于合作经营属于非股权性质,因此又称为非股权合作。与合资经营不同,合作经营通常是在企业内部以某个项目为基点开展合作,而不组建新的企业。合作经营的主要方式有:联合研发、特许代理、长期供应、管理合同、交叉生产、互销产品等。

(1)企业实施合资合作战略的动机

通过与外国企业共同建立合资合作企业是内资企业实现其利润和扩展目标的一种重要途径。其动机主要有以下六种:

第一,获得资本的动机。获得国外的资金和外汇是内资企业寻求与外商合资最重要的动机之一。企业在运行中如果忽视了自身技术和管理方面的问题,就会造成企业盈利困难,企业运作和生产经营缺乏资金,甚至出现亏损,此时通过合资经营可以缓解企业对资金的需求和依赖。或者,当企业发现某一市场机会,而单凭自身的资源实力又无法把握这一机会,通过合资经营,可以扩充企业实力,有效捕捉市场机会。

第二,获得技术的动机。获取外国的先进技术是内资企业与外商合资合作的另一个主要动机。规模、实力相对较小的企业有研究开发和技术创新的愿望和动机,但缺乏相应的资金和能力时,通过与国外企业合资合作来引进先进的技术,改造自己过时和落后的设备成了企业的一个主要途径和选择。如今,很多具有相当技术水平和实力的企业也通过与外商合资合作来进一步提升自己的技术水平,或者获取互补技术,促进企业的进一步发展。

第三,政策诱致的动机。企业总是追求以最小的代价获取最大的利益,当某一国家或地区出台比本国更优惠的政策或法规,可以保证企业的获利预期,企业就会采取合资合作经营的方式迅速利用这一机会。比如,自我国开始建立经济特区以来,我国政府相继推出了一系列的投资优惠和鼓励政策。对于地方政府来说,引进或获得外资也成了一项重要的政绩,这进一步促使地方政府加大对外资企业的优惠和鼓励。同时,我国周边国家普遍采用了投资优惠和鼓励政策以吸引外资,这使得相邻各国为争夺外国投资而竞相付出更大的努力。在这种动力和压力的双重作用下,我们的投资政策给予了外国投资者在投资审批、税收、进出口、管理等各个方面很大的优惠。企业当然要抓住这些优惠政策,谋求更高的利润。

第四,制度创新的动机。企业的成长不仅依赖于资金、技术和管理,也在很大程度上受制于企业的制度环境和组织结构。很多企业由于内部缺乏有效和合理的治理结构,大大束缚了企业的发展和成长。通过与外商合资,引进外资的股份,建立合资企业,可以学习外国企业的先进管理方法和思想,从而实现对企业组织不仅是形式上的而且是实质性的变革和创新。

第五,拓展国际市场的动机。经济全球化炙手可热,但企业在进入国际市场,或者在谋求全球化战略利益时,常常遇到各种软的或硬的障碍,通过与当地企业或投资者建立合资合作企业可以克服进口配额限制、关税制约、国家政治利益和民族情绪羁绊等不利因素。

第六,降低经营风险的动机。当一个企业单独运营时不经济或具有较大风险时,合资合作经营是一种不错的选择。同时,合资合作经营可以集合两个或更多企业的资源和能力,尤其是集合特殊的知识和经验,能够为企业经营带来更多的竞争性资产,增强抗风险的能力,使企业成为市场竞争中的强者。

(2)合资合作战略的弊端

尽管企业有实施合资合作战略的巨大动机,但天下没有免费的午餐,合资合作经营也会遇到一些难以克服的弊端。

第一,战略目标冲突。合资企业是由两个以上的投资者共同投资而形成的,投资各方抱有各不相同的目的和动机,这就使得投资各方对于合资企业的发展策略和市场导向具有各不相同的战略思路。如果双方的战略思路不能相互协调一致或不能相互补充,就会导致合资企业在根本战略上的冲突和矛盾。

第二,文化冲突。由于合资合作企业涉及到来自不同国家或地区的投资者和合作者,他们所处的语言文化环境、商业惯例、价值观都会有所不同,合资合作企业肯定会带有各自文化的深刻影响。这种具有不同文化背景企业的结合,增加了合资合作各方在协调和沟通时的困难,并有可能会导致合资合作各方的冲突和矛盾,并最终影响到合资合作企业的稳定和生存。

第三,信任危机。由于合资合作企业涉及到不同国家或地区的投资者和合作者,各方之间很难做到充分地了解对方的实际情况,这就会导致合资合作时的逆选择。同时,合资合作企业的各方有可能会出于自身个别利益考虑,在合资合作后有意不按照合同的要求投入所约定的资金和技术及其它资源,产生道德危机,从而进一步激化各方的矛盾和冲突。

第四,管理困难。在合资合作前,合资合作各方都有在经营管理方面的传统和习惯做法,有各不相同的行为逻辑,这种不同的行为逻辑会增加合作的协调成本和耗费,导致合资合作企业管理上的矛盾。同时投资者的母公司与其子公司即合资合作企业是一种委托代理关系,这种交叠的科层组织形式有可能进一步增加协调和管理的困难，并导致管理成本和费用的增加。

(3)合资合作战略的风险管理

合资合作经营具有战略目标冲突、文化冲突、信任危机和管理困难等诸多风险,这些风险若不加以处理,将会使合资合作经营不再具有经济上的合理性,导致合资合作企业的最终瓦解和失败。为此可采取以下措施来管理合资合作战略的风险:

第一,选择合适的合资合作伙伴。选择适当的合资合作伙伴,可以在一定程度上避免战略目标的冲突,实现优势互补,减少甚至避免合资合作企业经营中的破坏性冲突。选择合适的伙伴要考虑以下三点:合资合作伙伴的战略目标与自己战略目标的一致性程度;合资合作伙伴拥有技术技能和各种资源的情况;自己与合资合作伙伴是否存在优势互补。

第二,建立有利的合作机制。合作机制的建立要求合资合作各方应该相互尊重、相互信任。只有尊重对方,才能激起对方的共鸣,也得到对方的尊重;只有相互信任,合作各方才能开诚布公地表达自己的意见、观点和建议,才能更容易地达成共识和谅解。合资合作各方还要加强沟通和理解。在沟通的基础上,各方相互理解、相互忍让,从合作大局出发,求同存异,才能保证合资合作企业共同目标的实现。

第三,设计有效的管理模式。设计合资合作企业的管理模式,实质上就是对合资合作企业中合资合作各方在战略决策和日常经营决策问题上的作用和地位作出相应的安排。这种安排取决于合资合作各方在企业中股权控制的份额和控制资源的能力。

综合起来,最适合采用合作与合资战略的情况有:合资与合作双方或多方可以很好地进行优势互补;投资项目具有很大的盈利潜力,但需要大量的资源,并具有很高的风险;两家或多家小企业难以同大公司竞争;企业存在迅速采用某种新技术的需要;私人公司和公众公司组建合资合作企业,私人企业具有封闭的所有权等优势,而公众公司具有融资方便等优势,私人公司与公众公司结合可以更好地发挥各自的优势；本国企业与外国企业组建合资合作企业,可以使本国企业方便利用当地的管理资源、社会资源,迅速打开当地市场,减少经营风险。

4.联盟战略

20世纪80年代以来西方企业尤其是跨国公司面对日趋激烈的外部竞争环境,开始对企业竞争关系进行战略性的调整,即从对立竞争转向大规模的合作竞争。合作竞争最主要的形式就是建立企业战略联盟,战略联盟作为一种组织创新,已经成为现代企业强化其优势地位的主流竞争模式。据美国麦肯锡咨询公司统计,全球500强企业平均每家约有60个主要的战略联盟;在世界150多家大型跨国公司中,以不同形式结成战略联盟的比例高达90%。

战略联盟的概念在第二章有过介绍，但目前管理学界和企业界并没有对战略联盟的概念达成共识,战略联盟概念的复杂性一方面源于战略联盟形式的多样性,另一方面是源于战略联盟理论的复杂性。可以说,有多少种战略联盟的理论解释,就有多少种战略联盟的概念。战略联盟包括以下形式:合作营销协议、合作研发、技术交易、专门生产权和专门经营权等。联盟形式不同,联盟强度也有所不同。

所谓联盟战略就是企业通过与其他企业或经济主体缔结战略联盟来实现企业目标的战略行为。由于企业实施联盟战略的直接结果就是战略联盟的形成,因此,我们重点讨论战略联盟的相关问题,从中就可以找到企业联盟战略实施的关键。

(1)战略联盟的特征

战略联盟具有以下特征:

关系的松散性。战略联盟是由联盟各方以自身优势和专长按照契约的要求结合而成的,战略联盟并非独立的经济实体,联盟各方仍有自主经营、自主决策的独立性,联盟中的所有问题通过各方的协商解决。

合作的平等性。战略联盟是为了战略利益而结成的松散型组织,联盟各方相互之间一般没有股权和权力上的制约,除了遵守契约的规定外,联盟中的任何一方不能左右其他各方的行为。战略联盟以"共赢"为目的,联盟各方在利益分享和决策方面机会平等。

边界的模糊性。战略联盟没有明确的边界和层级,联盟各方以一定的契约联合,打破了传统企业经营行为的地理界限,在更大的范围内进行资源的优化配置,变外部竞争为内部协调,产生"竞合"局面。

组织的灵活性。战略联盟以一定的战略利益结合,战略利益实现或者机会转移,就可能导致联盟的解体。这就决定了联盟企业各方之间的合作关系是临时和动态的,他们因项目的需要而聚集,又因项目的结束而解散。

运行的高效性。由于战略联盟集中了联盟各方的比较优势和专业特长,因此,可以快速、灵活地获取企业内外部的互补性资源和功能,取得可持续发展的竞争优势。

范围的广泛性。联盟各方既可以属于同一行业,也可属于不同行业;既可以在一个国家,也可以在不同国家。联盟各方可以通过技术转移、相互特许、合作生产、合作营销、管理协议、市场协议等各种方式在一起合作。

(2)企业实施联盟战略的动机

实现资源互补,增强自身实力。资源是有限的,资源在企业之间的配置是不均衡的,任何一个企业不可能拥有自己所需的全部资源。通过实施联盟战略可以实现资源共享和优势互补。战略联盟为联盟各方提供了合作的平台,能够使联盟各方以小量的投入就可以有效地调动所需的各种资源,联盟各方在各自所承担的环节上也会有更多的机会来降低投资成本和提高运营效率,从而增加自身的经营实力。

开拓新市场,进入新的经营领域。不断开拓新的市场是企业发展壮大的必由之路,而实施联盟战略是企业迅速进入新市场或其他领域的一条捷径,同时还可以极大地降低拓展中的市场风险。经济全球化迅猛发展,企业要在激烈的市场竞争中保持竞争优势,还必须向国际市场渗透,而实施国际化经营单靠一个企业的力量是不够的,实施联盟战略,建立战略联盟是可以降低运营风险和成本、提高企业总体竞争力的有效手段。

促进技术创新。随着技术创新和普及速度的加快,企业在充分利用和改进原有核心技术的同时,必须不断创新,不断开拓新的技术领域。而高新技术的开发费用日益巨大,单个企业难以应付,通过建立战略联盟来分摊研发费用就是一个不错的选择。同时,在高科技项目的开发活动中,各种尖端技术在不断融合、不断交叉,高新技术产品在朝着综合性的方向发展。单个企业难以拥有足够的技术力量去开发每项高科技项目,在产品技术日益分散化的今天,单个企业也很难能够长期垄断某项技术,实施联盟战略就是促进技术创新的一种新模式,尤其是建立跨国界、跨行业的战略联盟还可以获得互补性的技术,有助于企业的高科技产品开发,保持竞争优势。

降低经营风险。在现代市场经济条件下,单个企业要想进入新的市场领域,不仅投资巨大,还会遇到各种各样的市场进入障碍。因此,企业如果依赖于内部增值链体系,则会面临越来越大的经营风险,因为所有的新增值部分最终都要在产品的销售上来体现,一旦销售不畅,将给企业经营带来巨大风险。另外,多元化经营战略是如今大多企业发展的战略选择,由于新业务对新进入者来说通常是一个新领域,存在着进入壁垒,需要承担多元化战略的风险。而通过实施联盟战略,建立战略联盟不仅可以使价值实现分段进行、实现优势互补、拓展经营范围、分散经营风险,还可以以更广泛的关系网络掌握更多的市场渠道,平抑经营风险。

避免过度竞争。在市场经济条件下,企业很容易产生过度竞争行为,这不仅会降低各自的盈利水平,还会导致两败俱伤,严重浪费社会资源。同时,在一定时期内,某一特定的市场容量是相对稳定和有限的,如果企业在有限的市场空间中持续开展恶性竞争,不仅会增加市场竞争的成本,降低企业的自身素质,还有可能因精力有限而失去其他已有的市场。通过实施联盟战略,可以理顺企业间的竞争关系,维护合理的竞争秩序,提高市场竞争的效率,并降低竞争成本,增强企业实力。

(3)战略联盟失败的原因

实施联盟战略,构建战略联盟的实践虽然如火如荼地开展着,但也有许多战略联盟遭遇了失败,没有能够达到其战略目标,究其原因有以下几点:

合作方式的不稳定性。战略联盟各方以一定的战略利益相结合,因战略利益实现或者机会转移而解散,这就决定了联盟各方之间的合作关系是临时和动态的。联盟各方的着眼点在于建立交易的合作关系而并非走向一体化,因此这种合作方式本身就不够稳定。

文化差异与文化冲突。战略联盟各方可能属于不同的行业,可能来自不同的国家,必然带有各自不同的价值观念、风俗习惯、行为规律,这就决定了联盟企业内存在着多元文化。来自不同文化背景、持有不同价值观的员工之间存在着显著的文化差异,文化冲突将会时常发生,这种冲突的深层次原因是联盟各方企业文化的异质性和各自历史的延续性。

环境的不确定性。战略联盟是由联盟各方以自身优势和专长按照契约的要求结合而成的,契约大多是具有条款式的协议,具有相对的稳定性,而环境的变化要求契约具有灵活性,能随时间的推移和环境的变化作出相应的调整,此时,矛盾就会出现。另外,联盟各方的核心能力和预期目标会随环境变化而变化,企业核心能力的转移和变化以及竞争优势的消长,会导致联盟各方的发展速度、规模、战略方向等发生不同程度的变化,进而影响战略联盟的走向。

联盟各方缺乏相互信任。联盟各方参与合作的过程中,为了保守各自的商业机密,避免核心技术发生泄漏,防止不法竞争者以联盟的名义窃取技术和商业情报,会采取一些保护和防范措施。而同时,他们又希望对方能毫无保留地进行合作,这就造成联盟各方最终会从自身利益出发,进行有保留的合作,从而导致盟友间的信任与亲密程度降低,联盟的效果受到极大的抑制。

联盟各方的信息不对称。战略联盟的特性决定了联盟各方之间的沟通面临着时空差异、组织文化差异、信息泛滥和沟通技术瓶颈等困难,沟通的不畅造成了联盟各方的信息不对称,进而影响联盟成员企业经营者的决策失衡,影响联盟预期目标的实现,甚至可能导致联盟战略的失败。

(4)成功实施联盟战略的关键

企业要成功实施联盟战略,使战略联盟的构建能够达到企业的预期战略目标,就必须注意以下关键问题:

第一,选择合适的战略伙伴。联盟伙伴的选择是建立企业战略联盟的基础和关键环节,慎重地选择合作伙伴是联盟顺利运营的前提条件。一般认为选择应坚持以下三个原则:兼容性(Compatibility)、能力(Capability)和承诺(Commitment),即"3C"原则。适宜的联盟伙伴有以下特征:必须有助于实现战略联盟经营目标,如分担新产品开发的风险、成功研发新技术等;各方对联盟的意图一致;合作伙伴是处于长期的目的而不是机会主义者。

企业可以依据以下步骤来选择联盟伙伴:首先,在对本企业资源、生产能力和市场潜力等方面优势与劣势分析的基础上制定企业的战略目标;然后根据本企业的战略目标,寻找在技术、市场等方面有能力与本企业互补的合作伙伴为联盟对象;第三,进行广泛的市场调查,对潜在的合作伙伴作出评估,主要是明确备选企业对于本企业的联盟意向能否作出积极回应,备选企业在实力、目标等方面是否与本企业相匹配,联盟后能否在最大限度内实现协同效应等。针对联盟伙伴的选择问题,米切尔·罗伯特提出了以下两个原则:不要为了仅仅弥补自身的某些不足而结盟,否则会过分依赖对方而陷入被动;不要与试图通过结盟弥补自身弱点的企业结盟,联盟的基础是各方都应有特定优势。

第二,建立理想的治理结构。战略联盟管理的中心工作是协调、监督契约的执行,所体现的是共同管理、平等协商的原则。联盟中各成员在管理方式和组织结构上的差异,使得联盟内部很容易产生领导权限不清、分工不明和决策迟缓等问题,并直接威胁着联盟的效率和持久性。合理的治理结构会尽可能减少联盟伙伴之间的矛盾,使合作各方责、权、利相对称,并抑制合作过程中的机会主义倾向,建立一种和谐平等的合作关系,从而大大减少潜在冲突的发生。为此,战略联盟要加强以下几方面的工作:

建立完整的信息沟通网络。信息的对称性可以使战略联盟高效率运转,联盟的组织机构应该采取多创造沟通机会、进行文化敏感性培训、实行信息标准化、加大沟通基础设施投入等措施,保证盟员企业间的信息共享,使每个盟员企业既能及时根据战略联盟所确定的目标调整人员结构与力量,也能将本企业所掌握的市场信息有效快速传递到战略联盟,使相关企业据此决策。

增强战略联盟的柔性。战略联盟是一种松散的企业合作形式,在联盟内部往往存在着竞合关系,当联盟的共同目标实现后,联盟各方在能力和战略目标方面将会产生新的变化和要求;联盟原先的战略组合可能被打破,这种情形在产业分散度高、技术进步快的高科技联盟中十分常见。因此必须提高联盟的灵活性和适应性,使联盟成员随时能对市场环境和合作关系的变化作出相应的反应。当发生分歧和矛盾时,各方有足够的回旋余地,能及时地进行灵活的调整。

在联盟协议中加入有关保护性条款,保护合作伙伴的长期利益。在设计联盟管理的治理结构时,必须明确界定联盟各方的合作内容,并通过保护性协议使合作伙伴的其他利益不受侵犯和损害,这有利于联盟伙伴关系的稳定发展。具体来说,就是要通过签订协议,周密组织产品的开发、设计、制造、销售及售后服务的全过程,保护技术秘密,防止核心技术发生转移。

第三,建立联盟内的信任机制。为了加强联盟各方之间的信任,建立稳固持久的信任关系,提高联盟的绩效并推动联盟关系的发展,战略联盟的组织机构可以在联盟各方之间构建投票机制、投诉机制、信誉机制和人质机制等信任机制。

投票机制。是指拟订详细的含有保障条款的合约。如果联盟中的一方违反合约或在联盟中损人利己,另一方会采取终止合约的方式来解除联盟关系。"用脚投票"来终止合约的权利和行为,对联盟各方会构成某种程度的威慑作用,促使各方在纷争中让步,并注重维护对方的利益,有助于联盟伙伴间建立友好合作的信任关系。

投诉机制。由于联盟伙伴来自不同组织,拥有不同背景,在合作中会下意识地产生习惯性的防卫心理和行为,在联盟中筑起了一道道无形的墙。加之管理风格和企业文化差异,联盟各方容易戴着"有色眼镜"来审视对方,产生内耗,增加合作中的障碍和困难。因此,建立投诉机制就可以促进联盟伙伴之间的沟通,缓解各方之间的矛盾。投诉的过程也就是合作的一方向另一方表达自己不同看法和态度的过程,同时也是各方重新沟通,统一认识、统一步调的过程。这将有助于联盟各方摒弃偏见,消除习惯性防卫,建立长期信任关系。

信誉机制。如果联盟一方为了眼前的短期利益或局部利益而采取机会主义行为时,不仅会招致对方的报复,最终还将会失去合作伙伴对自己的信赖,甚至有损自己在同行中的声誉,为其未来的发展蒙上一层"阴影",这对于企业来说是得不偿失的。因此,信誉机制对联盟伙伴间建立信任关系具有无形的促进作用。

人质机制。是指联盟各方在联盟中投入专用性资产作为"人质",采取双向质押的方法达到互相控制的目的。人质机制会使联盟各方互相依赖,任何单方面的苛刻要求或损他行为会立即招致对方的残酷报复,对增进联盟各方之间的合作关系具有强大的威慑作用。

第四,创造合作的文化氛围。促进联盟各方之间企业文化的融合,在合作过程中创造和谐的文化氛围,对推动联盟关系的发展具有至关重要的意义。合作文化的塑造主要通过下列手段来实现:

塑造共同价值观和管理模式。企业文化的差异主要表现为不同的价值观和行为方式。联盟各方只有设定共同的价值观、经营作风和文化观念,塑造共同价值观和经营理念,并逐步统一不同的管理模式和行为方式,才能顺利推进合作进程。

进行文化敏感性培训。战略联盟的组织机构要创造机会、创造条件使联盟各方了解其他盟员的价值观、思维方式、行为习惯等,做到对其他盟员企业文化的包容,促进盟员之间的交流和文化融合,使联盟各方建立良性的互动关系。

建立和谐的人际关系。由于联盟各方在合作之初不可能制定一个完备的合作协议,协议是固定的,而人员是动态的,因而良好的人际关系可以弥补合作协议的漏洞与不足,有助于联盟的顺利发展。管理人员的私人友谊和相互信任能使他们在工作中协调一致,减少冲突和摩擦。这种私人关系网在公司间形成一种非正式的管理网络,能够有效地解决各方在联盟过程中产生的问题。

塑造战略联盟企业文化。在战略联盟的运营过程中,联盟各方的文化差异和文化冲突难以完全消除。在原有盟员企业文化的基础上塑造战略联盟的企业文化有时能更加有效地促进联盟的成功运营。联盟的企业文化不是一种强制或者强权文化,它是由各盟员的企业文化整合而成的一种大同文化。它剔除了盟员企业文化中物质文化层和行为文化层中的大部分内容,弱化了制度文化层、精神文化层中不适合联盟运作的一部分内容,凸显了迎合联盟特征的核心精神层面的东西,并添加了具有时代意义的新价值观、新精神,有助于战略联盟更加稳定地发展。

第二节　维持型战略

维持型战略是企业从总体上保持现状,维持既定路线,不作出重大转变的战略选择,类似于战争中两军相持的局面。在某些特定情况下,维持型战略是企业的较优战略甚至是唯一可行的战略。因此,企业应当准确理解和全面把握维持型战略,避免冒进和擅退的战略错误。

一、维持型战略的内涵

维持型战略,又称为稳定型战略,是指企业依据自身的经营环境和内部条件,将经营状况维持在战略起点的范围和水平上的一种战略。所谓战略起点是指企业制定新战略时关键战略变量的现实情况,其中最主要的是企业当时所遵循的经营方针、正在经营的产品或服务、产品或服务的市场区域及其产销规模和市场占有率、盈利状况等。

企业实施维持型战略时往往表现出如下特征:企业以前一战略期的成功为基础和前提,满足于过去的绩效,经营活动的主要目的是如何保持已经取得的经营成果;企业保持当期战略目标和经营计划的稳定,在一段时间内战略目标和行动计划保持不变;为消费者提供与过去相同的产品或服务;保持现有的市场占有率和投资回报率,巩固现有的市场地位;实施维持型战略的战略风险较小,但企业的发展速度也较慢,甚至某些领域会有一定程度的萎缩。

二、维持型战略的分类

维持型战略可以按照企业采用的防御方式、偏离战略起点的程度、实施维持战略的动因和表现等不同标准划分为多种类型。

1.按防御方式划分

以企业在实施维持型战略中采用的防御方式为标准,可以将维持型战略分为阻击式防御战略和反应式防御战略。

阻击式防御战略的着眼点在于防止竞争对手的行动或者使其行动偏离对自己的威胁,为此,企业要预测可能出现的竞争对手、可能遭到进攻的环节和方面,还要尽力封锁竞争对手一切可能的进攻路线。

反应式防御战略是指当竞争对手的进攻行为已经发生或者挑战已经来临,企业针对这种进攻或挑战的性质、特征和程度,采取相应的对策,维持住原有的经营状况和竞争地位。

2.按偏离战略起点的程度划分

按偏离战略起点的程度来划分,可将维持型战略分为无增战略和微增战略。

无增战略是指企业将经营状况保持在现有战略的基础水平上，企业不仅将经营活动按照原有计划在原有经营领域内进行,还将自己的市场地位、产销规模和效益水平保持不变。

微增战略是指企业在保持稳定的基础上略有增长与发展,小幅提高市场占有率,改善市场地位,进行适度创新。

3.按实施维持战略的动因和表现划分

根据企业实施维持战略的动因和表现,可以将维持战略划分为不变战略、近利战略、暂停战略和谨慎前进战略四种。

(1)不变战略

在以下两种情况下,企业可能采用不变战略:第一,企业内外部环境基本稳定,没有发生重大变化,高层领导者认为企业过去的经营相当成功,因而没有必要对战略作出调整;第二,目前企业经营不存在大的问题,而外部环境又比较稳定,如果对战略作出重大调整可能导致企业受损,效益下降,企业高层领导也就不愿意对战略作重大调整。

这种战略是一种墨守成规、不思进取的选择,因为当前的环境稳定不代表着未来也能保持稳定,过去经营成功、当前现状尚可不代表着未来也能如此,如果企业战略决策者习惯用这样的心态和思维来看待企业及其环境,很可能对环境的变化越来越迟钝,一旦环境发生较大变化,企业就很难迅速适应,这对企业是非常危险的。

(2)近利战略

顾名思义,采取近利战略的企业就是急功近利、追求短期效益而忽略企业长期发展,甚至不惜牺牲企业未来的长远利益来维持目前的利润水平。例如:通过减少研发经费、减少广告费、减少服务设施采购、停止设备维修等手段来尽量提高企业当前的短期利润水平。近利战略是一种短视战略,企业只顾眼前利益,看不到未来或者说不愿意考虑未来,如果企业长期采用这种战略,将使其彻底丧失发展潜力,不可能得到持续发展。有时企业会出于某些目的,主动采取这种战略,抱着“今朝有酒今朝醉”、“捞一笔就走”的心态来经营,这样的企业没有持续经营的动力,根本就不可能长期发展。

(3)暂停战略

暂停战略是企业进行内部休整的临时战略。企业往往在经过初创期一段时间的高速发展后,发现自身的资源和能力开始越来越表现出局限性,制约着企业的更大发展。例如,企业在某些方面显得力量不足、资源紧张,或管理粗放、效率低下,跟不上企业发展及外界环境的变化,等等。在这种情况下,企业应当采取的最佳战略就是暂停战略,即在一段较长时期内主动放慢企业发展速度,临时性地降低增长目标的要求,腾出精力加强企业内部管理,以改善资源紧张、能力受限的状况。

暂停战略是企业主动采取的维持战略,是一种积极的维持战略。暂停不是停止,而是为了发展得更快更好;主动进行调整,可以积蓄企业资源与能力,为今后发展做好各方面的准备。因此,企业要善于、勇于采取暂停战略。

首先,企业要动态监控企业内外部环境的变化,及时发现自身资源与能力的局限性,把握实施暂停战略的时机。如果企业家缺乏战略敏感性,应当暂停的时候不暂停,仍然保持高速发展,就很可能因企业资源与能力跟不上企业的发展速度和规模而导致失败。改革开放以来我国的很多优秀企业都是在高速发展、形势一片大好的情况下迅速走向衰落的,如巨人、三株等。但过于保守,不必暂停的时候暂停却又可能丧失发展的良机。因此企业家要善于把握时机,在适当的时候适当地实施暂停战略,主动放慢步伐,休整提高,以利再战。

其次,企业家的魄力和胆识并不一定反映在作出增长战略的决策上,却恰恰反映在群情激奋、热情高涨、形势一片大好的情况下是否敢于采取暂停战略,主动放慢速度,进行战略休整。增长是企业内在的冲动,也容易得到企业内外各方的支持和赞扬,尤其在企业发展状况很好的情况下,要主动放慢速度是很难为大多数人理解和接受的。因此,能够敏感地洞察企业增长的极限和危机,主动通过战略调整来增强企业实力,谋求更大、更长远的发展正是企业家战略能力的突出体现。

(4)谨慎前进战略

采用谨慎前进战略的主要原因是:企业外部环境中某些重要因素发生了显著变化,而企业对未来的环境发展趋势不好把握,难以预测。例如:由于国际政治形势的变化,企业原材料供应突然紧张;政府可能要颁布对企业经营有重大影响的新法规;宏观经济形势捉摸不定,前景不明;产业竞争格局扑朔迷离,新技术初露端倪但难以预测对产业的影响,等等。在这种情况下,由于企业无法掌控环境,而环境风险又无法预测,对企业产生有利或不利影响的可能性都存在,因此就必须谨慎前进,不要贸然采取重大的战略举措,以免陷入危机。

或者,在行业环境恶劣、竞争异常残酷的情况下,有许多企业不得不采取谨慎前进战略。例如,行业和产品处于成熟期,买方市场已经形成,退出壁垒又比较高,则对行业中的每一个企业都有着巨大的市场压力。在这种情况下,企业经营的重点就在于保住市场份额,确保盈利、不亏或者少亏。企业必须集中资源和能力面对市场的残酷竞争,无法腾出更多的资源、能力和精力进行大的战略行动,而且一旦有所失误,被竞争对手抓住机会就可能彻底失败或遭受重大损失,这时谨慎行动战略就成为了多数企业的选择。

三、维持型战略的适用条件

总结起来,适于采取维持型战略的情况有以下数种:

1.企业外部环境比较稳定

例如:宏观经济环境保持低速增长;行业发展速度较低;技术成熟、技术进步缓慢;消费者需求增长较慢、偏好稳定;产品生命周期处于成熟期、市场规模变化不大,等等。这时,无论企业资源状况如何,都可采用维持型战略。若企业资源充足可在较宽的市场领域经营,若相对紧缺,可在较窄的市场里经营。

2.企业外部环境恶劣或前景不明

如前所述,当企业外部环境条件恶劣或前景不明,不利企业发展时,即使企业资源丰富、实力较强,也只能在这一业务领域采取维持战略,静观外部环境的发展。

3.企业实力相对不足

例如:企业外部环境较好,为企业发展提供了机遇,但企业资源能力不足,如缺乏资金、研发薄弱、人员素质不高、管理落后等等，使企业无法采取增长型战略。这种情况下，企业只能实施维持型战略，将有限的资源投入到自己最有优势的环节上去，同时补充提高资源能力水平。

4.寡头垄断的行业格局已经形成

当某行业的供给被少数几家厂商所垄断控制，这一行业就成为寡头垄断行业。寡头垄断行业在国民经济中占有十分重要的地位，如美国钢铁、汽车、石油、香烟等重要行业都是寡头垄断行业，这些行业中几家寡头的产量往往占到全行业产量的70%以上，日、欧都存在同样的现象。寡头垄断行业最重要的特征是规模经济效益十分显著、寡头企业间相互依存性很大、进入壁垒非常高、行业竞争格局比较稳定、竞争对手间很难有较大的业绩改变。这种行业的企业往往采用维持型战略，以期保持稳定的收益。

5.战略决策者具有维持现状的主观意愿

在现行战略非常成功的情况下，企业的资源配置模式具有很强的惯性，若要改变现行战略，必然会打破现有的资源配置，损害既得利益者的利益，引起冲突和矛盾。因此，企业高层管理者尤其是一个新上任的领导者常有维持现状的潜在冲动。另外，在有些情况下改变现行战略，可能使企业进入一个陌生的市场或产业，具有一定的战略风险，一个不愿冒风险或性格谨慎的决策者有时也倾向于采用维持型战略。

四、维持型战略的优缺点

任何战略都是有利有弊的，维持型战略也是如此。

1.维持型战略的优点

从积极的角度看，实施维持型战略有下列好处：

采用维持型战略可以给企业充分的时间和精力来提高内部管理水平、加强技改革新、降低成本、提高质量，从而培育核心能力，追求未来的增长；通过实施维持型战略，企业可以休养生息、保存实力、积蓄能量、等待时机，以便在今后条件许可的情况下东山再起。

人们往往认为维持型战略比增长型战略要保守，从而对维持战略持否定态度。然而，维持型战略不一定就是固步自封，维持现状常常是为了等待时机，或者是在韬光养晦，为战略增长做准备。

2.维持型战略的缺点

长期采用维持型战略会导致企业发展速度减缓，在企业竞争非常激烈、外部环境迅速变化的情况下是十分危险的；从维持型战略向其他战略过渡，需要打破原来资源分配的平衡，建立新的平衡，往往需要较长的启动时间；在维持型战略实施过程中，企业高层领导往往把眼光放在企业内部的调整上，容易忽略外部环境的变化，有时会错过企业发展的战略机遇。

第三节 紧缩型战略

如果企业无法增长甚至难以维持现状，就只有采取紧缩型战略，实行战略撤退了。虽然没有企业会愿意实施紧缩型战略,但在某些特定情况下,紧缩是较好的或者唯一可行的战略选择。

一、紧缩型战略的内涵

紧缩型战略是指偏离战略起点,从现有经营领域和基础水平收缩的战略。与增长型战略和维持型战略相比,紧缩型战略是一种相对消极的发展战略。

紧缩型战略有以下特征:(1)过渡性与短期性。紧缩型战略是一种过渡性战略,也是一种短期性战略,其意图在于摆脱困境、消除冗余、集中资源、保存实力,使企业渡过难关,以图东山再起,转而实施其他战略。(2)收缩性。实施紧缩型战略的企业会对现有的产品或市场领域进行收缩和调整,会削减某些产品的市场份额,放弃某些产品系列,缩小产销规模,降低市场占有率。(3)控制性。实施紧缩型战略的目标重点是改善企业的现金流,争取较大的收益和资金价值。所以企业会对各项资源耗费和开支采取较为严格的控制,尽量削减各项费用支出,以最低限度投入经营资源,因而紧缩型战略的实施往往伴随着裁减员工、暂时停止购买一些奢侈品和大额资产等。

二、紧缩型战略的类型

一般将紧缩型战略划分为公司转变、业务转向、业务重组和剥离清算四种类型,下面分别进行讨论。

1.公司转变战略

公司转变战略是指企业全力以赴、集中努力,转变亏损业务现状并使之获利的战略。在企业经营不利、绩效不佳,但处于有一定吸引力的行业,因短期原因而亏损,并且剥离亏损业务没有长期战略意义时,公司转变战略是最为有利的选择,其目的是通过解决造成整体绩效下降的重大经营问题而使公司摆脱亏损局面。

2.业务转向战略

所谓业务转向即改变企业原来的经营方向,就是当企业现有的经营领域趋于衰退、市场萎缩、占有率不断下降,或者企业找到了新的发展领域和机会时,收缩原有经营领域的经营活动,转移到新的经营领域。业务转向战略又常被称为抽资战略或收割战略,因为企业为了削减某一经营领域的成本,提高其现金流量,往往要减少对该领域或产品上的投资,将由此增加的现金流量用于满足企业新的业务增长。

适于实施业务转向战略的业务领域一般具有这样几个特征:该领域市场稳定或正在衰退;企业在该领域市场占有率较小,而且增加市场占有率成本太高;或者企业虽然有一定的市场份额,但保护或维持这一份额的成本越来越高;该领域经营效益不佳,或正在发生亏损;减少投资对该领域的销售额不会有太大的影响;企业的闲置资金和资源有更好的用途;该业务领域在企业整体业务组合中并不占据重要地位,对业务组合其他目标的实现既无很大助益,也无太大影响。

3.业务重组战略

业务重组战略是指对企业业务组合中经营业务的种类及其所占比例进行根本性的改

变。业务转向战略针对的是某一种具体业务,而业务重组战略是从企业所有业务出发的,因此这一战略考虑更加全面、更加宏观。

通常在以下情况下企业可以采取业务重组战略:

由于企业业务组合中包含了很多增长缓慢、正在下降或竞争乏力的业务单元而使企业的长期绩效前景不佳;一种或多种主要的经营业务陷入困境;出现了对未来具有极大影响的技术或产品,如网络技术这种有可能改变企业经营模式的技术,企业为在这个潜在的、巨大的新行业中确立竞争地位而必须优化业务组合;企业需要巨额资金用于重大购并,不得不考虑卖掉几个业务单元以收回资金;企业主要业务越来越没有吸引力,不得不进行业务改组;由于某些业务的市场和技术变化,进行业务重组将取得更好的绩效。

实施业务重组战略常常要进行一系列的剥离和购并,以此改变一个多元化企业的业务组合。需要进行重组的不仅包括运营不佳、起伏不定、行业丧失吸引力的业务,也包括那些既赢利、行业又有足够的吸引力,但却不再适合企业的业务。许多高度多元化的公司,发现同时监控许多毫无关联的业务单元绩效不佳,于是便进行业务重组,将资源和能力集中于有一定相关性的一些核心业务上。将不适宜的业务剥离后,保留下的业务单元可以重新组合,紧密合作以获得更多的战略协同利益。

此外,采用公司分立的方法,即将一个高度多元化的公司分成几个独立的公司已经成为业务重组战略的一个重要发展趋势。这是由于企业家和投资者的多元化动机越来越倾向于在少数精心选择的行业中建立强大的竞争地位,因而越来越多地选择了分立或分散的战略。

4.剥离清算战略

剥离战略是指出售企业的一个分部、分公司或任何一部分资产的战略。剥离既是业务重组的手段(如为战略性收购、投资筹集资金),也可以看成是企业紧缩的方向之一,是企业全面紧缩的一部分,其目的是摆脱那些不盈利、需要太多资金或与企业其他经营活动不相适应的业务,以集中资源,加强其他部门的经营实力、腾出资源来发展新的业务领域或改善企业的经营素质,抓住更大的发展机遇。

适于采用剥离战略的情况有:某业务所在行业的吸引力消失,处于这些领域和行业中业务的绩效不如人意;企业已经采取公司转变、业务转向或业务重组战略,但仍未改善经营状况;业务部门经营失利使企业整体效益不佳;业务部门为了保持竞争力而需要投入的资源超出了企业的实力;某业务与企业其他组织部门不相适应;企业急需大笔资金而又不能从其他合理途径得到这些资金;某些看似合理的业务(如仍有盈利、行业也有一定吸引力等)却已经不符合企业的战略目标。

总之,当企业进行一项业务剥离决策时,很有价值的一个思路就是询问自己一个问题:“假如我们还没有在这个领域经营,那我们现在想进入这一领域吗?”如果回答是“不”或“大概不会”,那么此项业务就应当考虑剥离。

剥离战略可以采取以下两种形式:第一,母公司可以从一项经营业务中抽离投资,使该业务单位成为财务和管理独立的公司,公司可以在其中保留或不保留所有权;第二,母公司可以将该业务单元彻底卖掉。在寻找买家时应当注意,不能仅仅考虑剥离带来的收益,而是应当考虑哪种企业适合该项业务,为其找到最合适的买家,最适合该业务的公司才有可能给出最好的价格。

清算战略是指企业为了减少损失而出售资产或停止经营活动。清算等于承认失败。但当一切战略都采用了仍然不能使企业摆脱困境，那么及时进行清算就是比较明智的选择。

在所有的战略选择中，清算是最令人难过和痛苦的。一家多元化公司清算某项业务会带来一定的损失，却还能留下一个今后仍有可能获得发展的企业，但对一个单一经营的公司，清算就意味着这个企业将不复存在。作出清算决策最关键的问题就是企业必须准确地识别某项业务是否会有转机、何时出现，清算了尚有前景的业务或业务已无前途仍不清算都会给企业带来比清算本身更大的损失和更不利的影响。

一般来说，在以下情况下均应进行清算：企业采取了所有的战略，但均未成功；企业除了清算只能选择破产，清算是有序、有计划地将企业资产进行最大程度变现的方法；企业可以通过出售资产而将损失降至最小。

三、紧缩型战略的优缺点

和其他任何战略一样，紧缩型战略有利有弊，企业实施紧缩型战略要兴利除弊，灵活把握。

1.紧缩型战略的优点

在危机状态下采用紧缩型战略，可能挽救企业的生命，使企业转危为安、渡过难关；采用紧缩型战略将使企业经受磨炼和考验，使其总结经营失败的教训，获得宝贵的经验，只要历经危难而不死，则企业素质将大大提高，应变能力得以加强，使企业在今后的市场竞争中具有更强的竞争力；从宏观角度看，有的企业因经营不善而破产有利于产业结构及产品结构调整，提高了资产流动性和利用效率。

2.紧缩型战略的缺点

一旦采用紧缩型战略，企业极易陷入消极经营状态，使员工士气低落，这种局面更加剧了企业经营的困难；对于要采取剥离清算战略的企业来说，在作出剥离清算决策时，方法措施要得当，要及时而果断，若决策时犹豫不决、优柔寡断，该剥离清算的经营单位不能及时放弃，则可能会把整个企业拖垮。

四、实施紧缩型战略要注意的关键问题

战略紧缩并不一定意味着经营失败，如果企业充分注意以下问题，将有可能使企业最大限度地减少损失，甚至仍然获得战略的成功。

1.实施紧缩要有自觉性与主动性

实施紧缩型战略不应该是简单地、被动地退出市场，即企业不应该等到完全陷入困境后才被迫实施紧缩，那将面临极其被动的局面。任何企业都不是直线成长的，螺旋式上升、波浪式前进是企业发展的常态。企业应当根据市场变化、自身实力及竞争对手情况而采取不同的战略，有前进有撤退、有扩张有收缩，在适于紧缩时抓住时机，有计划、有目的地主动紧缩、自觉紧缩，主动地、自觉地调整自身的产业结构和产品结构，以保证企业内部资源配置的最优化，实现长远发展。

因此,对企业高层领导人来说,选择不做什么有时比选择做什么更加困难。有学者认为"自我毁灭"是知识经济时代企业取得成功的重要法则,企业只有在成功之际甘愿自我毁灭,才能继续成功。这种所谓的"自我毁灭"实际上就是企业自觉地实施紧缩战略。特别是企业面临经济技术巨大变化、经济系统的原有均衡被打破而出现新的不均衡时,这种"自我毁灭"式的主动紧缩和调整就显得尤为重要。

2.要注意识别退出机遇

企业产品与业务的衰退一般都有一个过程，因此企业应该认真分析自身实力与市场态势,准确选择最佳退出时点,以取得退出效益最大化。如果企业没有及时抓住市场进入机遇,一般还可以等待下一次机遇,企业虽然丧失了盈利机会但至少不会带来重大损失。但如果没有准确识别市场退出机遇，不应退出时过早退出，等于把自己的市场份额拱手让给竞争对手,使自己丧失继续盈利的机会;该退出时犹豫不决、贻误战机,已经胜利无望却迟迟不肯退出,继续留在行业内挣扎,就会造成企业的重大损失,甚至导致全军覆没、血本无归。

与市场进入机遇相比,市场退出的信号更加隐蔽,常常是在企业表面运行正常,甚至是形势一片大好的时候已经潜伏着危机的萌芽，这就要求决策者不仅要有激流勇退的决心和魄力,还要有明察秋毫的眼光和智慧,及时作出实施紧缩的决策。

3.要克服实施紧缩的心理障碍

一般说来,进入市场总是伴随着企业业务的扩张,这种扩张往往与企业决策者的地位、权力、声誉、利益相联系。因此,利益驱动使企业本身就具有自我扩张的欲望。而实施紧缩、退出市场却是一种自我毁灭,尤其是从自己曾经决定进入的行业中退出,就意味着决策者要自我否定,在其思想感情上难以接受,必然产生心理障碍。因此,克服这种心理障碍,冷静、理性地分析判断形势,果断、及时地作出紧缩决策是对战略决策者的重大考验。

4.要克服企业的行为惯性

成功的企业往往都有辉煌的历史,有一套曾经使企业获得巨大成功的战略构架、行为模式和价值取向,这种历史上的成功经验长期积累,将逐步产生一种沿袭以往行为模式的组织定势和思维定势,形成了企业的行为惯性。行为惯性常常表现在:企业决策层习惯于面对过去,不习惯面向未来;习惯于进攻而不善于防御;只善于一味扩张,不善于适当收缩;只善于进入市场,不善于退出市场。如果不加警觉,这些行为惯性将蒙蔽企业决策者的意识,使他们无法对环境变化作出恰当而正确的反应,一旦环境发生变化,照搬以往成功模式办事就会导致失败。因此,企业决策者必须注意克服行为惯性的影响。

5.实施紧缩要以全局为出发点

紧缩型战略应当是以企业全局为对象,根据企业总体发展需要而制定的。退出市场虽然只是企业局部的经营活动,但它是作为总体行动的有机组成部分出现的。因此,实施紧缩型战略要有系统性、综合性,不能计较一城一地之得失,而要追求企业总体的战略绩效。

思考题

1.按照不同的标准,企业增长型战略可以分为哪些种类?

2.集约型增长战略又可分为哪些类型?有何优缺点?

3.一体化战略又可分为哪些类型？各自适于怎样的情况？

4.实施多元化战略有何利益与风险？

5.企业实施国际化战略的动因有哪些？

6.从具体方式来看，企业实施国际化战略的模式有哪几种？

7.企业实施并购战略的动因有哪些？

8.企业并购有何风险？如何管理？

9.企业实施合资合作战略的动机有哪些？

10.实施联盟战略要注意哪些关键问题？

11.维持型战略分为哪些类型？

12.哪些情况下适于采取维持型战略？

13.紧缩型战略有哪些类型？

14.实施紧缩型战略要注意哪些问题？

第十章 业务战略的实施

本章介绍了成本领先战略、差异化战略和集中化战略三种基本业务战略的概念、内容、实施条件、利益与风险及实现途径等问题，为业务战略的选择和实施提供了指导。

本章对三种基本战略的介绍是以波特的竞争战略理论为主体的，读者应全面掌握三种基本战略的内涵、利弊、实施路径与要点。同时，结合第二章中对波特理论的评述，正确理解和认识基本战略理论的局限性，在业务战略实施中注意理论联系实际。

第一节 成本领先战略

业务战略是企业总体战略的具体化，其核心问题是确定在企业所经营的产业或行业内，业务单元在什么基础上取得竞争优势。迈克尔·波特的三种竞争战略理论是在分析企业所处的行业和行业结构的基础上提出的，虽然遭到一些批评，但至今仍是企业业务战略选择的重要参考，对企业业务单元制定和实施业务战略有重要的理论指导作用。因此，本章以波特的三种基本竞争战略为主线来讨论企业业务战略的实施。

三种基本竞争战略是企业在与行业的五种竞争作用力相抗衡中常用的战略，其中成本领先战略的采用最为普遍，在一定程度上说，成本领先战略是竞争战略的核心内容和基础条件，是价值创造过程中的上游环节，是确定竞争领域和构筑竞争优势的首要战略。

一、成本领先战略概述

成本领先战略是以成本为建立竞争优势的基础，具有优先性、模仿性和关联性，能在企业获取竞争优势、建立进入壁垒等方面发挥重要作用。

1.成本领先战略的含义

成本领先战略是指企业通过一切可能的方式和手段，把企业成本降低到行业平均成本以下或低于竞争对手的成本，以成本领先获取竞争优势、实现效益最大化的战略。其实质是以成本战略作为企业的基本竞争战略。这里的成本不仅仅是指企业生产成本，也包括市场营销、服务、研发、管理等各方面的费用。因此，成本领先不仅要求企业建立起高效的生产规模、在经验曲线的基础上抓紧成本与管理费用的控制，还要求企业最大限度地降低服务、营销、研发等方面的成本费用。

虽然，成本领先战略要求企业低成本运营，但这并不意味着彻底削减各种成本，一味地进行价格战，而是要求企业在努力削减成本构成的同时，增加顾客的使用价值，即成本领先战略的着力点并不是产品的低性能、低质量，而是为了拥有更多的消费者和更高的市场占有率，企业提供消费者认可、成本更低的产品或服务。

2.成本领先战略的特性

从成本领先战略在业务战略中的地位及与其他关键成功因素的关系可以总结出以下三个方面的特性：

(1)优先性

按照理想化的运行模式要求，采用成本领先战略，企业就必须尽可能地降低成本，其他任何措施、计划和行动都要服从成本节约这个先决条件。企业任何环节的成本膨胀都会抵消成本领先的效果，使企业无法获得预期的价值目标。

(2)模仿性

成本领先战略是一种常用战略，在竞争激烈的市场环境中，通过成本领先而获取竞争优势的企业将会被规模相当、目标一致的企业很容易地模仿。从这个角度来讲，成本领先的企业要尽可能地延长企业的成本优势，就必须采取相应的信息封锁和防范手段。

(3)关联性

在企业整个价值创造过程中，原材料、研发、生产、管理、营销、服务乃至员工的素质等任何一个环节或因素都将影响成本领先战略的实施效果。同时，成本领先战略是优先的，但不是孤立和排他的；成本领先战略是重要的，但不是唯一的，它的领先要建立在共同优秀的基础上和相互推动的前提下。

3.成本领先战略的作用

实施成本领先战略具有获取竞争优势、形成进入壁垒、延缓替代品出现、提高供应价格变动的承受能力、增强讨价还价能力、使企业形成良性循环等作用。

(1)获取竞争优势

处于成本领先的企业，即使面临着强大的竞争力量，仍可以在本行业中获得竞争优势。这是因为在与竞争对手的博弈中，如果企业处于低成本地位，就可以采取更多的价格策略。例如，使价格与竞争对手持平，这样在保持相对较低的销售量和市场份额的情况下，获取比竞争对手更高的利润率；价格低于竞争对手，这样可以吸引大量对价格敏感的消费者，提高市场占有率，依靠薄利多销，稳定企业的利润总额。同时，处于成本领先的企业，相对于竞争对手来说，对原材料价格上涨等宏观因素具备较强的承受能力，能够在较大的边际利润范围内承受各种不稳定经济因素所带来的影响。

(2)形成进入壁垒

获得成本领先的企业在规模经济或成本优势方面形成了新的进入壁垒，削弱了新进入者的竞争威胁。因为任何新进入者只有花费大量的投资和大量的时间才能赶上成本领先企业的成本水平，在此之前，新进入者不可能赚到高于平均水平的利润，这也会大大降低对新进入者的吸引力。

(3)延缓替代品的出现

与竞争对手相比，成本领先企业在应对替代品的威胁方面具有更大的灵活性。为了争取和稳定现有顾客，低成本企业可以以足够低的价格和消费者愿意接受的质量增加消费者的购买可能，使之不被替代产品所替代。当然，如果企业要较长时间地巩固现有竞争地位，还必须在产品及市场上有所创新。

(4)提高对供应商价格变动的承受能力

处于成本领先的企业，对原材料或零部件的需求量大，对供应商具有很强的议价能力，因而可以获得相对廉价的原材料或零部件供应，同时也便于和供应商建立稳定的协作关系。即使行业内原材料成本上涨，成本领先企业也可以比竞争对手具有更大的空间去消化成本危机而继续获得超过平均水平的利润。当然，如果成本优势主要来自供应商的低价，则很容易受到价格浮动的影响。

(5)增强企业讨价还价的能力

一些强有力的购买者可能要求降低产品价格而对企业形成威胁，但这一价格通常不会低于行业内排名第二位有效率的竞争者可以赚到的平均利润的水平，因而，处于成本领先的企业仍可以有较好的收益。

(6)使企业形成良性循环

具有成本优势的企业一般具有较高的市场占有率，同时可以拥有较高的边际收益率，获得较高的利润；而高额的收益将会促使企业加快投资新设备，采用新技术、新工艺的步伐；这种再投资会进一步强化企业的成本领先地位，由此形成一个良性循环。反之，则可能形成一个恶性循环，如图10-1所示。

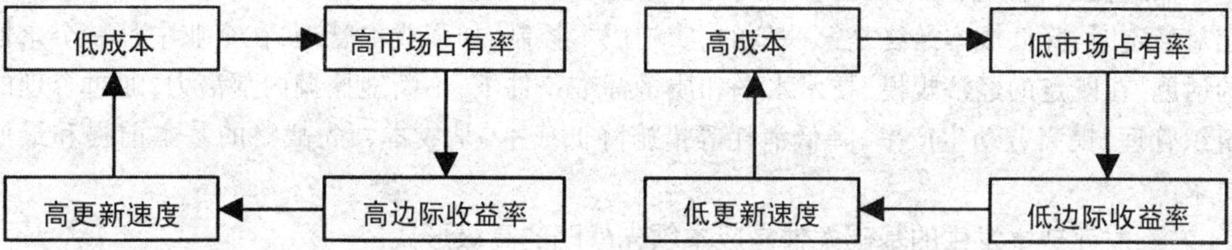

(a) 良性循环　　(b) 恶性循环

图10-1 有关成本的良性循环与恶性循环

二、成本领先战略的基本思想和目标层次

成本领先战略具有保持竞争优势、节约、全员参与和全过程控制的基本思想和四个层次的目标。

1.成本领先战略的基本思想

成本领先战略的基本思想产生于实现成本领先的相关因素中。具体来说，主要有以下表现：

(1)保持竞争优势的思想是成本领先战略的动因

从竞争的角度看，不论企业采取何种战略，成本问题始终是企业战略制定和实施过程中需要考虑的重点问题。如何为企业赢得成本优势，进而获得竞争优势，是企业战略管理的重要内容，也是成本领先战略的根本动因。

(2)节约思想是成本领先战略的动力

节约可以以相同的资源创造更大的价值,可以使有限的资源延长使用时间。在市场经济条件下,节约不仅是企业所提倡的,也是消费者乐意接受的,作为消费者期望购买的是同等质量下价格最低的产品。正是企业和消费者的共同追求,形成了成本领先战略的原动力。

(3)全员参与思想是成本领先战略的基础

在影响成本的诸多因素中,人员的因素占主导地位,人员的素质、技能、成本意识以及降低成本的主动性都会对成本产生重要的影响。在企业创造价值的过程中,每一位员工都与成本有关,因此,降低成本必须强调全员参与,树立全员的成本意识,调动全员节约成本的主动性,这是成本领先战略的基础。

(4)全过程控制思想是成本领先战略的保障

成本产生于企业经营活动的各个环节,从产品(服务)设计、材料采购、产品制造到产品(服务)销售及售后服务的全过程中,时刻都有成本发生。因此,控制成本不只是控制某一环节的成本,尤其不能误解为只控制制造成本,必须全过程控制,实现累积的综合成本最低。只有综合成本最低,才能保障成本领先战略的成功实施。

2.成本领先战略的目标层次

成本领先战略在不同的企业和同一企业的不同发展阶段,所追求和所能达到的目标是不相同的。企业应当根据自身的具体情况,整体筹划,循序渐进,以实现企业的最高目标。

(1)降低成本是成本领先战略的最低要求

以最低的成本获取最大的收益是每个企业都应当追求的。当影响利润变化的其他因素相对稳定时,降低成本始终是第一位的。实施成本控制,加强成本管理,在企业中是一个永恒的话题。在既定的经济规模、技术水平和质量标准条件下,不断地挖掘内部潜力,通过合理的组织管理,提高劳动生产率,降低消耗等措施降低成本,是成本领先战略的基本前提和最低要求。

(2)改变成本发生的基础条件是成本领先战略的高级形式

成本发生的基础条件是企业可利用的经济资源的性质及其相互间的联系方式,包括生产资料的技术性能、劳动对象的质量标准、劳动者的素质和技能、企业的管理制度和企业文化、企业外部的公共关系等各个方面。在特定的条件下,生产单位产品的劳动消耗和物料消耗有一个最低标准,当实际消耗等于或接近这个标准时,再要降低成本就只有改变成本发生的基础条件。通过采用新技术、新设备、新工艺、新设计、新材料等手段可以改变成本发生的基础条件,使影响成本的结构性因素得到改善,为成本的进一步降低提供新的平台,使原来难以降低的成本在新的平台上进一步降低,这是降低成本的高级形式。

(3)增加企业利润是成本领先战略的最低目标

在其他条件不变时,降低成本可以增加利润,这是降低成本的直接动因。资源总是有限的,降低单位产品消耗,以相同的资源生产更多的产品,就可以实现更多的经济目标,从而使企业获得更多利润。但成本的变动往往与各方面的因素相关联,如果成本降低导致质量下降、销量减少或是价格大降,则反而会使企业利润减少。另外,成本还具有代偿性特征,在不同的成本要素之间,一种成本的降低可能导致另一种成本的增加;在成本与收入之间,降低成本可能导致收入下降。因此,成本管理不能仅仅着眼于成本本身,要系统地利用成本、质量、价格、销量等因素之间的相互关系,以合适的成本来保证质量、维持或提高价格、扩大市场份额,使企业能够最大限度地获得利润。

(4)保持竞争优势是成本领先战略的最终目标

企业要在市场竞争中保持竞争优势,在采取诸多的战略措施和战略组合中,成本领先战略是重要的基础战略,其余各项战略措施通常都需要成本管理予以配合。成本管理要围绕企业为取得和保持竞争优势所选择的战略而进行,降低成本必须以不损害企业基本战略的选择和实施为前提,同时还要适应企业实施各种战略对成本及成本管理的需要。在企业战略许可的范围内,在实施企业战略的过程中引导企业走向成本最低化,这是成本领先战略的最终目标,也是成本领先战略的最高境界。

三、成本领先战略的影响因素及适用条件

实施成本领先战略有诸多影响因素,如规模经济、学习曲线、地理位置等,企业必须根据其适用条件进行选择。

1.成本领先战略的影响因素

实施成本领先战略有以下七方面的影响因素:

(1)规模经济

规模经济是指某种产品的单位生产成本随着产量的增加而下降的现象,规模经济意味着满负荷运行的活动在较大的规模上会有更高的效率。具体来说,规模经济会影响到:

企业固定成本的分摊。随着产量的增加,固定成本被更大的产量所分摊,使单位产品的平均成本降低,这是规模经济的最主要来源。

劳动生产率的提高。随着企业规模的扩大,企业内部的专业化分工会更加细密,工人专门从事单一工作,效率将会显著提高。

平方—立方法则。建造大型生产设施的企业,单位产能的建设投资成本低于建设小型生产设施的企业,符合容积与表面积之间呈现的平方—立方关系。

存货成本。企业为把缺货可能性维持在可接受的水平,必须保持一定量的存货,大规模企业的相对存货成本要低于小型企业。

(2)学习经验曲线和知识溢出效应

随着持续的学习和经验的不断累积,某种产品的平均成本会随着产品累积产量的增加而下降。经验随时间推移而使成本降低的机制主要包括进度改进、工艺改进、劳动生产率提高、流程设计等。知识溢出是指企业的知识和经验通过供应商、销售商、雇员等渠道向其他企业扩散。知识溢出效应的积极作用是可以使企业了解竞争对手的情况,加速企业对知识、经验的学习,有助于实施成本领先战略。

(3)地理位置

不同的地区在工资水平、原材料价格、税收、基础设施、竞争环境等方面都存在差异,会影响企业的运营成本。

(4)技术状况

技术实力、技术创新是企业获得竞争优势的重要前提,能将硬技术和软技术有效结合的企业可以更加有效地降低成本。

(5)市场竞争环境

市场竞争的激烈程度,企业在竞争中的地位,都会显著地影响企业成本,从而影响实施成本领先战略的效果。

(6)企业政策的选择

企业的自主政策选择反应了企业的战略走向，各项政策的实施都会对企业的整体成本产生直接或间接的影响。

(7)时机因素

企业采取行动的时机将会对企业累积成本产生影响。

2.成本领先战略的适用条件

企业采取何种竞争战略不是凭空设想的,而是根据企业所处的经营环境,比较企业的优势和劣势后慎重决定的,而且一旦付诸实施,既定的战略就不能轻易改变。一般认为,在下面几种情况下,采用成本领先战略会更有效力:

市场中存在大量的价格敏感性消费者;企业所经营的大多是标准化的通用产品,价格竞争可以在一定程度上决定企业的市场竞争地位；企业具有较大的生产规模和较高的市场占有率;很难进行特色经营以实现产品的差异化;大多数消费者以相同的方式使用产品;消费者购物时改变销售商不会发生转换成本,因而倾向于购买价格最优惠的产品。

四、成本领先战略的战略风险及认识误区

与其他所有战略形式一样,实施成本领先战略具有一定的战略风险。同时,人们在对成本领先战略的认识上也存在不少误区。

1.成本领先战略的战略风险

技术上的创新或突破将抵消企业先前的投资,使企业积累的经验失效。企业所在产业的技术体系一旦发生质变或者部分质变，企业先前在此技术领域的投资和积累的经验都将贬值,企业所具有的成本优势也将不复存在。

产业的新进入者通过模仿,或采用先进的生产设备,或更低的成本进行学习和经验的累积,以更低的成本起点参与竞争,将使企业丧失成本领先地位。

成本降低的空间趋于狭小。随着技术与产业的成熟,企业降低成本的空间会日益狭小。同时,竞争对手之间的相互模仿使企业之间在技术水平和管理水平等方面的差距日渐缩小,企业的成本优势将很难维持。

消费者需求的变化。企业生存的前提是所提供的产品或服务能够满足消费者的需求,一旦消费者的需求偏好发生变化,企业提供的产品或服务不能满足消费者的需求,则成本领先也就失去了意义。

成本优势难以弥补差异化劣势。处于成本领先地位企业的优势是能够提供低价的标准化的产品或服务,但当企业产品的价格优势无法弥补其差异化的劣势时,企业将会失去其竞

争优势。

2.成本领先战略的认识误区

人们对成本领先战略的误区集中体现在对成本领先和成本优势内涵的理解上，具体有以下表现：

(1)误认为成本领先就是降低企业价值链上各个环节的成本

价值链是企业内外部相互依存的一系列价值增值活动所构成的一个系统。认为降低成本就是要降低每一项活动的成本的做法忽视了每一项价值活动与价值链中其他活动的依存关系,忽视了通过价值活动之间的相互联系来降低成本的机会,从而导致累积成本的升高,或者造成成本的浪费。另外,这种看法还有可能使企业放弃一些虽然某一项成本增加,却会使其他相关活动成本降低的情况。总之,用系统的观点看待每个价值活动在创造成本优势过程中的作用是非常有意义的。

(2)误认为成本优势就是单纯地降低生产成本

生产成本往往只是总成本的一部分,在重视降低生产成本的同时,需要考虑整个价值创造活动,要跳出本企业的范畴,在整个价值链的上游环节(如采购)和下游环节(如销售)寻找降低成本的途径。此外,衡量成本优势的基本原则是在保证与竞争对手提供同等的顾客价值的前提下,降低企业相对于竞争对手的成本。不考虑顾客价值,盲目降低生产成本的企业,绝不可能获得成本领先优势。

(3)误认为削减成本的策略就是成本领先战略

成本领先战略的核心是建立持久成本优势，只有为企业带来长久性竞争优势的成本削减政策才是成本领先战略。而以削减成本为目标的策略,如价格战,具有短期性,容易导致企业利润的流失或使企业陷于被动,不属于成本领先战略的范畴。从战略的角度建立企业持久的成本优势,是成本领先战略的实质,也是企业经营管理者战略决策的关键所在。

(4)误认为成本领先优势一旦形成就会永远存在

在现代市场经济条件下,企业所具有的成本优势是很容易被模仿,或被后来者赶上并超过的。企业成本领先优势不可能一劳永逸,更不可能永远存在。因此,企业应该动态地分析成本,预测价值活动的成本驱动因素可能发生什么样的变化,哪些价值活动的绝对或相对成本的重要性会上升或下降,把握建立成本优势的绝好时机,并迅速采取相应行动使自己处于成本领先地位,保持成本优势地位的持久性。另外,通过多个价值链中相互作用和相互增强的成本驱动因素取得的成本优势,可以提高竞争者的模仿成本,由此保持企业成本优势的持久性。

五、成本领先战略的方法体系

构建一套科学、完整的方法体系,既是实施成本领先战略的手段,也是成本领先战略的重要内容。实施成本领先战略的方法和措施可以归结为分析和控制两大类。

1.成本分析方法体系

成本分析的目的在于揭示企业成本的优势和劣势，从而为确定目标成本和实施成本控制提供科学的依据。实施成本领先战略,从企业的内部条件来考虑,价值链分析、战略定位分析和成本动因分析是最基本的方法;从企业和顾客两方面考虑,还应进行产品寿命周期成本分析。

(1)价值链分析

价值链可以反映出企业经营活动的流程、重点、战略、实施战略的方法,以及未来的发展趋势。企业如果在价值链上所创造的价值超过了成本就可以盈利,如果自己的综合成本低于竞争对手的成本便有竞争优势。因此,价值链分析成为成本领先战略的基本出发点。

(2)战略定位分析

企业战略同其竞争环境相协调是企业战略管理的基本原则。一个行业的竞争环境是决定企业战略的重要因素,企业的战略必须同行业中各竞争要素的特点及其组合相协调,如价格、产品质量、性能、特色和服务等。如果竞争环境发生了变化,企业应该作出积极的反应,采取恰当的战略行动,以有效地适应外部持续变化的环境,从而创造竞争优势,捍卫其竞争地位。从战略成本管理的角度看,战略定位分析就是要求通过战略环境分析,确定应采取的战略,从而明确成本管理的方向,建立起与企业战略相适应的成本管理战略。在确定了企业的战略定位后,实际上也就确定了企业的资源配置方式及相应的管理运行机制。因此,通过战略定位分析,将成本管理同具体的战略相结合,将成本信息贯穿于战略管理整个循环过程之中,实现对公司成本结构、成本行为的全面了解、及时控制与持续改善,寻求长久的竞争优势。

(3)成本动因分析

通过成本动因分析可以进一步明确成本管理的重点。所谓成本动因是指引起产品成本发生变动的原因,即成本的诱致因素。进行成本动因分析首先要尽可能把成本动因与特定价值作业之间的关系量化,并识别成本动因之间的相互作用,从而对成本动因进行战略上的权衡与控制;其次要从战略上分析、查找、控制一切可能引起成本变动的因素,从战略上考虑成本管理,以控制日常生产经营中大量潜在的问题。

(4)产品寿命周期成本分析

对产品寿命周期成本的全面计量和分析,有助于企业更好地计算产品的全部成本,做好产品的总体成本效益预测;有助于企业根据产品寿命周期成本各阶段的分布状况,来确定进行成本控制的主要阶段;有助于扩大对成本的理解范围,从而在产品设计阶段不仅考虑企业成本,还考虑消费者成本,具体包括消费者的使用成本、维护保养成本和废弃处置成本,即产品的全生命周期成本(WLCC),以便有效地管理这些成本。

2.成本控制方法体系

战略成本控制的目的在于确定战略成本目标,并采取一系列的日常成本控制方法实现目标。通常采用目标成本规划法确定战略成本目标。

所谓目标成本规划法就是通过市场研究,预测市场需求量及可能的价格,了解竞争者的产品功能和价格,根据企业中长期目标利润计划,确定由市场驱动的目标成本。目标成本规划法的核心工作是制定目标成本。产品的目标成本确定后,可与企业目前相关产品的成本相比较,确定成本差距,逐步明确实现成本降低目标的具体途径,最后运用质量功能分解、价值工程、工程再造等方法来寻求满足需求的产品与工序设计方案。

六、成本领先战略的实现路径

成本领先战略的制定并不意味着企业的综合成本能永久地保持在低水平上，真正的成本优势建立在正确的战略及持之以恒的战略实施过程中。保持成本领先的竞争优势，不仅需要企业在成本管理的组织方面具有严格的控制、详尽的控制报告、合理完善的责任考核制度和激励制度，而且更要注重获得这一竞争优势的途径。总体来说，实现成本领先战略的目标有两条路径：控制成本驱动因素、改造公司的价值链。

1.控制成本影响因素

企业价值链上紧密联系的每一个价值活动都要消耗资源、发生成本，因此，企业必须搞清成本结构，严格控制成本影响因素，构造比竞争对手更为有效的价值链管理活动。从战略层次上分析成本的影响因素，可分为结构性成本因素和执行性成本因素。

(1)结构性成本因素控制

结构性成本因素控制就是分析企业规模、业务范围、经验、技术、多样性和厂址等因素对价值链各环节成本的影响，可归纳为一个"选择问题"。

首先，企业规模选择。企业规模主要是通过规模经济效应来对成本产生影响的，规模经济是通过较大规模的业务量带来单位产品固定成本的降低、劳动时间的缩短、存货成本的降低，从而使整体单位成本降低；企业规模选择不当也可能出现规模不经济，即随着规模的扩大，企业协调的复杂性和非直接成本会跳跃式增加，企业的单位成本随之升高。因此企业在利用规模经济效应降低成本时应注意两个方面：第一，要对市场进行充分分析。如果扩充的市场规模足以容纳扩张所带来产量的提高，规模经济将是有效的。反之，就会带来产品的滞销，造成表面成本降低而实际利润下降的现象。第二，要关注竞争对手的行为。如果竞争对手也要通过规模经济来建立成本优势，就有可能导致行业内生产能力过剩，行业内的竞争强度加剧，从而无法体现规模经济效应。

其次，学习与溢出效应控制。学习包括内部经验积累和外部学习。内部积累就是通过员工多次反复的工作，学会如何更有效地完成他们的工作任务和使用新的技术；外部学习是通过从企业外部寻找一些有价值的学习利益。但学习和知识溢出效应也有负面影响，知识的溢出会缩小企业专有信息的范围和持续的时间。学习只有在没有溢出或者是专有学习的条件下，企业才可能通过学习来实现和保持企业的成本优势。

第三，技术的选择。技术创新是企业建立竞争优势的必备要素。先进设备、新技术、新工艺等硬技术的升级和创新可以有效地降低材料消耗、能源消耗等成本，同时，管理水平、治理结构、劳资关系等软技术的创新也可以为企业带来成本优势。但采用越先进的技术，资本、精力等投入就越大，因此，只有在运用该技术能够使产品产销数量达到一定规模时才更经济。

第四，地理位置的选择。地理位置对企业成本的影响是多方面的，一是对企业未来成本改善造成约束性影响，比如对购进材料运输成本的影响；二是对企业的变动成本产生影响，比如对职工工资、税收支出成本的影响。所以，企业地理位置的选择要综合考虑企业的长期与短期收益、现在与未来的发展前景。

第五，最佳时机的选择。通常情况下，占得先机的企业会因为占据了最佳地段、优先取得技术专利、得到了优秀的供应商或销售商、率先雇用了优秀的员工、建立强势品牌等容易获得成本领先优势。因此,企业要认真分析所处的竞争环境,结合自身的资源条件,慎重决策,果断行动,抓住时机,抢占优势。

(2)执行性成本因素控制

执行性成本动因是在企业基础经济结构既定条件下,要求从战略成本管理的视野来强化企业的人员管理、全面质量管理、生产能力管理、效率性等各方面的安排,提高各种生产执行性因素的能动性,并优化它们之间的组合,从而使价值创造活动的各环节实现最优化,进而降低价值创造活动的总成本。

首先,人员管理。影响企业成本的本质因素是人,每位员工的参与程度及责任感对企业成本管理的影响十分明显,人也是企业成本能否得到持续改善的动力源泉。如果企业中人人都具有节约意识,以降低成本为己任,则企业成本可以持续改善,成本领先战略目标就容易实现。因此,企业要建立各种激励制度,鼓励员工的参与,培养员工以企业为家的归属感和荣辱感,同时建立以成本管理为内容的企业文化。

其次,全面质量管理。企业产品价值的实现和对成本的补偿在于消费者对企业产品的肯定和消费,其中质量是决定消费者选择产品的决定性因素。在稳定提高产品质量的同时来降低产品成本是实现成本领先战略必须遵循的原则。在产品的设计、生产、检验等若干价值活动中都存在着质量成本的影响因素。但提高质量和降低成本常常会发生矛盾,因此,要充分分析质量成本动因,从质量和成本两个层面来定位企业应该采取的战略,既要保证企业产品质量和用户利益,又要从企业价值活动的实际出发,寻找降低成本的有利时机。

第三,生产效率。充分利用现有生产能力,扩大产销量,降低单位产品的固定成本,是降低成本的现实途径。但需注意的是企业扩大的产量要存在可销售的市场。提高生产效率可从以下几个方面入手:提高员工的科学技术文化水平和劳动熟练程度;开展科学技术研究,采用新工艺、新技术、新材料,缩短产品的加工时间;改善劳动组织,强化劳动管理,合理调配人力资源,压缩劳动时间;正确处理好劳动生产率提高与平均工资增长的关系,即保证劳动生产率提高幅度要大于平均工资增长幅度。

2.改造企业价值链

改造企业价值链,进行价值链重构以跨越一些高成本的价值活动环节,或省略一些非价值增值环节,以降低企业总体成本水平,对实施成本领先战略具有重要意义。改造企业价值链主要从企业内部和外部两个方面进行。

(1)企业内部价值链改造

具体方法是通过企业内部价值链分析,找出最基本的价值链,然后分解为独立的作业,计算该作业所占综合成本的比例,判明哪些是增值作业,哪些是非增值作业,重点寻求提高增值作业效率的方法,以达到降低成本的目的。该方法包括价值工程分析和作业成本分析。

价值工程分析就是以最低总成本可靠地实现产品或作业的必要功能所进行的有组织的活动。该方法中价值等于产品功能和成本的比值,主要用于产品设计阶段的成本控制,使产品设计成本与目标成本一致。在分析企业内部价值链的每个价值活动过程中,使用价值工程分析方法的原理把每个价值活动为产品价值所做的贡献与该价值活动所消耗的资源进行比较,来发现每项价值活动的效率和改善其活动效率的方法,由此来降低企业成本。

作业成本分析是根据产品消耗作业、作业消耗资源的原理对企业的每项作业进行分析,通过考察作业变动与顾客价值变动的关系将作业分为增值作业和非增值作业,并通过作业流程再造尽量将非增值作业取消,同时努力提高增值作业的效率,以降低企业成本。

(2)企业外部价值链改造

企业外部价值链改造可以从行业、竞争对手、客户和供应商四个方面展开。

行业价值链分析。行业价值链分析就是明确企业在行业中所处的位置,了解和充分利用企业与上下游企业之间的关系,调整企业在行业价值链中的位置与势力范围,把握成本优势,并找到与自己从事相同价值活动的竞争对手的比较成本优势。

竞争对手价值链分析。通过竞争对手价值链分析可以摸清竞争对手产品或服务的成本水平、成本构成及成本项目的支出情况,然后将其与本企业产品或服务的成本对比,找出差距,分析原因,采取有针对性的措施,使自己产品或服务的综合成本等于或低于竞争对手的成本,并据此确定自己的价格策略,把握竞争主动权,获取竞争优势。

客户价值链分析。通过客户价值链分析,一方面可以通过对客户的销售活动和需求状况的了解,合理安排交货时间、数量、品种,避免盲目生产造成的积压成本;另一方面可以通过与分销商建立战略联盟或者直接通过整合的方式来避免中间交易成本和销售费用,把握降低成本的主动权。

供应商价值链分析。通过企业供应商价值链分析,选择合适、稳定的供应商,并与供应商建立合作联盟来节约材料采购成本,保证原材料质量,避免采购风险,确保交易时间,降低或避免各种不必要发生的交易成本。

第二节 差异化战略

差异化优势是企业竞争优势的重要来源之一,差异化战略也是重要的业务战略之一,为企业构建并保持长期可持续的竞争优势提供了重要方向和思路。

一、差异化战略概述

差异化战略就是通过产品或服务上的差异使企业获得某种垄断性要素,进而建立有利的竞争优势,实施差异化战略对提升企业在某业务领域的竞争力起着重要作用。

1.差异化战略的含义及实质

差异化战略是指在产品(服务)的形成要素上,或在提供产品(服务)过程的诸多条件上,设计一系列有意义的差异,以便使本公司的产品(服务)同竞争者的产品相区分,造成足以吸引消费者购买的特殊性,从而获得溢价收益,取得竞争优势的一种战略。

产品或服务的差异化意味着可替代产品的减少和替代程度的降低,而完全的不可替代性,实际上就是垄断。由于任何企业几乎都不可能在市场上维持全部的或长期的垄断,所以只有通过差异化才有可能维持部分垄断要素，进而保持长期的竞争优势。企业满足消费者的需求要经历一个较长的过程，如果在此过程中的任何环节上体现出差异化优势，那么消费者在购买决策中就会因为产品具有特殊价值而选择本企业。这是由于只有本企业为消费者提供了一种其他企业不能提供的价值，也就是说，只有本企业才拥有提供特殊价值的部分垄断性要素。因此，差异化战略实质上就是追求垄断性要素的一种方式。企业实施差异化的程度越高，消费者的购买偏好就越强，需求价格弹性也就越低，从而使企业在边际成本之上的定价能力提高，而价格与边际成本的差额越大，企业的相对垄断力量就越强，企业就可以获得超额利润，保持竞争优势。

2.差异化战略的作用

企业在某业务领域实施差异化战略可以起到以下作用：

(1)防止竞争者的侵害

通过实施差异化战略，企业可以树立起一个有效的壁垒，使竞争对手在一段时间内无法填补差异空白，使企业建立起稳固的竞争优势地位，获得高于行业平均水平的收益。

(2)形成进入壁垒

实施差异化的企业，由于产品或服务具有吸引消费者的特殊性，消费者对该企业具有一定的偏好和忠诚。新进入者要加入该行业并与之竞争就要克服因产品或服务的差异化而形成的进入壁垒。

(3)避免替代品的威胁

由于产品或服务具有特殊性，赢得了消费者的信赖，因此替代品只有具备更强的吸引力才能使消费者改变购买偏好，要做到这一点，替代品厂商需要付出更大的代价。因此，差异化可在一定程度上阻止和延缓替代品的威胁。

(4)增加对供应商的应对能力

实施差异化战略可以产生较高的边际收益，使企业获得超额利润，从而可以轻松应对供应价格的波动，稳定与供应商的长期合作关系。

(5)削弱消费者的讨价还价能力

因为企业提供的产品或服务难以替代和模仿，使消费者几乎没有比较选择的机会，从而降低对产品或服务价格的敏感性；同时，企业提供差异化的产品或服务可以提高消费者的转换成本，增强消费者的消费依赖性。这些都可以削弱消费者的讨价还价能力。

二、差异化战略的基础

实施差异化战略建立在经营资源异质性和消费者偏好异质性的基础之上，产品属性的多样性、可重组性和现代科技的发展为差异化战略实施提供了现实可能和技术手段。

1.企业经营资源的异质性

经营资源是指企业所能利用的各种资源的组合。企业是各种资源的集合体，由于历史的、现实的、主观的、客观的等各种原因，企业拥有的资源各不相同，具有非常明显的异质性。资源的异质性决定了企业竞争力来源的差异，从而决定了企业竞争方向和竞争地位的差异。因此，资源异质性是企业实施差异化战略的基础。

企业的资源既包括有形资源,也包括无形资源。在现代市场经济条件下,有形资源容易被竞争对手获得或模仿,因而仅靠有形资源的异质性,在很多情况下难以取得竞争优势。竞争优势的取得往往更多地取决于无形资源的异质性。

2.消费者需求偏好的异质性

如果市场上的消费者都是同质的,有着相同的需求偏好,那么差异化就毫无意义,因为对企业来说,在这种市场上唯一的竞争手段就是尽可能以较低的价格向顾客提供产品。但实际上,消费者由于地域、文化水平、经济收入水平、性别、年龄、价值观念、消费观念、购买行为等各方面存在差异,决定了消费者的需求偏好不可能同质。所以,消费者需求偏好的异质性是差异化战略的重要现实基础。正因为消费者需求存在差异,企业就可以通过提供一种适合特定消费群体需求偏好的产品,而获得消费者的青睐。同时,由于选择与其他企业不同的消费群体作为目标市场,就可以在一定程度上缓解同其他企业的竞争。

另外,企业的产品或服务也具有各种各样的属性,其属性的组合方法不计其数,这为企业实施差异化战略提供了较大的可能性。从技术层面来说,科学技术的迅速发展也为实施差异化战略构筑了技术基础。

三、差异化战略实施的影响因素及适用条件

差异化战略的实施受到政策、价值活动、时间意识、企业规模、业务流程和地理位置等因素的影响,同时必须符合一定的适用条件。

1.差异化战略的影响因素

企业差异化战略的实施受到以下因素的影响:

(1)政策选择

企业的政策选择决定企业将要进行的行动及行动的特点。企业的政策选择不仅包括企业的长期发展方向、企业的核心目标等战略性问题,也包括企业在研发、采购、生产、销售、管理等过程中的实施原则和具体操作问题。企业任何一项有意识的政策选择,都可以极大地推进差异化的进程。形成企业差异化的政策选择是多种多样的,关键是企业的决策层要有强烈的差异化意识、明确的政策导向和超强的执行能力。

(2)价值活动的联系

差异化既可以来自价值链内部的联系,也可以来自于企业与上下游企业之间的关系。价值链上的任何一项价值活动都可能是独特性的一个潜在来源,同时,各价值活动并非孤立存在,一项价值活动的效率受其他活动的支持与协作程度的影响。实施差异化战略,应在整体价值链上寻求与竞争对手不同的特色,并且与其他相关企业价值链相互匹配、相互促进。

(3)时间意识

企业经营的时间意识主要包括进入市场的时机选择和生产经营的反应速度。培养时间意识不仅可以降低企业的运营成本,也可以提高企业的差异化水平。作为市场的率先进入者,通常会在声誉、技术、渠道、资源等方面形成后来者难以比拟的差异化优势。另外,把时间作为获取差异化优势的关键资源,还体现在缩短产品开发周期、快速回应顾客需求、柔性制造等管理时间的运营方式上。

(4)企业规模

企业规模不同往往意味着其可以利用的资源的差异，差异化的资源是形成差异化战略的基础。同时，随着企业规模的扩大，其一体化程度通常也会提高，一体化有助于增加企业经营及产品的独特性。这是因为，一体化可以形成新的价值活动，新的价值活动与企业原有价值活动的相互协调是企业差异化的主要来源。

(5)业务流程

形成满足消费者特殊需求的差异化优势不仅要经常协调相关的价值活动，还需要不断优化这些活动。相关活动间的资源共享、优势互补可以增加企业的独特性。

(6)地理位置

企业地理位置的不同，决定了企业可以利用的土地、资源、劳动力、市场、信息、理念等要素存在着很大的差异。一般来说，选择不同的地理位置可以形成企业经营的差异化。

2.差异化战略的适用条件

尽管每个企业都有不同于其他企业的地方，但是否能够实施差异化战略取决于其差异能否产生差异化优势，因此，并非所有企业在所有情况下都能够实施差异化战略。一般来说，实施差异化战略应当符合以下条件：

企业具有很强的研发能力，研发人员的整体素质较高；企业具有很强的市场营销能力；企业具有丰厚的累积经验，并具有很强的学习和吸收能力；企业各部门之间能够协调一致；企业能够提供吸引高级管理人员和创造性人才的环境。

四、差异化战略的战略风险

差异化战略是企业获取竞争优势的有效方式，但它不能保证一定为企业带来有价值的竞争优势，这是因为差异化战略也存在很多战略风险，主要表现为以下两个方面：

1.差异化不当带来的风险

差异化不当带来的风险是指企业在差异化过程中没有选择好差异化的方向或以不当的方式进行差异化，其具体表现有：

(1)过度差异化

即企业提供了消费者承受不起的或不值得购买的过分的差异化产品或服务。虽然企业对产品或服务的某一方面实施了差异化，但从消费者的角度来看，这种差异化可能太过夸张，或者差异化的成本与其它竞争对手的成本差距过大，导致产品价格过高，从而使消费者觉得承受不起或不值得购买，那么企业进行的差异化就不能被市场所认可，更不可能从这种差异化中获益。

(2)盲目差异化

差异化是为了更好地满足消费者某方面的需求，但是如果错误地为了差异化而差异化，盲目地为产品或服务创造特殊之处，以图得到消费者的青睐，而这些特殊之处因为消费者的不懂或不便使用，并没有使消费者获得相对较多的收益，这种差异化就不会得到消费者的接受和认可。

(3)顾此失彼

产品或服务某一方面的差异化可以引起消费者的关注，但如果在某一方面差异化的同时,忽略了产品的其它重要方面,或在其它方面存在缺陷,差异化的效果就会被消费者否定,差异化战略最终会归于失败。

(4)宣传不足

只有消费者理解并接受了企业创造的差异化的价值，市场才可能接受这种差异化,否则,再好的差异化也等于不存在。如果企业没有及时向消费者宣传差异化的价值,那么企业提供的差异化就无法被消费者所理解和接受。因此,企业一定要做好差异化的价值信号的传播,务必让消费者理解并认同,这样,差异化战略才能发挥作用,为企业带来丰厚的回报。

2.竞争带来的风险

竞争对手的竞争行为也会为企业的差异化战略实施带来战略风险,具体表现有:

(1)竞争对手的模仿

企业所提供的差异化产品或服务的优点被竞争对手模仿，削弱了产品或服务的差异化优势,价格势必会随着产品或服务的趋同而降低,使企业利润降低,甚至会使企业丧失竞争优势。

(2)竞争对手更大的差异化

随着竞争的加剧,竞争对手可能推出差异化程度更高的产品或服务,掩盖了企业的差异化优势;或者消费潮流转移,使本企业的差异化优势变成了劣势,而使竞争对手的劣势变成了优势,这就会使企业的经营陷入困境。

五、差异化战略的实施原则与成功关键

实施差异化战略必须遵循盈利性、明晰性、优越性、可接受性及不易模仿性等原则,并抓住预测市场动态、识别消费者购买标准和有效创新等关键问题。

1.实施差异化战略的原则

实施差异化战略并不意味着企业产品或服务的一切都要差异化，也并非所有的差异化都有意义或价值,根据菲利普·科特勒的见解,有效的差异化应遵循以下原则:

(1)盈利性

企业在制定差异化战略时必须做好费用预算,考虑实施的风险有多大,能够给企业带来多大的利润,因为盈利是企业生存发展的基本需要。

(2)明晰性

以突出、明晰的方式提供其他企业没有的差异化,并能让顾客明显意识到这种差异化的存在。

(3)优越性

即企业差异化的产品或服务给消费者带来的好处明显优于通过其他途径而获得相同的利益,同时,这种差异化也应该比其他企业具有明显的优势。

(4)可接受性

要通过一定的方式与消费者进行沟通，让消费者接受和认可企业所提供的差异化。同

时,企业还要考虑差异化与价格之间的关系,不能忽视消费者经济上的承受能力。

(5)不易模仿性

企业要在影响差异化战略实施的关键因素上下功夫,建立差异化壁垒,使竞争者难以模仿,或模仿的代价巨大。

2.差异化战略成功的关键

成功实施差异化战略必须准确预测市场动态、识别消费者的购买标准并不断进行卓有成效的创新。

(1)准确预测市场动态是实施差异化战略的基础

差异化战略与成本领先战略相比较,它的思维方式有明显的不同。成本领先战略是一种以企业利润为导向的竞争战略,它主要通过扩大企业某种产品的生产规模、提高生产效率、降低单位产品成本来获取竞争优势。而差异化战略是以市场为导向的,它通过满足消费者的个性化需求以及追求与竞争对手的差异来获得竞争优势。

因此,实施差异化战略,企业必须准确地预测消费者偏好的定位及变化。影响消费者偏好变化的因素是多种多样的。时代的发展、收入水平的变化、科学技术的进步以及文化潮流的不断变幻对人们的消费理念和行为都产生了重大影响。企业必须分析研究消费者的各种需求,把握消费者需求偏好的变化,尤其要特别关注并提早把握潜在消费意识的变化,从而根据不同的需求变化来选择和决定企业在市场上围绕什么来展开竞争,明确差异化诉求的基本点。

差异化战略就是将自己的产品和服务塑造成与竞争对手不同的形象。因此,企业必须对竞争对手的产品或服务在市场上所处的位置以及营销策略等进行周密的调查、分析和研究,以了解竞争对手的经营特色,找出竞争对手的薄弱环节,以高超的质量、创新的设计、非凡的服务、独具一格的销售渠道来区别于竞争对手,确立本企业在消费者心目中的独特地位,进而获得竞争优势。

(2)识别消费者的购买标准是实施差异化战略的前提

差异化战略依赖于消费者对融入独特性的产品或服务的感知和认可。差异化不是简单的标新立异,而是符合消费者购买标准的标新立异。从某种意义上说,识别消费者的购买标准是实施差异化战略的必要前提。

消费者的购买标准分为使用标准和信号标准。使用标准是指企业在满足消费者需求过程中创造价值的具体尺度。信号标准是指顾客借以判断产品是否符合其使用标准的一组信号。企业提前做好宣传,为消费者提供一组容易识别的信号或信息以帮助其评价欲购买的产品,这样既有利于消费者的购买决策,也有利于企业产品的销售。

使用标准和信号标准之间不一定存在着必然的联系,原因是消费者不可能运用复杂的技术手段对产品的一些使用标准进行鉴定,而只能借助于信号标准。信号标准主要包括以下内容:

①企业的商誉。当消费者对诸多商品的选择感到困惑时,一般会选择商誉较好的企业或产品。②企业规模。消费者一般认为大企业会比较重视企业信誉和产品质量。③企业历史。消费者通常认为发展历史悠久的企业经验会比较丰富,产品质量可靠。④产品的包装和外

观。当消费者没有办法对产品的内在品质进行检查时,会用产品的包装或外观来推断产品的内在品质,认为产品的包装和外观是产品内在品质的外在表现。⑤产品的市场占有率。消费者认为市场占有率高的产品,意味着大众接受和认可该产品,产品的可靠性不会有问题。

(3)创新是差异化战略走向成功的动力

创新是企业保持差异化的关键,是提高企业市场竞争力的原动力。这是因为,一方面企业的特色产品和服务在进入市场初期获得了较高的利润, 这必然会引起众多竞争对手的关注和模仿。随之而来的是,企业独一无二的产品和服务变成了众多厂家经营的大众化产品和服务,企业的差异化优势减弱或消失。另一方面,人们的消费理念和消费行为在不同的时期必然具有不同的特点,随着时间的推移,企业原有的产品或服务可能已经不适合当前的消费潮流。因此,企业必须推陈出新,时时刻刻保持与对手的不同,才能使差异化战略走向成功。

企业的创新应是多方面的。技术创新可以使企业生产出有别于竞争对手的高、精、尖的产品,成为行业中的领先者,从根本上增强市场竞争力;服务理念的创新可以提供有特色的服务,使自己的经营有别于竞争对手,从而使企业获得消费者的青睐;管理创新和组织创新,可以使企业产生新思路、新方法,从而树立良好的市场形象,创造有竞争优势的企业商誉。

六、差异化战略的实现路径

实施差异化战略的路径是多种多样的,既可以在形成产品的要素上实现差异化,也可以在向消费者提供产品的过程中实现差异化,具体来说,主要有产品差异化、品牌差异化、服务差异化和渠道差异化四种。

1.产品差异化

根据市场营销学对产品的定义, 产品主要包括核心产品、形式产品和附加产品三个层次。核心产品是指产品的有用性和使用价值,它是消费者购买产品所追求的利益所在;形式产品是指产品的核心价值得以实现的载体,即产品与服务的形式或外观;附加产品是指产品包含的附加服务和利益。

显而易见,同类竞争性产品的核心产品部分是难以区分的,因此,核心产品差异化的难度是非常大的。而它们的形式产品和附加产品部分却给企业提供了一个很大的产品差异化空间。企业可以利用各种宣传手段或者其他创新活动来实施企业的产品差异化,主要有以下几种方式:

(1)产品概念差异化

产品概念实质上是产品层次中的核心产品的外在表述。概念差异化要求企业用通俗、简洁和高度概括性的语言来定义产品的含义,并通过产品定位的强化,来体现产品层次中的核心价值。由于众多同类产品核心价值的一致性,同时消费者一般也不是所购买产品的专家,因此,产品概念的差异化可以保持企业的差异化优势,方便消费者的购买。

产品概念的差异化应遵循概念定位、概念集中、概念专有的原则。其中,概念定位原则是指企业应集中于产品定位和消费观念的竞争,而不迷信于“只有最好的产品才能取得胜利”。其实“好产品”只是存在于消费者头脑中的观念。概念集中原则是指企业应明确而有效地将概念集中于诉求产品的核心价值上,不要泛泛而论。企业要找准产品核心价值的诉求点,力求以适当方法将其集中在一个简单的名字或概念上,并使该概念在消费者心目中生根发芽。概念专有原则是指企业应该提出与竞争对手截然不同的产品概念,并且要独占这一概念。

一般来说,企业可以通过如下策略实现产品概念差异化:第一,针锋相对策略。根据概念专有的原则,企业不能与竞争者拥有相同的概念和说法,为了创造自己专有的概念,企业可以针对竞争对手的产品概念,结合自己的独有特征,总结出与竞争对手完全对立的概念来。第二,继承创新策略。市场竞争发展到一定程度就需要对原有概念进行创新,甚至有时必须创造概念才能使市场活跃。在原有产品概念的基础上进行创新,取其精华、去其糟粕是一条产品概念差异化的捷径。第三,超越创新策略。否定原有产品核心价值,树立全新的产品概念,实现概念的超越,这是概念竞争和概念差异化的最高形式。概念超越是针对行业的,挑起的竞争威胁很大,但是收益也极高。因为其竞争对象已经不是某一企业,而是一个行业群体。

(2)产品属性差异化

每一种产品都有着不同的属性,比如质量、档次、特色、样式、功能以及款式等,产品属性差异化是最直接的产品差异化途径,也是我们一般意义上的产品差异化。产品属性是企业在开发产品时建立起来的,产品进入市场以后,企业会不断改进和改变产品属性,以对付竞争对手和产品生命周期带来的挑战。具体来说,产品属性的差异化主要有以下几种:

产品特色差异化。特色是指产品具有的内在质量、功能、样式、包装等方面表现出来的独特性。在产品的各种属性中,特色是一个比较模糊的术语。但是当分别考虑和具体说明各种产品所具有的属性时,特色是指企业所提供的产品与竞争对手所提供的产品在可直观比较的产品属性上所具有的特点和独特性。

产品质量差异化。质量是对产品的耐用性、功能、可靠性、精确性、操作和修理的简便性以及其他对消费者有价值的产品属性的概括性用语,质量的竞争是企业在市场竞争中最常用的手段之一。产品质量的竞争要以消费者的可认知质量为标准,如果以性能质量为竞争基准,就很容易陷入质量过剩的陷阱。因此,在确定产品质量等级和水平的时候,要考虑三个方面的因素:质量的提升能否使顾客觉察出产品价值的提高;产品质量与企业获利之间并不总是表现为线性相关的关系;竞争对手的模仿可能会生产出成本更低的高质量产品。

2.品牌差异化

品牌是指用以识别一个或一群产品的名称、术语、象征、记号或设计及组合,以和其他竞争对手的产品和劳务相区别。品牌是区分的标志,这种标志能提供产品质量、品味等诸多属性的象征,并能保证这种象征的持续一致。

品牌差异化是指通过适当的传播媒体,传播和扩散产品信息,树立起产品的良好形象,与市场同类产品实现有效的区隔。品牌一般包括四个基本要素:品牌知名度、品牌认知度、品牌联想度以及品牌忠诚度。企业的整个品牌差异化管理活动都是围绕着实现这四个基本要素而展开的。

品牌知名度是指消费者想到某一类产品时脑海中想起或联系到某一品牌的程度。品牌知名度由低到高可分为无知名度、提示知名度、未提示知名度和第一提及知名度。当市场中没有明显的强势品牌左右消费者的购买行为时,品牌知名度往往能发挥出重要的主导作用。企业利用各种能接触到消费者的机会,向消费者传递品牌的相关信息,可以提高品牌知名度。

品牌认知度是指消费者对某一品牌在品质上的整体印象，如功能、可信度、耐用度、外观等。企业加强产品质量控制，提高产品创新力度，同时通过各种传播渠道，将各种能够表达产品品质的综合信息及时传递给消费者，全面提升产品的品质形象是品牌差异化的基础。

品牌联想度是指消费者通过品牌而产生的有关产品的归属、使用的场合、生产企业、品牌个性和符号等等的联想。品牌联想是品牌定位和与消费者不断沟通的结果，它是品牌延伸的依据，也是消费者购买的理由。

品牌忠诚度是指消费者购买决策过程中所表现出来的对某个品牌的倾向性的而非随意性的行为过程。品牌忠诚度是品牌价值的最终体现，消费者对一个品牌的忠诚度越高，该品牌的品牌资产也就越大。

(1)品牌差异化的定位

品牌差异化定位是指企业有意识地通过建立功能性差异和情感性差异来形成与竞争品牌相区隔的定位策略。品牌创建是一个系统工程，绝对不是单靠大量的广告投入和宣传就能实现的，强势品牌是一个企业综合实力的集中体现。品牌定位不是一种短期的战术行为，每一个品牌的定位都试图为自己树立一个持久的形象。采用定位策略，目的就是要让自己的品牌与市场同类别品牌建立有效的区隔，建立与消费者长久稳定的关系。把品牌定位单纯地看作战术行为，可以在一定时间内产生市场效益，但这种战术极易在短时间内被竞争对手模仿或赶超，从而丧失竞争优势地位。所以，企业必须从战略的高度来认识品牌定位差异化的重要性。在对品牌进行差异化定位的过程中，要注意以下两个问题：第一，品牌定位差异化是企业有意识建立的。通过品牌差异化定位要尽量避免差异对品牌带来的负面影响，充分利用差异对品牌造成的正面促进作用，并将其通过品牌识别来不断强化。第二，品牌核心价值主要表现在品牌功能性价值、品牌情感性价值和品牌自我表现性价值三个方面，而形成差异化品牌定位的目的是为了最终能够提升品牌价值，因此，企业应该根据自身的内外部环境在以上三个方面酌情建立与竞争对手的差异化。

(2)品牌差异化的开发

品牌的差异化可以从品牌的功能性、情感性和自我表现性三个方面进行开发。

品牌功能性差异化。企业在建立品牌功能性差异时，只要能够对消费者和市场进行深入的研究，开发出能满足特定目标消费群的具有新功能或附加功能的产品，同时在品牌识别中突出和强调产品的特色功能，就可以成功地建立品牌的功能性差异。

品牌情感性差异化。品牌富有生命力的一个重要原因，就是人们给品牌赋予了人类的情感。因为有很多表达情感的方式可供选择，所以，企业建立品牌情感性差异化相对来说要容易得多。建立品牌的情感性差异化可以从以下几个方面努力：第一，刺激目标消费者头脑中已经存在的“感情结”，并使之与企业的品牌融合在一起；第二，对目标消费群体表现出某种热切的憧憬；第三，对目标消费者的生活方式表现出理解和认同。

品牌自我表现性差异化。品牌自我表现性差异化是一种对目标消费群体个性化主张的渗透和融合。品牌的自我表现性差异化可以从以下几个方面来考虑：第一，通过一个简明扼要、不合常规的信条来标榜自己的品牌，让这一信条赋予消费者一种明显的身份。一个信条与传统信条差别越大,它给人的印象就越深刻,冲击力就越强,发挥的作用也就越大。第二,有的放矢地传递目标消费者最渴望拥有的那种性格。一个品牌如能赋予消费者某种强烈的性格,便能提供一个颇为诱人的购买动机。

一般来说,这三个方面的差异在不同品牌的差异化中表现程度是不同的,功能和品质同质性较强的产品,品牌的功能性差异表现得相对较弱,情感性和自我表现性差异则相对较强;产品技术更新较快的产品,品牌功能性差异就可以唱主角。但总体来说,无论是功能性差异、情感性差异,还是自我表现性差异都可以作为开发品牌差异化的重要源泉。

3.服务差异化

服务差异化主要体现在附加价值的竞争上。在大多数情况下,出售产品时所提供的相关服务会影响到产品的价值。服务的无形性、服务的不可分离性、服务的可变性、服务的易消失性等特点对服务差异化有重要的影响。其中,服务的无形性是指消费者在接受服务之前看不到服务的成效,因此,服务具有较大的购买风险,降低购买风险是企业服务差异化策略的主要途径。服务的不可分离性是指服务的产品与消费者的消费是同时进行的。服务的可变性是指服务效果的不可确定性,这使服务质量的评价极其困难,因此,服务质量的稳定也是服务差异化的重要方面。服务的易消失性是指服务不能保存及消费过程的快捷等,服务的这一特性使得服务的供求矛盾突出,企业如果能够在服务供求的有效平衡方面做出差异,不仅可以实现差异化,也可以获得成本优势。

(1)服务人员差异化

人员是服务的使动者,是服务的主体,服务人员差异化一般通过人员的综合素质来体现。无形服务占的比例越大,消费者对产品和服务质量进行评估就越困难,人员差异化就越发重要。

(2)消费过程差异化

消费过程的差异化在本质上是消费行为个性化在营销中的体现,它主要是通过提高服务产品消费过程的可进入性来实现。服务产品消费过程的可进入性主要是通过消费者对某项服务的熟悉程度和对某个消费过程控制程度的差异而产生的风险感和距离感来衡量。与产品的有形部分和有形产品相比,消费者认为服务产品的风险性更大。因此企业如果能够在消费过程的可进入性上实现差异化,降低消费的风险感,就可以有效地吸引消费者,进而获取竞争优势。

(3)服务质量差异化

保持服务质量的差异化比创造服务质量的差异化更困难。因为服务的无形性使服务质量很难为消费者认可和正确评价。所以,服务质量最大的问题不是如何实现差异化,而是如何保持差异化。如果能使服务质量的差异始终保持,并向消费者传递这一差异,那么服务的质量差异便可为企业带来竞争优势。

(4)服务流程差异化

在影响服务竞争的重要因素中,除了服务的无形性以外,服务的可变性也往往是很重要的问题。这种可变性是由于服务不像一般有形产品,能以客观标准来进行衡量,而消费者对服务质量的感知,通常在很大程度上是由心理因素决定的。由于一般企业在服务产品上很难做到标准化,从这个意义上来讲,企业如果能够在服务流程上有效地实现标准化,那么该企业就在同行业中实现了有效的服务竞争策略差异化。因此,最有效的服务竞争策略就是尽量做到服务的标准化、服务的规范化和服务的可感知化。

4.渠道差异化

渠道差异化是通过销售渠道差异而形成的差异化。由于设立和维持营销渠道通常是一个长期行动,所以渠道的差异化也具有长期性。虽然实施代价巨大,但一旦实施成功,竞争对手就很难在短期内模仿,因此在获取竞争优势方面,这种方式比其他方式更能为企业提供潜在竞争力。渠道差异化是基于关系和人员的,其成功实施直接依赖于相关人员是否能够有效地通力协作。

(1)渠道差异化的形式

在渠道设计上企业会有很多种渠道结构的选择,通常渠道的差异化主要体现在以下三方面:①渠道的级数。对企业来说,实际考虑的方案范围通常是2级或3级。②渠道的密度。是指在渠道的每个等级上的中间商数量。③中间商的类型。综合考虑以上三个方面,企业可以得到可供选择的渠道结构。

(2)渠道差异化的决策变量

企业变量。企业规模、财务能力、管理经验以及目标和战略是影响渠道差异化的最主要因素。

产品变量。产品变量是影响渠道差异化决策的另外一个重要因素,它主要包括以下因素:体积、重量、单位价值、标准化程度和技术含量等。

市场变量。在开发和评估营销渠道时,决定性的因素就是目标市场,市场变量的地理布局、市场规模、市场密度、市场行为等四个子变量尤为重要。

第三节　集中化战略

集中化战略是企业集中资源和能力针对某一特定市场建立竞争优势的战略,能够帮助企业在特定市场上形成独特的竞争力,但也有许多风险,企业必须认真分析自身与市场的特点,慎重选择实施。

一、集中化战略的含义

集中化战略,又叫集中战略、重点集中战略,也称作目标集聚战略、专一经营战略,是指企业集中现有资源和能力,将经营目标集中在特定的产品、消费群体或区域市场,在有限的竞争范围内建立独特的竞争优势。

集中化战略不同于成本领先战略和差异化战略,并非致力于实现所有产品、全行业范围内的目标,而是围绕一个特定目标开展经营和服务。采用集中化战略的逻辑依据是:企业能比竞争对手更有效地为某些特定顾客群体服务或生产某种产品。因此,企业既可以通过差异化战略来满足某一特定目标群体的需要，也可以通过成本领先战略服务于该目标群体，或者两者兼而有之。从总体市场来看，尽管集中化战略没有在所有产品和全行业范围取得成本领先和差异化优势，但它必须在特定的目标市场范围内取得低成本或者差异化。所以集中化战略的目的是很好地服务于一个特定的目标市场，它的关键在于能够比竞争对手提供更为有效和效率更高的服务。三种竞争战略之间的关系如图10–2所示。

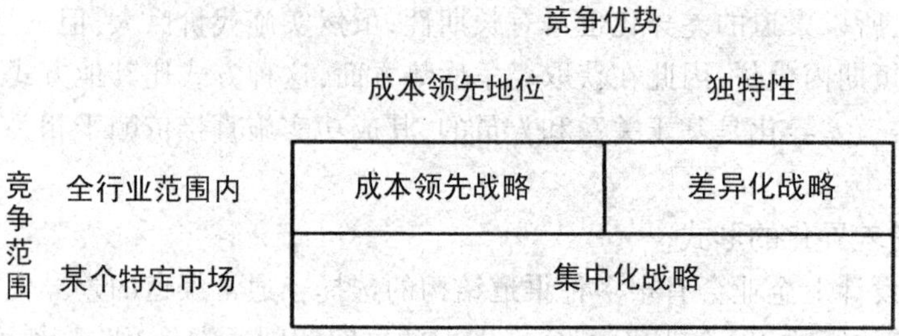

图10–2 三种竞争战略的关系

二、集中化战略的适用条件

企业或业务单元实施集中化战略的关键是要选择好战略目标，选择目标的一般原则是，企业或业务单元要尽可能地选择那些竞争对手相对薄弱的环节以及最不容易受替代产品冲击的目标市场。不管以低成本为基础的集中化战略还是以差异化为基础的集中化战略在以下几种情况下都比较适合：

企业所选择的目标市场规模可以保证其盈利或者该市场规模具有较大的成长潜力；在同一细分市场中没有其它的竞争对手采用同一战略；企业拥有足够的资源和能力，能保证在其所选择的目标市场上取得胜利；企业凭借其在特定目标市场上建立起来的商誉可以有效地防止竞争对手尤其是强大竞争对手的竞争。

集中化战略是一种避免全面出击、平均使用力量的战略，也是一种进行产品和市场的深度开发，促使企业获取增值效益的战略，其集中是从竞争的态势和全局出发的，目的是为了争得竞争中的有利形势和主动地位。集中化战略要求企业把有限的资源和能力集聚在某一方面，力求从某一区域、某一专业、某一行业进行渗透和突破，形成和凸现局部优势，进而通过局部优势的能量累积和市场的深度开发，争得竞争中全局的主动地位和有利形势。

例如，珠海格力集团是我国家电企业成功采用集中化战略的典型。格力电器自1991年创建，当时春兰、华宝、美的等一批企业早已进入空调市场。格力电器由一个年产2万台窗式空调、严重亏损的小企业迅速崛起，1997年空调销售量达到120万台左右，超过了当时的同行老大春兰，2003年销售各式空调近560万套，产销量居全国同行业第一。

格力目前已经是中国生产规模最大、技术实力最雄厚的专业化空调企业，拥有珠海、江苏丹阳、重庆以及巴西四大生产基地。产品已涵盖了家用空调和商用空调领域的10大类、50多个系列、500多种品种规格，成为国内规格最齐全、品种最多的空调生产厂家，形成了业内领先的主导优势，连续数年蝉联中国空调市场占有率第一。

格力空调先后通过德国GS安全检测、欧洲CE和美国UL等认证和ISO9001、ISO14001、OHSAS18001国际认证，相继进入欧洲、亚太、北美、南美、非洲等市场。据海关统计，从1995

年起,格力空调出口量、出口增幅连续居国内前列。

专注于空调市场,实施集中化战略是格力最突出的经营特色,也是格力实现技术创新、抢占市场制高点的关键所在。格力坚持认为,只有集中化经营,企业才可以倾其全力,在生产领域中向"高精深"进军。由于实施集中化战略,格力可以集中人力、物力和财力专攻一业,在空调产品的技术创新和研发上远远走在行业前列,大大缩短新产品开发周期,使产品从设计到生产、从小批量转为大批量的过程非常快,在空调产业构建了竞争对手难以替代的竞争优势。

三、实施集中化战略的战略利益

实施集中化战略可以有效防御行业中的各种竞争压力，能够通过在特定目标市场中建立独特的竞争优势从而避免替代品的威胁,可以针对竞争对手的薄弱环节采取行动,通过成本领先或差异化优势提高自身的讨价还价能力。

企业实施集中化战略,将目标集中于特定的产品或市场区域,能够集中资源更好地生产某种产品或服务于特定的顾客群体,取得消费者的信赖和认可,从而提高企业的信誉度及其产品的社会美誉度和知名度。

由于集中化战略的战略目标集中明确,经营成果易于评价,战略过程易于控制,从而带来管理上的便捷与高效。

四、实施集中化战略的战略风险

当然,集中化战略也有其缺点,主要是对环境的适应能力差,经营风险大,具体表现在：

实施集中化战略，企业必然将全部力量和资源都投在一种产品或服务上或一个特定的市场范围内。当消费者偏好发生变化,技术出现创新,或有新的替代品出现时,特定的消费群体对产品或服务的需求就会下降,这会给实施集中化战略的企业带来很大的挑战。

如果竞争对手针对企业所选定的特定目标市场采取了更优于企业的集中化战略，会导致企业的市场份额迅速下降,利润减少,甚至亏损或破产。

特定的目标市场可能会出现波动,产品销量会降低,产品或服务的个性化要求会不断更新,造成企业综合成本的增加,使集中化战略的战略利益丧失殆尽。

五、集中化战略的实施步骤

实施集中化战略一般都是从成本集中和差异化集中两个方面入手的，具体来说要做好以下几个步骤：

1.选准目标市场和产品种类

选准目标市场和产品是第一环节,也是至关重要的一个环节。企业选择目标市场和产品的正确方法是将某一特定的细分市场对企业的要求同企业自身素质相比较，找到能够发挥自己优势的细分市场和产品种类。企业可以从以下几个途径来确定细分市场：

消费者的重点集中,即企业将经营重点放在特殊的目标群体上；

产品或服务的重点集中,即企业将产品线的某一部分或某一类产品作为经营的重点；

地理区域的重点集中，即企业将经营重点限于按照地区的消费习惯和特点来划分的细分市场上。

2.提高研发能力,做好产品创新

任何产品都有自己的生命周期,因此,企业要在自己服务的目标市场上占据有利地位,就必须不断开发新产品以满足目标客户的需求。

3.做好营销管理

一般来说,实施集中化战略的企业面临的市场或消费群体都比较稳定,所以营销管理的重点是:增加销售渠道、寻求新的顾客、采用适当的价格策略等。

当然,市场渗透和市场开发这样的战略也可以为企业提供相当大的集中化优势。不过,企业在选择集中化战略时,应该在成本领先和销售量之间进行平衡和取舍,也应该在产品差异化和差异化成本之间进行权衡。

第四节 业务战略的选择

成本领先战略、差异化战略和集中化战略这三种基本的业务战略都有其战略利益和战略风险,企业或经营单位必须从自身的实际情况出发仔细慎重地选择业务战略。

一、业务战略选择的考虑因素

企业或业务单元选择业务战略时可以从经济发展水平、生产与营销能力、生命周期、产品类别等方面进行考虑。

1.经济发展水平

在高度发达的市场经济条件下,消费者的消费能力和消费水平相对较高,同时企业之间竞争激烈。此时,成本领先战略在很大程度上就失去了效力,差异化战略则更有用武之地。相反,在经济较为落后的条件下,大多数消费者的购买力低下,此时,成本领先战略会比差异化战略发挥更大的效率。

2.生产与营销能力

一般来说,生产与营销能力较薄弱的企业,应该选择集中化战略,以便集中自身的优势力量服务于某一特定的消费群体或特定的市场区域。如果企业的生产能力较强而营销能力较弱,则可以考虑运用成本领先战略;相反,如果企业的营销能力强而生产能力相对较弱,则可以考虑运用差异化战略。如果企业的生产能力和营销能力都很强,这可以考虑在生产上采取成本领先战略,而在销售上采取差异化战略。

3.生命周期

通常在产品的投入期和成长期,为了抢占市场,防止潜在进入者的竞争,企业可采取成本领先战略,以刺激消费需求,以低成本提高市场占有率,获取竞争优势。而到了产品的成熟期与衰退期,由于消费需求呈多样化、复杂化与个性化等特征,此时企业应该采取差异化或集中化战略。

4.产品类别

不同的产品类别对价格、质量、服务等方面具有不同的敏感性,企业或业务单元可以采取不同的战略。

(1)资本品

通常,资本品大多都是标准化的产品,比如钢材、煤炭等,在保证资本品的基本质量的前提下,价格将成为竞争中关键的因素,因此企业在提供资本品时应采取成本领先战略。但对资本品中的专用机械类产品,因需要特别强调售后服务,所以,对此类产品应采取差异化战略。

(2)消费品

消费品通常是非专家购买的,绝大多数消费者都是依靠广告宣传、产品包装以及价格等因素来决定是否购买的,所以生产消费品的企业,应尽量使产品在品牌、服务和市场营销等方面具有差异化。

(3)日用品

日用品由于消费者几乎每天都使用,反复少量购买,因此应优先考虑采取成本领先战略。

(4)耐用消费品

耐用消费品是一次购买、多次使用或经久耐用的产品,这些产品的质量与售后服务非常重要,因此最好采取差异化战略。

二、业务战略选择中应注意的问题

在业务战略的选择问题上,波特提出了两个重要标准,即:三种战略只择其一、不可选取中庸战略。

1.三种战略只择其一

由于集中化战略实际上是在整体市场的某一特定范围内在成本和差异方面建立起自己的优势地位。也就是说,集中化战略是成本领先战略和差异化战略在整体市场中某一部分的运用。因此,在这里只讨论成本领先战略和差异化战略的选择。

从理论上来说,由于两种战略的实施条件和要求不同,所以不能同时实施成本领先战略和差异化战略。采用成本领先战略的企业应该选择那些同质化程度高、技术成熟、标准化的产品进行大规模生产,要求企业建立起高效的大规模生产设施,在学习经验的基础上全力以赴地降低成本,加强成本与管理费用的控制,以最大限度地减少研发、生产、销售、服务、管理等环节的成本费用,在所有的生产环节都实行彻底的合理化,使自己的综合成本低于竞争对手的成本。

而差异化战略的基本特点是将企业提供的产品和服务差异化,明显区别于竞争对手,树立起一些在行业范围内独具特色的东西,在消费者心目中建立起差异化的形象,同时,企业还要在销售方面组织大规模的广告宣传和产品推销活动。实施差异化战略,要获取有别于竞争对手的差异化,必然要支付额外的成本,只能以追加成本为代价。判断差异化战略成败的标志之一是实现差异化所增加的收益是否超过为此而增加的成本。

另外,每一种战略的成功实施都需要组织结构的适应与支持,成本领先战略要求组织结构具有专业化、集权化和规范化的特征,而差异化战略则要求许多职能的分权化和有限的规范化。

因此,从理论上讲,成本领先战略和差异化战略有各自的特点和使用范围,决定了企业如果同时实施差异化战略和成本领先战略会发生矛盾,从而在竞争中失利。企业要么采取措施获得成本领先或者至少达到与竞争对手成本同等的水平,要么使自己的产品或服务独树一帜,进而获得某种差异化优势。

2.不可选取中庸战略

成本领先战略、差异化战略和集中化战略都是为了使企业或业务单元在市场中具有某方面的优势,从而在各种竞争力量的相互作用中处于比较有利的地位。按照波特的说法,未能在上述三个方面开展竞争的战略就属于中庸战略(Stuck in the Middle)。采取中庸战略的企业将会处于非常不利的战略地位。这样的企业可能是由于缺乏较高的市场占有率、缺乏必要的资本投入或者没有实施其他三种战略的有效途径,也可能是由于受含糊的企业文化以及一套相互矛盾的组织设计和激励体制的影响而采取了中庸战略。总之,既不能实现成本领先也不能形成差异化竞争优势的企业将是一个平庸者,将具有较低的盈利率,因为他们既失去了需要较低价格而大量购买的消费者,又不能与采取差异化战略和集中化战略的企业相竞争。

三、现代生产模式下的业务战略选择

波特一再强调企业不能同时实施成本领先战略和差异化战略的观点,建立在一个基本假设基础之上,即同时实施这两种战略将使企业的生产运营系统发生混乱,同时消费者要么对价格不敏感、偏好差异化的产品,要么对价格敏感、偏好价格低廉的产品。

但在现代企业的实践中,由于现代科技发展带来的生产模式变革和消费者偏好的变化,使企业的确能够同时在这两个方面都取得成功。在现代市场经济条件下,生产管理模式革命和信息网络技术的飞速发展,大量新技术在生产领域的应用,已经可以实现在降低成本的前提下实现差异化,使成本领先战略和差异化战略有效地融合。如CAD(计算机辅助设计)、CAM(计算机辅助制造)、CAPP(计算机辅助工艺计划)、FMS(柔性制造系统)、AM(敏捷制造)、CIMS(计算机集成制造系统)等实现了企业开发、设计、制造的高度集成化,极大地增加了企业生产的柔性、敏捷性和适应性,同时降低新产品的设计和生产成本。因此,信息技术在企业生产层面和管理层面的大范围运用,使大规模定制和个性化生产成为可能,同时满足了消费者对产品差异化和低价格两方面的需求。

如今,在大多数行业内,只有既做到有效地差异化又能保持成本领先的企业才能成为市场的领导者。在竞争激烈的成熟市场,应用网络信息技术,将成本领先战略和差异化战略有效地融合起来,实施融合性战略,可以兼得成本领先和差异化两种战略的好处,获得超过平均水平的利润,取得竞争优势地位。

所以,波特提出的选择业务战略的基本标准在当前的时代背景下已经发生了变化,不能作为一个绝对的原则了。因而在进行战略选择时,一个企业或业务单元可以考虑以下几种组合:在不同的产品线上采取不同的竞争战略、在价值链的不同环节上采取不同的竞争战略或在不同时期采取不同的竞争战略。

思考题

1.何谓成本领先战略?对企业有何作用?

2.成本领先战略的基本思想是什么？有哪几个层次的目标？
3.实施成本领先战略有哪些影响因素？
4.什么情况下适用成本领先战略？有哪些战略风险？
5.企业如何实现成本领先？
6.差异化战略有什么作用？
7.实施差异化战略有哪些影响因素？适用于什么情况？
8.差异化战略有哪些战略风险？
9.实施差异化战略有哪些原则？成功的关键是什么？
10.差异化战略如何实现？
11.集中化战略有何战略利益与风险？
12.选择业务战略应考虑哪些因素？
13.波特认为业务战略选择应注意什么问题？
14.在现代生产模式下如何选择业务战略？

第十一章　职能战略的实施

职能战略是企业总体战略和业务战略的基础,也是培育企业竞争优势的基础。本章全面讨论了企业十三种职能战略的实施问题,按照生产运营型、资源保障型和战略支持型的分类分别进行了论述。

学习本章，读者应着重了解企业职能战略的分类与整体框架，了解各种职能战略的概念、含义与基本理论要点,掌握各职能战略实施的关键问题和解决方案,提高战略执行力。

第一节　生产运营型职能战略

生产运营型职能战略是企业的基础性职能战略,涉及企业生产运营的主要方面,包括研究与开发战略、筹供战略、生产战略、质量战略、营销战略和物流战略。生产运营型职能战略是在总体战略和业务战略的指导下所制定的企业生产运营活动的基本原则、方针和政策,是从企业运行的基本职能方面对总体战略和业务战略的贯彻和执行。

一、研究与开发战略

企业的研究与开发活动对树立和增强企业的竞争优势,保持技术垄断或突破技术壁垒,开拓全球市场,保障企业的可持续发展具有重要意义。因而研究与开发战略(简称研发战略)在企业的职能战略中越来越居于特别重要的地位。

1.研究与开发战略概述

研究与开发是人们探索、发现和应用新知识的过程,研发战略是企业重要的职能战略,对构建企业的竞争优势具有极为重要的作用。

(1)研究与开发战略的含义

研究与开发战略是在企业总体战略或业务战略的指导下所制定的职能战略，制定了企业研发活动的目标及实现该目标的战略措施,以指导企业的研究开发活动,支持企业战略的实现。

(2)研究与开发的实质

研究与开发是人们不断探索、发现和应用新知识的过程。通常可将这一过程进一步划分为3个阶段:基础研究、应用研究与试验开发。根据世界经合组织(OECD)的定义,基础研究是指以现象和可观察到的事实为基础所从事的实验工作或理论工作，主要是为了获取新知识而没有任何具体的应用目的。应用研究是指对原始资料进行调查研究,主要针对某个特定应用领域或具体的实用目标以获取新知识。试验开发则指旨在生产新材料、新产品和新设备而从事的科学研究,以及为了将从经验中获得的知识应用于新工艺、新系统和新服务和用于改善已有的工艺、产品和服务所从事的系统的试验工作。

对企业来说,从实质上可以将研究看作是将货币转化为知识的过程,而开发是将知识转化为货币的过程。企业的研究与开发活动绝大多数属于应用研究和试验开发,研发战略与企业的技术创新紧密相联。

(3)技术创新过程

技术创新是指新设备、新产品、新工艺、新方法在商业交易中首次出现。技术创新与技术发明的不同在于,技术发明是以技术解决问题,而技术创新则是从经济上加以实施。

一般情况下,基础研究是针对人们关注的某些界限不太明晰的领域和关于生产及生产部门的各类问题的知识。应用研究的目的在于运用基础研究中获得的知识成果解决特定技术问题。而进入试验开发阶段,则要采取必要的步骤将新工艺或新产品予以实现。于是,一项发明便出现了,将这一发明商业化并成功推向市场,就圆满结束了技术创新过程,如图11-1所示。由于有了市场,就为进一步进行产品与工艺开发提供了多种资源。

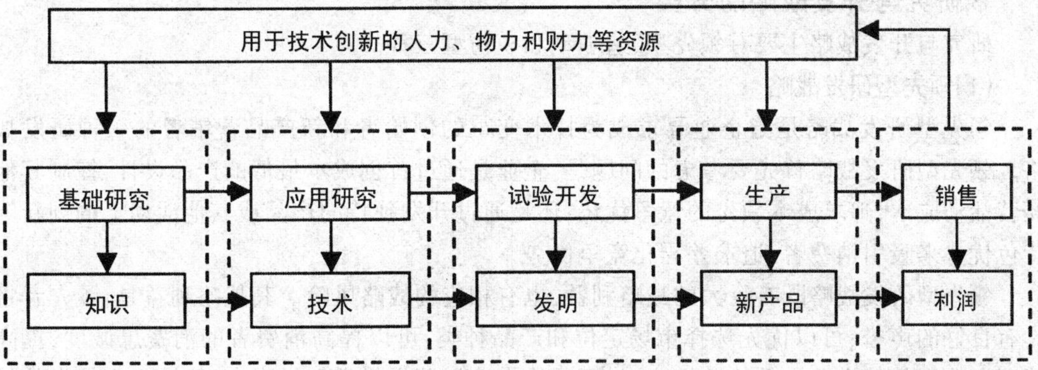

图11-1 技术创新过程图

资料来源:郭碧坚.基于企业战略的高技术企业研发活动的选择.科技进步与对策,2003(4)

从图11-1中可以看出,将一种构想转化为具有商业价值的新产品,企业应有效地将其他多种因素结合起来。由此,从另一个角度看,研究与开发不仅是创新思想的源泉,也是在技术创新过程中可随时采用的一种解决问题的方式。在市场经济条件下,企业所处的内外部环境都处于变化之中,因而企业的研发战略也应根据企业内外部环境的变化而有所变化。

2.研究与开发战略的发展历程

根据研究与开发在公司战略、组织结构、决策和文化等方面的不同特征,研发战略的发展历程可以分成三个阶段。

(1)第一阶段

第一阶段开始于19世纪70年代,此时的研究与开发是一种缺乏明确目的、计划和管理的活动。研究人员及设施只是企业的附属部分,研发和市场是两个格格不入的实体。研发管理只决定未来的技术,只是一种理想和预期,而市场管理决定一切,是企业的重心所在。从研发管理模式看，此时的研发是作为间接成本，在预算中只是一个项目，研发缺乏战略框架，而技术只掌握在研发人员手中，企业在未来的技术发展在很大程度上由研发部门单独决定。

(2)第二阶段

第二阶段的研发是在单个项目层次上对单个项目的孤立的管理，它始于20世纪初。虽然此时的研究与开发和具体特定的市场需求有了一些相互的联系和作用。但此时研发的战略导向最多也仅仅指向特定的市场成分或具体的商业领域。研发活动并没有完整地融入企业的整体经营中。第二阶段的研发模式强调了研究与开发的独立性和项目特征，积极采用矩阵管理模式，并试图把技术与单个项目的业务需求联系起来，但研发战略仍独立于企业各个业务部门。

(3)第三阶段

第三阶段始于20世纪60年代，此时的研究与开发是在战略水平上将研发和生产、经营整合考虑的全方位管理。此时，研发功能已成为企业整体框架的一个组成部分，研发活动首先是商业活动，其次才是技术活动。第三阶段的研发模式寻求创建一种跨部门、跨企业的战略平衡的研发组合，研发活动纳入了企业整体战略框架。这一阶段的研发模式是研发活动的社会化，是经济全球化时代企业科技活动的重要形式。

3.研究与开发战略的分类

研究与开发战略主要有领先型、追随型和模仿型三种。

(1)领先型研发战略

领先型研发战略是指企业寻求成为技术变革的创始者和新产品营销者的一种研发战略。领先型研发战略首先要考虑的问题是：企业是通过首创成本最低的产品设计，控制其他经营活动成本，追求成本领先的竞争优势；还是通过开发独特的产品或其他活动上的创新等特色优势来吸引消费者，追求差异化竞争优势。

领先型研发战略既有巨大的战略利益，也有相应的战略风险。其战略利益是：领先者将具有良好的声誉；可以优先选择市场定位和产品种类；可以提高消费者的消费忠诚度，提高消费者改用其他企业产品的转换成本；可以优先选择销售渠道和供应商；能够产生较大的经营曲线效应；能够获得制定标准的主动权；取得技术专利，提高竞争地位；获取高额的早期利润，等等。

该战略的战略风险主要表现在首创费用的支出和环境变化的风险两个方面。首创费用主要包括研究与开发、训练教育、开发用户的初始需求、早期较高的单位成本等。环境变化的风险主要表现为：消费者需求的变化，当消费需求发生变化时，领先者的前期投入将会付之东流；技术的快速变化，技术的变化使领先者的首创技术成为老一代的技术，丧失技术领先的优势地位；竞争对手的低成本模仿，如果竞争对手以更低的成本模仿领先者的首创，将会使领先者受到很大的竞争威胁。

企业在采取领先型研发战略时还要考虑技术领先地位的持久性，如果技术领先地位能持久存在，并且领先的战略利益大于战略风险，采取领先型研发战略就是适宜的。

(2)追随型研发战略

追随型研发战略是指迅速创新性地模仿领先者的技术或产品，并将自己的创新产品快速推向市场的一种战略。

追随型研发战略不需要强大的研究力量,也不需要开发消费者的初始需求,只要善于总结领先者的经验和教训,力求开发出更符合消费者偏好的产品,扩大需求量,吸引原有领先者的用户,这样就可以避免领先者的战略风险而取得领先者的某些好处,在领先者的基础上更进一步。但如果领先者的技术门槛太高,或者采取追随型研发战略的竞争对手过多,或者自身的营销能力较弱,采用该战略的效果就会大打折扣,同时,采用该战略还有专利侵权的风险。

(3)模仿型研发战略

模仿型研发战略是指大规模地生产与新产品性能类似但价格便宜的产品, 从而成为低成本企业的一种战略。

该战略要求企业在厂房和设备上进行大量的投资,要求企业擅长于低成本运营,同时要具有较为完善的销售渠道和高超的营销水平。采用该战略的企业应该选择需求量大、技术基本定型的产品或服务,以充分发挥规模经济效应,实现成本领先。但采用模仿型研发战略意味着企业是该行业的新进入者,将会面临较高的进入壁垒和竞争对手的残酷打压。

4.研究与开发战略的实施

西安交通大学的高杰、刘柳和蔡虹等人认为企业实施研发战略主要涉及研发产品的技术选择、研发技术、研发组织、研发风险、研发质量、研发人员等方面的管理。

(1)研发产品的技术选择

创新产品要想获得市场的认同,最重要的一点是产品要有技术优势。技术优势不是简单的技术领先,而是指企业所选择的技术与其它企业相比,更适合企业自身的技术特点,更适应市场的需求。企业在选择产品范围、产品技术时要处理好以下两个方面的问题:

树立正确的技术创新观。首先,企业的技术创新应以增强企业的竞争力为目的,要充分考虑创新成本和市场需求,在创新过程中要规避风险,不能单纯地追求技术上的领先。其次,企业的技术创新必须建立在企业技术积累的基础上,在技术创新过程中重视技术积累,重视积累性技术创新。第三,技术进步不能跨度过大。许多企业的研发人员过分注重采用的技术是否先进,这种跨度过大的技术进步将使产品的研发进度不断延期,研发经费不断追加,研发状态不断更改,最终会使企业的经营陷入被动。

开发系列化、多规格性和相关性的新产品。新产品系列化和多规格性是提高企业形象、扩张市场容量、延长产品寿命、分散技术风险的重要措施。此外,企业在新产品的开发过程中,不能一味追求新产品的歧异性,而忽视相关性。忽视产品的相关性将会浪费企业现有的有利条件和资源,增加研发的综合成本。

(2)研发技术管理

研发技术管理主要涉及研发整体规划、划分研发阶段和定义研发过程等几个问题。

研发的整体规划。研发整体规划是新产品开发的重要保证,它包括企业现有研发基础分析、项目研发人员的需求和配置、经费预算、研制周期估算、技术路线、设备环境需求和配置、结果状态确定、测试方法、验证状态等。

划分研发阶段。产品的研发过程按照研发顺序可分为需求分析阶段,设计阶段,仿真验证阶段,试生产阶段,开发、调试阶段,测试验证阶段。在产品研发前,要对研发阶段进行明确划分,定义每个阶段的任务及进度安排等。

定义研发过程。企业在对产品研发给出定性要求时,还要对研发的技术状态进行量化,对中间状态进行定义,以实现对最终结果和研发过程的有效控制。

(3)研发组织管理

高效的研发组织管理是产品研发顺利开展的保证。低水平重复、技术等级和专业分工不清、技术研发的流程和研发控制管理重视不够是企业在产品研发组织管理中存在的主要问题。

企业在产品研发过程中,不可能所有的技术都自行开发,一切从底层做起,要更多地采用当前成熟的技术,大量吸取别人成功的经验;企业要把人力资源、设备资源和资金放在关键技术的研发上,而不是放在低水平的技术上,要改变研发人员重视局部利益和掌握已成熟底层技术的观点,要重视系统总体目标的实现和系统综合技术的提高;同时企业要对研发人员的技术等级和专业分工定义清楚,明确技术带头人、技术骨干人员、一般技术人员的权利与责任,通过明晰的分工,使研发人员各尽其能、各尽其职。

此外,企业还要加强研发控制。要以具有技术创新含量的新产品研发管理替代传统的面向市场的研发管理,以市场需求定义产品的功能要求,以市场时间定义研制进度,从而确定产品的技术状态、研制状态和研发结果。

(4)研发风险管理

研发的风险大致可分为三类:第一类是技术风险,包括新产品的技术可行性,新产品的硬件、软件能否满足要求,是否有相应的技术来解决产品应该实现的目标等;第二类是财务风险,包括企业承担该产品研发的能力,研发人员对财务预测的信心,新产品是否能为企业带来足够的经济效益,企业的资金来源渠道等;第三类是市场风险,包括新产品能否销出去,消费者对该产品的接受程度,还有,竞争对手是否能更快、更好地研发出更新的产品等。

企业在新产品的研发过程中要做好风险管理,使产品的潜在收益最大化,潜在风险最小化。研发风险管理涉及风险识别、风险量化、制定风险应对计划和风险控制等环节。

(5)研发质量管理

研发质量与产品的研发范围、研发时间、研发成本同等重要。研发质量保证过程不仅要对产品的最终研发结果负责,还要对整个产品的研发过程承担质量责任。企业在进行研发质量管理时,要做到以下几点:

第一,做好质量计划编制。设计质量计划的编制包括确认与研发产品有关的质量标准及实现方式,明确产品的设计质量指标、明确产品设计质量的实现方式、量化设计余量,允许产品升级并为升级计划合理的响应时间。

第二,加强对产品测试。企业不仅要加强产品的最终测试,还应认识到在产品研发生命周期的几乎每个阶段都要测试,不同阶段的测试工作侧重点不同,作用也不相同。

第三,重视产品的安全性设计。安全性设计对产品的功能实现具有重大的意义,产品的功能不仅要在理想工作情况下可以实现,在恶劣的工作环境下也应该能实现;新产品不仅在正确操作下能够完成功能,在误操作下也应该能正确完成功能。

(6)研发人员管理

由于知识的隐含性,研发人员的内部思想活动、研发的效率又很难判定,这使得企业在实施研发战略时,必须充分认识到研发人员的选拔和激励的重要性,并根据自身实际情况,制定出合理的人员选拔和激励机制。

第一,研发管理人员的选拔。研发管理人员的职责是管理其他研发人员,对整个研发项目的实施与完成负责,但不一定直接从事专业技术活动。因此,所选拔的研发管理人员应是具有战略眼光、堪当全局重任的综合性技术管理人才,对其进行绩效考评必须重视其综合技术管理能力。

第二,对研发人员的激励。企业要全面了解研发人员就业的动机与需求,要充分认识到,研发人员的精神追求比物质追求更重要。在对研发人员进行激励时,在采用简单的物质激励手段的同时,还要采取其它的激励手段,如给技术骨干提供学习深造的机会和升迁的机会、给研发人员一定的公司股份和研发产品的销售提成等,同时还要适当地进行精神激励,如公开嘉奖等。

第三,注重发挥研发人员的团队精神。新产品的研发是多项技术集合的过程,要求研发团队必须聚集各方面的技术人才,因此不能只重视个人,更应该发挥团队的作用。研发过程中要注重项目的沟通,及时地把研发信息传送给每一个研发人员。进行绩效考核时,要注意项目小组的激励和个人的激励相结合,在奖励表现突出的技术骨干时,也要对成绩不易界定清楚的其他技术人员的工作予以肯定,充分调动每个人的积极性和团队精神。

5.研究与开发战略的路径选择

研究与开发战略的路径从总体上来说有两种:建立自己的研发力量和从外部获取研发力量。两条路径的选择原则是:

如果技术进步速度较慢,市场增长速度适中,而且对新的市场进入者存在明显的障碍,那么在企业内部建立研发力量是可取的。因为成功的研发将会使企业在较长一段时期内保持产品或技术的垄断,从而获得超额利润。

如果技术变化迅速而市场发展缓慢,那么大力度的研究与开发可能会具有很大的风险。原因在于企业最终可能会开发出过时的和没有市场需求的技术。

如果技术变化缓慢但市场增长迅速,那么企业可能没有足够的时间进行内部研发。最好的方法是从外部获取专有或非专有的研发能力。

如果技术与市场发展速度都较快,则可以通过收购该产业一家技术优良的公司而得到较高的研发能力。

二、筹供战略

企业的生产经营活动和战略的实施离不开各种物资和资源的支持,筹供战略的核心内容就是为企业提供物资保障,保质保量及时地筹措和供应物资,支持企业发展。

1.筹供战略的含义与内容

筹供战略是在企业总体战略或业务战略的指导下所制定的职能战略,制定了企业筹供活动的目标及实现该目标的战略措施,以指导企业筹供活动,支持企业战略的实现。

筹供战略包括“筹”和“供”两方面的含义。“筹”就是筹措，是指从企业内外部环境中如何低成本、高质量、高效率地筹措生产经营所需的各种物资和资源；“供”即供应，就是将筹集的资源在准时、准确、保质、保量的基础上供应到企业相关单位。

概括起来，筹供战略的主要任务就是在恰当的时间，从合适的供应商那里购买数量、质量恰当的物资和服务，并将物资和服务高效地供应给所需部门。其主要目的就是以最小的投资、最短的时间、最快的速度和最高的效率来确保企业物资供应的充分性、连续性、及时性和高效性，以满足企业生产经营和战略实施的需要。

2.筹供战略的实施

筹供战略的实施主要通过确定应购项目、寻找供应源、评定供应商、建立合作关系和使筹供流程增值最大化等环节来完成。

(1)确定应购项目

实施筹供战略的首要问题是决定企业应该采购哪些物资或服务。企业首先要明确，对技术含量低、市场成熟的产品或服务可选择外购；对涉及核心技术的产品，则应尽量选择自制。其次，企业可按照市场的供需状况、风险程度和物资的成本价值比重对所采购的产品进行分类，对供应紧张、高风险、高成本的物资和服务进行重点管理。第三，合理安排采购成本。采购成本可分为两类：直接成本和间接成本。直接成本是指采购时的直接支出，如支付采购产品的价格、储存费用等；间接成本是指采购过程中的间接支出，如管理费用、业务费用、花费的时间等。对于直接成本，可通过引入竞争、采用经济订货批量等方式来降低；对于间接成本，可通过优化采购流程、实施电子采购、减少人力消耗等方式来控制。

(2)寻找供应源

一旦确定了采购项目，企业就必须设法获取供应商的信息，对其进行分析和评价，为采购供应做好准备。供应商信息可以从互联网、国际贸易或产业指南、贸易展览、贸易公司、广告媒体等渠道获得，也可从现有供应商中选择供应源。

(3)评定供应商

掌握可能的供应源信息之后，企业要通过一系列的分析和评价来选择适合的供应商。评定供应商通常有三个基本标准：价格、质量和交货情况。更精细的评定标准主要有：

产品和服务质量与水平；供应商的成本结构、地理位置和历史记录；生产、技术、管理能力；员工素质；财务和信誉状况。此外，还要考察供应商遵纪守法的情况、信息系统的水平以及供应商所在国的法律政策环境等内容。

(4)建立合作关系

实施筹供战略，企业应该改变与供应商之间的"零和"竞争关系，建立"无缝"的战略伙伴关系。这种关系主要呈现出以下四个特点：企业和供应商的关系是一种长期稳定的合作伙伴关系；供应商的数量减少，而且地理位置上尽可能靠近；这种关系是以合约的形式确定的，通过电子数据交换系统，企业与供应商之间各个层次都有相应的沟通；交易双方有着共同的目标，且相互信任、共担风险、进行全方位的配合。

(5)使筹供流程增值最大化

企业实施筹供战略的主要意义就是以最小的代价来获取生产经营所需的各种资源，同时确保供应的连续性、准确性、高效性、及时性和适用性，以满足企业生产经营和长远发展的需要。因而必须使自身的筹供流程实现增值最大化，可以通过简化工作程序、加强内部信息沟通和改变库存管理模式来达到这个目的。

3.供应链管理简介

实施筹供战略，要求企业必须树立供应链意识，了解和运用供应链管理的相关理论，将企业的筹供过程放到供应链的整体中去研究，提高筹供的效率和价值。

供应链的概念最早出现在20世纪80年代左右，但到目前为止没有形成统一的定义。一般认为，企业从原料和零部件采购、运输、加工制造、分销直至最终送到顾客手中的这一过程被看成是一个环环相扣的链条，这就是供应链。供应链的概念主要包括以下几个方面：供应链参与者，供应商(原材料供应商、零部件供应商)、生产商、销售商、运输商等；供应链活动，原材料采购、运输、加工制造、送达顾客；供应链的三种流，物流、资金流和信息流；供应链的拓扑结构，网络、链条、网链。

供应链管理也没有统一的定义，一般认为是对整个供应链系统进行计划、协调、操作、控制和优化的各种活动和过程，其目标是要将顾客所需的正确的产品，能够在正确的时间，按照正确的数量、正确的质量和正确的状态，送到正确的地点，并使总成本最小。

虽然学者们对供应链和供应链管理的定义不同，但基本思想都是强调采用一种集成的管理方法，通过供应链各环节的有机结合实现整体效率最高。目前的供应链管理研究围绕着供应链策略、供应链体系结构设计、库存管理、信息支持技术、合作伙伴选择、绩效评价体系、供应链建模方法、敏捷供应链、集成供应链、虚拟供应链和基于产品的供应链等方面展开。随着可持续发展理论和网络技术的发展，未来的供应链管理将向着基于电子商务的供应链、全球化供应链网络、供应链网络安全、需求链、绿色供应链等方向发展。

三、生产战略

企业必须通过向社会提供所需要的产品或服务才能获得自身的生存和发展，而提供社会所需的产品或服务的过程就是生产，因此，任何企业都离不开生产，生产是一个企业生存和发展的基础。生产战略是企业职能战略中的基础性战略，直接决定着企业如何向社会提供产品和服务，换言之，决定着企业以怎样的方式，如何生存和发展。

1.生产战略的含义及内容

生产战略，也叫生产运作战略或制造战略，是指在企业总体战略或业务战略的指导下，制定企业生产活动的战略目标及实现该目标的途径和手段，指导企业生产活动，以实现企业的战略目标，获取竞争优势。

生产战略对企业能否满足顾客要求、实现总体战略起着决定性的作用，其目的和任务是通过一系列相互联系并内在连贯的选择或决策，构造一个有效的生产运作系统，优质、高效、低耗地生产出满足市场需求的产品或服务，使企业获得竞争优势，保障企业战略的顺利实施和企业目标的实现。

生产战略主要包括以下内容：

确定生产战略目标，即制定生产职能活动欲实现的发展目标；生产过程决策，即实际生产系统的设计,具体包括生产技术选择、生产设施提供、工艺流程分析、生产设施布局、生产线平衡、工艺控制和运输系统分析等;生产能力决策,即确定最佳的产出水平,具体包括市场预测、设施计划、综合计划、生产计划、生产能力计划以及排队分析等;库存决策,主要涉及对原材料、在制品和产成品存量的分析、计划和控制,具体包括交货项目、交货时间、交货数量与质量、在制品和产成品的储存等;人力资源决策,包括生产系统的岗位安排、流程设计、工作内容、工作标准和工作考核等。

2.生产战略的理论框架

自20世纪70年代以来,世界制造业企业的竞争呈现一个显著的特点,即制造业企业的五大职能中(营销、生产、财务、人力资源、研究与开发)生产日益成为企业竞争战略的重心和支撑点。生产职能在企业竞争中的巨大作用已经引起学术界的高度关注。自20世纪70年代以后,逐渐形成一套比较成熟的理论框架和操作程序,其基本构架由以下三部分组成。

(1)竞争力优先性的抉择(Competitive Priority)

现代生产的竞争力被归纳为六个方面:价格竞争力、灵活性、质量、交货、服务、创新。由于企业自身的条件,如工艺技术上的某些特长和弱点、资源的有限性等条件的限制,顾客对产品及服务的要求不同,产品特性和市场定位不同,使得企业在上述六个方面的竞争力同时都达到最优既无可能也无必要。这样,就需要对竞争力发展的重点及优先顺序进行抉择。显然,这一抉择过程便是生产战略乃至竞争战略形成的过程。同时,生产竞争力优先性的抉择反映了生产战略的指向,它应该与企业总体战略相一致,服从总体战略的需要。

(2)竞争的绩效目标

指与选定的优先竞争力相一致的生产绩效目标,用一套指标体系度量。这一指标体系突破了传统的会计指标,不仅包括成本指标,还包括时间指标及质量指标等。企业根据优先竞争力,从这套指标体系中挑选出需要的指标,通过对竞争对手的标杆瞄准(Benchmarking)确定它们的目标值作为努力方向。

(3)行动方案

指为了发展优先竞争力,实现竞争目标而采取的行动措施,包括各种现代的管理方法和管理技术,诸如精益生产、敏捷制造、计算机集成制造系统(CIMS)等。行动方案是生产战略的一项重要内容,它的选用须考虑到企业内部的资源以及被选方案对优先竞争力及绩效目标的影响。

3.企业总体战略和业务战略对生产战略的影响

生产战略是企业总体战略或业务战略的细化,必须在总体战略或业务战略的指导下制定和实施,同时,生产战略支持和保障总体战略和业务战略目标的实现,相互之间存在很强的联动关系,如表11-1所示。

表11-1　企业总体战略或业务战略对生产战略的影响

可能的企业总体战略或业务战略	实施条件及对生产战略的影响
成本领先战略	需要更长的生产周期和更少的产品变化 需要专用生产设备和生产设施
以高质量为核心的差异化战略	需要做出更大的努力以保证产品质量,会导致生产成本提高 需要更加先进也更加昂贵的生产设备 需要更加熟练的技术工人,会导致工资总额和培训费用的增加
以优质服务为核心的差异化战略	需要更多、素质更高的服务人员 需要质量更高的服务设备和服务设施 需要对消费者需求或偏好做出更快的反应 需要更高效、更准确的信息系统以及更周密的协调 需要更大的库存投资
以产品创新为核心的差异化战略	需要更通用的设备和人员 会导致更高的研究和开发费用 会导致更高的再培训费用和更频繁地安装生产设备
纵向一体化战略	需要控制更长的生产链 可能导致某些生产环节的规模不经济 需要超出企业现有能力的更高的投资、技术和技能

4.现代生产模式简介

由于不同行业的生产特点不同,不同企业的生产组织状况也不同,因此,生产战略的制定和实施在反映行业生产特点的同时带有很强的企业特色，也很难用一个固定的模式来描述。但从现代制造业的发展来看,已经出现了很多新型的生产模式,并有可能成为现代企业生产模式的主流。

(1)精益生产

按照日本学者门田安弘的总结，精益生产是在日本丰田汽车公司创造的准时制造(Just In Time,JIT)生产的基础上发展起来的,是一种以最大限度减少企业生产所占用的资源、减少企业管理和运营成本为主要目标的生产方式。在其发展过程中出现了多种名称,如丰田制造系统、看板系统、零库存生产方式、世界级制造、连续流制造、准时制造等。

精益生产中的“精”,主要体现在质量上,追求尽善尽美、精益求精;“益”主要体现在成本上,表示利益、效益,成本越低,越能为客户创造价值,越能表现企业的效益。因此,精益思想不仅追求成本最低,而且追求用户和企业都满意的质量,追求成本与质量的最佳配置,追求产品性能、价格的最优化。

精益生产的显著特征是:以团队工作为特点的工厂管理;以并行工程为特点的产品开发管理;以双赢为特点的供应链管理;以订单生产为目的和以售后服务为重点的顾客管理;以及具有强烈日本特色的企业经营管理。精益生产方式由准时制造、工厂自动化、全面质量管理和全员设备维护四大支柱构成。

(2)灵捷制造

灵捷制造 (Agile Manufacturing) 由美国里海大学和美国通用汽车公司于 1988 年提出,1991 年美国国防部制定了灵捷制造计划。“灵捷”强调企业对市场的灵活、迅速、及时的动态适应。作为一种现代生产管理模式的灵捷制造,是基于以信息技术和柔性智能技术为主导的先进制造技术和柔性化、虚拟化、动态化的组织结构,以及先进的管理思想、方法和技术,能全面满足现代生产管理目标要求,尤其是对市场具有很好的动态适应性的生产管理模式。

灵捷制造主要包括三个基本要素:生产技术、管理技术和高智能化高技能的人力资源。其中,生产技术包括灵捷的技术支持、工作过程并行化、设计面向产品生命周期、分布式企业集成和分布式并行操作等特点。管理技术包括动态组织结构、虚拟企业、企业网络等研究领域。在人力资源方面,灵捷制造认为人员具有决定性的作用,强调通过继续教育和有效的激励手段培养具有丰富的知识和技艺,有丰富的想象力、主动性和创造性的企业员工。

(3)计算机集成制造系统(CIMS)

计算机集成制造系统(Computer Integrated Manufacturing System,简称 CIMS)是 1973 年美国哈林顿(Dr. Joseph Harrington)博士首先提出并在 20 世纪 80 年代得到发展与成熟的一种制造业先进管理模式,在降低成本和增强市场适应能力两方面具有显著优势。CIMS 是通过计算机和自动化技术把企业的销售、开发设计、生产运作和过程控制等全过程综合在一起的集成制造系统。它将信息技术、现代管理技术和制造技术相结合,并应用于企业产品全生命周期的各个阶段,通常由管理信息系统、计算机辅助技术信息设计、计算机辅助制造和计算机辅助质量控制 4 个基本系统,以及数据管理和网络管理等辅助分系统共同构成。

四、质量战略

质量管理的理论和实践伴随着企业诞生和发展的全过程, 企业越来越认识到质量是决定企业发展的战略性因素,也是企业赖以生存的战略基础。企业的一切生产经营活动都围绕着向市场提供符合客户质量要求的产品,因此,质量战略是企业职能战略的核心和关键。

1.质量战略概述

质量战略是关于如何保证和提高企业质量水平,满足顾客需求的关键职能战略。质量是企业的生命,从这个意义上说,质量战略关乎企业的生死存亡。

(1)质量战略的含义

质量战略是以企业总体战略或业务战略为指导所制定的职能战略, 是关于企业质量管理活动的战略目标及实现该目标的途径和手段,以指导企业开展质量管理活动,提高产品质量,实现客户满意。

质量是指反映产品或服务满足消费者明确或隐含需求能力的特征和特性的总和。质量是产品或服务有用性的衡量标准,是消费者选择的核心标准,是确定企业生死存亡的关键因素。质量战略是围绕着企业总体战略和业务战略的核心思维制定的,对更好地满足消费者需求,顺利实现企业战略目标有着决定性的作用,也在根本上影响着企业的竞争地位和竞争优势的取得。

(2)质量战略的类型

质量战略大致划分为以下几种类型:

领先型质量战略。一些技术力量雄厚,研发、管理能力强的企业,为了保持自身的领先地位,持续进行技术研发,不断进行产品创新,同时将产品或服务定位于高端市场,提供高质量的产品和服务,保持与竞争对手之间的距离。

进攻型质量战略。根据主要竞争对手的产品质量状况,找出本企业同类产品的质量差距,采取针对性的战略措施,迎头赶上并力争超过,吸引竞争对手的忠诚消费者,以扩大自己的市场占有率,提高企业在竞争中的地位。

模仿型质量战略。分析行业领先者的产品质量、产品档次和市场定位,模仿领先者的产品,并保持与领先者之间的距离,避免与领先者发生直接竞争。

防御型质量战略。在企业大体保持原有产品质量水平和风格的前提下,提高进入壁垒,阻止或避免新进入者或竞争对手的竞争。

无论企业选择哪种战略或综合采用几种战略,都要根据企业实力、供求状况及竞争者的具体情况和变化趋势,审慎决策。

(3)质量战略对"顾客"的再认识

质量战略要求树立现代的"大质量观念",即质量应满足与企业有关的利益相关者,包括顾客、雇员、股东、供应商、社会等的需求。从这点出发,顾客不仅是指产品用户,而是指一切为企业带来需求和机会的人或组织。

顾客首先是指企业的批发商、零售商和最终用户,因为他们都是产品的购买者,同时他们分别为上一层次的顾客。由于顾客的购买,企业的产品质量得以实现,产品质量的评价也是由这些顾客做出的。

其次,供应商也是企业的顾客,供应商是企业的原材料、零部件的提供者,他们需要了解所提供的产品作何用,如何使用以及使用期长短等诸多问题。若企业能提供相关信息,满足供应商的这些需求,则会有益于双方成本的节约。另外,商品制造企业尤其是耐用消费品企业,其产品质量的好坏很大程度上取决于所用材料的质量。因此,供应商技术水平的提高能帮助企业改进质量,同时供应商的新成果也能得到及时的转化和应用。

顾客也包括企业中除本部门之外的其他部门。企业是由许多部门组成的系统,不同部门之间、不同生产环节之间在工作中往往存在相互的服务和协调关系,如果每个部门和环节都能以满足顾客需求的思想和态度为其他部门服务,彼此之间建立严密的配合和合作关系,将大大提高企业的生产效率和产品质量。事实上,把其他部门视为本部门的顾客,尽量去满足对方的需求,最后受益的将是整个企业。

竞争对手也是顾客。竞争促进了购买者的需求,激烈的市场竞争会逐级逐步引发消费者的需求,竞争对手的运营情况可以向企业提供有用的信息。

竞争对手创造的需求与购买者的需求在本质上具有归一性,满足这部分顾客的需求,企业将获得最终的质量效果,这部分顾客可称为"最终顾客";而对于供应商与内部部门需求的满足,企业将获得效率,满足程度的高低决定企业是否能高效率、低成本地实现质量效果,这部分顾客可以称为"过程顾客"。

2.质量管理理论发展综述

质量管理理论真正形成体系是在二战之后，因为在此之前，质量控制停留在事后检测阶段，不能起到事先预防的作用；而且在理论上认为，质量控制是以高成本为代价的。

应美国军方战时的质量要求，休哈特博士(W. A. Sheahart)首先运用数理统计方法——质量控制图，把防止废品和次品的触角从产成品延伸至生产过程中。即按一定的标准对产品进行抽样检验，抽检工作在生产过程选定的环节里实施，随时排除异常，使不合格率能够限制在规定范围内。这种方法第一次使质量管理从以“检验”为中心过渡到以“控制”为中心，彻底改变了“高质量必然高成本”的传统认识，是质量管理理论的一大创新。

戴明博士进一步认为：质量与成本并不矛盾，提高质量不但不会提高成本，反而会降低成本，办法就是不要在最后检验时才控制质量，而是在生产过程中处处控制质量；另一点就是调动员工的积极性，让员工参与决策，以建立融洽的合作的质量控制体系。这就使得质量管理理论完成了从数理统计控制到质量主体行为控制的过渡，大大扩展了质量控制的范围，使规模经济条件下以产量为中心的价值观转变为以质量为中心的价值观，是企业管理理论的一次飞跃。

到了20世纪60年代，随着消费者对产品质量要求的日益升高，大规模的消费者运动此起彼伏，要求质量管理有进一步的创新。美国的管理专家朱兰(J. M. Juran)提出质量的本质内涵是“适用性”，其包含两层含义：第一，为产品制定的规格要求应该符合客户需要，而非主观既定；第二，适用性包括产品多方面的特性，如功能、花色、特质、耐用性、可维修性和服务等等，其中也包括价格、成本等因素。这一思想使质量管理从生产过程中的控制进一步扩大到产品开发和工艺设计阶段。

菲根鲍姆(A. V. Feigenbaum)在他们的基础上又进行了扩展，认为质量管理是为了在最经济的水平上生产出充分满足顾客质量要求的产品，而综合协调企业各部门的工作来保证与改善质量的有效体系。要生产优质产品，除依靠统计方法控制生产过程外，还需要加强一系列组织管理工作，而且质量管理工作要贯穿其全过程，还要重视研究质量的经济性。这标志着全面质量管理时代的到来。

质量管理从数理统计向全面质量管理的发展过程表明，质量管理是一个系统化概念，是一个不断循环的过程。因此，企业所有工作和所有人员都必须融入到质量管理活动中，而且，随着市场竞争的加剧，消费者对质量的要求已经成为对从产品到服务全过程的要求。

3.质量战略实施中应注意的问题

实施质量战略要注意成立专门机构、建立完善控制系统、培育质量文化和运用计算机技术等几方面问题。

(1)设置专门机构

质量管理是企业管理职能之一，与其它管理职能如生产管理、人力资源管理、后勤管理、财务管理等并存，而质量战略管理却可以将所有管理职能纳入质量管理的范畴，所有职能部门的工作都要为企业质量的提高做出贡献。质量战略强调高层领导强有力的支持和持续的参与，强调只有在公司经营者亲自参与的前提下，才能取得实实在在的成效。如果只是授权给下属和通过支持下属来推动，则效果会大打折扣，甚至不可能取得成功。

因此，应将质量管理职能分离出来，成立实施质量战略的专门机构，直接隶属于最高领导。在以质量为中心的企业，这种组织机构的设置是必然的，也是必须的。质量战略管理采取的组织结构形式，应让经营者在质量管理中充分发挥参与、领导的作用，为成功的质量战略管理创造条件。

（2）建立完善控制系统

质量战略管理涉及到企业产品的研发、生产及售后服务的全过程，也就是产品质量产生、形成和实现的全过程。在这个过程中，企业内部要素和市场环境都难免发生变异和意外事件，这就需要建立信息控制和协调机制。一个有效的、完善的质量战略管理系统应该是一个内含信息控制和协调机制的、以反馈控制为主的质量控制系统。

（3）培育质量文化

质量是企业的生命。因此，在企业的核心价值观中应当包含对产品质量的高度关注，这就需要企业创建以质量文化为核心的企业文化，使企业全体员工真正视质量为生命，质量战略的实施才能够取得应有的成效。

（4）运用计算机技术

如何保证质量战略实施本身的质量，始终是质量管理工作的要害问题。计算机信息处理的客观性和严密性，不仅可以有效地防止人为因素对质量管理工作的干扰和破坏，确保质量战略实施的质量，还会使人们的质量意识发生质的飞跃。事实已经证明，采用手工方式进行质量战略管理，先进的质量管理方法不过是一纸空文，最简单的质量反馈控制系统也难以运转。利用计算机固有的处理信息快速性、准确性和海量的信息存储功能，才能够产生真正现代意义上的质量控制与管理。

4.现代质量管理模式简介

一旦质量战略确定以后，企业就必须采取相应的方法手段来实现战略目标，现代质量管理模式如全面质量管理、ISO9000质量体系认证、6σ质量管理等就是最佳的实施方法和手段。

（1）全面质量管理

菲根堡姆于1961年在其《全面质量管理》一书中首先提出了全面质量管理的概念：全面质量管理是为了能够在最经济的水平上，并考虑到充分满足用户要求的条件下进行市场研究、设计、生产和服务，把企业内各部门研制质量、维持质量和提高质量的活动构成为一体的一种有效体系。

推行全面质量管理，必须要满足“三全一多”的基本要求：即全过程的质量管理、全员的质量管理、全企业的质量管理和多方法的质量管理。

（2）ISO9000质量体系认证

ISO9000质量管理体系是国际标准化组织质量管理和质量保证技术委员会质量体系分委员会制定并于1987年发布的质量管理体系标准，主要由ISO9001、ISO9002和ISO9003等三个核心标准组成，并于1994年和2000年进行了修订，现在已经发展到了第三版，即2000年版。现在，ISO9000系列标准已被世界上120多个国家等同或等效采用为国家标准。

ISO9000的基本思想是一个体系应能满足该组织规定的质量目标，确保影响产品质量的技术、管理和人的因素处于受控状态,无论是硬件、软件、流程性材料还是服务,所有的控制应针对减少、消除不合格尤其是预防不合格。

(3)6σ质量管理

6σ是由摩托罗拉公司于1987年率先提出并实施的质量管理方法，用于产品的质量改进。美国通用电气公司前任总裁杰克·韦尔奇于20世纪90年代大力推行该管理法,从而领导了一场管理方面的革命。进而全球掀起了一股6σ的热潮。6σ是关于质量控制和统计数字方面的概念,表示99.99966%(3.4ppm)。通俗的解释是在企业的每百万次操作中仅有 3.4个缺陷。

6σ质量管理是以项目的策划和实施为主线,以数据和统计技术的运用为基础,以满足顾客需求为导向,以零缺陷和卓越质量为追求,以科学程序为模式,以取得经济效益为目的的一种质量管理方法和质量改进方法,而不是一种单一的技术。6σ不仅仅是一个质量控制上的标准,更代表一种全新的思维和文化,一种工作理念和科学数量上的质量意识。任何一个6σ项目或问题的解决,都是从顾客需求出发,时刻心怀顾客,以满足顾客需求为导向,通过追求工作和质量的完美,让顾客满意。在6σ的实施过程中,小到一个产品或服务,中到一个项目、一个部门,大到一个企业都应该可以进行量化,绝不允许诸如“也许”、“差不多”、“可能”等模糊观念的出现,这是6σ管理最基本的要求。

6σ为质量水平提出了极高的标准,也就是追求无缺陷,追求“一次成功”。这种思想可以为任何一个企业借鉴和应用,但不是任何企业都应该或能够实现 6σ管理的深度,实施6σ管理必须具备必要性和可能性。必要性是企业生产的产品或提供的服务有必要达到6σ的质量水平;可能性是指企业已经具有一定基础,其产品和服务要求、技术装备能力、员工素质、科学管理水平与实施6σ管理相适应。因此,企业对6σ的追求应当以科技进步和科学方法的运用为基础,一定要切合实际。

五、营销战略

营销战略又称市场营销战略,是企业竞争性最强、与环境关系最密切、对环境变化最敏感的职能战略,也是直接决定企业能否得到市场认可从而生存发展的职能战略,越来越受到企业的重视。

1.营销战略概述

企业营销战略是决定企业如何开展市场营销活动，使自己的产品和服务价值得以体现的重要职能战略,具有系统性、可行性、动态性和风险性等特点。

(1)营销战略的定义

传统的市场营销理论认为,营销就是发现和满足市场需求的活动过程。而市场营销是指判断市场中未满足的需求,确定并衡量其大小,明确企业的目标市场,推出适当的产品和服务满足这一市场的一系列活动过程。企业只有善于发现和了解顾客的需要,才可能实现企业的经营目标。营销战略是指在企业总体战略或经营单位战略的指导下,制定企业市场营销管理活动的战略目标及实现该目标的途径和手段,指导企业开展市场营销活动,以实现企业的战略目标,获取竞争优势。

企业的营销战略是企业总体战略和业务战略的主要支柱。营销战略决定着企业整体价值链中最关键、最惊险的一个环节,它关系着企业价值的实现。营销战略使企业的市场营销活动有了整体统一的规划和切实可靠的保障,有助于提高市场稳定性,增强企业竞争力,保持企业的优势地位。

(2)营销战略的特征

系统性。制定营销战略本身就是一个系统工程。企业必须兼顾内、外部系统及各子系统的利益,认真考虑相互之间的复杂关系和信息反馈路径,使整体最优化,形成系统的合力,求得整体的最大效益。

可行性。企业确定的营销战略不能过于宽广或泛泛,也不能过于狭窄,必须符合企业总体战略和业务战略的思路要求,具有现实可行性,能够有力地支持企业总体战略和业务战略目标的实现。

动态性。营销战略是企业在较长时期内所遵循的市场营销行动指南,具有相对的稳定性,但由于市场环境千变万化,企业必须根据环境的变化程度不失时机地对其各项策略进行有针对性的调整,以增强企业的应变能力。

风险性。企业所面临的内外部环境尤其市场环境是复杂多变的,具有不可控性,各因素变化所产生的连锁反应以及由此带来的消极后果,都会使企业营销战略具有风险性。

2.营销战略实施中应注意的问题

在企业营销战略实施中应注意进行全面详尽的市场环境分析、进行准确的市场定位、提高营销反应速度、实施有效控制与评价等问题。

(1)全面详尽的市场环境分析

企业的战略环境从不同时间、不同角度对企业的市场营销活动产生影响。企业在制定市场营销战略时,必须对战略环境中对企业营销有较大影响的环境因素进行全面系统地分析、了解,只有在掌握市场环境特性的基础上制定出来的市场营销战略才具有成功的可能性。其中,行业环境分析和竞争对手分析是制定企业营销战略的关键因素。

(2)准确的市场定位

企业要获得市场营销战略的成功必须进行准确的市场定位。在市场营销战略中,这种定位主要包括目标市场定位、营销组合定位和企业形象定位。这三方面的定位是一个相互联系和相互影响的统一整体,其中企业形象定位层次最高,难度也最大,而且对企业的现实经营和未来发展影响最为深远,因此企业应专门制定一个战略支持型职能战略——公共关系战略,实际上就是企业形象战略,为塑造、保持和维护企业形象提供指导。

(3)提高营销反应速度

在激烈的市场竞争中,企业必须对市场营销环境因素的改变作出及时而正确的反应,调整自己的战略战术和营销措施,适应市场的变化,消除或减少市场变化给企业营销活动带来的影响,降低营销风险,以最终达到企业所制订的营销目标。

提高企业市场营销反应速度可以采取以下措施:第一,建立市场营销信息系统,设专职机构和人员收集各类市场信息;第二,加强专业化训练,提高营销人员的整体素质;第三,建立科学、合理、有效的营销组织机构,提高工作效率;第四,加强沟通与合作。

(4)实施有效控制与评价

营销战略控制通常包括年度控制、赢利能力控制、效率控制、策略控制四个方面。其中：年度计划控制是对销售情况、市场占有率、销售收入与费用支出之比、财务情况、顾客态度跟踪等方面进行分析与控制；赢利能力控制是对产品、地区、顾客、群体、销售渠道、订货规模等方面进行分析与控制；效率控制通常是对销售人员、广告、销售促进、配销等方面的评估和提高经费开支的效率及效果进行分析与评价；策略控制通常是对企业在市场开拓、产品开发、最佳渠道选择等方面的营销效果进行审计。

营销战略评价。营销战略评价通常采用两种模式，即营销效果等级评价和营销审计。营销效果评价通常包括顾客宗旨、整体营销组织、营销信息、策略导向和营销效率评价；营销审计是对一个企业的营销环境、目标、策略和活动进行全面、系统、独立、定期的检查，目的在于确定问题的范围，以便提高企业的营销绩效，通常包括营销环境审计、营销组织审计、营销策略审计、营销系统审计、营销生产力审计和营销功能审计。

3.营销战略的实施方式

企业营销战略的实施多通过传统方式进行或以传统方式为基础，但在知识经济时代，越来越多的企业开始采用创新方式实施营销战略。但无论采用哪种方式实施营销战略，都必须遵循其基本原则。

(1)营销战略实施方式的选择原则

量力而行原则。企业应根据自身实力，选择自身可以承受并能带来经济效益的营销策略及其组合。并非每个企业都适用于所有的营销策略，特别对于初期成长的企业，不可盲目效仿跟风。

适应需要原则。企业开拓市场的策略有很多种，但在某一时期某一市场往往只需使用一种或少数几种。如企业为在原有市场中争得更大的市场份额，则主要应使用价格策略、效用策略；如企业为吸引新的用户，则可使用广告策略或促销策略等。

因势利导原则。企业在营销中要对影响营销的各种因素进行分析研究，找出问题的症结所在，因势利导，对症下药。如当企业发现价格策略已无法吸引消费者，就应该分析原因，对消费者的偏好做出调查、分析，然后根据分析所得，采用效用策略、技术策略、文化策略等以满足消费者的需求。使用同一种战略，有时反其道而行之，也可收到意想不到的效果。

动态变化原则。企业不可能通过一种营销策略在市场上长期取得成功，而应根据内外因素的发展变化，不断调整其策略及其组合。企业应善于见微知著，把握先机，做好预测，及时作出策略调整，争取在条件变化之后，能在市场的分配上占有更大的份额。

合法适度原则。符合法律和规则是市场竞争的底线。纵使竞争再激烈，也不能采取违法的手段进行竞争。营销战略中要注意避免违法行为的产生。如虚假广告与宣传、低价倾销、诋毁竞争对手等均应避免，同时应遵守主管部门的管理规定，否则会被罚出局，遭受巨大损失。

(2)营销战略实施的传统方式

细分市场策略。对于一个新的企业或者企业准备进入一个新的市场，必须首先进行市场细分，以确定自己准备进入哪些市场。可按收入层次、年龄层次、购买者人数等多种方法进行细分，细分市场时首先要考虑的就是消费者的需求和偏好。

目标市场选择策略。企业在目标市场选择中需要考虑以下问题:第一,细分市场规模与本企业的实力和规模是否适宜。大公司一般重视销售量大的细分市场,而小公司应尽量避免进入大的细分市场;第二,细分市场是否对本企业具有吸引力。综合考虑五种竞争作用力的威胁,判定投入该市场是否有利可图,是分析细分市场是否具有吸引力的关键。第三,细分市场是否符合企业的目标和资源。即进入该市场是否能推动企业完成自己的战略目标,本企业是否具备在该市场中获胜所必需的技术和资源。

产品组合策略。企业在目标市场上不可能只提供一种产品,因此,必须实行产品组合策略。通常,对于刚起步的企业来说,产品之间技术的相关性应尽可能相近一些,产品的类型划分尽可能相似,这样,技术开发容易成功而且成本较低。在同一类产品中,新旧产品应有一个适当的比例,在旧产品尚处于销售鼎盛之时,就应未雨绸缪,预测市场动向,开发出新产品,最好做到生产一代,储备一代,开发一代。

价格策略。产品价格对市场需求会产生很大的影响。价格涨落机制、买价与卖价机制、成本机制、供求机制以及利润机制都会影响价格的变化,从而影响市场的需求。一个企业要使用上述五种机制,根据不同情况选择其中一种或几种配合使用以达到开拓和占领市场的目的。

渠道策略。常用的销售方式有大型超市、专卖店、连锁店、批发、零售等多种,每一种方式都有其优缺点,企业应根据行业和自身情况确定销售方式和渠道。

服务策略。现代市场营销发展的趋势之一是服务营销的地位越来越突出,企业可以通过为用户提供满意的服务来赢得客户和市场。服务策略一般包括以下几方面内容:第一,从顾客需求出发,开发令顾客满意的产品;第二,为顾客提供满意的服务,增加产品的附加价值,提高顾客的忠诚度;第三,对员工进行顾客导向服务教育,使"顾客即上帝"的观念深入人心,形成浓厚的顾客导向氛围;第四,和顾客保持经常的联系,等等。

(3)营销战略实施的创新方式

文化营销策略。主要是指通过产品的文化品味来吸引用户,开拓和争夺市场的战略。造就产品文化品味和提高产品文化含量,能使消费者在消费产品的同时有更好的文化享受,有时消费者甚至更看重的是其文化品味。但文化策略只会在特定的目标市场使用时才更有效果,不能过高估计其效果,一般也不宜单独使用。

共生营销策略。共生营销策略通过两个或两个以上相互独立的商业组织在资源或项目上的合作,达到增强市场竞争能力的目的。共生营销战略的方式一般包括共享设施等资源、特许经营、共同开发生产、共同销售、共同服务等。

绿色营销策略。绿色营销是指企业以环境保护战略为营销理念,以绿色文化作为价值观,以消费者的绿色消费为中心和出发点,力求满足消费者绿色消费需求的一种策略。

知识营销策略。是指以产品的科技创新和创新产品的科普宣传为突破口,深入浅出地向大众传播新的科学技术,通过科普宣传,让消费者萌发对新产品的需求,从而培育和创造市场的营销行为。

网络营销策略。Internet已经成为继报纸、杂志、电台、电视之后的第五大媒体,企业利用现代信息网络资源开展营销活动也已经成为一种重要的营销方式,必将对企业经营产生深远影响。

当然，企业在具体实施营销战略过程中，应根据实际需要采取诸多方式中的一种或多种,并将多种方式进行有效组合,就可以使其发挥出更大的效用。

六、物流战略

从20世纪60年代开始,企业的物流问题逐渐受到企业界和理论界的重视,物流被管理大师彼得·德鲁克等学者称为经济增长的“黑暗大陆”、“降低成本的最后边界”,是降低资源消耗、提高劳动生产率之后的“第三利润源泉”。

物流战略是对企业物流活动进行统筹计划和安排的职能战略，在物流活动越来越受到重视的今天,物流战略在企业职能战略中也越来越占据着独特的、不可替代的位置。同时,物流战略也与筹供战略、生产战略、营销战略等其他生产运营型职能战略有着相当广泛深入的联系,对从整体上提高企业运营效率和效益越来越起到关键的作用。

1.物流战略的含义

物流战略是指在企业总体战略或业务战略的指导下，制定企业物流活动的战略目标及实现该目标的途径和手段,指导企业物流活动与物流管理,以实现企业的战略目标,获取竞争优势。企业物流部门结合企业的具体实际制定物流战略的主要目的是为了降低物流成本、提高物流服务水平和物流效率,进而支持和保障企业总体战略和业务战略的顺利实现。企业物流战略关系到筹供情况、库存状况、营销效率、客户需求、服务水平等企业的各个重要方面,是贯穿企业整个价值增值过程的重要流程。

成功的物流战略可以增强企业的成本优势。有资料表明,物流成本在总成本中的比重是直接生产成本的四倍,物流所花费的时间是产品加工和制造时间的九倍。因此,企业在降低成本时,将物流管理作为重点,可以相对容易地创造企业的成本优势,增加企业市场份额和提高企业利润,起到事半功倍的效果。

成功的物流战略可以提高企业的价值优势。服务是获取竞争优势的主要途径之一,通过提供扩大化的产品来发展与客户的关系,例如及时的送货服务、及时的售后服务、及时的技术支持等,在客户心目中都可以增加产品的附加价值。因此,卓越的物流战略可以提高企业产品的价值,提高利润水平,进而使企业获得差异化的竞争优势。

物流战略的内容包括:物流战略的目标、物流战略的定位、物流战略设计、物流战略类型、物流战略态势以及物流战略措施和物流战略步骤等内容,其中物流战略定位、物流战略类型和物流战略态势是物流战略的基本要点。

2.物流战略的分类

物流战略可按照实施方式、实施过程和发展方向进行分类。

(1)按实施方式划分

按照实施方式,可以将物流战略划分为自营物流战略、协同物流战略和第三方物流战略三类。

企业自营物流战略。即由企业投资购置物流设施,组建物流部门承担企业物流职能。这种物流战略追求一种“大而全,小而全”的物流模式,不符合现代物流理念。但对于大型企业,特别是一些实施跨国经营战略的超大企业和大型连锁超市，这种物流战略则是一种较好的选择，因为它可以有效地控制成本和风险。

企业协同物流战略。即由几家企业联合起来共同完成物流活动，包括纵向协同和横向协同两种。所谓纵向协同物流战略是处于流通渠道不同阶段的企业相互协调，形成合作性、共同化的物流管理系统。这种协同作业不仅可以通过集中作业实现物流费用的递减，还能使商品迅速、有效地从上游企业向下游企业转移，提高物流服务水平。所谓横向协同物流战略是指相同业态或不同业态的企业间为了有效开展物流服务、降低多样化和即时配送产生的高额物流成本而相互协同，形成一种集中处理物流业务的方式。一般来讲，不同业态连锁企业横向协同物流处理的商品范围比较广，而且从企业内部管理角度看更容易被接受。总之，协同物流战略较适合于中小企业，可以缓解企业的资金紧张，充分利用企业运力，还可以缓解交通混杂，减少环境污染。其缺点是难以寻找物流协同伙伴，效益共享与成本分担难以公平，并且容易泄露货物流动的秘密。

第三方物流战略。第三方物流是把企业的物流业务外包给供需双方以外的第三者即专业物流企业实施的物流活动，它提供了一种集成化、专业化的物流作业模式，使供应链的小批量库存补给变得更加经济，而且还能够创造出比供方和需方采用自我物流服务更高的物流效益。这是一种行之有效的物流经营方式，也是现代物流学竭力倡导的物流战略模式。

(2)按实施过程划分

按照战略实施过程，可以将物流战略划分为内部一体化物流战略和外部一体化物流战略两类。

内部一体化物流战略。内部一体化是企业管理者将物资管理和物资配送看成一个有机的整体，是企业内部物流职能的整合，将为企业带来竞争优势。

外部一体化物流战略。外部一体化物流战略是供应链与物流职能的整合，会为供应链带来增值。协同物流和第三方物流是实施外部一体化物流战略的主要方法。

(3)按发展方向划分

按照战略发展方向，可以将物流战略划分为规模经营导向物流战略和服务导向物流战略两类。

规模经营导向物流战略。选择这一战略的企业，一般是以营业成本的降低和规模效益的提高为利润增长点的大型企业。例如，连锁经营的核心是商家凭借数量巨大的订货合同，从厂家拿到相当高的利润返还，再辅以集约化的管理，实行低价薄利经营。

服务导向物流战略。选择这一战略的企业，除了考虑规模经营外，差异化、高水平的服务也是其考虑的重点因素之一。

此外，企业物流战略还可以按照服务范围划分为市域型物流战略、区域型物流战略和国际型物流战略；按照供应链的类型划分为推动式物流战略和拉动式物流战略；按物流技术形式划分为技术领先型物流战略和互联网物流战略等。

3.物流战略制定中应该注意的问题

在物流战略制定中，企业应注意建立恰当的物流目标、进行准确的物流战略定位、根据企业情况选择适合的物流战略类型，还要对渠道设计和网络设计问题给予充分重视。

(1)物流战略目标

物流战略目标是物流战略规划中各种专项策略制定的基本依据，首要目标是提高客户服务水平，提高客户得到所定购产品的速度和可靠程度；其次是降低成本，将与运输和库存等相关的系统总成本降到最低。

企业确定物流战略目标时首先要遵循客户导向、客户服务驱动原则。即以客户为中心，为客户提供时间、地点和交易上的方便，尽可能增大产品或服务的附加价值，提高客户的满意度和忠诚度。其次，要遵循分类合并原则。即分别对不同产品、不同类型的客户提供相应的个性化物流服务，同时兼顾物流、供应链活动中的规模经济效益，降低成本。

(2)物流战略定位

物流战略定位要解决的主要问题是如何确定最优或是最符合企业战略的物流服务水平，这也是物流战略制定中的关键点和难点。物流服务水平与企业的物流成本是一对矛盾统一体：提高服务水平将提高产品的附加价值，促进产品销售，进而提高整个供应链的增值利益，但同时物流成本也将会加速增长。因此，确定物流服务水平实际上是物流成本与销售收入的均衡问题。在理想状态下，应根据物流服务水平与物流成本和销售收入间的函数关系，以利润最大化原则来进行物流战略的定位。

由于物流服务水平与销售收入间的关系很难量化，因此，物流战略定位可以通过以下途径来进行：

设定标杆。即企业根据竞争环境分析预先选定一个合适的物流服务水平，可以是本行业的平均服务水平，也可以是超过或持平于主要竞争对手的服务水平。选择中还要考虑企业的产品、市场竞争地位及细分市场特征。

设计系统。即按照总成本最低原则对物流系统中物流网络、渠道、运输、仓储、信息系统、组织、设施等各个环节进行统筹设计，追求供应链系统的整体效益最高。

敏感性分析。通过标杆设定所确定的基准水平不一定是最优的服务水平，因此有必要通过改变系统设计中那些与服务水平有关的环节，来分析客户服务水平、销售收入、相关物流成本之间的关系，直到找到利润最高的服务水平为止。

(3)物流战略类型的选择

企业选择物流战略类型主要考虑以下因素：

第一，物流成本在企业整体成本中所占的比重。如果企业对物流有较高需求，物流成本在经营成本中占较大比重，而企业对物流配送也具有较强管理能力和业务处理能力，在此情况下，企业可以采用自营物流的方式，以降低物流成本，稳定物流服务。

第二，企业自身的物流能力。物流系统对企业的经营活动至关重要，如果企业物流能力强，可以采取自营物流的方式；如果企业自身的物流管理水平较低、处理配送业务能力较弱，则可以采取第三方物流的方式，以专业化的第三方物流服务来弥补自身的不足，也可以采取协同物流的方式，通过寻求物流伙伴，来加强自身的物流能力。

第三，物流系统在企业中的战略地位。如果物流的战略地位不重要，但企业的物流管理水平较高、处理物流配送的业务能力较强，此时如果企业将自身物流资源仅用于处理自身业务，势必会造成浪费，因而既可以与其他企业组建物流配送联盟，也可将物流业务部门分出，使其向第三方物流发展;如果企业物流水平低,就没有必要建立自身的物流系统。

第四,企业物流配送的效率。如果企业反应快、配送效率高,而物流在企业中战略地位高,就要考虑建立自营物流系统。

第五,企业的资金实力。当企业资金实力较弱,且物流并非企业的关键任务时,完全可以采取第三方物流方式,使企业可以把资源集中于自己的强势业务。

(4)物流战略渠道设计

渠道设计包括确定为达到预期的客户服务水平而需采取的行动,以及由渠道中的哪些成员执行。顾客需求、渠道经济、渠道力量和渠道成员地位等几个因素影响物流渠道的设计。是否为顾客直接服务,或利用分销商来处理部分或全部营销、销售、配送或单据等职能的决策在渠道设计中至关重要。

渠道体系设计需要在渠道目标的制定,渠道长度和宽度的评价,市场、产品、企业以及中间商因素的研究,渠道成员的选择及职责,渠道合作等方面认真分析与判断,因为体系一旦实施,常常无法轻易地改变。例如:渠道目标因产品特性的不同而有所不同,生鲜易腐商品要求较直接的营销过程、减少存货、加快运输;体积庞大的笨重商品,要求运输距离短、搬运次数少的渠道布局。

另外,随着顾客需求变化和竞争对手的不断调整、发展,渠道设计必须不断地进行再分析、再评价和再设计以维持或增强企业的市场地位。

(5)物流战略网络设计

物流战略的网络设计要解决的问题是:物流设施的功能、成本、数量、地点、存货类型及数量、运输选择、管理运作方式等。运输和库存是网络设计的关键参考因素,物流系统中的仓库数目增加能够降低运输费用,但平均库存却会增加,另外,顾客服务水平与物流成本呈正比,而且当服务水平达到一定程度后,物流成本尤其是库存成本将急剧攀升。所以,如何使物流设施的网络设计达到最小总成本极其重要。

企业必须以顾客价值最大化为目标整合网络设计与渠道设计。比如,制造商与一个距离很近的分销商都库存大量的同种存货毫无意义。因此,渠道成员的协调与整合在提高整个物流系统绩效中起到日益重要的作用。

5.提高物流战略实施效率的途径

企业要提高物流战略实施的效率,可以通过建立高素质的物流队伍、建立物流信息系统、建立高效的物流组织机构、强化物流各环节的管理等途径来实现。

(1)建立一支高素质的物流队伍

物流队伍素质不高、缺乏专业技术人才是我国物流业和企业物流部门的普遍现象。只有坚持以人为本的思想,建立一支高素质的物流队伍,培养具有综合素质的物流专业人才和管理人才,充分发挥人的主观能动性,才能带来物流工作的最佳效率。

(2)建立物流信息系统,改善物流设备及其管理手段

物流信息系统是现代物流思想的实现手段和现代物流作业的支柱,是构成现代物流体系的重要组成部分,也是提高企业物流服务效率的重要技术支持。因此,实施物流战略,企业应建立、完善集成化的企业物流管理信息系统,积极促进企业物流管理信息系统尽快由人工

系统向计算机系统发展,由分散管理向系统管理发展,由业务型向决策型发展,由单机向网络发展。

(3)建立高效的物流组织机构

在物流战略实施中必须以全新的思维来认识组织机构的作用,一个整合的、高效的组织机构对提高物流绩效至关重要。一体化的物流管理并不意味着将分散于各职能部门中的物流活动集中起来,而单一的组织结构也并非对所有的企业都适用,关键在于使物流活动协调配合,避免各职能部门追求局部绩效的最大化而导致整体物流绩效的次优化。

(4)强化企业物流各相关环节的管理

物流贯穿企业生产经营的全过程,连通了采购、储存、供应和生产的整个链条,因此,成功实施物流战略要求企业必须强化所有相关环节的管理。应根据企业物流战略,结合各功能环节的特点,建立健全并严格执行相应的规章制度,建立专门机构,配备专业人员,采用有针对性的措施,从整体上提高物流战略实施的成效,使企业生产经营活动获得更高的效率和效益。

第二节 资源保障型职能战略

顾名思义, 资源保障型职能战略就是从资源方面为企业总体战略和业务战略的实施提供支持和保障的职能战略,包括财务战略、人力资源战略、信息化战略和知识管理战略。其中,财务战略和人力资源战略是企业比较熟悉也比较重视的职能战略,但随着知识经济的深入发展, 为企业提供信息资源和知识资源保障的信息化战略与知识管理战略越来越成为企业塑造竞争优势的来源和重点。

一、财务战略

财务战略是企业职能战略的一个有机组成部分。由于资金是决定企业生存发展最重要的驱动因素之一,企业总体战略与其他子战略的实施均离不开资金的流转和资本的运营,财务战略必然会影响到企业战略的方方面面。因此,财务战略是资源保障型职能战略的中坚,它既从属于企业战略,又制约和支持企业战略的实现。

1.财务战略概述

财务战略为企业财务管理工作提供了战略性的指导,包括资金筹集战略、资金运营战略和收益分配战略三方面内容,一般有扩张、稳健和紧缩三种战略类型。

(1)财务战略的含义

财务战略是为了实现企业的战略目标,以企业总体战略或业务战略为指导,以价值分析为基础,以保证企业未来长时期的资金均衡、有效流转和配置为标准,以维持和提高企业长期盈利能力为目的而制定的企业财务管理的战略性方针和原则。

财务战略的基本作用表现为对企业战略的全面支持,它具有全局性、长远性、方向性、风险性、适应性和动态性等经营战略的一般属性,这是财务战略问题区别于一般财务问题的基本点。企业财务战略将传统的财务管理工作划分出两个不同的层次:财务战略管理层次和财务执行管理层次，具体内容如表11-2所示。

表11-2 财务管理工作的层次

管理层次	管理主体	管理内容
财务战略管理层次	董事会及总经理	1.根据企业总体战略，进行财务战略分析，制定、评价企业财务战略并监督其实施，必要时进行调整 2. 在企业总体战略和财务战略指导下作出影响企业未来发展和总体战略、业务战略实现的重大财务决策 3.审议和批准企业财务预决算 4.聘任或解聘财务经理
财务执行管理层次	总经理及其领导的财务部门	1.实施企业财务战略并进行控制和反馈 2.日常财务决策 3.实施财务预算

（2）财务战略的基本内容

现代企业财务活动包括资金筹集、使用和回收与分配等环节。筹集资金是企业财务活动的起点，使用资金是财务活动的关键，回收和分配资金是财务活动的归宿。因此，企业财务战略主要包括资金筹集战略、资金运营战略和收益分配战略三方面内容，下面分别进行介绍。

第一，资金筹集战略。主要解决长期内与企业战略有关的企业筹集资金的目标、原则、规模、渠道、工具和结构等重大问题，包括融资渠道战略、资本结构战略等。

融资渠道战略，是指企业通过分析自身特点、优势和对资金提供者的吸引力，了解银行信贷、发行债权、融资租赁、发行股票及吸引风险投资等多种融资形式和渠道对企业融资量、筹集资金所需时间、融资成本及相关风险的影响，选择适当的融资渠道。资本结构战略。企业资本结构一方面是指企业负债与总资产的比率，另一方面又是各种权益性融资工具、债务性融资工具分别在企业总资本和总负债中的构成状况。由于企业最基本的发展刺激是股东对资本投入回报的追求，所以可以将资本结构战略的目标归结于权衡相关利益者利益后的股东财富最大化。企业制定资本结构战略不仅要考虑非负债税收利益、破产成本、代理成本和社会责任支付等直接变量，还要考虑周期性因素对企业融资渠道和数量的影响，如商业周期、利率、通胀率、企业成长性等。

第二，资金运营战略。即资金运用与管理方面的战略，主要解决长期内与企业战略有关的资金投放以及运营管理的目标、原则、规模、方向、结构等重大问题，包括投资战略、成本战略、信用政策等。

投资战略。企业投资战略从战略的高度来研究企业单品种投资安排和投资组合，是财务战略的重要组成部分。其目标由财务战略总目标决定，一般目标为利益目标、安全目标和前景目标，在不同投资项目上还有不同的追求。企业在制定投资战略时必须充分考虑市场占有率、最佳的现金流量、满意的投资报酬率和长期的合并收益等问题，还要充分考虑商业周期阶段性变化对产业或行业经济特征、对投资项目预期现金流量总和及分布和项目折现率的影响。同时，不同经营战略下企业选择的重点不同，增长型战略下，企业会把市场占有率放在首位，而在维持型战略下却首先追求满意的投资报酬率和最佳的现金流量。投资战略以企业战略为导向，并推动企业战略的实现，因而不能仅仅考虑未来能够获得多少收益，而要更加关注通过资本投资是否增强了企业的未来竞争能力,能否巩固和提高企业的长期竞争优势。

成本战略。成本竞争是企业竞争的一个主要方面,企业所有战略最终都会体现在成本上,因而成本战略在企业财务战略中起核心作用。随着竞争的日益激烈,"生产导向性"的传统成本管理日益不适应管理实践的需要,成本管理的目标已上升为"用户满意"乃至"社会福利最大化",强调以前瞻性的管理手段和战略性的视野对企业生产经营全过程实施全面成本管理,这使企业必须从战略的高度来把握成本管理,使之成为一种"市场导向性"的战略性成本管理。

信用政策。信用政策是指企业采取赊销(信用销售)方式时,对应收账款投资进行规划和控制所确定的基本原则与规范。信用政策中的应收账款管理政策占据极其重要的地位。应收账款从广义投资的角度看,也是企业的一种短期投资方式。信用成本最低的应收账款水平就是公司应提供的最佳信用额度,这是公司进行信用政策管理时必须要作出的决策之一。

第三,收益分配战略。主要解决长期内与企业战略有关的企业纯收益,特别是股利的分配与发放等重大问题。

长远、稳定的股利政策是企业财务战略的重要组成部分。股利政策是确定企业将盈利如何在留存(主要用于再投资)与支付股利之间进行分配,从而决定股东的未来收益与现实收益之间的分配关系。企业股利分配战略有剩余股利分配、固定或持续增长的股利分配、固定股利支付率分配和低正常股利加额外股利分配等战略方案。采取何种方案,要根据企业内外部因素的分析及投融资要求来确定。另外,传统收益分配理论只注重对物质资本的分配而忽视了人力资本的收益权。知识经济时代,如何在收益分配战略中突出对企业员工的有效激励将是收益分配战略研究的重要问题。

(3)财务战略的类型

依据财务战略在竞争中所体现出的总体特征,可以将其划分为以下三类:

扩张型财务战略。扩张型财务战略是以实现企业资产规模扩张为目的的一种财务战略。为实施这种财务战略,企业往往需要将大部分利润留存;同时,大量进行外部融资,更多地利用负债,充分发挥财务杠杆效应,以弥补内部积累相对企业扩张需要的不足。实施这种财务战略的企业,其显著特征表现为高负债、高收益、少分配。

稳健型财务战略。稳健型财务战略是指以实现企业财务绩效的稳定增长和资产规模的平稳扩张为目的的财务战略。实施这种财务战略的企业,一般尽可能把优化现有资源的配置和提高现有资源的使用效率作为首要任务,将利润积累作为实现企业资产规模扩张的基本资金来源。为避免财务成本过高,企业对举债经营十分谨慎。所以,实施这种财务战略的企业一般特征是适度负债、稳定收益、适度分配。

紧缩型财务战略。紧缩型财务战略是指以预防出现财务危机和求得生存及以新发展为目标的财务战略。由于主客观因素影响,企业发展过程中曾遇到过挫折或历史上形成负债过度,当前经营面临困难就成为采取紧缩型财务战略的主要原因。实施这种战略,一般将尽可能减少现金流出和尽最大力量增加现金流入,并通过精简机构,盘活存量资产,节约成本开支,集中一切力量用于主导业务,以增强企业主导业务的市场竞争能力。实施这种财务战略企业的主要特征是低负债、低收益、高分配。

2.财务战略的管理对象

传统的企业财务战略理论认为，资本以及围绕资本产生的财务活动与财务关系是财务战略的管理对象,而现代企业财务战略理论认为,企业财务战略管理对象是财务资源与财务能力。

(1)财务资源

财务资源是指企业所拥有的资本以及企业在筹集和使用资本的过程中所形成的独有的不易被模仿的财务专用性资产,包括企业独特的财务管理体制、财务分析与决策工具、健全的财务关系网络以及拥有企业独特财务技能的财务人员等等。财务资源并不完全等同于资本,而是具有更丰富的内涵。财务资源包含资本,资本是财务资源中最原始、最基本的一种形态,其他财务资源的形成均建立在资本基础之上;企业与各相关利益主体之间建立的财务关系也是财务资源的重要组成部分；企业独特的财务机制与具有优秀的特殊素质的财务人员是企业财务资源的最高形式。

(2)财务能力

财务资源仅仅是企业发展的必需之物，拥有了一定的财务资源并不能完全保证企业核心能力与竞争优势的形成以及总体目标的实现,企业必须具备较高的支配、驾驭这些资源的能力,不断提高财务资源的使用效率与效果,最终实现企业目标,这种能力就是财务能力。财务能力不仅包括与竞争对手相比,企业在财务资源的获取与使用、财务关系的协调、财务危机处理等管理活动中的高明之处,也包括企业在研发、生产、销售、服务等方面能力的价值体现,其价值体现为要比竞争对手具有更高的市场吸引力,可以为企业带来超额收益。总体来说,企业的财务能力主要包括财务创建能力、财务维持能力、财务创新与发展能力、财务危机识别与处理能力等四种。

与财务资源相比,财务能力不仅仅是财务资源的集合,它更是财务人员之间、财务人员与财务资源之间相互作用与相互协调的互动关系，它是企业拥有的关键的财务技能和隐性的财务知识,具有更高的不可模仿性。但是财务资源与财务能力之间存在着不可割裂的紧密联系:一方面,有效的财务能力的应用依赖于企业内部财务资源的长期储备;另一方面,财务资源的取得依赖于企业固有的财务能力。因此对财务资源与财务能力的管理是企业财务战略的核心内容。

3.财务战略实施的关键问题

实施财务战略要注意以下关键问题:

(1)编制财务预算

财务预算是以货币形式对企业未来一定时期内财务活动和财务成果的综合反映，主要包括现金预算、预计资产负债表、预计利润表、预计现金流量表等内容。从财务战略角度讲,财务预算是财务战略目标的具体化、系统化和定量化,是财务战略行动方案及相应措施的数量说明。

(2)确定工作程序

在确定财务战略实施的工作程序时,企业必须合理安排人力、物力、财力,使之与财务战略目标的要求相适应。为了制定最佳工作程序,可以借助计算机和计划评审法、关键线路法、线性规划、动态规划、目标规划等一系列科学工具和方法。

(3)完善财务管理信息系统

财务管理信息系统是企业重要的决策支持系统。企业内部的财务管理信息同样应当遵循对外报告的真实性、时效性、重要性和决策相关性等原则。以财务信息系统为核心建立“企业资源计划系统(ERP)”是推进财务战略实施的重大战略举措。

(4)建立长期有效的内部约束与激励机制

如果缺乏有效的内部约束与激励机制,财务战略的实施就无法得到保证。有效的内部约束机制包括领导者对财务战略实施的监督,财务部门对其他部门的监督以及领导者、财务部门和其他部门间权责关系的确定。此外,企业还可利用各种方式激励员工,使他们乐于配合和推动财务战略的实施。

(5)建立高素质的财会人员队伍

财务战略的制定和实施离不开高素质的财会人员，企业在财会人力资源的开发上要注意以下问题:要为财会人员的任用和选拔创建一个公平、公正和公开的竞争环境;加快财务岗位之间的轮岗锻炼,以轮岗代培训;创造机会让财会人员在生产、基建等其他专业上锻炼,培养复合型财会人员;鼓励财会人员加强本专业和相关专业的学习,提升专业水平,适应财会制度与国际接轨的迫切需要。

二、人力资源战略

人力资源战略是企业职能战略之一,也是企业战略不可或缺的重要组成部分,对企业战略的实现起着巨大的推动和支持作用,同时又是实现企业战略目标的有效保障。在日益激烈的市场竞争中，由于人力资源已成为企业的第一资源，人力资源战略对企业整体战略及研发、筹供、生产、营销、财务等所有职能战略的制定和执行都发挥着越来越重要的影响。

1.人力资源战略概述

人力资源管理经过三个阶段的发展,已经进入了人力资源战略时代,对企业总体战略的实现发挥着日益重要的作用,越来越成为企业持续竞争优势的重要来源之一。

(1)人力资源战略的含义

人力资源战略是在企业总体战略或业务战略指导下，以保证企业当前及未来人力资源配置的均衡、有效为标准,以维持和提高企业长期发展能力为目的而制定的企业人力资源管理的战略性、方向性规划。人力资源战略是连接企业战略与人力资源管理活动的纽带,它决定企业如何从战略高度通过一种合理的、一致的过程去进行人力资源开发与管理。

(2)人力资源战略的作用

人力资源战略是企业提升竞争力、培育并保持竞争优势的有效途径。优秀的人力资源战略能在防止产生冗员的同时为企业发展提供充足的人力资源储备，以最低成本和最短时间选用最佳员工,培养稀缺性人力资源,调动员工积极性,提高企业业绩和竞争实力。由于人力资源战略必须符合企业员工在知识、素质、能力等方面的具体状况,企业人力资源管理活动也难以被竞争者深入接触,所以通过实施人力资源战略获得的竞争优势难以模仿,比通过其它手段获得的竞争优势更为持久。

(3)人力资源管理的发展历程

从20世纪50年代至今,企业人力资源管理经历了以下3个发展阶段:

第一阶段,人事管理。早期人事管理的内容只限于人员招聘、选拔、分派、工资发放、档案保管之类较琐碎的具体工作,后来渐次涉及职务分析、绩效评估、奖酬制度的设计和管理、其它人事制度的制定、员工培训活动的规划和组织等。

第二阶段,人力资源管理。在这个阶段,企业中开始出现人力资源部,负责企业的人事政策制定,根据上级要求进行人员招聘及管理,并参与企业战略规划的实施。但在企业战略目标的形成过程中,往往把对人力资源问题的考虑排除在外。

第三阶段,人力资源战略管理。这个阶段,企业战略目标的实现越来越依赖于其快速应变能力和团队合作精神,人成为竞争力的关键,人力资源部门以前是企业战略的被动接受者,现在他们已成为企业战略的制定者和推行者。企业开始制定并实施人力资源战略,一方面为实现其目标而制定具体的人力资源行动,同时还将人力资源开发与管理与企业战略目标联系起来,以改进员工绩效与组织绩效。人力资源部门将关注的重点转移到企业文化建设、员工职业生涯规划、薪酬体系与激励制度、人力资源开发等方面的工作上。

2.人力资源战略的内容

人力资源战略的主要内容包括企业人力资源管理基本思路、方向和原则、甄选战略、开发战略、任用战略、考核战略和激励战略等。

(1)人力资源管理基本思路、方向和原则

企业人力资源战略最重要的内容就是通过战略分析掌握企业内外部的人力资源信息和资料,预测企业未来战略期内所需的人力资源种类和数量及企业内外部的人力资源供给,在对需求和供给进行比较的基础上提出企业人力资源开发与管理的基本思路、方向和原则。这是企业人力资源管理工作的总纲领,决定了甄选、开发等子战略的基本方向。

(2)甄选战略

甄选的第一步是职务分析,即对某个职务所包含的任务、活动进行详细地描述,说明要做好这项职务所必需的员工技能、知识和各种能力;第二步是招聘,即通过内部招聘和外部招聘的各种手段,吸引足够多的优秀的应聘者;第三步是选拔,即通过笔试和面试等各种方法从应聘者中选拔出符合企业要求的优秀人员。

(3)开发战略

开发战略是指通过岗前培训、案例研究、情景模拟、现场竞技、角色扮演、研讨会等多种方式,不断培养人力资源的能力,开发人力资源的潜力,增强员工的归属感和工作积极性,缩短员工的适应时间,降低人员的流动率,提高工作效率,使全体员工能够为了企业目标的现实而共同努力。培训战略是人力资源战略的重要组成部分,是企业持续竞争优势的源泉。

(4)任用战略

人力资源的任用是指有关部门按照工作岗位的具体要求,结合人力资源的特点,将其分配到相应的岗位上,赋予其具体的职责和权利,使其为了组织目标的实现而发挥应有的能力。任用战略的目标是把适当的人才安排到适当的岗位上,做到人尽其才。

(5)考核战略

考核战略是指对企业员工、团队以及整个组织的绩效结果做出客观公正的测量、考核和评价,以判断不同人员的努力程度、劳动付出和贡献大小,有针对性地支付报酬,并及时向员工反馈信息,促使其调整努力方向和行为方式,为实现组织目标而持续努力。

(6)激励战略

激励战略是指企业综合运用工资、奖金、福利、工作条件、精神鼓励等各种物质或非物质的激励措施,设计完善的报酬和激励方案,以充分调动员工的工作积极性,为实现企业的战略目标提供支持和动力。

3.人力资源战略实施中的关键问题

企业应把人力资源管理作为企业战略实施的保证、企业优势发挥的基础、企业文化建设的依托和企业适应性的来源,将人力资源管理职能看作战略性的经营单位,将其它部门作为人力资源管理部门的服务对象,建立客户需求为导向的人力资源管理。在实施人力资源战略中应注意以下关键问题:

(1)树立人力资源观念

人力资源管理与传统人事管理最根本的不同就在于将人看作企业最重要的第一资源,承认并体现人力资源在企业发展中的战略性价值和意义。因而制定和实施人力资源战略的重点就是创造一个良好的环境,让每个员工充分发挥所长,取得更大的绩效。所以,企业必须树立双赢的理念,将企业与员工看作是互利的共同体,在企业经营中必须以双赢的结果为追求目标。在观念上要彻底破除"资本家意识"和"官本位意识",在整个企业营造一种浓厚的"尊重知识、尊重人才"的风气。

(2)开展科学的绩效考评

绩效考评是人力资源战略管理的重要职能之一,是对企业战略实施和战略目标实现过程进行控制的重要机制,是有效实施人力资源战略的基础和依据。企业建立和实施绩效考评制度应注意以下问题:首先要制定科学合理的考核标准,考核要素设计着重从"业绩、能力、态度"三个角度入手;其次,逐步实现从"终点式考核模式"向"动态绩效管理模式"的转变。将考评不仅仅看作年终最后时点的一项工作,而作为一个动态、持续、上下互动的绩效管理过程;第三,既要重视员工个人绩效的考评,更要重视团体绩效的考评,以通过考评提高员工的团队意识和合作精神;第四,要公开、公平、公正、严肃、合理地进行考评。要加强对考评者的职业操守教育,建立考评小组,防止将考评权力集中于个人。

(3)薪酬管理以人为本

知识经济时代的到来使人的因素越来越成为企业实现战略目标的关键因素,企业薪酬体系在实现竞争优势和战略目标的过程中具有越来越重要的作用,薪酬制度的设计和实施也是整个人力资源战略管理中最复杂的工作。

事实证明,要想真正留住企业需要的优秀人才,建立以人为本的薪酬管理观念和体系至关重要。首先,无论确定薪酬数量还是选择薪酬类型,都应遵循公平原则。其次,薪酬制度一定要有竞争力。只有有竞争力的薪酬才能够吸引和留住优秀员工并提高其工作满意度。国外各大企业针对各类员工的不同需求和生活方式,设计出包括工资、奖金和福利在内的多种形式的薪酬组合,形成了由薪酬激励、成就激励和成长激励构成的“激励特区”,对人力资源战略管理产生了巨大的推进作用,对确立并保持企业的核心能力发挥着巨大作用。

(4)提高人力资本投资效益

企业应最大限度利用财务金融知识对人力资源价值进行计量和管理。如对人力资源投资进行立项,利用量本利、现金流量分析法等对人力资源投资经营决策进行规划和控制。通过人力资本的投资收益分析、员工激励机制的设计,把人力资本投入作为激励员工的重要措施并通过风险管理来实现组织绩效提升和员工福利改善的双赢局面。特别是应用管理层持股、员工持股、股票期权计划、实物期权方法等经济计量模型和金融工具,使人力资源管理更富于战略特征,极大地提高管理者和员工的积极性,使企业在吸引和激励人才方面更具竞争力。

三、企业信息化战略

信息资源是企业在网络时代获得成功不可或缺的重要资源,建立先进、合理、高效的信息系统也是企业实施战略管理的重要基础,这都有赖于企业信息化战略的制定和实施。

1.企业信息化战略概述

进入“信息爆炸”的网络时代,企业信息化水平是衡量其竞争力高低的基础要件和重要标志之一,因而信息化战略是现代企业提高竞争力的重要职能战略。

(1)信息化战略定义

企业信息化战略是在企业总体战略和业务战略的指导下所制定的企业信息技术应用与发展的整体思路与指导体系,是确定信息化战略目标、原则、策略和步骤,以获取持续竞争优势的职能战略。企业信息化战略的目的在于推动企业信息化建设,以现代信息技术为基础提高企业信息系统的水平,更好地服务于企业总体战略和业务战略的制定与实施。

(2)信息化战略的作用

企业制定和实施信息化战略能够革新企业内部的生产力要素结构, 使企业生产经营效率大幅度提高;增加企业柔性,增强企业适应市场快速变化的能力;可以带来企业内部与市场之间信息交流方式的变革,给企业业务流程、组织结构的重组乃至企业的整体发展带来新的机会,使企业组织结构和管理模式向扁平化、虚拟化方向发展,进而使企业以较低成本实现快速反应,保持企业的核心能力;企业信息化战略还能够促使企业经营模式发生变革,由完全竞争型向竞争合作型转变,与合作各方实现信息资源共享和利益分享。

(3)信息化战略的构成要素

信息化战略主要包括两个构成要素:第一,建立什么样的信息系统(IS),即IS需求战略;第二,如何应用信息技术(IT),即IT供给战略,以及二者的结合方式。因此。企业信息化战略也可称为IS/IT战略。

企业IS需求战略是要在企业战略的指导下,确立信息化战略的目标。进而围绕这一目标确立需要怎样的信息系统,明确谁来负责规划、实施信息系统。IT供给战略是要根据战略的需求,确立需要应用怎样的IT,包括谁来规划和实施、如何控制和管理技术专家、系统应该组织哪些活动以支持项目实施等。简而言之,IS战略用来描述企业信息化建设的需求,而IT战略则讨论如何满足这些需求。

2.信息化战略的类型

根据信息化战略的构成要素，可以将其划分为IS需求战略和IT供给战略两大类型。

(1)IS需求战略

根据企业信息化所涉及的业务范围和对企业现有业务处理活动的改变程度，可以将IS需求战略划分为三个阶段六种类型。

第一，局部信息集成阶段。在此阶段，企业信息化仅对内部价值链中的一个或几个环节进行，承认并保留旧的内部价值链设置，保持信息在各环节的流动顺序不变。此阶段包括两种类型的IS需求战略：

单一业务自动化战略。这一类型是最简单和最初级的改造战略。此时信息系统相互独立地应用于企业的各个部门，信息不能共享，改造的目的是实现单项业务计算机管理的自动化，提高工作效率。

多项业务集成化战略。即将多个独立运行的系统整合为一个大系统，数据信息能在各子系统间自动传递，实现共享。

第二，内部信息集成阶段。在此阶段，企业重新研究内部价值链的原有设计，并对信息在内部价值链上各环节流动的顺序进行调整。此阶段包括两种类型的IS需求战略：

业务流程改进战略。即针对内部价值链中少数几个环节进行改造。

业务流程重组战略。即对内部价值链多个环节进行改造，它可以突破原有组织部门的界限，以用户为中心重新设计信息在内部价值链各环节内的流动顺序。

第三，外部信息集成阶段。在此阶段，企业开始重新审视外部价值链，将企业外部资源与内部资源协同考虑，在更广阔的范围内调配资源。此阶段也包括两种类型的IS需求战略：

业务网络再造战略。即对企业外部价值链各环节与内部价值链各环节进行统一的分析和研究，根据企业的核心能力重新设计和选择资源的投入重点，加强附加价值高的环节，弱化低附加价值的次要环节。

业务范围再定战略。即打破原有的外部价值链界限，寻找新的企业利润增长点，与新的供应商、新的顾客建立价值链连接关系，同时，对企业内部价值链进行相对应的调整。

(2)IT供给战略

IT供给战略有三个构成要素：第一，信息技术的服务质量和范围(用S表示)；第二，信息技术所用资金的效益(用R表示)；第三，信息技术的投入、转换、产出的效率与成本(用P表示)。根据企业在选择IT供给战略时所侧重考虑的要素不同，可以将IT供给战略分为以下七种类型：

系统功能战略，这种战略侧重于S，非常强调信息系统的强大功能，而并不过多地在意成本和资金的效益；关键环节战略，这种战略侧重于R，强调用尽量低的投资获取尽可能多的信息化建设成果；集中投资战略，这种战略侧重于P，非常强调节约信息化建设的成本；系统柔性战略，这种战略同时侧重于S和P，适用于产品尚处于变动之中的企业；信息业务子公司战略，这种战略同时侧重于S和R，不仅要求信息系统的功能强大，也要求资金利用的压缩；租赁战略，这种战略同时侧重于P和R，适用于行业发展非常迅猛的企业；项目寿命综合扶植战略，这种战略同时侧重于S、R和P。

3.企业信息化战略实施过程中应注意的问题

企业信息化战略的实施主要分成两个阶段：首先在对企业业务运作模式和对信息技术的需求进行分析并对引入信息技术的影响进行评估的基础上，制定出针对性的企业信息战略计划；继而在此基础上引入先进的信息技术，制定企业信息技术解决方案，如ERP、CRM、SCM等，包括机构设置、业务模式、运作流程，财务计划等并加以实施。

企业信息化战略的实施过程非常复杂，在实施中必须注意以下几方面问题：

(1)统一领导

信息化战略的实施必然要涉及到筹供、研发、生产、销售、财务等各个部门的工作，所以，企业必须组建一支信息化领导小组，负责统一规划、实施、监督和考核等工作，以在工作中形成合力。至于这支队伍的机构形式，既可以是专职的固定常设机构，也可以是一个动态的虚拟组织。

(2)人员与配合

人才是信息化战略实施的关键，也是企业信息系统正常运行的关键，因此，使用和留住适合企业的关键人才是实施信息化战略最关键的问题。实施信息化战略就应特别慎重地选择项目承担人员和系统维护人员，包括永久或临时的员工、客户或咨询人员等。同时，信息化项目的实施还应该得到其他业务部门的同意和配合。另外，项目往往会涉及到其他的伙伴企业，因而也应该注意考虑他们的状况或回应他们的咨询。

(3)流程变革

信息化战略实施的过程，往往也是企业流程调整的过程，有可能带来流程上的简化与规范。但这种流程上的简化往往影响到相应部门和员工的利益而受到质疑甚至抵制，对推动信息化有可能产生负面影响，哪怕很小的流程简化与调整过程都有可能引发很大的问题。为解决这种现象，实施过程中必须要与企业的管理人员、业务人员充分协商，共同确定新的流程。

(4)开发组织信息资源

信息资源的创造、扩散和使用能力决定着企业竞争优势的强弱，离开信息，企业就很难保证战略制定的科学性和合理性，及时、准确、充分的信息支持是企业战略管理的基础。因而信息资源的开发和组织是信息化战略实施的重要环节，更是企业战略管理的关键基础工作。

一般来说，企业的信息资源可以分为六大类：第一，市场信息，主要是客户档案与需求状态；第二，竞争对手信息，包括目前已有的竞争对手和有可能进入该行业的新对手；第三，合作伙伴信息，包括股东、债权人、供应商、战略联盟伙伴等；第四，企业经营领域内的最新科研成果及其向生产力转换的过程；第五，宏观政治、经济、科技动态；第六，企业自身的信息，包括人、财、物、产、供、销等方面的过去、现在和未来的情况。

企业进行信息资源开发最重要的是抓好数据重组工作，即落实信息资源管理基础标准，重新规划设计共享数据库，建立稳定的全域数据模型，重组原有的信息资源，改造杂乱无序的数据环境。

(5)重视信息化战略控制

信息化战略的控制过程需要对IS战略和IT战略综合考虑，具体包括：评价每一阶段战略目标的合理性;实时监控战略执行过程中每一阶段所实现的系统功能、资金耗用及其效益与既定目标的差异;分析差异产生的原因找出解决方案,等等。控制的对象可以是人,也可以是流程;评价的标准可以定量,也可以定性。信息化战略控制的根本目的在于保证建立起满足企业经营发展需要的信息系统。系统能否以最低的成本带来最大的收益,系统用户的评价最为直接,也最为重要,因此,信息化战略控制必须时刻关注用户的反馈。

(6)培养信息化战略管理者

企业信息主管CIO(Chief Information Officer)是伴随着全球信息化进程的加速而出现的一个全新职务。CIO是负责制定企业的信息政策、标准、程序和方法,并对企业的信息资源进行管理和控制的高级行政管理人员。CIO必须既懂技术,又懂业务流程,并且具有较高的综合分析能力,能充分协调企业信息化战略与总体战略、业务战略及其他职能战略间的关系,其知识结构应该是企业管理和信息技术两方面知识的结合。

四、知识管理战略

从某种意义上说,知识经济时代的企业竞争就是企业间拥有和运用知识能力的竞争,而知识管理越来越受到人们重视的原因就在于它为企业持续竞争优势的塑造给出了一个有效的路径。因而知识管理已经成为现代企业的重大战略问题,需要知识管理战略来指导和规划。

1.知识管理战略的含义与内容

知识管理是知识经济时代的必然要求,是培养企业能力的基础性工作,是企业在知识经济时代做出有效正确决策的基础。知识管理战略是关于企业如何获取、保持和运用知识资源的职能战略,其目的是通过对知识资源的整合与运用提高企业竞争力,塑造持续的竞争优势。

(1)知识管理战略的含义

企业知识管理战略(Enterprise Knowledge Management Strategy,EKMS)是在企业总体战略指导下制定的关于企业知识管理的职能战略,即在分析企业内部知识存量、结构与环境的基础上,对知识的总量与结构、知识管理过程、知识管理的环境条件做出长远、系统的谋划,以指导知识管理过程、有效配置资源、谋求企业可持续的竞争优势。

(2)知识管理战略的内容

企业知识管理战略主要包括知识获取战略、知识保持战略和知识运用战略三方面内容。

知识获取战略指导企业如何获取知识,以满足企业持续发展的需要。通常,企业获得知识的途径有两条:从外部获取知识,包括购买知识资源、聘请外部专家和特许生产等;从内部创造知识,包括研发活动等。一般来说,从内部创造知识需要更长的周期。企业的知识获取能力决定了其未来的竞争能力。有效的知识获取战略不仅要考虑经济性,更要关注企业的长期发展。构建学习型企业,促进全体员工努力创造知识,是知识获取战略的基本课题。

知识保持战略指导企业如何保持业已获取的知识,形成企业知识体系,包括知识的储存、交流和传播等方面。知识保持对于企业当前的业绩具有重要意义,也是知识运用的重要基础。显性知识与隐性知识在存储、交流和传播方面存在显著差异。一般来说,显性知识比隐性知识更易储存、交流和传播。因而知识保持战略的重要挑战是企业内部知识的显性化,即将隐性知识转化为可以交流和共享的显性知识。

知识运用战略指导企业如何使用业已拥有的知识,以实现企业价值的最大化。企业往往局限于将知识应用于制造产品而忽略了知识运用的其它可能性,如向外界提供技术服务等。知识运用战略的关键在于发现运用知识的最有效途径，包含应用现有知识持续改进企业系统和流程,以获得更高的组织绩效。此外,建立在现有知识基础之上的创新活动是知识运用的重要方面,这不仅关系到企业的当前业绩,也关系到其未来的发展。

2.知识管理战略的类型

目前理论界对知识管理战略的类型划分还有不同认识,较为典型的有以下两种：

(1)编码战略与个人化战略

默顿·T·汉森(Morten T. Hansen)、尼亭·诺瑞拉(Nitin Nohria)和托马斯·铁尔尼(Thomas Tierney)于1999年提出了两种知识管理战略:编码战略和个人化战略。

其中,编码战略是指将知识与知识开发者剥离,达到使知识独立于特定个体或组织的目的,然后再对知识进行仔细地提取和编码并存储于知识库中,以供人们随时反复调用。而个人化战略是指知识与其开发者紧密地连接在一起，主要通过直接的面对面的接触来实现知识共享。这两种战略的差异见表11-3。

表11-3　编码战略与个人化战略的差异

	编码战略	个人化战略
竞争态势	通过对现有知识的大规模再利用,提供高质量、可靠的产品或服务	通过个人知识和经验的交流，提供创造性的、符合客户特殊要求的产品或服务
经济模型	规模经济；在知识资本上进行一次投资,而后多次反复利用；使用高助手/合伙人比率的大型团体;集中注意力于产生较大的整体收入	专家经济;针对用户的独特问题而拟定的高度用户化的解决方案；使用低助手/合伙人比率的小团体;集中注意力于维持较高的利润率
经营策略	主要依靠显性知识 提供成熟、标准化的产品或服务	主要依靠员工头脑中的隐性知识 提供创新、个性化的产品或服务
系统方式	人—文档(people to documents) 开发电子文档系统,用于知识的整理、存储、传播和再利用	人—人(people to people) 开发联系个人的网络系统,实现隐性知识的共享和交流
信息技术	在信息技术上进行大规模的投资,旨在用整编后的知识将员工组织起来	在信息技术上进行适当规模的投资,旨在促进隐性知识的交流与共享
人力资源	使用善于利用现有知识解决问题的人员;对人员进行集体培训;奖励使用文档数据和为文档数据库做贡献的人	使用喜欢挑战、善于创造的人员;对人员培训采用一对一的指导方式;奖励与他人直接共享知识的人

资料来源:曹宗媛,朱晓敏.西方企业的知识管理:战略、策略及手段.财经理论与实践,2001(6)

3.成功实施知识管理战略的关键

企业实施知识管理战略应当在人本思想的指导下，注意选择适宜的知识管理战略实施方式、构建组织体系、开发支撑技术、完善内部网络和知识库、加大资金投入、培育企业文化、建立创新激励机制和知识管理评估体系等问题。

(1)树立"以人为本"思想

企业知识分为显性知识和隐性知识两类。隐性知识存在于员工头脑中,员工积极性的高低直接关系着企业对隐性知识的运用和共享，因而隐性知识的开发和运用是知识管理的核心和难点。所以企业必须树立"以人为本"的指导思想,鼓励员工进行知识的交流、学习与共享,激发他们自我管理、创新知识的积极性,使分散在员工头脑中的知识能够整合为集体的智慧和力量,成为企业的核心竞争优势。

(2)选择适宜的知识管理战略实施方式

从业务的相互依赖水平和工作的复杂程度两个维度来考察企业的核心业务活动，可以将知识管理战略的实施方式分为四种,即事务方式、集成方式、协作方式和专家方式,如图11–2所示。业务的相互依赖水平是指企业内部个人或者部门之间在进行核心业务活动过程中相互关联以及合作的程度。这种程度越高,表明知识运用的关联性越强,相应的知识管理应更多地体现复合型的知识储备，更重视知识运用部门之间的紧密结合和现有知识体系对环境变化的适应能力。工作复杂程度是指企业内部员工在核心业务活动过程中需要运用各类知识的程度。工作复杂程度越高,表明知识运用的集成度越高,相应的知识管理更应依赖于专业人员对知识的敏锐判断,依赖于专业人员的专业技能和丰富经历的充分发挥。

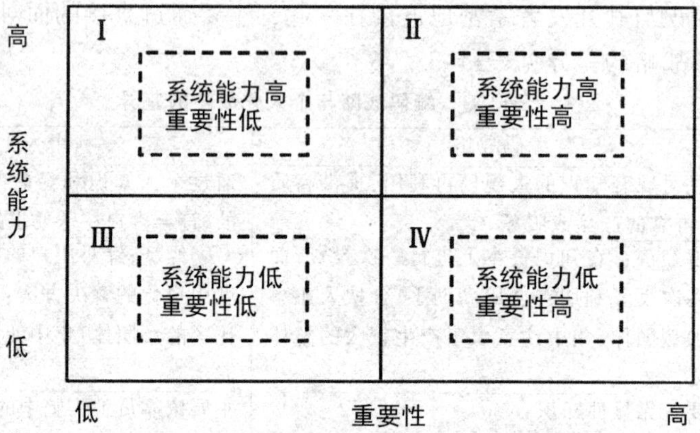

图11–2 知识管理战略的实施方式

资料来源:和金生,张雄林,刘宏伟.知识管理战略研究初探.科学学与科学技术管理,2004(9)

图中,事务方式的最大特点是知识的规范,即通过核心业务知识的规范化、标准化,确保核心业务活动持续稳定地开展。此时,知识管理战略强调知识的系统化、运作的自动化或者工作常规化、操作程序化、行为标准化。

集成方式的最大特点在于整体最优,此类知识管理战略成败的关键在于跨部门、跨组织的统一协调。其实施应当着重考虑通过业务集成的方式促使掌握相关知识的部门形成统一的运作规则和行动标准,充分发挥共享目标体系和信息反馈体系的作用,使各个部门的功能性决策建立在企业整体运营效率最大化的基础之上。

协作方式所面临的重要挑战是如何实现企业核心业务活动的突破性变革。为了引发这种变革,企业在知识管理过程中需要从全局角度来综合各种知识领域,调动各方面的知识储备,如研究开发、工艺设计、产品制造、市场营销等来解决错综复杂的问题,尤其应该强调学习型组织“共同超越”理念的挖掘,建立激励员工参与知识共享的机制,共同关注个人和集体创新能力的培养。

专家方式通常注重从专家的工作中获取核心业务发展的推动力。这一业务特点可使“明星效应”得到淋漓尽致的发挥。此类战略要求采取激励手段吸引人才,鼓励他们进行价值增值活动，与此同时，还要注重知识资本的内部运营，培养业务骨干。

借助上述分类，企业就能够针对不同特征的核心业务活动采取不同的知识管理战略实施方式，有助于企业将注意力始终集中于竞争优势的培养，此时的知识管理不仅可以改善当前的核心业务活动，也可以更好地适应未来的竞争环境。

（3）构建知识管理组织体系

知识管理具有责任分散的趋向，因而企业要建立一套有效的组织体系支持知识管理活动。在这一体系中，企业首先应当设立知识主管（CKO，Chief Knowledge Officer）职位，由其承担知识管理工作。知识主管的首要工作是建立和营造一个能够促进学习、积累和共享知识的环境，使企业员工认识到知识共享的好处并为企业的知识库做出贡献。同时，知识主管还要负责知识集成和创新，保证知识库的质量及软硬件的正常运行。伦敦商学院信息管理教授尼尔指出，知识主管的作用已经超出了信息技术的范围，而是包括培训、技能、奖励、战略等职能，企业需要一位善于思考的人把人力资源同信息技术和营销战略等职能战略有机结合起来，发挥特殊作用；其次，企业应成立专门的知识管理机构，承担与知识管理有关的活动任务；第三，企业要建立与知识管理有关的基础设施，如统一的信息技术平台、显性的企业知识库、图书馆等。

（4）开发知识管理支撑技术

知识管理战略的实现必须以应用恰当而先进的信息技术为前提，其运行也必须以信息技术为基础。在知识管理所涉及的信息技术中，需要特别重视内部网、外联网和群件技术。

（5）完善企业内部网络和知识库

建立企业内部网络和知识库是知识管理的基础性工作。通过完善的内部网络和知识库，建立知识管理基础平台，使企业能够对内外部各种知识资源进行采集、加工和处理，实现知识挖掘并集中统一地存储和管理，避免知识流失。在此基础上，实现知识资源的交流与共享，同时支持企业进行科学决策，将知识管理的思想、方法和工具有效地融入企业管理活动和每个员工的业务活动中，使企业知识管理的战略目标和计划得到有效的贯彻执行。

（6）加大对知识管理的投入

企业知识管理活动需要资金支持，企业员工学习知识也需要资金和时间的投入。因此，企业要保证对知识管理战略实施的资金支持，为员工学习创造机会和条件。还要鼓励员工从资金和时间上加大对学习的投入，使员工认识到，只有积累更多的知识，才能面对新形势下的巨大挑战，也才能有机会在企业中得到升迁和发展，有更高的经济回报。

（7）培育有利于知识管理的企业文化

知识已成为企业的核心资产，要充分发挥其作用，就必须培育一种适合其要求的新型企业文化，这是知识管理战略的高层次要求。在这种企业文化中应当有以下要素：相互信任——这是知识共享与交流的基础；开放式交流——每个人都应当为企业的知识库做出贡献；学习——每个人都有义务汲取更多的知识；共享与开发——人人都有义务推进知识库机制的良好运转；享受知识管理——从传播、获取、创造、应用新知识中得到快乐。

（8）建立知识共享与创新激励机制

在知识经济时代，知识员工成为一个企业活动的主体和核心人力资源，因此，如何激励知识员工,使其才智能最大程度地贡献于企业发展是知识企业管理的核心问题。要建立有助于知识共享与创新的激励机制,最关键的问题是要将知识(智力)作为企业的一种生产要素,作为一种最重要的资本或资源。企业要针对知识共享与创新对员工进行评价,对积极参与知识共享和建设的员工进行奖励,体现出对员工知识劳动的尊重,激励员工对知识管理的热情。具体方法有职务提升、产权激励和知识产权激励等。

(9)建立合理的知识管理评估体系

在知识经济时代,人是拥有知识的主体,掌握更多、更新知识的人才是企业的稀缺资源。为了推动知识战略的实施,对人才的评价标准应有大的转变,绩效考评的指标不仅仅包括其自身拥有多少知识,更应当包括他为其他员工传播和共享了多少知识;从知识创造的角度看,不仅应包括个人的创造成果,更应当包括他如何协调、组织和提供知识与思想。如在某公司五级营销员体制中,规定低一级营销员要升为高一级营销员时,除考核年销售额外,还要考核他一年中给其他营销员的上课次数和培养出了几个稍低级的营销员。

4.知识管理战略的评价标准

Teleos提出的知识管理战略评价标准有8项:企业在创建知识型文化环境方面的努力;企业高层管理人员对知识管理的支持和认可程度;企业开发和提供知识型产品或服务的能力;企业为最大限度地发挥智力资本价值而做出的努力;企业促进知识共享的措施;企业是否已形成一种持续学习的文化;企业能否管理好客户知识从而增加客户忠诚并创造价值;企业通过实施知识管理而使股东获益的能力。

由于知识管理的经济回报难以量化,Thomas H. Daveport等人提出了4项附加指标,用来进行企业知识管理战略的评价:与知识管理相关的资源增长情况,包括人员、资金和技术等;知识内容及其利用率的增长,包括文献数量、对知识库的访问次数、参与人员的数量等;在缺少某几个特定人员支持的情况下,知识管理能否继续下去;对知识管理活动自身或整个企业的经济回报。

天津大学的和金生、张雄林、刘宏伟将知识管理战略的评估指标分为5个层次:第一层次是“反应和满意度”,用以评估参与者对知识管理活动的反应以及利益相关者对项目的满意度;第二层次是“学习”,用以评估参与者通过知识管理活动所学所知方面的成果;第三层次是“实施”,用以评估参与者是否能够运用知识管理所必须的知识、技能以及态度;第四层次是“经营影响”,用以评估知识管理所获得的成果;第五层次是“投资回报”,用以评估知识管理所带来的货币收益或成本节约。

第三节 战略支持型职能战略

战略支持型职能战略包括组织结构战略、企业文化战略和公共关系战略。之所以如此归类,是由于它们能够为企业总体战略和业务战略的实施提供具有战略意义的全面支持。组织结构战略决定着承担战略任务的具体机构和人员,是企业战略运行的载体和“硬件”;企业文化战略创造了促进战略实施的内部文化氛围,是企业战略实施的环境和“软件”;而公共关系战略直接与企业使命相关,通过塑造良好的企业形象为企业创造了战略实施的外部环境。

战略支持型职能战略是一类特殊的职能战略。一方面,它们从属于总体战略或业务战略,其制定和实施都要以企业总体战略或业务战略为指导;另一方面,它们对企业总体战略或业务战略的制定与实施具有重大影响和关键作用,企业在制定和实施总体战略与业务战略时必须考虑相关因素,否则可能导致战略失败。

一、组织结构战略

组织结构战略是从组织结构方面为企业提供战略支持的重要职能战略,是在企业总体战略或业务战略的指导下,为保证组织结构对战略的适应和支持而制定的有关组织结构调整与变革的战略目标及实现途径和手段,以指导企业组织结构的维护、调整和变革,为实施企业战略、实现战略目标服务。

由于企业战略与组织结构之间存在着“结构追随战略,战略兼顾结构”的关系(详见第八章第二节),因此,制定和实施组织结构战略就成为企业战略实施的关键问题,而组织结构战略也在企业职能战略中具有特殊地位,它与企业文化战略一起,从“软”“硬”两个方面为企业战略的顺利实施保驾护航。

一般来说,与企业总体战略或业务战略相适应的组织结构工作包括以下三方面内容:首先,正确分析企业目前组织结构的优势和劣势,设计出能够适应战略需求的组织结构模式;其次,通过企业内部管理层次和管理幅度的划分,为企业内部各部门和岗位配置相应的责、权、利及适当的管理方法、手段与条件,建立起确保战略实现的能力;第三,为企业组织结构中的关键岗位选择合适的人才,保证战略的有力推行。组织结构战略为企业组织工作提供了原则和指导,一般包括战略与结构的匹配、组织变革与组织创新等方面的问题。

1.战略与结构的匹配

选择适宜的组织结构是保障战略顺利实施的重要前提,企业在选择组织结构时,不仅要考虑战略的内在要求,而且要综合考虑其他影响组织结构的因素。

(1)总体战略与组织结构的匹配

总体战略对组织结构的要求主要体现在如何以不同的组织设置处理不同类型的业务活动。因此,总体战略实施对组织结构的选择,实质上就是要求企业设置的多部门结构能够顺应业务活动之间的内在关系。与此相应,公司层的部门化结构有三种模式:合作形式、事业部形式和竞争形式,如图11-3所示。一般来说,实施纵向一体化战略的企业适宜采用合作形式的多部门结构;实施横向一体化战略和相关多元化战略的企业适于采取事业部形式的多部门结构;实施无关多元化战略的企业适宜采用竞争形式的多部门结构。

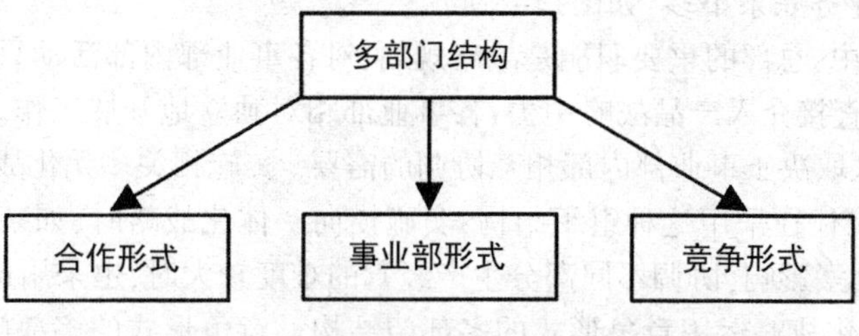

图11-3 三种不同的多部门结构

实施纵向一体化战略一般采用合作形式的多部门结构。在合作形式的多部门结构中，生产部门按照工艺专业化组建，部门之间是上下游生产环节的关系，相互依赖性强，协调性要求高。为增强各生产部门的协调与合作，企业一方面将战略规划、人力资源管理和营销策划等职能集中在总部，以促进纵向整合；另一方面在部门间建立横向信息沟通渠道，鼓励部门间协商和沟通，如图11-4所示。

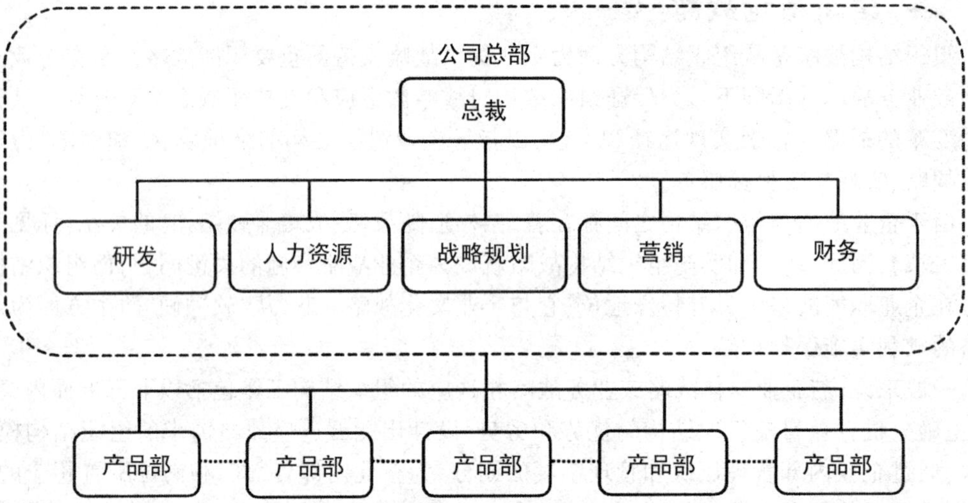

图11-4 多部门的合作形式示意图

合作形式的多部门结构能够比较全面地适应纵向一体化战略在边界、流程和关系三个方面的要求，通常作为企业实施纵向一体化战略的首选组织结构，也往往被采用集中化战略的企业所采用。对于某些相关性较高的多元化企业来说，由于不同领域的生产经营存在广泛的资源与能力的共享，也可以采用这种组织结构。不过往往需要设立项目小组来强化与特定经营领域的信息交流和行为整合，这些临时的项目小组也有可能转化为正式的部门，使合作形式的多部门结构转变为矩阵制结构。

在合作形式的组织结构中，存在多种形成资产和能力共享的渠道和方式，各个部门对企业共享资产和能力的贡献及它们从中获得的市场利益并不一定对称，从而影响部门合作的积极性。因此需要企业在部门绩效考核方面，注重部门对公司战略的贡献，平衡部门利益。

实施横向一体化战略和相关多元化战略运用事业部制结构。多部门结构中的事业部制至少存在三层结构：企业总部、事业部和事业部下属的通过产品或市场发生联系的部门群。事业部是一个典型的多利润中心结构，在产品或技术上存在密切联系的部门构成一个事业部，不同事业部间业务联系不多，如图11-5所示。

在事业部结构中，总部的重要职能是战略规划，对各事业部内部活动只起顾问的作用，而不像合作形式那样直接介入产品战略中去；各事业部相对独立地开展工作。事业部内部的组织形式差别很大，这取决于事业部内部相互协调的需要。实施相关多元化战略，各经营领域间的独立性较强，所以往往采用这种组织结构；实施横向一体化战略时，如果因受到地域、产品品种、管理幅度等因素影响，协调不同部分生产经营的难度较大时，也采用这种组织结构。

实施无关多元化战略运用竞争形式的多部门结构。竞争形式的多部门结构是强调对企

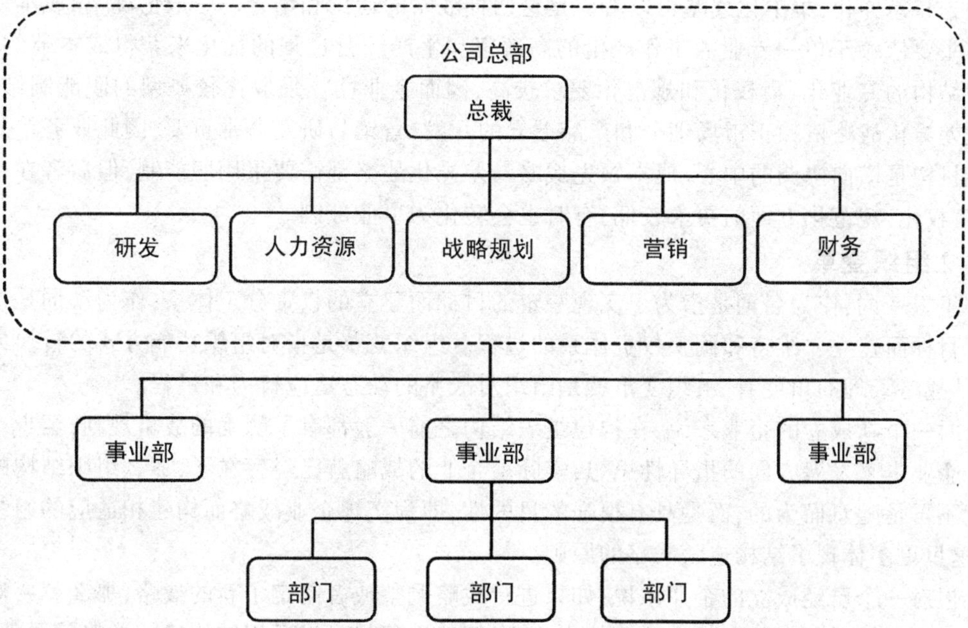

图11-5 事业部形式示意图

业内部不同部门基于资本的竞争实行控制的一种结构。在这类组织中各部门独立进行战略决策,都具有独立的、可衡量的业绩,部门间的相关性极小;公司总部主要是根据对各部门的业绩进行评估,评价资本的利用效率,以此来确定资源在部门间的配置,因而财务与审计在公司总部中的地位比较突出,其它总部部门一般都很精简。此外,由于资源配置过程中经常遇到资产处置问题,总部对法律部门也比较重视,如图11-6所示。

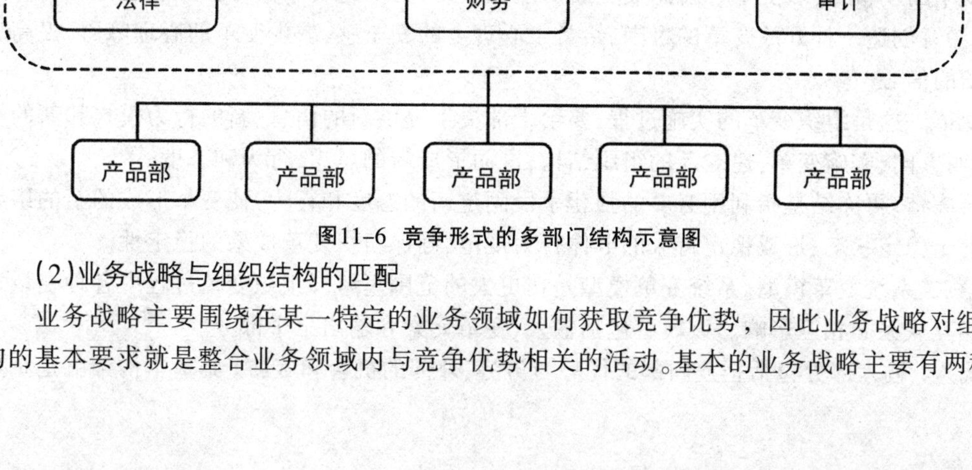

图11-6 竞争形式的多部门结构示意图

(2)业务战略与组织结构的匹配

业务战略主要围绕在某一特定的业务领域如何获取竞争优势，因此业务战略对组织结构的基本要求就是整合业务领域内与竞争优势相关的活动。基本的业务战略主要有两种:成本领先和差异化,集中化战略可以看成是这两种战略的运用和结合。一般情况下,成本领先战略主要依赖于单一专业的工作产生的高效率和生产经营过程的优化来获得成本节约,对组织结构的专业化、集权化和规范化要求较高,因而企业往往采取比较典型的职能制结构。实施差异化战略依赖于市场细分和产品差异的开发,营销与研发非常重要,因此业务单元的职能机构是横向协调的中心。成本领先战略与差异化战略都需要采用职能制,但后者在专业化、集权化、规范化方面的要求较低,有时也会转化为事业部制。

2.组织变革

组织一词,作为名词是指为了实现一定的目标而建立的权责分工体系;作为动词是指为实现目标而建立、维持和调整权责体系的过程。组织变革是指对组织功能方式的转换或调整,从战略管理的角度看,组织变革就是组织对战略的动态适应行为和过程。

对一个新成立的企业来说,在构建组织结构之前一般都有了明确的战略规划,至少有了关于企业未来发展方向的指导性思想,实际上企业的战略就已经存在了,那么组织结构的构建就不再是随意而为的,而是具有很强的目的性,即为实现企业战略而构建相适应的组织结构,这里更多体现了结构追随战略的原则。

但对一个已经成立的企业来说,如果进行战略调整或者制定了新的战略,那么就要对现有的组织机构进行调整以适应战略的变化,尽管这里仍然可以适用结构追随战略的原理,但现存的组织结构必然存在巨大的惯性, 对其进行的任何改变都可能面临着较复杂的利益关系和人际冲突,显然与构建一个新的组织结构完全不同。因此,在这种情况下,除了强调“战略兼顾结构”之外,如何顺利实施和完成组织变革就成为战略实施能否成功的关键,是制定和实施组织结构战略应重点考虑和研究的问题。

(1)组织变革的理论模型

组织变革是一个复杂、动态的过程,需要有系统的理论指导。管理心理学对此提出了一些行之有效的理论模型,其中影响最大的有:勒温(Lewin)组织变革模型,系统变革模型和Kotter变革模型。

第一,勒温的组织变革模型。勒温将组织变革分为解冻、变革和再冻结三个步骤,用以解释和指导如何发动、实施和巩固组织变革过程。勒温的模型是最具影响的组织变革模型。

解冻。这是组织变革的准备阶段,其关键在于鼓励员工改变原有的思想行为模式,产生组织变革的动机,要求变革并愿意接受新的组织模式,为实施变革做好思想和舆论准备。此外,应注意创造一种开放变革的氛围,给员工心理上的安全感,减少变革的心理障碍,提高变革成功的信心。

变革。这是组织变革的实施过程,要给干部员工提供新的信息、新的行为模式和新的视角,指明方向,实施变革,建立新的组织结构,进而形成新的思想、行为和态度。

再冻结。再冻结是指利用必要的强化手段固定新的态度和行为,使变革形成的新的组织机构处于稳定状态,形成稳定持久的群体行为规范,确保组织变革成果的稳定性。

第二,系统变革模型。系统变革模型是在更大的范围里解释组织变革过程中各种变量之间的相互联系和相互影响。该模型包括输入、变革元素和输出三个部分。

输入。输入部分包括企业内部的优势与劣势、外部的机会和威胁。其基本构架就是企业的使命、愿景和战略。变革元素。变革元素包括目标、人员、社会因素、方法和组织体制等。这些元素相互制约、相互影响，组织要根据企业战略，对变革元素进行相应的组合，实现变革目标。输出。输出就是变革的成果。根据企业的战略，组织变革从组织机构、部门群体、个体等三个层面增强了组织的整体效能。

第三，Kotter的组织变革模型。领导研究与变革管理专家Kotter认为，组织变革的失败往往是由于高层管理部门的错误造成的。常见的错误有：没有建立变革的急迫感、没有组建一个负责变革过程的有力的指导小组、没有确立指导变革的愿景并进行有效沟通、没有系统计划以获取短期利益、没有对组织文化变革加以明确定位等。

为此，Kotter提出了组织变革的八个步骤：建立急迫感；创设指导机构；提出愿景与战略；沟通变革愿景；实施授权行动；巩固短期收益；推动组织变革；定位文化途径等。Kotter的研究表明，成功的组织变革有70%~90%是由于变革领导有效，还有10%~30%是由于管理部门的努力。

（2）组织变革的动力与阻力

在组织变革中同时存在着动力和阻力，变革能否成功就取决于这两种力量之间的博弈和对比。

首先，组织变革的动力。组织变革的动力来自各个方面，不仅来自组织的外部环境，也来自组织内部。

组织变革的外部推动力主要是指政治经济、社会发展、技术进步和市场竞争等企业外部环境的变化给企业带来的压力，迫使企业必须进行组织变革以适应环境。实际上，面对外部环境的变化，企业首先会在战略上作出回应，随之进行组织结构的变革，因而这种外部推动力就会转化为战略的推动力。

组织变革的内部推动力包括组织结构、人力资源管理和经营决策等方面的因素，但归根结底，都可以归结为企业战略的推动力，因为企业任何方面的调整和变革都离不开企业战略的指导，也只有在战略的指导下进行的企业内部调整和变革才能为企业最终目标的实现做出贡献。

其次，组织变革的阻力。通过管理心理学的研究，常见的组织变革阻力可以分为组织因素、群体因素和个体因素三类。

组织因素。组织因素是组织结构本身对组织变革的阻力，主要来自于组织惰性，是指组织在面临变革时表现得比较刻板、缺乏灵活性，难以适应环境和战略的要求。造成组织惰性的因素很多，如组织内部体制不顺、职能分工不合理、决策程序不良、企业文化陈旧等，都会使组织产生惰性。此外，内部激励制度以及变革时机等因素也会影响组织变革的进程。

群体因素。对组织变革形成阻力的群体因素主要有群体规范和群体内聚力等。群体规范具有层次性，边缘规范比较容易改变，而核心规范由于包含着群体的认同，难以变化。同样，内聚力很高的群体也往往不容易接受组织变革。勒温的研究表明，当推动群体变革的力量和抑制群体变革的力量间的平衡被打破时，就形成了组织变革。不平衡状况“解冻”了原有模式，群体在新的、与以前不同的平衡水平上重新“冻结”。

个体因素。个体因素是组织中的员工出于个人原因对组织变革的抵制。个体因素比较复

杂,可以分为以下几个方面:

习惯。人们总是根据自己的习惯来对刺激作出反应,习惯一旦形成,就非常顽固,任何对习惯的破坏总是会给个体带来不快,进而遭到不同程度的抵制。组织变革必将改变人们已经习惯的工作程序和方法,与许多组织成员的习惯相冲突,就有可能遭到人们的抵制和破坏。对未来的担心。组织变革必然会创造一个新的、人们所不熟悉的组织结构,这会导致组织成员产生情绪上的忧虑与不安,人们会担心变革将影响他们在组织中的地位、收入、权力或优势,这往往是造成员工抗拒变革的主因。规避风险倾向。一般来说,组织中的个体多数是风险规避型的,尤其是在中国这样的东方社会表现得更为明显。而任何一项变革都会带来一定的不确定性,如果缺乏深入沟通,组织成员就可能从规避风险的本能出发而抵制变革。寻求安全感。人们总是对熟悉的事物感到安全,在组织变革中,人们需要从熟悉、稳定和具有安全感的工作岗位,转向具有不确定性的新组织结构,其"职业认同"受到影响,产生对组织变革的抵制,追求安全感的本性促使人们反对组织变革。

(3)组织变革的模式

根据变革的方式,可以将组织变革分为温和的演进(Evolution)和激烈的改革(Revolution),又称为渐进式变革和激进式变革。

演进是以渐进的方式进行组织变革。即通过一系列机构调整及业务流程的重组来实现组织结构的改变。演进过程在已有的组织结构上进行,如对现有的机构和岗位进行增减、合并或功能调整等,是组织渐进的、局部的变化,卷入变革的人员和范围比较小,对企业的整体影响较小。

改革是以激进的方式进行组织变革。指的是对企业原有的组织结构进行彻底改造,一般涉及整个企业,影响企业所有的员工。由于这种方式的变革容易带来一段时间的混乱局面,导致公司效率下降,因此在一定程度上会影响企业的运营。所以当企业必须进行重大的组织变革时,时间和力度是成功的关键,要以很快的速度和强有力的手段实施变革,有时甚至以强制手段推行,从而缩短混乱期的时间,将尽可能地降低负面影响。例如,杰克·韦尔奇在其上任后进行了大刀阔斧的组织变革,使其原有的25层管理层次被压缩到5~6层,消除了事业单位与企业高层之间的沟通障碍,提高了管理工作效率,就是采用了这种激进式的改革方式。选择怎样的变革模式是关系组织变革能否成功的关键问题,除与企业战略有关外,变革模式的选择往往还与企业外部环境变化的程度和趋势以及企业文化、领导者的领导方式以及企业发展阶段有关。组织变革对企业而言存在着相当的风险,但往往又是实施企业战略的必由之路,因此,企业应该充分地考虑变革风险,慎重地选择变革方式,在保证变革绩效的前提下,尽量避免频繁剧烈的变革。

(4)成功实施组织变革应注意的问题

要成功实施组织变革,进而推进企业战略的成功实施,就应当在组织变革中注意以下问题:

第一,建立变革共识。只有得到大多数人的支持,组织变革才有可能成功,因此,企业上下树立对组织变革的共识是变革成功的关键,即企业各层管理人员和全体员工都应当认识到组织变革的重要性和必要性,了解组织变革的原因并相信这个原因。如果企业没有明确的战略指导,或员工没有树立危机意识,那么要他们积极参加变革是比较困难的。所以变革的推动者要建立变革的共识，赢得员工对组织变革的投入和支持就要在组织内大力宣传企业战略，强调组织变革的必要性，在员工中树立危机意识。

第二，慎选变革模式。渐进式变革和激进式变革两种变革模式各有利弊，无所谓孰优孰劣，关键是是否适用于特定的企业。

渐进式变革减少了变革中的阻力，有利于缓解变革中的矛盾冲突，使变革易于在大多数人接受的情况下进行，变革风险较低。但渐进式变革最大的缺点是需要耗费较长的准备、说服和动员时间，变革过程漫长，在环境变化剧烈，需要尽快实施变革的情况下，渐进式变革可能会丧失最佳的变革时机，增加变革成功的难度。也可能由于长时间看不到成果而使变革者丧失信心，带来懈怠心理，使变革不了了之。

激进式变革过程往往伴随着较激烈的矛盾冲突，变革不易得到大多数人的支持和拥护，变革风险较高。但激进式变革不需要花费太多的说服动员时间，最大的好处就是变革效率很高，可以在很短的时间内看到变革的成果。即便在变革之初阻力很大，当很快看到变革的最终成果时，如果该成果能够使大多数人得益，那么仍然有可能得到大多数人的支持而使得新的组织结构"固化"，从而实现"再冻结"，获得变革的成功。同时，在企业环境变化剧烈的情况下，快速高效的变革是适应环境的重要保证。但要以激进方式成功实施组织变革，还有一个必不可少的因素就是企业的领导人必须拥有足够的推行变革的权力和决心，能够在短期内得到变革成果。

因此，组织变革模式的选择是关系变革成败的重要问题，企业必须根据自身内外部环境状况慎重选择。也可以采用在局部先进行变革的试点，积累了成功经验后再全面推广的做法。

第三，化解变革阻力。无论何种形式、何种内容的组织变革，阻力都是必然存在的，如果处理不善，就有可能导致组织变革失败。因此要采取有效措施化解变革的阻力，为顺利进行组织变革创造良好的条件和氛围。化解变革阻力的主要方法有：

教育和沟通。一项研究表明，最常被提到的组织变革失败的原因是员工从外部获得变革的消息。因此，企业通过教育和沟通，给员工及时提供组织变革的信息，能有效地防止谣言、误解和不良情绪。可以帮助员工理解他们在变革中的角色，不仅有助于形成共识，而且使员工产生一定的责任感。同时，在组织变革过程中加强培训和信息交流，既有利于及时实施变革的各个步骤，也使得决策者能够及时发现变革中产生的新问题、新情况，获得有效的反馈，随时排除变革过程中遇到的抵制和障碍。

参与。研究表明，人们对某事的参与程度越大，就越会承担工作责任，支持工作的进程。因此，让不同层次的管理人员和普通员工尽早地、不同程度地参与组织变革，例如参与有关变革方案的设计和讨论，就会给员工一种控制变革的感觉，他们会认为变革是自己的事情。这样，他们往往可以更好地理解变革，会对变革的实施作出承诺，抵制变革的情况就会显著减少。但是，这种方法比较费时间，在变革计划不充分时，也有一定风险。

动态调控变革时间和进程。组织变革需要时间来完成，各层管理人员和员工都需要时间去适应新的机构、岗位和制度，如果变革速度过快，下级会产生一种受压迫感，产生反弹和抵制。因此，要动态地调控变革进程，合理安排变革各个阶段的时间。

采用强制手段。一般不建议采用这样的方法，但是当组织变革的速度非常重要，条件已经不允许采取其他措施的时候,利用行政权力采取强制手段往往也是必要的,如裁员。

第四,突出战略导向。组织变革绝不是为变革而变革,而是在企业战略的指导下进行的、对战略的适应性行为,也是为保证企业战略的成功实施而采取的重要战略举措。因此,组织变革是一个战略性行动,企业的战略目标就是组织变革的最终目标,在组织变革的始终都要以企业战略为导向来思考和解决问题,只要有利于企业战略的成功实施和战略目标的达到,怎样的组织变革都是合理的。切忌舍本逐末,将组织变革独立于企业战略实施之外,甚至和战略背道而驰,影响企业战略的实施。

3.现代企业组织变革与创新的趋势

组织构成要素中每一要素的变化,都可能引起组织结构的变革。因此,企业在战略实施过程中要注意这些因素的变化,适时调整组织结构战略,进行组织变革和创新。根据引起变革主导因素的不同,现代企业的组织变革与创新已经表现出以下六种趋势。

(1)扁平化

所谓扁平化,就是减少中间层次,增大管理幅度,促进信息的传递与沟通。授权与分权是组织配置权力的主要方式,权力配置方式与组织成员在特定领域中知识和经验的积累与分布相关。如果组织的领导层拥有大量的知识与经验、而员工的知识与经验很少,那么授权与分权就相当有限;相反如果领导层缺乏相关的知识和经验,而下属却拥有,那么就很可能以授权或分权的方式构建权力体系。

反过来,组织结构也影响组织学习。在组织初期,领导与员工的知识与经验很少,往往采取多重授权的纵高型组织结构,其优点是:结构严谨、等级森严、分工明确、便于监控等。但随着员工知识和经验的增长,分享权力的能力提高,这种组织结构的弊端日益显露。授权带来的代理成本和分权带来的协调成本居高不下;管理层次多,造成信息传递延误与扭曲;下属参与决策的程度低,创造潜能难以释放;高层领导和基层群众交流、沟通太少,组织缺乏凝聚力。为了克服这些弊端,企业必然通过减少授权层次、扩大分权范围来实现组织结构的扁平化。

当然,扁平型组织结构也有弊端,如管理幅度加大后使上级的指挥协调负担加重,有可能出现失控的危险。但从环境变化和组织发展的方向来看,总体上存在着权力体系从纵高型向扁平化方向发展的趋势。

(2)模块化

专业化分工有利于提高工作效率。专业化水平是随着企业在特定领域知识和能力的积累而不断提高的。在企业从事某种产品的生产经营之初,往往按照特定产品的生产过程来组织生产活动,专业化的水平仅仅局限于特定产品生产的专业化,也即流程专业化。随着企业知识和经验的积累,内部分工水平不断提高,生产过程各个环节上的专业化水平大大提高。企业就可以将流程分解为若干个具有重构功能的模块(工艺专业化的生产单元),利用这些模块的不同组合,形成不同的生产流程,制造不同的产品。这样,为特定产品设计的生产系统就可以根据生产经营的需要及时进行调整,甚至一些过去专门为某种产品提供专业加工的环节可以独立地对外承担加工任务,极大地提高了企业的灵活性。

企业专业化发展是一个渐进的过程,内部各环节工艺专业化水平也是不同的,最先模块化的环节往往是那些专业化速度比较快、专业化程度比较高的环节。模块化在生产领域中也被称为"灵捷制造技术",因此很多人把模块化看成是一种生产组织技术。事实上企业的技术专业化水平只是为组织结构的变化提供了前提,真正推动这一变化的,是组织结构中关系的调整。因为在生产的任何技术水平上,企业都不可能在工艺专业化和对象专业化两种组织模式上作出选择。如果不对组织结构中的关系作出调整,模块就无法适应不同的生产流程。

(3)弹性化

所谓弹性化,是指企业为了实现某一项目,把在不同领域工作的具有不同知识和技能的人集中于一个特定的动态团体之中,共同完成某个项目,待项目完成后团体成员各回各处。

职能分工是企业组织的基础,职能分工越细,越有利于专业化的发展;但职能化的发展也容易造成各个部门画地为牢、以邻为壑,妨碍了企业行为的整体性。知识创造、知识共享和应用是企业发展的迫切要求,从知识创造的角度看,组织要通过提高专业化水平,从知识共享和应用的角度看,企业又必须具有对不同领域的专业知识进行整合的能力。

知识专业化或职能化水平越高,整合的要求越高,难度越大。如果企业不能较好地整合,那么专业化水平的提高也可能导致企业能力的下降。所以职能化和弹性化是相伴而行的,越是职能化,越要注意保持组织的弹性。增强组织弹性的方法很多,如员工的部门间交流、组织结构的重组等。但从根本上说,如果企业的流程和外部环境没有发生重大变化,企业要彻底改造现有的组织结构是很困难的, 所以项目小组这种机动团队就成为组织变革的一种重要方式,这种动态团队组织灵活便捷,能伸能缩,富有弹性,既很好地完成了特定目标,又无需冒组织变革的风险。

(4)网络化

网络化趋势体现在企业组织结构维度的增加上。这一点可以从企业组织形态发展的历史过程中得到充分体现。由最早的纵向权力关系构成的直线制组织形式,发展到纵向授权和横向分权相结合的直线职能制,再发展到以产品为基础的事业部,以至于包含了国别、地区等因素的多维结构。随着网络时代的到来,网络组织这一新型的组织结构形式已经出现。

因此,在组织演化过程中,组织的维度呈现出逐步增加的趋势。组织维度的增加,使组织结构的关系越来越复杂,越来越广泛,呈现出网络状态。

(5)虚拟化

企业内部各个环节的专业化水平是不平衡的,从整个行业范围看,各个企业在不同环节上的专业化水平也不尽相同。专业化水平低的环节,往往成为企业发展中存在劣势的环节。企业如果从事这些环节的运营,往往不利于资源的有效利用。于是企业就有可能从这些环节上退出,转而从外部市场上购买该环节的工作成果,并以契约形式使这种交易稳定化,最终带动交易伙伴进行专用性投资,提高产品的配套性。这样,不同企业间由交易引发的合作逐步渗透到生产、研发环节,建立经常性的磋商协调机制和信任关系,使传统的实体企业就转化为虚拟企业。由实体企业向虚拟企业转化的企业组织虚拟化趋势已经成为21世纪企业组织发展的重要方向。

(6)流程优化

组织结构是为了有效地从事特定的流程而建立的,但当组织结构建立起来以后,它就有了自己相对独立的运行规律,甚至不断地异化,人为地分割了流程的统一性,妨害了流程效率的提高。

早期的组织建立在对流程粗略的、俯瞰式的认识基础之上，尽管这一时期对流程的内在联系认识不是非常深刻，但具有一定的全局观念，因此利用机械式的结构来组织流程是一种比较经济的选择。而机械式的组织机构有一种将自身结构不断移植和复制的功能，最终将流程肢解为职责、程序、规则等，并不断地强化组织结构的秩序、等级，最终导致组织中各种各样的形式主义、本位主义、官僚主义的盛行，妨害了流程效率的提高。

但这种机械式的组织结构也为其自身的革命提供了条件，即对流程的局部了解的加深。当其弊端积累到一定程度，必然引起企业对组织结构的反思，不仅在宏观层面上审查流程的运行，也有可能在微观层面上进行审查，强调流程的整体优化。机械式组织结构工作的重点往往会落在任务上，从而忽视了最终的目标——满足顾客的需要；流程优化则是要恢复流程的本来面目——向顾客提供较高的价值。秩序、专业化不是组织的目的，只是达到目的的可以相机选择的手段，秩序和专业化要为提高效率和效益服务。

二、企业文化战略

企业文化战略是在企业使命、愿景与战略的指导下，为实现企业使命与愿景，顺利实施企业战略所制定的关于企业文化建设与变革的战略目标、途径和手段，以形成和维持与战略相适应的企业文化，为实现企业战略服务。

1.企业文化战略过程

一个完整的企业文化战略过程由文化战略的制定、实施和反馈三个环节组成。如图11-7所示。

首先，制定企业文化战略。在企业内部环境分析中，我们对企业文化进行了分析，通过分析可以确定当前企业文化的类型和主要特征。而后对企业文化与企业内外部战略环境的适应性进行分析，如果基本适应，就应当以此文化为基调制定企业的各项战略，那么企业文化战略的重心就是如何保持和发挥现有文化的优势，使之为企业战略的实施服务。如果企业文化与战略环境和企业的战略意图不适应，那么企业文化战略的核心就是文化变革，企业要按照文化变革计划对企业当前的文化实施渐进式变革。与此相对应，企业在战略的制定中也应当以按照文化变革计划不断变化的文化为基调。

在战略实施过程中，企业要运用各种战略控制手段对实施过程进行监控，及时发现战略实施中存在的失控和失效问题，通过企业自身的微小追随调整将微小的失控或失效消灭于萌芽状态，对严重的失控和战略失效要及时分析，弄清楚根本原因在于企业文化，还是在于企业战略本身。如果根本原因在于企业文化，就要对企业文化再进行分析，找出文化不适应外部环境和内部条件的症结所在，并采取对症下药的文化变革措施，进行文化变革，通过变革使文化与内部环境和外部条件适应起来，与企业实施的战略匹配起来。

如果战略目标顺利实现，要找出文化中对其实施有利的因素，通过反馈对该文化进行强化，使企业战略的实施能力进一步增强。如果战略目标没有实现，就要进行战略和文化分析，如果原因在于文化，也要找出文化不适应的症结，拟定文化变革计划，进行文化变革。

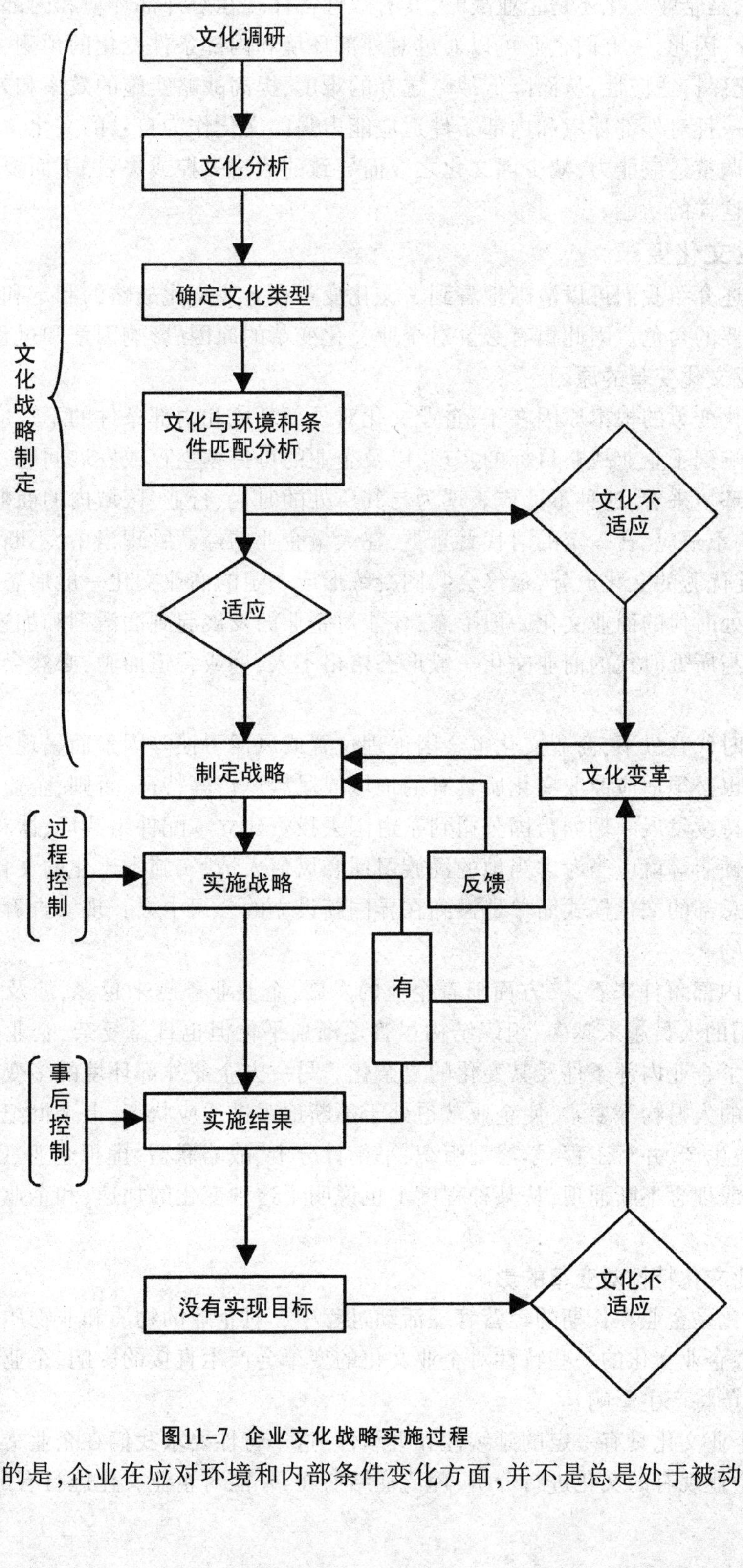

图11-7　企业文化战略实施过程

值得一提的是，企业在应对环境和内部条件变化方面，并不是总是处于被动的地位。我们知道,不论是企业文化还是企业战略,其有效性都体现在对外部环境和内部条件的适应方面,适者生存。因此,一方面企业可以通过对外部环境和内部条件变化的预测,先于战略变革文化,使文化保持适应性,从而降低战略选择的难度,提高战略实施的效率和效果。另一方面也可以选择一种对外部环境和内部条件适应能力强的文化作为自己的文化,通过增强企业本身的文化调整适应能力,减少因文化之故而导致的战略失控或失效。下面要介绍的学习型文化就具有这样的功能。

2.企业文化变革

通过上述介绍我们可以清晰地看到,文化变革在企业文化战略的制定和实施过程中扮演着非常重要的角色。因此很有必要对企业文化变革的原因、影响因素和过程进行介绍。

(1)企业文化变革的原因

企业文化变革的根本原因在于,企业文化对外部环境和内部条件的不适应,并且这种不适应已经影响到了企业战略目标的实现,以及企业的可持续生存或发展问题。

从外部环境来看,这种不适应表现为与其所处的时代、行业、区域内的商业文化、经营哲学、理念等的不适应。在一定的时代背景下,在大量企业的经营管理当中,不断地扬弃消极文化成分,积淀优秀的文化成分,最终会共同凝练形成一定的商业文化一般形态。企业文化只有不背离所处时代的商业文化一般形态,才能对企业的发展起到润滑剂和加速器的作用。如果企业文化与所处时代的商业文化一般形态格格不入,抑或背道而驰,必然会阻碍企业的正常发展。

在同一时代背景下,商业文化也会因地理位置或风俗习惯等因素而呈现一定的差异,因此企业文化也必须适应商业文化所具有的地域或民族风俗等特征。否则,企业文化也会阻碍企业的健康持续发展。例如跨国公司到东道国去投资建立零配件组装厂、饮料灌装企业、或者开食品连锁店等就应当考虑当地的民族习惯和风俗人情,实施本土化的文化战略,而不能将母公司或总部的文化模式简单地搬到在异国新设立的公司中去,现实告诉我们那样的做法是行不通的。

从企业内部条件来看,一方面随着企业的发展,企业业务越来越多,涉及的产业领域越来越广,雇用的人员越来越多,组织结构尽管逐渐扁平化但也日益复杂,企业内部的这一切变化都导致了企业内部条件及其变化的复杂化。另一方企业外部环境的多变又能动地作用于企业内部的人财物等要素,使企业被迫处于不断地跟进适应状态。上个世纪中后期企业流程再造、精益生产、并行工程、学习型组织、平衡计分卡、战略联盟、虚拟企业、OEM、ERP等新的管理模式或理念不断涌现,从某种程度上也说明了这种变化的加速,和企业要求适应的迫切。

(2)企业文化特性对变革的影响

企业文化是企业在长期的经营管理活动过程中,对企业的物质和非物质内容进行不断扬弃的产物。企业文化的一些特性对企业文化的变革会产生直接的影响。企业文化的下列特征对文化变革将产生影响:

第一,企业文化具有一定的延续性和继承性。这一特性要求我们在企业文化的变革过程中,必须对企业现有的文化进行分析,理清症结所在,才能对企业文化施行有的放矢的变革。

同时在变革过程中必须坚持有扬有弃的战略方针。

第二,企业文化是在员工相互沟通的基础上形成的。没有沟通就无法形成共识。这一特性要求我们在企业文化的变革过程中,要营造一种有利于增进员工沟通的氛围,建立一个员工交流的平台。通过全员参与,集中众人智慧,确实找到一条可行的变革之路。

第三,企业文化对企业员工的行为具有导向作用。这一特性要求我们进行企业文化变革时一定要慎重,以防对员工行为产生误导。

第四,企业文化具有系统性。这要求我们在企业文化变革过程中不仅要考虑企业文化的物质层面,而且更要斟酌企业文化的制度层面和精神层面因素,要系统思考、全面分析。

(3)企业文化变革过程

企业文化变革是一项系统复杂的工程,其过程由文化调研、文化分析、拟订变革计划、修订变革计划、实施变革计划和巩固变革成果六个阶段组成。

文化调研。即组织有关人员对企业文化状况进行摸底调查,为企业文化分析积累一手材料。文化分析。分析企业文化对外部环境和内部条件的不适应状况,在分析基础上找出不适应的关键点。

拟订变革计划。根据企业文化分析的结果和企业战略的要求,拟定企业文化变革计划,规定企业文化变革的责任人、变革进度、变革要求、关键变革点等。

修订变革计划。将文化变革计划通过各种渠道传递给企业内的每一个成员,让大家对变革计划提出合理化意见。根据员工所提意见,对拟订的企业文化变革计划进行修订,使它更易于执行,更加合理。

实施变革计划。按照拟定的变革计划,分阶段分步骤地推进企业文化的变革工作。

巩固变革成果。在企业文化的变革过程中和变革结束后,要及时通过反馈等措施巩固文化变革取得的成果。

3.建立学习型的企业文化

21世纪是知识经济时代。在这个时代,知识更新的步伐前所未有地加快了,技术创新更是日新月异。企业要想把握时代的脉搏,跟上变化的节奏,就必须在企业内部形成一种良好的机制,通过这种机制企业可以形成核心能力,保持稳定的竞争优势。而要形成这种机制就必须导入学习型的企业文化,通过学习型文化的导入将企业建设成学习型组织。

建立学习型组织可以增强企业对内外部环境变化的适应能力, 从而降低或减少文化与战略的不匹配概率或风险。对企业而言,导入学习型文化至少有三点好处:

第一,可以为企业战略的制定创造良好的文化机制和氛围,避免战略因"无奈"而对文化作出让步,因为文化一旦建立就具有惯性,一般变革过程无法在短期内完成。

第二, 通过增强企业的柔性, 可以加强企业对外部环境和内部条件变化的调整适配能力,使企业尽量避免采取文化变革等过激行动,减少因文化变革而引起的混乱与无序。

第三,通过导入学习型文化,可以增强企业的战略实施能力,从而进一步保证了企业战略目标的完成。

学习型企业已经从传统的只重视合格产品的生产转化为先生产合格的员工（这种合格实际上就是对内外部环境的变化具有适应能力）, 然后通过合格的员工保证合格产品的产出。因此,在学习型企业里,对外部环境和内部条件的适应明显地增强了,这种增强集中体现在创新能力的增强、处理日常事务能力的增强、危机应对能力的增强以及自我调整能力的增强,等等。最终这些能力的增强将表现为企业核心能力的增强,从而使企业的战略目标更加容易达到。

三、公共关系战略

企业形象是企业的产品、服务、人员素质、经营作风等在社会公众中留下的总体印象。中外企业发展的历史证明,良好的企业形象是企业最宝贵的资源、最富有的财富和最有效的促销方略,可以赢得顾客的信赖,争取社会各界的支持,提高企业的知名度和美誉度,是企业在激烈的市场竞争中致胜的法宝。为塑造和维护良好的企业形象,企业就需要制定和实施公共关系战略,开展公共关系活动。

公共关系战略是在企业总体战略或业务战略的指导下, 制定企业公共关系活动的战略目标及实现该目标的途径和手段,指导企业开展公共关系活动,以塑造和维持良好的企业形象,为实现企业战略目标服务。

1.公共关系概况

公共关系(PR)发端于美国19世纪流行的报刊宣传活动,其代表人物是巴纳姆。1906年,公共关系之父艾维·李向新闻界发表了具有里程碑性质的《原则宣言》,即企业管理的"门户开放原则"。1923年,爱德华·伯尼斯出版了《公众舆论的形成》,该书被称为公共关系理论发展史上的第一个里程碑。1952年,美国的卡特利普和森特二人出版了被称为"公共关系圣经"的《有效公共关系》一书。对世界公共关系界影响较大的还有英国学者杰弗金斯,他著有《实用公共关系》一书。

20世纪80年代初,公共关系学正式引进我国。80年代中期明安香等人编写的《塑造形象的艺术——公共关系学概论》以及王乐夫等人编著的《公共关系学》等著作的出版宣告我国开始了公共关系的研究和实践。从公共关系诞生至今,刚刚走过了一个世纪,而我国的公共关系发展从80年代初算起仅有二十多年。因此,作为一门学科,公共关系仍在不断发展之中。

公共关系已经渗透到了社会的各个角落, 不论营利性还是非营利性组织都需要公共关系。公共关系从它诞生之日起就具有两个极为强大的功能:第一,帮助组织塑造良好的形象;第二,通过预防和消除危机,维护组织的良好形象。企业制定和实施公共关系战略,其主要目的也正在于此。企业通过设计、制定、实施公共关系战略,从而使企业能够在公众心目中始终保持良好的形象,达到为企业战略的实施保驾护航的目的。

2.企业形象的塑造

企业的形象主要通过知名度和美誉度两个指标来衡量。知名度是指一个企业被公众知晓、了解的程度,以及社会影响的广度和深度。它是评价企业"名气"大小的尺度。美誉度是指一个企业获得公众信任、赞美及社会影响好与坏的程度,是评价企业社会影响好与坏程度的指标。对于一个企业而言,知名度和美誉度必须达到鱼和熊掌兼得。

(1)企业形象的载体

企业形象主要体现在企业的内在气质和外表形象两个方面, 内在气质包括企业的经营理念、信誉、实力、办事的效率、制度、企业精神与价值观等方面;外表形象主要表现在企业的名称、产品品质、装备、建筑物与环境、企业标识与商标、企业的挂名首脑等方面。

(2)企业自我形象分析

企业自我形象,即企业所期望建立的社会形象。它是企业公共关系工作的内在动力、方向、目标和标准。企业自我形象分析的主要内容包括:

第一,企业实态分析。企业实态就是企业客观的实际状态。形象设计不能脱离企业实态,因而必须明确企业的战略目标是什么?战术是什么?正在做什么?能够做什么?做得怎么样?有哪些有利条件和不利条件?受到了什么威胁?存在什么机遇等,实际上就是对企业进行战略分析。

第二,员工态度分析。员工是企业的内部公众,企业所制定的目标和推行的政策必须得到广大员工的认同和支持,才可能将员工的行动有效地统一到企业目标的实现过程中,达到1+1>2的目的。因而企业必须通过谈心、调查等方式了解员工对企业的凝聚力、满意度、权利行使的态度,以及员工的抱怨,了解他们心目中的企业形象,发动全体成员寻找企业公共关系的薄弱环节及改善措施,鼓励大家积极参与公关目标的拟定。

第三,管理层状况分析。企业的行政和技术管理层是企业的核心力量,他们对企业的看法和评价既对下属员工产生影响,也对决策层产生影响。因此需要了解和分析这一阶层的观点、意见和态度,从中分析本企业实施公共关系战略所具有的优势和劣势。

第四,决策层实况分析。决策层决定着企业的战略目标,从而决定着企业形象的基本定位,决定着公共关系的总政策。决策层的价值观和行为方式,也影响着企业形象的个性和风格。因此在进行企业形象设计之前,必须尽可能领会和熟悉决策层的理念、经营哲学、态度,以此作为企业自我形象规划的重要依据。

另外,设计企业形象最重要的依据和指南是企业的使命和愿景,企业的形象设计必须和使命、愿景相吻合,让公众对企业有统一的认识和理解,这样的企业形象才具有生命力。

(3)企业形象设计的基本特性

企业形象设计要坚持以下特征:第一,主观和客观的统一。企业形象的形成离不开企业自身的规划和传播,也离不开公众的主观认知和评价,因而形象具有主观性特征。同时,企业形象的建立具有客观的基础和内涵,并受到社会公众对企业总体评价和要求的客观制约,因而也具有客观性的特征。第二,统一和差异的结合。企业形象应该是统一的,讲究整体效果和系列组合,并需要适应公众整体的共同要求。但企业形象又必须有鲜明的个性特征,对目标公众要有很强的针对性。第三,稳定和变通的统一。企业形象应当对公众具有长期、稳定的影响效果。但鉴于企业外部环境的善变和内部条件的多变,企业形象也要不断地实施权变计划,以达到以变适变。

(4)选择传播沟通的媒介

企业塑造良好的形象,必须借助于一定的传播沟通媒介。在选择传播沟通媒介时应当坚持以下原则:第一,根据目标。根据企业的战略目标和公共关系战略的具体目标,以及工作要求选择和使用传播媒介和沟通方法。第二,与对象配比。根据公共关系对象的特征选择和使用传播媒介与沟通方法。第三,考虑传播内容。根据传播内容的具体特点来选择和使用传播媒介与沟通方法。第四,计算成本。根据具体的经济能力和最经济的条件选择和使用传播媒介和沟通方式。

(5)塑造形象的公关战略实施模式

企业实施形象塑造的公关战略，就必须根据企业形象塑造的目标和要求选择适当的形象塑造模式。企业形象塑造模式主要有:

第一,宣传型公关模式。这种模式利用各种传播媒介将企业的有关信息迅速传播给内外公众,以形成有利的社会舆论。在实施过程要坚持双向沟通和真实性原则,注意收集信息反馈,严禁使用浮夸不实之词。对内宣传可采用内部刊物、黑板报、图片宣传栏、宣传窗、员工手册、广播、闭路电视、全体大会、演讲会、座谈会、讨论会、表彰颁奖会、专门恳谈会等。外部宣传可采用广告、参加交易会、展览会等。

第二,交际型公关模式。该模式通过人与人的直接接触交往,为组织广结良缘,建立广泛的社会关系网络。具体形式有社团交际和个人交际。团体交往包括招待会、座谈会、工作午餐会、宴会、茶话会、联谊会、现场参观团队、考察团、团拜和慰问等。个人交往有交谈、上门拜访、祝贺、信件往来、个别参观、定期联络、问候等。该模式具有形式灵活、沟通直接、亲切自然、富有人情味等特点。

第三,公益型公关模式。通过举办各种社会性、文化性、赞助性活动来塑造企业形象。活动方式包括资助社会文化事业(如文化节);资助社会福利、教育事业(如资助公共服务设施的建设);资助大众媒介举办各种活动等。该模式尽管不会带给企业短期的直接经济利益,但可以改善企业与公众的关系,优化企业的生存环境,帮助企业树立良好形象,为企业的可持续发展奠定坚实的基础。

第四，服务型公关模式。该模式是一种以提供优质服务为主要手段的公共关系活动模式。活动形式包括指导顾客消费、提供便民措施、完善售后服务等。

第五,征询型公关模式。这是一种以采集社会信息为主的公关模式。活动形式有开展社会咨询、民意测验、询问重要公众、建立信访制度、设立监督电话、处理举报和投诉、分析新闻舆论、举办信息交流会等。该模式具有长期性、复杂性、艰巨性的特点。

第六,建设型公关模式。该模式是在企业初创时期或新产品、新服务首次推出时期,为开创新局面进行的公共关系活动模式。目的在于提高美誉度,形成良好的第一印象,或使社会公众对企业及产品有一种新的兴趣,形成一种新的感觉。具体方法包括开业广告、开业庆典、新产品试销、新服务介绍、新产品发布会、免费试用、免费品尝、免费招待参观、开业折价酬宾、赠送宣传品、主动参加社区活动等。

第七,维系型公关模式。该模式是指企业在稳定发展期间,用来巩固良好形象的公共关系活动模式。目的是通过不间断的、持续的公关活动,巩固、维持与公众的良好关系和组织形象,使组织的良好印象始终保留在公众的记忆中。

第八,进攻型公关模式。该模式是指企业采取主动出击的方式来树立和维护良好形象的公共关系活动模式。当组织需要拓展,或预定目标与所处环境发生冲突时,主动发起公关攻势,以攻为守,及时调整决策和行为,积极改善环境,以减少或消除冲突因素,并保证预定目标的实现,从而树立和维护良好形象。

第九，文化型公关模式。这种模式是指社会组织或受其委托的公共关系机构和部门在公共关系活动中有意识地进行文化定位，展现文化主题，借助文化载体，进行文化包装，提高文化品位的公共关系活动。形式包括文化包装、文化导引、组建文化基金会等。

第十，网络型公关模式。网络可以提高社会组织知名度，完善组织形象。互联网络提供了一种新的传播媒介方式，它通过一对一的沟通，结合文字、声音、影像、图片，用动态或静态的方式，全面地介绍企业经营理念、产品性能、服务宗旨、服务内容等。而且用户不再是被动接受信息，而是主动接受信息。更重要的是，这种公共关系活动不受时间和地域限制，特别是应用互联网，可以把组织的信息传送到全球各地，使组织得益于国际宣传、树立品牌和自身的国际形象。主要形式包括网上调查、网上设计、网上推广等。

(6)企业不同时期的形象塑造

在企业发展的不同时期，企业形象塑造的侧重点有所不同，因此应采取不同的公共关系战略。

在创业期，企业的知名度和美誉度处于“双低”阶段，企业可以选择建设性公关模式等，根据企业情况选择以下一条路径实施：第一，低知名度、低美誉度—低知名度、高美誉度—高知名度、高美誉度；第二，低知名度、低美誉度—高知名度、高美誉度。

在发展期，企业经过艰难的创业，有了一定的知名度和美誉度。这一阶段的策略应该是先保持企业的发展势头，多采取一些公益型、交际型和维护型的公关模式。也可以采取征询型和进攻型公关模式，以便牢牢抓住重要公众，了解公众的心理变化，不断更新换代产品，扩大企业规模，提升企业形象，向“双高”迈进。

在繁荣期，企业已规模宏大，创下了“双高”，但是楼高则危。因此这一时期应当采用服务型公关模式，以超值服务培养已有公众的忠诚，吸引潜在公众和非公众。同时还可以运用宣传型、公益型和维系型公关模式来维护企业的形象。

3.企业形象的维护

塑造企业形象固然重要，但无论多么美好的形象都需要精心维护，否则企业辛苦多年树立起来的形象可能在一夜间轰然倒塌，使企业的投入付之东流。因此企业形象的维护同塑造一样重要。现实中对企业形象可能产生损害的主要情形是企业遇到的各种危机。

(1)企业危机

企业危机是指各种使企业遭受严重损失或面临严重损失威胁的突发事件。这些突发事件在很短时间内会波及到很广的社会层面，对企业或品牌产生极为恶劣的影响。危机具有意外性、聚焦性(为媒体、公众、政府等所关注的特性)、破坏性、紧迫性四大特点。企业危机由内部危机和外部危机构成。其中：内部危机包括战略危机、人力危机、财务危机、生产危机、物流危机、营销危机、品牌危机、文化危机、关系危机、安全危机等，外部危机包括自然危机、政治危机、金融危机、疫情危机、安全危机、能源危机、战争危机等，这些危机都有可能使企业经营陷入困境甚至造成经营失败。

(2)企业危机公关模式

面对危机，企业必须及时进行危机公关，维护和挽回危机事件对企业造成的不良影响。企业危机公关模式主要有三种：

第一,防御型公关模式。该模式是指企业为防止自身的公共关系失调而采取的一种公共关系活动方式。预防的目的是在企业与公众之间出现摩擦苗头的时候,及时调整组织的政策和行为,消除摩擦苗头,始终将与公众的关系控制在期望的轨道上。

第二,矫正型公关模式。这种模式是指企业在发生危机时,为了扭转公众对企业的不良印象或已经出现的不利局面而开展的公共关系活动。其目的是对严重受损的企业形象及时纠偏、矫正,挽回不良影响,重新树立组织的良好形象。

第三,进攻型公关模式。前面已经介绍,不再赘述。

(3)处理危机应坚持的原则

在处理企业危机事件的过程中,应当坚持五个原则:

第一,速度原则。好事不出门,坏事行千里,在危机出现的最初12~24小时内,消息会像病毒一样,以裂变方式高速传播。媒体、公众及政府对危机的负面影响尚未产生,这时可靠的消息往往不多,充斥着谣言和猜测。企业应当机立断,快速反应,果决行动,与媒体和公众进行沟通,尽可能将不利的因素消灭在萌芽状态。

第二,系统原则。在应对一种危机时,不应忽视另一种危险的存在,绝不可顾此失彼。

第三,承担责任原则。危机发生后,公众的关注点在于利益问题和感情问题两个方面。利益是公众关注的焦点,因此无论谁是谁非,企业首先应该勇于承担责任。即使对方在事件中有一定责任,企业也不应首先追究其责任,否则各执已见,加深矛盾,只会引起公众的反感,不利于问题的解决。感情问题表现在公众很在意企业是否在意自已的感受,因此企业应该站在对方的立场上表示同情和安慰,并通过新闻媒介向公众致歉,解决深层次的心理、情感关系问题,从而赢得公众的理解和信任。

第四,真诚沟通原则。企业处于危机漩涡中时,是公众和媒介关注的焦点。企业的一举一动都将被质疑,因此千万不要有侥幸心理,企图蒙混过关。而应主动与新闻媒介联系,尽快与公众沟通,说明事实真相,促使双方互相理解,消除疑虑与不安。

第五,权威证实原则。在危机发生后,企业不应自已通过各种方式辩解或叫屈,最好让具有足够权威性的客观的第三者到前台来说话,使消费者解除对自已的警戒心理,重获他们的信任。

(4)企业危机信号识别

许多危机事件都不是从天而降的,往往有迹可循。企业如果能够敏感地识别危机信号,就可以未雨绸缪,避免危机的发生或恶化。危机信号可以分为潜在的危机信号和外显的危机信号。潜在的危机信号主要表现在:少量高级人才流失;市场份额逐渐萎缩;盈利能力偏弱;执行力较差;信息沟通、传递不畅;创新能力低;缺乏发展后劲等。外显危机信号主要表现在:人才流失率高;销量或产值急剧下降;生产设备老化;面临或处于亏损;流动资金短缺;公共关系紧张;领导人迷失经营方向等。

(5)企业危机管理过程

企业的危机管理一般由确认危机、隔离危机、处理危机、消除危机、危机总结、危机反馈六个方面组成。

4.实施公共关系战略应注意的问题

企业在塑造自身形象上往往出现许多错误。表现主要有：过于自负，目标过高，实施难度过大，最终不仅没有达到目标，反而影响企业形象，这类问题往往发生在新办企业上；或过于迂腐，缺乏活力，企业形象难以吸引社会公众，这类毛病大多发生在一些老企业身上。

要正确制定和实施公共关系战略，塑造良好的企业形象，必须注意以下问题：

第一，做好企业形象调查。了解企业在公众心目中的形象是制定企业公共关系战略的基础。企业要随时了解社会公众对本企业的认识、信赖和好感程度，了解人们对企业总体形象的评价。其具体方法是通过社会公众对产品质量的满意、对服务质量的认可、对企业实力的信赖、对企业信誉的肯定等方面的因素来评价的。

第二，形象定位切合实际。企业形象的定位和设计要能够吸引社会公众，符合社会发展变化的趋势，符合公众的心理需求，符合企业自身发展的需要，要求不要过高，但要有创新，便于操作。

第三，企业形象要与市场地位相适应。一般来说，如果企业在市场上已处于领先地位，企业形象已植根于消费者心目中，企业就不应轻易改变自己在消费者心中已确定的地位，而应进一步增进社会公众对企业的了解和好感，扩大自己的影响。如果企业是挑战者，则应该弄清楚自己的策略目标和策略方法，找到差异，独树一帜，提升企业在社会公众心目中的形象。

思考题

1.企业职能战略分为哪几大类？分别包括哪些职能战略？

2.研发战略分为哪几类？有何利弊与适用条件？

3.筹供战略的实施包括哪些环节？分别注意哪些问题？

4.目前出现了哪些现代企业生产模式？分别介绍其含义。

5.实施质量战略应注意哪些问题？

6.营销战略实施中应注意哪些问题？

7.简述营销战略实施的传统方式与创新方式。

8.怎样提高物流战略实施的效率？

9.财务战略包括哪些基本内容？分为哪些类型？

10.人力资源战略实施中应注意哪些关键问题？

11.信息化战略实施中应注意哪些关键问题？

12.知识管理战略实施中应注意哪些关键问题？

13.如何成功实施组织变革？

14.企业文化变革过程分为哪几个阶段？

15.处理企业危机事件应坚持哪些原则？

第十二章　战略控制

本章从控制的基本概念入手，简要介绍了企业战略控制的内涵、分类、特点等基本理论要点。重点介绍了战略控制的过程、设计与评价及常用的战略控制方法。

希望读者从控制的基本原理出发来理解和认识战略控制，重点把握战略控制的过程、战略控制系统设计和战略控制评价等内容，了解常用的战略控制方法，尤其注意了解平衡计分卡的思想和方法体系。

第一节　战略控制概述

众所周知，控制是管理的一项主要职能，也是进行管理工作的一个主要手段，在管理中扮演着至关重要的角色。美国的著名管理学家斯蒂芬·罗宾斯曾将控制在管理中的重要作用描述为："尽管计划可以制定出来，组织结构可以调整得非常有效，员工的积极性也可以调动起来，但是这仍然不能保证所有的行动都按计划执行，不能保证管理者追求的目标一定能实现。"如果我们把罗宾斯所说的计划理解为战略或战略计划的话，就可以清晰地勾画出战略控制在战略管理中的重要地位和作用。

一、控制的概念

控制作为一个专门的术语，源于控制论(Cybernetics)。控制论来自希腊语，愿意为掌舵术，包含了调节、操纵、管理、指挥、监督等多方面的含义。控制论于1948年由美国数学家诺伯特·维纳(N. Wiener)创立。维纳在他的《控制论》一书的副标题中指出控制论是"关于在动物和机器中控制和通讯的科学"。前苏联的控制论学者列尔涅尔将控制定义为：为了"改善"某个或某些受控对象的功能和发展，需要获得并使用信息，以这种信息为基础而选出的、加于该对象上的作用。

由此可见，控制的基础是信息，一切信息的传递都是为了控制，而任何控制又都有赖于信息反馈来进行。根据信息反馈产生的效果，人们通常将反馈的信息分为正反馈和负反馈两种。如果反馈强化了信息输入对信息输出的影响，导致输出偏离目标的程度增加，即为正反馈，反之则可称为负反馈。因此控制从某种程度上讲就是弱化正反馈而相应地强化负反馈的一个不断循环渐进的过程。图12-1就是一个典型的具有反馈功能的控制系统图。

一般管理理论的创立者，著名的法国管理学家亨利·法约尔将控制这一术语引入管理学，并把控制和计划、组织、指挥、协调并称为管理的五大职能。所以我们在学习或应用管理理论从事实践活动的过程中所提到的控制一般都是指管理学意义上的控制。

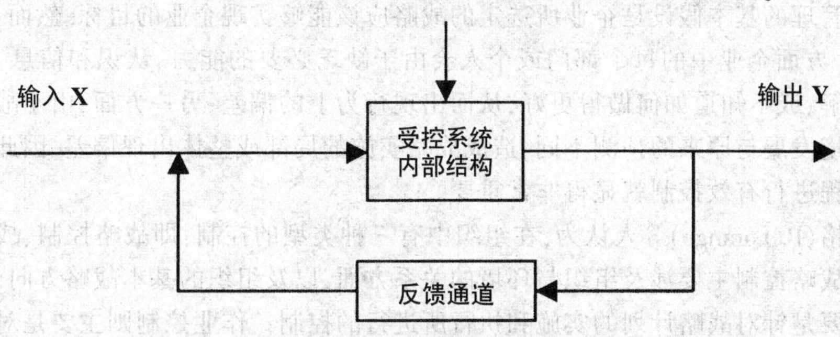

图 12-1 控制系统图

在管理学中，控制被定义为：根据组织的计划和确定的目标制定各种标准，通过监督检查等手段或方法将制定的标准与计划的执行情况进行比较，及时发现偏差，分析并找出原因，采取相应的措施予以纠正，或根据已变化的外部环境和内部条件对原有的设想、步骤、措施等进行适应性调整，以确保组织目标实现的一种活动。

管理工作中的控制具有三个特点：第一，控制具有全面性。控制是一项全体员工参与的、包含组织各个方面和部门的、涵盖整个管理流程和过程的控制，不能片面地认为控制只是各级管理人员或领导的事，更不能将控制理解为只是失火后的救火工作。第二，控制具有动态性。随着科学技术的飞速发展和经济的全球化，任何组织所处的外部环境和内部条件都在加速变化，因此控制也要随着外部环境和内部条件的变化而不断地调整，否则只能造成误控或失控，根本无法达到控制的目的。第三，控制具有人本性。著名管理学家斯蒂芬·罗宾斯指出"管理是指同别人一起，或通过别人使活动完成得更有效的过程"，控制作为管理的一项职能，同样具有以人为中心的特征。尽管计算机和人工智能技术的应用日益广泛，在控制中的作用日渐突出，但就像人工智能无法替代人脑智能一样，人工智能控制也无法取代人在控制中的主导地位。

管理工作中的控制具有四个方面的作用：第一，适应环境变化。由于管理目标的制定与其实现之间总有一段时间，在此期间组织的外部环境和内部条件常常会发生变化，如竞争对手可能推出新的产品或服务、可能出现新材料和新技术、政府可能会制定新的法规或对原有政策进行调整等，使组织面临的机会和威胁、优势和劣势发生了较大或根本的变化。在此情况下，组织就可以通过SWOT分析和建立控制系统的监控确保组织对环境的适应。第二，限制偏差的累积。小的差错和失误尽管不会给组织带来严重的影响，但日积月累，就会发生"千里长堤，毁于蚁穴"的效应。通过实施持续的控制活动可以逐步消除组织经营活动中的偏差，防止偏差的累积。第三，处理组织内部的复杂局面。伴随着组织规模的扩大、经营业务的多元化和产品的多样化，企业内部的管理工作越来越趋于复杂化，通过建立有效的管理控制系统，就可以有序、及时地应对组织内部的复杂局面，防止组织陷入混乱状态。第四，降低成本。在迈克尔·波特提出的三种基本战略中，成本领先是第一位的。通过实施如目标管理、模拟市场核算、比价采购等控制措施，企业可以达到降低成本的目的。

二、战略控制的内涵

战略管理的基本假设是企业所选定的战略应该能够实现企业的目标。然而，在战略实施过程中，一方面企业中的每个部门或个人会由于缺乏必要的能力、认识和信息，对所做的工作不甚了解，或不知道如何做得更好，从而出现行为上的偏差；另一方面，由于战略计划制定不当或环境发展与原来的预测不同，造成战略实施的局部或整体出现偏差。因此对企业战略的实施过程进行有效控制就显得非常重要。

劳瑞格(P. Lorange)等人认为，在组织中有三种类型的控制：即战略控制、战术控制和作业控制。战略控制主要涉及组织与环境的关系方面，以及组织的基本战略方向或态势；而战术控制主要是针对战略计划的实施和执行所进行的控制；作业控制则主要是对组织日常的经营管理活动所实施的控制。战术控制和作业控制是战略控制的具体化，它们对战略控制起着支撑和保证的作用，三者形成了一个完整的控制结构。它们之间的关系可以用图12–2简单地表示：

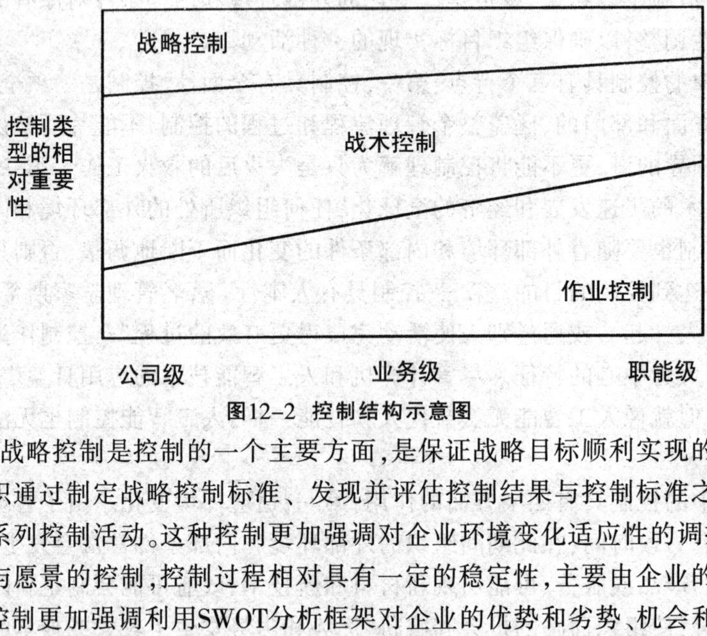

图12–2 控制结构示意图

由此可见，战略控制是控制的一个主要方面，是保证战略目标顺利实现的重要手段。战略控制就是组织通过制定战略控制标准、发现并评估控制结果与控制标准之间的偏差及其纠正偏差的一系列控制活动。这种控制更加强调对企业环境变化适应性的调控，更加着眼于企业长期发展与愿景的控制，控制过程相对具有一定的稳定性，主要由企业的中高管理层组织实施。战略控制更加强调利用SWOT分析框架对企业的优势和劣势、机会和威胁进行定期或动态的分析，以不断地调整和修订企业战略，使它们保持与外部环境的适应及与企业内部条件的协调，从而使企业能够在同业或多业竞争中保持卓越和优秀。

战略控制的目的主要表现在三个方面：第一，保证正确顺利地实施企业战略；第二，检验、修订、优化原定战略方案，以确保战略目标的实现；第三，为以后企业的战略制定和控制积累经验与知识。

三、影响战略控制的因素和趋势

在制定和实施战略的过程中，必须同时考虑现有的定量分析因素、信息缺陷、不确定因素、不可知因素以及人类的心理因素等方面的影响。尽管各种因素对不同行业、不同企业的影响不同,但影响战略控制的因素一般都可以分为三类:需求和市场、资源和能力、组织和文化。这三类因素在现代企业中呈现出如下的发展趋势:

1.更加重视顾客满意(CS)的改进

不同的需求驱动因素,如便利条件、地位位置、风格、属性、特色服务等,在不同的时间和地点扮演了不同的角色,顾客在作出购买决策时对质量和价值要求日益苛刻。现在国内外的大多数企业都在积极建立ISO9000系列国际质量控制体系,通过持续的改进和纠正措施,不断提高产品的品质,降低生产成本,从而提高顾客满意度,赢得顾客的忠诚。

2.日益重视关于关系的管理

企业不仅越来越重视与顾客的关系建设,如建立顾客关系管理系统(CRM),以实现顾客满意;而且也非常重视与竞争对手关系的改进,通过建立战略联盟、合资合作等措施,以实现双赢或共赢;同时还积极处理与企业员工间的关系,不断改进员工的生活条件和工作环境,培养员工对企业的忠诚,尤其是关键员工(KEYMAN)。

3.更加重视业务整合和流程再造(BPR)

现代企业的组织结构有日益扁平化的趋势,与此相适应,企业的组织结构按照直线制—直线职能制—事业部制—网络组织的顺序在不断演进。企业的业务管理也由各自为政的职能机构和事业部逐渐转向相互紧密协作的项目型、合作型的业务管理。企业根据工作的需要组织了很多跨部门的工作团队处理和监控企业的各项基本经营活动。当外部环境和内部条件发生较大或根本变化时,能够及时实施流程再造工程,以保证企业对环境的适应、运转的顺畅和控制的有效。

4.更加重视全球化和区域一体化

伴随着经济全球化、区域经济一体化和技术革命的浪潮,越来越多的企业将走出国门,融入世界经济大潮,成为跨越国界的企业,无国界经营成为发展潮流。企业必须从全球化的角度进行战略思考,但战略计划和实施却要区域化、本土化,尤其当企业进入国外市场时,必须适应东道国的社会与文化。

5.更加重视权力架构及其影响

任何组织都存在利用权力实现个人或集团利益的现象,在很多情况下,企业的战略决策就是由权力决定的。今天企业面临的复杂环境决定了人们在目标、价值观念、利害关系、职责和认识上的分歧,同时彼此对对方有控制权,在某种程度上又依赖于对方。

6.更加重视信息和网络技术的应用

随着互联网技术的飞速发展,信息技术对产业组织结构、产业运作模式等产生了革命性的影响。虚拟企业、网络组织等新的产业组织方式正在如雨后春笋般地飞速发展,并且对个体、群体、组织、社会的作用和影响越来越突出。这不仅给战略控制提供了更加有效的控制手段,而且给战略控制也带来了前所未有的困难与挑战。

四、战略控制方式的分类

我们可以按照控制时点、控制主体的状态和控制目的的不同将战略控制划分为不同的类型。

1.按照控制时点的分类

按照控制时点的不同，一般将战略控制分为事前控制、过程控制和事后控制三种类型。

（1）事前控制

事前控制是战略实施之前所进行的一系列控制。在战略实施之前，首先要设计好正确有效的战略计划，该计划要得到企业高层领导人的批准，其中一些重大的经营决策活动必须经过企业领导人批准后方可组织实施，所批准的内容往往也就成为评价战略控制效果的一些控制标准。

事前控制多用于重大问题的控制，如任命重要的人员、签订重大的合同、购置大额关键设备等等。由于事前控制是在战略行动成果尚未获得之前，通过对战略绩效可能偏离战略目标的情况进行预测而进行的控制，因此，为了提高预测的准确性，降低预测偏差，管理者必须对三方面的因素进行预测、分析与研究：第一，投入因素，即战略实施投入要素的种类、数量和质量，它们必然影响产出的结果；第二，早期成果因素，依据早期的成果可以预见未来的绩效；第三，外部环境和内部条件的变化对战略实施控制的影响。

（2）过程控制

过程控制是在战略实施过程中所进行的一系列控制。过程控制的关键在于找出战略实施过程中的关键环节和重要控制点，从而保证控制既能够抓住瓶颈和薄弱环节等控制软肋，又能够兼顾整个战略实施过程。用80:20原则说明的话，就是80%的精力要放在重点控制上，20%的精力要用在兼顾全局上。在过程控制中，要注意做好它与事前控制和事后控制的协调。

（3）事后控制

事后控制是在企业的战略计划和方案实施以后所采取的控制。控制的注意力主要集中在战略实施的结果上，通过对战略绩效进行衡量、比较和分析，找出偏差并采取措施予以纠正。事后控制类似于成语“亡羊补牢”，它的最大弊端是在实施纠正措施之前，偏差就已经产生，而已经产生的偏差又由于控制的事后性而得不到及时的纠正。

事后控制有以下具体操作形式：第一，联系行为。即对员工的战略绩效的评价与控制直接同他们的工作行为挂钩。这样不仅使员工比较容易接受，而且能明确战略行动的努力方向，使个人的行动导向和企业的战略导向接轨。同时，通过行动评价的反馈信息来修正战略实施行动，使之更加符合战略的要求。通过行动评价也有助于纠正不合理的分配，强化员工的战略意识。第二，目标导向。即让员工参与战略行动目标的制定和工作业绩的评价，既可以看到个人行为对实现战略目标的作用和意义，又可以从工作业绩的评价中看到成绩与不足，从中得到肯定和鼓励，从而增强他们战略实施的自觉性和主动性。

上述三种战略控制方式在一个企业中形成了一个完整的控制环，其关系如图12-3所示：

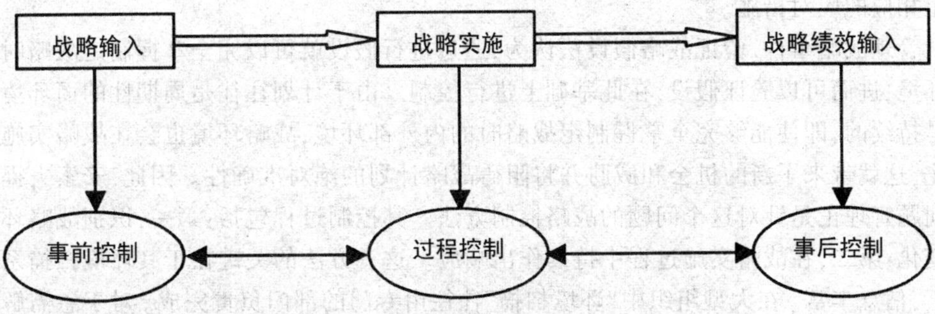

图12-3 战略实施的控制环

2.根据控制主体状态的分类

根据控制主体的状态，可以将战略控制分为避免性控制和开关型控制两类。

(1)避免型控制

即采用适当的战略控制手段，降低不适当战略活动发生的概率，达到不控自控的目的。如通过自动化使战略体系保持稳定；通过与外部组织共担风险减少控制；或者转移、放弃某项战略活动，以此来消除有关的控制活动。

(2)开关型控制

开关型控制又称为可行与否的控制。其原理是：在战略实施的过程中，按照既定的标准检查战略行动，确定可行与否，类似于开关的开与关。开关控制的具体操作方式有三种：第一，直接领导。管理者对某一战略活动进行直接领导和指挥，发现差错及时纠正，使其符合战略标准。第二，自我调节。执行者通过非正式的、平等的沟通，按照既定的战略标准自行调节自己所履行的战略任务，使其与战略目标保持一致。第三，共同愿景。组织成员对企业的使命、目标和战略认识一致，在战略行动中表现出一定的方向性、使命感，从而达到殊途同归、和谐一致的目的。开关控制一般适用于战略实施过程中标准化的控制，或某些过程标准化的战略项目的实施控制。

3.按照战略控制目的进行分类

按照战略控制的目的，可以将战略控制分为以控制战略执行为目的的控制和以控制战略内容为目的的控制两类。

(1)以控制战略执行为目的的控制

1991年Bungay和Goold提出的战略过程控制主要在于保证战略按照预定计划实施，使得战略结果按照期望发生。它与传统的管理控制唯一的不同是，其控制重点在于一些关键的成功因子。其控制过程包括：第一，识别关键成功因子；第二，确定关键因子的实施标准；第三，测定实际执行情况；第四，针对偏差进行纠偏。

(2)以控制战略内容为目的的控制

这种控制方式以对战略的内容进行控制为目的，主要包括以下方式：

验证战略假设。Schreyogg和Preble分别在1987年和1992年研究认为，由于公司环境因素及其相互关系不可能完全识别，因此在战略制定中必定需要做出假设。而企业的战略实施正是对战略计划进行不断验证的起点。其控制过程包括：第一，数据信息的采集和分析；第二，制定相应的应对措施。

管理战略事件。验证战略假设法认为,通过进行假设就可以完全掌握制定战略时的内外部环境,进而可以验证假设,在此基础上进行控制。由于计划往往是周期性的而环境的变化却是持续的,即使能够完全掌握制定战略时的内外部环境,战略环境也会在战略实施中发生变化,这就带来了新的机会和威胁并将阻碍战略计划的绝对准确性。因此,安索夫提出的战略问题管理正是针对这个问题的战略控制方法。其控制过程包括:第一,识别战略环境的显著变化;第二,在战略实施过程中持续作出响应。这一方法的关键在于其环境扫描系统涉及面广,信息丰富。在大型组织中"环境扫描"往往由专门的部门负责完成。对于急需解决的事件需要通过增加战略计划来实现,对于可以延缓的事件往往作为下一次计划的输入。它控制战略的内容而不是战略的实施。

周期性战略评价。1993年Goold和Quinn提出对战略定期进行全面评价。评价的目的是在发现计划阶段的假设不再适用或者出现了新的机会和威胁时,对战略作出必要的修改。通常这种评价是以一年为单位进行的。

交互式控制。这是1995年Robert Simons在《控制杠杆》一书中提出的一种交互式的诊断控制。尽管这种控制需要使用一些传统的控制系统,但它的目的并不是保证战略按计划进行,而是帮助组织在战略执行中面对新的机会和威胁如何进行战略转移。

战略控制报告。战略控制报告简称SCR,已经被成功地应用于澳大利亚和东南亚的20个组织。战略控制报告利用一系列的"战略方向"作为报告的主体,每个战略方向都支持整体的战略愿景、支持组织战略的成功、与战略实施的主要成功因素相关并与战略保持一致。它弥合了战略计划与控制系统的差距,完善了从战略完成到实施监控的反馈渠道。

五、战略控制的基本特征

战略控制的基本特征实际就是对战略控制的基本要求,主要表现在以下几个方面:

1.适宜性

企业战略计划是战略控制的标准,首先应当是适宜的,即具有实现公司既定战略目标的良好前景,便于以适宜的标准进行控制。在战略实施过程中的控制也应当是适宜的,即控制的力度、程度、控制点的数量都应当以成功推进战略实施为目标,控制不足易失控,而控制过度将扼杀战略执行者的创造力和积极性。

2.可行性

企业应当保证足够的资源和能力将既定的战略付诸实施,制定有可行性的战略计划,否则,任何战略都是无源之水、无本之木,战略无法实施,战略控制更是无从谈起。如果战略计划可行,则战略控制体系的设计也要具有可行性,即要求战略控制所需的信息具有可得性、战略控制点的设置具有科学性、战略控制的成本具有合理性,等等。

3.可接受性

可接受性首先是指企业的战略计划能否被企业的利益相关者接受,尤其是股东、政府和员工,这是战略控制系统具有可接受性的前提。其次,企业的战略控制系统本身也应具有可接受性,能够被企业高层和战略执行者所接受。

4.整体与局部利益、长期与短期利益的不一致性

企业的整体是由局部构成的。从战略全局和未来发展而言,整体控制利益和局部控制利益是一致的,但在具体问题上,整体控制利益和局部控制利益可能存在不一致或背道而驰的情况。企业战略控制就是要对这些不一致的冲突进行控制。企业长期控制的整体利益也许很好,但这并不能保证长期控制中的某一年度或季节也许控制利益很差,反之亦然。

5.弹性和伸缩性

战略实施过程可能是确定的,也可能会进行随机的调整,而且企业的战略计划和目标在实施过程中还要受到外部环境和内部条件的制约与影响,因此企业的战略控制也要不断地调整和变化,以适应变化了的环境和条件,使企业的战略控制具有一定的弹性和伸缩性。

第二节 战略控制过程、设计与评价

成功的战略控制必须具有完善的控制流程、科学的控制系统设计和合理的评价方法,这是决定战略控制是否有效的关键问题。

一、战略控制过程

战略控制的目的在于通过一系列的控制措施确保组织目标的顺利实现。而战略控制能否在企业目标的实现过程中发挥出应有的作用,关键在于企业是否依照科学的控制流程,实施有效而可行的控制计划和措施。一般而言,战略控制的过程主要包括以下几个方面:

1.收集战略信息

战略信息是指与战略制定、战略实施和战略控制活动有关联的信息。收集战略信息的目的在于为战略控制标准的制定提供科学合理的决策依据。战略信息涵盖在一般信息当中,因此需要信息收集人员从所收集的各类大量信息中甄别过滤出来。

特别应当注意的是,许多重要的战略问题开始往往以相当模糊或不明确的方式出现,如企业内部行动方式的不一致,或企业当前状况与企业对未来环境的认识不符,等等。早期的战略信息可能来自四面八方,企业管理人员很难从日常繁杂的信息交流、处理过程中觉察出来。

但如果企业一直坐等信号明显到足以被常规信息网络觉察到的话,也许就会坐失良机。危机可能会突然爆发,或者企业会在竭尽全力设法应付这些发现得太晚的危机中蒙受重大损失甚至被危机的突然降临彻底击败。因此,企业信息收集处理人员,尤其是企业的高层领导和中层管理人员要逐渐养成对战略信息的敏感性和捕捉意识。

2.确定控制标准

战略控制标准是进行战略控制的期望结果,也就是战略目标的具体指标,可以按照第七章第一节中提出的三个维度进行设计。控制标准有定性的,也有定量的,是一个多层次的标准体系。一个较好的控制标准体系一般由定量标准和定性标准共同构成。企业常用的控制指

标有销售额、销售增长率、净利润、资产总额、销售成本、市场占有率、产品质量、劳动生产率和顾客满意度等。

控制标准一般具有以下特征：第一，具体性。是指目标内容明确，企业中的每一个成员都有相应的职责和任务。第二，可测性。可测性是指目标的实现是能够评价和衡量的，能够识别出执行的好坏。执行人员完成工作后能够进行绩效考评，并通过考评来强化执行人员的积极性、主动性和创造性。第三，可实现性。是指分解后的目标是可以达到的，经过执行人员的努力和必要的资源配置后是可以实现的。第四，相关性。相关性是指分解后的目标与长期目标的实现是相关的，当分解后的若干短期目标实现后，长期目标也应当水到渠成地实现了。

3.配置控制资源

俗话说，巧妇难为无米之炊，战略控制工作也是一样。在控制标准制定完成，进行实施之前，企业必须对当前的组织架构、人员配置、资源配置等情况进行摸底，并对它们是否适应控制要求进行必要的可行性分析。如果组织机构不适应，就要对组织机构进行重组，作出相应的调整；如果人员配置缺位或不足，或者目前的人员能力欠缺，无法履行控制职责，就应当由人力资源管理部门作出相应的补充或调整；如果控制设施和仪器不到位，或者虽然已经配置到位，但却由于各种原因不能有效地实施控制，企业就应当修理或筹措资金指定专人购置，并安装调试，使其正常运行。

4.进行战略评审

在战略的实施过程中，应当通过阶段性的战略评审来检验和预测控制效果。一般评审由企业内部的专门评审小组来实施，并由企业高层领导牵头负责。评审可以根据各个企业的实际情况，事先制定评审计划，定期或不定期地开展。评审可以是系统性全面的评审，也可以是针对某个战略业务单元(SBU)、职能部门或者一些关键工序、控制环节而开展的专项评审。现在，很多企业已经建立了ISO9000质量管理体系，因此企业也可以通过质量管理体系每个年度开展的内部和外部审核，以及管理评审等活动进行战略评审，从而减少战略评审频次。

5.实施纠正措施

控制过程如同决策活动一样，人们只能得到一个满意的控制结果，不可能也没必要追求完美的控制结果。那么什么是满意的控制结果呢？企业事先可以根据历史数据、同行数据、国家标准等制定出一个合理的控制偏差范围，如果偏差落在所定的控制范围内，即已经达到了满意的控制效果。

评审结果与控制标准之间的差异即为控制偏差，偏差产生的原因有企业内部的实施问题、制定战略的前提错误、环境的变化等因素。为纠正偏差，首先应当运用鱼刺图等分析方法找出偏差产生的原因，然后对症下药地采取纠正措施。

企业可以采取的纠正措施有：第一，在保持原计划的同时，制定出可行的改进措施来渐进温和地影响或纠正偏差；第二，重新制定和调整计划，修改目标来纠正偏差；第三，调整组织机构、管理职能、执行人员或资源配置，从而加强控制力度或使它们适应战略实施的要求；第四，营造一种有利于战略控制实施的企业文化氛围，强化控制过程；第五，针对个别控制瓶颈或薄弱环节成立专项攻关小组，消除细脖子；第六，借脑控制法，就是当一些高难的控制问题发生以后，企业可以与管理咨询专家或专业机构签订一个“排雷”合约，利用外智解决控制难题。

6.战略控制反馈

反馈既是控制论的一个重要概念，也是控制论的一个基本原理。控制论的主要奠基人维纳认为："反馈，即将系统以往操作结果再送入系统中去，其特点是根据过去的操作情况去调整未来的行为。"反馈的控制过程是：施控者将输入信息转换成控制信息，控制信息作用于受控者后产生的结果再被输送到原输入端，并对信息再输出发生影响，起到控制的作用，达到控制的目的。将反馈应用于战略控制的目的主要在于：第一，提高所制定的控制标准的准确性；第二，及时地对控制标准进行纠偏，防止控制标准对控制的误导。

综上所述，一个完整的战略控制过程可以用图12-4表示出来：

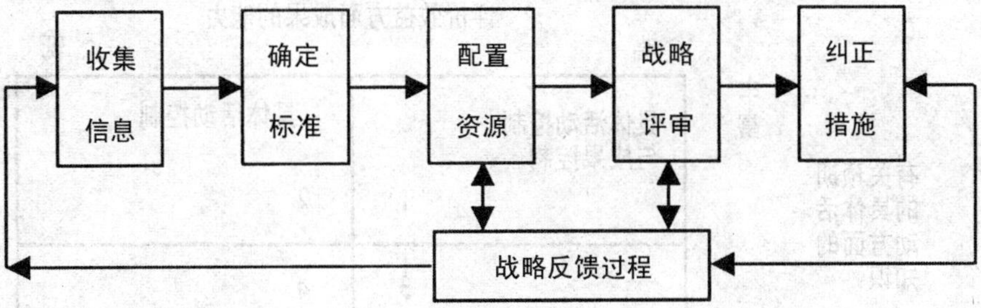

图12-4 战略控制过程

二、战略控制设计

战略控制设计是战略控制过程中最关键的环节之一，是为战略控制制定控制策略和体系的活动。战略控制设计主要由以下几个方面的内容构成：

1.了解战略控制的影响因素

战略控制的影响因素一般包括：第一，环境。企业欲设计出科学合理、控制有力的控制系统，首先就必须充分了解环境、熟悉环境、理出环境变化的规律，取得有效的环境信息。第二，人员。人员既是战略控制的主体，又是战略控制的对象。为实现企业战略目标，使战略控制达到预期的效果，企业不仅需要选择或培训能胜任战略实施的管理者，而且需要改变企业中所有相关人员的行为习惯，使之适合于战略控制的要求。第三，组织。组织是指企业的人事系统、权力与控制结构、领导体制及方式等等。企业战略发生变化时，其组织结构通常需要进行相应的调整。否则，企业很难实现预期的目标。第四，企业文化。企业文化影响着企业成员日常工作的态度和方式，并且这种影响根深蒂固，如何进行有效引导，使之有利于战略的实现，是战略控制的难点。

2.选择适宜的控制方式

控制方式的选择是控制设计中最主要的内容。可以说控制方式选择的正确与否直接决定着控制的成败，选择不恰当的控制方式而想达到预期的控制目的无异于水中捞月。选择控制方式应当注意以下几方面问题：

第一，必须充分考虑战略信息，将战略信息中有价值的内容设法转化成设计输入的要素。第二，必须考虑企业的情况，不能盲目照搬照抄其他企业或经典的控制模式。不存在放之四海而皆准的控制方式,只有适合本企业特色的控制模式才是最好的模式。第三,必须熟悉各种控制方式的特点,在作出非此即彼的选择之前,要进行控制方式的可行性论证,不能仅凭企业领导的嗜好而随意地取舍或变更被实践证明行之有效的控制方式。第四,要注意各种控制方式的优化组合。不同的控制方式具有不同的特点,可以完成不同的控制任务。现实中,为了提高控制的效果,企业的控制系统更多是由不同的控制方式组成的。因此对控制方式进行优化组合既非常必要,又能显著提高控制的效率和效果。

控制方式的选择可以根据两方面因素的组合关系来确定,一方面是企业管理人员拥有的关于预期的活动方面知识的丰富或贫乏,另一方面是企业管理人员评价效益方面重要成果的能力高低。如图12–5所示:

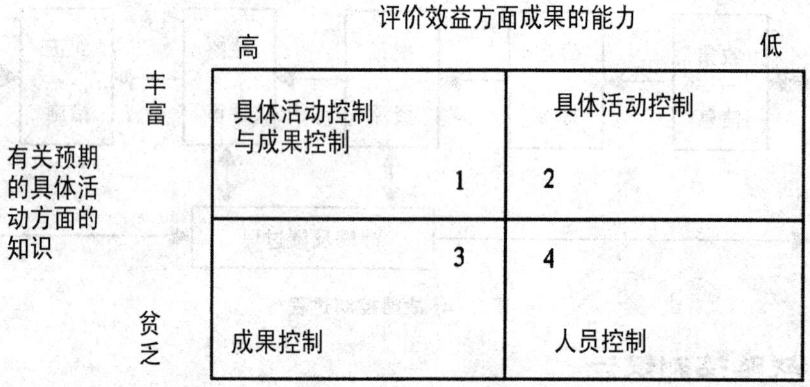

图12–5 控制方式的选择

从图中可以看出,第4象限表示的是最难控制的情况,即企业对预期的具体活动不了解,对重要的成果领域也不能作出很好的评价。在这种情况下,企业一般应进行人员控制。

在第3象限里,管理人员在有关预期活动方面的知识比较贫乏,但有较好的评价成果控制能力。因此工作成果便可以取得较好控制。这种控制适用于较高层的管理人员,使他们明确企业预期的成果以及各自的责任,从而达到控制的效果。

在管理人员对预期活动有较多的知识,但成果难以评价的地方,如第2象限的情况下,管理上应采取具体活动控制手段。例如,企业在作出高额资本投资决策以后,由于期限较长、往往很难对决策的成果作出及时精确的评价。这时管理人员可以采取具体的投资分析技术对投资活动加以控制。

在第1象限里,管理人员评价成果的能力比较强,相关知识也比较丰富,但不能只依赖于一个固定领域的人员去采取行动,也不能过早地提出一种或多种回避的手段。此时,管理人员应考虑采用具体活动控制、成果控制或者两者并用。

在控制方式的选择过程中,企业还应当考虑另外两个因素,即控制量和控制成本。

首先,控制量。一般来讲,不同的控制方式具有不同的控制力量,因此在控制设计环节应当考虑将不同力量的控制方式优化组合在一起,以实现刚柔并济、互补的效果,从而达到一方面可以减少由于控制过弱而产生的控制不力或失控问题,另一方面可以避免由于控制过度而造成紧张气氛,使企业内部员工对控制产生抵触和厌倦心理。

第二,控制成本。复杂的控制系统也许会带来很好的控制效果,但同时也会造成控制成本的成倍上升,从而使企业的控制系统在经济方面不具有可行性。因此,在控制方式的选择过程中一定要考虑各种控制方式及其组合可能造成企业成本上升的幅度,确保所选择的控制方式或控制方式的组合在成本方面与其他的控制相比具有成本上的比较优势或预期的成本能够被企业承受。考虑成本问题还要权衡学习曲线和经验曲线可能给企业带来的好处。如某一控制方式可能开始阶段会产生较高的控制费用,但随着实践和培训的进行,控制费用会很快降低,这样的控制方式要对其成本进行综合考虑,不能只考虑开始阶段可能产生的费用。

3.战略控制系统设计

选择了适宜的战略控制方式以后,企业就可以设计战略控制系统了。由于一项战略从建立到达到预定目标的过程中包含着大量的不确定性因素,组织内部和外部的偶发事件都可能干扰战略的正常实施,更何况战略进程中所引发的变革会牵扯到一些组织成员的利益和人际关系,这意味着对战略运行的有效控制不能仅靠少数人的努力,而要通过扎实细致的管理工作,建立起有效的控制系统。

(1)战略控制的关键环节

战略控制系统不是由专门机构负责运转的一架机器,而是贯穿在许多管理工作中的一组活动。构建有效的战略控制系统,其实质是对企业管理进行改进,特别是对企业领导层的管理方式进行改进,把控制过程的各个环节从繁杂的事务性工作中凸现出来,明确每个环节的内容和它们可能引起的后果以及相应的权责关系。要想使战略控制系统有效,应当对控制过程的各个环节予以充分细致的考虑,尤其是战略控制需要控制的关键控制点。

在控制系统的设计中,大多数问题都可以归结为对什么进行控制,即哪些是监控对象和调整对象。试图对组织活动中的每一个因素进行控制是不可能的,过多的控制不仅会降低员工的士气,挫伤管理人员的积极性,而且还会造成时间、精力和资金上的浪费。管理者必须集中力量于关键问题,选择在系统中进行观察和收集信息的关键点,通过这些关键点来确认整个工作是否按计划进行以及采用哪些纠正措施。

与大多数管理活动相类似,关键控制点的选择也是一项艺术性与科学性兼备的工作。由于控制对象各具特征,而管理者的个性又千差万别,因此从来没有一种对所有主管人员都适用的、专门的控制点目录,它需要管理者充分发挥自己的才智和管理技巧。当然,在这一问题上也有一些科学的程序和方法应该遵循。

首先应该对“关键绩效区”进行识别,即找出那些为确保整个企业战略获得成功而必须有效运作的区域。明确了关键绩效区,就可以在此基础上确定战略控制点,通过战略控制点进行检测和信息收集。

战略控制点的主要来源有:第一,业务活动中意义最为重大的因素。大量的实践经验表明,在一项工作中只有一小部分的活动、事件、人员或事务占用着大部分的资源,这就为战略控制点的确定提供了可能。第二,工作进程中经常发生变化的环节。因为变化会给整个工作带来冲击并容易导致差错,所以应对变化的点进行经常的检测。第三,可以产生波及效应的环节。所谓波及效应,是指对一个环节的控制,可以对其他许多环节产生影响,如有时把最容易忽略的环节作为控制点,可以使人们注意到所有的环节。

(2)战略控制系统的构成

企业需要建立的战略控制系统应当包括五个子系统:

第一,组织基础控制子系统。控制活动总是通过一定的企业内部组织来实施并完成的。企业的组织基础包括:组织结构、责任结构和权力结构。控制是以承担责任为基础的,否则一旦出现了问题,就不知道该去哪里找谁来解决,更严重的是出现损失后不知道由谁来承担责任,因此战略控制体系必须建立明确的责任结构。一定的责任是以获得对应的权力为前提的,没有控制某项活动的权力,就不应该为该活动产生的后果负责任。在责任结构的确定过程中,企业一般会将一部分权力授予下一级单位,这就形成了逐渐授权的权力结构。

第二,企业文化控制子系统。企业文化是一些假设、观念和价值观的集合,这些假设、观念和价值观是为了应付内外部环境而在组织内部发展起来的。企业文化的约束和激励作用能够很好地起到一种无形的控制作用,使企业员工按照企业战略所要求的方式去努力工作。

第三,沟通控制子系统。沟通是信息的传递和反馈过程,要先将欲传递的信息转化成信号(编码),然后通过媒介物(通道)传送给接受者,由接受者将收到的信号转译成信息(解码),从而完成信息传递。沟通控制子系统的主要作用在于,由企业战略实施负责机构将关于企业使命与愿景、战略与目标、战略制定与实施中对事业部、职能部门等有重要意义的信息传递给它们,然后由事业部和职能部门等将战略实施过程中的相关信息反馈给企业战略实施负责机构,从而使战略实施负责机构通过对信息的分析获悉企业各部门目前的战略实施状况。

第四,协调控制子系统。在相关多元化公司中,任何两个业务单元之间及业务单元和母公司之间都存在协调问题,即通常所说的发挥协调效应。协调就是为了充分有效地利用未尽用资源所采取的行动,一般发生在具有共享一般资源或核心资源的两个组织之间。这种共享可能产生各种折衷成本。

第五,考评子系统。任何一项有价值的控制活动如果没有最后的评价和基于评价结果的奖惩都不算完整。通过对每一项指标完成情况的统计,再考虑到事先设定的每一指标的权重,就可以对战略实施结果进行评价。母公司对各业务单元和职能部门的战略评价就可以通过这一系统完成。根据评价结果,母公司要对各业务单元和职能部门进行相应的奖惩。奖励既可以通过对这些单位高层管理者及所有员工的物质或精神奖励的方式进行,也可以通过对其管理人员晋升或增加其晋升预期来实现。

4.战略控制设计与反馈

在战略控制设计过程中,反馈是一个重要的因素,这主要表现在:

首先,反馈对加强成果责任制十分必要。即使反馈不能用于调整输入量,也表明整个过程受到了监控。

其次,在环境变化重复发生时,反馈可以根据对成果的评价,指出创新的需要。

第三,如果要进一步保证反馈的效果,则需要有一个学习的过程。企业管理人员要认真分析不同组合的输入所产生的结果,很好地掌握输入与结果的关系,如果做到这一点,他们的着眼点就会从成果控制系统转向具体活动控制系统,从而有效地发挥整个控制系统的作用。值得注意的是，管理人员要有效地使用反馈模型有一定的先决条件，即环境变化要有重复性或至少有部分的重复性。如果环境变化只是一次性地发生，则反馈回去的信息在管理上用处不大。在这种情况下，管理人员即使了解成果存在的问题，也不太可能有更大的改动。此外，从成本角度来考虑，设计、实施、维护一个反馈系统，代价一般是比较昂贵的。因此，在设计控制系统过程中，应有反馈的意识，但如何采取反馈手段，则应根据企业的具体情况确定。

三、战略控制评价

在战略实施过程中存在战略失效，可能影响战略目标的实现。因此，为纠正战略失效就要进行科学合理的战略评价，以保证战略实施的正常进行和战略控制的有效。

1.战略实施失效

战略实施的过程与结果往往与人们的期望并不一致，当出现非理想状态时，称之为战略失效。战略失效按出现时间的早晚可划分为早期失效、偶然失效和晚期失效三种，如图12-6所示。

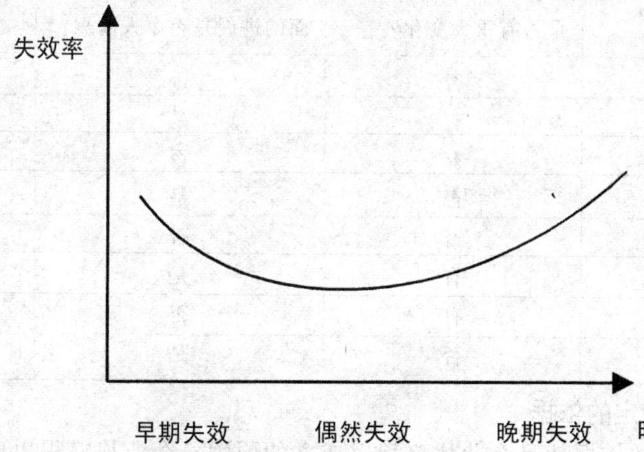

图12-6 战略失效的“浴盆曲线”

当一项战略开始实施时，就可能遇到早期失效。实践表明，大量的战略实施早期失效率特别高，这是因为新战略还没有被员工理解和接受，或者实施者对新的环境、工作不适应。战略决策者对这种早期失效不可惊慌失措，更不可对新战略失去信心，暂时的挫折并不意味着战略的不合理。在进行战略控制时必须考虑“延滞效应”。

早期失效后，就可能使工作步入正轨，而使战略进入平稳发展阶段，在上图中，以“浴盆曲线”的盆底部分表示。所谓偶然失效是指在战略的平稳实施阶段所出现的一些意外情况。当处于偶然失效时，战略决策者决不可以掉以轻心，而是应该及时、慎重地处理，维持战略的平稳推进，当战略推进一段时间以后，失效的概率可能又会提高。

随着时间的推移，外部环境的变化制约着战略的实施，进入了“晚期失效”阶段。此时，战略决策者应该适应外部环境的变化，进行战略调整，积极创造条件推进战略。

战略失效的“浴盆曲线”，揭示了战略实施不同时期效率高低的规律，分析了不同阶段战略失效的本质区别，为制定正确的战略控制策略提供了理论依据和战略推进方法。同时，正确认识战略失效既可以防止战略在早期失效阶段的反复,又避免了晚期失效阶段慌忙修改或固执原状的错误;它使战略控制过程既有阶段性,又有相互联系、协调发展的连贯性。

2.战略控制评价

由于企业战略在实施过程中存在失效,战略失效又会导致战略控制的失效,从而影响组织战略目标的实现。因此企业必须对战略失效问题进行关注。那么企业如何发现战略失效,并通过分析找出失效的原因,进而采取相应的纠正措施消除战略失效呢?这就需要进行战略评价。

企业战略评价的主要内容有三个:第一,根据内部条件和外部环境的变化,经常检查企业战略的根据或基础;第二,经常比较战略实施的预期和实际进度或结果;第三,及时采取纠正行动或应急措施以保证目标或计划的实现。表12-1提供了一个可以反映这三项活动状况的"企业战略评价表"。

表12-1 企业战略评价表

企业的内部战略因素是否有重大变化?	企业的外部战略因素是否有重大变化?	企业在实现既定目标方面的进展是否令人满意?	结果
否	否	否	采取纠正措施
有	有	是	采取纠正措施
有	有	否	采取纠正措施
有	否	是	采取纠正措施
有	否	否	采取纠正措施
否	有	是	采取纠正措施
否	有	否	采取纠正措施
否	否	是	继续原来的行动

(1)评价战略制定的依据

企业战略制定的依据就是企业战略得以成立的原因。企业战略得以成立的理由是企业在认真分析企业内外部环境关键因素的基础上,按照抓住机会,避免威胁,发挥优势和克服劣势的原则作出的匹配和选择。但在企业战略实施过程中,企业内外部环境并不是静止不变的。如果这些变化是关键性的,就会动摇企业战略得以成立的根据,企业就必须及时地调整其战略。

对企业战略依据的重新审查,要集中于那些原来作为企业战略依据的重要战略因素,包括企业内部的优势和劣势、企业外部的机会和威胁。企业高层管理者应该提出和回答下列问题:

企业内部的优势是否仍然是优势?企业是否有了新的内部优势?如果有,是什么?

企业内部的劣势是否仍然是劣势?企业是否有了新的内部劣势?如果有,是什么?

企业外部的机会是否仍然是机会?企业是否面临新的机会?如果有,有哪些?

企业的外部威胁是否仍然是威胁?企业的外部威胁是否增加了?如果是,是什么?

实践证明,理论上最好的战略往往在实践中难以实现;今天成功的战略不一定能保证明天成功。企业在战略实施的初期兴旺发达,但到了第二年或第三年却要为生存而挣扎的例子屡见不鲜,如巨人集团和秦池集团。为了防止这种情况的发生,企业战略管理者必须在战略付诸实施的整个过程中不断地重新审视企业战略的依据,通常采取下面的办法和步骤,如图12–7所示。

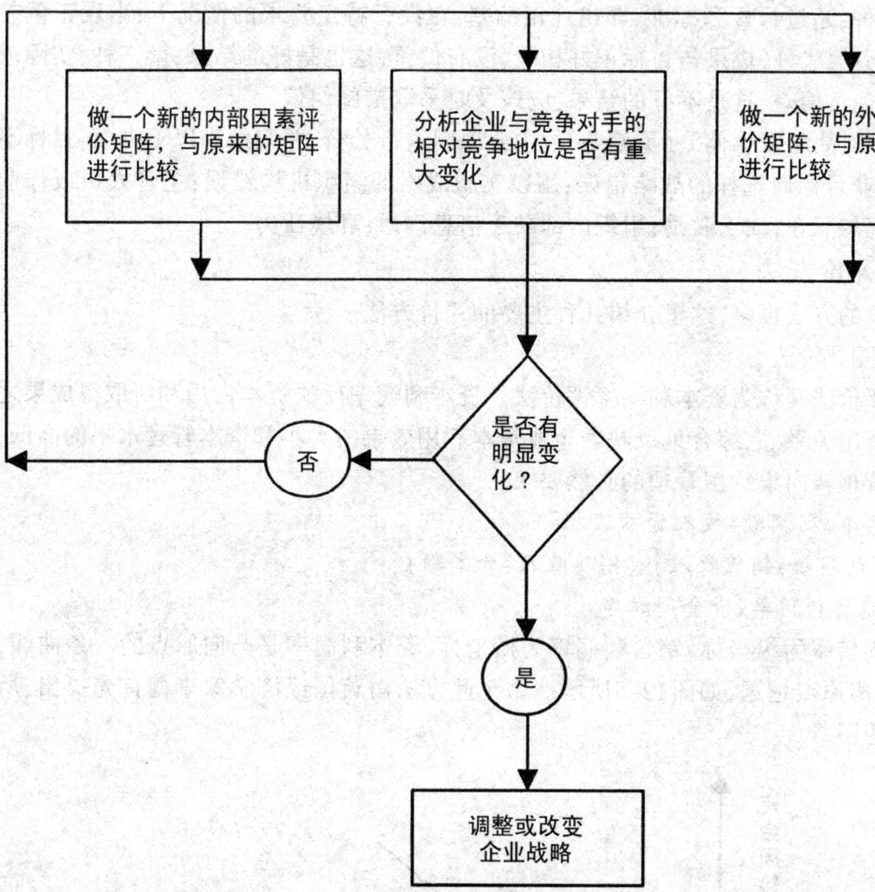

图12–7　战略依据评价模型

首先,做出一个修改过的外部因素评价矩阵,然后再将它与原来的外部因素评价矩阵进行比较,如这两个矩阵的内容一样或相似,企业就没有必要再改变或调整战略;相反,如果这两个外部因素评价矩阵不一样甚至有很大差异，那么企业的现行战略就要按照战略制定的过程重新考虑。

其次，企业战略管理者还要分析和判断企业相对于其他竞争对手的位置是否发生了重大变化,决定是否有必要对企业战略进行调整或变革。

最后,制定一个新的内部因素评价矩阵,然后与原来的内部因素评价矩阵进行比较。根据比较的结果,决定是否有必要对企业战略进行调整或变革。

需要说明的是,即使企业目前的表现和战略实施进展都令人满意,这种对战略的重新考虑也是必要的。因为企业战略得以成立的内外部根据的变化往往不会立竿见影地影响企业，但他们对企业的战略地位或长期表现会有重大影响。

(2)评价战略实施的成果

战略实施的成果集中表现为企业战略运行的绩效，主要以实际工作成果的形式表现出来，对它们进行评价也就是将实际的成果与预定的目标或标准进行比较。通过比较会出现三种情况：第一种，超过目标和标准，即出现正偏差，在没有特定要求的情况下，出现正偏差是一种好的结果；第二种，成果与目标正好相等，没有偏差，这也是好的结果；第三种，实际成果低于目标，出现负偏差，这是不好的结果，应该及时采取措施纠偏。

国外学者对战略发生偏差（负偏差）的主要原因进行分析，并归纳为以下方面：目标不现实；为实现企业目标而选择的战略错误；用以实施战略的组织机构错误；主管人员或作业人员不称职或玩忽职守；缺乏激励；组织内部缺乏信息沟通；环境压力。

3.战略评价方法

战略评价的方法很多，这里介绍几种主要的评价方法。

（1）李德图评价法

李德图评价法又称为资本利润率评价法。资本利润率反映资本占用和所取得成果之间的一种投入产出关系。它综合地反映着企业资本利用效果的大小和资本管理水平的高低，也是从粗放型管理转向集约型管理的必然要求。

资本利润率=利润额÷投入资本额

=（利润额÷销售收入）×（销售收入÷资本额）

=销售利润率×资金周转率

以资金周转率为纵坐标，销售利润率为横坐标，资本利润率是凸向原点的一条曲线，其值越大，曲线离原点越远，如图12-8所示。由于此方法由英国经济学家李德首先提出，所以该图又称李德图。

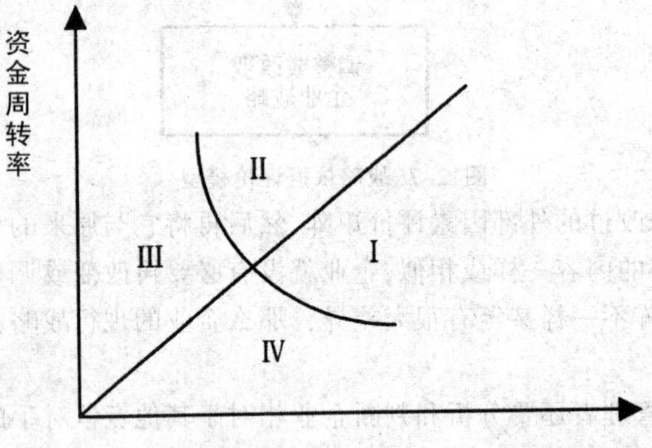

图12-8 李德图

对于一个具体的企业而言，在战略实施之前，已经确定了一个长期的资本利润率控制标准，并且这一标准已经被细分成了每一年度，甚至是月度的控制标准。因此，评价企业盈利目标是否达到，以及分析盈利目标实现或未实现的主要原因就可以通过实际资本利润率落在上图的那个象限来确定。

区域Ⅰ：资金积累型盈利区。该区域销售利润率高，资金周转率较低。

区域Ⅱ：资金周转型盈利区。该区域资金周转率高，销售利润率低。

区域Ⅲ:销售利润过低型亏损区。这个区域虽然资金周转率高,但销售利润率太低,容易形成亏损。

区域Ⅳ:资金积压型亏损区。这个区域虽然销售利润率高,但资金周转太慢,也容易产生亏损。

(2)利益相关者测定法

企业的客户、债权人、员工、股东等利益相关者都非常关心企业的经营活动和业绩,并且对企业的经营活动和绩效都有自己的一套评价标准。如果企业不能满足或达到他们的评价标准,可能会恶化企业的运营环境,影响企业的健康可持续发展,如银行拒绝给企业放贷授信额度、股东对企业选择用脚投票、员工对企业的忠诚开始动摇等。因此从利益相关者的角度对企业的战略绩效进行评价,也是保证企业战略实施成功和控制有效的必要手段。表12–2是一些利益相关者的测定方法。

表12–2　利益相关者测定法

利益相关者	近期测定方法	远期测定方法
顾客	销售额和销售量;新顾客的数量;需要接触的新顾客	销售增长;顾客基数的周转;控制价格能力
供应商	原材料成本;送货时间;库存;原材料的方便程度	原材料成本;送货时间;库存周转率;来自供应者的新建议
银行	每股盈利;股票价格;出售股票的数量;自有资本利润率	实现融资战略的能力;自有资本利润率的增长
职工	新建议的数量;劳动生产率;抱怨的次数	内部提升的数量;自动离职的人数

(3)高层管理者评价法

企业是否拥有一个精明能干的高层管理团队是影响企业战略目标实现的一个关键因素,从某种程度上讲,没有以韦尔奇为首的管理团队就没有通用电气今天的辉煌。因此,对企业的高层管理团队进行评价是企业战略评价所必需的。对高层管理团队的评价结果也是调整高层管理团队的重要依据。表12–3就是迈克斯维尼为评价高层管理者绩效而编制的评分表。

表12–3　高层管理者绩效评价表

打分项目	好	差
自有资本利润率		
销售利润率		
股东资产管理		
组织机构		
人员培养		
产品开发		
企业的道德		
企业的形象		
企业发展潜力		
市场占有率		
其它企业的购入		
研究与发展		
国际业务		

(4)关键表现领域测定法

企业进行战略控制必须抓住关键点,所以,企业进行战略评价也需要针对控制关键点的评价方法,关键表现领域测定法就是这样一种方法。在实施关键领域测定法之前,必须首先确定企业的关键表现领域,一般而言,战略控制的关键点即为企业的关键表现领域,但关键表现领域并不等同于战略控制关键点,它的内容应当比战略控制关键点更加丰富一些。不同企业的关键表现领域不同,同一企业在不同时期的关键表现点也不一样,因此不可盲目照搬照抄。表12–4是美国通用电气公司确定的八个关键表现领域和测定方法。

表12–4 通用电气的关键表现领域测定法

关键表现领域	测定方法
盈利能力	用利润总额减去投资资本的成本测定
市场位置	用市场占有率测定
生产率	用工资总额或生产产品的折旧成本测定
产品的领先地位	对现有产品或准备开发产品的成本、质量、市场位置测定
人员发展	通过各种方式了解该公司现在和未来的人员需求
职工的心态	通过定期对职工的态度、旷工和离职情况的了解来测定职工对公司的态度
社会责任	通过对一些指标的测定来评价公司对其职工、供应商、顾客和所处社区的社会责任
长期与短期目标的平衡	通过对关键领域关系的深入研究来确定短期目标的实现不是以牺牲企业长期目标与稳定增长为代价的

第三节 战略控制方法

正确有效的战略控制,不仅能够及时发现和纠正偏差,确保战略目标的实现,在一定条件下,还可以提出新的目标和计划。而要实施正确有效的战略控制,就必须要有科学合理的战略控制方法。战略控制方法对战略控制活动而言,犹如战士作战的武器。

由于企业战略目标最终必须细分成战术和作业目标,通过战术和作业目标的分步实现达到战略目标的水到渠成,因此战术和作业控制方法与战略控制方法在一定程度上是一致的。可以用于战略控制的方法很多,并且随着科学技术的发展,新的控制方法会不断涌现,并逐步替代原有的一些低效的控制方法。我们这里重点介绍预算控制、审计控制、审核控制、人员控制、平衡计分卡等战略控制方法。

一、预算控制

预算是以数字方式编制的对未来某个时期的计划或安排。几乎所有的单位每年都要编制财务预算,大企业还要编制五年或十年的长期发展规划,因此预算控制是管理活动中运用最广泛的控制方法之一。编制预算的结果,是要为企业的控制活动提供各方面的控制目标,进而实施目标管理。预算控制主要通过战略目标的科学合理编制达到战略控制的目的。

企业确定的目标对企业员工的行为具有导向和激励作用,因此通过有效的预算方法制定出科学合理的战略目标对企业而言非常重要。企业的各种控制目标可以根据企业的历史资料分析确定,也可以根据市场(如邯钢的模拟市场核算)和客户(接单生产)的要求确定,还可以参照其它企业的预算数字,有行业标准的还可以借鉴行业标准,如果国家有强制标准(如食品和药品等),企业必须执行不低于国家规定的控制标准。企业预算的编制方法很多,传统的预算编制方法有固定预算、弹性预算、追加预算、项目预算等。这里我们主要介绍零基预算。

零基预算,即Zero-Based Budgeting,简称ZBD,是由美国德克萨斯食品公司的彼得·A·派尔(Peter A. Pyhrr)在1970年12月发表的《零基预算法》一文中提出来的。后来被西方国家在预算的编制过程中普遍地接受和应用。

零基预算的基本思想是:在每个预算年度之始,将所有仍在进行或将要进行的活动都视为重新开始,按照组织目标,以零为基础,逐项审查各项活动对实现组织目标的意义和效果,在成本效益分析的基础上,确定各项活动的优先次序,并按照优先次序配置企业的资源。

零基预算在编制之前需要弄情况四个方面的问题:第一,组织的目标是什么?第二,将要开展的活动可以取得那些效益,该活动为什么是需要的?不要行不行?第三,可选择的方案有哪些?目前的方案是最优的吗?还有更好的方案吗?第四,各项活动的重要次序是什么?实现目标究竟需要多少资金?

与此相对应,零基预算的编制步骤也由四步组成。第一步,在审查预算前,明确组织目标,搞清长期目标、近期目标、定量目标和定性目标之间的关系,确定重要次序;第二步,在审查预算时,将所有过去的活动都当作重新开始,以零为基础;第三步,在确定出哪些项目是真正必要的之后,根据已经定出的目标体系重新排出各项活动的优先次序;第四步,编制预算。

二、审计控制

审计控制是一种用来对企业的会计记录、报告和制度以及企业决策程序等进行控制的主要方法。审计的主要目的在于保证企业对外提供的各类会计报表以及报告的真实性,但也具有对企业内部控制的有效性和合法性进行监控的职能。审计对企业战略实施的控制,主要是通过对企业内部控制系统的评价来实现的,通过审计控制可以保证企业内部的控制是有效和合法的,从而避免企业发生“战略失效”,防止企业资产的减值和非法流失。由于审计控制具有很强的专业性,因此应当由企业或企业外部的专业会计或审计人员来实施。

1.内部控制的含义

内部控制是指企业为了保证业务活动的有效进行,保护资产的安全与完整,防止和纠正错误与舞弊,保证会计资料的真实合法与完整而制定和实施的政策和程序。

内部控制的目标包括:第一,保证业务活动按照适当的授权进行;第二,保证所有的交易和事项以正确的金额,在恰当的会计期间记录于适当的账户;第三,保证对资产和记录的接触、处理均经过适当的授权;第四,保证账面资产和实存资产定期核定相符。

内部控制由控制环境、会计系统和控制程序三部分组成。控制环境是对企业控制的建立和实施有重大影响的因素的统称，它的好坏直接决定着企业其它控制能否实施或实施的效果。会计系统是公司为了汇总、分析、分类、记录与报告公司交易,并保持对相关资产和负债的受托责任而建立的方法和记录。控制程序是由为了合理保证公司目标的实现而建立的政策和程序组成的。控制程序分为交易授权、职责划分、凭证与记录控制、资产接触与记录使用、独立稽核五类。

2.了解与记录内部控制

审计人员对企业的内部控制系统进行审计，就必须首先了解企业内部已经建立的控制系统。通常对于内部控制的了解是将企业业务分成销售与收款、购货与付款、生产循环、筹资与投资等业务循环,然后通过各循环内的内部控制,并进行相应的了解记录。

主要步骤有:第一,了解内部控制的程序。在了解内部控制时,要合理利用以往的审计经验,对重要的内部控制,通常还应当询问企业有关人员并查阅相关内部控制文件、检查内部控制生成的文件和记录、观察企业的业务活动和内部控制的运行情况、选择若干具有代表性的交易和事项进行"穿行测试"等程序进一步了解。

第二,了解控制环境。

第三,了解会计系统。通过了解应能达到识别和理解企业交易和事项的主要类别、各类主要交易和事项的发生过程、重要的会计凭证账薄记录以及会计报表账目、重大交易和事项的会计处理过程等。

第四，了解控制程序。控制程序对于防止或更正会计报表中的重要错报和漏报更为有效。

第五,对控制风险的初步评价。在企业内部控制失效、难以对内部控制的有效性作出评价、不拟进行符合性测试三种情况下应将重要账户或交易类别的某些或全部认定的控制风险评估为高水平;在相关的内部控制可以防止或发现漏报和拟进行符合性测试的情况下,不应评价控制风险处于高水平。

3.记录对内部控制的了解和对控制风险的初步评价

对于调查和了解到的内部控制情况和所做的控制风险评价应及时做成适当的记录。内部控制调查记录的方法通常有调查表(问卷)、文字表述、流程图和核对表四种。

4.内部控制测试

内部控制测试包括运用初步审计策略和符合性测试。

(1)运用初步审计策略的步骤

审计人员应当研究和评价企业的相关内部控制,据以确定实质性测试的性质、时间和范围。初步审计策略的步骤包括主要证实法的应用、较低的控制风险估计水平法运用两个方面。

(2)符合性测试

符合性测试是为了确定内部控制的设计和执行是否有效而实施的审计程序。控制设计测试和控制执行测试是符合性测试的两个基本对象。符合性测试包括同步符合性测试、追加符合性测试、计划符合性测试三类。其程序包括检查交易和事项的凭证、询问并实地观察留下审计轨迹的内部控制的运行情况、重新执行相关内部控制程序等。在相关内部控制不存在、虽然存在但并未有效运行等情况下应当直接进行实质性测试程序。

5.内部控制评价

控制风险评价就是评价内部控制在防止、发现和更正会计报表里的重要错报或漏报的有效程度的过程。控制风险可评价为高水平和低水平。在控制政策和程序与认定不相关、控制政策和程序无效等情况下可以将控制风险评价为高水平。在控制政策和程序与认定相关、通过符合性测试已获得证据证明控制有效等情况下可认定为低水平。

6.管理建议书

管理建议书是审计人员针对审计过程中注意到的、可能导致企业会计报表产生重大错误或漏报,以及资产和资金的安全等企业内部控制的重大缺陷或重大隐患,而给企业管理当局(董事会或经理层)提出的书面建议。主要内容包括对内部控制重大缺陷及其影响的描述和审计人员提出的改进建议等。

三、审核控制

审核控制是主要用来对企业的质量战略实施以及质量管理体系有效性进行控制的方法。通过审核控制可以保证企业质量管理体系的有效运行,从而提高企业产品质量水平,保证企业质量战略目标的顺利实现。

对质量体系进行的审核包括内部审核、外部审核和管理评审。其中内部审核和管理评审是由企业内部的审核员完成的,而外部审核则是由体系认证方(即第三方)组织的外部审核。审核控制的内容主要包括:

1.审核的基本概念

审核就是为了获得审核证据并对其进行客观的评价，以确定满足审核准则的程度所进行的系统的、独立的并形成文件的过程。审核是对活动和过程进行检查的有效管理手段,审核的结果为管理者采取措施提供了信息。

审核的目的在于确定满足审核准则的程度,在确定审核目的时,应考虑管理的优先级、商业意图、管理体系的要求、法规要求四个方面的因素。审核的依据包括ISO9001:2000质量管理体系要求和企业编制的质量手册、程序文件、作业指导书等。审核也是一个形成文件的过程,审核形成的文件主要有审核计划、检查表、现场审核记录、不符合项报告、审核报告等。

2.审核的三大原则

审核应当坚持客观性、独立性和系统方法三大原则。其中,客观性主要表现在:第一,审核证据是客观的,即审核证据(Audit evidence)是与审核准则有关的,并且能够证实的记录、事实陈述或其他信息;第二,对收集到的证据的评价必须是客观的。审核证据评价的结果即为审核发现(Audit findings),审核发现是将收集的审核证据对照审核准则进行评价的结果。审核发现包括审核证据、审核准则和比较评价三个要素,有合格(符合)项或不合格(不符合)项两种情况。

独立性主要表现在:第一,审核员身份独立,即相对于审核区域是独立的;第二,审核过程独立；第三，审核员的审核评价独立，即是以审核准则和审核证据为准则，而不是按个人的偏好随心所欲。

审核的系统方法主要表现在：第一，审核必须在文件审核符合的情况下，方可进行现场审核；第二，审核包含符合性、有效性两个层次，仅有一个层次内容，就无法得出正确的审核结论；第三，审核前必须进行审核策划。

3.审核策划

在实施审核之前，企业首先应当进行审核策划工作，并将策划结果编写成书面文件，这些文件包括审核计划、审核组、审核用的文件和资料等。通过审核策划应达到审核计划、审核责任、审核工作文件三落实。

(1)制定审核计划

审核计划包括年度审核计划和审核活动计划。年度审核计划是审核策划的始端也是总纲，审核活动计划则是按照年度审核计划的安排具体实施。审核计划的内容包括审核目的、范围、审核准则、审核组成员及分工、审核活动时间安排、首末次会议时间等。

(2)建立审核小组

依据审核计划确定审核组长，选择审核员，建立审核小组，并明确审核组各成员的职责和权限。审核组成员按分配的任务做好以下工作：第一，熟悉文件和程序；第二，编制检查表；第三，考虑前次审核结果应跟踪的项目。

(3)编制检查表

检查表必须在审核前编好。包括过程检查表、要素检查表两类。检查表的编制过程包括制定审核流程图、受审核部门的选择、审核地点的选择、审核时间的确定、审核过程的确定、检查项目、证据及方法、检查依据的确定八个方面。

编制检查表应注意以下事项：第一，按照标准和手册的要求设计检查表；第二，选择典型的质量问题和常见的执行漏洞，但不要钻牛角尖；第三，要结合受审核部门的特点；第四，抽样应具有代表性；第五，时间要有一定的弹性；第六，部门审核要涵盖所有涉及到的要素，要素审核要包括所有涉及的部门。

4.内部审核实施

内部审核一般通过以下六个步骤来实施：

(1)首次会议

首次会议由审核组长召集主持，向受审核方介绍具体内容及方法，并协调、澄清有关问题。首次会议旨在传达并落实审核计划，简要介绍审核采用的方法和程序，建立审核组与受审核方的正式联系，提出并落实审核有关要求，澄清并协调有关审核问题。

(2)现场审核

现场审核是通过样本推测总体的过程。审核应当按计划进行，审核的内容应当按照准备好的检查表进行。现场审核的原则有：第一，以“客观证据”为依据；第二，坚持标准与实际核对，审核不能脱离准则，凡标准与实际未核对过的项目，都不能判断为合格或不合格；第三，独立、公正地进行审核，不能因情面或畏惧而私自消化不合格项；第四，坚持三要三不要，即：要讲客观证据，不要凭感情、凭感觉、凭印象用事；要核查实际做得怎样，不能停留在文件、汇报上;要按审核计划进行,不要“不查出问题非好汉”。

(3)客观证据收集

审核员要通过与受审核方人员的面谈,查阅质量管理文件和记录,现场观察和核对,对实际活动及结果验证,数据、图表的汇总与分析,查阅来自顾客、供货商等其他方面的报告等方式收集客观证据。

收集证据应注意以下几点:第一,证据不是越多越好,而是适用的证据越多越好;第二,证据必须是有效的(如所提供的文件和记录应经过法定批准或签字,是在有效期内等);第三,要核查证据之间的相关性及一致性,进而从中发现问题或线索;第四,要核查证据的真实性;第五,应收集能确定审核目标是否可以达到的证据。

(4)现场审核记录

在提问、验证、观察中,审核员应作好记录,记下审核中听到、看到的有用的真实信息,这些记录是审核员提出报告的真凭实据。

(5)不合格项报告

不合格项报告是对现场审核得到的审核发现,进行评审并经受审核方领导确认的对不合格项的陈述。

不合格项是指未满足规定的要求。不合格有与ISO9001标准要求不一致,与质量手册、程序文件、质量记录和质量计划等文件不一致,与供销合同规定不一致,违法、顾客投诉等表现形式。不合格项的类型包括文件的不合格项、设备的不合格项、产品的不合格项、人员的不合格项等。确定不合格项有规定与实际核对和以客观证据为依据两个原则。

不合格项分为严重不合格、一般不合格、观察项三种。其评判的依据分别为:严重不合格项:质量管理体系与约定的质量管理体系标准或文件的要求严重不符;造成系统性失效的不合格(可能需要由多个一般不合格去说明);造成区域性失效的不合格(可能需要由多个一般不合格去说明);可造成严重后果的不合格项。

一般不合格项:不是偶然的,明显不符合文件要求的不合格项;直接影响产品质量的不合格项;造成质量活动失效的不合格项;轻微不合格项,指孤立的、偶发的、并对产品质量无直接影响的问题。

观察项:不合格证据稍不足,但存在问题,需提醒的事项;已发现问题,但尚不能构成不合格,如听之任之可能会发展为不合格项;其他需提醒注意的事项。

不合格项报告的内容包括受审核方名称、审核员、陪同人员、日期、不合格情况的描述、不合格违反标准、文件的说明、不合格项性质等。不合格项报告无固定格式,但应满足“4C”要求,即:Complete(完全),Correct(正确),Clear(清楚),Concise(简明)。

(6)末次会议

末次会议是审核组、受审核方领导和有关职能部门负责人员参加的会议。末次会议旨在向受审核方介绍审核情况,以便他们能够清楚地理解审核的结果,并予确认;报告审核发现(重点在不合格项)和审核结论;提出后续工作要求(纠正措施、跟踪审核等);结束现场审核。

末次会议的内容主要包括:第一,重申审核目的和范围;第二,强调审核的局限性,审核是抽样进行的,存在一定风险;第三,宣读不合格项报告(可选择主要部分);第四,提出纠正措施要求;第五,宣读审核意见;第六,受审核方领导表态,并对纠正作出承诺。

四、人力资源控制

伴随着知识经济的兴起，人力资源在企业战略目标的实施和企业价值的增值中所发挥的作用日益重要,从某种程度上讲是人兴则企兴,人衰而企败。因此如何优化企业人力资源配置,充分调动企业每一个员工的工作积极性,使他们心为企所有,事为企所想,身为企所荣就成了每一个企业关注的焦点。人力资源战略控制涵盖企业人力资源管理的人力资源规划、人员招聘、人员培训、工作分析、绩效管理、薪酬管理等所有方面。我们主要介绍人事组织衡量和绩效评价两个方面。

1.利克特的“方法4”

利克特是研究衡量人事因素的一位先驱。他研究发现最优秀的主管人员具有以下几个特征:第一,总是支持他的下属;第二,向下属提供必要的办法、训练、内外协助以及为保证完成任务所必需的其它条件,以便下属有利于完成委派给他们的工作;第三,鼓励工作组里所有成员之间的沟通、交流及相互帮助;第四,期望有一个高标准的成效。利克特把这种管理叫“方法4”或参与管理,以与使用命令式的、仁慈命令式的和协商式的三种管理方式相区别。

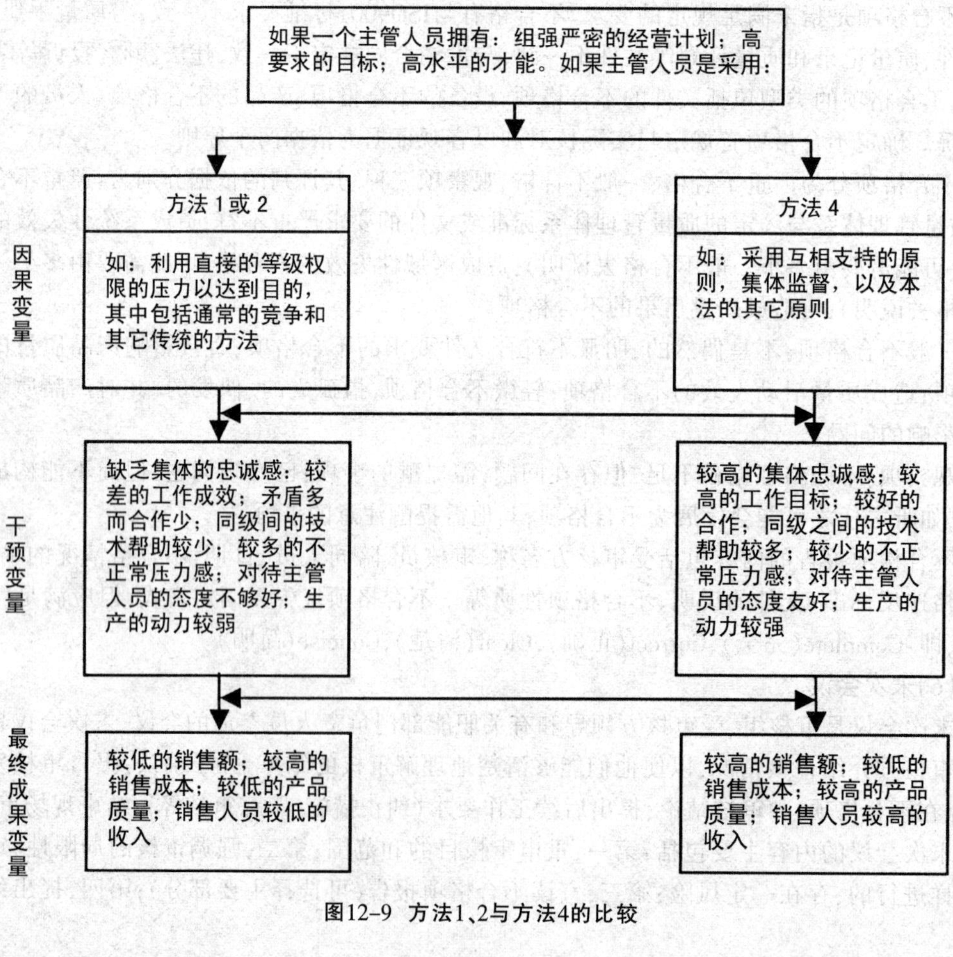

图12-9 方法1、2与方法4的比较

利克特的研究结果还进一步表明，至少在一段时间里，向"方法4"管理法转变会使企业改进实现目标方面的成效。利克特认为管理活动和组织结构的因果变量同激励因素、目标工作成效、沟通范围和内容等干预变量的相互作用与影响，形成了利润、销售额、成本以及企业的其它目标等最终成果变量。并用图12-9把方法1（使用命令式管理）、方法2（仁慈命令式管理）同方法4进行了比较。

2.绩效评价

对员工进行绩效评价是进行人力资源控制的核心方法，科学合理的绩效评价将有效地调动员工的工作积极性，显著提高战略实施的绩效。

（1）绩效管理

绩效管理是绩效评价的重要内容之一。绩效管理由绩效计划、绩效沟通、绩效考核、绩效反馈四部分组成，其关系如图12-10所示：

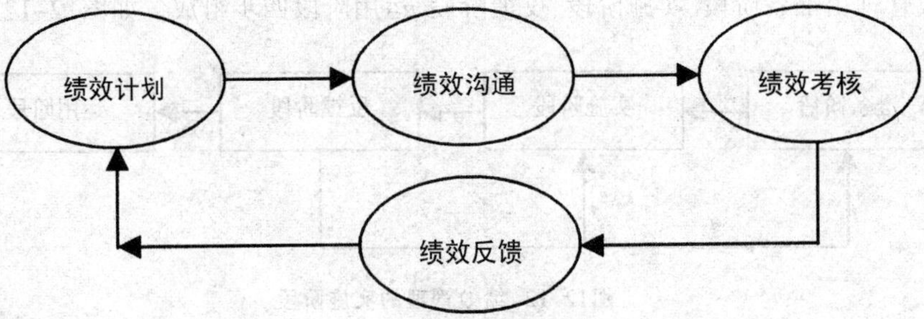

图12-10 绩效管理的构成

绩效管理主要通过企业员工的绩效优化达到企业绩效优化的目的，有利于提升企业绩效，实现战略目标。根据翰威特公司对美国上市公司的调查，有没有绩效管理对公司的效益有着显著的影响。其调查结果见表12-5：

表12-5 美国上市公司绩效管理调查表

指标	无绩效管理	有绩效管理
全面股东收益	0.0%	7.9%
股票收益	4.4%	10.2%
资产收益	4.6%	8.0%
投资现金流收益	4.7%	6.6%
销售实际增长	1.1%	2.2%
人均销售	126100美元	169900美元

绩效管理也有助于保证员工行为和企业目标的一致。图12-11从一定程度上体现了两者之间的这种关系。

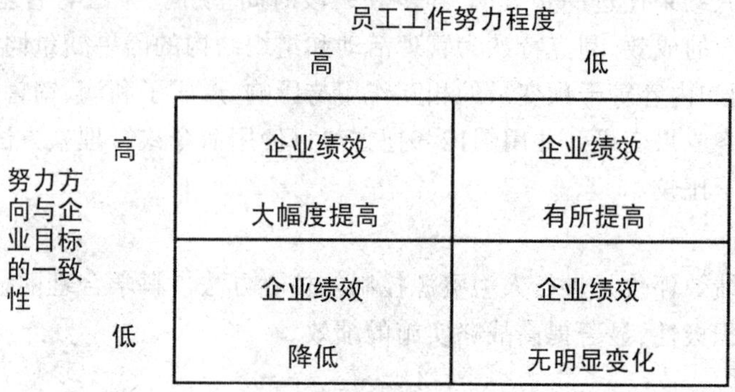

图12-11 员工行为与企业绩效的关系

绩效管理由准备阶段、实施阶段、反馈阶段、运用阶段四步组成。如图12-12所示：

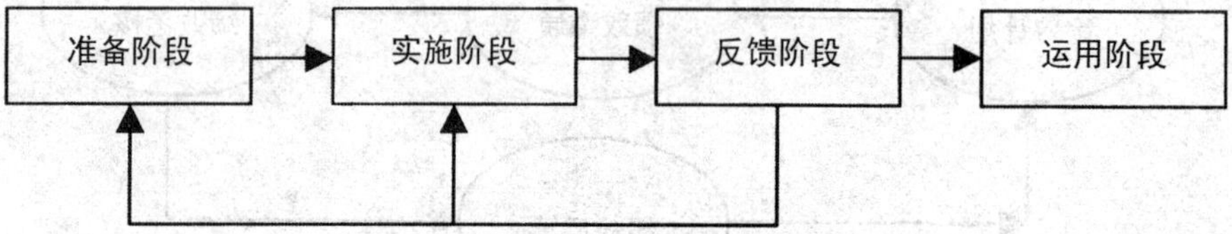

图12-12 绩效管理的实施阶段

绩效管理的方法很多，有定量和定性两种。企业可以根据自身情况选择适合自己和需要评价事件的评价方法。

(2)薪酬管理

薪酬管理也是绩效评价的一个重要内容。薪酬管理要坚持合法、公平、及时、经济、动态等原则。企业的外部环境、内部条件、员工个人的情况都会影响企业的薪酬。目前很多企业为了充分调动员工的积极性，都实行激励薪酬加福利的薪酬体系。

五、平衡计分卡

平衡计分卡，即Balanced Score Card，简称BSC，是20世纪90年代发展起来的一种综合评价企业战略绩效的方法。1990年美国马萨诸塞州的诺顿研究所承接了一项"如何评价未来组织的绩效"的课题。戴维·诺顿(David Norton)是这项研究的带头人，哈佛商学院教授罗伯特·卡普兰(Robert Kaplan)担任学术顾问。他们召集十二个公司的代表每两个月集会一次，共同制定一个新的绩效评价模式。并于1992年1月在《哈佛商业评论》上发表了《平衡计分卡——提升经营绩效的测评方法》一文。该文宣告了平衡计分卡的诞生。1998年3月，诺顿和卡普兰又合作出版了《平衡计分卡》一书，至此平衡计分卡建立了完整的理论体系。

1.平衡计分卡的构成

平衡计分卡打破了传统的只注重财务指标的业绩评价方法。诺顿和卡普兰认为传统的财务会计模式只能衡量过去发生的事情(落后的结果因素)，但无法评价和预计组织前瞻性的投资(领先的驱动因素)。

在工业时代,以财务指标为中心设计或进行绩效评价还是有效的。但在信息社会里,以财务指标为导向的传统业绩评价理念和方法就显得过于片面,甚至会得出错误的评价结果,从而进一步诱导企业朝着不健康的方向发展或者给企业走向衰败埋下祸根。因此客观上需要一种对企业绩效进行全面评价的方法，在评价今天的结果的同时能够保证这种评价是有利于企业长期健康发展的,至少不应当损害明天企业的发展。

平衡计分卡从财务、顾客、内部业务流程、员工的学习与成长(又称学习与创新)四个方面对企业的绩效进行评价,见图12–13,追求企业财务与非财务指标、长期目标与短期目标、外部和内部、结果和过程、管理业绩与经营业绩之间的平衡。所以自诞生之日起就具有很强的生命力,得到了世界上各大跨国公司的青睐,已经在很多的企业投入实践。

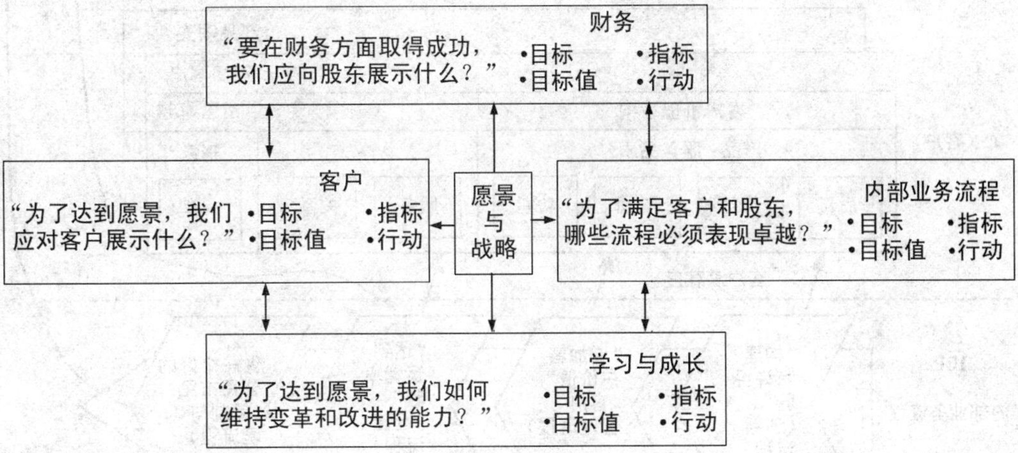

图12–13　平衡计分卡框架

资料来源:Kaplan & Norton(1996)

2.战略图

战略图就是描述组织战略的地图。通过把组织的战略画在一张图里,可以使管理者对组织的战略更加清晰。战略图把企业的战略分成四个维度:财务战略、客户战略、内部业务流程战略、学习与创新战略。

在所有战略中客户战略是核心,学习和创新战略是根本。因为顾客是企业的衣食父母,企业欲在财务方面获取较高的投资回报率,就必须提高顾客满意度,通过顾客的满意取得较好的销售收益。要使顾客满意,就必须按照顾客所要求的产品品质准时地给顾客交货,而能否保证按顾客要求的品质准时地交货又是由企业的员工素质决定的，这又体现了企业应以人为本。

图12–14是战略图的模版,它使原本零散的、看似不相关的企业各方面的战略紧密地联系了起来。

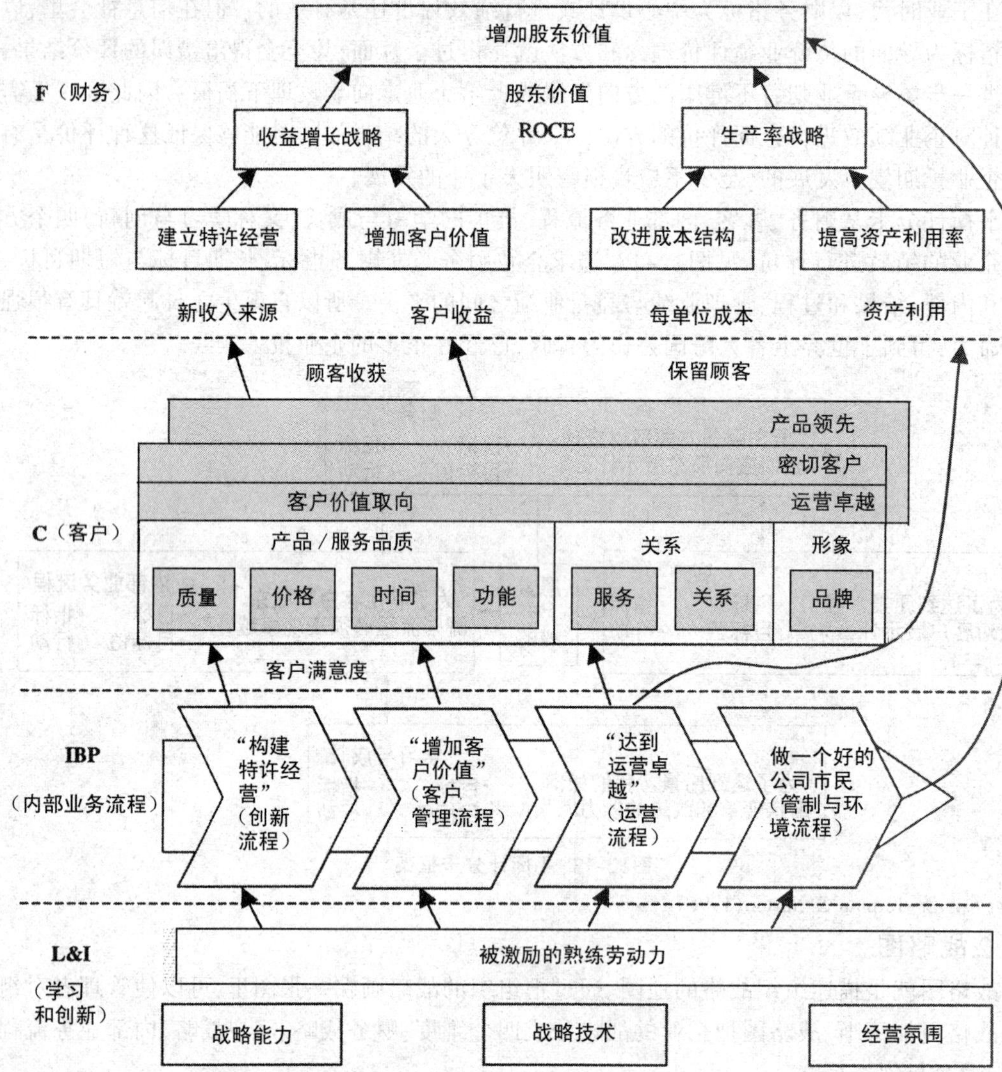

图12-14 战略图模版

资料来源：Kaplan & Norton(1996)

3.平衡计分卡的指标体系

平衡计分卡的指标体系由财务、顾客、内部业务流程、员工的学习与创新四个方面指标组成。

(1)财务指标

诺顿和卡普兰领导的团队对企业的财务评价指标和体系进行了研究，认为在企业发展的不同阶段，应采取不同的财务策略并决定适合的财务衡量尺度。财务指标构成包括营收成长和组合、成本降低/生产力改进、资产利用三个要素表示。企业可以按照表12-6找出战略主题对应的绩效衡量指标对企业财务进行评价。

表12-6 与业务战略相应的财务指标

		策略主题		
		营业收入成长和组合	成本降低/生产力改进	资产利用
业务战略	成长	市场区隔的营收成长率 来自新产品、服务、顾客占营收的百分比	员工平均收益	投资(占营收的百分比) 研发(占营收的百分比)
业务战略	维持	目标客户的占有率 交叉销售 新应用占营收的百分比 顾客和产品线的获利率	相对于竞争者的成本 成本下降率 间接开支(占营收的百分比)	营运资金比率(现金周转期) 主要资产类别的资本运用报酬率 资产利用率
业务战略	丰收	顾客和产品线的获利率 非获利顾客的比率	单位成本(每种产品、每个交易)	回收期间 产出量

资料来源:Kaplan&Norton(1996)

(2)顾客指标

顾客指标通常由成果(滞后)指标(概括性的量度指标)和绩效驱动因素(领先指标)两类构成。滞后指标一般包括市场占有率、旧顾客维持率、新顾客开发率、顾客获利率、产品利润率;领先指标一般包括顾客满意度、顾客忠诚度、库存周转率、账款回收率、账款回收天数、坏账率、顾客抱怨率等。

顾客满意度可驱动旧顾客维持率、新顾客开发率、顾客获利率,进而提升市场占有率。而库存周转率、账款回收率、账款回收天数、坏账率可驱动产品利润率与旧顾客维持率、新顾客开发率。

诺顿和卡普兰研究认为顾客价值主张是由产品与服务的属性、顾客关系、形象及商誉三大属性描述的,如图12-15所示。其中产品与服务的属性包括功能、品质、价格与时间,顾客关系涉及对顾客的响应与交货时间,以及顾客向企业采购时的感受,形象地反映了企业吸引顾客的无形因素。

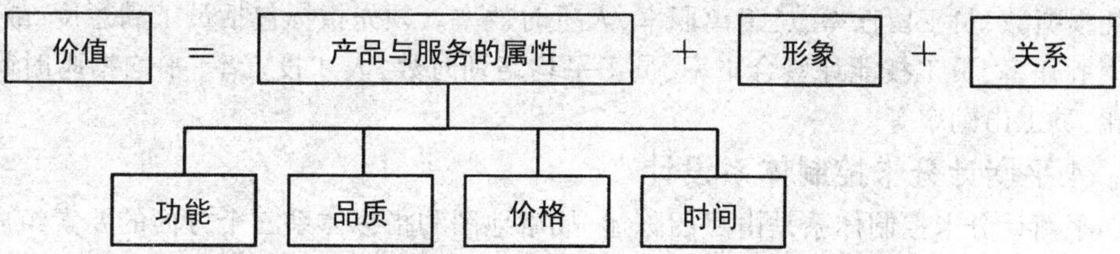

图12-15 顾客的价值主张

资料来源:Kaplan & Norton(1996)

表12-7 顾客方面的核心指标

市场占有率	反映一个事业单元在既有市场中所占的业务比率(以顾客数、消费金额或销售量来计算)
顾客争取率	衡量一个事业单元吸引或赢得新顾客或新业务的速率,可以是绝对或相对数目
顾客延续力	记录一个事业单元与既有顾客保持或维系关系的比率,可以是绝对或相对数目
顾客满意度	根据价值主张中的特定绩效准则,评估顾客的满意程度
顾客获利率	衡量一个顾客或一个区隔,扣除支持顾客所需的特殊费用后的纯利

资料来源:Kaplan & Norton(1996)

(3)内部业务流程指标

诺顿和卡普兰认为,企业为了实现或满足股东的目标与顾客的需求,必须确认其创造顾客价值的程序, 以充分利用企业的稀缺资源。因此他们将企业内部业务流程划分为创新流程、营运流程与售后服务三大流程。

创新流程是企业产品差异化的源头,滞后指标是产品上市时间,领先指标可以是收支平衡时间或产品初次设计,即完全符合规格的比例、产品初次设计至量产的变更设计次数以及专利数量等。

营运流程是从接受订单到发出成品之间的过程。滞后指标有退货率、成本下降、交期的准确性等。领先指标有每百万产品的不良率、废料率、废品率、返工率、机器故障率等,找出符合顾客要求的核心价值流程,再以6西格玛的理念制定内部业务流程指标。

售后服务流程的主要目的在于维持并不断提高顾客的满意度。它的滞后指标一般是故障响应速度、周期时间或是顾客提出要求至问题彻底解决所需要时间、衡量产品或服务递交后到顾客付清余款的时间; 领先指标一般为一个电话就能解决问题的顾客比率 (一次成功率)、瑕疵和退货处理速度等。

(4)学习与成长指标

人在企业中的地位越来越突出, 企业员工素质日益决定着企业上述三个方面指标的最终实现,可以毫不夸张地说,如果企业员工的评价是不合格的,那么企业就不会有令顾客满意的产品,不会有令股东满意的回报。

学习与成长方面的滞后指标包括人事费用率、劳动分配率、劳动生产率、员工生产力、人力耗损指数、员工留任率、员工离职率、人机时效率。领先指标包括员工满意度、战略性职位员工胜任率、员工技能评鉴合格率、员工平均培训时数、人才投资率、平均招聘时间、薪资贡献比、员工出勤率等。

4.平衡计分卡控制体系设计

平衡计分卡控制体系是由目的陈述、战略地图和指标体系三个方面的要素组成的。对于企业而言,设计一个完整的平衡计分卡战略控制体系是一项复杂的系统工程。为了使这项工程顺利进行,企业必须建立以总经理为首的工作小组,拟定详细的计划,按照计划有序地进行设计。设计可以按照如下步骤开展:

第一,明确组织战略。工作小组要对企业的战略决策进行深入的分析,研讨并理清企业定位的具体内容,对企业战略选择形成共识。

第二,初步描绘企业使命陈述。工作小组通过研讨应形成对组织未来使命与愿景的清晰描述,产生初步的使命陈述。

第三,完善或修订使命陈述。工作小组对初步的使命陈述进一步分析,在企业内外收集大量的信息,从多个角度论证使命陈述对企业的适宜性。

第四,改进使命陈述,并初步形成战略目标和战略地图。

第五,确定战略地图,并初步拟定测评指标。工作小组继续深入研讨,在研讨的基础上确定企业的战略地图,形成初步的测评战略目标的表格,并开始考虑如何对战略地图中的各个目标进行测评。

第六,确定体系。即确立平衡积计分卡的战略控制体系。

5.平衡计分卡实施中应注意的问题

平衡计分卡相对于许多企业原来建立的评价体系而言,是一个脱胎换骨式的新生事物。所以在企业内部建立平衡计分卡体系就是一场深刻的变革,这场变革几乎涉及企业的每一个方面,会遇到来自企业内部和外部各个方面的阻力和压力,因此推进的难度很大,在实施过程中一定要注意以下问题:

第一,必须由企业的高层领导挂帅。平衡计分卡是重要的战略绩效评价体系,它把企业抽象的使命和战略转变为清晰的目标,并用具体的评价方法和指标进行衡量,从而达到战略的有效执行。这要求在平衡计分卡实施过程中,必须由企业的高层领导直接领导。

第二,战略目标的分解应分阶段进行,不宜操之过急,先将企业目标细化到每个战略业务单元(SBU),待条件成熟后再细化分解到人。

第三,通过绩效报告的方式,持续地进行绩效监控。在每个阶段的工作完成之后,一定要进行业务产出评价,检讨差距及原因,应当将绩效评价及改进作为管理的日常工作。

第四,持续地改进绩效指标体系。要注意指标的代表性和可操作性,不具备数据采集条件的可暂作为监控指标,条件具备后再作为测量指标。由于平衡计分卡体系中每一项衡量指标均代表关键的战略绩效,如果某些衡量指标资料未能采集,则说明某些管理流程尚未妥善执行,因此需要进行相应的流程改造,以便充分采集重要的战略实施信息。

第五,要加强沟通工作。这里的沟通应当是双向的沟通,包括上与下、下与上、上之间和下之间的全方位的沟通。沟通可以采取面谈、讨论会、绩效反馈等方式。通过与员工进行沟通,让员工了解绩效的评估结果,并将管理者的期望传递给员工,从而通过人际关系的改善,消除员工的不满情绪,通过员工参与平衡计分卡的推进,提高员工的满意程度,从而对员工产生激励效果,使员工乐于按照企业的目标努力地工作。

思考题

1.什么是控制?管理中的控制有哪些特点和作用?

2.什么是战略控制?战略控制的目的是什么?

3.战略控制有哪些发展趋势?

4.按什么标准将战略控制分为哪些类别?

5.战略控制有什么特征?
6.简述战略控制过程。
7.如何进行战略控制设计?
8.企业战略控制常用哪些方法?
9.企业内部审核有哪些步骤?
10.人力资源控制有哪些常用方法?
11.平衡计分卡的指标体系如何构成?常用哪些指标?
12.平衡计分卡的实施中应注意哪些问题?

Strategy

案 例

Management

企业家的战略能力

——韦尔奇在通用

通用电气公司(GE)1892年由发明大王爱迪生创办,是世界上最大的集制造、技术和服务于一体的多元化经营企业。通用电气公司的总部设在美国康涅狄格州,在全球100多个国家开展业务,拥有34万员工。共有11个业务部门:飞机发动机集团、动力系统集团、金融服务集团、照明工程集团、医疗设备集团、塑料集团、工业系统集团、家用电器集团、全国广播公司(NBC)、资讯服务集团以及运输系统集团等。韦尔奇于1981年接任第八任通用电气公司总裁。

韦尔奇于1935年11月19日生于马萨诸塞州萨兰姆市,1957年获得马萨诸塞州大学化学工程学士学位,1960年获得伊利诺斯大学化学工程博士学位。1960年加入通用电气(GE)塑胶事业部。1960年10月17日,韦尔奇开始了在通用电气公司的职业生涯,成为马萨诸塞州皮茨菲尔德的一位初级工程师。

他的第一项任务是找到一个制造PPO(一种用于化工的新材料)的示范场地,把工厂建立起来。在皮茨菲尔德的一座破败的楼房里,他与另外一名化学专家花了一年时间建立了这座工厂,但通用电气公司只按照标准给他加了1000美元。他感到公司的官僚主义体制非常严重,所以就向公司提出辞职。在即将举行告别聚会的时候,他的年轻上司鲁本·古托夫极力挽留他,最终把他留下来为GE效力,条件就是他不再受公司官僚作风的滞碍。

随后,韦尔奇成了PPO工艺开发项目领导人,他们的任务是将PPO转变成具有商业价值的产品。韦尔奇持之以恒,克服重重困难,终于制成了一种在高温下具有很高的强度,并且容易塑造的材料。这种塑料制品的商业名称叫"诺瑞尔"。由于当时的市场对塑料制品的需求不大,韦尔奇几乎走遍了可能的大小市场,不断地让那些婴儿奶瓶、汽车、小器具用品的制造商们了解,利用塑料来制造这些东西,不但便宜、轻巧,而且更加耐用。

1968年,韦尔奇成为通用电气公司最年轻的总经理。1973年,38岁的韦尔奇成为集团行政主管,1979年担任副董事长。1981年,经过9年的考评,韦尔奇接替雷金纳德·琼斯就任通用电气公司第8任总裁。

1981年时,通用电气公司机构臃肿,等级森严,对市场反应迟钝,在全球竞争中正走下坡路。350家企业,40万员工,经营着从电机、照明、信息服务到银行、家电、广播公司在内的几乎无所不包的产品,内部机构重叠,亏损严重,患上了典型的"大企业病"。

1981年,韦尔奇上任的第一年,他就观察到,必须对公司进行有效而彻底的变革。事实证明,变革是韦尔奇在通用电气推行的第一个战略行动。20世纪70年代至80年代初,外部经营环境已经发生了重大的变化,尤其是高科技产业的发展和全球竞争对手的崛起,对通用电气造成严重威胁。在这个背景下,韦尔奇认为,通用电气必须改变自身状况,使产品质量更高,使工人的效率日益提升。

韦尔奇上任伊始,就给自己和通用电气(GE)规定了四个战略目标:

第一,GE所经营的每一种产业,都必须在其相应的世界市场上数一或数二;

第二,GE应能将其全部资源,集中于他认为至关重要的产业和业务方面;

第三,公司传统的产业结构必须彻底改变,要大幅度提高高技术和服务业在公司全部产业中的比重;

第四,要实现高于美国国民生产总值(GNP)增长率的发展速度。

当他被问及如何决定通用的哪些业务将被保留时,他拿起铅笔和纸画了三个圈,第一个圈代表通用的核心业务,第二个圈代表通用的高技术业务,第三个圈代表通用的服务业务。“这些就是我们的确想发展的业务,也是将把我们带入21世纪的事业部,它们都在圈子里,圈子外的事业部是我们不准备发展的事业部。”

1981年12月, 韦尔奇说:“一些只能提供中下等级产品或服务的公司将越来越没有生存的空间。在经济低增长的环境中,胜利者将是这样的公司,它们能辨认出哪些产业在未来会有真正的发展,并坚信所投入的每个事业都能保持第一名或第二名的优势。这些公司将以精简的人事、低下的生产及经销成本、高质量的产品及服务、技术创新和全球行销观念作为它们胜利的根基。”

他在1981年的年度报告中写道:“我们的注意力将会集中在那些更具有前瞻性的产业上,如工程材料、信息服务、金融服务、制造服务及医疗系统等。”他并没有提及他将要卖掉或关闭许多事业部,但强调:市场的领导地位是通用电气公司对各项业务“最主要的要求”。因为韦尔奇当时并不想让人们知道他心目中“三圆圈”的具体内容,以避免一开始就震动太大。所以他尽量淡化“三圆圈”的概念和目的,甚至对公司内部的人说:“这只是组织调整的构想草图而已。”

韦尔奇进行组织改革的第一步就是对现有的产业进行重新评价:“不论新的或旧的事业部都要分成事业部门和有问题部门两种。无论哪一种部门,都要求其改革有成果,给公司充分的回报。”以收益率和成长潜力为标准,他将各事业部门分为下面几类:

第一类,成长型产业部门。这是通用电气公司未来的中枢部门,当前需要增加巨额投资的部门。

第二类,成熟、利益收获期产业部门。这类产业已无发展的潜力,但因不需要再追加投资,营业额本身就代表利益。

第三类,成熟、低收益产业部门。由于这类产业的前景和收益都没有潜在发展的可能,已没有必要再进行多少投资。

第四,衰退产业部门。这类产业不仅没有发展的可能,而且为维持其生存和经营,还需要大量投资。

划在服务业圈子里的企业有:信贷、信息服务、建筑与设计服务,以及核能服务。划在高科技圈子里的企业有：工业电子、医疗系统、工程材料、航空航天，以及飞机发动机。划在核心圈子里的企业有：照明、大型家电、汽车制造、交通、汽轮机制造，以及承包设备制造。划在圈子外面的企业有：微电子、广播、小型家电、开关齿轮、电缆电线、中央空调、拉德石油、移动通讯、电视与音响、大型发动机和发电机，以及大型变压器。

圈子外的事业部将被重组、关闭或出售，韦尔奇确认，如果圈子外的事业部能够被重组，那么他会重新把它放入圈子里去。圈内圈外的标准、这三个圈子的概念就是韦尔奇航行在20世纪80年代初期时所用的指南针。韦尔奇说："我一直盯着竞争的角斗场。企业应当处于什么地位？企业在面对面与竞争对手遭遇时的力量如何？企业的弱点是什么？假如我们竭尽了全力，在一两年的竞争过程中，什么因素会击败我们？我们如何对付它们才能扭转战局？在商业上，你可以安排世界范围竞争的角斗场，市场的规模、每一局中的对手、全球市场份额等等，也就是说，你的角斗场范围是明确的。这样，你就可以问问：过去两年中你的作为是不是改善了自己在这方面的地位？你走了些什么步子？你的竞争对手在过去两年中走了些什么步子，让这个角斗场朝有利于它的方向发展？在以后的两年中你又能走什么步子，让这个角斗场朝有利于你的方向发展？你最害怕哪些会改变你的竞争地位的东西？你所需要的全部就是这些。假如你面临的一局棋对你比较危险，对手会走出几招快棋，将死你，而你不但不能将死对手，连再走一步都不可能了，那么，你就必须退出那场比赛。"

1982年，出任通用电气董事长第二年，按照韦尔奇制定的"数一数二"原则，凡是在市场上不位居第一、二的公司，或者不具任何独特比较利益的公司，都成为投资结束的目标。这一年，韦尔奇出售了消费电子公司、家用电器公司、中央空调公司和犹他国际公司（Utah International）价值20亿美元的天然资源业务，这些企业原本是支撑通用电气利润的主体业务。这些业务的出售进行得很顺利，但当韦尔奇决定出售价值3亿美元的家庭用品业务时，通用电气的雇员和公众被激怒了。而韦尔奇解释说，像通用目前生产的电视机这样的低技术产品，低成本的外国竞争对手要发起攻击简直易如反掌。

韦尔奇的战略很快见到了成效，1983年出售犹他矿业公司，股票价格立刻翻了一番，1984年GE并购总额达到10亿美元。20世纪80年代中期，韦尔奇开始把目光投向了美国无线电公司，这是美国最著名的企业之一。这家公司在国防电子、民用电子和卫星设备等方面都有所涉及。同样也是考虑到外来的竞争，通用电气于1985年12月以62.8亿美元并购了美国无线电公司（RCA），包括其中的国家广播公司（NBC）电视网。韦尔奇说之所以涉足NBC是因为他觉得关于外国人拥有电视网络所有权的限制性规定能够帮助削弱来自国外公司的竞争。通用电气在1984年的销售额是279亿美元，而美国无线电公司仅有100亿美元，这两个公司的合并形成一个在《财富》500强中排名第7的超级企业。他说："我们不得不说服人们看到我们正面临着来自国外的竞争威胁，IBM和其他公司都进行了业务转型，但它们是在几乎无法立足于原有行业的时候才开始转型，而我们提前进行了变革。"

通用在20世纪80年代初期的第一场革命被称为"硬件革命"，到1988年秋天韦尔奇开始发动第二场革命——"软件革命"。虽然硬件革命对通用的经济状况很有帮助，使公司从长远来看更具有竞争力，但是它却对许多雇员产生了难以预测的影响。通用这个时候已经不再保证终生职业，同时，机构精简后，雇员们感到工作负担不但没有减轻反而加重了。公司的一位工程师给《财富》编辑的一封信中写到："每周必须用90小时才能完成工作任务的经理和专业人员常遭到韦尔奇的责骂，我认识很多这样的人，我自己也是其中的一个。我们把时间花在客户服务、工程设计、产品开发、产品制造、降低成本、质量控制、追查故障原因等方面，难道我们干的是没有用的官僚工作？因为我们的很多同事被韦尔奇清洗了。"

在发电企业负责生产的总经理吉姆·卡特承认："工人们除了完成你制定的任务之外，其他什么事情都不会多做一点，其中没有人的热情，也没有人的灵感。"一位机械师更加强烈地表达自己的不满："公司根本不要来自雇员的反应。我以前上班，就站在一张指挥桌前，等着工长告诉我到哪儿去工作，我自己什么也不说。假如在工作中遇到问题我就停下来，有时候要向三四个经理请示后才得到允许，继续按部就班地干下去。要想埋怨点什么，我才不去找经理，我找工会。下班的时候，我的脑子里就想着，今天总算完了。"

人们总是提出同样的问题，而又总是得不到解决。他们不得不面对这样一个事实：虽然层级被大幅度削减，但是等级制度的惯性还存在，官僚主义并未根除，企业内部还不能进行对话，高级经理还向经理发号施令，低层管理者向工人们发号施令，工人们只好埋怨。

韦尔奇感到再不能这样下去了，他得想办法让雇员们贡献出脑力和热情，让员工们拥有愉快的工作日。韦尔奇说："我们得创造一种氛围，让人们敢于向权力阶层说话。他们之所以向我提出不愉快的问题，是因为我不了解他们，也不会影响到他们的生活。我可以听，但事后我就回家了，却解决不了他们的具体问题。"

韦尔奇认为认为公司成千上万的雇员不但愿意，而且渴望贡献自己的想法。他决定必须使企业领导人下去与雇员们面对面，聆听他们的质询，并解决他们的问题。经理们不应该垄断思想，独占问题解决方案的权力。韦尔奇希望创造一种全新的企业文化，一种鼓励工人以速度、简化和自信工作的没有等级界限的文化，一种非正式和开放的文化。

为了实现这一文化变革，韦尔奇开始积极行动起来。20世纪80年代末，韦尔奇在整个公司推广互通有无的"通力合作活动"(work out sessions)，其根本目的在于推动通用电器企业文化的变革。该计划史无前例地第一次尝试向全公司的所有员工放权。这甚至意味着一个全美最严厉的"裁员老板"向他的下属们公开承认他们以往接受了过多的命令。这个活动仿照在新英格兰镇召开的一次会议形式，通用电气某个业务部门的管理层和工人召开2~3天的会议，为提高效率献计献策。

在通用电气家电业务于1990年举办的通力合作活动中，一位工会工人正在就如何改进冰箱门的生产进行演讲，这个工厂的总干事从座位上跳起来打断他喊道："你根本就不知道你在说什么，你从来就没有到过车间。"然后从演讲者手中夺过记号笔，很快画出了一个解决方案，得到了与会人员的一致认可。韦尔奇在他的自传中写道："目睹两个工会人员为改进生产过程而展开辩论，绝对是让人兴奋不已的时刻。这里有经验丰富的人帮我们把事情做好。"

通力合作有三个演进过程。第一阶段是行动阶段，这是一次打破等级界限的行动，是激发员工寻求速度、简化、自信行为的行动。在这个初期阶段，大量不必要的工作被取消，员工的自信心得以建立。第二阶段进入程序阶段，通力合作的初步成果已被广泛认可，通过速度和简洁见解，倡导奉献精神，成为文化的一部分，使企业得到很大发展。到了第三阶段，通力合作已成为企业的重要文化，使通用电器开始向世界上最富效率的公司迈进。通力合作的一系列做法已经成为人们的自觉行动。

通力合作活动对韦尔奇来说是一次重大的挑战，然而通过它有力地推动了公司变革和构建新的企业文化，其主要目标在通用电器得到全面实现。到20世纪90年代中期，通用电器已经成为全美最强大和全世界市值最高的公司。但这并没有使韦尔奇固步自封，而更加激发了韦尔奇寻找通用电器持续发展的新途径。

通力合作活动开展之时，韦尔奇并不知道六西格玛的管理理念，但是他所倡导的这一活动却无意中为6西格玛管理打下了坚实的基础。该计划使通用电气自然而然地在自己的企业文化中吸收了6西格玛的管理理念。因为6西格玛管理正是通力合作所倡导的企业文化和观念。

20世纪90年代中后期韦尔奇成为6西格玛质量管理热衷的追求者。在一次通用公司的年会上，韦尔奇说："在通用电气的进展过程中，我们有一项重大科技含量的品管任务，这项品管任务会在4年内将我们的生产方式引至一个卓越的层次，使我们无论是在产品制造还是在服务方面的缺陷或瑕疵都低于百万分之四。这是我们通用电气前所未有的大挑战，同时也是最具潜力和最有益处的一次出击。""我们推翻了老旧的品管组织，因为他们已经过时了。现代的品管属于领导者，属于经理人员，也属于员工——每一位公司成员的工作。""我们要改变我们的竞争能力，所依恃的是将自己的品质提升至一个全新的境界。我们要使自己的品质使消费者觉得极为特殊而有价值，并且对他们来说是相当重要的成功因素。如此一来，我们自然就会成为他们最有价值的唯一选择。"

韦尔奇说："我们必须在我们所做的工作中成为最好的。""你必须做到最好，否则你就别去做。"1995年底，这个6西格玛的品管理念随着200个执行计划，在通用电气公司浩浩荡荡地开展起来。到了1997年，这样的计划超过了6000个。

20世纪90年代，韦尔奇实现了他的目标，尽管公司雇员减少了25%，但调整为12个企业的公司繁荣兴旺。从1995年开始，通用电气公司成为全球最强大的公司，市场价值总额达到了1570亿美元，1996年公司利润为74亿美元，成为美国最赚钱的公司。

虽然通用电气是美国最具竞争力的公司，但它在1990至1994年间的收入增长率仅为5%左右。尽管在1995年收入递增率为17%，利润增加了11%，达到66亿美元，但多数人认为这是源于大规模收购、美国经济繁荣以及美国广播公司(NBC)的生意好转等原因，昙花一现，不会再发生。然而韦尔奇仍坚持认为通用电气能比90年代初期表现更好，他正将目光瞄准10%的稳定年增长率，他的目的是将通用电气建成为世界上仅有的产值达到700亿美元的超霸公司。

为了使通用发展的劲头更足，韦尔奇越来越重视服务业，这对通用电气来说并非新生事物。随着传统工业部门的产值减缓，通用电气的制造业产品盈利越来越困难，它们不过是将顾客吸引上门，而通用电气的服务业大都是在推销自己。通用电气公司凭着其降低成本、提高效率的技巧扮演起顾问的角色。"问题是我们能否将帮助顾客降低成本变成一种业务，"通用电气医疗系统公司总经理约翰·特拉尼说，"目前这仍是个问号，但它(极有可能)让我们发大财。"

如今，通用电气60%的利润来自服务业，而1980年的服务业只占16.4%。1985年以来，通用电气资本服务公司扩大了7倍，收入从当年的38亿美元递增到265亿美元，其利润从不足5亿美元窜升到35亿美元，所创利润几乎占公司总利润的1/3。1986年通用电气收购美国广播公司(NBC)，涉足娱乐业，美国广播公司(NBC)收入已翻了一番，达到40亿美元，利润突破8亿美元。

在2001年退休前，韦尔奇经营的通用电气获利达141亿美元，连续3年被《财富》杂志评为"美国最伟大的财富创造者"。在韦尔奇21年的执行官生涯中，通用电气获利成长7倍，市值成长35倍，超过4000亿美元。在他快节奏、绩效导向的领军下，通用电气用全球化策略赢得三大洲市场，网罗世界精英；将服务业务规模由80亿拓展至190亿美元，用"6西格玛"方案达到99.99966%完美品管水准，用数字化节省百亿美元成本。

韦尔奇被《经济学人》形容为"永不休息的爱尔兰裔美国人"、"最受推崇的首席执行官"。他每天清晨7点上班，半夜打电话给部属谈策略是家常便饭，即使度假也满脑子工作，一有灵感就随手抄在餐巾纸上，作为下次会议的草稿。而与此同时，纵使不喜欢"全美最严厉的老板"这个封号，韦尔奇也不讳言自己脾气欠佳，他坦言自己是个缺乏耐性的经理人。下属报告没能切中要领，韦尔奇会劈头打断，甚至挑明表示，笨蛋在通用电气公司里不会有前途，也不应该留下来。通用电气副董事长欧皮(John Opie)表示，员工在与韦尔奇开会前，必须像参加球赛一样做好完全准备："面对他，你需要一张如钢板的厚脸皮，否则走出会议室大门时会遍体鳞伤。"

海尔之路

海尔集团是在引进德国利渤海尔电冰箱生产技术成立的青岛电冰箱总厂基础上发展起来的。1984年创业以来，从一个曾亏损147万元的集体小厂发展成拥有成员单位72个，直属企业员工6000多人，在国内外享有较高美誉的大型跨国企业。目前，海尔已初步建立起一个具有国际竞争力的全球设计、制造、营销与服务网络，已在全球31个国家建立了经销网，拥有近6000多个营销点，并在东南亚设立了3家企业。海尔产品依靠高质量和个性化的设计赢得了越来越多的消费者，成长为中国家电行业第一品牌。根据美国《家电》杂志统计显示，海尔是全球增长最快的家电企业。

1984年12月，生产小型电器的青岛电机厂更名为青岛冰箱总厂，是轻工业部最后一批电冰箱定点生产厂家，海尔集团公司现任总裁张瑞敏被任命为厂长。他上任之初的企业面临着147万元人民币的赤字，管理混乱，无优势产品，职工人心涣散，海尔的第一条厂规居然是"不准在车间大小便"。工资发不出，工人把门窗、窗框都拆掉拿回家当柴烧。一年里换了四任厂长，张瑞敏就是第四任。当时市场上国产冰箱已有100多个牌子，竞争非常激烈，但是没有"名牌"冰箱。

张瑞敏上任后，认为要摆脱这种局面必须高起点切入，给企业注入生存的希望，第一抓质量，第二抓服务。海尔在研究了国外30多家冰箱生产企业的技术资料后，决定引进当时最为先进的德国Liebherr公司的冰箱技术和生产线。在引进技术和设备的同时，也引入了先进的管理经验、DIN质量管理标准和基于ISO标准的"自我检查、相互检查和特别检查"的质量"三检查"制度。在服务方面，张敏瑞说：只要客户打一个电话，剩下的事都由海尔来做。以这样的思想为指导，在海尔的普通员工身上涌现出了许多感人事迹。例如，在广州有顾客要求送货上门。当时是在气温高达38度的盛夏，堵车严重，眼看就迟到了，怎么办呢？送货人员就下车，背着冰箱走了几十分钟的路，送到顾客家里，结果还是迟到了。顾客抱怨，他却只是微笑着说"实在对不起"，没有解释一句。

1985年，一位客户要买一台冰箱，结果挑了很多台都有毛病，最后勉强拉走一台。顾客走后，张瑞敏派人把库房里的400多台冰箱全部检查了一遍，发现共有76台存在各种各样的缺陷。张瑞敏把职工们叫到车间，问大家怎么办？多数人提出，也不影响使用，便宜点儿处理给职工算了。当时一台冰箱的价格800多元，相当于一名职工两年的收入。张瑞敏说："我要是允许把这76台冰箱卖了，就等于允许你们明天再生产760台这样的冰箱。"他宣布，这些冰箱要全部砸掉，谁干的谁来砸，并抡起大锤亲手砸了第一锤！很多职工砸冰箱时都流下了眼泪。然后，张瑞敏告诉大家——有缺陷的产品就是废品。

1988年,在北京的展卖会上,消费者将海尔冰箱和其它国产以及进口冰箱同时通电,进行了现场性能测试,结果证明海尔冰箱的性能优于其它品牌产品。在这一年,海尔获得中国冰箱行业历史上第一枚国家质量金牌。

1989年,张瑞敏意识到,在这之前的4年时间,冰箱是稀缺产品,只要有产量,就会有利润,没有几家企业关注质量背后的品牌问题,但张瑞敏认为,品牌才是最具生命力的东西。从1989年开始,我国经济实行治理整顿,市场疲软,冰箱产能过剩严重,各冰箱厂商为抢占市场,开始大面积降价,海尔不但没有降价,反而提价15%。海尔提价之后,媒体一片质疑,都认为海尔将会因为这个"错误"的决定而吃尽苦头。张瑞敏专门到各个商场去看,发现还是有很多人排队购买海尔的冰箱。对于"众人皆降我独提",张瑞敏如此解释:"有的人不清楚企业应该如何运行,只凭自己的臆想猜测……还有人说海尔可以降价,降价可以多卖。降价还需要教吗?正如当年毛泽东主席带领弱小的红军能打下中国,就是要'出其不意,攻其不备',就是'不按常理出牌'。"

1990年,海尔集团提出了"3个1/3"的企业发展战略目标,即"国内生产国内销售1/3,国内生产海外销售1/3,海外生产海外销售1/3"。张瑞敏认为,世界知名品牌绚烂多彩,其立足之本就是"质量、质量、还是质量!"为了验证海尔产品的质量,海尔选择了对产品质量要求最为严格的德国为最早的出口对象。海尔研究了德国的VDE质量认证体系,花费了一年半时间才通过该项认证。但通过认证后,海尔却无法找到代理销售商,因为德国的销售代理商对于中国产品的质量怀有疑问。当时德国市场连日本冰箱都难以进入,更不用说中国产品。于是,为了验证自己的品质,为了改变德国经销商们对中国产品认识上的偏见,海尔把自己生产的冰箱运到德国,和德国的冰箱摆在一起,撕掉商标,让25名德国经销商进行挑选,结果海尔冰箱的质量和德国市场上的名牌冰箱产品质量一样过关。受到震惊的25名德国代理商当场决定进口2万台海尔冰箱。随着海尔产品成功进入欧美发达国家,海尔的知名度迅速提高,其他市场则不攻自破,纷纷主动要求获得海尔产品经销权。

张瑞敏把1984—1991的7年叫做海尔的"名牌战略阶段"。7年时间里,海尔只做了冰箱一个产品。到1991年,海尔冰箱产量突破30万台,产值突破5个亿,全国100多家冰箱企业,海尔是唯一的产品无积压,销售无降价,企业无三角债企业,海尔商标在全国家电唯一入选"中国十大驰名商标"。

1991年11月14日,青岛市政府下发通知决定"以青岛电冰箱总厂为核心层,青岛空调器厂和青岛电冰柜总厂为紧密层,成立琴岛海尔集团公司",海尔开始推行多元化战略,进入空调领域。

1992年,海尔集团知识产权办公室成立,建立知识产权管理机构,直属于集团总裁领导,这是国内首家企业自办的知识产权机构。集团给知识产权部门的工作目标,就是鼓励技术创新,拥有自主知识产权,保证自己新开发的产品不侵权,同时别人侵犯自己的权利时要能得到有效保护。

1993年7月海尔集团与意大利梅洛尼设计股份有限公司合资创办琴岛海尔梅洛尼有限公司,开始生产滚筒洗衣机。1994洗衣机产量达到71.3万台,1995年5月海尔洗衣机"玛格丽特"被评为1995年中国市场十大畅销洗衣机。

在海尔洗衣机推出之前，洗衣机在夏天根本卖不动，每年的6至8月都是洗衣机销售的淡季。张瑞敏纳闷儿：难道天气越热、出汗越多老百姓越不洗衣裳？调查发现，不是老百姓不洗衣裳，而是夏天里5公斤的洗衣机不实用，既浪费水又浪费电。各家厂商的洗衣机都是硕大无比，夏天衣服单薄，用手洗也不伤手，而且很容易洗完，用洗衣机洗得不偿失。

于是，张瑞敏提出了"只有淡季的思想，没有淡季的市场"这一理念，提出"让淡季不淡，夏天也要卖出洗衣机"。结果，海尔的科研人员很快设计出一种洗衣量只有1.5公斤的洗机——"小小神童"。小小神童投产后先在上海试销，因为张瑞敏认为上海人消费水平高又爱挑剔。上海人马上认可了这种世界上最小的洗衣机。上海热销之后，很快又风靡全国。两年时间里，海尔的小小神童在全国卖了100多万台，并出口到日本和韩国，让竞争对手们在夏天到来的时候看着海尔的滚滚利润望而兴叹。

1993年，海尔的冰箱等产品开始登陆中东市场。为了满足中东消费者对产品的特别需求，海尔陆续开发出了大容量洗衣机、大容量冰箱、热带空调、阿拉伯文电视等产品。受到了当地消费者的欢迎。其中专门为中东设计的洗衣机凭借其容量大、节水性能优越等特点，风靡中东。

1993年，德国权威质量检验机构"商品检验基金会"对进入德国市场的冰箱进行抽检。在《TEST》上该机构公布的检测结果中，海尔冰箱在冷冻能力、温度回升、储藏温度、耗电量、门体密封性等五项指标上，获得8个"+"号，是被抽检的几个品牌中获得"+"号最多的冰箱。正是凭借着优异的质量，海尔在欧洲市场迅速打开了销路，市场份额不断攀升。欧洲许多国家的家电经销商都主动要求经销海尔的产品。同年国家发展资本市场，海尔集团抓住这个机遇，积极筹备冰箱公司上市，1993年11月份海尔冰箱股票上市，募集资金3.69亿元。

自1994年以来，海尔空调在售后服务上狠下功夫，先后推出以消费者为核心的服务体系，开创了"无搬动国际星级服务"。1995年，以"免费送货上门、免费安装、免材料费"的"三免服务"为主要内容的第二次升级一经推出，立即掀起了空调服务大战，同时也奠定了海尔空调在行业内的领先地位。每年，海尔空调都有一个服务新形象树立，特别是无尘安装服务的推出，有力地带动了中国空调业竞争水平的提高，同时也为消费者带来了更多的惊喜与满足，提升了海尔空调在业界以及消费者心目中的服务领先优势。

"国门之内无名牌"，这是海尔首席执行官张瑞敏当时的警醒之言。他认为，要想成为世界名牌，必须在每个地方都成为本土化的国际名牌。1995年7月海尔在香港成立贸易公司。张敏瑞提出：海尔的国际化战略目标是"3个1/3"，而要实现第三个1/3，就必须到国外去办厂，实现国外海尔本土化战略。考虑到当时海尔的实力有限，又无国外经营管理的经验，直接到国外办厂风险太大，于是海尔在1995年成立香港贸易公司，利用香港这个"世界最自由地区"的优势，为自己到国外生产做准备。

同年，海尔开始向美国出口产品，起初是以OEM的方式成功打入美国市场，然后以自有品牌出口，以优异的品质树立良好的品牌知名度。最早打入美国市场的是小型冰箱和冷藏酒柜，针对当时美国市场销售的小冰箱市场状况，海尔开发出的产品一出现便让人耳目一新，一举实现在美国200升以下的冰箱市场35%的份额。

经海尔测算，在美国建一个冰箱厂盈亏平衡产量是30万台，而海尔1998年出口美国的冰箱已达到40万台,超过了盈亏平衡点,已占据该类产品市场份额的50%以上。此后海尔的其他低端电器产品也开始大批出口到美国市场。据美国行业杂志《家用电器新闻》估计,海尔主流电冰箱在美国市场的份额为2%,窗式空调器为16%,移动式电风扇为8%。目前,海尔在美国已建立了包括设计中心(洛杉矶)、营销中心(纽约)、生产中心(南卡罗来纳州)在内的本土化研发产销体系,成为创立海尔国际化品牌的一个里程碑。据海尔美国公司网站介绍,海尔产品目前已经打入沃尔玛、希尔斯、BESTBUY(佳买)、HOMEDEPOT等众多主流综合及专业电器零售连锁企业。全美10大连锁超市中已有8家销售海尔产品。

1995年7月4日,海尔集团合并了青岛红星电器股份有限公司。红星公司曾是我国三大洗衣机生产企业之一,拥有3500多名员工,年产洗衣机达70万台,年销售收入5亿多元。但从1995年上半年开始,其经营每况愈下,出现多年未有的大滑坡现象,而且资产负债率高达143.65%,资不抵债1.33亿元。青岛市政府为了盘活国有资产和3500多名职工的生计,决定将红星电器股份有限公司划归海尔集团。红星公司整体划归海尔集团后,更名为青岛海尔洗衣机有限总公司,从而成为海尔梅洛尼洗衣机有限公司之后海尔集团下属的第二个洗衣机子公司。红星作为一个老牌的洗衣机生产厂,其设备、技术以及工人的熟练程度在当时都是相当好的,它所缺乏的主要是科学的管理和市场导向的生产经营模式,而海尔正是以管理和出色的市场观念而著称。市政府的出面使得这一并购进行得十分顺利,而且由于是由市政府将红星整体划归海尔,不需海尔出资,这大大降低了并购成本。企业在合并后不久,通过引进海尔竞价模式,使每台海尔5公斤洗衣机的配套成本降低15.3元,按每年60万台产量计算,1年可降低成本近1000万元。在合并后的第三个月里,公司实现扭亏为盈;9月盈利2万元,10月盈利7.6万元,11月盈利10多万元,12月一个月盈利150多万元,企业出现了越来越好的发展态势。该公司洗衣机销量已从1995年7月份的全国第7位上升为1995年底的第5位,全国市场占有率增长3.7%。

1996年,四川省一农民投诉海尔的洗衣机不好,下水管老堵。上门服务的海尔技术人员发现原来是有些农民朋友用洗衣机来洗地瓜(北方叫红薯),有时泥沙堵塞了下水管。一些人觉得像是笑话,说重要的问题是教育农民“怎么使用洗衣机”。但张瑞敏不这么看。他说:“用户的难题就是我们的课题。”经调查,海尔发现四川是红薯产地,当地人多用洗衣机来洗红薯,如果开发出一种可以兼用作洗红薯的洗衣机的话,也许会在当地畅销。于是1997年海尔研究开发出一种下水管加粗的可以用来洗地瓜的“大地瓜”洗衣机。此事见诸报端后,有人不以为然,说我们的农民富裕到用洗衣机洗地瓜了吗?但张瑞敏的想法是,既然用户有需求,我们就该去满足。“这块蛋糕也许不大,但却是我自己享用。”1998年4月推出了面向农民家庭的全功能洗衣机,可洗涤红薯、苹果和贝类,投入市场不久就飞速卖出了1万台。年底,在一次经济工作会议上,江泽民总书记还提到了海尔“大地瓜”洗衣机的事。

莱阳家电总厂是国家生产电熨斗的重点企业集团之一,1989年从日本松下公司引进了较先进的蒸汽喷雾电熨斗生产线,生产的“双晶”牌电熨斗在全国消费者中享有一定的知名度,企业曾一度辉煌。但由于受各种原因的影响,企业从1996年起陷入了停产的困境,厂房、设备等3000余万元的固定资产闲置。为摆脱困境,该企业集团自1996年下半年起便与海尔集团商谈合作事宜。1997年1月16日青岛海尔集团与莱阳家电总厂签定了定牌生产蒸汽喷雾电熨斗的协议。通过定牌生产,使海尔在不投入1分钱的情况下,生产出了海尔小松鼠牌电熨斗。

经过半年多的定牌生产,在海尔对电熨斗产品市场有了充分的了解后,于1997年7月26日在海尔集团总部签定了合资成立莱阳海尔电器有限公司的协议。一个月后的8月28日,莱阳海尔电器有限公司正式挂牌成立。莱阳海尔成立之初,便把灌输海尔的企业集团文化、移植海尔成熟的管理模式作为工作的首要重点。莱阳海尔在成立之后, 对用人制度进行了改革,采用海尔的“赛马机制”,强调“人人是人才,赛马不相马”,公开招聘中层干部和一般管理人员。

1997年3月13日,海尔集团跨过长江,南下挺进中国改革开放的最前沿阵地广东顺德市,以控股投资的方式,与赫赫有名的广东爱德集团公司合资组建顺德海尔电器有限公司。1991年,爱德集团开始实施“小家电”向“大家电”转移的结构调整战略,当年便投资了年产20万台的广东第一家、中国第一代大容量全自动洗衣机,借助爱德这块名牌,产品曾风行一时。但随着竞争的加剧,尤其是“洋名牌”的冲击,爱德洗衣机日益力不从心,两年来一直处于停产或半停产状态,企业债务缠身,于1996年7月正式宣布停产。公司高层决定寻求一家有实力的家电厂商合作重振山河。爱德集团总经理李文坚说,爱德早就注意到,这几年,由于家电产品需求过剩,所有家电同行都被迫降价,引起效益下滑,惟独海尔不但不降价,反而供不应求,多年一直处于超常规增长态势,高居家电同行榜首。尤其是海尔洗衣机的发展更令人惊讶,推向市场不到两年,便一举夺得同类产品质量、产品占有率、消费者购物品牌等8项第一,能和中国家电的“领头羊”合作,爱德未来的发展也一定能呈现“超常规”。这就是爱德加盟海尔的初衷。

1997年6月海尔在菲律宾成立海尔LKG电器有限公司, 同年8月在马来西亚组建海尔工业亚细安有限公司。亚洲金融危机爆发后,东南亚家电市场急剧萎缩,许多日韩家电厂商纷纷撤出了东南亚市场,海尔正是在此时,在马来西亚、菲律宾等国树立了大量巨型广告牌,提升了海尔品牌知名度。

1997年9月海尔与浙江省最大的电视机定点生产企业西湖电子集团共同出资,在杭州经济技术开发区组建杭州海尔电器有限公司,合作生产大屏幕彩电。海尔为什么要在彩电市场竞争异常残酷时“自投落网”呢?海尔总裁张瑞敏十分肯定地认为:中国彩电市场蕴藏着巨大的潜力。他说,海尔通过长时间的反复观察与调查,认为中国彩电企业最大的弱点之一是技术开发能力低且雷同,而以电脑、电视、电信一体化为标志的数字技术时代正悄然来临。用数字技术代替以模拟技术为主的电子产品有着巨大的发展市场。因此,拥有雄厚资本和技术力量的海尔有能力在未来的彩电市场占据一席之地。同时,集团副总裁杨绵绵认为,上彩电也是海尔事业发展的要求。海尔早在几年前就提出进入世界500强的目标,而她认为要跻身500强就必须实行“多元化”,海尔从白色家电转向黑色家电就十分自然了。

而作为拥有资产近17亿元的国家一级企业西湖电子集团, 主导产品为彩电、彩色显示器、VCD、电子琴及电子元器件等。公司建有国家级的企业技术中心,拥有电视设计、综合电子电器产品设计、数字技术应用、工艺技术、专用集成电路等五个研究所和一个计算机软件开发应用中心,具有年生产120万台彩电的生产能力。公司连续8年进入全国500家最大经营规模工业企业前列，并进入全国科技开发实力百强企业行列。近年来在满足自己品牌生产的基础上，为日本的三菱、韩国的大宇、国内的牡丹公司进行定牌生产，几年的合作并没有给西湖带来太多的实惠，而西湖在品牌培育和市场开拓方面的弱点却一天天暴露出来。由于西湖拥有一支近200人的科研队伍，具备多项国内一流、世界领先的成熟技术，在彩电市场竞争异常激烈的情况下，西湖仍能站住脚，但已经缺乏后劲，因此寻求一家有实力和强大市场开拓能力的企业与之合作成为它明智的选择。

1997年12月，海尔兼并了国营黄山电视机厂，该厂有4000多职工。1998年6月2日，该厂部分员工罢工，原因是接受不了海尔的管理，把海尔派去的孙部长也打了。张瑞敏一看闹到这种地步，下令无限期停产整顿，“不是你愿不愿意干的问题，而是我让不让你干的问题”。但只有两天大家就想明白了：海尔不这么做，企业在市场上就站不住脚，企业站不住，员工也就没地方开工资了。孙部长正给职工代表开会，宣布“明天可以复工了”，手机突然响了，夫人要来合肥接“卖力不讨好”的丈夫回去。孙部长气道：“看你们把事情闹的！”这时，一位职工代表喊了三句口号：“孙部长不能走！”“海尔不能走！！”“海尔精神不能走！！！”到1999年，该厂一个月电视机的产量相当于过去一年半的产量。

1998年海尔投资5亿元，建成了中央研究院，涉及11个研发领域，进行家电领域技术的超前研发。海尔平均每个工作日开发一个新产品，每天申报两项专利，全年完成新产品、新技术262项，有236项成果实现商品化，商品化率达90%，科技贡献率达63%。这一年，海尔实现工业销售收入162亿元，利税10个多亿，产品出口到87个国家和地区，出口创汇7665万美元。

1999年4月28日，美国海尔贸易有限责任公司的揭牌仪式在联合国大厦举行。1999年4月30日，海尔投资3000万美元，美国海尔生产中心在美国南卡罗来纳州首府哥伦比亚市附近的汉姆顿建立的该公司最大的海外生产基地举行奠基仪式。年设计生产能力为50万台，在美国冰箱企业中排名第6。2000年3月，第一台带有“美国制造”标签的海尔冰箱下线，通过当地设计、当地制造、当地销售，在当地深深地扎下根来。

2000年8月，张瑞敏在美国听到当地的海尔经销商说海尔的小冰箱脱销，他很纳闷，在美国这个小冰箱不算什么，到处都有。后来了解到，原来海尔的小冰箱上面像一个桌面一样，学生住的房子非常狭窄，要把冰箱台面当小桌子用。现在海尔已经生产出一款加装上可折叠台面及抽拉板的冰箱，这个冰箱已经不仅仅是冰箱了，它满足了用户冰箱和电脑桌合二为一的需求。

2000年，海尔集团投入巨资成立了北京海尔集成电路设计有限公司，专门从事数字电视领域核心技术的研究。经过短短1年的时间，海尔“爱国者Ⅰ号”研制成功，并在人民大会堂举行了隆重的新闻发布会，这也标志着中国第一颗具有完全自主知识产权的数字电视解码芯片——海尔“爱国者”芯片诞生了！2002年北京海尔集成电路设计有限公司又推出了“爱国者Ⅱ号”芯片。2003年9月22日，海尔“爱国者Ⅲ号”芯片正式下线，上市当年短短的3个月内销量就突破了100万片。2004年，海尔又推出“爱国者Ⅳ号”芯片和QPSK解调芯片，并且在市场上销量一举突破1000万片，成为中国唯一销量突破1000万片的超大规模自主芯片。

2000年，海尔的家电产品已经占据了国内市场30%的份额，其中冰箱占33.4%，空调占30.6%，洗衣机占30.5%。同年的出口额达2.8亿美元，其产品出口全世界160个国家和地区。海尔除了在美国等10个国家设有19家工厂外，在海外还有3.8万个销售点，1.2万个售后服务中心。2001年，海尔的销售额比前一年增长了50%，达600亿元人民币。创立18年，海尔的年均增长率达到了78%。

2001年4月海尔在巴基斯坦建立全球第二个海外工业园，在孟加拉的工厂举行开工仪式。同年6月19日，海尔集团收购意大利迈尼盖蒂公司所属的一家冰箱厂，签字仪式在海尔集团总部举行，加之海尔在法国里昂和荷兰阿姆斯特丹的设计中心，在意大利米兰的营销中心，海尔在欧洲也由此实现了设计、制造、营销"三位一体"的本土化经营。

在中东市场，2001年10月，海尔与约旦SEC(南方电器公司)等4家公司达成合资协议，组成海尔(中东)贸易有限公司，并与约旦的合作伙伴合作建立了海尔中东电器工厂。2001年，海尔彩电新品推介会在沙特、阿联酋、科威特等中东各国巡回展示，以"宝德龙"、"美高美"为代表的9大系列、20余款的海尔彩电同时亮相中东市场：阿拉伯文屏幕显示，高清晰、超强信号接收，宽电压以及当地化的设计和优质的质量，让中东人认识了海尔产品，2002年实现销售收入1390万美元。

2003年10月6日，随着第一台约旦本土制造的海尔洗衣机在HMA(海尔中东电器有限公司)的洗衣机生产线上顺利下线，海尔集团第十三个海外工厂正式投产。同时这也标志着海尔在中东的本土化全面启动。12月，空调产品正式开始生产。本土化生产、销售的海尔产品快速满足了中东地区消费者的需求，也迅速提升了海尔产品在中东地区的市场竞争力，利用泛阿拉伯联盟国家之间的关税优惠，在极短的时间内在中东市场打开了新的局面，成功地进入了一些以前无法进入的市场。海尔波轮洗衣机已经在叙利亚、伊朗成为市场份额第一名。

2004年，伊拉克当地组织要为伊战后重建大量采购冰箱产品。在众多竞标品牌中，海尔冰箱成为全球唯一中标产品。伊拉克地处热带沙漠气候，夏季最高温度达50℃以上，当地消费者对冰箱的制冷速度和效果要求高。海尔通过当地的经销商网络及时了解当地消费者的需求变化，迅速进入伊战后重建的庞大市场中。

日本是全球公认的家电产品最难进入的市场，为了顺利进入这一市场，海尔率先创造了被舆论称为"亚洲模式"的营销方式。2002年1月8日，海尔通过与日本三洋公司竞合的方式，由海尔品牌家电透过新合资成立的"三洋海尔株式会社"全面进入日本家电市场，并以与日本名牌家电相当的价格初步树立起海尔品牌的美誉度；与此同时，三洋电池通过海尔强大的营销网络在中国市场销售，从而达到相互进入对方市场的目的。通过这一策略海尔产品也打开了中国台湾市场。2002年2月20日，海尔与台湾声宝集团宣布竞合，双方相互代理彼此品牌，并相互OEM互补合作，零部件相互采购，展开策略联盟及投资合作，达到资源相互整合的目的。

2002年3月4日，海尔斥资1500万美元在美国纽约中心百老汇购买原格林尼治银行大厦这座标志性建筑作为北美的总部，此举标志着海尔已经在美国树立起本土化的名牌形象。这幢原格林尼治银行的办公楼现在名为海尔大厦，里面的产品陈列室摆放着海尔专为美国市场设计的各种产品，如家用桶状啤酒机、别出心裁的"青蛙王子"电视机(儿童在开机前必须回答数学题)以及改变传统折叠顶盖设计的大容量抽屉冷柜等。为进行品牌推广，海尔还在纽约肯尼迪机场的电车以及迈阿密和芝加哥的大型广告牌上发布广告，潜移默化培养消费者对品牌的认同。

2002年，海尔6款冰箱产品率先达到欧洲A+能耗标准，在德、荷、比、卢四国，消费者每购买一台达到A+能耗标准的海尔冰箱，政府就奖励100欧元，海尔品牌竞争力得到大幅提升，销售额三年内增长15倍。2005年1月，在英国，海尔冰箱被*Ethical Consumer*杂志评为最畅销产品；在德国，科隆市政府和亚琛市政府的一次滚筒洗衣机大批量采购招标中，海尔滚筒洗衣机经过多轮竞争，最终击败了众多著名国际品牌，赢得了两市市政府的大批量订单。在俄罗斯，莫斯科地铁通道政府采购项目中，海尔42英寸等离子产品以其优异的性价比成功中标。

海尔的多元化战略使其从事的业务从家居用品到手机，从生物制药到物流，从餐饮到金融——涉及的产业让人目不暇接。但海尔的多元化战略之路充满了坎坷，也经历了多次失败的教训：海尔的电风扇、药业、餐饮、彩电、电脑都是失败的典型。

电风扇：当1997年海尔刚刚进入家用电风扇市场的时候，曾经雄心勃勃，力图在群雄乱战却无强势品牌的电风扇市场中占据相当大份额。结果，海尔遭遇了其成功以来的第一个滑铁卢，因为海尔太相信海尔品牌效应了，认为品牌所到之处，无往不胜，因此进入这个市场却不愿花力气，一遇挫折，就浅尝辄止，目前，市面上几乎已看不到海尔的风扇产品了。

药业：1995年，海尔投资的第一个非家电生产企业海尔药业诞生了。在投入了大量金钱之后，时至今日，海尔药业依然作为不大，从品牌到技术并无建树，始终在亏损的边缘挣扎。推出的针对“亚健康”的保健品“采力”，按海尔的标准无法算成功，有人撰文称海尔的“采力”才真正患了“亚健康”。

餐饮业：海尔投资餐饮业曾经给人眼前一亮的感觉，海尔大嫂子面馆依靠统一的CI设计，明亮整洁的店堂，规范周到的服务，短时间赢得了许多的赞誉，许多人都对其抱有很大的期望，希望它能够成为中式快餐业的典范，并发展壮大。但随着餐饮业竞争的加剧，曾经辉煌一时的海尔大嫂子面馆却逐渐无声无息，海尔大嫂子面馆连锁店大多数已经关门，事实证明海尔的餐饮连锁之路是失败的。

电脑：海尔1998年进入PC领域，2001年海尔个人电脑项目严重亏损。年底大幅裁员，之后宣布退出台式电脑制造业务，转而进军笔记本电脑市场。2003年4月，海尔与台湾代工企业宝成合资组建上海海成公司，注册资金2000万美元。原海尔计算机事业部全部并入上海海成。海尔PC目前仍处于迷途之中。

彩电：海尔一举成为国内最重要的彩电产商之一，但随后增长便停滞下来，与四大彩电巨头——长虹、TCL、康佳、海信等相比仍有很大距离，目前仅处于第二集团军阵营。

手机：海尔手机也不成功。由于2005年手机业务营业额上半年大幅下跌约51%至8.14亿港元，营业额大幅度下降，海尔手机业务亏损6570万港元，导致海尔电器(1169.HK)营业额为21.18亿港元，比去年同期减少23%，上半年亏损3.9亿港元。同时，公司收购手机业务权益所产生的商誉也减值亏损约5.5亿港元。

彩电大王的两个时代

四川长虹电子集团的前身——国营四川无线电厂，创建于1958年，是我国研制生产军用、民用雷达的重要基地，位于四川绵阳市。1965年，出于军工企业转向民品生产的战略转移需要，"国营四川无线电厂"更名为"国营长虹机器厂"。1973年长虹厂率先在军工系统成功研制出第一台电视机，注册商标"长虹"，标志着一个封闭式的国营老军工企业，迈出了实施"军转民"战略成功的第一步。

1984—1988年长虹集中开拓四川省以及西南市场。1984年长虹引进了中国最后一条彩电生产线，开始彩电的批量生产。根据当时的现实条件和能力，长虹采取务实的"根据地"策略，集中资源逐步占领四川省以及西南市场。由于四川盆地特殊的地理条件，长虹的策略非常成功，这个时期一度占有四川省90%以上的市场份额。

1989—1996年，长虹以四川为生产基地，拓展全国市场。自1989年，长虹彩电从四川走向全国各省、市市场，在全国范围内与国内外彩电产品展开竞争。1989年8月，国家征收彩电特别消费税，时任长虹总经理的倪润峰根据市场形势，率先在国内作出彩电降价300元的决定，启动停滞的彩电市场，打破了销售僵局，使资金快速回笼，救活了当时已经陷入困境的长虹。1992年长虹彩电产销突破百万台，一跃成为中国彩电企业第一位。1994年推出"红太阳一族"大屏幕彩电，进入北京、上海等大城市市场。

1996年3月，面对洋彩电大举进军国内彩电市场的竞争局面，倪润峰再一次拿起价格武器，长虹全面降价18%，从而引发了中国彩电行业影响深远的第一次价格战，进一步扩大了国产彩电的市场占有率，消除了外国品牌彩电在中国的强势地位。当年长虹彩电产销量达480万台，国内市场占有率达27%。

1997年后长虹开始跨地区建立生产基地。1996年以前，长虹的生产全部集中在四川绵阳。1996年12月，长虹兼并长春无线电一厂，成立长虹持股55%的吉林长虹公司；1997年11月，长虹兼并南通三元电子有限公司，成立长虹持股60.5%的江苏长虹公司，形成跨地区生产布局。这两家公司1997年彩电产量总计89万台，仅为长虹总产量667万台的13.3%，其跨地区经营程度还比较低。

1998年7月12日，国务院提出严厉打击走私的决定；另外，同样在1998年，国务院提出"按保护价格收购农民的粮食，不得打白条"。因此倪润峰分析1999年的春节，农村市场的购买力一定有所增强。而且那时国家有规定，严格限制25寸以下彩电的彩管进口量。因此，倪润峰想到了囤积彩管。长虹拿出10个亿的6个月银行承兑，垄断了国产彩管货源的70%以上。但行业之内无秘密，很快其他彩电企业就知道了长虹囤积彩管的行为，由于各地企业牵扯各地方政府的利益,牵扯到当地的GDP,于是许多彩电企业就跑到北京找信息产业部,当地政府官员也配合去找信息产业部、国家外经贸部,一致要求进口彩管。于是,本来由于中央打击走私而滞留在香港不准入关的大批彩管蜂拥而至。而长虹由于收购250万支彩管,几乎买走了国内几家彩管生产厂家一年的产量,使应付款和应付票据从35.51亿元猛升至61.9亿元,达到长虹应付款项的峰值。当年,长虹计划生产彩电800万台,但其实际销售并没有跟上,只完成600多万台。加上1997年底的库存,长虹包袱越背越大。在1998年末,长虹库存对应增长,达到77亿元,比上年同期增长116.6%,占流动资产的47%。而实现主营业务收入116.03万元,同比减少25.6%。

1999年长虹又一次宣布全面降低彩电价格,涉及到所有规格的产品。但长虹并没有达到抢占市场份额的目的,1999年的经营业绩也自然不佳,主营业务收入实现10.09亿元,与上年的11.6亿元持平,但净利润只实现5.25亿元,同比下降70%,价格战使长虹产品的毛利率迅速缩水,由上年的27%下降到1999年的15.5%,主营业务利润率几乎萎缩一半,1999年末的存货仍高达70多亿元。

2000年5月15日,在长虹业绩下滑的大背景下,地方政府主导了长虹第一次换帅。倪润峰退出一线,仅保留董事长之职,38岁的赵勇出任长虹股份公司总经理。赵勇有感于长虹一直缺乏核心技术,上台后在科研队伍中设立了600万元的总经理奖励基金,技术人员的待遇最大增幅达到6倍;他还与技术部门订约,对技术成果许以重奖。在销售体制方面,赵勇将长虹分散在全国的200多个销售公司划分为八大片区,实行分级管理。并且对销售人员在礼遇上也有所不同,2000年的春节,长虹在外销售人员返乡,赵勇亲自到成都双流机场迎接回厂的外地销售人员,并以红地毯铺地,警车开道接回绵阳。另一方面赵勇在任期间给了更多年轻人晋升的机会,一些二十多岁的年轻人还被破格提拔为部长。八大销售片区的新任领导几乎都是年富力强的新人。在倪润峰任职时期,长虹电子集团公司和长虹电器股份有限公司是“两块牌子,一套人马”。赵勇上任后,将集团公司与股份公司分为两套人马,并计划按照产品结构的不同将公司分成若干个事业部,岗位的增加为不少年轻人提供了晋升机会。赵勇为了压缩库存减缓了生产速度,长虹员工也因此第一次迎来了一周双休。

随后,长虹又宣布全面大幅降价,最大降幅达20%,当年长虹主营收入与上年持平,净利润只实现2.7亿元,同比下降48%,毛利率下滑至14%,经营业绩滑落。2001中期业绩更令人惊诧,2001年上半年公司实现净利润2056.7万元,较去年同期大幅度下降91.3%,每股收益跌至0.01元。从其损益表看,主营业务收入同比下降15.7%,主营业务利润同比下降了45.13%,营业利润为-2674.8万元,表明主营业务已出现亏损。

赵勇的上台没有给长虹的经营业绩带来回长。2001年2月,刚刚退隐8个月的倪润峰以CEO身份重掌长虹集团大权,随即对赵的布局进行了全面纠正,而倪复出两月后,赵勇即递交辞呈,随后担任绵阳市副市长。3万多名长虹员工最直接的感受是,双休日得而复失,他们重新将长虹庞大的生产线加足了马力。长虹的技术人员也发现,他们得到的成果奖金承诺没人再提起。与此同时,倪将长虹集团和长虹股份合二为一,并且解散了赵勇建立的销售体系,撤销了八大片区,重新回到分公司时代。

二度出山的倪润峰面对国内彩电市场饱和的现状,将目光瞄准了美国市场,选择了华人季龙粉旗下的APEX公司全权负责长虹彩电在美的销售。自从2001年7月开始，长虹彩电源源不断地发往美国，由APEX公司在美国直接提货，出口到美国的彩电上印的全部是“APEX”。倪润峰已改变了“借助外方对国际市场的熟悉和占有程度，将打长虹品牌的合资产品返销到国际市场上去”的初衷。谈到长虹的国际化战略，应该从1980年日本松下社长松下幸之助第一次访问长虹算起，1998年长虹大举进军海外市场，实施国际化经营战略。一直以来长虹都坚持与世界上的知名跨国公司进行合作谈判，但均未果。除了索尼、松下、东芝、飞利浦等几大巨头，法国最大的电子公司汤姆逊13次来到长虹进行艰苦卓绝的谈判，最终还是失望而归。2000年5月17日，长虹发布公告称：长虹正与飞利浦探讨进行多方面的合作，但到2002年仅是实现“共同组建联合实验室”的结果。

2003年11月24日，美国商务部公布了对中国彩电反倾销调查的初裁结果，长虹倾销幅度为45.87%。2004年4月13日，美国商务部公布了对华彩电反倾销调查的终裁结果，长虹为24.48%，这使得长虹在事实上退出了美国市场。

与此同时，2003年APEX共向长虹签发了37张支票，总价值达7000万美元。尽管中国银行多次同APEX及相关银行联系，要求兑换这些支票，但均遭到拒绝。2003年底，长虹曾专门派出企业高管到美国就欠款问题同APEX交涉，但季龙粉撇下这些到美国的高管人员，杀回长虹会晤高层，结果2004年初长虹又发了3000多万美元的货给APEX。根据长虹2003年年报，APEX拖欠长虹应收账款44.466亿元。

2004年1月底，微软开始传出将在数字家电、数字娱乐和教育信息化等领域与四川长虹进行投资与合作。6月30日，长虹与微软签订战略合作协议，双方计划筹建家电-IT技术联合实验室，在流媒体电视解决方案、网络电视市场以及电视机顶盒与多媒体终端等领域全面合作，占领中国的多媒体终端市场，但双方否认谈过股权方面的合作。

2004年7月8日下午2点，四川省政府对外宣布：倪润峰将不再担任长虹集团和股份公司领导职务，赵勇替代倪润峰成为长虹新的掌门人。

在长虹新领导班子召开的第一次经营工作会上，赵勇对全体中层干部提出了“员工满意、顾客满意、股东满意”三个宗旨。赵勇认为只有骨干员工、技术人才满意了，才能生产出高质量、时尚的高科技产品，这样购买了产品的顾客才能满意，而顾客满意了，产品则能源源不断地畅销，这样企业自然会盈利，股东自然就满意了。

2004年8月，上任仅一月，赵勇批复同意进行集资建房，并安排公司工会、基建管理公司、人力资源部、物业管理公司等单位进行集资建房的政策咨询和用地选址调查。赵勇和长虹高层的意见是，集资建房要建成绵阳市一流的小区，且价格需控制在750元/㎡以内。长虹职工购房后，所购房屋的产权和土地使用权均归个人所有。并且赵勇亲自到集资建房所在地了解情况，并上网了解员工对此事的意见。

原来的集资建房的条款是，预交1万元定金，购房时要预付60%，领房时付清全部房款。这实质就是要员工一次性付清房款，对此员工意见很大。在了解职工的呼声后，长虹高层及时和银行进行了交流，对还款方式作了调整：允许员工分期付款和利用公积金贷款。一些人在论坛上发言道：等了几年，终于看到了房子的希望。长虹实施的新政还有：开始建立起公司内部医疗保险、住房公积金等多项和员工切身利益密切相关的事。根据长虹人力资源部的资料显示，2005年1季度，长虹员工的月流失率仅为千分之3.5，比去年同期降低了30%。

在长虹新一代领导班子上任后，建立在一个资产优良、资源丰沛、竞争力强、颇具潜力的基础之上的产权改革，是长虹新班子对自己、对全体长虹人的要求。但赵勇认为，虽然产权结构对企业发展的影响极为重要，如果脱离了企业内部治理结构，产权结构的讨论就失去了意义，因此不应首先进行产权改革。一方面，当时是长虹经营机制改革的关键时期。要推动企业的发展，一心一意理顺公司各项业务流程，完善内部治理结构，从而实现业绩的提升，才是眼下最重要的。另一方面，改革优化之后的长虹，目前各项工作正按照新的机制起步，要实现成熟的运行，并见到实效，需要一个过程，这也是企业改革必须要经历的过程。如果长虹经营机制改革的目标得以顺利实现，其产权改革实际上会变得相当简单。事实上，长虹在各个方面、各个环节的改革，都是为了使员工、顾客、股东的利益达到一致，这也是长虹产权改革所要实现的。

新班子将改革的突破口放在了企业经营机制改革上。长虹邀请著名的罗兰贝格管理咨询公司，协助长虹推进经营机制改革。按照赵勇的理解，要解决这些问题就必须对公司的治理结构和组织结构进行重组，建立起符合现代企业运营要求的经营机制和内部治理结构。首先是建立以"财务为主线、利润为核心"的指导思想，实现公司经营由计划生产型向经营型模式转变。

其次是从组织结构上进行变革，把原来的直线型组织结构转化为以产品为核心的事业部或子公司制，长虹内部把这种改革称为由"火车头"到"联合舰队"的转变。以赵勇为首的长虹决策层把组织结构的变革概括为"两个分开"：横向分开和纵向分开。横向分开，就是把终端产品部门从集团独立出来，成立自主经营的事业部和子公司，集团将产品的研发、生产和销售的权力下放到各个事业部；纵向分开则是把前端配套单位独立出来成立自主经营的事业部，做到财务分开，风险共担。长虹把这种改革形象地称为组建快速反应小分队。

按照改革规划，长虹的电视、数字平板显示器、空调、器件、包装、塑胶、零件、技术装备、视听、网络、电池、模具、电子工程13个产品公司均须按照市场化的体系来运作，从过去"产—供—销"的计划式流程向"销—产—供"的市场化流程转变，逐步朝着独立子公司的方向发展，其中，网络、视听、电池、电子工程等产品公司已经建立起独立子公司的运行模式。

赵勇上任不久之后对长虹进行的另一项改革就是产业结构调整。赵勇认为，作为传统家电整机企业的长虹，可以向三方面进军：第一，关键部件和软件服务；第二，信息家电和IT方向；第三，系统技术方向。因此，在确定彩电主力核心地位不变的前提下，以3C融合为契机，确立信息家电为主要发展方向，从而实现从传统家电业向IT领域拓展。

按照新的战略规划，长虹将对产品业务进行重新梳理，将目前这些产品划分为核心业务、战略业务和新兴业务，立足于彩电这个核心业务，抓住空调等战略业务，通过资产重组、资本运作等方式进入信息家电、网络以及平板显示等新兴领域，做到产品业务主次分明、有进有退，最终将长虹建设成面向个人或家庭的信息产品和服务提供商，以顺应传统家电信息化、信息产品家电化的大趋势。

9月28日，长虹董事长赵勇分别与来自朝华科技(集团)股份有限公司控股的上海朝华科技有限责任公司、中国远洋物流集团、广州金发股份有限公司等5家IT、物流、化工材料以及专业器件制造领域的企业界巨头，签下5份战略合作协议。

在5份战略合作协议中，长虹出资与朝华科技(集团)股份有限公司控股的上海朝华科技有限责任公司组建四川长虹朝华信息产品有限责任公司，其中长虹出资占51%的股份，标志着长虹开始真正涉足IT行业。同时，长虹也加入到中国3C技术联盟“闪联”标准工作组。同年11月12日，长虹集团拿出500万的资金奖励科技创新项目，这是新任董事长赵勇技术革新举措中的一步，在他的战略当中，长虹以数字电视为核心的信息家电产品的战略构思需要更广阔的技术支撑。

在风险防控方面，在赵勇上任后，长虹开始亡羊补牢，逐步建立起抗风险能力较强的防御体系。在国内首先建立了以“财务为主线、利润为核心”的指导思想，实现公司经营由计划生产型向经营型模式转变，同时2004年7月开始重视现金流的保护，所有营销活动均实行现款交易，采取有利措施清收应收账款，存货大幅下降，预计到年底，经营性现金流量将仍然保持为正。在海外，截至当年11月，除北美市场外，长虹海外营销完成回款超过4.2亿美元。此外，根据专家建议，长虹已于2004年9月组织智囊团建立了一整套海外风险防御体系，如通过国内出口信用保险、通过第三方对国际市场进行调研等等，从而避免在欧美等市场再次遭受重大损失。

2004年12月14日，四川长虹集团向洛杉矶联邦高院提起诉讼，指控APEX公司拖欠货款48427.2万美元，要求APEX偿还拖欠的巨额债务。但APEX向法庭提交的文件表明，2003年，他们共向长虹和代表长虹的第三方支付了近3.5亿美元货款。APEX同时证实，公司董事长季龙粉2004年10月底访问中国时被拘。APEX称，长虹涉嫌软禁和施压APEX总裁季龙粉，强迫季龙粉签署了向长虹移交资产的协议。针对APEX的声明，1月7日，四川长虹电器股份有限公司(600839)发布公告，称APEX欠款余额是以双方签订的还款协议为基础，其已支付的货款与其欠款并不矛盾。这份公告承认，公司2003年确实收到APEX公司付款34332.88万美元，但是APEX对长虹仍存在欠款余额46750万美元。

高额海外欠款与高额库存是长虹前进道路上的两个拦路虎。赵勇新政就此切入，2005年3月19日，长虹发布公告称，长虹2004年将计提应收坏账、存货减值、国债投资37亿元人民币。4月16日，长虹发布巨亏年报，长虹的亏损主要集中在两个方面：其一是库存造成存货减值约为11亿元；其二，应收欠款造成的损失约为26亿元。但经过两个滚动营销期，长虹库存已大幅下降了22亿元。长虹2004年年报显示，其库存约为60.13亿元，下降约10亿元；根据长虹发布的2005年第一季季报，长虹实现主营业务收入40.20亿元，同比增长63.94%；实现净利润1.74亿元，同比增长431.89%，库存降至48亿元。

2005年8月18日，四川长虹正式发布2005上半年报：2005上半年，公司实现主营业务收入72.21亿元，同比增长39.86%；实现利润总额2.30亿元，同比增长200.87%；实现净利润2.16亿元，同比增长231.35%。

2005年4月18日，“虹舞中华——长虹2005千人经销商(中国)大会”在九寨沟隆重举行。长虹宣布发动“感观革命”，宣称将产品的评判权交给消费者，以消费者的需求为导向，用实实在在的品质回馈市场，并在行业内首次提出了“感观就是标准”的理念。

10月1日，“长虹3C技术新品SHOW”在北京隆重启动。随着这一被业内人士称为“3C发展的一个标志性事件”亮相的有IPTV、机卡分离数字电视、“视际通”3C电视等一批当前热门的3C产品和长虹3C精英团队。而10月12日在深圳举办的第七届中国国际高新技术成果交易会上，长虹则推出了刚刚获得GSM、CDMA双网终端生产牌照、蓄势半年之久的长虹3G手机。

长虹在全线产品都提出了令人心动神往的感观体验。针对一级市场换购人群，长虹推出旗舰产品天际F系列平板彩电产品线，提出“感观数字视觉的震撼”；200系列“感观宽屏超薄的质感”彩电产品线；“感受8年长效品质”空调产品线；100W系列“感观一键上网的神速”；CRT高清背投“感观客厅生活的场面”；3C电视让你“感观随时随地的相聚”；“感受110%的持续动力”电池产品线。而服务品牌“感受阳光到家的体验”又让消费者有了真切的人文感观。

10月19日，由四川长虹主办、全国十余所重点设计院校协办的“长虹杯2005全国大学生感观创意设计大赛”在北京召开新闻发布会，宣布大赛正式进入“评审”阶段。

赵勇表示：“如今，在对‘信息化、融合化、娱乐化、智能化将成为家电行业未来发展趋势’这一基本面的判断上，众多的厂商已开始达成共识。如果说，‘感观标准’是长虹判断产品是否为市场接受的标准，是长虹产品的‘貌’，长虹未来的‘才’则是3C。在‘感观标准’的支撑下，长虹的3C布局将呈现出强大的生命力。”

TCL的国际化与多元化

TCL集团股份有限公司创办于1981年,总部位于中国南部的广东省惠州市,在深圳和香港上市(深圳:TCL集团000100;香港:TCL国际1070)。25年来,TCL从事过很多业务,目前主要从事彩电、手机、电话机、个人电脑、空调、冰箱、洗衣机、开关、插座、照明灯具等产品的研、产、销和服务业务。

20世纪80年代初TCL专营磁带,挖到第一桶金。接着进入电话机业,80年代到90年代是中国通讯业的发展时期,电话机从传统转盘到按键、从早期机电式向程控式发展。电话机在国际上是成熟产品,而在中国正处于成长阶段,到了80年代末90年代初,中国的通讯制造商才开始发展。1985年,TCL刚生产出自己的电话机,订单寥寥无几。1986年,TCL开发出中国最早的免提式按键电话。1989年TCL电话机产量雄居全国同行业第一名, 登上了国优产品宝座,其800多万台电话机的产销量使TCL一举成为全国最大的电话机生产基地,占领了中国电话机市场的60%。1994年TCL又率先推出国内第一部无绳电话。其产量连续十年保持同行业第一。

20世纪90年代初,彩电进入中国,当时中国彩电业比较萧条,而且经过80年代的技术引进和发展已经有了相当的技术能力。当时,TCL发现市场有个结构性需求,即高清晰度、大屏幕的彩电国内没有,当时国内市场上的29英寸彩电主要是日本的进口产品,价格都在1万元以上,有很大的市场空间。1992年,TCL从29、25英寸的大屏幕电视做起,进入彩电业。到1995年,TCL彩电利润高达7000万元。1996年,TCL王牌彩电总共销售了140万台,占全国彩电市场份额的7.5%,最终成为国内彩电三大巨头之一。

1998年,TCL开始筹划进入信息产业,虽然世界上是相对低潮,但从中国市场来看,无论是成为制造业基地,还是中国的市场需求都有很大潜力。1999年10月11日,TCL信息产业(集团)有限公司成立,标志着TCL全面进军IT业。1999年12月1日,被称为“打工皇后”的吴士宏加盟TCL信息产业部,并提出“将中国的企业做到国际上去”的长远发展方向。

吴士宏之所以能加入TCL与其在IT企业相关的工作经历和她在国际大企业的工作经验有很大的关系。在加盟TCL之前,吴士宏曾是一名医护人员,通过高等教育自学英语考试。1985年7月进入IBM公司,历任大客户销售代表、销售经理,1995年任IBM华南分公司总经理。1998年2月,吴士宏受聘微软中国公司总经理。加盟TCL后,吴士宏历任TCL集团常务董事、副总裁及TCL信息产业公司总经理。吴士宏1999年加盟TCL集团时正处于网络经济热潮顶峰,其“微软背景”为正处于向IT产业拓展期的TCL注入了“信息化”色彩。

同年,TCL为了摆脱国内家电价格大战的困境,开始走向海外。TCL从彩电这个产业开始首先进入了与中国文化背景比较接近的越南、菲律宾等东南亚国家。1999年2月，首批从各个部门抽调来的13名TCL精英，正式进驻越南着手筹建工作，1999年10月29日注册成立了TCL(越南)有限公司。2000年11月28日，TCL越南公司终于举行了隆重的开业典礼。选择越南这样欧美厂家不看好的市场，TCL有自己的考虑。越南政治稳定、经济增长潜力较大、运作成本相对较低，将来TCL不仅能在越南本区域取得发展，而且为拓展东盟及东南亚5亿多人口的高潜力区域埋下了伏笔。

由于越南民众对TCL品牌几乎一无所知，加之过去边贸的许多劣质商品令越南人对中国产品有很深的误解。2000年10月份，在到中国考察的越南中央电视台拍了TCL的一些镜头回国播放后，第二天TCL就接到10多个经销商打来的电话，要求退货。而且，当时在越南市场的TCL产品只有两款，在广告投入上1999和2000年全年广告预算几乎为零，在人才上都是刚从国内派出而没有任何海外市场开拓经验的。更为致命的是，1999年越南彩电市场总需求量仅65万台左右，而越南国内总生产能力已超过300万台以上。

在这种情况下，TCL在越南品牌定位在中高档，定价比SONY、三星等稍低，而比PHILIP、松下要高。同时TCL在当地收购了一家香港投资的彩电生产企业，并且在越南要求全检，而不像国内一样实行抽检，以保证产品100%的合格。针对越南市场的特点，TCL越南公司还根据当地彩电使用状况，开发出有针对性的实用功能，提高彩电使用的稳定性，减少彩电故障率，包括开发超强接收功能和防雷击功能等。

由于早期的TCL越南公司规模不够大，TCL越南工作人员挨家挨户地去推销产品，自己建立营销网络。在小范围进行局部创新，集中优质产品，有针对性地进行个性化服务。TCL越南公司让其经理们经常与客户见面，以更好地沟通和帮助他们销售。还在每个城市设立24小时热线电话，一有投诉立即反应。如果故障比较复杂一时修不好，他们就给客户一台备用机先使用，等电视修好了再换回来。而日韩企业通常要求用户将电视送到其专修店维修。在越南，一般彩电保修期最多二年，TCL则奉行“以优质产品和高质量服务赢得顾客全面满意”的经营理念，在越南率先推出了“三年免费保修、终身维修”的服务承诺，并在越南所有的营销网络中实行。到了2000年，TCL在越南市场的占有率达到5%；2001年1–10月份，TCL在越南平均占有率约8.7%；2003年，TCL越南市场占有率达16.3%。

1999年3月，TCL移动通信有限公司成立，万明坚出任总经理，开始率领TCL通讯设备公司涉足手机。万明坚是于1994年戴着“工学博士”的头衔加盟TCL集团的，在当时国内通讯界唯一的上市企业TCL通讯设备股份有限公司从事技术工作。在此期间，他为公司攻克技术难题56个，发明新产品30项，20项科技成果获奖，在国内外多家权威刊物发表学术论文16篇，成为享受国务院特殊专家津贴的科研专家，还获得“中国杰出青年科技创新奖”、广东省劳动模范称号。

万明坚一接手TCL移动业务，就振臂宣称“三年做到国产品牌第一”。他带着3个人在一小片办公区域里开始了TCL移动通讯的事业。每天早上，大院里“赶超摩托罗拉”的口号震天响。不久，万明坚对总裁李东生说，手机将来的利润很有可能超过彩电。彩电部门的领导们当时听了很不舒服。甚至，经销商听到万明坚的“宏伟目标”，都觉得“这厮太狂”。

1999年5月万明坚提出了“五个国际化”：研发国际化、生产国际化、销售国际化、资本动作和财务决策国际化、公司内部决策系统和信息管理国际化。但是第一年还是亏了2000多万元人民币。李东生并没有让万明坚下台,而是容忍他继续探索。

万明坚一直坚持在科研第一线,从技术探讨到项目论证,每一项都亲自参与。一年中,万明坚的时间一半在公司,一半在全国、全世界各地跑,逢人就从袋里掏出他的手机样品推介。2000年,万明坚提出:"手表上镶一颗钻石就显得光芒四射,档次一下子提升了许多,能不能给手机嵌上珠宝?"他的想法遭到了许多人的质疑甚至嘲笑。紧接着,万明坚又以1000万人民币的商价聘请金喜善代言"中国手机新形象"的品牌推广计划,用"美女+产品"这一最为直接的形象刺激来迎合市场。由于手机本质上是时尚品,同时GSM手机技术相对成熟,所谓高档手机在万明坚看来就是最时尚的手机。因此宝石手机一炮打响,引起了国际手机厂商的强烈关注。

2000年5月25日吴士宏主持天地人家网络技术公司,作为TCL进军网络信息服务和信息增值服务领域的核心企业。天地人家公司在最初建设的时候通过建设家庭互联网平台(ejiajia.com)为中国最普通、最广泛的家庭和老百姓提供内容丰富、容易用、用得起、真正有用、有趣、有文化的互联网信息和增值服务。同时为TCL集团全线终端接入产品,如家电、电脑、PDA、WAP手机等等,提供互联网内容和服务平台,为TCL的用户提供从产品到增值信息的全面服务。其后与集团旗下的多媒体事业部合作推出网络电视和"一键飞",并且充当起了HiD的形象代言人,想在信息家电方面走在中国的前面。最后又搞起了远程教育,一年内,通过与国内著名高等学府和教育机构强强联手,以亿家家网站的技术平台为依托,合资合作推出"电大在线"、"华大网络"、"四中龙之门"等多层次的远程教育项目。

吴士宏还从台湾汉世纪开发金融公司引入500万美元的风险投资,占整个TCL网络注册资金的20%。吴士宏喊出了一个口号:TCL要做信息家庭新生活的缔造者!把优秀的传统企业变成国际型企业。她提出,TCL要从以产品为中心,以市场为导向,变成以最终用户单位——家庭为中心。遗憾的是,但凡其负责或涉猎的产业,或不了了之或无果而终,让"打工女皇"尽失颜面。其推出的TCL"天地人家"网站,及其与集团旗下的多媒体事业部合作推出的网络电视和"一键飞",市场上反馈相当冷淡。

2001年,IT业不景气的大环境,让TCL电脑被迫采取了"P4战略"和"液晶大战",销量迅速上升,但毛利率却急剧下滑。在TCL最"秀"的8月份,其实是最失控的时候,整整一个月,TCL没有生产,只是在清理库存。2001年吴士宏所领导的产业销售只占到整个集团的11%,利润更是负数。7月,TCL集团董事长李东生发布TCL集团战略部署时,宣称TCL集团在战略部署上仍是以彩电为核心,并对TCL移动电话予以肯定。随后吴士宏在信息产业集团主持的"天地人家"项目被撤,以吴士宏为标志的TCL信息家电已然落幕。

根据TCL通讯设备股份有限公司2002年第三季度报告显示,公司主营业务的利润收入比去年同期增长了327%,利润增长了283%。主营业务收入608958万元,其中手机销售收入就占据了573685万元,万明坚主管的移动业务销售额、利润疯长,超过彩电成为TCL的第一利润支柱。此后的很长一段时间,TCL移动公司内刊等宣传资料上印满了各种关于万博士创造神话的溢美之辞。2002年底,由于作为TCL集团的法人代表不能同时担任旗下上市子公司的法人,李东生不得不辞去当时仍在深圳上市的TCL通讯董事长职务,改任TCL通讯副董事长，而万明坚则出任董事长。随即，万明坚以TCL通讯董事长的身份对外界表示，TCL手机将在2003年包装运作上市，目的地首选香港。这个决定与当时李东生图谋已久的TCL集团A股上市计划相冲突。

2002年6月28日至9月15日期间，TCL从价格、市场促销、概念宣传等全方位布局，在全国范围内开展大型暑期促销活动。其整体价格降幅达上千元，而作为重要促销产品之一——锐智100的价格更是达到了3998元的历史最低点。此外，TCL电脑围绕“适合才更好”的促销主题，向用户提供从3998元低位到高端奔腾4的全线产品。此次全线产品的促销价格，更是当时在国内电脑市场中同类配置品牌电脑中降价幅度最大的。

广告作为传统的营销手段，有着不可忽视的宣传效果。2002年TCL电脑付出了昂贵的广告费，在全力赞助门户网站搜狐世界杯后，TCL电脑在全国主流媒体广告版位的攻势堪称壮观。媒体广告监测机构提供的数据显示，TCL电脑的广告量呈直线上升态势，从全国知名的都市主流媒体、区域性媒体到专业媒体再至财经类媒体。高高在上的市场推广和广告费用投入，对于TCL电脑的销售业绩必然会带来拉动效果，但关键是建立在TCL低价格策略基础上的高额广告支出是否能保证持续性盈利？业内人士分析表示，虽然TCL电脑表面上会出现销量上升势头，但营销广告等费用足以令其陷入尴尬境地，而且从全球市场来看，PC还是处于低谷徘徊阶段。2002年12月1日，吴士宏提出在聘用协议届满后将不再续约聘用协议。

2002年7月，李东生在北京宣布TCL中长期发展战略，依据该目标计划，到2010年TCL年营业收入将达到1500亿元人民币。面对媒体提问，李东生说，以后TCL将通过并购重组方式进入新的产业领域。2002年始，TCL开始发力欧洲，以800万欧元的代价收购百年老店施耐德。中国产品一向被欧美国家消费者视为“质次价廉”的代表，很难为消费者所接受，直接用TCL品牌打市场会非常艰难，因此TCL取道施耐德是想走一条捷径。

TCL在从越南、菲律宾开始国际化取得一定成绩之后，积累了丰富经验的TCL开始将目光投向欧洲。在TCL看来，全球有三个最完整的市场，这三个市场可以消化全球一半以上的产品，购买力是全球的70%，如果占领这三个市场则全球市场唾手可得。这三个市场分别是中国、欧盟和美国。与美国相比，欧盟门槛要低一些，TCL选择这个市场作为国际化的“升级版”。2003年以后，TCL明显加大了对美国、欧盟、俄罗斯、南非等国家的开发力度。2003年5月，TCL一方面通过收购既是渠道商又是彩电、DVD品牌的GO-VIDEO（中文译作高威达）公司，架构真正属于自己的销售渠道；一方面通过菲利浦向美国实施出口。这一年，TCL向美国出口彩电达到150万台，对俄罗斯、南非等市场的出口均达到50万台以上。TCL彩电出口国家达到80多个，总出口量超过385万台。

2003年3月初，TCL收购WINBOOK，成功开始王牌笔记本之旅，不过，接下来的道路却更不平坦，整个2003年，TCL笔记本成为整体IT业务亏损最大的部门。TCL的电脑业务在2003年底和2004年初，经历两次大的调整，最终由原TCL电脑公司演变成数码电子事业本部，分成四个事业部：家用信息产品部、商用系统部、笔记本部以及消费数码部。2004年6月，TCL电脑科技（深圳）有限公司副总经理俞翠薇离开公司，该公司另一位副总经理刘东援也于7月初离开，一时间，正在成长中的TCL电脑业务面临着危机。

2003年4月，TCL与阿尔卡特公司决定一起组建手机合资公司。万明坚出任TCL-阿尔卡特移动电话有限公司(简称T&A)董事CEO。在签约仪式上万表示,这将有助于TCL移动快速实现成为一家全球领先的移动终端制造商的目标。但是在收购阿尔卡特后,合资公司的销售情况不见增长,TCL不仅要填补阿尔卡特手机业务每月几千万人民币的亏损,而且TCL移动的员工开始普遍降薪。根据阿尔卡特公布的财务数据,仅2003年一年,阿尔卡特全球手机业务的亏损就高达8000万欧元。

2003年,TCL通信的销售额已经突破82亿元,3年内连续保持平均10倍的增长速度,用4年时间达到了世界营销楷模戴尔用8年时间才达到的经济规模。万明坚这几年来一直很风光:他先是和波导总裁徐立华一起,成为国产手机的领军人物,既而又获得中青联评选的"中国十大杰出青年"称号,风头一度压倒TCL集团掌门人李东生。不仅如此,据说在TCL的时候,有一次万明坚到某市分公司视察,当地TCL手机团队全体出动等在高速入口处,齐呼"万总万岁",并花15万元请来三辆警车开道。

2004年1月28日,TCL集团与汤姆逊(THOMSON)公司签署双方彩电、DVD业务合并的正式合同。7月29日,TCL与法国汤姆逊合资组建的合资企业TTECORPORATION(简称TTE)在深圳正式挂牌运营,新公司TTE预计彩电年销量达到1850万台,成为全球最大彩电企业。根据双方签署的协议,TCL将其在中国内地、越南、德国的所有彩电及DVD生产厂房、研发机构和销售网络并入TTE;汤姆逊则将其位于墨西哥、波兰、泰国的彩电生产厂房、所有DVD销售业务以及所有彩电及DVD的研发机构并入新公司;双方的股权比例为67:33,双方合并重组的总资产规模超过了4.5亿欧元。

2004年,汤姆逊在彩电业务上亏损1.24亿欧元,约合13.06亿元人民币。TCL兼TTE董事长李东生在开业仪式上说"我们有信心使TTE在18个月内在北美、欧盟市场实现盈利"。但根据TCL发布的2004年业绩报告,TCL汤姆逊合资公司为公司带来了6200万港元亏损,影响了TCL集团的整体盈利能力。

2004年1月30日,在深圳上市的TCL通讯退市,TCL集团整体成功上市。9月27日,TCL通讯以介绍形式在香港主板上市,低开高走,报收于每股1.18港元,万明坚等待已久的TCL手机业务终于分立上市。TCL通讯在香港主板上市的主要资产是其所持有的位于广东惠州的TCL移动通信的100%股权和TCL-阿尔卡特移动电话有限公司55%的股权。

但市场和业绩的压力让万明坚陷入了危机,截至上市后三天的9月30日,TCL通讯第三季度就亏损2800万港元。公司前三季度业绩显示,受市场大势与同业竞争影响,这家新上市公司的销售收入比上年锐减16亿元,净利润也由原来的5.5亿港元降至2.7亿港元,同比下滑50.4%之多。万明坚执掌的TCL移动前三季度的销售量由上年的702万台下降至621万台。TCL手机军团在跨国巨头的反攻下,遭遇巨大冲击。

2004上半年,TCL共销售手机440万台,同比下滑了7%,市场份额由9.7%下滑至8%。同时,TCL彩电在2004上半年的销售却迅速增长。2004年12月19日,万明坚正式辞职,辞去TCL移动通信有限公司总经理、TCL-阿尔卡特移动电话有限公司董事CEO、TCL通讯科技控股有限公司CEO及TCL集团通讯事业本部总裁的职务。

2005年初,印度130多名经销商参加了TCL印度公司组织的"中国之旅",参观了TCL生产基地、研发中心,并签下100万台彩电销售意向书,超过TCL2005年印度彩电销售目标。而此前不久的2004年10月底,80多名俄罗斯家电连锁巨头包机来到TCL,并签定了33万台彩电销售大单。TCL泰国公司成立不久,即实现超过3万台彩电的销量。

2005年4月底,TCL集团总裁李东生首度公开表示,由于去年并购阿尔卡特手机业务时过于草率,整合效应并没有发挥,TCL对T&A基本处于失控状态,以致造成前4个月近4亿的巨额亏损。为此,TCL将和阿尔卡特就T&A进行重新谈判,以使阿尔卡特拿出更多的资源支持T&A公司。2005年5月17日,香港上市的TCL通讯发布公告,正式宣布TCL将以换股的形式,收购阿尔卡特持有的合资公司T&A45%的股份。

2005年6月10日,李东生借TCL首届全球经理人大会在深圳召开之际宣布,任命T&A首席执行官(CEO)刘飞为TCL通讯CEO,TCL移动副总经理杜小鹏升任TCL移动总经理。由于T&A和TCL移动通信有限公司都已成为TCL通讯的全资子公司,这意味着刘飞已经成为TCL手机的新任掌门人。刘飞在2001—2002年间,曾出任TCL移动副总经理兼总工程师,负责TCL手机的研制、开发、生产的底层工作。在与阿尔卡特商谈重组计划中也做出了重要贡献。

刘飞表示:“之前T&A和TCL移动各自为营。TCL通讯新的组织架构就是要将两个子公司的业务合二为一,真正将协同效应发挥出来。”包括销售队伍、研发、生产、供应、客服等等,新的组织架构要充分统一,同时也会根据业务不同来分工。“所有研发中心都会协同在同一个管理体系下,确保对研发费用的控制和研发成果的共享。”李东生特别强调,“TCL集团已经同意提供2000万欧元可转账给TCL通讯,以支持TCL通讯未来的业务发展。年底扭亏并不是指全年扭亏,而是希望在年底出现一个有盈利的月度报表或季度报表。”

康 佳

——转型之困

康佳集团股份有限公司成立于1980年5月21日，是中国首家中外合资电子企业，1991年8月改组为中外公众股份制公司，1992年3月27日，康佳A、B股股票同时在深圳证券交易所上市。经过20多年的发展，康佳集团形成了多媒体、移动通信、信息网络和相关配套器件四大主导产业，主要产品为彩电、移动电话、平板电脑、液晶显示器等，兼及冰箱、精密模具、注塑件、高频头、印制板、FBT等相关领域。建立了"内地—深圳—海外"三点一线的生产经营格局，先后在国内的东北、西北、华南、华东、西南分别建立了牡丹江康佳、陕西康佳、东莞康佳、安徽康佳、重庆康佳五大生产基地，海内外参(控)股企业达20多家。

1980—1983年，康佳主要生产收录机，只有少量的彩电器件，产品均通过合资外方香港华港电子公司的销售渠道销往海外。1985年时的康佳拥有1400名职工，12条生产线，生产14大类100多种电子产品。1984年康佳开始生产彩色电视机，但由于未获得内销许可证，至1987年底康佳彩电仍全部通过外方出口。其后，康佳才开始进入国内市场，但彩电出口量仍然很大。

1990年，康佳公司提出了20世纪90年代的发展战略：股份化、集团化、多元化、国际化。这一年康佳年产各种家用电器100万台，其中出口彩电50多万台，占全国的1/7；其中大型机占63.2%，创汇1.45亿美元，在全国家电行业中，康佳产值、销售收入、利税、创汇、彩电出口量均名列前茅。但在国内，康佳的国内市场占有率只有7%，同时，海外名牌彩电厂家大举进入我国市场，与国内厂家合作生产它们的产品。

1993年2月，康佳与牡丹江电视机厂合资组建了牡丹江康佳实业有限公司。1995年7月康佳与陕西如意电器总公司合资组建了陕西康佳电子有限公司，这一年，销售收入超过27亿元，彩电国内市场占有率达9%，居同行业第二位。

1996年初，康佳将澳大利亚作为重点市场，专门为该市场设计产品，在墨尔本开设了30多家零售点。这次出口与以往大不相同：以往康佳是依靠合资外方的渠道，使用外方的品牌进行出口，这次康佳是自建销售渠道，使用自有品牌进行产品出口。12月26日，公司在北京举行"康佳心，京九情"新闻发布会，宣布在三年内出资3000万元支持中国农村文化建设。

1997年1月，北京——深圳"康佳"列车对开，同时，康佳捐建的江西吉安、湖北麻城、安徽阜阳等革命老区"希望小学"正式落成，从而与陕西延安、黑龙江海林、四川广安以及湖北永定康佳希望小学相呼应。同时，康佳又捐资百万元参与中国电视扶贫工程，在贫困地区建设卫星电视接收转播站，创建“康佳彩电县”。康佳选定京九沿线九省市各县，采用特殊的优惠销售和服务措施，重点突破，使市场占有率达50%以上。顺利创建康佳彩电县后，康佳提出“消灭彩电空白县”的号召，各分公司在县级以上城镇全部设立专卖店或专柜。为此，康佳还投入了大量人力、物力、财力，同时不断扩大专柜直销员阵容，严格培训上岗。为配合营销网络建设，公司在各省增设办事处、经营部或分公司，增加销售费用和广告费用，全力推进系统管理，严禁窜货，建立起稳固的市场网络。

1997年5月康佳与安徽滁洲电视机厂合资组建了安徽康佳电子有限公司，形成了东(安康)、南(集团)、西(陕康)、北(牡丹)“四方联合”的战略格局。

1997年康佳斥巨资在世界信息技术的神经中枢——美国硅谷成立了“美康公司”，并派出一批优秀管理人员前往美国，聘用当地技术人员，吸收国际科研成果。每年康佳都以销售额的5%用于技术投入，以30%的速度更新设备，20多条现代化生产线，均具国际20世纪90年代最先进水平。

早在1997年，公司就发现原来使用的信息系统的集成性和实时性都很差，根本无法实现企业资源的统一计划和管理。因此，随着康佳的迅速成长，选择一个具有世界领先水平的ERP系统已经迫在眉睫。1998年6月1日凌晨，康佳最后一组数据导入完毕，SAP系统成功上线。

1998年6月17日，康佳首次打出特价机型：21寸售1380元，29寸售2998元，全国各地均呈现抢购局面并迅速带动其他机型销售，成功实现了“淡季热销”的目标，从而将康佳推上中国零售市场占有率第一的宝座。实际上早在四月份，康佳就预计到国内彩电必将涨价。当时有人疑虑：明知涨价必然，为什么还要推出特价。决策层态度十分明朗：6~9月是彩电淡季，购买群少，加上一部分消费者持币观望，现实顾客更少，康佳推出特价机型是先发制人，能迅速扩大消费市场。再者，康佳多年的品牌积累已经在消费者心目中树立了良好的企业形象，届时市场价位整体上涨，康佳不仅能借势顺利实现价格反弹，而且能促进旺季俏销。

1998年7月，康佳推出七彩小画仙系列彩电。七彩小画仙彩壳机主要限于14″、21″小屏幕，有蓝色、紫色、黄色、绿色、蓝青色、红褐色、白色，投放市场后立即引起消费者关注，并迅速成为新卖点。1998年8月，康佳又连续推出34″100Hz数码彩电、CVD、DVD、16:9数码阔幕电视、康佳视尊100Hz彩电等新产品。

同时，康佳在河南、浙江、山东、湖南、湖北、河北、山西、陕西等省组织近百个放映队深入农村，实施康佳“千村万场送电影下乡”活动。放映的影片是农民爱看的新故事片，现场悬挂了精美的康佳条幅，放映前加放了5分钟康佳广告，同时观众能够得到一些关于康佳的宣传资料及购机优惠卡。

1998年9月，康佳推出历经两年的市场调研及技术开发推出的系列尖端产品——“福临门”彩电。具有宽电源、灵敏度高、防雷击、开机见福等特点，推出市场后一直供不应求。同时以中原为辐射点，全国各地众多县城开展了形式各异的康佳产品展示会，开展买康佳彩电，送货上门，送电视机罩，送电视柜等活动，使县乡居民大开眼界。一月之间康佳经销点星罗棋布。

1998年10月，康佳推出“超平一族”彩电，具有图像真、视域广、色彩艳、画面亮、寿命长、反射低六大优势。

1998年9月10日~10月10日，在全国范围内每省选择三市，每市评选出五位最早购买康佳彩电的顾客，各赠送21″小画仙彩电一台；期间购买康佳彩电的顾客可获得精美礼品。11月5日~12月5日，购买康佳彩电的顾客均有中奖机会，中奖者将免费前往深圳旅游，参观康佳总部，以此加深消费者对康佳的了解，促进双方沟通。12月6日~12月20日，与亚运会的召开相呼应，消费者购亚运金牌彩电——数码彩电、丽音王均可获惊喜礼品。

1998年年底，康佳推出16:9镜面电视。同时为把科技带到农村，在全国省城、县城举办现场家电维修班2000多次，严格考核，合格者可获得康佳家电维修证书。1998年，康佳集团的销售收入超过100亿元。

1999年康佳开始上马手机，并于同年7月28日以千万元的价格与周润发签约，邀其出任康佳手机广告的形象代言人。1999年8月，国内第一款具备自主知识产权的移动电话——康佳第一代手机“3118情义通”顺利通过国际FTA认证。11月康佳成功增发8000万股A股融资12亿，其中有2500万美金计划投资在移动电话项目上。康佳曾雄心勃勃地表示，要在未来两三年内，把手机变成集团新的支柱性产业，使其收入占总收入的40%。

到1999年，通过收购兼并，陕西康佳、安徽康佳、常熟康佳、牡丹江康佳、重庆康佳先后开张。康佳在全国东西南北中的布点基本完毕，集团生产规模超过600万台，销售收入突破100亿元，其彩电在国内市场的份额已占到25%。但从康佳1999年的财务报告来看，康佳的赢利能力呈下降趋势，进一步增长的空间越来越小。

康佳领导意识到，“旧的模式形成的组织架构、工作流程、激励机制等，对于有意往国际化、多元化、高科技化方向走的康佳而言，都可能妨碍康佳达到自己的目标，成为康佳进一步发展的束缚”。这时候的康佳每天处理的事务包括三个方面：一是产业与技术；二是市场与管理；三是制度与人。康佳处理前两个方面的事务已经比较成熟和稳定了，但第三个方面的事务能否处理好，决定着它能否持续发展。这一瓶颈成为康佳亟待解决的难题。

1999年，《中外管理》杂志召开世界四大咨询顾问公司总经理高峰会，在会上康佳主动表达了与国际著名咨询公司合作的愿望，并与波士顿、罗兰贝格、麦肯锡等几家著名咨询公司有了初次接触。当时进入中国不到几年的麦肯锡，也急切地想拿下康佳这笔业务，以康佳在业界的地位博取麦肯锡的影响力及对其他中国本土公司的示范作用，两者一拍即合。

1999年9月，康佳基于“为企业的战略转型和可持续发展奠定坚实基础”的目的，与麦肯锡签署了“全面合作”协议，开始与麦肯锡合作。麦肯锡将为康佳提供“包括战略、运营、市场拓展等在内的全方位咨询服务，并根据企业实际情况，进行战略规划制定、管理流程设计以及改善组织架构和内部激励机制”。

其后，麦肯锡派出了4人小组进驻康佳。对于4位代表在康佳的高调，有康佳内部员工事后透露，“康佳的人完全成了学习者，对麦肯锡的观点几乎没有多少辩驳。麦肯锡也总是一副不容置否的态度”。前期的调研持续了三个月时间，1999年底，麦肯锡康佳方案出台。这套方案以“组织架构和考核激励机制”为重点。在组织构架上，麦肯锡建议，把康佳当时的家电生产销售、手机生产销售及海外市场三块业务集中起来管理，施行事业部制，使经营管理重心下移、减少管理层次。

在激励考核机制上，麦肯锡建议：完善激励机制、试行员工持股。麦肯锡指出，康佳集团上上下下都是被考核的对象，每个人都有固定的考核指标，把考核指标量化，自上而下进行统一的考核制度，并从老总开始执行。这套考核制度被当时康佳集团总裁陈伟荣称为麦肯锡方案的“精髓”。但是这一方案与当初拟定的“全方位咨询方案”，尤其是“战略咨询”相去甚远，而康佳人对麦肯锡的观点几乎没有多少辩驳。

2000年初，康佳总裁陈伟荣宣布，在集团全面实施麦肯锡方案并将集团公宣部和企文部合并，成立了一个企业文化中心，全权承担这项工作。在执行过程中，问题开始逐渐表现出来。首先表现在激励考核机制部分。表面上看起来很具国际标准的考核制度与康佳多年来形成的企业文化和考核标尺产生冲突，一些足以推动企业“核心生意”的部门和人员因为考评标准过于僵化而导致积极性减退。其次，在组织架构上，由于管理重心的突然下移，各事业部骤然脱离集权式管理，只得重新制定自己的发展规划、更新管理工具、自行实施市场计划，结果不但导致上下脱节，就连部门之间的协调配合也产生了混乱。

2000年以来，全球经济增长趋缓，家电消费大国美、日经济疲软，总体需求不足，造成了世界多数家电企业经营业绩下滑，甚至出现了不同程度的亏损，因此国内家电企业出口也大受影响。国内原因主要在于前几年盲目扩大规模，片面追求高速发展，许多企业出现大量库存，再加上内需不旺，国内家电企业纷纷依靠残酷的降价来抢占市场份额。恶性的价格战使整个行业利润空间越来越小，企业获利能力迅速减弱，行业内大多数企业出现利润剧减甚至亏损。

2000年彩电行业首次出现全行业负增长，康佳的产量、销量、利润也都一致出现负增长，康佳不得不寻找彩电业发展的新思路。受麦肯锡的建议影响，从2000年开始，康佳启动了其意在“开发、建设和巩固乡镇营销网络，消灭康佳彩电空白乡镇”的“农村市场工程”。为此，康佳投入几个亿的资金在县镇一级市场建立销售网络，并招聘了大批的销售人员，开拓农村市场。但是康佳的资金投放回报寥寥，却为企业带来了流动资金损失及巨大的经营包袱，导致产品库存过度积压。在康佳犹豫之际，TCL迅速在农村和城市建立的庞大市场网络频频发力，而长虹则一次次吹起进军城市市场的号角，康佳腹背受敌。

2000年下半年，诺基亚、摩托罗拉、爱立信三巨头在国内同时大幅降价以抑制国内品牌的成长。在试销中成绩不错的康佳手机一下子减少了50%的销量，只卖了40万部，比100万的计划少了一大截，销售额仅为2.24亿元，亏损高达6000多万元。这一年，康佳全年共实现主营业务收入90亿元、净利润2.2亿元、每股利润0.37元，同比分别下降11%、55%和59%，彩电销售量较上年减少了7.2%。

2001年6月，陈伟荣离职，37岁的销售副总裁梁荣坐上了执行总裁的位置。梁荣上任后，康佳上下对麦肯锡方案的否定情绪开始蔓延，康佳集团也正式与麦肯锡中止了咨询合作关系，随后进行了大规模调整，全集团裁员3000多人。

早在这一年3月16日，康佳首届董事局工作会议上，梁荣就将2001年定为康佳的战略转型年，大力发展彩电、通信、信息“3C”产品。康佳战略转型的总目标，是通过产品结构、产业结构的升级转型和培育发展新的高技术产品，使康佳迅速实现向高科技企业的转化，成为具有强大核心竞争力和综合竞争优势的高科技型跨国企业。“转型是必要的，更是紧迫的，为了康佳持续而健康的发展,我们必须转型。和以往相比,我们不再单纯追求量的扩张和粗放式发展,而是保持一个合理的规模、适当的速度和可观的效益”。

梁荣表示:“康佳的战略转型包括三个方面:一是现有战略业务的产业技术升级。就彩电产品而言,一方面收缩现有技术含量相对较低的产品,降低传统模拟彩电业务在康佳总体中所占的比例,通过大力发展数字电视及相关业务,促使传统彩电业务尽快升级,确保康佳在彩电行业的技术领先优势。另一方面,充分发挥技术创新优势,研制开发满足不同市场需求的高附加值视听产品,通过个性化产品和差异化的创新经营,为企业赢得相对较高的利润水平。移动通信方面,加大对现有手机生产线的技术改造和手机产品开发的技术投入,推出适合不同消费需求的新技术新功能产品。二是致力于网络产品和新型显示器产品的研发,使之成为康佳继彩电、移动通讯之后新的产业和新的利润增长点。三是企业的经营由原来以规模和市场份额为重心转向以效益和利润为轴心。以差异化产品和抢占细分市场来达到合理的利润水平,提高投资收益率。”

梁荣认为,康佳当初的成功归功于专业化,在资源并不丰富的时候,集中资源将彩电做大。但任何产品、任何产业,都是有一个周期的。随着彩电行业的成熟,如果康佳还只是生产彩电的话,就没有办法进一步发展。

2001年1、2月,康佳7款“情义通”、新推出的“晓雪5218”手机销售了10万部,2月份单月超过5万部,令康佳管理层大受鼓舞。康佳已经计划在东莞扩建12万平米厂房来做中国最大的彩电生产基地,将彩电生产线迁出深圳,腾出来的产房作为第三条手机生产线的生产基地。手机市场的利好让康佳看到希望,把原计划年底前才投资的第三条生产线提前半年投产。

这一年康佳在彩电方面消化大量的低端产品,处理库存150万台,计提跌价损失约3.8亿元。康佳的“清仓甩卖”使其损失惨重,平均每台彩电净亏达200元左右,使康佳当年亏损了7个亿。但梁荣再三表示,明年调整到位后,康佳会更好一些。梁荣的目标是三五年内使康佳成为具有国际竞争优势的家电、移动通信产品和网络产品的全球供应商,所追求的三者最完美比例是6:3:1。

2002年4月26日,康佳董事会公告,去年6月上任的总裁梁荣离任,现调华侨城集团任职,总裁改由集团原常务副总裁侯松容担任。侯松容在任职前曾于2001年2月份自华侨城集团旗下另一子公司调任康佳集团任常务副总,在康佳董事会主要是代表康佳“大股东”华侨城集团。侯松容上任后,经过深入思考,决定调整企业战略,由“收缩和调整”明确转变为“发展和提升”,把发展和提升作为企业各项工作的主旋律。侯松容说:“我当时认真分析了康佳的走势认为,康佳面临两方面的挑战:一是短期的、战术性的,那就是在2002年实现扭亏为盈。二是长期的、战略性的。一方面是实现彩电业技术升级和产业链的延展,另一方面是提升手机业务的核心竞争能力。对做到这两点我很有信心和把握。所以,在年报发布会上,我提出要确保在当年实现全年扭亏为盈。”

侯松容提出,彩电方面生产以高端产品突破和国际业务拓展占领市场。他提出了彩电的“高清战略”,指出高端产品是彩电未来的发展方向,不断优化产品结构,以产品结构的高端突破来高质量地提高市场占有率。同时,侯松容还针对海外市场提出了“走出去”的方针和大力发展OEM业务的思路,加大与国际著名品牌的合作。

针对康佳在手机领域的发展经验,为巩固康佳手机的市场地位,侯松容在手机业务实施了“彩屏先锋”的营销策略,在所有品牌中率先启动彩屏手机市场,以彩屏手机作为抢占市场的突破口,大大缩小了彩屏手机与黑白屏手机的价格差距,实现了以彩屏手机对黑白屏手机的“错位打击”。

侯松容还进行了激励机制改革,针对管理干部、营销人员和研发骨干分别推行了“奖金池”、项目奖等不同的激励方案,目的是让员工分享到企业发展的成功。

2002年6月28日,康佳投资6亿元在东莞建成了沿海最大的视听产品制造基地,使康佳具备了年产400万台高清电视的生产能力,包括液晶、背投、等离子及数字电视。

2002年8月,“康佳亿元形象工程”正式启动。康佳集团计划投入1亿元,进行企业品牌形象的整合提升。“康佳亿元形象工程”包括:更新维护终端形象,对各经销店进行全面更新;加大高端产品的研发推广力度,将液晶电视等高端产品推向市场;在大城市投放大型户外广告;拍摄电视形象片,投资参与影视作品的制作播映。

2002年9月,康佳在深圳推出了一款彩屏手机C688,号称是市面上最薄的彩屏机。而仅隔半个月之后,康佳又再次推出了三款新机,包括市场上最酷的“黑屏”概念手机的R6188和最大屏幕的彩屏手机C699,显示了其超高速发展手机终端产品的实力。2002年9月9日~17日,以“造就世界品牌,与您分享未来”为主题的2002年康佳集团新品推介神州行活动在全国举行。在发布会上,康佳集团向外界发布了包括等离子电视、逐行扫描背投电视、数字电视、彩屏手机和平板电脑在内的20多款高科技新品。

2002年,康佳手机实现了“健康出行”,上半年的产销量同比增长了106.1%和114.2%,在全国的市场销量达到200万台,较上年翻了两番。2002年,康佳全年完成销售收入80亿元,同比增长了20%,实现了扭亏为盈。

2003年3月,康佳斥巨资聘请国际影星张曼玉出任康佳品牌形象代言人,为康佳的彩电和手机两大产品拍摄多个广告片,还将邀请张曼玉拍摄公益性广告。4月28日,康佳集团在深圳召开新闻发布会,国际著名导演王家卫、杜可风、张叔平联袂打造康佳张曼玉电视广告片。2003年8月29日,康佳集团总裁侯松容与张曼玉共同在深圳宝安机场一起为“康佳号”飞机举行剪彩启航仪式。

围绕背投与等离子彩电的大战,2003年的中国彩电市场出现了三种发展路线,这三种路线分别是以长虹的背投彩电为代表的超大屏幕替代路线;以海尔的高清晰彩电为代表的CRT清晰度提升路线;以TCL的等离子彩电为代表的新显示路线。而康佳在2003年初表达了一种新的彩电发展方向:用DSP数字超微点阵技术来统一目前不同技术类型的彩电。彩电技术专家们认为,康佳的发展方向改变了目前中国彩电企业的竞争模式,堪称第四种路线。

康佳第四种路线的核心是高清电视的核心显像技术之一:DSP数字超微点阵技术,这是康佳科研人员在长期研究的基础上成功研发出来的。与传统的电视显像技术相比,DSP具有高清晰度、超百万像素处理、逐点优化和数字点阵显像四大优势,实现了从彩电传统的以“行”为基础的模拟扫描方式向以“点”为基础的数字显示技术的重大突破。采用这一技术后,彩电画面的像素数量、密度要比传统彩电高出2至2.5倍,最高可达200万像素,远远高于传统彩电的40万至50万,使彩电图像更加清晰、细腻、逼真。

从2003年3月起,康佳彩电的市场占有率稳定在18%,高清战略的实施更使康佳液晶电视在高端电视领域领先于国际厂商。康佳已经拥有了300多个国内彩电和手机销售分公司、经营部,并建立了7000多个稳定的经销点和3000多个特约维修点,产品远销澳大利亚、印尼、印度、俄罗斯、南美、北美及中东等60多个国家和地区。2003年,康佳全年实现销售收入128亿元,同比增长60%,比2001年增长了近一倍,其中康佳手机销量达到600万台,彩电销售约900万台。据中怡康和赛诺等权威中介机构统计:从2003年3月起,康佳彩电的国内零售市场占有率已连续占据行业第一位,康佳液晶电视更以超过30%的市场占有率名列液晶电视市场第一名;康佳手机也已进入国产手机品牌三甲和国内手机市场五强的行列。

2004年6月28日康佳在安徽滁州经济技术开发区——"安徽康佳工业园",宣布其安徽平板基地一期工程建成投产,新上的三条生产线可年产高清电视120万台,全面提升了康佳集团高端产品制造能力和市场竞争优势。康佳多媒体事业部总经理匡宇斌强调,由康佳集团自行研发和设计的安康平板生产线,是目前国内自动化程度最高、产量最大的平板生产线,处于国内彩电制造业领先水平。

2004年11月2日,康佳高调推出了两款平板旗舰产品——国产品牌最大尺寸的55英寸液晶电视和76英寸等离子电视构成的"平板双雄"。同时,康佳还展出了全线平板电视阵容,包括运用了DSP2技术的1080P顶级高清电视、集成了多种媒体播放功能的娱乐高清电视、带有"概念"性质的"无线高清"液晶电视、富有时尚生活气息的"艺术液晶电视"和超豪华的平板电视等。无论是无线高清电视还是艺术电视,特别是高清娱乐电视的推出,都体现了一种"自在、自由、自我"的生活理念。康佳的经销商强化了这样的认识:"康佳已经在走一条更加个性化、娱乐化和时尚化的高端路线。"

侯松容高度重视技术创新,积极倡导并推进研发体制改革。他引进并实施了被IBM等全球领先IT企业广泛应用的集成化产品研发管理体制,即IPD。这种集成化的产品研发管理体制由IBM始创,并被全球领先的高科技企业广泛采用。IPD研发体系的引进和推行,重点强调紧密围绕市场需求进行产品研发,促进了康佳的基础技术积累,提长了新产品的研发效率。

康佳国际化已被提到了企业的战略层面上:首先走出去占领海外市场,充分利用制造优势,发掘自身采购和产能的规模优势,积累国际化经营经验。近年来,康佳产品已销往澳大利亚、印尼、印度、俄罗斯、南美、北美及中东等80多个国家和地区,居国内前列。康佳多媒体事业部总经理匡宇斌将康佳的国际化途径概括为五种:第一,战略合作,在全球针对每个市场板块寻找机会进行战略合作,借助合作方的资源以及康佳的优势进行整合,达到强强合作的可能;第二,进行自有品牌出口的同时,加大OEM的出货量;第三,包括并购在内的资本运作;第四,做自有品牌,在市场容量200万台以内的国家发展自有品牌;第五,建设海外基地,布局全球供应链,并避开部分国家的贸易壁垒。这5种途径英文单词的字头组合,构成了康佳国际化的COMBO模式。按照康佳集团的发展计划,未来两年至三年内,康佳视听产品的外销比例将达40%~50%并由此形成康佳独有的海外发展模式——COMBO模式。

但2005年康佳业绩出现下滑,康佳半年报显示,上半年康佳销售收入同比下降20.44%,净利润下降45.04%(2334.84万元)。半年报中的"最暗点"是手机业务,上半年康佳手机销售量仅维持在100万~150万部,实现销售收入8.88亿元,同比下降57.35%并出现较大亏损,已跌出国产手机第一阵营。彩电业务同样不乐观，上半年国内彩电销售下降6.61%，海外市场增长13%，但利润有较大下降，使康佳彩电已跌出传统四强的行列。

联想的过去、现在与未来

联想集团在1984年柳传志白手起家时，是一家规模不大的制造公司，从代理别家品牌到1990年战略转向，创建自有品牌；从1994年组建电脑事业部到2000年规划自己的两大远景目标；从2000年杨元庆开始接掌联想集团，亲手拟定多元化与国际化的战略走向，试图挣脱纯粹电脑制造商的身份束缚，蜕变成业务多元、跨海漂洋的技术类企业，先后进军技术服务、信息家电、通讯设备等领域，到今天已经发展成为一家在信息产业内多元化发展的大型企业集团。联想的总部设在纽约的Purchase，同时在中国北京和美国北卡罗莱纳州的罗利设立两个主要运营中心，通过联想自己的销售机构、联想业务合作伙伴以及与IBM的联盟，新联想的销售网络遍及全世界。目前联想在全球有19000多名员工，研发中心分布在中国的北京、深圳、厦门、成都和上海，日本的东京以及美国北卡罗莱纳州的罗利。

1984年，柳传志带领的10名中国计算机科技人员前瞻性地认识到，PC必将改变人们的工作和生活。11月1日由中科院计算所投资20万元人民币，11名科技人员创办的联想集团前身——中国科学院计算所新技术发展公司成立。在成立之初提出了“信誉和效率”的口号，其标榜的任务为“开发推广国外先进的计算机技术和计算所的科研成果，培养和造就一批掌握先进计算机科学技术的人才，促进我国计算机事业的发展，为社会主义四化建设贡献力量”。

1988年6月23日，香港联想电脑有限公司（计算所公司与香港导远公司、中国技术转让公司合资）成立。联想香港公司的建立是因为有了想制作自己品牌计算机的想法。但当时中国还处于计划经济时代，有关部门觉得国内已经有了上百条PC生产线，不会再轻易将生产批文批给一个计划外企业，所以联想当时无论如何也拿不到PC生产批文。在这种情况下，联想只有到香港去建立一家公司。

1990年前后，国家有关部门领导出国访问时知道了联想的情况，就给了联想在国内生产PC的批文。这样联想从1990年以后才回到国内市场，开始创建联想自己的品牌电脑。但在1993年，国家开放国内PC市场的时候，国内厂家被打得溃不成军，联想也第一次没有完成自己定下的销售3万台PC的任务。

1994年初，联想开了三个月的会，认真讨论研究到底在中国计算机产业还能不能做，跟国外厂商比有没有优势。柳传志总结出2003年联想“打败仗”的原因之一是和当年国外计算机厂商大兵压境等因素有关，另外一个原因也是与当时核心领导层年龄结构老化、反应迟缓有直接关系。但最终研究的结果是要把这个仗打到底，因为他认为联想具有本土优势。

那一年，联想对公司的组织架构、业务模式进行了逐项检查和彻底调整，并且大胆启用新人。柳传志找来当时集团CAD部总经理、年方29岁的杨元庆，力劝他以公司利益为重，放弃出国的念头。1994年3月19日，联想集团成立微机事业部，杨元庆出任总经理。他上任以后，以市场为导向，改变管理体制，精简人员，改直销为分销，扭转了联想微机的局势。到1995年，第10万台联想PC诞生，国家质量技术监督局公布了对联想PC的抽检结果，各项指标均达到优等品标准，联想PC被评为"当代青年心目中的中国名牌"，首次成为中国市场占有率第一的PC品牌。

1996年之前，联想一直主攻台式机市场，同时给东芝笔记本作独家总代理，在代理的一年时间内，联想就将东芝笔记本在国内从不到1%的占有率做到了8%，1996年第一、二季度，销量还冲到了第一名。柳传志终于下定决心来做自有品牌的笔记本电脑。1996年8月28日，联想电脑推出了联想第一台也是中国大陆第一台自有品牌的笔记本电脑。与此同时，联想发动了一场"万元奔腾"的促销行动并连续四次降价，使联想首次超越国外品牌，市场占有率位居国内市场第一并连续6年稳居榜首，奠定了在国内PC市场的稳固地位。

1998年3月联想软件事业部正式成立，前身是联想电脑公司研发部软件中心，负责联想电脑随机软件的开发和服务。

1999年7月，联想全线推出自己的品牌网络信息产品，涉及包括路由器、网管软件、网络安全产品、交换机、集成器、网卡等系列网络信息产品在内的领域。同时联想与CA合资成立的联想冠群公司推出面向Internet和电子商务开发的平台——"问题"，提供面向对象、功能强大的新一代应用系统开发运行环境。1999年10月，联想积极推出适合中国国情的电子商务解决方案——联想Call Center，这是联想全面进军电子商务的序幕。

1999年，联想软件事业部专门成立了一个调频处，专门从事网站建设。结果没费太多力气就建成了"幸福调频"网站，这大大增强了联想高层建立大型门户网站的信心。

1999年11月24日，联想在北京推出天禧家用电脑，首开国内因特网电脑的先河。这款产品不论在外观还是内部结构上都有重大创新，更因为捆绑了FM365信息服务而重塑了PC的概念。作为一台以最大程度方便中国普通用户接入Internet为主要定位的家用电脑产品，天禧的推出标志联想已经把PC从"个人电脑"(Personal Computer)升华为"门户电脑"(Portal Computer)。天禧家用电脑掀起了互联网热潮，截至1999年底突破百万大关，销量为117万台，更以8.5%的市场占有率荣登亚太市场PC销量榜首，世界排名第11位。

2000年上半年，联想集团与友讯科技股份有限公司共同注资1亿港元成立联想网络公司，双方分别占57%和43%的股份，当时合资公司由郭为任董事长。合资公司重新整合了联想网络和友讯集团的渠道，两岸三方(D-Link、原联想科技网络二部、三部)共同推出联合品牌——联想D-Link，全面开拓网络产品市场。

在2000年联想誓师大会上，柳传志向杨元庆、郭为两位少帅分别授予了大旗，联想集团分拆之事浮出水面。2000年4月，联想将业务分为互联网相关业务及电子商务相关服务两个方向，并以此为导向，分拆重组为新的联想集团和神州数码集团，联想网络公司中联想集团所占57%的股份被悉数划归到神州数码手中成立神州数码网络有限公司，联合品牌也更换为神州数码D-Link。现在的联想网络是联想集团在2003年通过收购一家网络设备生产商而成立的，公司总部位于深圳，从事交换机等网络设备的生产。

2000年4月12日，全国十几个重点城市铺天盖地地挂满了让人看不懂的广告：偶像派歌星谢霆锋的巨幅侧面像，旁边一行小字"4月18日谁令我心动？"4月18日一大早，全国主要城市的主要路牌广告赫然变成了"真情互动——联想FM365.com"，谢霆锋图像也由侧身变成正面。这一天FM365网站正式开通，它的标准表述就是"调频生活每一天"。"调频"英文表示就是FM，"每一天"就是365。联想电脑当时的设计理念就是希望上网能够像听收音机一样，旋转一下旋钮就成了。

"用最红的人，做最红的广告，1年烧1亿钞票，3年做成中国最红的互联网站。"这是联想FM365当年创办时的豪言壮语。在FM365刚刚推出不久，杨元庆曾对它的定位作过一个简单的阐述。他说，FM365首要的目的是服务好客户，使联想PC增值。"我们就是希望能够组织到用户最想要的、在某一个领域里面做得最好的内容"，让它成为"PC的封面"、"PC的一个部件"。联想当时的目标是在一年之内把FM365网站做成国内行业中的前三位，进入第一方阵。柳传志表示："FM365网站的正式推出，是联想由信息产品技术向网络技术和信息服务全面转型的标志，联想将成为一个全面的因特网服务公司。"据媒体报道，浏览量当日提升100%以上，一个月后日访问量已超过200万，开始跻身于国内一流网站行列。当天联想股价以10元开盘，最高价10.50元，以9.35元收盘，成交量64,691,600。

2000年10月24日，联想发布了面向中小企业信息化建设的一对一的IT应用服务品牌"IT 1 for 1(www. it 141. net)"。该品牌主要是针对中小企业IT市场进行的业务拓展，它大大简化了中小企业实施IT和信息化的难度，而且是从单纯的技术和产品导向，向产品和服务并重的方向转移。联想在发布会上首次全方位地定义了IT服务的完整内涵：从售前的咨询(Consulting)，提供易实施、模组化的方案(Solution)，到方案的实施(Implementation)，直至售后的运营维护(Operation)、系统化设计、一条龙服务。

2000年12月，联想出资5000万元人民币，以50%的股份投入，与新东方合资成立联东伟业公司，共同建立新东方教育在线(www. TOL24. com/TOL24. FM365. com)。当时联想认为，无论从技术可行性还是用户需求上，教育、财经、旅游等业务更具有发展潜力，联想重点发展的信息服务垂直领域也集中在这几方面。此前，联想还曾与北大附中合作建设远程教育网。2001年，杨元庆在回答媒体关于联想互联网战略的时候，说过如下一段话："联想发展互联网业务是为了配合核心业务的发展，互联网服务能够使联想电脑产品增值，而且能进一步扩大客户基础，随着互联网应用在中国的快速发展，用户需要更方便的上网工具，更有价值的终端产品。应该说互联网的发展为联想提供了新的机会。未来所有的公司都会跟互联网以及电子商务联系在一起，但各自承担的角色将是不同的。对于联想电脑公司来说，主要的客户群有两块，一块是家庭或个人用户，另一块是企业。针对家庭个人，从过去单纯为之提供PC转为提供多种互联网的接入设备，使他们得以随时随地通过互联网获取想要的信息或服务。在这个基础上，扩展接入服务及各类信息服务，使得用户在购买PC或者其他的接入设备时，感到非常实用，感到联想的确能够给他的生活和工作带来极大方便。针对企业，提供整体的网络建设，包括全套的IT服务，帮助企业建立起自己的IT系统，不仅仅是卖给他硬件产品，也不仅仅是帮他搭建硬件的网络基础设施，而且要帮助企业实现应用。"

2001年3月12日，联想昭阳新款笔记本电脑——70/81系列隆重上市，它是中国大陆第一款拥有自主知识产权的笔记本电脑，拥有20余项笔记本电脑专利。2001年4月20日，联想集团在新世纪的第一个誓师大会上全面阐述了今后3年的发展方向和战略规划，开始了多元化的扩张。联想集团总裁兼CEO杨元庆在题为“新世纪、新战略、新征程”的主题报告中指出，联想制定战略的基本原则是满足客户需求，将以因特网为核心，全面客户导向为原则，满足家庭、个人、中小企业、大行业大企业四类客户的需求，提供有针对性的信息产品和服务。为此，联想对自身的组织架构进行了改革和调整，在原有的以产品线划分的事业部体制上划分出了消费IT、企业IT、IT服务、手持设备、信息运营、部件/合同制造等六大业务群组，并制定了七条战略路线。杨元庆指出，未来的联想将是“高科技的联想、服务的联想、国际化的联想。”当时联想为自己设定的目标是，IT服务业务三年后将占总营业额的10%左右。“联想要用三年的时间，以IBM为榜样，成为国内IT服务业的重量级企业，业务收入达到今天IBM的水平（当时IBM在中国的IT服务收入占总营收的20%以上）。”

2001年6月，联想和曾是AOL时代华纳集团的全资子公司——AOL宣布成立合资公司，双方分别占51%及49%的股权，同时承诺分别分阶段投资约1亿美元。而联想要投入的1亿美元包括目前的FM365所有人员及设备包括服务器、计算机设备及软件等，也就是说，除了FM365外，联想不会再有大笔资金注入合资公司。

同年8月，联想集团隆重召开了主题为“开启商用电脑新纪元”的新策略暨新产品发布会，正式发布了联想开天系列企业网商用电脑，定位于政府、大企业和行业领域的应用并提出了面向未来的商用电脑新标准——全三维品质，联想原有的奔月、逐日及双子系列商用电脑将全部切换为开天系列商用电脑。

2001年8月28日，联想与华凌空调公司建设ERP项目正式签字，联想签下了在IT服务领域的第一单。当时的设想是联想负责系统前期的营运维护，获得300万元报酬。这区区300万元的签字仪式，联想总裁兼CEO杨元庆却亲自到场，“这是联想向服务转型的一个成功开始”，杨元庆表示，“从整个IT业发展来看，一个单纯做硬件的企业价值在削弱，PC的利润在逐年下降，IT服务的利润比PC更大。”

2001年9月21日与香港丰泽电器合作，在香港市场推出其首部家用电脑。丰泽为和记黄埔有限公司属下的零售业务，代理多个国际级电器及电子品牌，在香港拥有超过50家分店，主导本港的电器市场。联想电脑通过丰泽电器完善的销售网，在短时间内接触到香港庞大的消费群。但是，香港作为高科技主导的国际城市，家用电脑市场的竞争非常激烈，当时香港电脑市场的领导品牌是IBM、康柏及戴尔。

2001年10月30日，联想正式裁员。在联想公布的10%裁员计划中，FM365所占的比例为30%。11月2日，联想集团就集团与FM365网站近期进行人员优化调整发表声明。声明称，联想集团每年都会进行末位淘汰和人员优化，但是由于今年整个IT行业处于不景气状态，联想集团为保证发展的竞争力，降低成本，决定将人员优化比例从原来的5%提高到10%，并且在半年集中一次。声明中单独指出，每个部门的裁人比例不同，其中FM365的比例为30%。根据FM365员工的描述，FM365员工被AOL考官挨个拉去面试，面试不合格者另谋生路，除了客服部保留，其他部门均被裁员。FM365鼎盛时期曾有250人，直到大规模裁员前仍有近200人，裁员后只留下20多人。联想方面对裁员的解释是，“FM365与AOL的合作进展顺利，但原来的业务模式与今后的有所不同，为了未来业务有更好的发展而做好准备，FM365的人员需要有所调整”。另据媒体报道,AOL要自带咨询公司对FM365重新进行CI（企业形象设计),而FM365的牌子也要改,“现实情况是,FM365或将不存”。

在2002年的上海亚太城市信息化论坛，杨元庆再次对互联网发表看法，甚至提出“PIPES”理念。“PIPES”理念是联想为互联网应用设计的一个全新模式,用一句话概括,就是“以主动的方式,无缝地整合网络有效资源,为用户提供高效、贴切的服务”。“PIPES”意味着主动的互联网服务(Proactive Service)、整合的互联网服务(Integrated Service)、贴切的互联网服务(Proper Service)、高效的互联网服务(Effective Service)、无缝的互联网服务(Seamless Service)。

在2001—2002年联想实施了数起较大规模的并购行动,想要提升自己在咨询、软件方面的不足,逐步形成IBM那种由咨询方案软体带动PC硬件的IT服务模式。2002年3月,联想宣布以港币5500万元现金加上联想企业IT咨询业务并购汉普咨询。汉普创立于1997年,其业务重点在BPR等业务流程范畴。而被联想收购后,“联想汉普”的定位将更多围绕联想IT服务的大局展开,这使得其业务重点向管理咨询的IT后端滑落。

当年4月,联想宣布投入现金人民币2333万元收购智软计算开发有限公司,成立联想智软计算机科技有限公司,联想占该公司70%股权。总部设于广州的智软成立于1997年,一直专注于金融保险和钢铁、汽车等行业的IT服务。用联想智软公司总裁的话说就是“结合智软原有优势和联想雄厚的经济实力及强大的品牌优势，联想智软公司今后将为保险行业客户提供专业管理、业务咨询、系统开发、系统集成全方位的一体化专业服务,最终成为中国保险业最优秀的IT解决方案供应商”。同年12月,联想以6000万元收购中望系统有限公司,成立联想中望系统服务有限公司。联想中望将IT服务的定位设定在:成为中国电信运营商获取全球最佳实践的桥梁,成为中国电信IT服务市场的引领者和塑造者。

2001年8月,联想集团购并深圳赢时通网站,涉及金额达3537万美元,联想凭借40%的股份占有率成为该公司的单一最大股东。赢时通是深圳讯凌于1999年推出的,当时,互联网热潮刚刚兴起,资本市场一片看好。当时的赢时通有个逐步发展的电子交易平台,在20多个城市的100多家证券营业部开通证券交易系统,它还提出移动电子商务概念,凭借这100多家交易平台向生活类移动电子商务网站发展,包括酒店、旅游等。

2002年6月19日,联想在与赢时通合作一年后宣告失败,亏损超过2亿港元。自从联想入主赢时通之后,其业务主要有两块:一块是网站,基本上不赚钱,还有一块是与证券公司合作收取证券交易佣金。但后一部分业务其实就是通过向客户赠送电脑、PDA、手机等设备吸引客户到营业部,然后与券商按一定比例分取手续费。说是手机炒股,实际上只是个概念,至于网上炒股则更少。有人做过测算:一个手机回收周期至少要半年,而证券交易的手续费一般是3.5‰,赢时通与券商的分成比例最多也就是一半对一半,这样算下来,整个业务并不赚钱。

2002年联想从新东方集团撤资,联想从当初出资的5000万元中撤出4000万元,在新东方集团下属公司新东方教育在线中占有的股份,也从当初的50%降至10%。

2002年12月3~7日,以“关联应用战略”为主题,联想2002技术创新大会(Legend World 2002)在北京联想新大厦举行。“今天召开的Legend World 2002大会,是联想科技发展中一个阶段性标志,标志着联想在产品技术上已经取得了实质性的进展,标志着联想在科研开发方面将向一个新的阶段发起冲击,标志着联想将最终成为一个技术驱动型的企业。"联想集团董事局主席柳传志为联想"为什么做技术,如何发展技术"定下了基调。

2003年4月28日,联想集团改换了它沿用15年的标识,由"Legend"换成"Lenovo",并对其进行了全球注册。这是由于,联想原来使用的"Legend"在一些国家早已被其它公司注册。联想产品如要进入海外市场,就无法使用"Legend"这一标识进行统一的销售及市场推广。在更换标识的同时,联想开始与个人电脑国际巨头IBM秘密接触。

联想换标后把原来的笔记本产品线也进行了整合细分,分为商用"昭阳"和家用"天逸"两个大类型,编号也重新进行了调整,形成了"X、E、A、S、Y"五个型号。但联想在更改标识后的半年中未有大型的后续行动,尤其在其多年苦心经营的PC业务方面,并没有推出新系列或新技术的产品作相应的配合,以巩固及打造其新品牌。以新品牌"Lenovo"推出的联想手机只局限于在国内市场销售,始终未曾大规模地在海外市场推介产品。

2003年7月15日,Extreme Networks(美国极进网络公司)与联想正式达成战略联盟,强强联手进军网络市场。两家公司在技术、产品、市场、服务、渠道等方面均有各自的优势,将在中国建立最具竞争实力的网络供应商联盟。Extreme是美国上市公司,专注于新一代的以太网技术,是通向下一代网络的万兆以太网、IPv6路由交换等前端技术的开创者和主要的标准制定者。作为全球领先的宽带网络基础架构的产品供应商,Extreme已经在全球204个国家构建了3000多个企业级和电信级网络,如可口可乐、中国电信、洛克马丁航空公司、微软、西门子等等都是其客户。

2003年8月13日,联想科技巡展以联想"关联应用"技术战略为核心,通过主题峰会、嘉宾论坛、现场演示等多种形式,全方位展示行业精英对中国信息化建设的深刻理解和联想"关联应用"战略的最新成果。主题会上,杨元庆现身说法,使用现场摆放的笔记本、投影仪、手机、电视等信息设备,与同事一起亲自展示了联想在关联个人信息终端的技术成果,这些设备能够自动发现、主动联接,并相互开放功能,手机上的彩信和图片即时在电脑和电视、投影仪生动显现,并能调用电脑上的音乐随意选择终端设备进行播放,掌上电脑则控制着笔记本实现投影和打印……杨元庆声情并茂、新颖独特的演示赢得了在场者的阵阵掌声。2003年8月14日,联想集团科技巡展成都站的一大主题"无线互联——助飞企业信息化"笔记本无线论坛隆重举行。联想集团有限公司笔记本事业部向200多名来自于重点地市州经销商、教育、政府等行业客户展现了迅驰技术的无线网络应用的魅力和联想无线互联解决方案的应用。

2003年8月14日,联想展开了以"联想网御安全动力"为主题的联想IT服务信息安全全国巡展活动,此次巡展历时两个月,足迹遍及全国三十六个城市。在巡展中,联想隆重推出了自主研发设计的5大类12个系列的信息安全产品,并首次发布了体现全新信息安全理念、拥有自主知识产权的安全管理平台。

2003年IBM再次向联想抛出橄榄枝——愿将IBMPC业务出让。据柳传志回忆,"早在2000年IBM的人就到北京跟杨元庆谈过收购事宜,当杨元庆跟我谈过以后,主要是我没有多加考虑就把这个事枪毙了。因为当时把难度和风险看得比今天要大得多,认为这是要命的事。"被联想拒绝以后,IBM也曾试图寻找其他买家。虽然有消息透露,和IBM有过亲密接触的是一家来自华尔街的基金公司,但有外电指出,东芝也曾考虑参与收购。而IBM最初也曾考虑将PC业务卖给日本企业,如东芝,主要是考虑出让后企业内部的磨合会相对较小。但是,后来由于长城电脑与IBM之间的协议使得IBM的PC业务出售事宜被搁置。2001年IBM个人PC业务亏损近4亿美元,2002年亏损1.71亿美元,2003年亏损2.58亿美元。在这种情况下,IBM急欲甩掉其PC业务,于是事隔三年之后,再次向联想提出出让之事。

柳传志在接受记者专访时说,"当第二次提起来的时候,我就着实紧张了,尤其越来越接近拍板要做的时候紧张得晚上睡不着觉。"2003年11月,联想正式组成了一个四五个人的谈判队伍飞往美国,与IBM进行了第一次接触。此时的联想虽然顶着亚洲出货第一(日本除外)之名,但实际上正腹背受敌:一方面是国内PC中低端市场日趋饱和,且上面受戴尔、惠普的强力挤压,下面被国内中小品牌乃至攒机厂商攻城掠地;另一方面,由于品牌缺乏国际知名度,联想始终难以分羹海外低端市场。

从2003年11月到2004年5月被看作是联想和IBM谈判的第一个阶段,联想谈判小组的主要工作是了解对方情况和提出有关收购的商业方案。联想考虑了三大收购风险:第一,IBM原有客户听说业务被联想收购后还会继续买这个产品吗?第二,IBMPC业务的一万多名员工都以作为IBM的员工而自豪,那么今后他们会放弃联想吗?第三,两家公司的企业文化和管理能很好地融合吗?按照柳传志的说法,当时联想的核心层经过仔细地研究,结论一致:风险是可控的。"比如第一个风险,我们在18个月内还是可以用IBM的品牌,18个月后我们会采用IBM和联想的双品牌,到5年后再打联想的品牌。而联想新CEO还是原来的主管,员工也没有换,对于客户来说,这些风险可以控制。对于第二个风险,我们调查后发现,IBM员工还是愿意从IBM离开进入到一家新的公司。"柳传志告诉记者,在实质性的谈判前,联想找了不少IBM的员工谈话,发现只要收购后联想会以国际化的心态去管理公司,IBM的员工也会很愿意接受联想。

2004年2月18日,杨元庆在自己的"新三年施政纲领"中明确提出了二元化发展战略:"PC及手机业务,亏损的业务则渐渐被剥离。"确立了其"紧缩多元化,重新专注PC领域"战略,并从组织上将海外业务单独成立事业部。杨元庆说:"PC作为核心业务,其回报源源不断,是我们营收、利润和核心竞争力的源泉,如果没有这个源头,整个联想都会面临很大风险,就更不用谈发展新业务、孵化种子业务了。"

2004年3月26日,联想集团作为第一家中国企业与国际奥委会签署合作协议成为国际奥委会全球合作伙伴。联想集团将在未来四年内(2005—2008)为2006年都灵冬季奥运会和2008年北京奥运会以及世界200多个国家和地区的奥委会及奥运代表团独家提供台式电脑、笔记本、服务器、打印机等计算技术设备以及资金和技术上的支持。

随着联想新战略的公布,IT服务被划成为第三类业务。2004年7月28日,联想以股权置换的方式作价3亿将IT服务业务彻底出售给亚信科技。实际上联想自2002年进军IT服务后,在该新业务领域一直亏损:2002年亏损6140.5万元人民币,2003年亏损了5800.9万元人民币,而在2004年,仅上半年度便亏损了4040万元人民币。

2004年5月,联想方面拿出了关于并购IBMPC业务的初步商业方案,其中包括收购范围、收购价格、支付方式、合作方式,谈判进入到最艰苦的实质性阶段。6月到10月,双方在各个问题上进行谈判,其中首要的问题就是价格。12月6日,长达13个月的谈判最终进入冲刺阶段。当天早晨,联想向香港联交所递交了有关收购IBMPC业务的申请。柳传志称,此时联想集团上下都很紧张:“2003年11月份开始和IBM谈判的时候,IBM曾经规定, 如果联想走漏了消息并证实了的话,就立刻终止谈判。而香港联交所又规定当他们进行询问时必须加以证实。这就让我们很为难。”

2004年12月8日,柳传志代表联想集团向各界宣布,联想集团以12.5亿美元收购了IBM个人电脑事业部, 原CEO杨元庆接任董事长,CEO一职由IBM高管Stephen M. Ward, Jr.(史蒂芬·沃德) 接任。新的联想集团在5年内有权根据有关协议使用IBM品牌, 并完全获得了THINK商标和相关技术。联想收购的是IBM全球的台式电脑和笔记本电脑的全部业务,包括研发、采购、生产、销售。2003年,IBMPC业务销售额达到120亿美元,联想收购后,其海外业务收入将由不足2%跃升至81%,其PC业务将位列全球第三。为了保持团队的稳定,原联想与IBM员工维持原状不变,18个月之后开始真正整合,5年后整合完毕。在整合阶段,新联想必须整合三个方面:供应、销售渠道和在海外发展新业务。

2004年12月7日,戴尔公司主席迈克尔·戴尔抛出“并购失败论”——认为中国的联想收购IBM公司PC部门的交易将与业界的其它合并交易相似, 可能逃不出业界其它许多合并案的命运:两家不同的公司整合失败。戴尔说,我们不十分赞成收购其它厂商并进行整合,你最后看到计算机产业界成功的收购和合并是什么时候的事儿了? 很长时间没有成功的收购或合并案了。戴尔还表示,他的公司对收购IBM公司的PC业务部门没有兴趣。

2005年2月,台湾惠普科技董事长何薇玲展现强势行销风格,趁IBM个人电脑被联想合并之际,率公司高层主管,亲自主持台湾区经销商会议,打出了“把IBM变不见了”及“连想(联想),都不用想”的商业广告,吸引200家经销商报名。面对媒体,她毫不含蓄地欢迎台湾IBM员工到惠普来上班。

2005年3月底至4月初,戴尔中国针对高档写字楼投放了一则楼宇电视广告,在这则广告中:售货小姐递出一支冰激凌,一位体型偏胖的人士被定义为渠道商(中间商),他中途接过售货小姐的冰激凌,先舔了一口,然后再交给顾客。很多人指出,广告里的中年人显然是指PC企业的分销商,戴尔是在告诉消费者:“电脑在到你们手上之前,被分销商占了便宜。”而联想则拥有目前中国最庞大的PC分销商队伍。

2005年5月29日,一名美国戴尔销售人员煽动性的邮件被公布于众,“邮件门事件”引起广泛关注。这组邮件是戴尔美国中大西洋地区战术项目军队系统(销售)经理与其所公关的目标客户——一家总部在美国新泽西州的公司一位主管军队系统电脑采购的负责人之间的往来信件。该公司是一家系统集成和咨询公司,成立于1983年,公司的客户包括美国联邦政府以及很多美国军方客户。在该组信件中, 其中一份发出日期标注为4月27日下午8时12分(美国东部时间)的电子邮件中,这位名叫Chris的戴尔公司的销售人员称,“要知道,联想公司是一家中国政府控制的企业,最近刚刚收购IBM的个人电脑业务。尽管美国政府已经批准了联想的收购,大家必须明白一点,现在客户们每买一美元的IBM产品,都是直接支持和资助了中国政府。”戴尔这位销售人员在随后的一份邮件中进一步强调称,“IBM将个人电脑业务卖给了联想,而联想是一个中国政府控制的公司”。

截至2005年9月30日止，联想2005年第二季度业绩的财报显示，在收购IBMPC后，联想集团整体营业额及利润持续增长，纯利润为3.54亿港元，营收285亿港元，上升404%，个人电脑销量较去年同期增长13%。

格兰仕之变

格兰仕企业(集团)公司的前身是广东顺德桂洲羽绒制品厂,于1992年6月正式更名为格兰仕企业(集团)公司。1992年,格兰仕引进当时最先进的东芝微波炉生产线,在半年内建成投产。十年时间里,格兰仕的生产规模不断扩大,产量从投资建厂当年生产微波炉1万台到1996年增至60万台,1997年激增至接近200万台,目前已拥有全球最大的微波炉生产基地,年生产能力达1500万台。目前格兰仕垄断了国内60%、全球35%的市场份额,成为中国乃至全世界的"微波炉大王"。

在20世纪90年代初,中国轻纺工业特别是服装成品开始遭遇第一次行业大洗牌,品牌开始走向集中,门槛筑高,一些依赖服装加工和原材料低层次出口的企业开始重新寻找出路,这包括当时的格兰仕。1991年,格兰仕的创始人梁庆德意识到,羽绒服装及其他制品的出口前景不佳,转行势在必行。格兰仕所在地广东顺德及其周围地区已经是中国最大的家电生产基地,尤其是顺德,虽然只是离广州60多公里的一个农业县,但1992年,这里聚集了中国当时最大的冰箱厂(容声)、空调厂(华宝)、电风扇厂(美的)、电饭锅厂(爱德)、燃气热水器厂(神州、万家乐)。

经过市场调查,梁庆德初步选定家电业为新的经营领域。当时,所有这些产品都卖得热火朝天,供不应求,大家电的竞争较为激烈,格兰仕进一步决定以小家电为主攻方向。梁庆德经过调查发现,当时的众多家电产品中,唯有微波炉备受冷遇,品牌也多为外国品牌,市场容量非常有限(约为50万台)。而且微波炉放在家中只是一个摆设或被当成奢侈品,使用率很低。绝大多数人没有接受该产品,只当成可有可无的产品,有些人根本没有听说过。加上价格较贵,因而许多专家当时并不看好该产品。

在20世纪80年代中期,国内微波炉市场刚刚开始发展,生产企业只有4家,市场几乎被外国产品所垄断。当时许多人出国回来,可以购买免税进口家电,微波炉就算是1小件,价格在1600~3000元不等。主要品牌是松下、夏普和三菱等日本品牌。80年代末到90年代初,日本的这些微波炉生产厂家纷纷在国内建立合资企业,如夏普、三菱、松下都分别在上海建立了合资企业,日立在福建建立了合资企业。

梁庆德经过仔细的分析发现,在国外,微波炉行业于兴起于60年代,至90年代进入普及期,产品生产技术成熟。1990年世界微波炉产量为2254万台,但在90年代初的中国,虽然微波炉市场刚刚处于起步阶段,但随着大家电的普及和市民生活水平的提高及对便利生活的需求不断增长,微波炉市场将是一个基数小、增长速度快、潜力巨大的市场,市场前景非常诱人。他决定马上引进微波炉生产线。

梁庆德首先从上海无线电18厂聘请了5名微波炉高级工程师。以上海专家为主,格兰仕很快形成了一支技术人员队伍。然后,以创业10多年的资金积累,从日本东芝集团引进具有90年代先进水平的全自动生产线,并与其进行技术合作。

1992年6月广东顺德桂洲羽绒制品厂正式更名为格兰仕企业(集团)公司。当年9月,中外合资的格兰仕电器有限公司开始试产,第一台以"格兰仕"为品牌的微波炉正式诞生。考虑到上海消费观念比较开放,格兰仕就把目光锁定上海市场。格兰仕品牌的羽绒被在当时的海外和国内市场有一点名气,格兰仕员工去推销微波炉,每到一个地方,消费者都说格兰仕卖羽绒被可以,卖微波炉肯定不行。从商场营业员到柜台组长,格兰仕人一一做工作,最终没办法只好派出促销员。格兰仕人说,虽然他们做家电比较晚,但促销员制度却是格兰仕微波炉发明的,是被逼出来的。

1993年,格兰仕生产1万台微波炉正式投放市场。不足1万台的销量备受同行嘲笑,梁庆德一气之下,在厂区中央竖起一块硕大的"耻辱牌",把对手的攻击言词写在上面,"知耻而后勇"。

1994年"五一",格兰仕在上海推出了大降价。那时一台微波炉最便宜780多元,贵的则要几千元,格兰仕把微波炉价格调到最低499元,引起了轰动,上海一百、华联商场门口排起购买长队。到1994年上半年,格兰仕微波炉产销量刚刚突破3万台。但是这一年格兰仕遭受了巨大的考验:从紧的宏观经济政策导致商品购买力大幅度下降;珠江三角洲遇到百年来的特大洪水灾害,格兰仕厂区水深2.8米,不到10分钟,工厂没了。而就在5月,格兰仕才刚刚转制。

"业务不要停,销售部门的同事全部出去,"面对被洪水淹掉的厂区,梁庆德指挥着员工,"越是在这种困难的时候,我们的产品越不要受影响。能够尽量争取到客户支持的,就争取客户支持。"

梁庆德作出的第一个决定,是借钱给每位员工发了两个月工资,让他们自由选择,愿意留下的人就一起抗洪,不愿留下就先回去等工厂复工。结果没有一个人离开,"大家一致要求实行两班倒,每天工作12小时,机器24小时运转。"走出去的业务部员工,很快便带着收回的货款回来了。水退后3天,第一条生产线开工;3个月后,全面恢复生产。年底,格兰仕微波炉产销量突破10万台,跻身行业第一。同时,格兰仕集团推行股份制改革,集团骨干人员贷款购买公司股份成为公司的主要股东,并依照现代企业制度重组公司的治理结构并初步建立了一个遍布全国的销售网络。

1995年,格兰仕微波炉销售量达25万台,市场占有率为25%,第一次在中国市场占据第1位。

格兰仕在转向微波炉后就集中精力专做微波炉。用格兰仕副总经理俞尧昌的话说:"就格兰仕的实力而言,什么都干,则什么都完了,所以我们集中优势兵力于一点。"在格兰仕成长的十年里,集中一切资源只做一个品牌。据说,1995年放弃了一份几百万美元的羽绒制品订单。而且逐步将原来众多与微波炉无关的产业统统放弃掉,就连年利润800万元、出口3000万元的羽绒服产业也果断出售。

与此同时,梁庆德认识到:"在当时全国只有几十万台容量的狭窄市场上,企业要想有所作为,就必须进行大规模的消费引导,迅速扩充市场容量。中国的消费者是先入为主的,当多数中国老百姓还不知道微波炉为何物时,谁能在第一时间让他们接受,谁就是赢家。”因此,格兰仕发动了一场规模浩大的微波炉“启蒙运动”:联络全国150家新闻媒体,以合办栏目的方式,做豆腐块大小的知识窗,系统介绍微波炉的好处、选购、使用、菜谱、保养方法等。随后,格兰仕又组织国内专家编写微波炉系列丛书,免费赠送100多万册;精心制作数百万张微波炉知识光碟免费送给消费者。

1996年8月,格兰仕在全国掀起了大规模的降价风暴,当年降价40%。降价的结果使格兰仕销量大增,产量也跟着大增。格兰仕集团以全年产销量65万台的规模,占据中国市场的34.7%,部分地区和月份的市场占有率超过50%。

1996年开始,格兰仕微波炉也开始取得国际ISO9001、欧共体CE、美国UL、丹麦DEMKL、挪威NEMKO等“出国护照”,开始进军国际市场。当时日本的微波炉比欧美的微波炉便宜得多,欧美人骑虎难下。格兰仕马上前往谈判,答应变压器给欧洲人8美元一个,希望欧洲人将生产线转给格兰仕用。欧洲人一计算,无论如何做不到8美元一个的成本,何乐而不为?结果欧洲人获了利,格兰仕也不花一分钱获得了国际先进设备,双方整合后达到双赢。

紧接着,格兰仕进一步与微波炉生产强国日本探讨合作。格兰仕向对方表明,只要你将变压器生产线交给我,我每台给你5美元。同样结果,而格兰仕又不花钱引进了日本的生产线。就这样,格兰仕又开始直接为跨国公司做整合。俞尧昌举例说:“日本一家微波炉产业在美国的公司,它自己的制造成本是800元,我说我给你400元,你把生产线搬过来,我帮你做。结果他们搬过来,连技术管理也一块搬过来。”俞尧昌说:“牌子是你的,你生产线搬过来我帮你生产。A品牌搬过来,我就帮你生产A,B品牌搬过来,我就帮你生产B,多余的就是格兰仕的。你想象一下,我一天就等于它一个星期,我现在多余的生产力有多少呢?大概有5、6天。”1997年至1999年,在产品的出口总量中,格兰仕自有品牌与OEM之比从1:9到3:7,再到4:6。可见,自有品牌的比例是逐渐上升的。

1997年2月,国家统计局授予格兰仕“中国微波炉第一品牌”称号;经国家权威部门评估,“格兰仕”品牌的无形资产达38.1亿元;10月18日,格兰仕集团第2次大幅降价,宣布其13个产品品种全面降价,降价幅度在29%~40%之间。其结果是格兰仕全年微波炉产销售量达198万台,市场占有率达47.6%以上,稳居第1,外国品牌占有40%左右,国内其它品牌不到10%的地盘,国内同行业“元老”,上海的“飞跃”、“亚美”已跌至1%以下。

微波炉生产的最小经济规模为100万台。早在1996—1997年间,格兰仕就达到了这一规模。随后,规模每上一个台阶,生产成本就下降一个台阶。因此当格兰仕生产规模达到100万台时,将出厂价定在规模80万台企业的成本价以下;当规模达到400万台时,将出厂价又调到规模为200万台企业的成本价以下;当规模达到1000万台以上时,又可以把出厂价降到规模为500万台企业的成本价以下。这种在成本下降的基础上所进行的降价,是一种合理的降价。降价的结果是将价格平衡点以下的企业一次又一次大规模淘汰,使行业的集中度不断提高,规模经济水平不断提高。

此外,格兰仕利用全球采购战略联盟的方式与国内外上游供应商结盟,降低采购成本。在行政管理成本、营销成本和流通成本方面也作出了巨大努力,使得各种成本不断降低,加上低廉的劳动力,使格兰仕在综合成本竞争中占据很大优势。

1999年3月，格兰仕北美分公司成立，同时美国微波炉研究所成立；向市场推出新开发的品种百余种，其产品融入新开发出的专有技术；聘请Anderson公司为集团财务顾问。同时，在这一年格兰仕又一次降价40%，全年销售额达29.6亿元，微波炉销售量达600万台，其中内销与出口各占50%，国内市场占有率为67.1%，稳居第1位，欧洲市场占有率达25%；在关键元器件供应领域，开始采取垄断战略。

2000年9月，格兰仕整合全球资源，宣布进军制冷业，在中山投资20亿元打造"全球空调制造基地"，计划用五年时间将空调年产销规模发展到1200万台，创建微波炉之后的又一个"世界第一"。

2001年7月份，格兰仕首创的数码光波炉在美国研究中心问世。由于光波炉的强大杀菌功能，在美国市场刮起"光波风暴"，美国军方服务社送来大批量订单。同年，格兰仕凭借初期20亿入主空调行业的强势炒作，并借助稍后全国40多个产品推介会的召开，在短短几个月时间里就完成了经销渠道的构建和网络铺设工作，而淡季"一个月无理由退机"、"压缩机免费保修十五年"及旺季"买空调送钻石名表"等出其不意、以奇制胜的市场促销活动，在业界和消费者中造成了强烈的效果。以首创不锈钢豪华空调为先锋，格兰仕在第一个空调冷冻年度就跻身强势竞争品牌行列。

2002年，格兰仕把微波炉的主战场放在了海外，外销比例达到了总产量的85%以上，而决定在国内市场推广光波炉。当时格兰仕面临着这样的问题：是继续宣传微波炉，还是创新宣传光波炉？格兰仕决策层认为："光波炉是具有较高科技含量的产品，想走高端路线。如果格兰仕继续宣传'微波炉'概念的话，由于格兰仕品牌及微波炉产品整体给人的是低价格、低技术的形象，显然不足以支撑这个产品走高端路线。假如另起炉灶宣传'光波炉'概念，就意味着需要重新启动一个全新的市场概念，而这个新的'光波炉'概念如果还继续诉求烹饪功能，则与原微波炉诉求区隔度不大，因此只能重点诉求消毒、杀菌功能。但消毒杀菌功能在国人整体健康意识没有得到很大提高的背景下，能否被接受还是一个未知数。更为冒风险的是，一旦启动'光波炉'概念，就需要很大的市场投入，假如消费者不接受的话，所有的市场推广投入、时间成本都会白白损失掉。当然，如果把'光波炉'市场培育起来，格兰仕将会掀起'新的篇章'，整个市场将是一家独享。"

最后，格兰仕采取了一个折中的办法，即选择了"光波炉"概念，而在产品功能诉求方面则用了"杀菌更彻底，营养更美味"双重诉求的广告语。从2002年开始，格兰仕逐步加大力度主推光波炉概念，终端展示、户外推广、电视和报纸杂志广告、终端POP等广告物料一起上。年终盘点的时候，其产品销售达到120万台，超出预定目标20%以上。

2002年春节刚过，格兰仕空调率先打响降价第一枪，喷涂型系列空调全线降价，平均降幅近30%，其中一款1.5匹分体单冷机由3045元/台降至1990元/台，每台净降1055元。据介绍，格兰仕空调大幅降价的动力主要来自于全球化采购和自动化生产线上的规模生产。一方面，格兰仕品牌的国际信誉度和规模化采购，使国内外原材料供应商纷纷向格兰仕抛出绣球，自愿与格兰仕一起分担成本压力。通过对全球范围内的空调元件、零件的比质比价，格兰仕以最优的价格筹措到了最优质的元器件、零部件，像压缩机、电控板等核心部件都由世界顶尖配套企业供应。另一方面，从跨国公司低成本引进的专业化生产线快速走入规模化、集约化运转轨道，生产力水平大幅提升。

2003年，格兰仕再次投资20亿在中山黄圃圈地三千亩，打造年产1200万台的全球第一大空调生产基地。同年，成为空调出口企业二强，全年销售逾150万套，空调出口突破80万套。2004年，格兰仕将微波炉中的光波技术引入到空调，研制出杀菌率高达99%的光波空调和无氟空调，把行业推向健康环保产品制造时代。全年空调销售260万台，其中出口200万台。

2004年底，格兰仕的组织架构进行了近10年来最大的一次调整。集团被分成六大公司、四大中心和十四个部门、科室，这在格兰仕内部被称为"大象变身"。"格兰仕结构调整的目的首先是希望在微波炉、空调、小家电等每个产业能够做到更加专业，更加有竞争力，使管理更加完善。其次，希望格兰仕整个团队享有更多空间。从对外来说，格兰仕原来是一个"拳头"参与竞争，现在是几个"拳头"参与竞争。第三是要更专业，反应速度更快。第四是组织架构的调整，便于格兰仕今后在实业上跟跨国公司更有效对接。"未来10年格兰仕只考虑做好两件事，第一件事是继续巩固扩大微波炉的市场领导地位，第二件事就是要全力向空调单项冠军发起总攻。

奇　瑞

——现实与梦想

奇瑞汽车有限公司成立于1997年，是由安徽省及芜湖市五个投资公司共同投资兴建的国有大型股份制企业，坐落在水陆空交通条件非常便利的国家级开发区——芜湖经济技术开发区。

公司于1997年3月18日正式破土动工，至2003年3月，已全部完成一期至二期投资建设，占地面积130多万平方米，现已形成年产40万台发动机和30万辆整车的生产能力。前两期工程都拥有各自的轿车生产四大工艺，即冲压、焊装、涂装、总装，此外还包括两个发动机厂、一个变速箱厂。2003年4月1日，奇瑞公司三期工程正式破土动工，四期、五期工程也在紧张地规划之中。奇瑞公司目前主要产品有风云、旗云、QQ、东方之子、瑞虎五种车型。

奇瑞汽车有限公司起源于安徽省芜湖市政府的汽车项目。在1992—1993年经济过热时期，芜湖一家村办工厂一年敲打几百台车，就是一个多亿的产值。这种现象引起苦于经济落后的地方政府领导人的注意，由此产生了生产汽车的念头。原来计划与一汽合作，但发现对方没有把自己放在眼里，最后就决定自己干。想上汽车项目的安徽芜湖领导人在1995年1月考察欧洲汽车工业期间，得知英国福特的一条发动机生产线要出售，于是就抓住这个机会把项目做起来，项目启动时取了个内部代号为“951工程”，即国家九五期间安徽头号工程。

1996年，“951工程”以2500万美元的价格购买了英国福特公司的发动机产品技术和一条生产线。奇瑞汽车公司于1997年3月在芜湖经济开发区80多万平方米的土地上破土动工；由安徽省政府和芜湖市政府下属的5家公司共同投资的、注册资本为17.52亿元人民币的安徽汽车零部件工业公司同时正式成立。

在芜湖这样一个经济落后地区找到做轿车的人才不是件容易事。1995年，芜湖代表团在参观一汽时发现了一个老乡尹同耀。尹同耀1983年毕业于合肥工业大学汽车工程专业，此后在一汽工作了12年半，曾任一汽大众的车间主任，当选过一汽的“十大杰出青年”。芜湖方面力邀尹同耀回芜湖主持汽车项目，尹同耀为对方的真诚所感动，最终接受了邀请。

当尹同耀到达芜湖组建班子时，整个项目共有8个人。到1997年聚集起来的已经有50多人。其中车身部鲁部长、东方之子的项目经理大高是尹同耀在合肥工大的同班同学。鲁部长原来在安徽安凯客车公司，尹同耀首先找到他，两人掰着手指头算计同学中谁还在干技术工作，于是想起了一直在石家庄汽车制造厂的大高。他们还记得尹同耀站在长满荒草的空地上，兴奋地告诉他们哪里是发动机厂，哪里是研发中心，哪里是整装厂……虽然这些还都是凭空画的大饼。

正如大高所说，到奇瑞的最大吸引力就是能做自己的车。打动他的不是尹同耀在荒地上画的大饼，而是当他被领进工棚时看到的奇瑞样车模型，当时他就决定加入了这支还只有50多人的团队。QQ的项目经理小高在1997年则是合肥工大汽车专业的应届硕士毕业生，在招聘会上被尹同耀盯上，被说动后加入奇瑞。

1997年10月，建筑面积达75600平方米的发动机厂房建成投入使用；1998年3月28日，轿车厂四大工艺厂房动工；经过13个半月的安装调试后，1999年5月第一台发动机顺利下线并一次点火成功；1999年9月CAC478/480发动机一次性通过产品鉴定。

“几乎是干成一件事大家哭一把。1999年4月28日，第一台发动机在半夜点火成功，大家都哭了。我吃的苦也不少，但是那天只觉得兴奋。在奇瑞我没流过一滴泪。回家也没有。”奇瑞董事长尹同耀回忆当时感慨万分。

1995年奇瑞开始策划第一款轿车“风云”，这个车型是模仿捷达轿车的底盘。在一汽大众做捷达出身的尹同耀对捷达的底盘技术了如指掌，而车身则是在模仿的基础上，邀请一家台湾模具制造商福臻公司进行模具开发。这款配有1.6升发动机的三厢轿车，与桑塔纳、捷达和富康“老三样”属同一档次，但价格却低1/3，在市场一亮相就反响热烈。“风云”车一下子就打开了市场，使奇瑞迅速走上了大批量生产的轨道。

2001年，奇瑞实现全年轿车销售2.8万辆的业绩，销售额达20多亿元。2002年，奇瑞轿车销售5万辆，销售额为40多亿元。2003年，是奇瑞最辉煌的一年。2003年3月1日，第十万辆汽车下线，2003年全年销售汽车90367辆，销售额在80亿元以上。2004年4月15日，第20万辆奇瑞轿车驶下生产线，同时也是第一辆东方之子2.0MT下线，这一天离上汽奇瑞汽车有限公司获准上市销售仅仅过了3年多。

在销售上，奇瑞公司推出“分网”销售新举措，即在同地区多家经销商争抢一个热门车型时，奇瑞公司采取公开公平竞标方式，谁有能力多卖，谁扛这面“旗”，谁完不成任务谁出局，“新政”在业界引起不小反响。奇瑞汽车销售网点包括旗舰店、标准4S店和单独服务店，特许销售网点覆盖全国。

“2004年奇瑞销量达到18万辆，进入中国轿车第一梯队。”奇瑞销售公司总经理李锋自信地说。“我们的当前目标是形成30万~50万整车生产能力、稳定的汽车配套厂商、完善的销售和维修体系的企业架构，并开发包括核心部件在内的全线车型。”奇瑞的相关人士称。

2002年5月，奇瑞成为中国首例汽车侧面碰撞试验的成功者；9月，奇瑞成为中国首家通过ISO/TS16949国际标准的整车制造企业；10月，奇瑞投资7亿元人民币从德国最著名的专业厂家杜尔公司引进了世界最先进的涂装线。2004年11月，马来西亚阿拉多公司又与奇瑞签订了价值2340万美元的技术转让协议，此举开创了中国轿车行业首次向海外公司收取巨额技术转让费的先例。

2003年奇瑞一口气推出三款新车型，即QQ、东方之子和旗云。事实上，当“风云”刚刚投入批量生产时，奇瑞就开始策划新的车型。一个新企业，从2000年出第一款车型后不到3年就又推出3款新车型，奇瑞技术能力的提速之快令业界称奇。当然，这不得不归功于一支来自二汽的精锐部队。这个来自二汽的20多人的团队组建后不久，就接受了为奇瑞设计新车型的任务,他们连续8个多月的埋头苦干,设计出东方之子和QQ。随后,这个团队又在“风云”的基础上改进,设计出“旗云”。

在2005年4月举行的上海国际车展上,奇瑞汽车派出了5款自主研发车型、6款自主研发发动机及首台自主研发CVT变速箱的强大阵容,这是奇瑞在技术方面潜心用功八年之后最全面的一次实力展示。2005年6月16日,奇瑞汽车研究院成为科技部挂牌的唯一一家国家级节能环保汽车工程技术研究中心。10月31日,奇瑞汽车发布了被誉为“中国心”的ACTECO系列发动机,实现了民族汽车在核心技术领域“零”的突破。

目前,奇瑞公司已经投资建成发动机一厂和二厂两条发动机生产线。QQ和旗云两款车有90%以上都装配了奇瑞自主研发的发动机产品。而不久的将来,奇瑞生产的其他型号轿车,也将全部装配自己的发动机。

在2005年ACTECO发动机品牌的发布会上,尹同耀称奇瑞希望打造中国的劳斯莱斯,现在已经开始设计了。“小车小利润,大车大利润,我们不仅要把国内市场开拓好,还要去挣美元和英镑。”“有一句话叫做‘无内不稳,无外不强’,我们还有一个更美好的愿望,就是做大、做强品牌,与世界上最强大的企业竞争。”

2001年10月,奇瑞意外接到出口叙利亚的第一笔200辆订单,实现第一批轿车出口;此后便一发不可收拾,从2003年的1000辆,再到2004年的3000辆,奇瑞汽车出口叙利亚的数量连续翻番。车型包括风云、旗云、东方之子和QQ。虽然总数不算多,却占中国当年出口轿车总量的90%。在进入中东市场后,东南亚、拉美等地区也进入了奇瑞的视线范围。2005年,奇瑞海外全年出口轿车18000余辆,位居全国第一。

继叙利亚之后,奇瑞紧接着在2001年年底与伊朗SKT公司确立了合作关系。经过一年多的报批、审核,此项目在2002年底获得了伊朗政府的生产销售许可证。2003年2月,奇瑞又与伊朗SKT公司在芜湖正式签订了合作协议。通过与SKT的合作,奇瑞实现了建立海外工厂的第一步。去年11月中,奇瑞又与马来西亚一家公司签署了技术转让及汽车出口合同,从而进入东盟市场。目前这家位于马来西亚的工厂可以制造、组装并销售奇瑞提供的多种车型。此前,QQ已经在马来西亚获得了不俗的业绩,尽管其价格比国内高得多。2005年奇瑞有3款新车进入马来西亚,到2006年,其引进的车型可以达到6种。

截至2004年12月31日,奇瑞已与全球25个国家建立贸易联系,出口总量逾万台。伴随着在国际市场的精彩表现,奇瑞先后在叙利亚、伊拉克、伊朗、埃及、孟加拉国、古巴、马来西亚等全球近20个国家建立了经销服务网点。

奇瑞轿车得到海外市场的一致认可,国际间合作合资成为奇瑞公司的重要部分,奇瑞的销售网络与营销模式也正在慢慢向国际化靠拢。在内部管理上,公司内建立了一切以数据说话的管理平台,按订单生产,使库存结构、对市场需求的响应速度和商品车供应速度都有了很大改善。据介绍,这种以数据说话的管理方式已渗透到公司的各个环节。

2005年,中国汽车大举进军海外市场,尹同耀领导的奇瑞也进入了更为理智的时期。这一时期,尹同耀要面对知识产权纠纷、发展瓶颈、资金缺口和开拓欧美市场的困难。国资委认为奇瑞大概需要400亿的资金,奇瑞已经从国家开发银行拿到15亿的支持,未来的上市计划箭在弦上。

随着业务量的增加，奇瑞面临组织更庞大的团队等压力，同时在管理模式、企业理念、技术提高等方面出现了许多亟待解决的问题。在国人对自主品牌汽车持一种习惯性的怀疑态度时，奇瑞并没有因此而灰心，"要扭转传统观念，技术创新是唯一出路。我们要大力发展自己的开发团队。"尹同耀在多个场合如此表示。事实上，奇瑞汽车研究院从始至终都在网罗各路人才，按照公司的计划，研究院到2006年达到3000人，最终规模要达到5000人，研究院的分支机构要铺设到国外。

遵循"整体规划，分步实施，快速建设，滚动发展"的总体发展思路，倡导"建校园式工厂，创学习型组织"的现代公司氛围，始终坚持"实现一个理想、创立一种机制、制造一流产品、锻炼一支队伍"的远大追求，奇瑞正在向着自己的梦想前进。

参考文献

[1]蓝海林.企业战略管理理论与技术.广州:华南理工大学出版社,2002
[2]徐二明.企业战略管理.北京:中国经济出版社,1998
[3]王平换.企业战略管理.重庆:重庆大学出版社,2002
[4]陈继祥.战略管理.上海:上海人民出版社,2004
[5]金占明.战略管理——超竞争环境下的选择(第二版).北京:清华大学出版社,2004
[6]王文亮.企业战略管理.郑州:郑州大学出版社,2004
[7]王迎军,柳茂平.战略管理.天津:南开大学出版社,2004
[8]甘华鸣.战略管理速成(下).北京:企业管理出版社,2001
[9]张秀玉.企业战略管理(第二版).北京:北京大学出版社,2005
[10]刘冀生.企业战略管理(第二版).北京:清华大学出版社,2003
[11][美]弗雷德·R·戴维.战略管理(第八版).北京:经济科学出版社,2001
[12][美]罗伯特·S·开普兰.战略中心型组织.北京:人民邮电出版社,2004
[13]王玉.企业战略管理教程.上海:上海财经大学出版社,2000
[14]宋云,陈超等.企业战略管理.北京:首都经济贸易大学出版社,2004
[15]杨锡怀,冷克平,王江.企业战略管理——理论与案例(第二版).北京:高等教育出版社,2004
[16]项保华.战略管理——艺术与实务(第三版).北京:华夏出版社,2001
[17]黎群,万晓.企业战略管理.北京:中国铁道出版社,1999
[18]董大海.战略管理(第二版).大连:大连理工大学出版社,2001
[19]解培才.企业战略管理.上海:上海人民出版社,2001
[20]杨信礼,屠春友.现代领导战略思维.北京:中共中央党校出版社,2003
[21]汪应洛,席酉民.战略研究理论及企业战略.西安:西安交通大学出版社,1990
[22][日]伊丹敬之.经营战略的内在逻辑——看不见的资产动力论.北京:中国审计出版社,1992
[23]吴彬,顾天辉.现代企业战略管理.北京:首都经济贸易大学出版社,2004
[24]吴维库.企业竞争力提升战略.北京:清华大学出版社,2002
[25][美]迈克尔·波特.竞争战略.北京:华夏出版社,1997
[26][美]迈克尔·波特.竞争优势.北京:华夏出版社,1997

[27]周三多,邹统钎.战略管理思想史.上海:复旦大学出版社,2002

[28][美]亨利·明茨伯格等.战略历程——纵览战略管理学派.北京:机械工业出版社,2002

[29]张新胜等.国际管理学——全球化时代的管理.北京:中国人民大学出版社,2002

[30][美]罗伯特·卡普兰,大卫·诺顿.平衡计分卡——化战略为行动.广州:广东经济出版社,2004

[31]贺蕊莉.财政政策工具特性分析.东北财经大学学报,2001(6)

[32]郭田勇.对我国债券市场发展中若干问题的思考.货币金融评论,2004(4)

[33]胡旭初,孟丽君.顾客价值理论研究概述.山西财经大学学报,2004(5)

[34]熊本峰.关于顾客价值理论的述评与思考.重庆工商大学学报(社科版),2003(3)

[35]包国宪,贾旭东.虚拟企业研究基础——实践背景与概念辨析.兰州大学学报(社科版),2004(6)

[36]曲格平.开发知识资源实现跨越式发展.西安交通大学学报(社科版),2000(3)

[37]石人炳.略论21世纪中国的人口结构问题.湖北大学学报(哲社版),2000(3)

[38]高志文.企业家应重视宏观经济分析.企业管理,1999(5)

[39]蔡立辉.市场经济条件下政府行为分析.探索,1998(1)

[40]聂延平,张莉,张昭.西部地区信息资源分析与信息扶贫策略.情报杂志,2002(5)

[41]郭树清.中国宏观经济分析基础.金融研究,2005(1)

[42]张静.企业信息化战略的实施.政策与管理,2000(12)

[43]李钦.基于企业竞争力的国际化战略研究.理论探讨,2005(4)

[44]许东,马华.浅议成本领先战略.辽宁师专学报(社科版),2001(5)

[45]徐新华.谈企业成本领先战略.科学与管理,2003(5)

[46]胡笑寒等.战略控制方法的沿革与探析.管理工程学报,2003(4)

[47]常建坤,李时椿.对企业并购重组风险的分析与思考.经济问题,2005(11)

[48]赵东宏.企业并购财务风险的识别与防范.集团经济研究,2005(12)

[49]徐美银,华毅,桑光淇.企业并购失败原因及防范对策.经济师,2005(10)

[50]张方华,陈劲.基于能力的国际化战略.科学管理研究,2003(1)

[51]袁芩.企业的国际化战略.企业经济,1999(4)

[52]王文超.中国企业国际化战略研究.经济问题探索,2004(2)

[53]程林林.战略联盟理论研究评述:历史与现实的视角.西南民族大学学报(人文社科版),2005(5)

[54]易本钰.经济全球化背景下企业竞争与合作战略探析.安徽工业大学学报(社会科学版),2002(4)

[55]严建援等.企业战略联盟的动机、形态及其绩效的研究综述.南开大学学报(哲社版),2003(6)

[56]李再扬,杨少华.企业战略联盟理论的新发展:一个综述.经济学家,2003(3)

[57]黄玲,王义华.有关跨国联盟的理论及模型分析.企业活力,2004(11)

[58]龚毅,谢恩.战略联盟控制研究综述.预测,2005(1)

[59]赵天明.实施成本领先战略途径探讨.企业经济,2005(9)

[60]李公璞,何鹏.成本领先战略误区.企业管理,2003(12)

[61]陈岩峰,张慧,周春梅.成本领先战略在企业中的实施.财会月刊,2004(24)

[62]徐方典,王伟娇.警惕成本领先战略陷阱.中国经贸导刊,2005(21)

[63]肖平.实施成本领先战略的路径.企业改革与管理,2005(3)

[64]陈奇勋,谢玉华,连静.论企业竞争战略的选择与实施.湖南商学院学报,2005(5)

[65]张扬.差异化战略浅析.价值工程,2003(4)

[66]李隽波.差异化战略与成本领先战略.改革与战略,2005(5)

[67]官晴雯.浅谈企业差异化战略.价值工程,2005(1)

[68]周强,邓志茹.中小企业的生存之路——基于差异化战略的分析.现代管理科学,2005(1)

[69]赵弘.企业总体战略的选择:集中化、一体化还是多角化.经济师,2000(3)

[70]贾旭东.现代企业财务战略研究.兰州商学院学报,2003(4)

[71]李选利.论企业财务战略.陕西师范大学学报(哲学社会科学版),2002(6)

[72]林丽群,陈宝峰.对企业财务战略的认识与思考.中国农业大学学报(社会科学版),2002(4)

[73]傅红英.企业财务战略的管理对象与企业财务战略类型.会计之友,2004(7)

[74]董安邦,廖志英.供应链管理的研究综述.工业工程,2002(5)

[75]林慧岳.经济全球化与我国研发战略及模式研究.长沙理工大学学报(社会科学版),2005(1)

[76]郭碧坚.基于企业战略的高技术企业研发活动的选择.科技进步与对策,2003(4)

[77]张妍蕊.灵捷制造——21世纪的生产和管理战略.经济师,2001(8)

[78]孙林岩,汪建,曹德弼.精益生产及其在先进制造中的地位和作用.航空制造技术,2003(7)

[79]张昕.CIMS及应用分析.商业研究,2004(14)

[80]于坤章.论现代企业营销战略.财经理论与实践,2000(1)

[81]邓念国.企业营销战略的选择与组合.商业研究,2002(20)

[82]余祖德,位雅莉,宋朝霞.企业的物流战略及其模式选择探析.物流科技,2004(1)

[83]刘卫东.现代企业物流战略的创新与发展.环渤海经济瞭望,2003(2)

[84]郭声琨.实施质量战略:从ISO9000到6σ.管理世界,2004(12)

[85]车东晖,王孝信,叶庆双,高建国.如何实施ISO贯标认证.企业管理,2001(1)

[86]于建卫.全面质量管理与质量战略.科技情报开发与经济,2005(3)

[87]朱自忠.人力资源战略规划的制定与创新.科技进步与对策,2002(8)

[88]贾旭东.现代企业人力资源战略分析.资源开发与市场,2003(6)

[89]于斌,陈定超.人力资源战略管理研究新进展.生产力研究,2004(10)

[90]陈建斌.论企业信息化战略规划.生产力研究,2004(3)

[91]王永贵.加拿大企业全球竞争战略探析.南开管理评论,2001(2)
[92]曹宗媛,朱晓敏.西方企业的知识管理:战略、策略及手段.财经理论与实践,2001(6)
[93]和金生,张雄林,刘宏伟.知识管理战略研究初探.科学学与科学技术管理,2004(9)
[94]魏艳华,佟芳芳.我国企业信息化战略的制定.冶金信息导刊,2004(4)